Macro investment

宏观投资学

刘立峰 著

企业管理出版社
ENTERPRISE MANAGEMENT PUBLISHING HOUSE

图书在版编目（CIP）数据

宏观投资学 / 刘立峰著 . —北京：企业管理出版社，2021.11
ISBN 978-7-5164-2501-5

Ⅰ . ①宏… Ⅱ . ①刘… Ⅲ . ①投资经济学 Ⅳ . ① F830.59

中国版本图书馆 CIP 数据核字（2021）第 211756 号

书　　名：宏观投资学
作　　者：刘立峰
责任编辑：尚元经　郑小希
书　　号：ISBN 978-7-5164-2501-5
出版发行：企业管理出版社
地　　址：北京市海淀区紫竹院南路17号　　邮编：100048
网　　址：http：//www.emph.cn
电　　话：编辑部（010）68414643　发行部（010）68701816
电子信箱：qiguan1961@163.com
印　　刷：北京天宇万达印刷有限公司
经　　销：新华书店
规　　格：170毫米×240毫米　16开本　35.5印张　530千字
版　　次：2021年11月第1版　2021年11月第1次印刷
定　　价：138.00元

前言

我1988年参加工作，进入当时的国家计委基本建设经济研究所（现中国宏观经济研究院投资研究所），从事宏观投资领域研究工作至今，亲历了改革开放以来投资所有重要的发展阶段。20世纪80年代初，我国全社会投资不足1000亿元，到2020年已经提高到52.7万亿元。尽管目前我国经济总量与美国仍有一定差距，但是，投资却早已超过了美国。以固定资本形成计，2011年中国就超越美国，成为全球拥有最大国内投资规模的经济体，2019年，中国固定资本形成已达6.11万亿美元，是美国的1.37倍。投资成为我国工业化、城镇化的主要推动力。

改革开放以来，我国的投资率（资本形成率）从未低于30%，2007年以后则保持在40%以上。投资发展如此之快，这里面有什么秘诀？2010年7月，富士康正式签约入驻郑州航空港区；2011年3月，第一条手机生产线就正式投产，此后仅用了三年时间，郑州航空港区就生产了全球3/4的苹果手机。要知道，富士康只进行了设备的投入，而产业园区的基础设施、厂房甚至员工宿舍的投资均来自于地方政府，其投资额甚至占总投资的一半左右。重庆当初按照“整机＋配套”的垂直整合发展模式，相继引进了惠普、宏碁、华硕、富士康等电脑巨头，形成了庞大的电脑产业集群。目前，全球四台笔记本电脑中便有一台是“重庆造”。重庆市政府在基础设施和园区建设上投入了巨资，保证了企业的物流成本不会高于沿海地区。与此形成鲜明对照的是，富士康大张旗鼓在美国威斯康星州建厂，却基本以失败告终。有人认为，这些都不是地方政府应该干的，是地方政府过度干预市场，但是，这恰恰是中国投资的特色与成功所在。

我国的投资发展过程是不平凡的，历经了多少次的磨难与曲折，但是，投资主体的活动始终保持着旺盛的活力，许多艰难的局面都顺利地渡过了，而且特别善于在困境中化危为机。2008年的国际金融危机给世界经济造成重创，中国政府迅速、及时做出反应，推出了4万亿投资计划以及一系列扩大内需的刺激措施。这一举措后来受到许多指责和非议，但是，在极为严峻的国际经济环境下，如果不对中国经济进行一次及时的政策刺激，陷入衰退的代价会更大。4万亿投资方向的选择是正确的，照顾到了结构调整和可持续发展等影响国民经济长期发展的重点领域。中国的高铁就是在这个时候进入了“快车道”，2009年，郑西、武广两条时速350公里级别的高速铁路相继开通。这一时期，中央政府第一次将保障性住房正式纳入国家规划和财政预算，对全面解决低收入群体住房困难发挥了积极的作用。

2021年5月，德国《焦点》周刊发表文章称：西方正在悄无声息地复制着“中国模式”，我们正在以一种新的国家资本主义形式来追随中国。对于绝大多数西方国家来说，中国带有威权主义色彩的国家资本主义曾经是他们鄙视和抹黑的对象。但现在，在欧洲和美国，国家在市场的参与度正在提高，欧盟已经与印度达成“全球基建协议”。该协议被外界看作是与中国“一带一路”倡议相竞争的项目；美国将会耗费巨资启动庞大的基建计划，企图通过复制中国经验来与中国竞争。正如斯坦福大学的弗朗西斯·福山指出的那样，那些渴望民主化的社会，唯一的大问题就是，它们未能提供人民想从政府得到的实质性内容：个人安全、共享的经济增长以及获得个人机遇所必需的基本公共服务。这正是中国与西方国家道路选择的根本差别所在，也是中国后来居上的原因所在。只是这些傲慢的西方人只会用过时的冷战思维围堵中国，中国的成功经验哪怕一星半点它们恐怕都难以领会。

马克思和恩格斯在《共产党宣言》中指出：无产阶级在取得政权后，必须废止土地私有制，将所有的地租用在公共的事业上。《资本论》在论述生产资料公有制必然性的结论时，特意强调生产资料包括“土地和其他生产资料”。许多西方的经济学家也认为，地租应作为政府收入的一个来源由政府保留。如果按市场价格将土地等公共资产租给企业家，而不是卖掉或直接送掉，社会主义市场经济就能更加良好地运行。我在东南亚的泰国、印尼等国考察时发现，这些国家的地方政府也想搞产业园区，但是，那又是一件非常困难的事情。因为那些国家的土地都是私人的，政府必须按照市场价格从私人手中拿地，或者依赖私人土地建设园区；与此同时，政府手中缺少必要的公共资源可以出售，也就没有足够的资金进行产业园区建设。而在中国，土地的公有制保障了政府在拥有土地资源的同时也获得了资本性投资的资金来源，政府可以通过土地批租和抵押贷款获得城镇化和工业化发展的资金。

经过长期的高速发展，我国投资的约束条件增多，约束也更加硬化，这是经济发展到达一定阶段的必然结果。国民储蓄率特别是居民储蓄率出现明显的下降。资本形成取决于国民储蓄，随着储蓄率的降低，资本积累相应减少，必然导致投资率的下降。地方政府融资环境出现重大变化，在庞大的债务规模和还本付息压力下，在中央政府防风险的高压政策下，政府投资及其与之相关的融资平台投融资受到较大影响，投资活动陷入困境，无法实现大规模的基建扩张。煤炭、化工、非金属制品等传统产业产能过剩情况仍然存在。部分新能源汽车、LED、机器人等战略性新兴产业缺乏核心技术，盲目扩张与过度竞争，也出现产能过剩现象。不只是在工业化领域，城镇化过程中也产生了大量过剩，土地城镇化速度明显快于人口城镇化，造成大量空城。近年来，国家以前所未有的决心和力度加强生态环境保护，开展中央环保督察，严肃查处违法案件。这显然对投资者的未来投资活动具有抑制作用，将不可避免影响投资增长。

我国已进入高质量发展新阶段，这是能够更好满足人民日益增长的美好生活需要的发展，是体现新发展理念的发展，是更高质量、更为安全的发展，是以供给侧结构性改革为主线的发展，是建立在现代化经济体系基础上的发展。在高质量发展新阶段，要推动经济发展质量变革、效率变革、动力变革，提高全要素生产率，加快建设实体经济、科技创新、现代金融、人力资源协同发展的产业体系，不断增强我国经济创新力和竞争力。要瞄准世界科技前沿，强化基础研究，实现前瞻性基础研究、引领性原创成果重大突破。要强化举措推进西部大开发形成新格局，深化改革加快东北等老工业基地振兴，发挥优势推动中部地区崛起，创新引领率先实现东部地区优化发展。要以“一带一路”建设为重点，坚持引进来和走出去并重，形成陆海内外联动、东西双向互济的开放格局。上述战略措施将增强我国宏观投资的发展活力和动力，不断形成新的动能和支撑体系，推动投资持续健康发展。

未来保持一定的投资增长强度是实现高质量经济增长的重要前提条件，

但又不能延续传统的投资增长方式，因此，必须探索投资内生增长的新机制。与传统意义的投资增长机制不同，“内生”的投资增长机制强调了市场化、稳定性、长期性、法治化、规范化、可预期、自律性、约束性等特征，突出了市场主体的自觉性、投资活动的自主性、需求因素的引领性、国内市场的主导性。投资内生增长机制不是主要依赖行政意志、政府组织、政策外力推动投资扩张，而是以市场为基础、以自主为要求、以自由为目标、以需求为导向、以内循环为主体、以创新为动力、以改革为路径、以法治为保障，推动实现投资自主、持续、健康发展的方式、方法、手段和路径。必须坚持社会主义市场经济改革方向，通过投融资体制改革的不断深化，促进投资内生增长新机制的形成。

本书是对我国宏观投资的系统性和实证性研究成果。“八五”到“十四五”时期，我先后参与了多个地区、企业的五年计划或规划的前期研究和编制工作。感谢中国宏观经济研究院投资研究所以及中国社会科学院研究生院投资系的领导和同事，是他们给了我参与和主持课题研究以及为研究生授课的机会，并为我提供了宽松自由的研究环境和条件，使我对中国投资与经济发展的特征、规律和趋势有了不断深化的认识和逐步丰富的积累。感谢我的父母把我领上了学术研究的道路，始终如一地鼓励与支持我，让我明白了这样的道理：只有认认真真走好眼前的路，扎扎实实做好当前的研究工作，才有可能最终真正实现人生的价值，留给这个世界一些有用的东西。本书的出版得到了企业管理出版社的大力支持，在此表示衷心的感谢！

刘立峰

2021.8.1

目录

第一章
导论

本章阐述全书的主要概念，明确全书的研究对象、研究的意义以及研究的主要方法，分析新发展阶段、新发展格局背景下学科发展的方向。

宏观投资是将整个投资运行作为一个整体进行研究，考察的是整个国家的投资对经济增长、经济结构、空间布局、基础设施、民生就业等的影响。宏观投资学是一门具有全局性、战略性、协同性、长远性、整体性特点的学科。宏观投资学是从投资的角度研究经济发展阶段、发展道路的学科，它关注的是通过投资规模扩张、投资结构优化、投资空间调整和投融资体制完善，实现工业化、城镇化、国际化、市场化的路径，关注的是投资对国家重大战略的保障程度。

第一节　宏观投资概述

一、宏观投资的内涵

1. 投资的定义

经济学上对投资的定义可以归为两类。

一类从投资行为与过程的角度界定。《帕尔格雷夫经济学辞典》的定义是:“投资是一种资本积累，是为取得用于生产的资源、物力而进行的购买及创造活动。”

《经济大辞典—金融卷》中的投资定义是:“经济主体以获得未来收益为目的，预先垫付一定量的货币或实物，以经营某项事业的行为。”

《简明不列颠百科全书》第七卷中写道:“投资指在一定时期内期望在未来能产生收益而将收入变换为资产的过程。”

另一类从价值与资本角度加以界定。《经济大辞典—工业卷》中把投资定义为:"经营营利性事业时预先垫付的一定量的资本或其他实物。"

夏皮罗在《宏观经济分析》中提出:"投资在国民收入分析中只有一个意义——该经济在任何时期以新的建筑物，新的生产者耐用设备和存货变动等形式表现的那一部分产量的价值。"①

萨缪尔森在《经济学》中写道:"投资的意义总是实际的资本形成——增加存货的生产，或新工厂、房屋和工具的生产，只有当物质资本形成产生时，才有投资。"②

多恩布什等把投资的定义扩大了，在《宏观经济学》中提出投资是指物质资本存量的增加。投资包括房屋建设，机器制造，修建工厂、办公楼与增加厂商商品库存等，但不包括购买债券或股票等。它既包括物质投资，也包括称作人力资本的投资。人力资本是体现于劳动力中的生产性知识和生产能力③。

我们这里使用的投资概念包含以上两类定义的内涵与外延。在内涵上，投资既指为获得预期效益的一定量货币、资金，也指这种预期效益实现的过程。在外延上，投资既是指固定资产投资及实体资本的形成，同时又是指金融资产投资及虚拟资本的运动。而在本书中，投资主要是指固定资产投资。

2. 宏观投资的定义

宏观投资是将整个投资运行作为一个整体进行研究，考察的是整个国家的投资对经济增长、经济结构、空间布局、基础设施、民生就业等的影响。就像宏观经济的成败有时候关系到一个国家的生死存亡④，宏观投资的成败也在某种程度上决定了一个国家的发展道路，从而决定了政权的兴衰。

从宏观的角度分析，投资活动可以分为以下几个层次：一个是国民经济全局范围内的总的投资活动，包括投资规模、投资结构、投资布局、投资调控等；另一个是在国家和地区发展战略中的投资活动，包括工业化投资、城

---

① 爱德华·夏皮罗:《宏观经济分析》，中国社会科学出版社 1985 年版，第 226 页。

② 保罗·萨缪尔森等:《经济学》，华夏出版社 1999 年版，第 341 页。

③ 鲁迪格·多恩布什等:《宏观经济学》(第十版)，中国人民大学出版社 2010 年版，第 26 页。

④ 保罗·萨缪尔森等:《经济学》，华夏出版社 1999 年版，第 289 页。

镇化投资等；再一个是不同主体进行的投资活动，包括政府投资、民间投资、国际投资等。

因此，宏观投资就是具有全局性、战略性、协同性、长远性、整体性特点的各类投资活动，是国家和各级政府战略的具体体现，是市场和企业意志的规律性表现。

二、宏观投资的功能与作用

促进经济的长期增长。宏观投资带来资本积累，建筑物和设备存量的增加，能提高一国或一个地区的潜在生产能力，促进长期经济增长。提高全要素生产率是唯一可持续的增长动力，但无论是生产要素从生产率低的产业向生产率高的产业转移，还是采用新设备改进旧工艺，对新产品进行研究开发，提高工人的劳动技能，或是区域协同一体化发展，以及产业集聚和集群发展，都与投资密切相关。

影响经济的周期波动。宏观投资是国民经济全局范围内的投资活动的总体状况，直接关系到经济社会稳定与发展，关系到国民经济的运行状态及波动情况。宏观投资是国民经济发展的主要推动力，投资规模没有达到应有的水平，经济发展就会缺乏后劲；如果投资规模过大，超过了经济持续发展所能承受的范围，也会导致经济的膨胀和过热。保持宏观投资的稳定是经济稳定的重要条件，适时调控投资才能为经济稳定发展提供有利条件。

推动经济结构转型升级。经济发展到一定阶段，结构性矛盾就会显现，既可能存在产能过剩的情况，也可能出现有效供给不足的问题，创新能力可能成为制约经济发展的主要因素，亟须实现新动能对旧动能的接续和替代。宏观投资可以发挥在转变方式、优化结构、转换动力中的关键作用，通过投资方向和结构的调整优化，升级产业结构、产能结构、产品结构，建立现代化产业体系。

促进国家宏观战略实施。国家重大发展战略实施需要有重大项目支撑，推动粤港澳大湾区建设、长三角一体化发展、京津冀协同发展、成渝双城经济圈建设、长江经济带建设和黄河流域生态保护和高质量发展，实现基础设施互联互通、重点产业协同发展、生态环境联防联治、公共服务共建共享，实施新型城镇化战略和乡村振兴战略，促进区域协调发展，支持贫困地区加快发展，都需要宏观投资的参与。

弥补经济社会发展短板。人口老龄化日趋严重，要素规模驱动力减弱，经济增长将更多依靠技术进步，劳动力的素质和健康水平决定了未来生产效率的提高和增长动力的形成。教育、文化、体育、健康是经济发展的新动力源，也是重要的需求增长点，必须持续加大这些行业的有效供给。宏观投资需要适应上述要求，紧扣经济发展主要矛盾变化的主题，着力补短板、强弱项。

三、宏观投资需要处理好的关系

在全面建设社会主义现代化国家的新征程和新阶段，面对经济中两难甚至多难问题，宏观投资需要权衡的因素更加繁多、更加复杂。我们既要保持投资的合理增长，又不能盲目扩大投资规模，要以新发展理念引领发展，加快培育新的发展动能，实现投资有效益地增长、有质量地增长。总体来讲，要正确处理好各类关系，形成宏观投资对经济发展稳定而持久的支撑。

①短期与长期的关系。从短期来看，稳增长、促改革、调结构、惠民生、防风险，稳增长是第一位的，与此同时，促改革、调结构、惠民生、防风险同样重要。在实现宏观投资扩张的同时，要加快投资领域改革和创新的步伐，统筹发展与安全的关系，推动经济与社会的可持续发展。

②需求与供给的关系。宏观投资从需求和供给两个方面影响经济发展，也决定着需求侧管理和供给侧改革的成效。宏观投资要在供需两端共同发力，在适度扩大投资需求的同时，着力加强结构性改革，增加有效投资，扩大有效供给，实现供求体系的动态平衡。

③消费与投资的关系。扩大消费是基础，稳定投资是关键，要积极寻求投资与消费的结合点，在扩大投资中保障消费供给、改善消费环境、提升服务功能、扩大消费潜力，增强供给适应消费需求能力，在投资与消费的相互转化中推动经济发展。

④政府与民间的关系。明确政府投资的功能定位，不越位、不错位、不缺位。发挥政府投资的撬动作用，激发民间投资活力，形成市场主导的投资

内生增长机制。促进基础设施和公共服务领域的公私合作。进一步完善体制机制，改善市场预期，拓展发展空间，为宏观投资创造良好的环境。

⑤增量与存量的关系。宏观投资既要做加法，着眼于新增有优势、有竞争力的产能，扩大有效的供给；也要做减法，减少无效和低端供给，淘汰落后产能；还要做乘法，依靠创新驱动，提高投资质量和效率；更要做除法，通过深化改革，破除体制机制障碍。

⑥传统与新兴的关系。用创新引领经济发展，大力发展新经济、培育新动能，推动产业迈向中高端水平，促进新旧动能转换和经济结构转型升级。同时，强调传统产业的改造和提升，利用先进技术加强对传统产业的改造，实现新经济发展与传统产业升级互促共进、融合发展。

⑦实体与虚拟的关系。实体经济是虚拟经济发展的动力源泉和坚实基础，虚拟经济对实体经济发展具有重要的推动作用。要坚持虚拟经济服务实体经济的宗旨，畅通储蓄向投资的转化渠道，保障有效投资的资金来源充裕，同时，防范各类债务风险，遏制市场过度投机，防止“脱实向虚”。

四、新发展格局下的宏观投资

1. 构建新发展格局为经济社会发展拓展了更大空间

构建新发展格局能为我国经济社会发展注入新的活力。加快形成以国内大循环为主体、国内国际双循环相互促进的新发展格局，是党中央根据发展阶段、环境、条件变化做出的战略决策，是事关全局的系统性深层次变革。以畅通国民经济循环为主构建新发展格局，就是要把握好扩大内需这个战略基点，使生产、分配、流通、消费更多依托国内市场，不断提升供给体系对国内需求的适配性，形成供求在更高水平上的动态平衡，以创新驱动、高质量供给引领和创造新需求，为我国经济增添内生发展动力。在国内国际双循环的相互促进中推进高质量发展，就是要将我国的产业链供应链有机嵌入全球经济之中，增强全球产业链供应链对中国的依赖性，提高我国企业的国际市场开拓能力，带动我国经济在更高水平的对外开放中实现更好发展。

构建新发展格局是主动塑造和延长战略机遇期的必然选择。当前和今后一个时期，我国发展仍然处于战略机遇期，但机遇和挑战都有新的发展变化。加快形成新发展格局，深入挖掘庞大国内市场的潜力，不仅能为我国经济重振提供动力，而且能在全球范围内推动生产消费活动的恢复，降低疫情给经济带来的负面影响。加快形成新发展格局，持续加大研发投资、人力资本投入和创新要素培育，破除技术发展瓶颈，将为高质量发展提供重要支撑。加快形成新发展格局，扩大战略性新兴产业和新型基础设施投资，可以形成更多新的经济增长点。加快形成新发展格局，东西南北中同步开发、沿海内陆共同发展的态势将更加凸显，不同地区的区位、交通、资源、市场优势也将发生动态变化，将给更多地区带来发展机遇和增长空间。

2. 新发展格局下投资的地位和作用出现新的变化

构建"双循环"新发展格局，必须扭住扩大内需这个战略基点，形成以内需主导的经济发展的基本动力体系。实施扩大内需战略，有利于释放拥有14亿人口的发展中大国的消费能力和潜力，培育新的经济增长点。投资是最活跃和带动作用最强的国内需求因素，在外需动力减弱和消费稳定增长的情况下，需要将更多的储蓄转化为投资，保持投资合理增长。要优化投资结构，发挥投资对优化供给结构的关键作用。加快补齐基础设施、市政工程、农业农村、公共安全、生态环保、公共卫生等领域短板，推动企业设备更新和技术改造，扩大战略性新兴产业投资。推进新型基础设施、新型城镇化、交通水利等重大工程建设，支持有利于城乡区域协调发展的重大项目建设。发挥政府投资撬动作用，激发民间投资活力，形成市场主导的投资内生增长机制。

构建"双循环"新发展格局，要依托强大国内市场，贯通生产、分配、流通、消费各环节，形成国民经济良性循环。生产是循环的核心，产业发展演进源于各要素和各环节的互相协同作用，核心则是全要素生产率的增长，而投资是实现结构转型和产业升级的重要手段。分配不只是收入的分配，也包括资金的分配，畅通储蓄向投资的转化渠道有利于实现资本的自由流动和资源的有效配置，提高经济循环效率。加快形成内外联通、安全高效的现代交通和物流网络，拓展供需互相促进、产业链供应链运转畅通的国内市场是循环的重点，必须加快交通、物流、通信等基础设施投资。以消费需求引领有效投资，有效投资创造消费需求，形成需求牵引供给、供给创造需求的更高水平动态平衡，必须发挥投资在供需两端的主导作用。

构建“双循环”新发展格局，要大力提升自主创新能力，尽快突破关键核心技术，牢牢把握创新主动权、发展主动权。这要求我们把创新放在首要位置，加大科技投入力度，提高基础创新和原始创新能力，从源头上解决各种“卡脖子”技术背后的重大科学问题。发挥集中力量办大事的制度优势、超大规模市场优势、完备产业体系的产业基础优势，创造有利于新技术快速大规模应用和迭代升级的环境，强化关键环节、关键领域、关键产品投资保障能力。鼓励引导企业加强技术改造投资，加快数字化、智能化、绿色化转型，注重利用技术创新和规模效应形成新的竞争优势。加强产业基础再造和产业链提升工程投入力度，巩固重点产业链，突破关键产业链，抓紧布局战略性产业链，提升产业基础高级化、产业链现代化水平。

构建“双循环”新发展格局也需要以更高水平的开放和外循环来支撑、促进内循环。要重视以国际循环提升国内大循环效率和水平，改善我国生产要素质量和配置水平。在国际经济下行背景下构建新发展格局，需要在做大做强内循环基础上，以外循环刺激内循环提质升级，形成利用外资和对外投资双轮驱动[①]。双向投资连接国内外两个市场两种资源，是国际大循环的主要表现形式。新冠疫情暴露了全球供应链缺乏韧性和调节能力不足，后疫情时代，韧性和避险将成为企业投资布局新考量，跨国公司将由单一供应链转为多元供应链。面对全球产业链加速重构及中美冲突对抗加剧等因素影响，中国应加快打造市场化法治化国际化营商环境，为企业“走出去”和“引进来”提供更多切实政策红利，扩大国际投资朋友圈，构建更加坚实的“双循环”新发展格局。

---

① 王辉耀：“加大双向投资 推动构建新发展格局”，《北京青年报》2020 年 12 月 13 日。

第二节 宏观投资学概述

一、研究对象

宏观投资学是一门具有全局性、战略性、协同性、长远性、整体性特点的学科。就像政治经济学是研究生产关系（经济关系）及其发展规律的科学，宏观经济学是以整个国民经济为考察对象，研究经济中各有关总量的决定及其变动的科学，宏观投资学是一门以宏观投资规模、结构、路径、行为方式、资金配置方式、管理方式为研究对象的学科，是解释宏观投资活动的现象与内在规律的一门独立学科。

影响宏观投资的因素很多，除了各种经济因素以外，还包括政治、文化、社会等多种因素。影响宏观投资因素的多样化必然带来宏观投资学研究对象的复杂多样。简单地说，宏观投资学的研究对象涉及国民经济总的投资规模、投资结构、投资布局、投资调控；工业化投资、城镇化投资；以及政府投资、民间投资、国际投资等一系列问题。

二、研究意义

宏观投资学是宏观经济学的重要分支，正如投资在宏观经济中的地位一样，宏观投资学在宏观经济学中也具有十分重要的作用。萨缪尔森在《经济学》中指出：在宏观经济学中，投资起两个作用。第一，它是支出的一个很大且很易变动的部分，投资的大幅度变动会对总需求产生重大影响，这又会进一步在短期内影响产出和就业水平。第二，投资导致资本积累，建筑物和设备存量的增加，能提高一国的潜在生产能力，从而促进长期的经济增长[①]。因此，研究宏观投资的发展方向、方式、途径和机制，把握宏观投资的规律性、趋势性和特殊性，有利于从更深入、更主要和更具体的学术领域和学理层面，清楚认识和把握宏观经济的发展规律，因此，这一学科对我国未来的

① 保罗·萨缪尔森等：《经济学》，华夏出版社 1999 年版，第 342 页。

经济发展具有重大理论意义。

宏观投资学是从投资的角度研究经济发展阶段、发展道路的学科，它关注的是通过投资规模扩张、投资结构优化、投资空间调整和投融资体制完善，实现工业化、城镇化、国际化、市场化的路径，关注的是投资对国家重大战略——科教兴国战略、人才强国战略、创新驱动发展战略、乡村振兴战略、区域协调发展战略、可持续发展战略、军民融合发展战略的保障程度，关注的是投资在建设制造强国、科技强国、交通强国、海洋强国、贸易强国、文化强国、教育强国、人才强国等的关键作用，关注的是发挥投资对优化供给结构的关键作用，加快补齐科技创新、基础设施、公共服务等领域短板，关注的是如何发挥政府投资撬动作用，激发民间投资活力，形成市场主导的投资内生增长机制。因此，这一学科对我国未来的经济发展具有重大现实意义。

三、研究方法

①文献分析法。利用图书馆馆藏资源及网络文献搜索引擎搜集、查阅国内外与宏观投资相关的文献，对文献进行整理，总结国内外有关投资规模、投资结构、投资布局、投资调控等理论和实践研究成果，进行相关文献的梳理和汇总，去伪存真、去粗取精、提炼升华、消化吸收，为进一步的研究打下良好的基础。

②比较分析法。比较分析法是一种横向研究方法，通过对某一类具体事物在不同时间、空间等维度上的直观对比，探究其共性与差异。采取比较研究的方法，借鉴其他国家的经验和教训，把握宏观投资发展的趋势与规律，有助于规避投资中存在的风险，切实提高投资的质量。所以比较分析法是本书主要研究方法。

③历史分析法。宏观投资活动总是处于不断发展变化中，因而全面分析这种变化就需要对其发展的不同阶段进行比较，弄清其实质并揭示其运行的规律。对于我国不同时期的投资需求及增长规模、结构状况，不同领域投资演进过程和动力机制，以及不同宏观投资主体行为方式，需要用历史分析方法进行对比研究。

④定量分析法。本书需要定量分析投资规模、结构演进程度以及投资对经济增长促进作用，这就需要用到一定的计量模型。定量分析是在定性分析的基础上，从实际出发，对客观实际情况和大量经济事实、经济现象和统计数据进行量化处理，以期达到对定性分析的升华和精确化。

⑤制度分析法。宏观投资发展过程中存在结构性失衡、发展不充分、增长不稳定等问题，本质上都与投融资体制及其政府治理能力有关。实现有效投资增长、优化投资结构，重要的是完善制度，构建促进增长、优化结构的制度环境。因而本书采用制度经济学的分析范式，对影响宏观投资的制度性问题进行研究。

四、本书框架

宏观投资学主要涉及以下的问题：第一，整体投资规模、投资增长及投资周期波动；第二，工业化过程中，投资的功能与作用，结构特征及转型升级；第三，城镇化的投资特征及发展趋势，城市建设投资以及乡村振兴投资；第四，基础设施投资现状、未来趋势及其基本融资方式；第五，投资的区域和空间格局，投资在国家区域协调发展战略中的地位和作用；第六，政府投资的规模、结构及其政府间投资职能分工；第七，民间投资的功能与作用，政府与社会资本的合作；第八，引进外资和对外投资的演进和历程，“一带一路”背景下的国际投资；第九，教育、卫生、文化等社会领域投资的发展规律；第十，企业和政府融资方式选择，融资工具创新；第十一，政府应该怎样管理与调控投资。

本书将围绕上述内容展开论述。第一章是导论，第二章研究投资增长与经济增长，第三章研究工业化投资，第四章研究城镇化投资，第五章研究基础设施投融资，第六章研究区域投资，第七章研究政府投资，第八章研究民间投资，第九章研究国际投资，第十章研究社会领域投资，第十一章研究融资方式与工具，第十二章研究投资调控与政策。

关键概念

投资　宏观投资　需求　供给　发展阶段　发展道路　发展战略

复习与思考题

1. 宏观投资研究需要处理好哪些关系？
2. 新发展格局下宏观投资的地位和作用出现哪些新变化？
3. 宏观投资学研究的意义是什么？

第二章

投资增长与经济增长

投资构成当期需求，拉动当前的经济增长。同时，投资又形成未来的供给能力，对长期增长和结构调整产生影响。国际经验表明：投资率较高的国家有利于保持较高增长水平，消费率较高的国家不利于保持较高增长水平。投资决定了经济中物质资本存量增长的速率，从而决定了经济的长期增长和生产率提高。对于合理投资增长标准的判断，需要越来越关注资源环境等外部性因素对投资的约束，关注过度投资带来的供需失衡和生产过剩问题。

投资具有双重的效应，既通过对总需求的作用而影响短期产出水平，又通过对资本形成的作用而影响潜在生产能力和总供给，从而左右长期产出水平的增长趋势。也就是说，投资既构成当期需求，拉动当前的经济增长；同时，投资又形成未来的供给能力，对长期增长和结构调整产生影响。

第一节　投资的短期增长效应

一、投资需求与经济增长理论

古典学派经济学家早已注意到国民收入中积累与消费的比例关系，其代表人物魁奈明确指出了积累与消费的比例对社会再生产的决定性影响：由于生产支出和不生产支出彼此间所占优势的不同，每年再生产的收入就可能发生变动。过度的奢侈能使一个非常富裕的国家很快地破产。魁奈在他的经济表中，把“纯产品”（即剩余价值）按 1 : 1 的比例分配于“生产的支出”和“不生产的支出”，这是经济史上第一次明确地指出的定量化的积累消费比例，因而形成了这一重要比例关系研究的起点[①]。亚当·斯密在《国富论》中

① 《魁奈经济著作选集》，商务印书馆 1979 年，第 176 页、225 页、238 页、240 页。

也指出："一个国家或一个社会的总资财，……一部分是留供目前消费的，已由消费者购买，其特性是不提供收入或利润；一部分是固定资本，其特性是不必经过流通，不必更换主人，即可提供收入或利润。……"[①]可见，由于消费与投资在收入或利润提供方面作用的显著差异，使得经济学家更加提倡节俭和储蓄，注重资本增加对其他生产要素的推动。

在对需求动力结构与经济增长阶段的研究中，罗斯托把经济增长的需求动力与经济增长阶段结合，将经济成长划分为六个阶段。其中，前四个阶段是一国的发展阶段，对应于发展中国家；第五、第六阶段是一国的发达阶段。对于前四个阶段，一国要健全国民经济体系，提升社会生产力，需要积累大量的资本进行投资，扩大再生产。但由于在第一、第二阶段时一国还是标准的农业社会，社会积累缓慢，投资无法支撑经济增长，消费仍将主导经济增长。随着技术的进步，到第三、第四阶段，由于此时投资的高回报，造成对消费的挤出效应，国家政策是抑制消费的，投资开始主导经济增长。第五阶段，一国的生产力水平已经很高，投资主导导致的各类问题开始显现，需要消费协调经济增长，直到第六阶段，消费将一直主导经济增长。罗斯托从经济发展史的角度分析，认为只要将新投资维持在相当高的水平，通常投资占到国民收入的15%～20%，增长率就会迅速提高。

国外关于储蓄和投资对经济增长的重要性的研究非常多。钱纳里和赛尔奎因研究了多个发展中国家的工业化进程后认为，在工业化过程中，投资率不断提高，消费率不断下降，在工业化结束或经济进入发达阶段之后，投资率和消费率趋于稳定。他们认为，在经济发展的初期至成熟阶段，投资需求对经济增长的拉动作用较强，而在经济发展的高额消费阶段，消费需求的不断提高能保证经济的持续增长[②]。曼昆对15个国家1960～1991年间的经济增长率和投资率的研究表明："增长与投资之间是相关的，把GDP中相当大的部分用于投资的国家往往有高的增长率，把GDP中一小部分用于投资的国家往往增长率也低。"[③]"根据对经济增长的国际数据的研究，提高储蓄率可以

---

① 亚当·斯密：《国民财富的性质和原因的研究》（上卷），商务印书馆1972年版，第256页。

② 李方正：《我国需求结构演进与经济增长关系研究》，首都经济贸易大学博士论文2015年。

③ 曼昆：《经济学原理》（下册），北京大学出版社1999年版，第152～153页。

在几十年时期内引起相当高的增长”[①]

萨缪尔森也说过，“当一国储蓄较多时，其资本存量就会迅速增长，从而使潜在产出能力迅速提高。而当一国的储蓄率较低时，它的设备和工厂就会变得陈旧，基础设施就会开始变得破旧不堪。”[②]尽管欧、美等发达国家消费率高、储蓄率低有其特殊原因，例如：这些国家社会保障制度完善，减弱了人们为困难时期进行储蓄的必要性；这些国家资本市场活跃，使人们很容易借到钱，而不必过多储蓄。但是，储蓄率低仍然成为发达国家经济学家普遍担忧和警惕的事情，因为，储蓄率过低对收入的持续增长不利，对机械设备的更新和基础设施的完善不利。

储蓄（投资）率的增加是不是有一个极限呢？经济学理论认为，资本受到收益递减规律的制约，即随着资本存量增加，从增加的一单位资本中生产的额外产量趋于减少。此时，资本—产出比例迅速上升，增长代价提高，增长速度放慢。所以，从经济增长效率上考虑，由于资本收益递减效应的存在，储蓄率增加所引起的高增长并非无限的。但是，必须注意的是，储蓄（投资）率的增加和消费率的下降的极限的确定是一个市场抉择的过程，它还取决于市场上投资机会的多少。良好的投资机会意味着较高的收益率，甚至是资本边际收益递增。“在经济发展的早期阶段和起飞阶段，非常高的投资率可以维持较长时间而不致耗尽投资机会。”[③]

储蓄（投资）率是否有一个最优比例呢？拉姆齐模型是由经济学家弗兰克·拉姆齐在20世纪20年代提出的。拉姆齐认为，在一个国家的收入中，储蓄应占的比例可由一个十分简单的法则推得。在一系列假定中，如果只有一种商品、没有人口增长、没有技术进步、没有效用的贴现等等，该法则规定，储蓄率乘以消费的边际效用，应该等于效用的总净享乐率与最大可能享乐率之差。拉姆齐运用这个法则推断，最优储蓄率应大大超过人们通常提出的储蓄率。他还举了一个例子，其中的最优储蓄率应为60%。尽管拉姆齐所确立的模型方法至今在这一研究领域仍具有相当影响，但其结论的实践价值显然是相当有限的。

---

① 曼昆：《经济学原理》（下册），北京大学出版社1999年版，第152～153页。

② 萨缪尔森等：《经济学》，华夏出版社1999年版，第341页。

③ 阿瑟·刘易斯：《经济增长理论》，上海三联书店、上海人民出版社1994年版，第122页。

也有学者的研究表明，面对着丰富多彩世界中无数的具有各不相同的背景、利益、社会市场环境和价值标准，从而具有极为不同的消费—储蓄行为的经济主体，面对着不断变化的内外部环境，要通过严谨的理论分析找到一个精确的最优消费、储蓄比例或消费、投资比例几乎是不可能的。理论界在这一领域已经进行了长期不懈的努力，所建立的形形色色的消费储蓄模型数以千计，但至今还没有取得一个能为各方广泛接受、令人较为满意的结果就是证明。基于理性经济人前提和市场经济原则的考虑，应当相信居民部门自发形成的消费、储蓄比例是一系列现实的主客观条件相互作用的结果，总是有其内在的理由。对这样形成的比例，即使不说是最优的话，也是值得决策部门高度重视的[①]。

二、投资和消费比率的国际比较

1. 消费率最高的是经济最为落后的国家

我们对全球不同区域的、数据较为完整的82个国家和地区[②]的消费率与投资率进行了比较分析。结果表明，1971～2004年的30多年间，世界平均消费率为76.3%，平均投资率为23.6%。其中，非洲、拉美和工业化国家平均消费率较高，分别达到79.2%、78.4%和78.1%，亚洲国家与中东国家的平均消费率接近，均在73%左右。投资率的情况与消费率略有不同，亚洲国家的平均投资率高达28.2%，而中东国家平均投资率明显低于亚洲国家，其次是工业化国家、非洲和拉美国家（见表2–1）。根据洲际平均水平分析，消费率较高的并不是经济发达国家以及经济最具活力的国家，而恰恰是经济最为落后以及经济波动较大的国家。由于消费率（投资率）形成机制的内在复杂性，从数量上很难对一个国家某一时期的适度消费率（投资率）水平做出准确判断，也难以根据其他国家的经验对其进行推论。但是，如果用消费率与投资率的世界长期趋势说明一定时期消费与投资的适度比例关系，那么，

① 罗云毅："关于最优消费投资比例存在性的思考"，《宏观经济研究》2006年第12期。

② 包括美国等22个工业化国家，孟加拉国等14个亚洲国家，匈牙利等3个欧洲国家，伊朗等5个中东国家，以及阿根廷等19个拉美国家。

76.3% 的消费率和 23.6% 的投资率可以成为一国判断消费与投资比例关系的基本参照。与世界平均水平相比，非洲、拉美和工业化国家的消费率偏高，而亚洲和中东国家的消费率较低。传统观点喜欢拿中国的消费率与发达工业国相比较，现在看来并不合适，因为两者国民收入和发展阶段之间的差距太大，根本没有可比性；而拿中国的消费率与非洲和拉美国家相比也不合适，因为这些国家的经济发展特征与状态与中国经济快速发展的要求并不相符。

表 2-1　1971 ～ 2004 年世界主要地区平均消费率和投资率（%）

地区	世界	工业化国家	非洲	亚洲	中东	拉美
消费率	76.3	78.1	79.2	72.4	72.8	78.4
投资率	23.6	22.1	21.6	28.2	25.6	21.6

注：平均消费率加上平均投资率不等于 100%，一是因为没有算上净出口率，二是因为是均值相加。

资料来源：IMF，International Financial Statistics Yearbook，2001，2002，2005.

在全球 82 个国家和地区中，平均消费率最高的是布隆迪（99.4%），最低的是新加坡（59.3%），也就是说，世界各国的平均消费率基本上都位于 60% ～ 100% 之间（见图 2–1）。根据多国长期经验，消费率平均保持在 60% 以上是普遍的，也是经济发展所必需的；反之，如果一个国家长期消费率低于 60%，需求结构也需要进行调整。1980 ～ 2005 年间，中国年均消费率为 61.5%，位于世界平均消费率的下限，相对较低。我们可以分三个区间考察各国消费率的状况。第一区间有 18 个国家，消费率在 86% ～ 100% 之间，这一区间多为低收入国家；第二区间有 44 个国家，消费率在 75% ～ 85% 之间，这一区间的国家所占比例最大，说明在国际上，平均消费率的长期趋势保持在 75% ～ 85% 相对比较普遍；第三区间有 20 个国家，消费率在 60% ～ 74% 之间，第三区间集中了几乎所有主要的东亚国家。

1971 ～ 2004 年，在全球 82 个国家和地区中，平均投资率最高的是圭亚那（40.8%），最低的是塞拉利昂（10.9%），也就是说，30 多年间世界各国的投资率基本上都位于 10% ～ 40% 之间（见图 2–2）。我们也可以分三个区间考察各国投资率的状况。第一区间有 11 个国家，投资率在 30% 以上，以亚洲国家为主，其中有新加坡、中国、伊朗、韩国、日本、马来西亚和泰国，也包括 3 个非洲国家和 1 个拉美国家。第二区间 50 个国家的投资率处于

20% ~ 30% 之间。其中，有 23 个国家的投资率在 22% ~ 24% 之间，这一区间的国家占国家总数的 28%。这一区间的国家最多，说明在世界范围内，这一投资率水平比较普遍。第三区间有 21 个国家，投资率在 10% ~ 20% 之间。

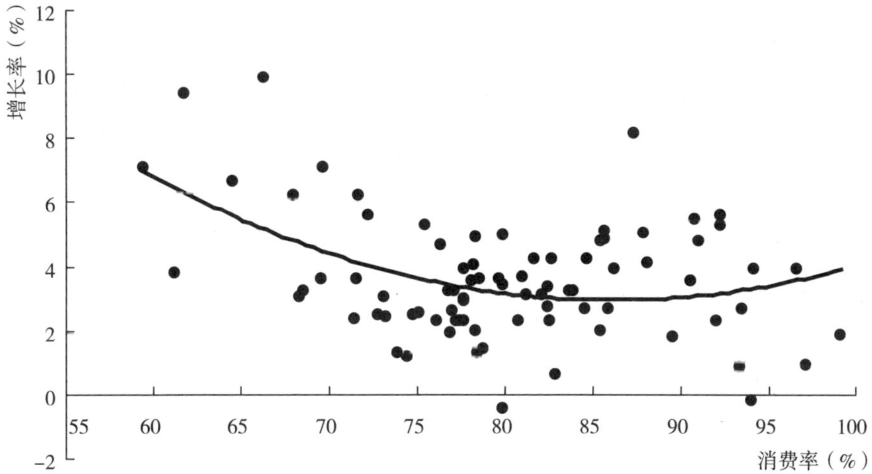

图 2-1　各国平均消费率与经济增长率散点图

资料来源：同表 2–1。

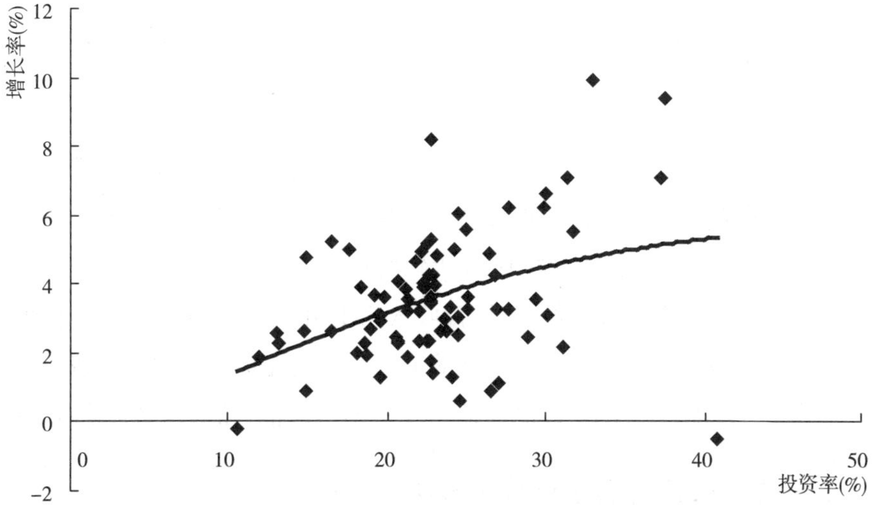

图 2-2　各国平均投资率与经济增长率散点图

资料来源：同表 2–1。

除了对消费率与投资率进行相对独立的分析外，我们还可以比较各国消费与投资的比值，用以说明在不同条件下投资与消费的适应程度。对82个国家的平均消费率与投资率比值按高低排序，以每10个国家为一个区间（最后12个国家为一个区间），分别计算相应区间中各国平均的经济增长率和人均国民收入，可以得出表2–2的结果。统计表明，第一区间的消费与投资的比值高达6.5，即1美元投资支撑的消费额为6.5美元，此时，平均经济增长率和人均国民收入只有2.6%和555美元。而当消费与投资的比值下降到第八区间的2.1时，平均经济增长率和人均国民收入则高达5.3%和8870美元（见表2–2）。

表 2-2　　不同区间国家的消费与投资的比例

	消费/投资	增长率均值（%）	人均国民收入（美元）
第一区间	6.52	2.63	555
第二区间	4.42	3.25	9621
第三区间	3.92	3.66	3546
第四区间	3.65	3.48	12177
第五区间	3.47	3.13	4135
第六区间	3.28	2.84	19915
第七区间	2.87	3.67	11188
第八区间	2.15	5.30	8870

注：人均国民收入为1999年数据。

资料来源：同表2–1。

虽然随着消费与投资比值的下降，增长率和人均国民收入变动并不是完全与之反方向的，但是，仍然可以从中看出如下特征：消费与投资比值畸高显然不利于经济增长和摆脱贫困；以达到的收入高低考察，消费与投资比值在3.3左右比较合理，此时的人均国民收入为19915美元；而要达到增长水平和收入水平的双高，则必须维持较低的消费与投资比值。中国的消费与投资的比值为1.65，排82个国家的倒数第2位，仅比新加坡略高，属于第八区间。

2. 投资率较高有利于保持较高增长水平

图2–1是1971～2004年间82个国家和地区平均消费率与其平均经济增长率的散点图。根据散点图做出的趋势线呈现波动下降状态。总的来说，

随着消费率的上升，经济增长率趋于下降，两者存在反向运动趋势。也即消费率越低的国家，经济增长率越高；而消费率越高的国家，经济增长率越低，消费率较高的国家不利于保持较高增长水平。消费率与经济增长率的反向运动趋势并不是线性的。当消费率位于 76% ～ 87% 之间时，随着消费率的上升，经济增长率平缓上升。但是，必须注意的是，这一同向运动趋势只是发生在 5% 以下的相对较低的经济增长区间中，即消费率的平缓上升并不能实现相对较高的增长水平。当消费率大于 87% 的情况下，随着消费率的上升，经济增长率再次趋于下降。

我们把 82 个国家和地区按照平均经济增长率的高低进行排序，并计算不同经济增长区间内所有国家消费率的均值，结果如表 2–3 所示。在 30 多年的较长时期中，平均 6% 以上的经济增长水平是比较高的，达到这一增长水平的国家的消费率平均为 69%，远远低于其他增长区间消费率均值。除了肯尼亚的消费率达到 87% 以外，高增长区间内的国家平均消费率均低于 72%。在 5% ～ 6% 的增长区间以及 2% 以上的增长区间中，平均消费率均达到 84% 左右，远远高于其他增长区间。这两个区间中多数是发展中国家或低收入国家（见表 2–3）。

表 2-3　　不同增长区间的平均消费率（%）

经济增长率区间	消费率均值	经济增长率区间	消费率均值
6 以上	69	3 ～ 4	79.1
5 ～ 6	86.3	2 ～ 3	79.5
4 ～ 5	83.2	2 以下	84.4

资料来源：同表 2–1。

各国平均投资率与经济增长率的关系要比平均消费率与经济增长率的关系清晰得多。图 2–2 是 1971 ～ 2004 年间 82 个国家和地区平均投资率与其平均经济增长率的散点图。根据散点图做出的趋势线明显向右上方倾斜，即投资率较高的国家，经济增长率相应也会较高。也就是说，较高的投资率有利于实现较高的经济增长。

我们同样按照平均经济增长率的高低，将 82 个国家和地区进行排序，并计算不同经济增长区间内所有国家投资率的均值，结果如表 2–4 所示。平均经济增长率达到 6% 以上的国家的平均投资率为 30.4%，而其他增长区间国家平均投资率则没有高于24%的。可见要达到相对较高的增长水平，较高的投资率是必须的。

表 2-4　　不同增长区间的平均投资率（%）

经济增长率区间	投资率均值	经济增长率区间	投资率均值
6以上	30.4	3～4	23.1
5～6	22.6	2～3	20.8
4～5	22.5	2以下	21.6

资料来源：同表 2-1。

3. 收入上升过程中消费率趋于下降

收入增长会引起国内需求结构的变化，因此，在不同收入水平下，消费率会出现显著的变化。图 2-3 给出了各国人均国民收入（GNI[①]）与平均消费率的散点图。根据散点图做出的趋势线为指数形态的曲线。总的来说，随着国民收入的上升，消费率趋于下降，两者存在反向运动趋势。

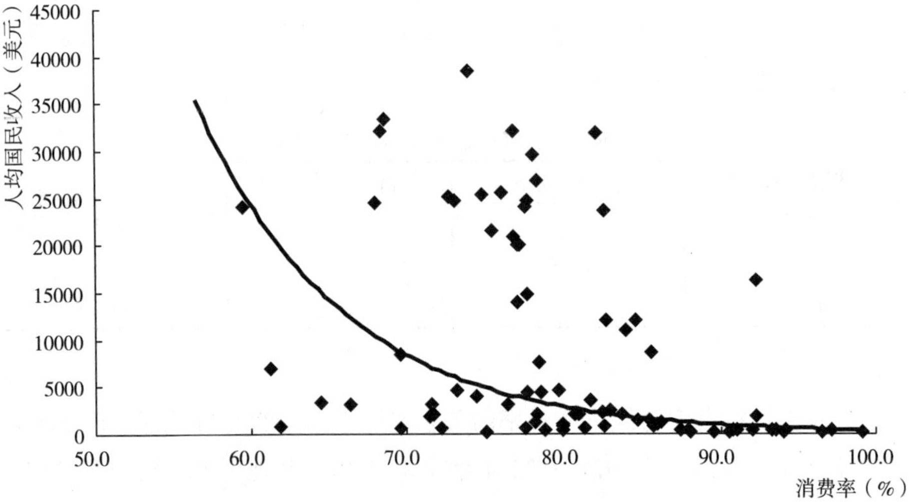

图 2-3　各国人均国民收入与平均消费率的散点图

资料来源：同表 2-1。

① GNI 包括 GDP 和来自非居民途径的净初级收入（雇员获得的报酬和财产收入），GNI 为 1999 年数据。参见世界银行：《2001 世界发展指标》，第 15 页。

根据世界银行1998年的收入分类标准①，我们计算了不同收入类别国家的平均消费率和投资率。如表2–5所示，消费率最低的是上中等收入国家，最高的是低收入国家，而高收入国家的消费率明显低于低收入国家和下中等收入国家。投资率的趋势恰好相反，投资率最低的是下中等收入和低收入国家，而高收入国家的投资率明显较高。这说明收入增加会使国内需求结构发生相当一致的变化。

表2-5　　不同收入类型国家的平均消费率和投资率（%）

按收入分类	平均消费率	平均投资率
低收入国家	86.7	24.3
下中等收入国家	80.9	24.7
上中等收入国家	74.2	23.5
高收入国家	76.6	20.8

资料来源：同表2–1。

钱纳里在《工业化和经济增长的比较研究》一书中运用多国模型论证了收入增加与需求结构变化的内在规律。在人均收入140美元、560美元和2100美元三个基准收入水平上，消费占总需求的比例由71%下降到65%，再下降到59%，与此同时，投资占总需求的比例由15%上升到20%，再上升到23%②。我们所作的多国分析与钱纳里的研究结果有相似的地方。

4. 投资率上升有利于保持经济增长活力

以上分析了世界各国消费与投资比例的平均水平，下面我们着重研究不同国家消费与投资比例的变动趋势。1971～2004年，世界平均消费率总体保持平稳，只由73.7%小幅上升到76.3%。图2–4是不同类别国家1971～2004年间消费率曲线。可以看出，在30多年间，工业化国家的消费率较为平缓，波动不大，标准差只有1.08；非洲国家消费率有向上变动的趋势；亚洲国家消费率呈现较为明显的下降态势；中东国家消费率大起大落，

① 高收入国家人均收入在9361美元以上，上中等收入国家人均收入在3031～9360美元之间，下中等收入国家人均收入在761～3030美元之间，低收入国家人均收入在760美元以下。

② 钱纳里：《工业化和经济增长的比较研究》，上海三联书店1989年版，第72～75页。注：在多国模型中，国内最终需求分为消费、投资和政府三个部分，因此，消费率与投资率之和不等于100%。

峰谷差值能够达到 30 个百分点，标准差高达 7.13；拉美国家消费率总体变化不大，但在不同时间段有一定的波动。不同类别国家投资率的变动趋势可以归纳为：亚洲国家明显上升；非洲国家缓慢下降；中东国家大幅波动；工业化国家平稳发展；拉美国家变动不大（见图 2–5）。

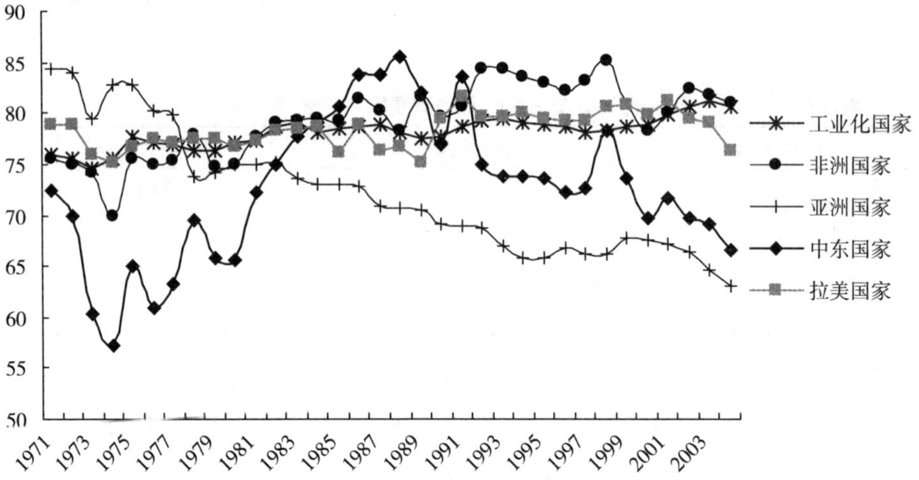

图 2-4　不同类型国家消费率变动（%）

资料来源：同表 2–1。

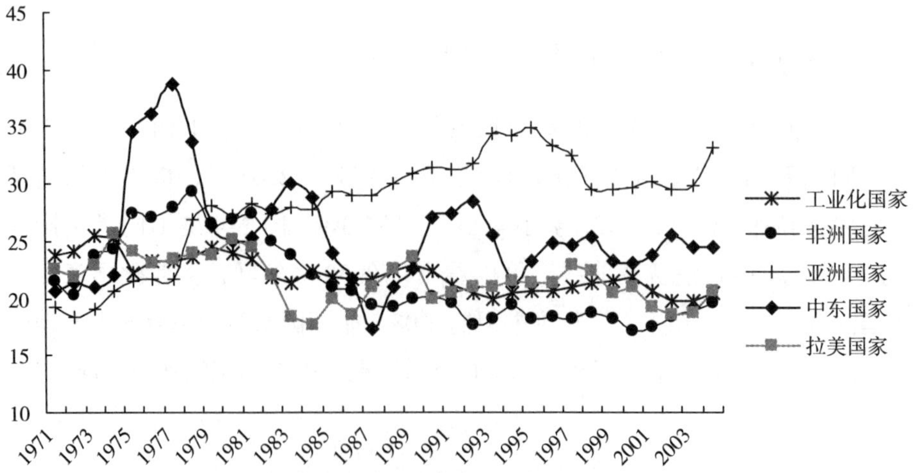

图 2-5　不同类型国家投资率变动（%）

资料来源：同表 2–1。

在全球 82 个国家和地区中，消费率趋于上升的有美国、澳大利亚、法国、肯尼亚、南非、阿根廷等 27 个国家，占 32.7%；消费率趋于下降的有比利时、英国、博茨瓦纳、韩国、中国、埃及等 17 个国家，占 20.7%；消费率基本持平（包括波动较大的国家）的有加拿大、新西兰、荷兰、喀麦隆、印度、伊朗等 38 个国家，占 45.3%。消费率上升国家的平均经济增长率为 3.11%，人均国民收入为 10166 美元；消费率下降国家的平均经济增长率为 5.26%，人均国民收入为 10815 美元；消费率持平国家的平均经济增长率为 3.11%，人均国民收入为 6321 美元。从经济增长活力和已达到的经济发展水平两方面综合考虑，消费率下降要比消费率上升和消费率持平更为有利。世界各国投资率与消费率的反向变动趋势比较显著，因此，对消费率变动趋势的分析可以大致代替对投资率相应变动趋势的判断。

三、我国投资和消费比率变动特征

1. 消费率呈现先下降后上升的 U 型态势

20 世纪 80 年代后，我国的消费率总体趋于下降，2000 年后出现急速下降。2000 年以前，我国消费率大多保持在 60% 以上，最高的 1983 年曾经达到 67%，最低时的 1993 年也达到 58%。新世纪的前十年是消费率下降最为明显的时期，由 2000 年的 63.9% 下降到 2010 年的 49.3%，下降了 14.6 个百分点。2010 年以后，消费率开始回升，到 2019 年提高到 55.4%，又提高了 6.1 个百分点。以改革开放以来作为一个大的阶段，消费率呈现正 U 型变化趋势，目前处在正 U 型的上升期（见图 2–6）。2000 年以前，消费对经济增长的贡献率很少低于 50%。2000 ～ 2010 年间，消费贡献率则普遍低于 50%，2003 年还曾低至 34%。2010 年以后，消费贡献率有了比较大的回升，2016 年达到 65%，2018 年更上升到 76%（见图 2–7）。

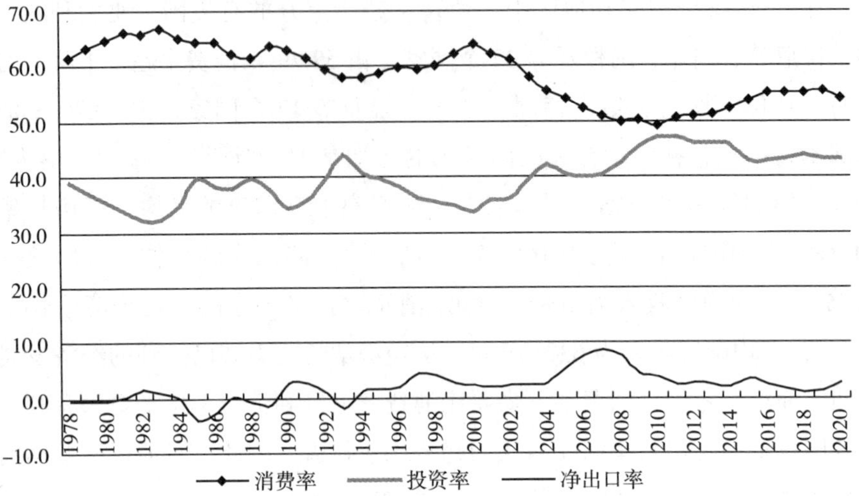

图 2-6 三大需求结构变化（%）

资料来源:《中国统计年鉴 2020 年》, 国家统计局。

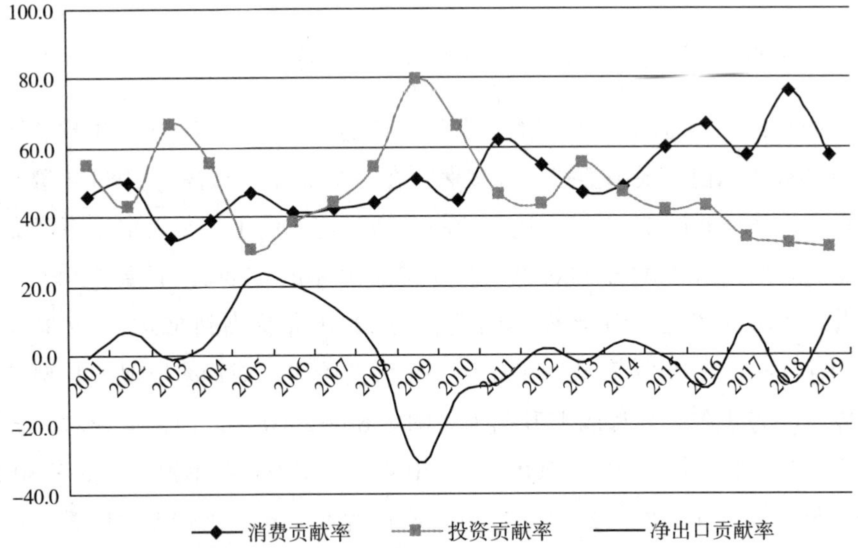

图 2-7 三大需求对国内生产总值贡献率（%）

资料来源:《中国统计年鉴 2020 年》, 国家统计局。

2. 投资率在经济的上升期变动剧烈

投资率的变化与消费率大致相反，进入新世纪，投资率由 2000 年的

33.7% 提高到 2011 年的 47%，提高了 13.3 个百分点。到 2019 年，投资率又下降到 43.1%，下降了 3.9 个百分点。这一时期，投资率与消费率基本上是此消彼长的关系。但是，与消费率变动相对平缓相比，投资率在周期波动的节点时期，上下跳动得更加剧烈，表明经济或政治周期性因素对投资率波动具有明显影响。例如，1993 年，邓小平南方谈话之后，投资率由上年的 39.6% 跳升到 44%；2009 年国际金融危机之后，投资率由上年的 42.4% 提高到 45.5%。投资对经济增长的贡献率年度间波动更大。在经济低谷时期，投资贡献率通常大幅度下降到谷底。例如，1990 年，投资贡献率只有 2.5%，1997 年，投资贡献率也只有 17.8%。而经济复苏时期，投资贡献率通常都会大幅度回升，例如，1992 年、1993 年，投资贡献率达到 56% 和 58%，2009 年达到 80%。

3. 外需的作用逐步下降

净出口比率变动缺少规律，总的来看，1990 年代以前，净出口比率很多年出现过负值，既出现逆差，之后则基本为正值，即为顺差。在几个经济下降期，净出口比率保持了高水平，外需的作用较为明显。例如，1990 ～ 1991 年、1997 ～ 1998 年和 2005 ～ 2010 年。近些年，净出口率呈现下降的趋势，由 2015 年的 3.3% 下降到 2019 年的 1.4%，外需的作用在下降。

4. 近年来消费增长成为经济增长的主要动力

消费增长与经济增长的适应性更强，两者的相关性达到 0.91；与消费增长相比，投资增长的波动更加明显，投资增长与经济增长的相关性只有 0.84。2000 年以前，投资增长波动很大，也导致经济的大起大落。2000 ～ 2010 年，投资增长明显超前于经济增长；2010 年以后，投资增长更多是落后于经济增长。2000 ～ 2010 年，消费增长大多滞后于经济增长。2010 年以后，消费增长开始超前于经济增长，并成为引领增长的主要力量（见图 2–8）。

5. 消费率的变化主要由居民消费率变动引起

改革之初，我国的消费率超过 65%，之后逐步下降到 2010 年的 48%，目前保持在 55% 左右。在这个过程中，政府消费率变化不大，主要是因为居民消费率的下降，由改革之初的53%下降到2010年的35%，下降了18个百分点。国际比较显示，我国消费率偏低，其中居民消费率偏低尤为突出。2017年，居民消费率世界平均为56.4%，中等收入国家平均为48.3%，高收入国家平均为58.7%，世界平均为56.4%，我国仅为39.1%。

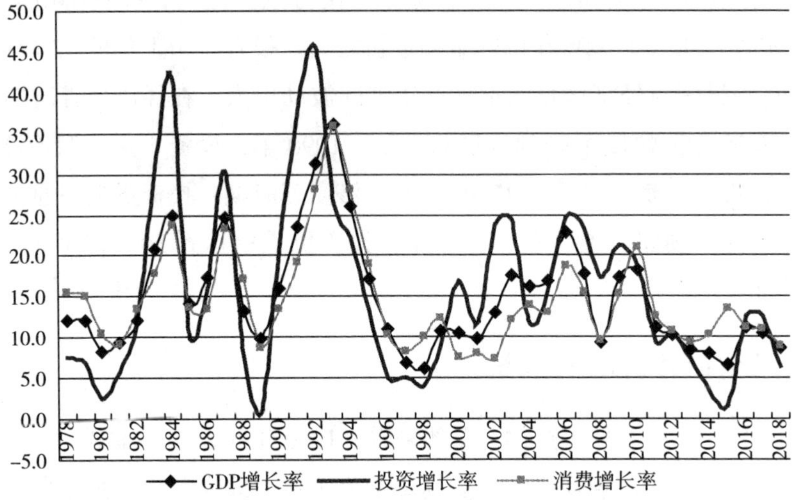

图 2-8　最终消费和资本形成增长率（%）

资料来源:《中国统计年鉴 2020 年》，国家统计局。

我国政府消费率与低收入国家的平均水平相当，大大低于其他类别国家平均水平。20世纪90年代，我国政府消费率平均仅为12%左右。2017年，我国政府消费率为14.5%，只高于同期低收入国家的12.5%，而世界平均水平是16.8%，东亚与太平洋国家是16%，OECD国家是17.6%（见表2–6）。

表 2-6　　2017 年中国与世界需求结构（占 GDP 的比例）（%）

	最终消费	政府消费	居民消费	资本形成	固定资本形成
中国	53.6	14.5	39.1	44.4	42.7
东亚与太平洋	61.7	16	45.7	32	31
OECD 国家	77.8	17.6	60.2	22	21
中低收入国家	6.7	14.5	–7.8	31	29
中等收入国家	62.8	14.5	48.3	31	29
中高收入国家	63.6	15.6	48.0	32	30
低收入国家	74.8	12.5	62.3	29	25
高收入国家	76.4	17.7	58.7	22	21
世界平均	73.2	16.8	56.4	24	23

资料来源：世界银行数据库。

四、需求变动的影响因素及主要趋势

1. 影响需求变动的主要因素

①人口老龄化、储蓄率下降导致投资率下降。改革开放以来，我国经济快速增长，逐步成长为世界第二大经济体。其主要原因就是适龄劳动人口多，生产和储蓄多，消费少，储蓄率和投资率不断上升。随着我国老龄化的加速到来，老龄社会高消费、低储蓄、低增长的特征逐渐显现出来。近年来，我国储蓄率和投资率下降。2010 ～ 2019 年，储蓄率由 50.7% 下降到 44.6%，投资率由 47% 下降到 43.1%（见图 2–9）。资本形成取决于国民储蓄，随着储蓄率的降低，资本积累相应减少，必然导致投资率的下降。

②经济发展需要决定了投资率下降将是缓慢的。当前我国经济社会发展还存在许多不平衡不充分的问题，仍然需要加大投资力度，弥补基础设施和公共服务发展短板。促进转型发展，增强新动能，发展新产业、新技术、新业态、新模式，实现技术创新，也都需要增加投资。目前，战略性新兴产业、高技术制造业和服务业投资增长都很快，正在形成对传统产业的投资替代和接续。近年来，高技术制造业投资和服务业投资增速都明显高于全部投资增长，补短板投资和新经济投资成为投资稳定增长的重要保障。

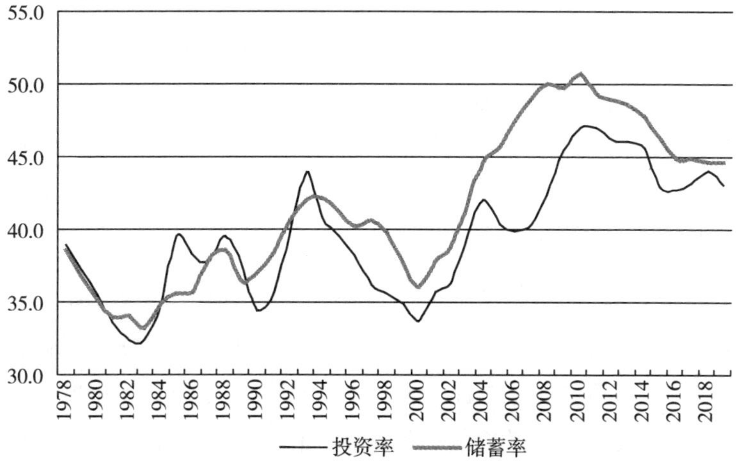

图 2-9　1978 ～ 2019 年储蓄率和投资率（%）

资料来源：《中国统计年鉴 2020 年》。

③收入增长和消费升级推动消费率上升。2010～2019年，我国城镇居民收入年均增长6.8%，农村居民收入年均增长8.3%。城镇居民收入增长与经济增长基本同步，而农村居民收入增长则明显快于经济增长。改革开放以来，我国恩格尔系数呈明显下降趋势，由60%左右降到2019年的28.2%。2014～2019年，在全国居民人均消费支出中，服务性消费占比由40.3%提高到45.8%，教育、文化、娱乐、医疗保健等服务消费支出比例稳步提高。未来居民消费的增长潜力还很大，消费空间将进一步拓展，这将推动消费率的上升。

④收入差距扩大等因素制约消费率上升。国家统计局的数据显示，1997年以来，我国基尼系数几乎一直在扩大，2017年为0.47。北京大学、西南财经大学的研究分别表明，中国基尼系数为0.7和0.5，远高于统计局数据。收入差距过大会导致国内需求不足，形成富者不愿消费、穷者无力消费的局面。房价上涨以及家庭债务负担激增也对居民消费产生明显的挤出效应。近年来，居民部门大量加杠杆购房，杠杆率迅速提高，从2008年的18%上升至2019年的56.1%。居民的利息支出增加，挤占了消费支出。另外，收入分配中居民收入分配占比偏低、社保福利体系不健全等因素也会制约居民消费率的提升。

⑤重化工业阶段进入尾声导致投资率下行。工业化阶段变化是需求结构变化的决定性因素。在典型国家的快速工业化时期，投资率通常会保持较高水平。当前，我国总体上进入工业化后期，未来工业化进程将进一步深化，从基本实现工业化向全面实现工业化推进。这一时期对投资的需求仍然较大，投资率不太可能出现明显的下滑。但是，重化工业高速增长周期在“十三五”末进入尾声，“十四五”时期，我国经济向高质量发展阶段转变，将加快推进高技术制造业和现代服务业的发展，投资强度明显要低于重化工业时期，投资率缓慢下降将成为必然。

⑥城镇化追求高质量发展推动消费率上升。我国的城镇化已经进入后半程，将追求更高质量的健康城镇化，重视绿色城市建设、绿色产业发展和低碳节能发展。城市盲目扩张之路走到尽头，规划与建设紧凑型城市，实现债务融资的可持续成为城市政府的必然选择。随着工业化基本完成，城市化达到较高水平，第三产业发展进入中后期，即主要依靠人力资本和知识的贡献来提高附加值，依靠信息、文化、健康、养老等消费升级促进城市发展，投

资量相对较小的现代服务业比重明显上升，投资率将会逐步降低，消费率将会提升。

2. 需求变动的未来趋势

一些学者根据国内外的发展经验，考虑我国所处的发展阶段，提出较好的投资与消费比例关系应该是：投资率一般不应高于40%，消费率不应低于60%。我们也可以把它看成一个合意的需求结构。但是，鉴于我国经济发展的特征不同，这个结构纠偏和调整过程仍可能是缓慢的。

2014～2019年，我国消费率每年只提高0.62个多百分点，以此计算，到“十五五”时期，消费率可以达到60%。在消费率提升过程中，居民消费率和政府消费率都有上升空间。

2014～2019年，我国投资率每年下降0.5个百分点，也是到“十五五”初期，投资率可能下降到40%左右。主要可以通过加强政府行为约束、控制债务风险，促使政府投资率下降。

无论投资率是向上走还是向下走，都要以增加有效投资为前提，不搞低水平重复建设，不搞破坏生态环境的项目，不搞政绩和形象工程，多做打基础、利长远的事。

在中美贸易摩擦升级和国际经济下行风险加大的情况下，需要加快形成以国内大循环为主体、国内国际双循环相互促进的新发展格局。未来我国外需将面临比较严峻的局面，内需对外需的替代局面将会加速形成，净出口比率很可能维持在0到–2%的水平。

当然，为对冲中美贸易战带来的经济下行风险和压力，宏观政策可能会加力，投资率的回落可能更加缓慢，甚至为了经济不至于滑落出合理区间，投资率可能出现反向的调整。

第二节　投资的长期效应分析

投资形成未来的供给能力，对长期增长和结构调整产生影响。投资是增加有效供给、改善供给结构、提高供给质量的主导力量。在资本、劳动、资源等要素的供给中，资本积累起着主导和核心作用，投资是长期经济增长的主要推动力。

一、经济增长的主要动力源

1. 理论解析

（1）西方增长理论

经济学理论认为，假设经济制度效率（资源配置效率）既定，经济增长的基本要素是资本积累（投资）、劳动力和技术进步。在一定条件下，这三个要素有一定程度的替代性，但在生产力形成过程中，资本投资发挥关键作用。无论是劳动生产率提高，还是技术进步，都要靠资本投入的支持。投资决定了经济中物质资本存量增长的速率，从而决定了经济的长期增长和生产率提高。以斯密为代表的古典经济增长理论、以哈罗德—多马模型、索洛模型等为代表的现代经济增长理论，都强调投资对经济长期增长的重要作用。

按照亚当·斯密的逻辑，无论是生产劳动数量的增加及其质量的改进，还是劳动分工的发展从而劳动生产力的提高，都依赖于扩大资本积累的规模并改善资本的用途。亚当·斯密认为经济增长表现为国民财富的增长，促进经济增长的途径有两种：劳动生产率的提高和从事劳动人数的增加，在这个过程中，投资都具有重要作用。随着资本积累的进行，劳动分工的发展，这时每一个工人的操作愈来愈简单，所以减轻和缩短劳动的新机器就大量发明出来，从而使劳动生产力得以提高。从事劳动人数的增加既与人口的增加有关，也与资本积累相关，要增加生产性劳动者的数目，必先增加资本，增加维持生产性劳动者的基金。要增加受雇佣劳动者的生产力，唯有增加那些便利劳动、缩减劳动的机械和工具，或者对它们进行改良。不然，就是使工作的分配，更为恰当。但无论怎样，都有增加资本的必要。

1948 年，哈罗德和多马分别提出关于经济增长的分析模型，即哈罗德—多马模型。哈罗德—多马模型主要研究在保持充分就业的条件下，储蓄和投资增长之间的关系。哈罗德—多马模型认为，一个国家国民生产总值增长率

（$\Delta Y/Y$）取决于资本—产出比率和储蓄率。一国的经济增长率与该国的储蓄率成正比，与该国的资本—产出比率成反比。从长期看，通过投资增加有效需求，从而为当期提供充分就业机会，企业生产能力扩大，结果引起下期供给大于需求，出现下期的就业缺口，这样就需要更多的资本形成。因此，不断地增加投资，是保证经济增长的唯一源泉。可以说，稳定投资不仅是为了扩大市场需求，而且也是为了创造未来的更高技术水平的生产能力。因此，储蓄或资本的形成是经济增长的决定性变量，高储蓄和高投资将带来或维持经济的高增长，一个经济体的增长能力依赖于一个经济体的储蓄能力，政府可以通过调节储蓄水平、刺激资本积累来实现经济的长期增长。

索洛模型从柯布—道格拉斯生产函数出发，建立经济增长与各综合因素之间的数量关系。在模型中，资金投入量、劳动投入量和科技进步被看作是影响经济增长的三大因素。长期增长率是由劳动力增加和技术进步决定的，前者不仅指劳动力数量的增加，而且还含有劳动力素质与技术能力的提高。索洛的长期增长模型打破了一直为人们所奉行的“资本积累是经济增长的最主要的因素”的理论，向人们展示了长期经济增长除了要有资本以外，更重要的是靠技术的进步、教育和训练水平的提高。同时，也更进一步地指出，科技进步因素是通过两大生产要素——劳动和资金的有机结合体现出来的，即除了高储蓄和高投资会带来经济增长之外，资本积累还可以通过资本体现型的技术进步来提高生产率水平，并促进长期的经济增长。

罗默和卢卡斯提出的“内生经济增长理论”拓展了资本的内涵，即从实物资本扩展到知识资本、人力资本等现代资本的范畴。内生增长理论认为，长期增长率是由内生因素解释的，也就是说，在劳动投入过程中包含着因正规教育、培训、在职学习等等而形成的人力资本，在物质资本积累过程中包含着因研究与开发、发明、创新等活动而形成的技术进步，从而把技术进步等要素内生化，得到因技术进步的存在，要素收益会递增而长期增长率是正的结论。增加投资可以促进知识资本和人力资本的积累，而知识资本和人力资本又反过来刺激投资的增加，这一过程保证了投资进而对经济能实现自我循环的可持续增长。特别是科技创新加速的结果使知识、技术的边际产出不是递减，而是递增，技术的边际产出递增与资本的边际产出递减加在一起，就可能使资本的边际产出不变。知识、技术可以无限增长，从而人均产出也可永续增长。为此，这种由投资所带来的新型资本积累，能够持久地促进一国经济增长。

自新古典经济增长学派将技术进步作为一个独立的因素纳入经济增长模型以来，技术进步对经济增长的影响越来越引起世人的关注。有许多学者认为经济增长已在很大程度上取决于技术进步，经济增长要从依靠投资转移到依靠技术进步上来，有忽视投资对经济增长贡献的趋势。不可否认，在以知识经济为典型特征的经济增长过程中，技术作为一个独立的要素对经济增长的作用已越来越大，我们应大力倡导重视技术、尊重知识的政策导向，这也是西方经济理论对我们现代化建设重要的理论启示。但值得注意的是，我们不能抛开技术进步的形成过程片面地讨论技术对经济增长的作用，而忽视或降低投资要素对经济增长的贡献。"虽然技术进步对经济增长的作用已越来越占有重要的地位，但是进一步的研究发现，技术进步在很大程度上包含于资本的增加之中，这一情况无论在发达国家还是发展中国家都十分明显。"[①]

我们不仅应当重视投资在某个时期对经济的作用，更应重视投资对技术进步的影响，对经济结构的影响，对制度因素的影响，而制度、技术、结构在模型中又是影响经济增长的重要因素。包括人力资本投资在内的投资活动，不仅是生产技术进步的途径而且还是利用技术进步成果的途径，没有投资，就没有技术进步，也不能有集约型或所谓的"知识"经济的增长，因而，强调技术进步对经济增长作用的前提是重视如何通过投资方式的转变，加强对技术、人力资本的投资，完善知识、技术的生产机制，以实现粗放式生产向集约型方式转变，为经济的可持续发展创造良好的外部环境[②]。在经济增长过程中，无论是劳动力投入、制度变革还是技术进步，都离不开资本的形成和积累。

（2）马克思社会资本扩大再生产理论

马克思在《资本论》中并没有用投资和经济增长的概念，他用的是资本积累和社会资本扩大再生产的概念。其中主要内容有以下三方面。第一，剩余价值是资本积累的源泉；第二，资本积累是扩大再生产的源泉；第三，社会资本扩大再生产公式。前两方面的内容很清楚，这里仅就第三方面的内容

① A·P·瑟尔瓦尔：《增长与发展》，麦克米伦出版公司 1983 年版，第 70 ～ 72 页。

② 葛永波、周倬君："西方投资理论的借鉴"，《东岳论丛》2005 年 11 月。

做些扼要阐释。

马克思把资本主义社会物质生产部门分为两大部类：一是生产生产资料的部类，以Ⅰ表示；二是生产消费资料的部类，以Ⅱ表示。社会总产品的物质形态 = Ⅰ + Ⅱ。马克思把社会总产品的价值形态分为：①不变资本，以 c 表示；②可变资本，以 v 表示；③无产者剩余劳动创造的剩余价值，以 m 表示。社会总产品的价值 = Ⅰ（c+v+m）+ Ⅱ（c+v+m）。

马克思认为，社会资本扩大再生产要能够持续进行，就必须遵循下列两个公式：一是Ⅰ（v+m）> Ⅱ c；二是Ⅱ（c+m−m/x）> Ⅰ（v+m/x）。只有同时遵循这两个公式，第一部类生产的产品价值在补偿了第一部类的无产者消费的工资（v）和资本家用于自身消费的剩余价值（m/x）以外，还有多余的价值一部分用于两大部类扩大再生产所需的追加的生产资料的价值；第二部类生产的产品价值，在补偿了第二部类无产者消费的工资（v）和资本家用于自身消费的剩余价值（m/x）以外，还有多余的价值部分用于两大部类扩大再生产追加无产者所需的消费资料的价值。这样，整个社会再生产才能顺利地进行；否则，就是不可能的。所以，扩大再生产这两个公式就是社会扩大再生产必须遵循的客观规律。

马克思在《资本论》中，还把资本积累和资本扩大再生产区分为两种类型。一是在资本有机构成不变条件下的扩大再生产；二是在资本有机构成提高条件下扩大再生产。在前一种情况下，社会扩大再生产的进行对生产资料需求的增长速度和对消费资料需求的增长速度大体上是相等的，因而，两者生产的增长速度大体上是相等的。但在后一种情况下进行扩大再生产，同量的活劳动所运用的生产资料是会逐步增长的，因而，就要求生产资料生产的优先增长，即要求第一部类生产增速要快于第二部类生产的增速，否则，资本有机提高条件下的社会扩大再生产就不可能持续进行。

但这两种情况下的扩大再生产从总体上说来都要遵循上述两个扩大再生产公式的要求。问题的关键在于，生产资料生产的优先增长是不可能孤立进行的，它的持续进行仍然有赖于消费资料生产的增长。否则，与生产资料优先增长相联系的追加投资以及对消费资料需求的增长就不可能得到满足，生产资料生产的优先增长也就不可能持续进行。

现在需要进一步指出：马克思提出的扩大再生产原理虽然具有资本主义

商品生产的形式，但就一般的共同的意义上说，对社会主义条件下的扩大再生产也是适用的。这意味着这个扩大再生产公式所体现的第一部类和第二部类在扩大再生产中的比例关系，在以社会化大生产作为物质基础的资本主义制度下和社会主义制度下是相同的。事实上，马克思就曾明确说过："时间的节约，以及劳动时间在不同生产部门之间的有计划的分配，在共同生产的基础上仍然是首要的经济规律。"[①] 这就清楚表明了劳动时间节约规律和按比例发展规律在公有制经济中的重要性。但这里所说按比例发展规律显然包括社会扩大再生产中两大部类对比关系。

但是，把马克思主义的一般原理运用于我国当前投资与经济增长，必须结合当前实际和时代特征。这里需要提及其中三点。第一，资本主义生产的目的是最大限度地追求剩余价值，而在社会主义社会，随着生产资料公有制的建立和阶级对立的消失，生产的目的不再是少数人的财富积累，而是满足人民群众日益增长的物质文化需要、实现人的全面发展和社会成员共同富裕。第二，马克思在 19 世纪中叶资本主义工业化中期的历史条件下，只把社会生产分为物质生产和精神生产两方面，前者包括生产资料生产和消费资料生产，后者包括文化和科学等。但在 20 世纪下半期以来，随工业化和现代化的发展，第三产业已逐步上升到社会经济总量中的主要地位。第三，在马克思那个时代，劳动资料主要就是机器，劳动对象也是传统的原料（如冶金工业中的煤和铁，纺织工业中的棉花等）。而在当代现代化大发展的条件下，数字以崭新的姿态成为重要的生产要素，数字经济已发展成独立的产业部门。

二、我国投资增长与经济增长

1. 总体投资增长情况

改革以来，我国固定资产投资平均增速高于 GDP 平均增速。按现价计算，1979 ～ 2019 年，投资年均增长 17.9%，GDP 年均增长 14.6%，投资增长超前于经济增长，投资率平均为 43.3%，投资增长对经济增长的弹性

---

① 《马克思恩格斯全集》第 46 卷，人民出版社 1972 年版，第 102 页。

平均为1.27，投资增长和经济增长的相关系数达到0.67。按可比价计算，1979～2019年，投资年均增长13.4%，GDP年均增长9.3%，投资增长快于经济增长4.1个百分点，投资率平均为49.3%，投资增长对经济增长的弹性为1.33。可见，改革以来的40多年，用可比价计算，投资增长超前于经济增长的幅度更大。

可比价投资的增长波动可以大致分为四个周期阶段，每个时段大约十年。第一阶段是1979～1989年，投资增速由1979年的2.3%提高到1982年的25.2%，进一步提高到1985年28.4%，之后下降到1989年的–14.5%；第二阶段是1990～1999年，投资增速由1990年的–2.9%猛升到1993年27.8%，又回落到1999年5.5%；第三阶段是2000～2010年，投资增速由2000年的9.1%提高到2005年的24%，再大幅提高到2009年的33.2%，随后迅速下降到2010年的8.2%。第四阶段是2011～2019年，投资增速由2011年的16.1%提高到2012年的19%，之后持续下降到2019年的5.1%。按照“十年一周期”的规律，“十四五”投资有条件进入新一轮增长（见图2–10）。

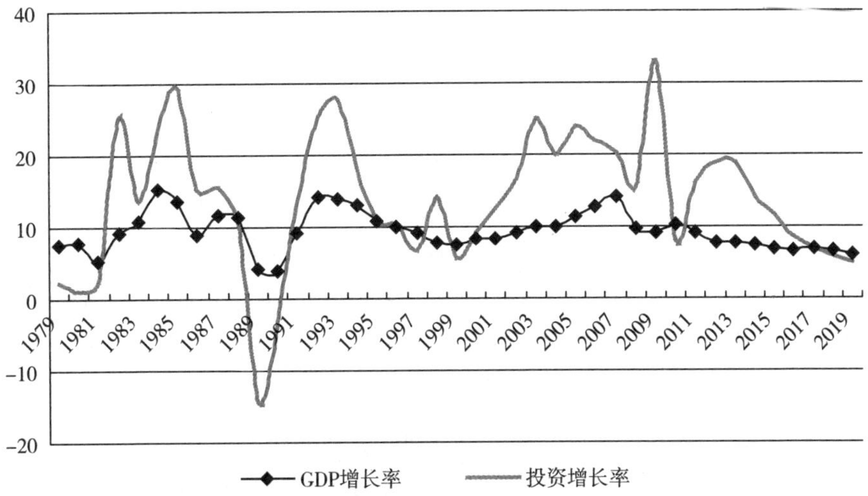

图2-10　改革以来投资增长和经济增长（%）（可比价）

资料来源：《中国统计年鉴2020年》。

2. 1979～1989年的投资增长

1979年4月中央工作会议之后，中央开始了对国民经济的全面调整，遏制了投资的增长势头，并压缩了一批在建项目。1979年，停建、缓建大中型项目295个；1980年，又减少大中型项目283个。从1979年开始，国家有计划地放慢了重工业的发展速度，采取一系列积极发展轻工业的政策措施。首先在投资分配上，提高了对轻工业的投资比重。用于轻工业的投资占工业总投资的比例1978年为9.3%，1979年为10.8%，1980年上升到14.9%。调整了重工业的服务方向及其内部结构。1979年和1980年，重工业的增长速度不仅比过去有所放慢，重工业的服务方向和结构也开始发生变化。1979～1980年调整是有成效的，但并没有解决这次调整所要解决的基本问题，即基本建设投资规模没有切实地压下来。

1980年12月召开的中央工作会议上，党中央决定从1981年起在前两年调整的基础上，对国民经济实行进一步的调整。1981年全部停建、缓建的大中型项目151个、小型项目1100多个。为了加强能源交通等重点建设，1982年初，有关部门从在建的几百个大中型项目中，选出对国民经济发展有重要意义、具备了较好建设条件的50个项目，按合理工期组织建设，在财力、物力上给以优先保证。这批项目中，能源、建材、交通、轻纺等部门的项目占绝大部分，所需投资约占当年在建大中型项目投资的1/3以上，1982年，这些重点项目取得了较好的进展。但是，1982年又出现了基本建设投资增长过快的问题，这种状况1983年上半年仍有发展。

为了刹住基本建设投资增长过猛的势头，国务院于1983年7月9日发出了《关于严格控制基本建设规模、清理在建项目的紧急通知》，要求各地区、各部门迅速把超过国家下达的基本建设计划的部分压缩下来，特别是用自筹资金和银行贷款安排的建设规模，必须压缩到计划指标以内。1983年投资增长势头得到遏制，但仍然增长过快。1984年，国家重点建设进一步加强，一批重点煤矿、电站、油井、建材企业和铁路新线建成投产。但是，1984年投资增长速度更猛，这年下半年，在酝酿全面开展经济体制改革时，国务院决定要给银行以信贷自主权，银行为扩大1985年的信贷限额，10月份起放手发放固定资产贷款，由此造成投资失控。

尽管采取了投资控制措施，重申严格按计划办事，实行行政首长负责制；各级银行不准发放计划外固定资产贷款；各地区、各部门不准用银行贷款以自筹资金名义擅自扩大基本建设投资规模。但是，1985年国民经济以及投资增长仍然过热，全社会固定资产投资增长了38.8%。1986年执行了财政、金融的双紧政策，因而经济过热状态有所缓解。鉴于1986年只是初步抑制了1984年末和1985年的过热状态，1987年3月，国务院提出了“三保三压”的方针，即保计划内建设，压计划外建设；保生产性建设，压非生产性建设；保国家重点建设，压非国家重点建设。显然，这些规定也体现了紧缩的财政货币政策。

由于对1987年的经济调整工作作了过于乐观的估计，认为这年经济增长速度比较高，也比较正常健康，还提出了加快沿海地区经济发展的全国性战略，就导致在实际上完全放弃了稳定经济的方针和紧缩的财政、货币政策。从1988年第一季度起，工业和国民经济急剧升温。8月中下旬，全国许多城市爆发了居民争提存款、抢购商品的风潮。全年全社会固定资产投资增长了25.4%。1989年11月召开的党的十三届五中全会又作了《关于进一步治理整顿和深化改革的决定》。首先是大幅度压缩投资需求，不仅砍掉了一批包括楼堂馆所在内的非生产性项目，而且停建、缓建了一批一般的生产性项目，特别是加工工业项目。

3. 1990～1999年的投资增长

1990年，党中央和国务院决定继续推进治理整顿，并采取了坚持总量控制、适时调整紧缩力度和积极调整结构等一系列措施，在治理整顿方面取得了进展。1991年继续推进了治理整顿，并基本完成了治理整顿的主要任务。三年的治理整顿，为经济增长形成了相对宽松的总供需环境，并积累了一定的物质条件。1992年，基本建设投资的使用，主要是继续加强能源、原材料建设，支持高新技术发展。技术改造投资的使用，重点是大力降低能源、原材料消耗；提高产品质量和档次，开发新产品，增加短线产品的生产能力；搞好引进技术的消化吸收，增加出口创汇产品的生产。1992年固定资产投资达到8080.1亿元，比上年增长44.4%。

1993年上半年，在邓小平南方谈话和党的十四大精神鼓舞下，改革开放不断取得新进展。但是，经济也出现了一些新的问题，某些方面的情况还比较严峻，主要是从1992年开始的整个国民经济过热状态有了进一步的加剧。1993年上半年，国有投资比上年同期增长70.6%，大大超过经济增长的幅度。1993 年初，中央相继采取了稳定和加强农业，制止乱集资、违章拆借和规范股票市场，以及加强房地产投资和交易管理、清理整顿开发区等一系列措施。6 月 24 日，中共中央、国务院发出了《关于当前经济情况和加强宏观调控的意见》，做出了加强宏观调控的重大决策。但是，当年全社会投资仍比上年增长了 61.8%，投资增长速度过快，规模过大。

1994 年“软着陆”起步，全社会投资增幅比上年有了大幅下降，但规模仍然偏大。1995 年宏观调控力度加大，“软着陆”迈出重大步伐。1995 年全社会投资增长了 14.7%，增幅大降。1996 年，经济进一步走向“软着陆”，全社会投资增长 14.5%。由于继续实施适度从紧的财政政策和货币政策，注意掌握调控力度，1997 年在坚持适度从紧的货币政策的同时，注意了适度微调，终于成功地实现了经济“软着陆”。这年全社会投资的增幅比上年又进一步回落，全社会投资比上年增长了 8.8%。

1998 年，出现了有效需求不足和市场销售不旺的现象，亚洲一些国家金融危机的深化，对我国经济发展负面影响加大，中央采取了扩大内需的政策措施。1998 年 6 ～ 7 月，中共中央、国务院转发了国家发展计划委员会《关于今年上半年经济运行情况和下半年工作建议》，决定实施积极的财政政策，增发 1000 亿元财政债券，并配套增加 1000 亿元银行贷款，用于增加基础设施建设投资。紧接着以实行积极财政政策、扩大基础设施为核心的扩大内需的一系列重大政策相继出台。在上述宏观调控政策指导下，制止了经济增速的过度下滑，1998 年，GDP 增长 7.8%，仅比上年增幅下降了 1.5 个百分点，全社会投资增速仍然保持在 14%，积极的财政政策起到了至关重要的作用。1999 年一季度还保持了良好的经济发展态势，但第二季度又出现了固定资产投资增长放缓，全社会投资增速下降到 5%，经济增速下滑。

4. 2000 ～ 2010 年的投资增长

鉴于 1999 年经济增速下滑以及通货紧缩趋势并没有得到根本遏制，2000 年继续推行以扩大内需为主的，以实行积极财政政策为核心的宏观调控政策。2000 年实行积极财政政策的主要内容，包括发行 1000 亿元长期国债，重点投向水利、交通、通信等基础设施建设，科技和教育设施建设，环境整治与生态建设和企业技术改造，并向中西部地区倾斜。2001 年，继续实施积极的财政政策，发行1500亿元长期建设国债用于基础设施建设，重点用于在建项目和启动重大西部大开发项目。2002年，继续发行1500亿元长期建设国债。国债资金的使用，首先是确保长江中下游干堤加固、农村电网改造、城市基础设施、中央直属储备粮库等在建国债项目尽快建成投入使用；其次，继续向中西部地区倾斜。投资增速出现了逐年回升的态势，由2000年的10.2%提高到2002年的16.9%。

2003年1季度，由政府换届带来的地方政府行政性投资冲动和企业固有的盲目性投资冲动，造成了局部领域的过热。其突出表现就是不少地方兴起的“政绩工程”“形象工程”“开发区过热”和“房地产热”等。这期间在宏观调控方面的一个最重要特点就是采取了有压有保的区别对待政策。在压的方面最重要的有两个内容，即把住信贷和土地两个闸门。2005～2007年，在推进经济结构调整、转变经济发展方式和深化经济改革的同时，加强和改善了宏观调控。特别是在2005年实现了由1998年开始实行的扩张性积极财政政策向稳健财政政策的转变。但这三年主要由于转轨时期以地方政府为主的投资膨胀机制的作用，以致投资持续趋于偏热，年均投资增速保持在25%的较高水平。

2007年底召开的中央经济工作会议上提出了“双防”（即防经济过热和通胀）方针，并将这一点作为2008年宏观调控的首要任务。到2008年中，由2007年7月美国次贷危机引发的国际金融危机，对我国经济的冲击显现出来。针对国内外复杂多变的经济形势，国家在宏观调控方向上做了及时、有力的调整。为了发挥积极财政政策在保增长方面的独特优势，2008年11月初，国务院提出在两年内安排4万亿投资，用于加快保障性安居工程、农村民生工程和农村基础设施等方面建设。投资增长并未受到影响，2008年投资增速达到26%，2009年上升到30%。2010年，连续实行了加强和改善宏观调控，促进经济平稳发展的方针。而且，在结构调整和改革深化等方面也采取了一系列的措施，使得我国经济在国内外复杂多变形势下，仍然保持了平稳较快发展。

5. 2011～2019年的投资增长

2011～2012年，宏观调控按照稳中求进的工作总基调和稳增长、控物价、调结构、惠民生、抓改革、促和谐的要求，积极促进科学发展，加快转变经济发展方式。实施积极的财政政策，保持适当的财政赤字和国债规模，增加欠发达地区、民生、结构调整、科技创新等重点支出。充分发挥政府投资对结构调整的引导作用，完善鼓励引导民间投资的配套措施和实施细则，支持民间投资进入铁路、市政、金融、能源、电信、教育、医疗等领域。严格执行投资项目用地、节能、环保、安全等准入标准，防止盲目投资和重复建设。实施稳健的货币政策，综合运用价格和数量工具，提高货币政策有效性。着力优化信贷结构，引导商业银行加大对重点领域和薄弱环节的信贷支持，严格控制对“两高”行业和产能过剩行业贷款。经济和投资增速呈现出平稳发展的态势。2011 ～ 2012 年，全社会投资增长保持在 20% 以上。

党的十八大以来，世界经济复苏乏力，国际金融市场跌宕起伏，保护主义明显抬头。我国经济发展中结构性问题和深层次矛盾凸显，经济下行压力持续加大，遇到不少两难多难抉择。面对这种局面，保持了战略定力，坚持不搞“大水漫灌”式强刺激，而是适应把握引领经济发展新常态，不断创新和完善宏观调控，确立区间调控的思路和方式，加强定向调控、相机调控、精准调控。顶住了经济下行压力、避免了“硬着陆”，保持了经济中高速增长，促进了结构优化，经济长期向好的基本面不断巩固和发展。在财政收支矛盾较大情况下，着眼“放水养鱼”、增强后劲，大幅减税降费。加强地方政府债务管理，实施地方政府存量债务置换，降低利息负担。调整财政支出结构，盘活沉淀资金，保障基本民生和重点项目。货币政策保持稳健中性，信贷和社会融资规模适度增长。采取定向降准、专项再贷款等差别化政策，加强对重点领域和薄弱环节支持，小微企业贷款增速高于各项贷款平均增速。

加快新旧发展动能接续转换。深入开展“互联网 +”行动，推动大数据、云计算、物联网广泛应用，新兴产业蓬勃发展，传统产业深刻重塑。实施“中国制造 2025”，推进工业强基、智能制造、绿色制造等重大工程，先进制造业加快发展。出台现代服务业改革发展举措，服务新业态新模式异军突起，促进了各行业融合升级。发展新动能迅速壮大，经济增长实现由主要依靠投资、出口拉动转向依靠消费、投资、出口协同拉动，由主要依靠第二产业带动转向依靠三次产业共同带动。

进一步大力推进简政放权。修订政府核准的投资项目目录，中央层面核准的企业投资项目削减比例累计达原总量 90% 左右；精简项目核准前置性审批事项，取消企业投资项目前置核准条件，清理规范投资项目报建审批事项。创新完善投资监管方式。政府投资管理重心从事前审批转向过程服务和事中事后监管，建立协同监管机制：运用互联网和大数据，设立在线审批监管平台，实现“制度 + 技术”的有效监管。构建更加宽容开放的融资体制，完善股票、债券等多层次资本市场。大力推广 PPP 模式，通过进一步放开市场准入、创新投资运营机制、推进投资主体多元化、完善价格形成机制，激发市场主体活力和发展潜力。

这一时期，投资增长持续下行，但是，投资质量和效益明显提高。2013 ～ 2019 年，全社会投资增速由 19.1% 下滑到 5.1%，年均增长 9.9%。尤其是 2015 年以来，投资增速快速下降到个位数，与经济增长一样，进入了相对低速的增长平台。但是，新动能也为投资增长注入活力，产业投资结构向高端化、现代化的方向迈进。2017 ～ 2019 年，我国高技术制造业投资分别增长 17%、16.1% 和 17.7%，制造业技改投资分别增长 16%、14.9% 和 7.4%，均远远高于全部制造业投资增速。高端服务业投资大幅扩张，2013 ～ 2018 年，高技术服务业投资年均增长 20.3%，增速比全部服务业投资高 8.2 个百分点。2019 年，高技术服务业投资达到 16.5%，高于全部投资 11 个百分点。

第三节　投资增长的合理性与适应性

由于投资形成机制的内在复杂性，由于不同发展阶段、经济体制、发展模式、人口结构、资源环境等多种因素的影响，从数量上很难对一个国家某一时期的适度投资水平做出准确判断，也难以根据其他国家的经验对其进行推论。结合我国的情况，尽管投资有保持快速增长的必要性与可能性，但是，需要越来越关注资源环境等外部性因素对投资的约束，关注盲目投资带来的供需失衡和生产过剩问题。

一、适度投资的趋势性标准

潜在经济增长率是指一国（或地区）经济所生产的最大产品和劳务总量的增长率，或者说在各种资源得到最优和充分配置条件下，所能达到的最大经济增长率。在社会总需求小于社会总供给的条件下，社会的生产潜力就没有得到充分发挥，这表明现实经济增长率低于潜在经济增长率。反之，在社会总需求大于社会总供给的条件下，就表明现实经济增长率高于潜在经济增长率[①]。从上述相互联系的意义上，也可以说经济冷热就是现实经济增长率小于或大于潜在经济增长率，经济冷热的程度就是现实经济增长率小于或大于潜在经济增长率的程度。潜在经济增长率的高低主要决定于社会生产力发展的程度，因而它是动态的概念，而不是静态的概念[②]。在经济发展的不同阶段，生产要素供给水平和生产率提高方式皆具有阶段性特点，构成特定阶段的潜在增长率。

那么，投资是否也有一个潜在增长水平？从一定意义上讲，投资（资本形成）是潜在经济增长率的约束条件或形成因素，但是，投资同样有一个最优配置问题，在一定的社会生产力发展水平和一定的资源保障条件下，投资也有一个可能的最大增长水平。这就是我们这里所说的潜在投资增长率。对潜在经济增长率简单的估算方法，就是按一个较长时期的年均经济增长率计算。对于潜在的投资增长率也可以参照这一算法。我们计算了改革以来四个周期阶段可比价投资增长率。

1979 ～ 1989 年，全社会投资年均增长 10.5%，GDP 年均增长 9.5%，投资对经济的增长弹性为 1.1；1990 ～ 1999 年，全社会投资年均增长 12.5%，GDP 年均增长 9.9%，投资对经济的增长弹性为 1.1；2000 ～ 2010 年，全社会投资年均增长 18.6%，GDP 年均增长 10.3%，投资对经济的增长弹性为 1.8；2011 ～ 2019 年，全社会投资年均增长 11.7%，GDP 年均增长 7.3%，投资对经济的增长弹性为 1.6（见表 2–7）。

---

① 汪海波："经济发展的伟大成就"，《中国经济时报》2008 年 7 月 25 日。

② 蔡昉："中国'潜在增长率'趋势"，人民网 – 人民论坛 2012 年 12 月 27 日。

表 2-7 改革以来各周期 GDP 和投资增长率（%）（可比价）

	GDP	全社会投资
1979 ～ 1989	9.5	10.5
1990 ～ 1999	9.9	12.5
2000 ～ 2010	10.3	18.6
2011 ～ 2019	7.3	11.7

资料来源:《中国统计年鉴 2020 年》。

如果把各周期投资年均增长率作为合意的投资增长水平，可以看到，在第一周期中，只有 1988 年投资增速合适，前期投资过冷，1982 ～ 1987 年则相对过热，这与我们上文分析这一时期投资反复膨胀过热的现实是吻合的。在第二周期中，1991 年、1995 年、1996 年和 1998 年投资增速合适，1989 年、1990 年需求疲软，1997 年、1999 年亚洲金融危机期间，投资过冷，1992 ～ 1994 年投资过热。在第三周期中，2002 年、2007 年和 2008 年投资增速合适，前期与后期投资过冷，2003 年、2005 年和 2009 年投资过热。在第四周期中，2014 年、2015 年投资增速合适，前期过热，后期偏冷。

二、适度投资的效益性标准

宏观经济效益高低可以成为判定适度投资的重要标准。通常用增量资本产出率（ICOR）衡量宏观经济效益。ICOR=I/ΔGDP，是指增加单位 GDP 或地区生产总值所需增加的资本形成额（即投资额）。其数值越小，投资效益就越好。由于发展阶段不同，工业化和城镇化的发展以及技术进步水平差异显著，增量资本产出率的简单横向比较缺乏说服力。这里，我们选择了美国、日本、韩国、以色列、瑞典，比较这些国家高速增长时期 ICOR 的变动情况以及与中国的不同。

20 世纪 60 年代和 70 年代是美国经济增长较快的时期，1960 ～ 1979 年，美国 GDP 年均增速达到 4%，ICOR 值平均仅为 2.43，其中，60 年代中期、60 年代后期、整个 70 年代，美国的 ICOR 值均在 3 以下，而 70 年代中后期甚至在 2 以下（见表 2–8）。

表 2-8 美国高速增长时期的宏观投资效益

年份	GDP 增长率（%）	ICOR	年份	GDP 增长率（%）	ICOR
1960	2.5	5.52	1970	0.2	3.70
1961	2.3	6.22	1971	3.3	2.51
1962	6.0	3.07	1972	5.4	2.24
1963	4.3	4.11	1973	5.8	2.09
1964	5.8	3.16	1974	–0.6	2.72
1965	6.4	2.87	1975	–0.4	2.36
1966	6.6	2.54	1976	5.6	1.95
1967	2.5	3.93	1977	4.6	2.02
1968	4.8	2.42	1978	5.5	1.90
1969	3.0	2.75	1979	3.2	2.15

资料来源：Economic Report of the President，2009，UNITED STATES GOVERNMENT PRINTING OFFICE WASHINGTON：2009.

日本高速增长时期为 1952 ～ 1973 年，GDP 年均增长 9%，ICOR 值平均仅为 2.58。除了 1958 年 ICOR 值达到 11.66 以外，其他年份的 ICOR 值均低于 4，其中，50 年代上半期、整个 60 年代的 ICOR 值大多在 3 以下（见表 2–9）。

表 2-9 日本高速增长时期的宏观投资效益

年份	ICOR	年份	ICOR
1952	1.95	1963	3.07
1953	1.86	1964	2.48
1954	2.30	1965	3.74
1955	2.89	1966	2.61
1956	2.70	1967	1.76
1957	2.48	1968	2.53
1958	11.66	1969	2.52
1959	2.71	1970	2.58
1960	2.15	1971	3.61
1961	2.31	1972	2.68
1962	3.37	1973	2.27

资料来源：Japan Statistical Yearbook 1975，Statistics Bureau，Management and Coordination Agency，Government of Japan.

韩国的高速增长期为 1962 ～ 1992 年，期间 GDP 年均增幅达到 8% 以上，ICOR 值平均仅为 2.9。其中，1963 ～ 1964 年、1966 年、1968 ～ 1969 年、1973 年、1976 年、1983 年、1986 ～ 1987 年的 ICOR 值在 3 以下（见表 2-10）。

表 2-10　　韩国高速增长时期的宏观投资效益

年份	GDP 增长率 (%)	ICOR	年份	GDP 增长率 (%)	ICOR
1962	—	5.4	1978	9	3.75
1963	—	2.09	1979	7.1	5.52
1964	—	1.99	1980	−2.1	−20.45
1965	—	3.08	1981	6.5	4.95
1966	—	1.94	1982	7.2	4.07
1967	—	3.88	1983	10.7	2.90
1968	—	2.50	1984	8.2	3.92
1969	—	2.36	1985	6.5	4.56
1970	8.8	3.20	1986	11	2.93
1971	8.6	3.23	1987	11	2.92
1972	4.9	4.84	1988	10.5	3.15
1973	12.3	2.31	1989	6.1	5.10
1974	7.4	4.65	1990	9	4.35
1975	6.5	4.94	1991	9.2	4.49
1976	11.2	2.72	1992	5.4	6.51
1977	10	3.02			

资料来源：National Statistical Office，http：//www.nso.go.kr/cgi-bin/sws_888.cgi.

以色列的高速增长期为 1954 ～ 1973 年，期间 GDP 年均增幅达到 10.3%，ICOR 值平均仅为 2.62。其中，1954 ～ 1956 年、1961 ～ 1963 年、1967 ～ 1973 年间，ICOR 值大多保持在 3 以下。瑞典的高速增长期为 1959 ～ 1970 年，期间 GDP 年均增幅达到 4.6%，ICOR 值平均仅为 3.3。

1982 年以后，中国经济增长进入 9% 的高速增长时期，2012 年以后，中国 GDP 增速回落到 8% 以下，结束高速增长，进入中高速增长时期。1982 ～ 2011 年间，中国 GDP 年均增长 10.2%，ICOR 值达到 3.11（见表 2-11）。

表 2-11　　中国高速增长时期的宏观投资效益

年份	GDP 增长率 (%)	ICOR	年份	GDP 增长率 (%)	ICOR
1982	9.1	3.75	1997	9.3	3.66
1983	10.9	3.02	1998	7.8	5.57
1984	15.2	2.02	1999	7.6	5.93
1985	13.5	1.98	2000	8.4	3.54
1986	8.8	3.09	2001	8.3	3.78
1987	11.6	2.55	2002	9.1	4.09
1988	11.3	1.99	2003	10.0	3.48
1989	4.1	3.21	2004	10.1	2.84
1990	3.8	3.84	2005	11.3	2.93
1991	9.2	2.58	2006	12.7	2.81
1992	14.2	2.08	2007	14.2	2.27
1993	14.0	1.84	2008	9.6	2.91
1994	13.1	1.54	2009	9.2	5.48
1995	10.9	1.91	2010	10.4	3.23
1996	10.0	2.61	2011	9.3	3.01

资料来源:《中国统计年鉴 2020 年》。

中国的 GDP 年均增速略低于以色列，高于其他国家；中国的 ICOR 值则低于瑞典，高于其他国家，但是，与韩国、日本等国的差距并不大。从分年度情况看，中国的 ICOR 值也比较稳定，波动幅度并不大（见表 2–12）。

表 2-12　　各国高速增长时期的平均边际资本产出率

年份	GDP 增长率（%）	ICOR
美国	4.0	2.43
日本	9.0	2.58
韩国	8.0	2.90
以色列	10.3	2.62
瑞典	4.6	3.30
中国	10.2	3.11

三、适度投资的外部性标准

单从投资及其增长趋势仍然无法科学判断其增长的适度性，决定未来投资与经济增长合理性的重要因素是物价的变动。适度投资要有利于经济的持续、平稳增长，防止经济的大起大落。既要避免由于过度投资造成通货膨胀，又要避免由于投资不足引起通货紧缩。历史证明，由于体制性和结构性因素的影响，投资适度增长目标并不那么容易实现。1984～1985年开始的投资过热一直没有得到有效控制并延续到1988年，表现出明显的反复性，1988年和1989年居民消费价格均大幅增长18%以上，并导致1989～1990年的治理整顿和经济急刹车；1992～1993年的投资过热来得更为猛烈，这时的投资调控体现了及时调整、有松有紧、适时微调和抓住主要矛盾的原则，经济振荡较小，但调控周期也从1994年开始一直持续到了1996年结束，其间，1993～1996年居民消费价格分别增长14.7%、24.1%和17.1%。1997年和1999年亚洲金融危机期间，投资增速下降到个位数，居民消费价格也在1998年和1999年分别下降0.8%和1.4%，是改革以来少有的通货紧缩时期。因此，要提高经济的稳定性，就要将投资控制在合理、适度的范围之内。

我国已全面建成小康社会，开启高质量发展的新阶段，要实现人民生活更加美好，人的全面发展和全体人民的共同富裕。人民将享受更好的卫生保健、更高的受教育水平、更健康的精神生活、更多的闲暇时间和更和谐的社会氛围，这是经济发展的根本目标，也是投资发展的根本目标。长期以来，我国教育、医疗、养老、保障住房等民生领域短板突出，看病难、上学难、养老难、住房难问题依然严重。目前，幼儿教育缺口非常大，高中教育未纳入义务教育范畴，城乡、区域、校际间教育水平不均衡，与产业关联密切的职业教育发展滞后；医疗资源整体紧张，而且资源分配并不合理，病人的医疗费用不断增加，医患矛盾时有发生；随着房价及租房价格的持续上升，住房保障问题将会日益突出，给年轻一代带来非常大的经济压力，很多年轻人无法购置住房，又必须承受较高的租房支出。我国现有的公共服务供给无论是在数量还是在质量上都难以满足多层次、高品质、多样化的消费需求，与民众对美好生活的需求相距较远。适度投资就是要在适当约束经济基础设施建设的同时，加大公共服务的投入力度，不断提高人民群众的生活质量。

长期以来，我国投资增长很大程度上是以环境、资源和能源过度消耗为代价的，高耗能、高污染和资源型发展模式更加重了资源与环境的损害。21世纪以来，我国能源消费持续增加，从2000年的14.7亿吨标准煤增加到

2019年的48.6亿吨标准煤，2019年能源消费是2000年的3.3倍。2009年，我国能源消费首次超过美国，成为世界第一能源消费大国。2018年，我国能源消费比美国高出42.3%。2019年，中国GDP占世界的16%，所消耗的石油占世界的14.3%，原煤占51.7%。我国二氧化硫、氮氧化物、烟（粉）尘以及可吸入颗粒物排放长期位居世界首位，绝大部分来自化工能源燃烧，中东部地区过高的煤炭消费强度则是雾霾产生的重要原因。这从一个侧面说明了长期以来我国的投资增长是以高投入、高消耗和低效率为代价的。在这种条件下盲目增加投资，特别是煤电油运投资，只会在维持生产要素不合理低价水平的前提下，纵容这种经济结构和生产方式的延续。因此，在落后的经济增长方式影响下，高投资虽然可能是一种常态，但是，却不一定是健康的状态。

2012年以来中国经济进入“新常态”，增长速度有所下降，许多结构性的经济问题开始暴露出来。其中，部分行业的产能过剩已经成为政府部门最关注的经济问题之一。2013～2020年，我国季度工业产能利用率基本未超过77%，而产能利用率的正常值通常在79%～83%之间（见图2–11）。产能过剩主要集中在钢铁、煤炭、水泥、电解铝、平板玻璃等行业，并且反复出现。其中，最为频繁提及的当属钢铁和煤炭两大行业。以粗钢为例，其产能利用率自2010年到达峰值后一直处于下降状态，到2015年已经跌落至67%的水平，处于严重的产能过剩状态。一些地方政府过于追求发展速度，过分倚重投资拉动，通过廉价供地、税收减免、低价配置资源等方式招商引资，助推了重复建设和产能扩张。近年来，部分新能源汽车、LED、机器人等战略性新兴产业缺乏核心技术，盲目数量扩张，也出现产能过剩的现象。上百个城市有新能源汽车项目落地，20多个城市有芯片产业项目布局，共有65个机器人产业园在建或已建成，有些欠发达、产业基础不强的县也在布局机器人产业园。产能过剩不只出现在工业化领域，城镇化过程中也产生了大量过剩。不少地方政府提出不切实际的城市发展目标，投资过于超前，各类新城、新区、产业园区涌现，土地城镇化速度明显快于人口城镇化，却缺少相关产业和人口的集聚，形成大量“空城”，基础设施和公共服务投资被闲置和浪费。

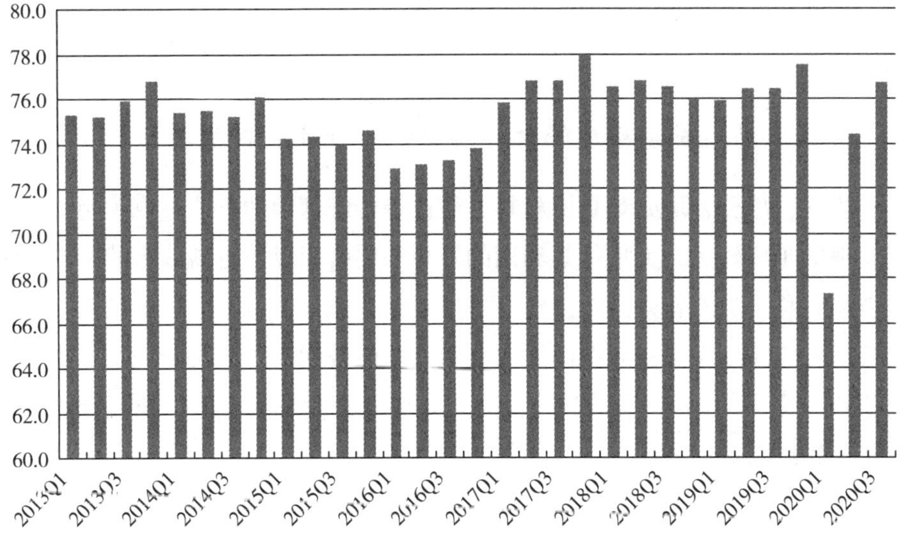

图 2-11　2013-2020 年工业产能利用率（%）

资料来源：wind 数据库。

第四节　未来更长时期的投资增长

一、面临的发展环境

1. 进入高质量发展阶段，亟须提高经济增长效率

资本边际效率递减是基本经济规律，未来增加投资虽仍有空间，但其效率却远不如以前。从我国增量资本产出率看，即每单位产出所需的资本投资额从 2007 年的 2.2 升至 2019 年的 7.6。这表明，与 2007 年相比，2019 年生产同样的每单位产出需三倍以上的资本投资。当前，我国生产要素的投入已进入一个瓶颈期。如果依然沿用前 40 年的增长方式，没有深层次、大力度的改革举措，生产和供给的能力必然趋缓。要逐步摆脱资源和资本投入依赖，同时又要维持中高速增长，提升全要素生产率是关键。提高全要素生产率就是要加大技术、制度、企业家才能、人力资本、产业升级等方面的投

入，并通过技术进步、人力资本提升、结构性改革、扩大开放等提高资本的利用效率。

2. 新旧动能转换难度较大，结构调整处于关键阶段

当前，部分领域尤其是原材料、能源等传统部门的产能过剩，短期内市场出清的难度较大，大量低效利用的资源和要素难以向更高效率的生产领域配置或转移。虽然新兴产业投资在快速成长，但是，量级上还不足以对冲传统部门的收缩，无法在短期内形成有效的动能替代，产业投资仍处于由中低端迈向中高端的关键“爬坡期”。对于大多数企业来说，从以往依赖资源和资本的粗放发展向依赖技术和创新的集约发展转型并不容易。短期内新动能投资仍处于探索阶段，如互联网金融、共享经济、娱乐经济等投资活跃的新经济领域还会出现明显的起伏，有些甚至刚刚萌芽就快速进入严冬。一些行业受消费升级、节能减排的影响，转型相对迟滞，投资出现下降。

3. 要素成本持续上升，不断压缩企业盈利空间

据统计，2008 ～ 2015 年，中国就业人员平均工资年均实际增长率为 9%，而同期美、日、欧工资实际增长率分别为 1.9%、0.5% 和 –0.8%。相关资料表明：中国的土地成本是美国的 9 倍，物流成本是美国的 2 倍，银行借款成本是美国的 2.4 倍，电力 / 天然气成本是美国的 2 倍以上。中国制造成本已经和美国制造成本相当，在一些行业将会超过美国制造成本。近年来，我国人工、土地、融资等成本仍在持续上涨，大气、水等生态环境压力不断增加，环保监管力度与企业环保成本迅速上升。一些沿海城市工业园区主动提高环保标准和土地利用强度，迫使传统资源加工型企业向外地转移产能；一些技术密集型企业同样面临房租、人工成本和社保费用支出上升的压力，不得不寻找成本更低的生产基地。要素成本持续上升，不断压缩企业盈利空间，企业只能维持日常经营，无力进行新的投入。

4. 改革和开放走向深入，营商环境正在全面改善

2018 年 4 月，中国向全世界发出进一步扩大开放的声音，从大幅放宽市场准入、创造更有吸引力的投资环境、加强知识产权保护以及主动扩大进

口四方面，向世界展示开放合作的意愿。2019 年，我国公布了新版外资准入负面清单，允许外商在更多领域进行控股或独资经营。2019 年 7 月，国务院金融稳定发展委员会办公室宣布了 11 条金融业对外开放举措。2019 年 8 月，国务院办公厅印发《全国深化“放管服”改革任务分工方案》，进一步深化“放管服”改革，加快打造市场化、法治化、国际化营商环境。世界银行发布的营商环境报告显示，2018 年，中国营商环境大幅提升了 32 位。通过改革开放，打造一流营商环境，将进一步释放要素潜力和市场活力，吸引更多资金投资中国。

5. 世界经济增长乏力，不排除发生局部危机可能

近年来，全球潜在增长率已明显下降，在技术创新没有大规模突破的情境下，潜在增长率将持续下行。世界银行 2020 年 1 月期《全球经济展望报告》将发达经济体的增长预期下调至 1.4%，其中，欧元区的增长预计下滑至 1%。当前，发达国家，尤其是欧洲地区的经济疲软程度超出预期，宏观政策的不确定性令全球投资减速、商业信心下降。新兴经济体债务规模膨胀，可能成为危机发源地。在全球宽松的流动性刺激下，新兴经济体债务却急剧膨胀，十年间增加 35.1 万亿美元，杠杆率上升到 179%。若欧美国家结束超宽松货币政策，全球流动性趋紧将迫使新兴经济体加速去杠杆，不排除一些国家因此爆发债务危机及至经济危机。

6. 中美呈现全面对抗趋势，对投资的影响长期存在

开始于 2018 年 3 月的中美经贸摩擦并无缓解迹象。中美贸易战可能导致中国经济持续放缓，部分出口导向型制造企业陷入经营困境，并限制上游原材料和下游服务业的需求扩张。在中美贸易战局势恶化以及美国政府劝导本国企业离开中国的情况下，投资者对中美摩擦长期化的忧虑加重，我国投资增长压力可能长期存在。当然，也不应过分夸大中美经贸脱钩对投资的负面影响。中国作为全球唯一拥有全部工业门类的国家，能够提供完备的供应链和产业链，还拥有大量熟练工程师和技术工人，此外，中国还拥有巨大市场。目前，跨国企业都在调整优化供应链，高技术含量、高附加值的加工制造和生产服务环节不断向我国转移。

二、未来投资增长趋势预测

1. 投资短期拉动作用有所下降

从我国三大需求对国内生产总值增长的贡献率来看，2008 年以来，消费贡献率趋于上升，投资贡献率趋于下降。2008 年，消费贡献率只有 44.2%，到 2019 年上升到 57.8%；投资贡献率则由 53.2% 下降到 31.2%，投资贡献率下降是基本趋势。从周期角度看，每当经济下行阶段，投资贡献率必然下降，例如 1989 ～ 1990 年、1997 ～ 2000 年。只有 2008 ～ 2009 年间，投资贡献率反而上升，那是因为积极财政政策强力作用的结果。未来宏观政策不搞“大水漫灌”和强刺激，中央政府开始从经济可持续发展的角度谨慎看待投资对增长的作用，因此，投资贡献率下降趋势将会延续。这意味着投资增长将可能在一个较长时期里慢于经济增长。

2. 投资长期供给作用显著增强

投资具有当期需求和下期供给的双重属性，本阶段的投资需求形成下阶段的生产供给能力，未来的技术创新、人力资本培育、传统产业转型和新兴产业发展都依赖资本投入。经济长期发展及供给结构优化的需要决定了未来我国投资率的下降将是缓慢的，投资仍将保持一个低速稳定发展态势，并更加重视形成新供给、增添新动能。投资重点将进一步转向新一代信息技术、生物、高端装备、新材料、数字创意等的新制造经济；现代金融、现代物流、商贸服务、文化创意、旅游休闲、健康养老等的新服务经济；绿色低碳、节能环保、新能源、生态农业等的绿色经济；大数据、云计算、物联网、人工智能及其在设计、生产、运营等环节深入应用等的智慧经济。

3. 基础设施大规模投入期已结束

近年来，地方政府债务融资政策环境发生了很大变化，在地方政府融资新旧模式的切换过程中，出现了不少的问题，对基础设施投资的稳定增长造成了不利影响，一些深层次矛盾也并未得到根本解决。以中央投资为主的投资增长较快，以地方政府投资主导的领域仍难有大的起色。这是因为未来经济工作重点之一仍然是着力防范化解地方政府隐性债务风险，坚决遏制隐性债务增量。尽管地方债发债规模和速度史无前例，但是，地方政府债务融资仍然受到严格约束，加上土地融资功能明显削弱，可以采取 PPP 融资的项目减少，从而制约了新一轮基础设施投资扩张。

4. 房地产投资难以再现昔日繁荣

多年房价上涨对国民经济产生了实质性的损害。在上涨预期下，居民购房热情不减，挤压储蓄的同时大幅增加了居民杠杆率。房价上涨以及家庭负担激增对居民消费产生了明显的挤出效应。高房价高地价形成的高成本，正在扼杀大多数城市产业，抑制城市的商业繁荣。房地产投资不仅对制造业投资产生挤出效应，而且还抑制了企业的创新。2019 年以来，中央多次强调“房住不炒”，在地价房价联动调控、“一城一策”等新的调控思路下，不管是对行业利润率的预期，还是对市场前景的预期，房地产投资并不像以往那样乐观。除了房地产投资和市场销售出现增速的“背离”外，房地产投资和土地购置的增速也出现“背离”。因此，当前房地产开发投资高增长的趋势较难维持，预计未来房地产开发投资增速将出现明显下滑。

三、实现适度投资的措施

要实现未来一段时期投资的稳中有进、稳中向好，还需要进一步完善政策措施，实现体制机制创新。

提升中央财政的投入质量。聚焦农村饮水安全、防洪减灾排涝、生态修复治理、城乡垃圾污水处理、扶贫搬迁安置、养老健康产业、数字与实体经济融合发展等领域，保障各地区最基本投融资需要。支持各地基础设施投资和运营、基础设施投资基金注资、地方政府债务利息支出等方面的支出。提高对属于中央事权的干线铁路、国道、水利等重大基础设施的中央补助标准，至少应提高到项目总投资或资本金的 70% 以上。增加中央专项转移支付对水利、农村公路、环保设施运营和管理费用的补助。对中央安排的公益性基础设施建设项目，全部取消西部地区市县以下配套资金。

开好合法合规举债“前门”。近年来，地方政府投资需求扩大与融资渠道受限之间的矛盾正日益激化。一些地方调研结果表明，新增地方债只有实际政府债务融资规模的1/10，供需缺口很大。未来一段时间，可适当突破现有债务限额，提高年度新增债券发行规模；适当调高地方PPP项目支出责任占预算支出的比例；适度提高一般债的发债比例，满足地方政府公益性项目投融资的紧迫需要。城投债是政府投资公司参与基础设施和公共服务项目的重要融资工具，近年来发行规模逐步收紧。服务于基础设施投资的需要，可以适度降低城投债的发行门槛，扩大发行规模。保留合规的表外业务、委托贷款、信托等影子银行业务，满足基础设施融资需要。

引导金融机构增加中长期融资。进一步下放贷款授信审批权限，引导金融机构增加企业信贷投放，保障企业信贷需求。建立综合性金融服务平台和企业征集系统，重点解决金融机构与企业之间信息不对称问题。落实民营企业授信尽职免责办法，通过绩效考核倾斜、利润损失补偿等方式予以奖励，提高业务人员积极性。进一步完善融资担保服务功能，建立政府和社会主体合作的融资担保公司，运用专项资金出资建立风险补偿基金，为融资担保机构提供保障机制。加大国家融资担保基金对省级再担保公司股权投资力度，壮大担保机构的风险抵御能力。

实实在在降低企业各类成本。2019年以来，社保改由税务征收，尽管社保费率降低，但是，不少制造业企业用工实际成本支出反而明显增加，一些企业经营尚难以为继，更不用谈新增投资。需要在规范社保征缴的同时，进一步完善配套措施，最终减轻企业负担。提高小规模纳税人增值税起征点，实施小微企业所得税优惠。进一步清理规范政府定价经营服务性收费。继续降低一般工商业平均电价，下浮铁路货物运费，降低企业用地综合成本，推进物流降本增效。

营造公平的市场竞争环境。深化国有企业改革与促进民营企业发展是一个硬币的两面。应对国有企业设立正面清单和项目指导目录，为民间资本腾出发展空间。进一步放开铁路、能源、电信、市政等领域的市场准入，取消对民间资本设置的附加条件和歧视性条款。在工程招投标和政府采购过程中，对国有企业和民营企业应一视同仁。保护企业家财产权、企业家创新权益。在劳动合同管理上，更好平衡企业和劳动者的权益，支持企业的合理诉求，避免劳动者保护的泛化。加强知识产权保护，建立知识产权侵权惩罚制度。

坚持房地产调控政策不动摇。落实“房子是用来住的，不是用来炒的”的总体定位，遏制投资投机性需求继续膨胀，同时，保障好民众的基本居住需求。未来应在土地报价的基础上，结合住房销售价格等因素确定土地拍卖中标者，抑制地价上涨趋势。推动城乡建设用地市场一体化，促进建设用地供应主体的多元化，打破土地出让的垄断，为新型城镇化和乡村振兴提供基础制度保障。鼓励大型房地产企业转型发展长租公寓，培育一批运营能力强、品牌影响力大的专业租赁机构，鼓励金融机构发展住房租赁市场的专属金融产品。

关键概念

投资增长　经济增长　投资率　储蓄率　投资需求　适度投资　增量资本产出率

复习与思考题

1. 如何理解投资对经济增长的双重效应？
2. 为什么说投资率较高有利于保持较高增长水平？
3. 如何判断投资增长的合理标准？

第三章
工业化投资

我国工业固定资产投资规模、结构特征反映了工业化加速发展的要求，是经济发展阶段的内在反映，有其合理性和必然性。但是，这其中也暴露出许多问题，制造业投资占GDP的比例趋于下降，工业投资效率下降，行业集中度仍然较低，高端优质供给少，先进技术受制于人。推进工业化向深度发展，一方面要保持制造业的投资强度，另一方面要找准关键“痛点”，加强在核心基础零部件、关键基础材料、先进基础工艺、产业技术基础以及工业软件等方面的产业基础能力建设，补齐短板，再一方面要抓住机遇及早布局，在战略性新兴产业和前沿技术产业方面实现突破，抓紧占领未来产业竞争的制高点。

第一节　工业化的内涵及投资的作用

一、工业化的内涵

工业化主要是指工业在一国经济中的比重不断提高以至取代农业，成为经济主体的过程，也就是传统的农业社会向现代化工业社会转变的过程。工业化首先是国民经济中制造业所占比例提高，其次是制造业就业人口在总就业人口中比例提高，另外还包括人均收入增加，新的生产方法、新产品不断出现，城市化水平提高等等。因此，工业化不仅包括工业份额提高，还包括与之相伴随的诸如生产、生活方式的变化等社会经济特征，是国民经济中一系列重要生产要素的组合方式连续发生由低级到高级的突破性变化、进而推动经济社会发展的过程。

工业化的主要标志是：①劳动资料的现代化。在主要工业部门实现生产过程的机械化、自动化、智能化，采用新技术、新材料、新工艺和最新科技成果。②工业管理的现代化。采用现代化的管理体制、合理化的生产组织、科学化的管理方法和工业互联网的管理手段，达到优化资源配置，取得最佳经济效益的目的。③劳动者和管理者知识结构的现代化。劳动者和管理者的科学文化水平和专业知识普遍提高，技术人员的比重不断上升，具有专业知识的管理人员迅速增加。④工业部门结构的现代化。技术密集型工业的比重日益提高、新兴工业部门的建立与发展，是工业部门结构高度化的主要标志。⑤主要技术经济指标，如产品产量、劳动生产率、主要原料和能源的消耗水平、资金占用、先进机器设备的自给率等不断提高。

新型工业化有别于西方发达国家200多年的工业化，也有别于我国近百年的工业化道路。新型工业化道路就是在新的历史条件下体现时代特点，既立足于基本国情又面向世界，既从现实出发又面向未来发展的工业化道路。新型工业化不是一个新概念，党的十六大报告到十九大报告都提出过。党的十六大报告指出："实现工业化仍然是我国现代化进程中艰巨的历史性任务。坚持以信息化带动工业化，以工业化促进信息化，走出一条科技含量高、经济效益好、资源消耗低、环境污染少、人力资源优势得到充分发挥的新型工业化路子。"党的十九大报告再次强调推进新型工业化，提出"推动新型工业化、信息化、城镇化、农业现代化同步发展"。

在新的时代背景下，新型工业化具有以下特点。第一，新型工业化必须坚持技术进步和创新发展，加快突破若干重要战略性行业的重大关键共性技术、核心零部件生产，减少对外部的依赖，增强系统集成能力、基础配套能力和标准制定能力，努力推进技术进步、结构优化和全要素生产率不断提高；第二，新型工业化要积极推动建立现代产业体系，把着力点放在实体经济上，把提高供给体系质量作为主攻方向，加快建设制造强国，推动互联网、大数据、人工智能和实体经济深度融合，促进产业迈向全球价值链中高端；第三，新型工业化要努力推进生态文明建设，促进节约资源、保护环境，降低单位工业增加值能耗，减少污染物排放，提高高技术制造业和服务业比重，实现工业的绿色低碳发展；第四，新型工业化必须直面全球化挑战，以"一带一路"建设为重点，坚持"引进来"与"走出去"并重，加速融入国际分工体系，使工业化的过程成为中国企业提升全球竞争力的过程。

工业化与现代化有着密不可分的关系。现代化是一种新的文明形式逐渐确立的过程，也是一种文明发展的状态，包括经济技术和社会生活各个层面的同步发展、变革与转型。改革开放以来，中国共产党不断探索具有创新性和与时俱进的社会主义现代化发展道路，力求反映现代化发展的内在要求和客观规律。根据“十四五”规划纲要目标要求，到2035年，我国将基本实现社会主义现代化。从两者的关系看，工业化是现代化的基础和前提，高度发达的工业社会是现代化的重要标志。现代化是人类社会从传统社会向现代社会变迁的历史过程，它的重要动力是经济增长和结构变革，其核心就是高度发达的工业化。

二、工业化的阶段

钱纳里、库兹涅兹等人，基于几十、上百个国家的案例，采取实证分析的方法，得出了经济发展阶段和工业化发展阶段的经验性判断，进而得出了工业化的“标准结构”。不同学者对发展阶段的划分不尽相同，其中具有代表性的是钱纳里和赛尔奎的方法，他们将经济发展阶段划分为前工业化、工业化实现和后工业化三个阶段，其中工业化实现阶段又分为初期、中期、后期三个时期。判断依据主要有人均收入水平、三次产业结构、就业结构、城市化水平等标准。

具体而言，进入工业化后期的标志是：农业在三次产业结构中的比重小于10%，但第二产业的比重仍然大于第三产业；农业就业人口比重为10%～30%；城市化水平为60%～75%。完成工业化进入后工业化阶段的主要标志是：人均GDP超过11170美元（2005年美元，购买力平价）；农业在三次产业结构中的比重小于10%，而且第三产业的比重高于第二产业；农业就业人口比重小于10%；城市化水平超过75%。

中国社会科学院工业经济研究所参照上述方法，选择人均GDP、三次产业产值结构、制造业增加值占总商品增加值的比例、人口的城市化率和第一产业就业人员占比为基本指标，将工业化过程分为前工业化时期、工业化初期、工业化中期、工业化后期以及后工业化时期五个大的阶段，工业化初期、中期和后期又分为前半阶段和后半阶段，再结合相关理论研究和国际经验估计确定了工业化不同阶段的标志值，在此基础上构造一个工业化水平综合指数（见表3-1）。

表 3-1　　　　　　　　　**工业化不同阶段的标志值**

基本指标	前工业化阶段	工业化实现阶段			后工业化阶段
		工业化初期	工业化中期	工业化后期	
人均 GDP（2010 年美元）（经济发展水平）	827 ～ 1654	1654 ～ 3308	3308 ～ 6615	6615 ～ 12398	12398 以上
三次产业增加值结构（产业结构，其中 A、I、S 分别代表一、二、三次产业）	A>I	A>20%，A<I	A<20%，I>S	A<10%，I>S	A<10%，I<S
制造业增加值占总商品增加值比重（工业结构）	20% 以下	20% ～ 40%	40% ～ 50%	50% ～ 60%	60% 以上
人口城镇化率（空间结构）	30% 以下	30% ～ 50%	50% ～ 60%	60% ～ 75%	75% 以上
第一产业就业人员占比（就业结构）	60% 以上	45% ～ 60%	30% ～ 45%	10% ～ 30%	10% 以下

资料来源：陈佳贵、黄群慧、钟宏武：“中国地区工业化进程的综合评价和特征分析”，《经济研究》，2006 年第 6 期。

如果一个国家工业化综合指数为 0，则表示该国处于前工业化阶段，综合指数值大于 0 小于 33 则表示处于工业化初期，综合指数值大于等于 33 小于 66 则表示处于工业化中期，综合指数值大于等于 66 小于等于 99 则表示处于工业化后期，综合指数值大于等于 100 则表示处于后工业化阶段[①]。在工业化初期、中期和后期三个阶段，如果综合指数未超过该阶段的中间值，则表示处于相应阶段的前半期阶段，而综合指数超过该阶段中间值，则表示处于相应阶段的后半阶段。

依照工业化综合指数可以判断出，到“十一五”末的 2010 年，我国进入工业化后期前半阶段，到“十二五”末的 2015 年，我国进入了工业化后期后半阶段，到 2020 年我国将基本实现工业化，2020 ～ 2030 年，从基本实现工业化向全面实现工业化推进，在 2030 年前后全面实现工业化。2030 年以后，我国的人均 GDP、三次产业结构、制造业占比、人口城镇化率、非农就业占比等指标都会处于后工业化阶段[②]。

---

① 中国社会科学院工经所：《中国工业发展报告（2008 年）》，经济管理出版社 2009 年版，第 22 ～ 23 页。

② 黄群慧：“从高速度工业化向高质量工业化转变”，《人民日报》2017 年 11 月 26 日。

人均粗钢消费量也是一个国家工业化程度的直接反映。人均粗钢产量在 200 ～ 600 公斤是工业化起飞阶段，德国在 1950 年进入这个区间，日本在 1955 年进入，韩国在 1970 年代中期进入，而中国在 2003 年进入人均粗钢 200 公斤以上。600 公斤以上是工业化进入成熟阶段的标志，美国在 1945 年、日本在 1967 年、德国在 1968 年达到人均 600 公斤，中国在 2010 年达到这一标准（见图 3–1）。

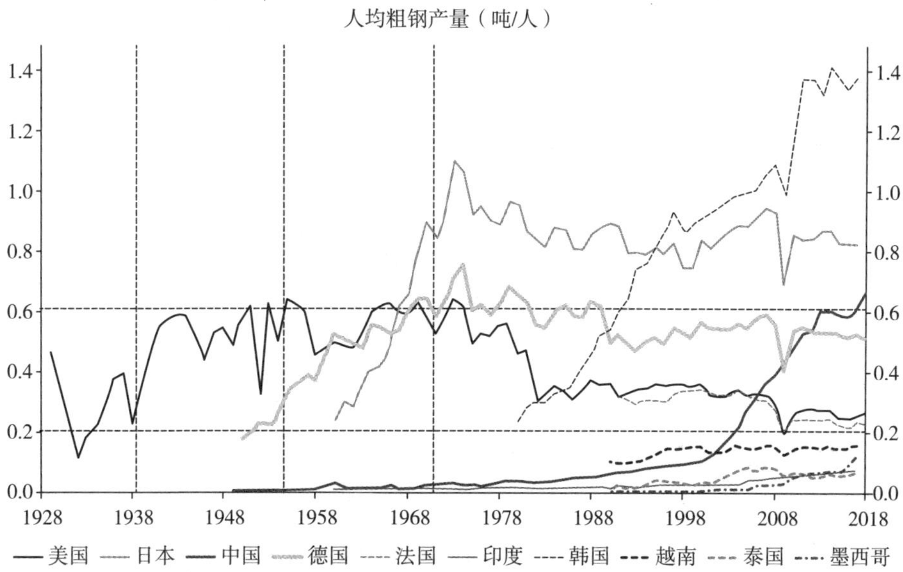

图 3-1　人均粗钢产量（吨 / 人）

资料来源：互联网。

在工业化起步阶段（1949 ～ 1957 年），我国粗钢生产强度从 0.2 万吨 / 亿元快速上升到 0.5 万吨 / 亿元；第一次重工业化阶段（1958 ～ 1979 年），我国粗钢生产强度在 0.6 万～ 1 万吨 / 亿元高位振荡；进入改革开放后的轻工业化补课阶段后（1980 ～ 1999 年），我国粗钢生产强度开启了长达 20 年的下跌时期，从 1 万吨 / 亿元下降到 0.52 万吨 / 亿元；2000 ～ 2013 年，我国进入快速工业化阶段，城市化、基础设施建设快速推进，主导产业是房地产，同时也有钢铁、造船等重化工业的发展，粗钢生产强度跳跃式上升。粗钢生产强度快速提高到 1 万吨 / 亿元以上；2013 年以来，基础设施、房地产以及汽车需求扩张进入阶段性拐点，引起重化工业的全面产能过剩，粗钢生产强度也开启下跌趋势。这表明中国重化工业快速增长阶段进入尾声（见图 3–2）。

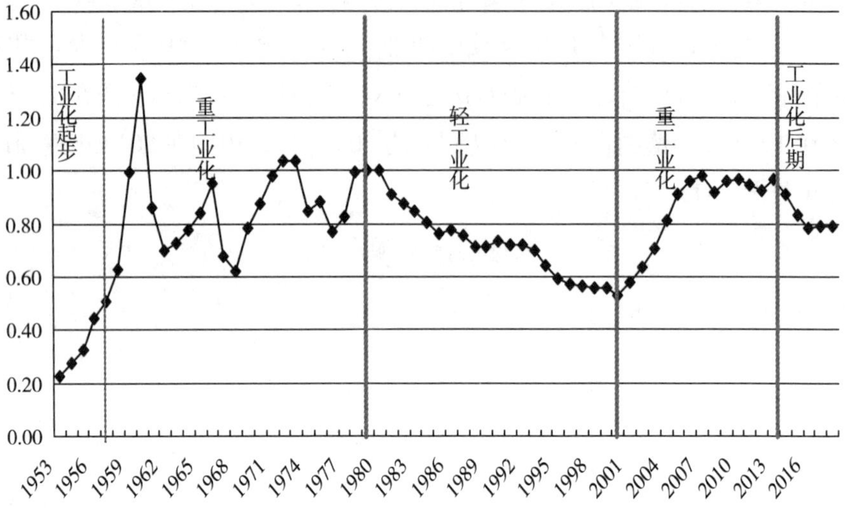

图 3-2 粗钢生产强度（万吨 / 亿元）

资料来源：国家统计局。

三、新型工业化进程中投资的作用

投资在新型工业化进程中的作用体现在以下几个方面。

从资金积累角度看，投资为工业化提供了资金来源。工业化的发展条件包括资本形成、人口规模和质量、资源与环境状况、科学技术的应用、对外贸易、利用外资等。一个国家的工业化进程实质上就是如何把上述因素转化为促进性因素的过程，而加速资本形成就成为实现工业化的关键性条件。厂房、设备、原材料、燃料、动力系统，无一不是靠投资置备和投入生产的。因此，资本常常被看作是影响长期工业增长的基本生产要素。如果其他条件是一定的，那么，一个国家或地区投入工业的资本数量越多，工业产出就越多，工业增长就越快。

从技术进步角度看，工业化进程不仅取决于生产要素的投入数量，而且与生产要素投入效率的高低相关。如果生产要素投入的数量不变，那么生产要素的效率越高，工业化成效就会越大、进展就会越顺利。影响生产要素效率高低的因素主要包括：①技术进步。即指通过技术革新、改造、新技术的应用、技术结构的调整和升级来提高生产要素的效率。②人力资本的积累，即通过正规的或非正规的教育促进掌握了劳动技能的人力资源的增加。无论是技术进步还是人力资本积累都需要资金的投入，只有提高新技术开发力度，不断建设创新型人才队伍，才能走出一条以知识为基础的工业化道路。

从结构调整角度看，投资资金在不同部门和地区流动和分配比例的变化，决定了未来工业结构变化的方向，也决定了工业化升级的方向。产业结构是由投资结构决定的，产业结构的调整和升级依赖于产业投资结构的优化，产业投资结构和产业结构之间存在着相互制约和影响的关系。今天的产业结构现状是由过去的产业投资结构形成的，而未来产业结构的变化主要取决于这一段时间的投资结构，所以投资结构的动态发展是实现产业结构演进的最基本动因和手段。

从投资需求角度看，固定资产投资的实现过程，就是不断运用货币资金购买物资和支付工资的过程，就是不断进行购买和建造的过程，这一过程必然引起对钢材、水泥等生产资料和消费产品的大量需求，进而引起需求的增加，这就是投资的需求效应。投资大的领域往往具有较强的产品创新能力，通过产品创新可不断跟踪需求结构的变化，生产出更加适销对路的产品，扩大其产品的需求，甚至可以创造新的需求，影响整个需求结构。因此，投资的需求效应为工业化过程中的产业发展开拓了广泛的市场空间。

从投资方式角度看，集约和节约的投资本身就是工业化的重要内容。新型工业化是在传统工业化走到增长的极限转而寻求增长的质量的产物，是发展观从追求一时的繁荣发展转向可持续发展的产物。包括我国在内的发展中国家已经丧失了发达国家在工业化进程中曾经拥有的资源优势和环境容量，不可能也不应该再重复高投入、高消耗和先污染、后治理的工业化老路，而只能选择集约型、环保型的可持续发展的新型工业化路子。因此，集约和节约型投资方式是实现可持续发展的新型工业化路子的重要保障。

从基础设施角度看，作为为现代工业提供必要的基本条件，基础设施和公共服务投资与建设就是工业化的组成部分，新型工业化进程需要基础设施和公共服务条件的进一步改善。提高基础设施和公共服务水平的实质就是增加社会资源，为企业节约交易成本，使工业总量增长及效率提高获得更好的平台。基础设施和公共服务建设能够带来较大的投资效应、收入效应和收入分配效应，为新型工业化提供需求动力。因此，基础设施和公共服务投资是工业化发展的重要支撑点。

第二节　我国工业化的投资状况

一、工业投资基本状况

我国工业固定资产投资存量和增量规模、结构特征反映了我国重化工业化加速发展的要求，是经济发展阶段的内在反映，有其合理性和必然性。但是，这其中也暴露出许多问题，包括宏观投资效率下降、企业资产规模小、产业结构层次较低、资产的就业吸纳能力较弱等等。

1. 存量投资情况

根据国家统计局全国经济普查的结果，可以对我国 2004 年和 2018 年工业投资存量情况进行分析和比较。

2004 年，在工业内部，采矿业、制造业和电力、燃气及水的供应业的资产总额分别达到 16975 亿元、181498 亿元和 42233 亿元，分别占工业资产存量的 7%、75.4% 和 17.6%，制造业的资产规模最为庞大。到 2018 年，采矿业、制造业和电力、燃气及水的供应业的资产总额分别达到 113866 亿元、1065154 亿元和 213902 亿元，分别占工业资产存量的 8.2%、76.5% 和 15.4%。与 2004 年相比，采矿业和制造业资产比例上升，而电力、燃气及水的供应业的资产比例下降（见图 3–3）。

2004 年，在制造业 30 个大行业中，有 4 个行业资产不足 2000 亿元，9 个行业资产存量不到 4000 亿元。资产规模较大的行业除纺织业（10777 亿元）外，均为重化工和装备行业。其中，黑色冶炼资产 16130 亿元，占工业资产存量的 6.7%；化学制造资产 14126 亿元，占 5.9%；通信设备资产 16655 亿元，占 6.7%；交运设备资产 15455 亿元，占 6.4%，通用设备、电气机械、非金属制品资产也超过了 1 万亿元。到 2018 年，制造业各行业资产都有了大幅增加，多数行业资产超过了 1 万亿元。其中，计算机和通信制造资产超过了 11 万亿元，汽车制造和化学制造资产分别达到 8 万亿元以上（见图 3-4）。2018 年，黑色冶炼资产占工业资产比例比 2004 年明显下降，而专用设备、电气机构和计算机通信制造等行业资产比例则明显上升。

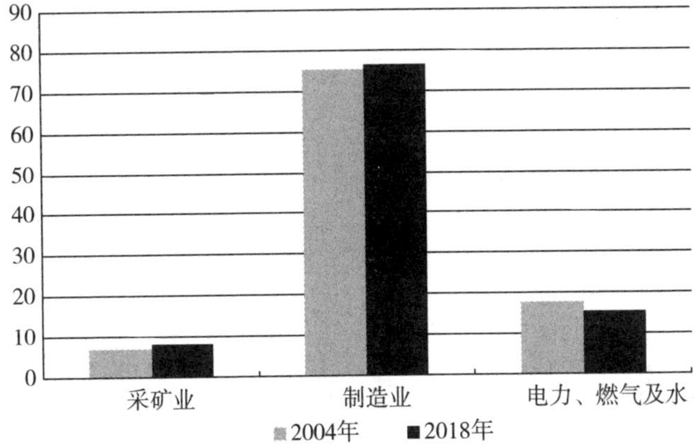

图 3-3　三大产业资产占全部工业资产比例（%）

资料来源：国家统计局全国经济普查主要数据公报。

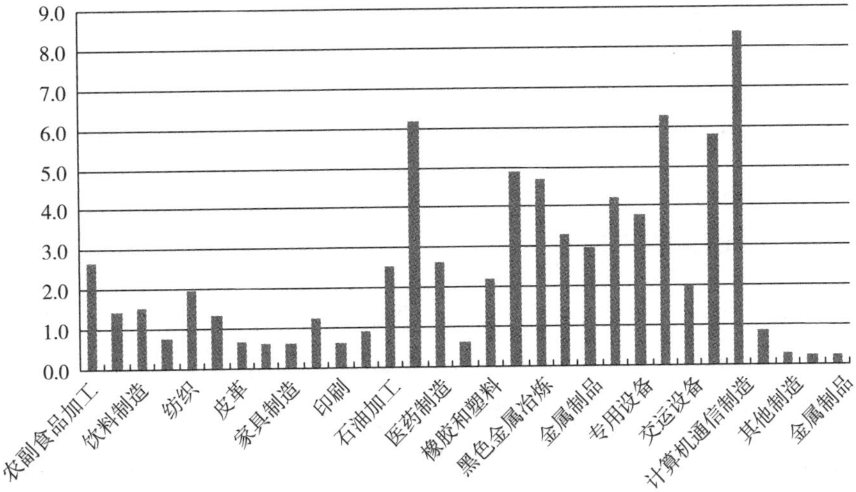

图 3-4　2018 年制造业各行业资产占工业资产比例（%）

资料来源：国家统计局全国经济普查主要数据公报。

2. 增量投资情况

近十多年来，我国工业投资占固定资产投资的比例经历了一个由升到降的过程。2003 年，工业投资比例为 35.1%，到 2008 年，上升为 42.8%，提高了 7.7 个百分点。之后，工业投资比例趋于下降，2011 年，比例有所回升，之后再次进入下降通道，到 2019 年下降为 36.9%。2003 ～ 2019 年，年均比例达到 40%。制造业投资比例则是在 2012 年达到 34.1% 的峰值，之后不断下降，到 2017 年下降到 30.6%，下降了 3.5 个百分点，2018 年比例略有上升，2019 年，制造业投资比例为 31%（见图 3–5）。

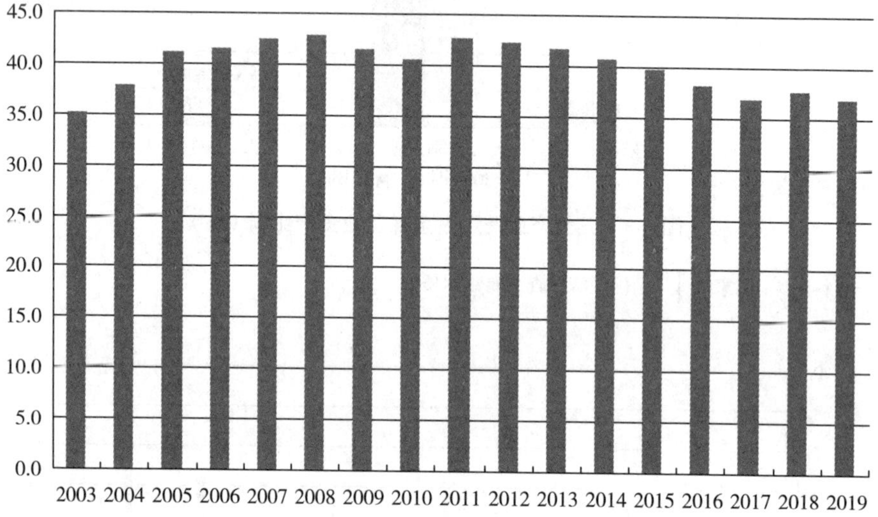

图 3-5 工业投资占全部投资比例（%）

资料来源：各年《中国统计年鉴》。

在工业内部，制造业投资保持扩张的势头，2003 ～ 2019 年，制造业投资占工业投资的比例由 66.7% 提高到 84%，提高了 17 个百分点，投资地位显著上升。而采矿业投资比例下降明显，由高峰期 2008 年的 10.7% 下降到 2018 年的 3.8%，说明工业投资结构已发生重大变化，原材料采掘工业已不再是工业投资的重点。电力、煤气、供水等产业投资比例则由 2003 年的 23.6% 下降到 2019 年的 11.4%，表明工业基础产业逐步完善，投资强度有所下降（见图 3–6）。

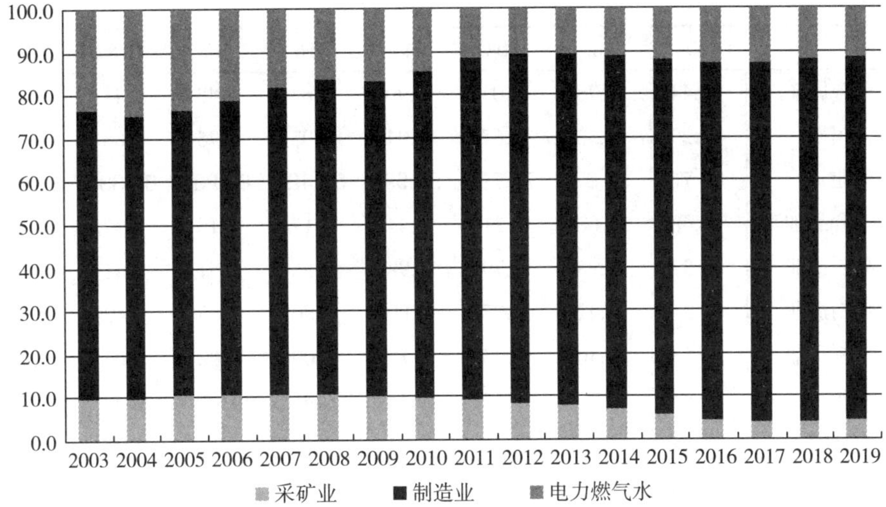

图 3-6 工业主要行业投资占工业投资比例（%）

资料来源：各年《中国统计年鉴》。

在采矿业内部，煤炭开采、石油天然气开采、黑色金属矿开采行业投资比例均有明显的下降。在制造业内部，多数行业投资比例均有所提升。有关国计民生的农副产品加工和食品加工业投资比例上升，非金属制品和金属制品加工业投资比例也有明显上升，服装、皮革、木材、家具等劳动密集型工业投资比例也在上升，通用设备、专用设备、电气机构等装备工业投资比例呈上升趋势，废弃资源回收行业投资比例也提高较快。与此同时，烟草制品、纺织、石油加工、化学原料等少数行业投资比例有所下降。其他行业投资比例则保持相对平稳（见表 3–2）。制造业投资比例的普遍提高是我国经济发展阶段的必然要求，是我国经济转型、内需扩大、消费升级以及国际产能扩张的必然反映。

表 3-2 工业各行业投资比例（以全部工业为 100）

	2003	2006	2008	2012	2016	2017	2018	2019
采矿业	9.64	10.72	10.75	8.61	4.53	3.96	3.81	4.57
煤炭开采	2.71	3.77	3.77	3.48	1.33	1.14	1.12	1.40
石油开采	5.88	4.70	4.20	1.99	1.02	1.14	1.05	1.27
黑色金属矿	0.31	0.92	1.07	0.98	0.43	0.32	0.31	0.31

续表

	2003	2006	2008	2012	2016	2017	2018	2019
有色金属矿	0.44	0.78	1.03	0.90	0.63	0.48	0.41	0.42
非金属矿	0.29	0.53	0.67	1.04	0.93	0.75	0.88	1.12
制造业	**66.73**	**67.97**	**72.79**	**80.59**	**82.42**	**83.23**	**84.33**	**83.98**
农副食品加工	2.48	3.09	3.21	4.44	5.17	5.15	4.77	4.20
食品制造业	1.82	1.98	1.79	1.98	2.56	2.51	2.41	2.24
饮料制造业	1.31	1.42	1.37	1.69	1.80	1.65	1.42	1.46
烟草制品业	0.53	0.30	0.23	0.15	0.09	0.08	0.07	0.07
纺织业	3.81	3.27	2.42	2.57	2.91	2.98	2.90	2.55
服装鞋帽	1.24	1.43	1.41	1.64	2.10	2.14	1.95	1.92
皮革制品	0.58	0.76	0.67	0.85	1.01	1.02	0.97	0.91
木材加工	0.72	1.03	1.25	1.56	1.89	1.92	2.08	1.89
家具制造业	0.46	0.70	0.80	0.99	1.35	1.60	1.83	1.75
造纸	1.95	1.67	1.60	1.44	1.36	1.33	1.29	1.11
印刷业	0.77	0.78	0.71	0.68	0.81	0.77	0.77	0.77
文教体育	0.27	0.31	0.31	0.74	1.16	1.22	1.22	1.15
石油加工	2.00	2.42	2.87	1.62	1.18	1.15	1.17	1.27
化学原料	6.84	6.55	7.43	7.30	6.47	5.98	5.86	5.96
医药制造业	3.11	1.96	1.68	2.32	2.76	2.57	2.48	2.59
化学纤维	0.75	0.53	0.46	0.55	0.49	0.57	0.68	0.57
橡胶制品业	0.88	0.93	0.77	0.83	0.83	0.81	0.79	0.77
塑料制品业	1.60	1.83	1.72	1.99	2.25	2.19	2.14	2.08
非金属制品	4.83	4.79	6.50	7.81	7.40	7.29	8.07	8.33
黑色金属加工	8.71	5.90	5.10	3.35	1.83	1.64	1.72	2.10
有色金属加工	2.83	2.48	2.96	2.94	2.31	2.17	2.07	2.02
金属制品业	1.74	2.84	3.45	3.81	4.44	4.47	4.77	4.43
通用设备制造	2.26	4.04	5.09	5.49	5.73	5.69	5.72	5.65
专用设备制造	2.11	2.81	3.56	5.48	5.28	5.31	5.67	6.01
交运设备制造	4.45	5.08	5.93	5.66	4.82	4.86	4.31	4.06
电气机械	1.96	2.87	3.68	5.36	5.61	5.74	5.50	5.23
通信设备	4.78	4.35	3.86	3.86	4.59	5.55	4.93	4.76
仪器仪表	0.64	0.58	0.67	0.85	0.77	0.85	0.89	0.80

续表

	2003	2006	2008	2012	2016	2017	2018	2019
废弃资源回收	0.04	0.10	0.21	0.47	0.60	0.73	0.72	1.05
电力燃气水	**23.63**	**21.32**	**16.47**	**10.80**	**13.05**	**12.81**	**11.85**	**11.45**

资料来源：各年《中国统计年鉴》。

二、工业化的成就

我国的工业化取得了辉煌成就。2020年我国GDP达到101.6万亿元，折合14.7万亿美元，继续排名世界第二。人均GDP超过1万美元，进入中高收入国家行列。中国经济已成为世界经济增长主要动力，连续6年对世界经济增长的贡献率保持在30%左右，位居世界第一。

我国已成为货物贸易第一大国、外汇储备第一大国、服务贸易第二大国、利用外资第二大国、对外投资第二大国。2020年，中国货物进出口总额达4.65万亿美元，连续三年居世界首位，占全球进出口比重从改革开放之初的0.77%提升到12.8%，在全球货物贸易中排名由第30位跃升至第1位。2020年，中国对外直接投资1329亿美元，位居全球前列，对外直接投资存量超过2.3万亿美元。

2000年，我国制造业增加值仅占全球6.6%，2019年，我国制造业增加值占全球比重达到28.1%，连续十年保持世界第一制造大国地位，对世界制造业贡献的比重接近30%。中国已成为世界第一大工业产出国，主要工农业产品产量大都居世界前列，粮食、油料、肉类、原煤、水泥、粗钢、钢材和发电量连续多年居世界首位，500多种主要工业品中有220多种产量位居全球第一（见表3–3）。

表3-3　　中国主要经济指标居世界位次

	1978年	1990年	2000年	2005年	2010年	2015年	2016年
国内生产总值	11	11	6	5	2	2	2
主要工业产品产量							
粗钢	5	4	1	1	1	1	1
煤	3	1	1	1	1	1	1
原油	8	5	5	5	4	4	5

续表

	1978年	1990年	2000年	2005年	2010年	2015年	2016年
发电量	7	3	2	2	1	1	1
水泥	4	1	1	1	1	1	1
化肥	3	3	1	1	1	1	1
棉布	1	1	2	2	1	1	1
主要农业产品产量							
谷物	2	1	1	1	1	1	1
肉类	3	2	1	1	1	1	1
籽棉	2	1	1	1	1	1	1
大豆	3	3	4	4	4	4	5
花生	2	2	1	1	1	1	1
油菜籽	2	1	1	1	1	2	2
甘蔗	10	4	3	3	3	3	3
茶叶	2	2	2	1	1	1	1
水果	11	4	1	1	1	1	1
高速铁路里程	—	—	—	—	—	1	1
高速公路里程	—	—	—	—	—	1	1
吸收外商直接投资额	—	—	—	—	—	3	3
对外直接投资额	—	—	—	—	—	2	2
货物进出口额	30	16	8	3	2	2	2
服务贸易进出口额	—	—	—	—	—	2	2
外汇储备	38	9	2	2	1	1	1

资料来源：世界银行数据库、联合国贸发组织数据库和粮农组织数据库，引自汪海波、刘立峰：《中国经济70年》，山西经济出版社2019年版，第649页。

中国在世界500强的地位逐步超过美国。2020年《财富》发布的世界500强排名，中国大陆（含香港）公司上榜数量达到133家，超过美国的121家。2020年在世界500强前100名中，美国企业有34家，占美国上榜企业数量的28%，中国企业有25家，占中国上榜企业数量的19%。在世界500强的赛场上，中国始终处于上升通道，而美国开始走下坡路。2000～2020年20年间，中国世界500强企业数量增长了11倍，在2019年，上榜企业数量首次超过了美国，跃居第一位。而美国在2002年数量达到巅峰后，逐渐走向下坡（见图3–7）。

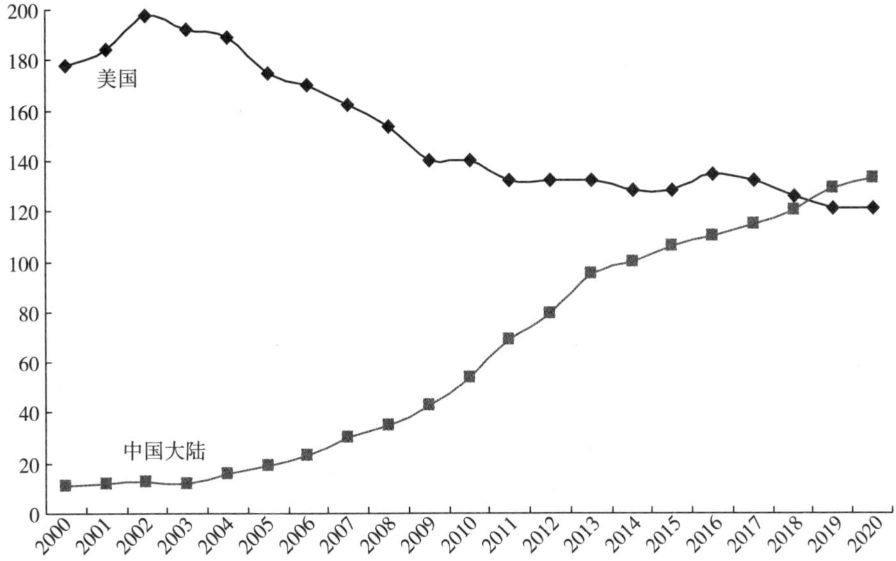

图 3-7　中国大陆与美国世界 500 强上榜公司数量对比（家）

资料来源:《财富》前瞻产业研究院。

三、工业投资中存在的问题

1. 工业投资效率下降，产业过剩现象严重

20 世纪 90 年代中期以来，随着工业投资的高速增长，我国工业投资率由 1996 年的 23.8% 上升到 2019 年的 82%，2015 ～ 2016 年还曾经超过了 90%。由于投资增长明显快于产出增长，工业投资边际效率和投资效果系数[①]均呈现下降趋势。1996 年，工业投资边际效率为 1.38，到 2015 年下降到只有 0.1；1996 年，工业投资效果系数为 0.64，到 2019 年，下降到 0.06（见表 3-4）。投资效率下降意味着工业产出增长对投资增长的依赖性更大，换句话说，只有更大的投资增长才能实现与以往同样的产出增长。长期以来，工业投资增速均超过 20%，其中，部分行业投资连续高速增长，由此形成的产能逐步释放，生产

① 投资率是指工业投资与工业增加值之比；投资边际效率指工业增加值增长率与工业投资增长率之比，反映工业产出与工业投资之间边际变化的关系；投资效果系数指工业增加值增量与工业投资额之比。

资料和生活资料供求关系由供不应求转变为供求基本平衡，钢铁、电解铝、焦炭、汽车、铁合金等行业产品，甚至像光伏、LED、风电装备、碳纤维、工程机械等新兴产业都在不同时期出现不同程度的产能过剩。

表 3-4　　工业投资效率情况

年份	工业投资率（%）	工业投资边际效率	工业投资效果系数
1996	23.86	1.38	0.64
1997	22.47	2.24	0.47
1998	22.13	1.86	0.15
1999	20.41	–2.05	0.26
2000	20.17	1.12	0.52
2001	20.34	0.91	0.40
2002	22.98	0.39	0.36
2003	29.08	0.34	0.47
2004	33.92	0.49	0.47
2005	39.67	0.48	0.39
2006	42.01	0.72	0.37
2007	44.61	0.74	0.39
2008	48.36	0.64	0.31
2009	58.24	0.18	0.08
2010	59.82	0.86	0.27
2011	66.09	0.59	0.23
2012	73.90	0.36	0.09
2013	81.80	0.36	0.07
2014	87.59	0.40	0.05
2015	93.59	0.10	0.01
2016	92.86	1.22	0.05
2017	84.55	5.84	0.13
2018	83.49	1.17	0.10
2019	82.08	1.51	0.06

资料来源：wind 数据库。

2. 企业规模扩张明显，行业集中度仍然较低

我们比较了相关年份规模以上工业单个企业资产规模。1998 年、2004 年、2010 年三个时点，在主要的工业行业中，除了烟草、石油加工等极少数行业外，其他行业单个企业资产规模变化不大。直到 2010 年，只有煤炭开采、

石油开采、石油加工、化纤、钢铁、有色、交运设备等少数行业单个企业资产规模超过 1 亿元。到 2010 年止，服装、皮革、木材加工、家具制造和金属制品行业的单体企业资产规模都未超过 5000 万元。近年来，工业行业企业规模有了较为明显的变化，2018 年，大多数行业单个企业资产规模比 2010 年都有了加倍的增加（见表 3-5）。但是，我国部分行业的市场集中度仍然较低。例如，2019 年，我国前十名涂料企业的市场占有率仅为 15.2%，而欧洲、美国、日本涂料市场 TOP10 市场占有率分别达到 75%、75% 和 85%。类似情况在许多行业都存在，规模效益差、资源配置分散，整体呈分散竞争状态，在这种市场结构体系下，产业往往缺乏市场竞争活力，市场绩效相对较低。

表 3-5　　工业各行业单个企业资产规模　　单位：亿元

	1998 年	2004 年	2010 年	2018 年
煤炭开采	0.82	0.94	3.32	12.23
石油开采	46.26	52.9	53.85	157.3
黑色矿采	0.31	0.22	1.40	6.49
有色矿采	0.24	0.32	1.26	3.97
非金属矿采	0.18	0.17	0.41	0.99
其他采矿业	0.41	0.39	0.42	1.01
食品加工业	0.14	0.19	0.65	1.23
食品制造业	0.16	0.3	0.79	1.74
饮料制造业	0.33	0.55	1.23	2.60
烟草制品业	2.1	6.58	36.32	93.80
纺织业	0.3	0.25	0.56	1.14
纺织服装	0.1	0.11	0.38	0.84
皮革	0.11	0.12	0.44	0.76
木材加工	0.14	0.13	0.31	0.59
家具制造业	0.09	0.14	0.44	0.89
造纸及纸制品	0.23	0.39	0.94	2.19
印刷业	0.13	0.23	0.47	1.01
文教体育用品	0.11	0.13	0.38	0.93
石油加工	2.29	2.5	6.74	15.74
化学	0.41	0.49	1.31	3.19
医药制造业	0.26	0.49	1.58	4.34
化学纤维	1.49	1.27	2.17	4.24
非金属矿制品	0.25	0.31	0.73	1.38

续表

	1998 年	2004 年	2010 年	2018 年
黑色金属加工	1.66	1.73	5.83	11.89
有色金属加工	0.64	0.68	2.48	5.81
金属制品业	0.14	0.14	0.51	1.17
通用设备制造	0.22	0.19	0.70	1.77
专用设备制造	0.22	0.24	0.97	2.20
交通运输设备	0.45	0.58	2.32	3.42
电气机械	0.24	0.24	1.15	2.85
通信设备	0.45	0.78	2.54	6.10
仪器仪表	0.22	0.21	0.89	2.26
电力	2.25	6.08	11.70	19.04
燃气	1.28	1.65	3.08	6.09
水的供应业	0.42	0.94	2.63	7.33

资料来源：根据《中国统计年鉴》数据计算。

3. 传统产业仍占主导地位，依赖资源和资本投入

我们按照要素集中程度对工业主要行业进行分类[①]。1993～2019 年，在工业固定资产存量中，资源和能源密集型工业所占份额由 21.9% 上升到 26.6%，比重提高了 4.7 个百分点；资金密集型工业所占比例由 48.2% 下降到 39.6%，下降了 8.6 个百分点；劳动密集型工业占比由 17.4% 下降到 11.5%，下降了近 6 个百分点；技术密集型工业占比则由 12.4% 大幅上升到 22.2%，上升了 10 个百分点（见表 3–6）。这表明，近二十多年来，我国资源型工业资产扩张速度仍然较快，资金密集型工业和劳动密集型工业资产份额缩小，而技术密集型工业资产份额则明显增加。而从资产平均占比看，资金密集型工业仍然占据大头，比例达到 43%，资源密集型工业比例也高达 26%，而技术密集型工业比例只有 16% 左右，资本投入和资源消耗仍是工业增长的主要动力。

---

① 劳动密集型产业是在各种生产要素中，使用劳动力较多，使用其他生产要素较少的产业，如服装、皮革、家具制造，其特点是需要劳动力较多，单位劳动力占用资金较少。资本密集型产业是在各种生产要素中，使用资本较多，使用其他生产要素较少的产业，如钢铁、石化、机械制造、有色金属等重化学工业。技术密集型产业是使用技术较多，使用其他生产要素较少的产业，高技术产业就带有技术密集型产业的特征，其特点是技术、知识、人才的投入较多。资源和能源密集型产业是使用资源较多，使用其他生产要素较少的产业，如采矿业等。

表 3-6 各类工业固定资产存量占全部工业的比例（%）

年份	资源密集型	资金密集型	劳动密集型	技术密集型
1993	21.91	48.20	17.44	12.45
1994	22.79	47.43	16.93	12.85
1995	22.51	47.55	16.85	13.08
1996	22.36	47.75	16.29	13.60
1997	23.74	46.72	15.55	13.98
1998	24.23	44.34	17.43	14.01
1999	26.09	43.00	16.46	14.45
2000	27.07	42.25	15.41	15.27
2001	27.43	41.85	14.74	15.97
2002	27.75	40.76	14.80	16.68
2003	26.81	40.16	15.95	17.08
2004	28.64	39.44	15.09	16.83
2005	27.81	40.24	14.86	17.08
2006	28.26	40.56	14.61	16.58
2007	27.49	41.50	14.61	16.40
2008	27.74	42.48	14.08	15.70
2009	27.86	42.72	13.74	15.68
2010	26.95	42.79	13.74	16.52
2011	26.87	42.88	13.68	16.57
2012	26.04	43.47	13.83	16.66
2013	25.69	43.70	13.90	16.71
2014	25.34	43.43	13.99	17.24
2015	25.84	42.27	13.89	18.00
2016	25.44	41.46	13.69	19.41
2017	25.59	41.00	12.91	20.49
2018	26.04	39.81	12.38	21.77
2019	26.65	39.58	11.52	22.24

资料来源：根据《中国统计年鉴》数据计算。

4. 高端优质供给少，先进技术受制于人

大量关键装备、原材料、核心零部件严重依赖进口，不仅进口成本高昂，而且面临断供风险和安全隐患。尤其是某些对单一来源地的对外依存度超过 50% 的工业中间品，供应链缺乏弹性，容易受制于人。中国工程院对国

内核心产业链进行了安全评估，指出与国外先进水平差距较大的领域有：通信装备产业的高端芯片，半导体产业的光刻机，高档数控机床与基础制造装备，轨道交通产业的轴承，电力产业的燃气轮机热部件，飞机、机载设备与系统，航空发动机，汽车行业的设计和仿真软件，节能汽车，高性能医疗器械，农业装备。中国在生物制药、精细化工、石油钻探、计算机软硬件等科技领域落后欧美日十几年甚至几十年。中国市场高端自动控制系统的95%、高档数控机床的90%、高档数控系统的95%的市场份额被国外产品占领。在关键零部件、元器件方面，为高档数控机床配套的高档功能部件70%需要进口，大型工程机械所需30Mpa以上液压件等全被外资垄断。当然，中国也有一些国外没有的核心科技，如特高压、高铁、超高桥梁、码头设备、激光技术、杂交水稻等。

5. 企业研发投入水平较低，创新能力较差

2019年，我国全社会R&D经费投入达2.17万亿元，占GDP比重为2.19%，科技进步贡献率达到59.5%，全国高新技术企业达到22.5万家，科技型中小企业超过15.1万家。当前，我国R&D经费投入稳居世界第2位，研发投入强度已超过欧盟28国平均1.97%的水平，达到中等发达国家水平，但与部分发达国家2.5%～4%的水平相比还有差距。“十三五”规划提出研发投入强度到2020年达到2.5%，这一目标没有实现。2018年，我国企业研发投入占全社会研发投入比重达到77%，规模以上工业企业中超过四成企业开展了技术创新活动，但与发达国家相比，我国企业创新仍存在研发投入不够、关键共性技术供给不足等问题。2017年，我国制造业研发投入强度约为1.14%，而美国和日本均超过了4%，我国仅是美日两国的四分之一左右。我国医药、电子和装备制造三大高研发行业中，研发投入强度普遍低于美国和日本3个百分点以上，特别是在医药和电子行业，更需加快追赶速度[①]。

6. 竞争性行业国有比重仍然较大，政府投资领域明显过宽

国有经济在某些纯粹的竞争性行业仍然保持较高的份额。2017年，在主

---

① 于博、陈兴、应镓娴：《中国研发支出的前世今生与未来——“消费和创新”》，海通证券研究报告。

要工业行业固定资产投资中，烟草业的国有经济比例最高，达到近80%，最低是皮革制造业，为2%，所有工业行业均多多少少保留有国有投入。其中，服装、家具、农副产品加工、食品、饮料等纯竞争性行业国有控股投资占该行业全部投资比例分别达到3.2%、2.4%、4.8%、5.1%、4.9%。可见，国有投资领域明显过宽、范围明显过大。与此同时，在一些垄断性行业，国有经济资产比例则显得过高，市场竞争明显不足。例如，在电力、燃气、供水业中，国有经济比例分别高达58.3%、35.2%和72.9%。国有控股在烟草、石油开采等行业具有绝对控制力，在煤炭开采、石油加工、黑色金属、电力等行业中，国有控股投资比例也比较高（见表3-7）。这反映出两方面的问题，第一，在某些垄断行业，进入门槛仍然较高，非公经济投资这些行业还比较困难；第二，虽然国有经济在竞争性行业的投资已经明显减少，但是，仍然保持着一定的投入强度，退出还不够。

表3-7　2017年工业各行业不同所有制投资结构（以各行业为100）

	国有控股	集体控股	私人控股	外资
采矿业	45.7	2.7	44.2	1.7
煤炭开采	43.7	3.1	47.1	1.1
石油开采	91.7	0.0	3.7	3.1
黑色矿采	24.5	1.3	64.2	0.9
有色矿采	22.9	9.5	59.5	2.6
非金属矿采	5.3	2.6	80.5	0.6
其他采矿业	13.2	0.6	67.2	1.3
制造业	8.1	1.1	77.0	6.7
食品加工业	4.8	1.1	82.7	3.4
食品制造业	5.1	0.9	81.0	6.5
饮料制造业	4.9	0.9	78.8	6.3
烟草制品业	79.7	3.4	12.2	1.7
纺织业	3.4	0.7	84.4	5.4
纺织服装	3.2	0.4	84.8	5.9
皮革	2.0	0.7	86.9	6.0
木材加工	2.4	0.5	87.7	1.4
家具制造业	2.4	0.3	86.6	3.4
造纸及纸制品	2.3	1.4	80.4	7.6

续表

	国有控股	集体控股	私人控股	外资
印刷业	3.0	1.2	84.5	3.8
文教体育用品	3.1	0.9	81.2	7.2
石油加工	32.9	1.1	54.3	5.2
化学	10.7	1.2	73.1	7.7
医药制造业	8.3	1.8	75.5	6.6
化学纤维	6.3	0.6	74.5	8.3
橡胶和塑料	1.9	0.8	85.1	5.1
非金属矿制品	5.3	0.9	83.5	2.8
黑色金属加工	18.5	0.9	67.9	6.2
有色金属加工	15.9	1.3	68.0	4.0
金属制品业	3.1	0.7	85.0	4.1
通用设备制造	4.1	1.1	83.4	4.0
专用设备制造	6.8	0.8	81.0	4.4
汽车制造	13.6	1.6	68.2	15.1
交通运输设备	21.9	2.1	65.2	7.2
电气机械	6.8	1.3	77.6	6.8
通信设备	16.8	1.3	52.6	20.5
仪器仪表	5.5	0.6	79.5	8.6
其他制造	24.6	1.7	59.6	1.6
资源综合利用	8.2	0.7	80.2	3.9
机械和设备修理	18.6	1.2	64.7	5.0
电力、燃气及水	59.3	2.2	28.9	4.4
电力	58.3	2.0	30.2	4.3
燃气	35.2	1.4	47.0	11.4
水	72.9	3.4	16.5	2.2

资料来源：根据《中国统计年鉴 2018 年》资料计算。

7. 工业投资可持续性不强，对生态环境造成损害

工业固定资产对生态环境的影响，主要表现在两个方面：第一，工业项目建设过程中，由于大量消耗土地、建筑材料、电力等资源，以及建设过程中形成的大量噪音、可吸入颗粒物、建筑垃圾等造成对生态环境的不利影响；第二，最重要的，是工业固定资产投资形成的工业生产能力直接排放大

量的工业污染物，以及过度开发自然资源对生态环境造成的破坏[①]。伴随着工业固定资产投资的不断增长，我国工业污染呈不断恶化的趋势。工业投资的大量增长以及对电力的大量需求，导致水泥厂和发电站的二氧化碳排放量急剧增加。尽管我国的工业污染问题有西方国家将制造业以“外包”的方式转移的原因，但有些地区的政府不顾环境后果，甚至以牺牲环境为代价发展经济，盲目和不切实际地招商引资，导致我国工业污染问题加剧。因此，改变工业经济增长模式，实施工业的科学发展，是今后工业投资中必须重视的问题。

第三节　制造业投资特征及发展方向

一、我国制造业投资的基本特征

①制造业投资增长进入下降通道。我国制造业投资由 1995 年的 3827 亿元增加到 2020 年的 213773 亿元，年均增长 17.5%，快于全部投资增速近 1 个百分点。亚洲金融危机期间，制造业投资曾连续三年增速下降，进入新世纪，制造业投资增速又连续 10 年保持在 25% 以上。2012 年以后，制造业投资增速连年下降，年均增速只有 8.5%。2015 年以后，制造业投资增速下降到 10% 以下，2019 年增速只有 3.1%，2020 年受疫情影响，投资出现绝对额下降（见图 3–8）。

②制造业投资占总投资比例下降。1995 ～ 2020 年间，制造业投资占总投资的比例呈现 S 型变化趋势。1995 年，我国制造业投资占比为 24.5%，到 1999 年下降到 16.2%，之后，制造业投资增速明显快于全部投资增速，制造业投资占比逐年上升，到 2012 年达到 34.1%，提高了近一倍。2012 年以后，制造业投资占比有所下降，2020 年为 29.5%，与 2012 年相比，下降了 4.6 个百分点，但是，与 1995 年相比，还提高了 5 个百分点（见图 3–9）。

---

① 曹建海：“‘十五’以来我国工业固定资产投资的效益分析”，《财经问题研究》2007 年第 11 期。

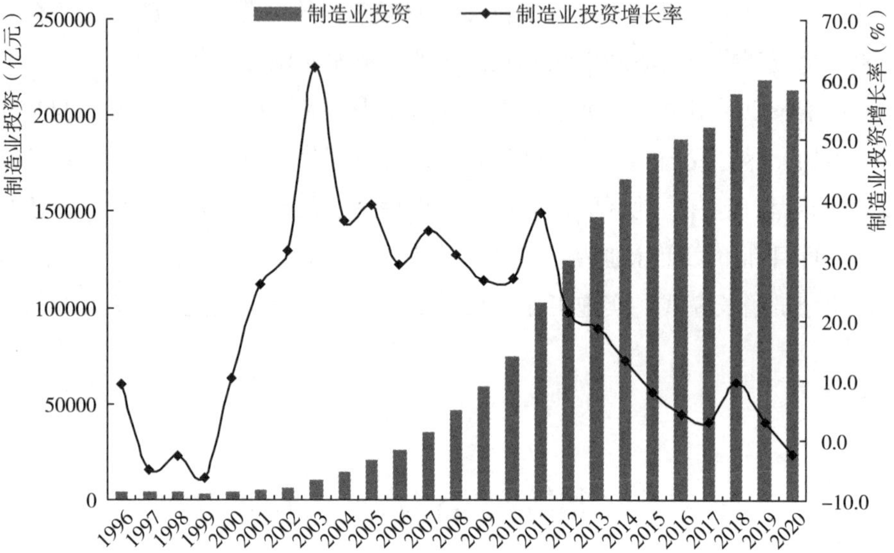

图 3-8 制造业投资及其增长率

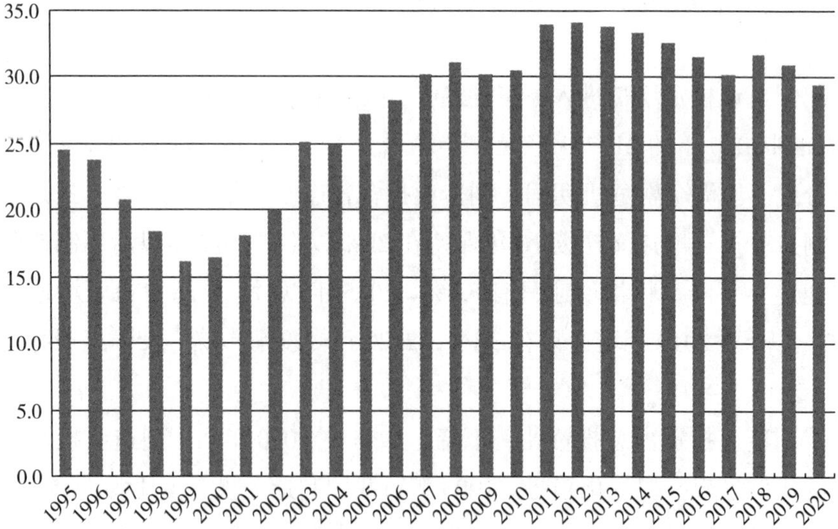

图 3-9 制造业投资占总投资比例（%）

③制造业投资增长与增加值增长相关性较高。2005～2020 年，制造业投资增长率与增加值增长率的相关系数达到 0.83%，2011 年以来两者的相关性更高达 0.94（见图 3-10）。在国民经济 19 个大行业中，制造业投资比例和增加值比例也是最为接近的（见表 3-8）。因此，制造业投资增速下降对制造

业产出的影响是存在的，或者说制造业投资增速下降会在一定程度上带来制造业增加值增速下降。

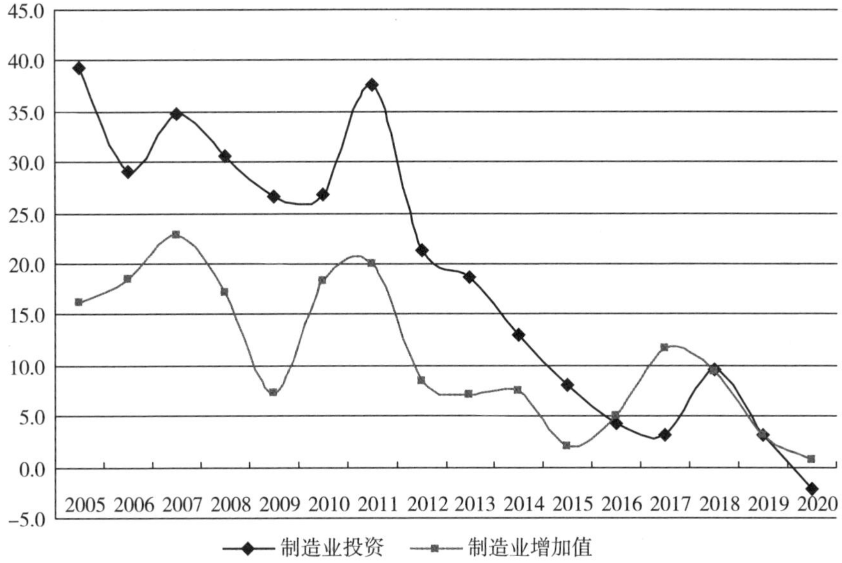

图 3-10 制造业投资及制造业增加值增长率（%）

表 3-8 2018 年国民经济主要行业增加值比重和投资比重（%）

	增加值	投资
国内生产总值	100.00	100.00
农林牧渔业	7.35	4.14
采矿业	2.46	1.43
制造业	27.84	31.70
电力、热力、燃气及水	2.45	4.15
建筑业	7.12	0.47
批发和零售业	9.67	1.94
交通运输、仓储和邮政业	4.39	9.50
住宿和餐饮业	1.80	0.88
信息传输、软件和信息	3.13	1.09
金融业	7.68	0.14
房地产业	7.03	22.62
租赁和商务服务业	3.21	2.27
科学研究和技术服务业	2.19	1.00

续表

	增加值	投资
水利、环境和公共设施管理	0.55	12.67
居民服务	1.61	0.34
教育	3.70	1.77
卫生和社会工作	2.25	1.18
文化、体育和娱乐业	0.79	1.58
公共管理、社会组织	4.78	0.97

④近年来制造业内部多数行业投资增长低缓。2015 年以来，制造业投资增速下降到个位数。2015 ～ 2020 年，制造业投资平均增速只有 4.5%。在有完整数据的 29 个行业中，20 个行业投资年均增速低于制造业均值，有 6 个行业年均投资负增长，包括饮料、烟草、纺织服装、造纸及纸制品、有色冶炼和交通运输制造业。年均投资增速达到或接近两位数的只有医药制造、通信设备、仪器仪表和废弃资源回收等 4 个行业，但是，这 4 个行业投资额只占全部投资的 11%，分量太小（见图 3–11）。大量制造业部门投资增长乏力，能够称得上投资新动能的行业少之又少，不可避免造成整个制造业投资增长滑坡。

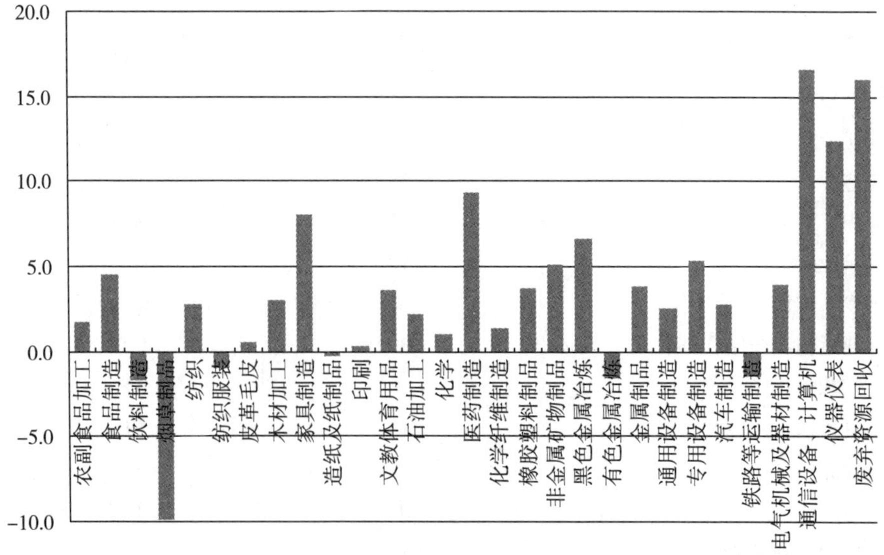

图 3-11　2015 ～ 2020 年制造业各行业投资增长率（%）

⑤疫情影响下各行业投资变动特征不同。有些行业投资下跌更为明

显，有些行业投资则比较抗跌。2020年，投资下降较为明显的制造业行业包括纺织服装（–31.9%）、文教体育用品（–26.5%）、印刷（–20.5%）、化纤（–19.4%）、木材加工（–18%）、皮革加工（–15.8%）、家具制造（–15.8%）、汽车制造（–12.4%）。与此同时，少数行业实现了投资高增长，包括医药制造（28%）、黑色金属制造（26.5%）、通信设备（12.5%）、石油加工（9.4%）。另外一些行业投资仅略有下降，例如，农副产品加工（–0.4%）、食品制造（–1.8%）、化学（–1.2%）、橡胶塑胶（–1.2%）。

⑥制造业与基础设施投资变动方向相反。制造业投资增长与基础设施投资增长呈现反向的变动关系，制造业投资增速上升的时候恰恰是基础设施投资增速下降的时候。在2006～2008年、2008～2010年、2010～2012年、2013～2017年几个时期反映得尤其明显（见图3–12）。基础设施投资占比由2009年的21.2%下降到2012年的16.6%，与此同时，制造业投资占比由30.2%上升到34.1%；基础设施投资占比由2013年的17%提高到2017年的22.7%，与此同时，制造业投资占比由33.9%下降到30.6%。

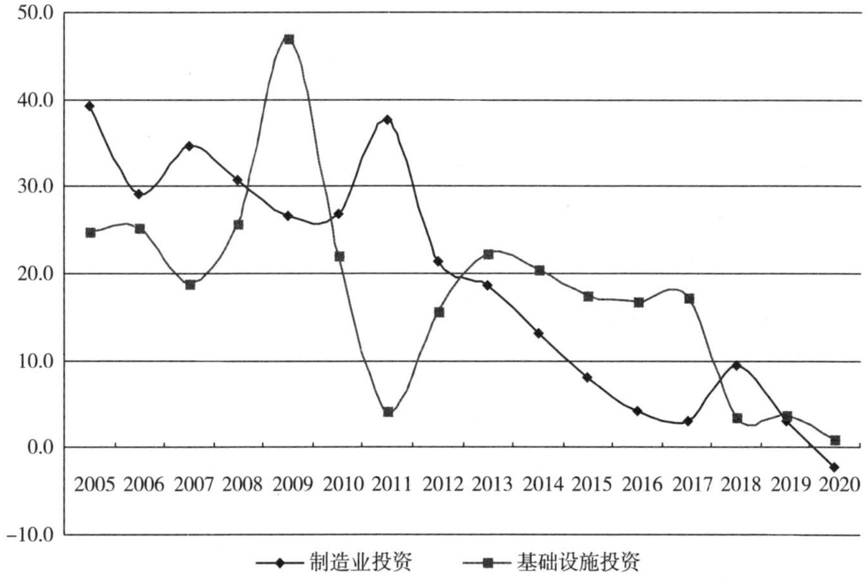

图3-12　制造业投资与基础设施投资增长率（%）

⑦制造业投资增速与民间投资增速变动轨迹基本一致。2005～2020年，制造业投资增速由39.2%下降到–2.2%，民间投资增速由48.8%下降到

1%（见图 3–13）。这一时期制造业投资增速与民间投资增速的相关系数高达 0.97，两者高度相关。我国民间资本主要投入领域就是制造业和房地产业，而同期房地产投资增速与民间投资增速的相关系数只有 0.8，低于制造业投资增速与民间投资增速的相关系数。这表明民间投资与制造业投资的关系更为密切。

图 3-13　制造业投资与民间投资增长率（%）

⑧城镇化大规模投资压制了工业化投资。我们把采矿业、制造业和电力作为工业化领域，服务业作为城镇化领域，分别计算其投资占总投资的比例。工业化投资比重由 2008 年的 42.8% 下降到 2020 年的 35.6%；而城镇化投资比重由 2011 年的 59.9% 上升到 2020 年的 64.6%（见图 3–14）。各级政府积极推进新型城镇化，把城镇化视为经济增长的支撑力量，也撬动了大量民间资金进入城镇化领域。城镇化占用了过多的土地、资本等要素，新城、新区无法产生人口和产业的集聚效应，出现闲置浪费，也无形中挤占了工业化发展资金。

二、未来制造业关键投资领域选择

这里依据不同的评价体系对制造业关键领域进行选择，评价体系包括：近期需要大量进口的战略性新兴产业和高新技术产业；中国制造 2025 涉及的

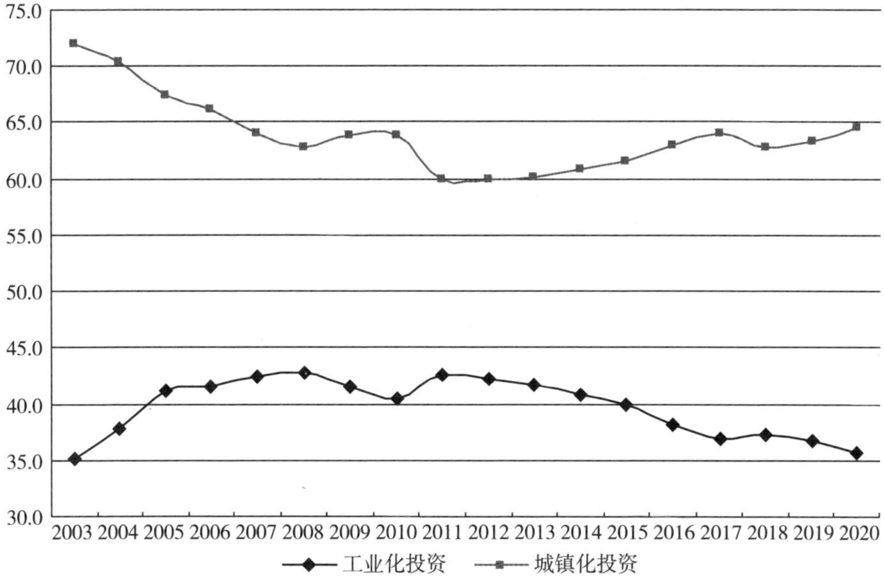

图 3-14　2003-2020 年工业化投资和城镇化投资比重（%）

关键领域；美国对中国技术封锁的重要行业。然后对各类评价结果进行综合比较和分析，最终得出我国制造业的关键投资领域。

1. 近期需要大量进口的中高端工业品

我国海关总署列出的进口规模比较大的中高级工业品包括自动数据处理设备及部件、半导体制造设备、电工器材、电子元件、汽车及汽车底盘、汽车零配件、液晶显示板、医药品、飞机及零配件等。

根据海关总署进口主要商品量值统计，2020 年，进口量较大的商品包括：自动数据处理设备及部件 3708 亿元，半导体制造设备 1752 亿元，电工器材 2964 亿元，电子元件 28084 亿元，其中，集成电路 24207 亿元，汽车 3242 亿元，汽车零配件 2246 亿元，生物、生命科学、光电、计算机、材料等高技术产品 47160 亿元。

从进口商品规模，可以看出在国际产业竞争中，中国的薄弱点究竟是在哪里，这些进口金额高的商品，就是我国亟须重点发展的领域。目前，在中国完全落后的领域，全部都有国家战略支持，例如设立集成电路基金扶持集成电路产业发展。但是，产业竞争力的形成仍需较长时间。

2.《中国制造2025》涉及的关键领域

制造业是立国之本、强国之基。没有强大的制造业，就没有国家和民族的强盛。打造具有国际竞争力的制造业是提升综合国力、保障国家安全、建设世界强国的必由之路。《中国制造2025》针对制约制造业发展的瓶颈和薄弱环节，着力推进重点关键技术领域率先突破，要在关系国计民生和产业安全的基础性、战略性、全局性领域，着力掌握关键核心技术，完善产业链条，形成自主发展能力。为此，明确了新一代信息技术产业、高档数控机床和机器人、航空航天装备、海洋工程装备及高技术船舶、先进轨道交通装备、节能与新能源汽车、电力装备、农机装备、新材料、生物医药及高性能医疗器械等重点领域。

为什么要搞《中国制造2025》？主要原因在于我国与美国等发达国家在高科技领域差距仍十分巨大。例如，航空发动机需要在高温、高压、高转速和高载荷的严酷条件下工作，并满足功率大、重量轻、可靠性高、安全性好、寿命长、油耗低、噪声小、排污少等十分苛刻而又互相矛盾的要求。航空发动机的水准就是一个国家基础科学的水平和制造业的高度，而我国至今拿不出一款代表中国高端制造的量产型发动机。

美国是世界上最高端的光学强国，能加工出超大直径光学透镜的只有美国。而美国在研制直径100米的超级薄膜透镜设备时，中国还在攻关4米直径的大型巨型透镜设备。巨型透镜设备体系是军用光学侦察卫星和侦察系统的核心关键设备。当今最先进的光学成像侦察卫星是美国的锁眼–12（KH–12），地面分辨率达到0.1～0.3米，足可以清点沙漠中的坦克、帐篷和人员。近十年来，中国在这一领域取得不少突破，但和美国的差距依然较大。

2019年6月，美国政府宣布将对500亿美元中国进口商品征收25%的关税，主要是针对与《中国制造2025》有关的工业领域，如航空航天、汽车、工业机械、信息技术和机器人等。美国的目标不完全是贸易顺差，更是针对中国的产业发展战略，试图阻断《中国制造2025》的发展进程。这也验证了《中国制造2025》切中要害，是中国建设世界制造业强国、增强整体竞争力、维护国家安全的利器。我们必须坚定不移地推进《中国制造2025》，攻克核心基础零部件、关键基础材料、先进基础工艺的短板问题。

3. 根据各类研究成果确定的若干关键领域

根据科学机构、商业机构、科技智库，以及麦肯锡、埃森哲等最为关注创新趋势的咨询公司的研究成果，梳理出最活跃、最有商业空间的若干个创新和技术前沿，这些技术创新是未来发展需要关注的重点领域。

大数据及高端分析技术。随着计算机、互联网、社交媒体、智能手机、物联网的相继出现，传播技术不断推陈出新，各种以电子形式存储的数据以几何级数增长，越来越多的公司加入到大数据分析技术的行列中来。主要技术包括：大数据，传感器和执行器，云计算和移动技术。关键应用包括：通过及时的数据反馈增强绩效管理，描绘用户画像，进行市场趋势分析，优化决策系统，创新商业模式。

先进机器人。在工业发达国家中，机器人已经广泛应用于汽车及汽车零件制造业、机械加工行业、物流等诸多领域中。主要技术包括：无线技术，人工智能，计算机视觉，先进机器人机敏性、传感器，分布式机器人，机器人式外骨骼。关键应用包括：产业 / 制造机器人，服务性机器人——食物准备、清洁、维护，机器人调查，人类机能增进，个人及家庭机器人——清洁、草坪护理。

自动驾驶汽车。目前 IT 和汽车巨头纷纷投入到自动驾驶技术的研发与生产中来。谷歌自 2010 年起开始研发自动驾驶汽车；宝马和百度宣布共同推进高度自动化驾驶科技，而宝马此前就已展示过自行研发的无人驾驶技术。主要技术包括：人工智能，计算机视觉，先进传感器（如雷达、激光雷达、GPS），机器交流。关键应用包括：自动汽车及火车。

3D 打印。3D 打印是利用数字化模型将材料一层层打印出来的创建物体的累积制造技术。根据麦肯锡的预测，到 2025 年，3D 打印的产品可节省成本 35%～60%，同时可实现高度的定制化。主要技术包括：选择性激光烧结，熔融沉积造型，立体平版印刷，直接金属激光烧结。关键应用包括：消费者使用的 3D 打印机，直接产品制造，工具及模具制造，组织器官的生物打印。

先进材料。过去几十年中，科学家已经找到了很多具有特殊性能的材料——具有自愈或自洁功能的智能材料，可以恢复到原来形状的记忆金属，能将压力转化为能量的压电陶瓷晶体和纳米材料。主要技术包括：石墨烯，碳纳米管，纳米颗粒——如纳米级的金或者银。关键应用包括：纳米电子，显示器，纳米医学，传感器，催化器，先进复合物，储能，太阳能电池，增强化学物和催化剂。

储能技术。在未来十年中，锂电池的性能将会进一步增强，成本将会进一步下降。随着储能技术的发展，电动汽车的成本将比使用内燃机做动力的汽车成本更低。主要技术包括：电池技术——锂电、燃料电池，机械技术——液压泵、燃气增压，先进材料，纳米材料。关键应用包括：电动车、混合动力汽车。

4. 美国对中国技术封锁的关键行业

从中华人民共和国建立开始，以美国为首的西方国家就实施了对中国的高科技封锁和武器禁运。由于意识形态不同，资本主义国家对社会主义中国持有十分强烈的敌意。总部设在美国驻法国大使馆的"对共产党国家出口管制统筹委员会"（COCOM，简称"巴统"）的主要任务是限制对社会主义国家输出战略性物资和技术。禁运物资分为四大类三万多品种：一是军用武器装备；二是尖端技术产品；三是稀有物资；四是中国禁单。第四类中国禁单是对中国的特别贸易禁单。该禁单包括的项目比对苏联和东欧国家的禁运项目还要多500多种。

巴黎统筹委员会随着冷战结束而正式解散，但是17个原巴统成员国和其他11个国家随后于1995年在荷兰瓦森纳召开会议，并于次年在奥地利首都维也纳签署了《瓦森纳协定》，宣布基于"自愿"的原则限制军民两用商品和技术、军品和技术的扩散，中国则被列入了被封锁的国家名单。美国和其他西方国家还以中国政治风波为借口加强对华的封锁，不仅很多原有物项的禁运仍未解除，甚至还有新的物项被加入到封锁的名录中，特别是对于涉及国防、航空航天、电子信息、冶金材料等高精尖领域的技术，刻意设置重重障碍，生怕中国人接触到他们的"核心机密"。

2007年6月，美国BIS特别发布了高科技出口的中国政策，宣称为了"加强对中国的安全贸易"，推动民用高科技产品贸易并限制中国军工建设。美国政府还对20类31项ECCN军民两用的型号出口到中国市场做出了军用限制，需向美国BIS申请出口许可方可运往中国。这20类高科技产品包括贫化铀、碳纤维、非常温下操作的通讯系统、无线通讯系统、惯性制导系统、激光和光感纤维等类别。具体在元器件方面，有下列 ECCN 受控型号：一定频段的示波器；脉冲功率系统零件；超级计算机系统；常温外的电信设备和零件；使用正交幅度调制系统无线电设备；相控阵天线；空间通讯和组合导航技术；一些航空生产和测试设备；一些水下设施和零件。

2011 年 8 月 19 日，美国开始实行新的对华高科技出口管制。在美国商务部公布的管制清单中，有航空器及航空发动机、惯性导航系统、激光器、光学纤维、贫铀、水下摄像机及推进系统、先进复合材料以及高科技通信器材等 20 类产品。

时至今日，美国及欧盟仍没有解除高精尖技术与武器对华禁运。如卫星定位技术、反导技术、预警技术、远程导弹技术、核潜艇壳体技术、“宙斯盾”系统、弹头分导技术等。甚至一些不属于军事对抗范围但可能转化为军事用途的技术也在禁运之列。长期严格的技术封锁给中国装备技术发展带来了很大困难，但并没有达到预定的目标，结果只是延长了中国攻克相关技术的时间，中国不仅独立攻克了系列关键技术，而且因为没有外界依靠，中国反而形成了一套完善的创新体系和完整的研发制造产业链。从一定意义上讲，美国及其盟国的封锁实际上明确了我国产业关键领域补短板的方向。

5. 综合评价与选择结果

以上我们运用四类分析体系，从不同角度对我国制造业关键投资领域进行评估：一是从需要大量进口的高技术产品确定制造业发展的薄弱环节；二是通过《中国制造 2025》中涉及的重点任务确定制造业发展的关键领域；三是根据多项研究成果确定我国需要关注的技术前沿和重点技术领域；四是按照美国对中国技术封锁的主要行业明确制造业关键领域补短板的方向（见表 3-9）。上述评估体系各有侧重，但是，有一点是一致的，即这是中国的制造业关键技术和产业领域，如果不能有所突破，中国就不可能建成科技强国、制造强国，迈向全球价值链中高端，且永远会被美国等国家卡脖子。

表 3-9　　不同角度确定的我国产业关键领域

近期需要大量进口的中高端工业品	《中国制造 2025》涉及的关键领域
集成电路；汽车及汽车底盘；汽车零配件；自动数据处理设备及部件；医药品；飞机及零配件；二极管及类似半导体器件。	新一代信息技术产业；高档数控机床和机器人；航空航天装备；海洋工程装备及高技术船舶；先进轨道交通装备；节能与新能源汽车；电力装备；农机装备；新材料；生物医药及高性能医疗器械。
根据各类研究成果确定的若干关键领域	**美国对中国技术封锁的关键行业**
大数据及高端分析技术；物联网；知识工作自动化；先进机器人；自动驾驶汽车；3D 打印；先进材料；下一代基因组；储能技术；先进油气勘探开发；可再生能源。	核材料、设施与设备；材料、化学、微生物、生化毒素；材料处理技术；电子技术；计算机技术；通讯与信息安全技术；传感与激光技术；导航或航天技术；海洋探测技术；推进系统、空间探测技术及相关设备。

三、产业的深度融合发展

产业融合是指不同产业或同一产业不同行业相互渗透、相互交叉，最终融合为一体，逐步形成新产业的动态发展过程，是新型工业化的核心内容。产业融合的主要方式有：先进制造业与现代服务业深度融合，新一代信息技术与制造业深度融合等。

1. 先进制造业与现代服务业深度融合

（1）服务业与制造业融合发展的机理

先进制造业与现代服务业深度融合不是简单地相加，也不能理解为将服务功能嫁接在制造业企业上。生产性服务业主要包含总集成总承包、检验检测、研发设计、电子商务、专业金融服务、供应链管理、节能环保等重点领域，服务水平的提高会提升企业在价值链上的地位，降低制造企业的投入成本，对先进制造业技术进步、产业升级和提高生产效率有很大促进作用。因此，现代服务业与制造业的融合发展的核心内涵仍然在于价值链环节的融合发展[①]。

---

① 王小波、陈赤平、文美玲："生产性服务业与制造业融合发展研究"，《湖南科技大学学报》（社会科学版）2016 年 11 月。

生产性服务业与制造业的融合发展可以通过价值链的分解与整合来实现。随着社会分工的不断深化，价值链的增值环节变得越来越多，结构也更加复杂，原有的一些非核心的辅助性功能就会从相关价值创造环节中分离出来。价值链是否能够分离，既取决于这些价值链环节被分离出来以后能否独立存在即技术上的可行性，也取决于各个价值链环节对企业核心竞争优势的重要性即经济上的必要性。由于各个环节价值创造能力存在差异，企业的核心竞争优势通常体现在某些特定战略环节上，战略性价值链环节通常会被保留下来。企业将根据自身的核心竞争力和未来潜在的市场需求，对散落的价值链环节进行有效整合，进而形成新的价值链。

当战略性价值链处于生产制造环节时，企业的主要任务是集中资源从事生产制造和提高产品竞争力，远离核心竞争力的生产性服务将被外包或者被剥离。但是，当战略性价值链处于生产服务环节时，发展重心为生产服务业部门，主要价值增值源泉在于生产性服务环节，价值增值作用相对较低的加工制造环节将被外包或者剥离出来，新的关键性生产性服务业价值环节则会被有序整合进来。企业核心竞争能力对产品的依赖越来越小，对服务的依赖则越来越大，此时价值链的核心将发生根本性变化。一些原来的制造业企业逐渐演变为产品为辅、服务为主的服务提供商，原来以实物产品生产为核心的价值链，转变为以实现客户价值、为客户提供全方位服务为核心的价值链。

生产性服务业与制造业的融合发展也可以通过价值链的渗透与延伸来实现。价值链的延伸则主要是制造业向上游和下游生产性服务环节的延伸。制造业向上游研发设计、物流采购等环节的延伸，实际上体现了面向服务的制造理念，注重企业与客户的融合，注重产品与服务的融合，充分体现客户的愿望和需求，客户从研发设计到生产制造全程参与，以客户为核心的互动决策取代了以产品制造为核心的企业独立决策；制造业向下游品牌营销、售后服务的延伸，实际上体现了基于制造的服务理念，制造业结构也逐渐由以产品为中心向以提供产品和增值服务为中心再向以服务为中心转变。通过价值链的不断渗透与延伸，制造业与生产性服务业的界限变得越来越模糊，融合发展趋势越来越明显。

（2）制造业服务化的成功案例

通用电气：资本服务为电气制造提供成长动力。通用电气公司20世纪

80 年代在全球 24 个国家共拥有 113 家制造厂，产值中传统制造产值的比重高达 85%，服务产值仅占 12%。而目前，通用电气的“技术 + 管理 + 服务”所创造的产值占公司总产值的比重已经达到 70%。这个转变的根源在于韦尔奇实施的新服务战略，大力发展通用电气的资本服务公司，为通用电气的工业部门提供了成长动力。资本服务公司目前拥有全球最大的设备出租公司，拥有 900 架飞机（这比任何一家航空公司都要多），18.8 万辆列车（数量超过任何一家铁路公司），75.9 万辆小汽车，1.2 万辆卡车和 11 颗卫星，它还拥有美国第三大保险公司。

IBM：从硬件制造商向 IT 服务商的成功转型。IBM 曾经是一家单纯的硬件制造商，但经过十多年的整合，IBM 已经成功转型为提供硬件、网络和软件服务的整体解决方案供应商。当所有 IT 厂商大造 PC 时，IBM 已悄然转型 IT 服务。而今天当越来越多的 IT 厂商开始意识到 IT 服务的战略重要性及极强的创收能力时，IBM 却再次转身，开始转入服务产品化策略。2005 年，IBM 公司服务收入所占比例超过 50%。在 IBM 全球的营收体系中，目前大约有 55% 的收入来自 IT 服务。IBM 提出了用“服务产品化”的方法来创新 IT 服务策略。“服务产品化”，用一个产品化的角度来看 IT 服务会使其对市场的需求把握得更准确，响应市场的速度也会更快，可以使服务质量得到提高。

卡特彼勒：以产品 + 服务为思路，建立服务分销网络。全球最大的工程机械制造商卡特彼勒公司是世界上最大的土方工程机械和建筑机械的生产商，也是全世界柴油机、天然气发动机和工业用燃气涡轮机的主要供应商。公司的产品本就在品牌、渠道上有着强大的竞争力，然而，公司仍通过开发生产性服务系统来促进产品的销售，产品品牌的不断强大反过来又会促使客户放心地使用其所提供的生产性服务系统。公司通过全球的代理商网络，建立了服务系统，并提供“生产商客户服务合约”（CSA），该合约是由生产商的代理商为客户提供的一种定制服务，它是按客户的需求来确定的、服务内容高度灵活的合约。其灵活性主要体现在 CSA 的内容可以是周期性的维护保养、定期的液压系统检查维护、定期的设备检查，也可以是全部的维护保养和修理。从而解决了施工企业的后顾之忧，制造商和代理商的销售额也大幅提高。

（3）服务业与制造业融合发展的途径

推动制造业协同创新，扩大对高端服务的市场需求，提升融合高度。加大科技研发投入，创新组织模式，通过建立政府公共服务平台、制造企业、服务企业、高校科研机构的“政产学研”创新体系和协同创新机制，大力发展实验室经济，加快科研成果产业化，提高产品技术含量和附加值，使研发设计、检验检测、人工智能、品牌管理等高技术含量、高附加值服务业成为推动制造业高质量发展的主要动力。推动产业链与创新链、人才链的精准对接，打造形成集研发设计、检验检测、敏捷制造、公共服务于一体的制造业创新生态圈。

实施集群化战略，加强全产业链布局，拓展融合广度。产业集群是先进制造业和现代服务业融合发展的重要平台载体。依托现有产业集群和国家级开发区和产业园区，构建开放、协同、高效的平台载体，使研发技术产业化、研发服务区域化，聚集研发、制造、销售各产业环节，最终形成集成制造与服务功能的产业链集合的产业集群。确定各产业园区核心主导产业，构建围绕制造业集群的区域服务体系，形成产业共生、资源共享的开放、互动、协同发展格局①。在服务业集群内，实现物流管理、人力资源管理、信息技术研发等生产性服务行业企业的聚集。

积极发展和提升服务外包，参与国际生产性服务业分工。越来越多的制造企业出于节约成本、聚焦主业、增强核心能力等因素的考虑，将原来的自我服务外包给专业服务提供商完成。服务外包成为服务业与制造业融合的主要方式。借助已有的服务外包试点城市，加大相关政策的落实力度，加快公共服务平台建设，推动制造企业与服务外包企业的合作与联盟，建设和推广国家制造业服务外包公共品牌，吸引优质要素投向生产性服务部门。鼓励制造企业积极开展在岸或离岸服务外包，开拓生产性服务业的市场。

倡导循环发展理念，大力发展节能环保服务，增强融合宽度。开展全生命周期管理，鼓励制造企业推行绿色设计、开发绿色产品、建设绿色工厂和绿色供应链，推动制造业低碳化、循环化和集约化发展。加大节能环保技术创新和集成应用力度，重点发展水污染防治、碳捕捉、烟气除尘和脱硫脱

① 方凤玲：“推动制造业与服务业深度融合”，《经济日报》2020年11月20日。

硝、垃圾处理处置等关键技术，大力发展集节能设计、设备成套、施工安装、运营维护等于一体的社会化节能服务。培育发展节能专业机构，推广合同能源管理，发展环境服务业，推进市场化节能环保服务体系建设[①]。

2. 新一代信息技术与制造业深度融合

（1）新一代信息技术与制造业融合发展意义

新一代信息技术与制造业深度融合是推动制造业转型升级的重要引擎。实现我国经济发展方式转变，加速制造业转型升级，必须牢牢把握信息化带来的历史机遇，立足制造业这一强国之本，将融合发展作为推动我国制造业质量变革、效率变革、动力变革的战略支点。通过新一代信息技术与制造业相互渗透、深度融合，加快推动制造业生产方式和企业形态重构，促使制造业降低生产成本、提高生产效率、提升核心竞争力。

新一代信息技术与制造业深度融合是激发数字经济新动能的重要举措。新一代信息技术与制造业融合发展已经进入创新突破、深入渗透、扩散应用的加速发展期，对于推动新旧动能转换的作用日益凸显。融合发展充分释放了新一代信息技术的创新引领作用，以信息流带动技术流、资金流、人才流，引发生产组织模式、商业运行逻辑、价值创造机制深刻变革，不断催生新技术、新产品、新业态、新模式，拓展制造业发展新空间，为发展壮大数字经济持续注入新动能。

新一代信息技术与制造业深度融合是抢占全球新一轮产业竞争制高点的必然选择。当前，新冠肺炎疫情全球蔓延，新一代信息技术与制造业融合发展成为世界各国化解疫情危机、调整失衡产业结构、构建竞争新优势的重要举措。融合发展有利于加快高端工业软件、工业智能、关键设备等核心技术突破，掌握一批具有国际竞争力的杀手锏技术；融合发展有利于推进数字供应链建设，为供应链各类主体、要素和环节赋能赋智，有效提升柔性生产与快速转产能力；融合发展有利于我国制造业向形态更高级、分工更优化、结构更合理的方向发展[②]。

---

① 韩建飞、秦海林：“力推先进制造业与现代服务业融合发展”，《中国经济时报》2019 年 4 月 3 日。

② 李颖：“加快推进新一代信息技术和制造业融合发展”，人民网 2020 年 7 月 27 日。

（2）我国新一代信息技术与制造业融合的成果

一是两化融合程度日益深化，产业数字化基础不断夯实。当前，我国大多数企业两化融合基础已较为扎实，局部环节信息化基本实现，融合发展的工作重心正在由“深化局部应用”向“突破全面集成”转变。“十三五”时期，我国两化融合发展水平保持 2% ～ 3% 的增长速度，融合水平进一步提高，提升制造业创新发展能力的“双创”体系更加健全，支撑融合发展的基础设施和产业生态日趋完善，制造业数字化、网络化、智能化取得明显进展。2020 年，全国两化融合发展水平为 56，比 2016 年增长 10.5%。信息技术与各行各业深度融合，日益增长的个性化、多样化需求，不断催生新产品、新业态、新市场和新模式，为中小企业提供广阔的创新发展空间。2020 年，全国 31.1% 的企业已经实现“综合集成”，23.9% 的企业处于集成提升阶段，这些企业单项业务信息化已基本全面覆盖，并不同程度地开展了关键业务系统集成基础上的资源优化和一体化管理。

二是工业互联网平台快速发展，赋能企业数字化转型作用明显。工业互联网的本质是通过开放的、全球化的工业级网络平台把设备、生产线、工厂、供应商、产品和客户紧密地连接和融合起来，高效共享工业经济中的各种要素资源，从而通过自动化、智能化的生产方式降低成本、增加效率，推动制造业转型发展。工业互联网平台作为工业互联网的核心，正成为工业技术与 5G、大数据、人工智能、区块链等技术融合创新的关键载体。在国家统一部署、各地大力推动、企业积极投入下，我国工业互联网平台迎来高速发展期。据不完全统计，全国具有一定区域、行业影响力的工业互联网平台超过 70 个，平均工业设备连接数达到 69 万台，平均工业模型数突破 1100 个，平均工业 APP 达到 2120 个，在钢铁、航空航天、汽车、电子、家电等行业涌现出一批融合应用案例，赋能企业加速数字化转型的作用日益彰显。

三是跨界融合创新取得突破，开辟产业发展新赛道。通过持续深化两化融合，推进云计算、大数据、物联网、人工智能、区块链等新技术在各场景的深化应用，形成了一批具有代表性的创新模式和新型业态。截至 2019 年底，全国实现网络化协同、个性化定制和服务型制造的企业比例分别为 36.2%、8.8% 和 26.2%。网络化协同在飞机、船舶、电子等行业推广普及，商飞、中船、华为等企业发展基于模型的设计（MBD）、集成研发流程

（IPD）等新型协同研发方式；大规模个性化定制在家电、服装、家具等行业普遍推广，青岛红领、尚品宅配、小米科技等一批创新型企业通过构建新型生产模式实现了逆势增长；服务型制造在工程机械、电力设备、风机制造等行业快速发展，全生命周期管理、融资租赁等业务日益成为三一、徐工、金风科技等企业利润的重要来源。

（3）促进新一代信息技术与制造业深度融合发展的路径

加快“网＋云＋端”信息网络基础设施建设。建设高速、移动、安全、泛在的新一代信息基础设施，大力推进工业企业内外网改造升级，打造低时延、高速率、广覆盖、安全可靠的网络设施，有效提升云计算、大数据发展的网络支撑能力；加快建设云制造和大数据平台，构建“综合平台＋专业平台”的云制造服务体系，打造全国重要的区域性数据中心；加快新型传感器、射频识别设备、光通信器件、图像识别系统等数据采集终端的推广应用，促进工业互联网与无线传感网、智能控制网、视频监控网、物流配送网等应用网络的连接与集成，提高信息技术与制造业融合发展的网络服务能力。

提升新一代信息技术与制造业融合创新能力。增强研发设计技术创新能力，引导和支持制造业企业借助云计算、大数据、VR/AR等信息技术，利用数字化、智能化设计系统，面向产品全生命周期，在虚拟仿真的信息化环境中并行、协同地实现产品的全数字化设计；提升生产制造技术创新能力，充分利用新一代信息技术和设备，推动制造业企业加快技术设备更新改造和工艺优化升级，重点引导企业开展“设备换芯”“生产换线”“机器换人”为核心的技术改造；提升企业组织管理创新能力，充分利用新一代信息技术，针对制造业企业人、财、物等现代化管理需求，着力开发财务管理、物流管理、生产现场管理、市场营销管理等方面的信息化产品和应用服务。

大力培育多元化融合发展模式。加快发展个性化定制，支持制造业企业利用工业互联网、物联网、大数据等服务平台，积极发展“多品种、中小批量、准时化”个性化定制生产方式，将用户需求直接转化为生产排单；大力发展服务型制造，支持制造业企业充分利用互联网、智能传感、大数据挖掘分析等信息技术，发展在线实时监测、远程诊断与维护、全产业链追溯、客户满意度及产品改进方向大数据分析等增值服务，提高企业产品全生命周期服务能力；加快发展网络协同制造，利用互联网、物联网、云计算等各类信息技术服务平台，积极开展产品研发、生产、采购、销售和物流等信息化协作，实现企业间的协同和各个环节资源的共享，快速响应终端市场需求，有效缩短产品研发生产周期，提高研发设计、生产制造的柔性，提升企业生产效率和产品质量。

加大示范引领和推广应用力度。加强新一代信息技术在制造业领域的推广应用，重点在冶金、建材、化工等行业实施工业大数据平台、数字化车间、智能化工厂试点，提升企业数字化、智能化发展水平，在现代家居、服装服饰、家用电子电器、汽车、食品等领域开展基于大数据、虚拟现实等技术的个性化定制，在工程机械、输变电装备等领域开展基于工业大数据、物联网等技术的创新应用，积极发展产品故障预警、远程维护、过程优化等增值业务，加快向服务型制造转型；突出龙头企业示范带动，重点选择基础条件好、成长性强的行业龙头企业开展试点示范，集中要素资源培育一批创新应用信息技术能力强、企业信息化水平高的行业龙头骨干企业，率先在局部领域实现信息技术攻坚和深度融合发展，通过典型引路、以点带面实现行业信息化发展水平全面提升①。

第四节　产业链和供应链安全

近年来，中美之间在技术和产业领域的冲突与对抗不断加剧，多边自由贸易和投资体系遭到破坏，全球产业链和供应链受到严重冲击。提升产业链供应链现代化水平，形成具有更强创新力、更高附加值、更安全可靠的产业链供应链，有利于提高我国产业国际竞争力，塑造我国参与国际合作和竞争新优势。

一、产业链供应链安全的特征

产业链（或供应链）是指原料供应商、制造商、分销商、零售商和最终

---

① 胡美林："新一代信息技术与制造业深度融合之路"，《河南日报》2018 年 3 月 16 日。

消费者等所有参与生产、流通和消费过程的经济主体，以及主体之间的要素流动和经济活动的链条。产业供应链的安全稳定，能够保证相关行业生产出符合安全标准的产品，供应链上各环节产品和技术的供应不发生中断并保持较强的弹性。健康、安全、稳定的产业供应链应当具备完整性、真实性、可审查性、弹性和网络安全性[①]。

一是完整性，是指供应链各个环节的产品和服务的供给具有连续性，物流、信息流、资金流等供应链各环节要素完整齐备，相关产业在任何情况下具备适应市场需求的生产供应能力，不至于发生断供。制造企业在供应链中向下游零售商提供产品，又根据零售商的订单需求向上游供应商购买生产所需的原料或元件。只有供应链上各环节的原料、元件和产品的供给连续、物流运输流畅、供需信息共享通畅、资金流通顺畅，才能保证供应链的完整性。

二是真实性，是指供应链各环节的产品和服务真实可信，符合一定的质量标准，不存在假冒伪劣产品和元件。供应链的真实性直接关系到最终产品的安全性和可靠性。供应链的真实性要求采取相关的管理手段和技术手段对供应链进行溯源审查和假冒产品识别，警惕不法分子将假冒伪劣产品或元件混入供应链，给整个生产线条上的终端产品造成隐患，威胁产业安全，这样的漏洞甚至可能被敌对国家（地区）利用，威胁国家安全。

三是可审查性，是指各行业各领域的供应链具有一定的透明度，信息共享程度高，产品溯源机制顺畅，便于供应链风险的审查和评估。供应链的可审查性要求企业有能力穿透多级供应商，并通过高速通畅的信息流动和共享机制及时上报供应链上各级供应商的相关信息，便于相关部门快速掌握产业供应链动态信息，审查评估供应链安全性，及时排查隐患。

四是弹性，是指当制造业遇到断供、断网等重大突发事件足以影响生产制造的风险和威胁时，供应链能够快速恢复，保证产业安全运行的能力。具有弹性的供应链要求产业供应链避免使用单源、孤源供应商，强化库存管理和战略储备，增强风险预警和应急响应能力，在突发事件发生时，有能力迅

---

① 刘芷君、孙倩文："我国产业供应链安全战略重视程度有待提升"，http://www.cinn.cn/gyrj/202004/t20200429_227787.html。

速整合各方资源，协调供需信息，及时进行产能共享以保障生产供应稳定。

五是网络安全性，是指供应链各环节重要信息系统具有足够抵御各类网络攻击等网络安全风险的能力，各级供应商具有较高的网络安全管理水平和数据安全防护能力，能够确保供应链上重要信息和敏感信息安全。

二、发达国家供应链安全战略

美国、英国、欧盟等发达国家较早认识到供应链在经济发展中的重要作用，将供应链从企业微观层面上升到国家战略和全球治理的宏观层面，把供应链政策作为提升产业竞争力和经济实力的重要手段以及推进多边合作的战略工具[①]。

美国是最先提出并系统实施供应链国家战略的发达国家。2012年，美国发布《全球供应链安全国家战略》，正式将供应链安全提升至国家战略层面，并提出“促进商品高效与安全运输”和“培养弹性供应链”两大目标。2017年，美国发布《保护战略矿产品安全和可靠供应的联邦战略》，提出通过研发关键矿物的回收、后处理、替代技术，降低进口依赖性，解决关键矿物供应的脆弱性。美国供应链战略从以下几个方面布局：一是以国家安全为导向，建立健康、安全、弹性、完整的制造业与国防供应链；二是建立起比较完善的供应链安全法律制度；三是加强与盟国的供应链安全合作。

英国将供应链视为本国制造业发展不可缺少的关键要素。英国在供应链协作、创新、融资、弹性安全等方面均形成有针对性的政策措施。一是推动供应链创新。在流程创新方面，帮助制造业研发并应用新的供应链生产线，推进供应链上下游企业协同研发，支持制造咨询服务企业和制造企业密切合作。二是加强供应链上下游在人才招聘、培训方面的协作。三是为供应链中的中小企业提供融资渠道，改善供应链资金流。要求商业银行积极向符合条件的中小企业贷款，并为企业提供融资指南。四是着力提升供应链中中小企业的竞争力。

供应链政策也是欧盟推动区域经济发展的重要手段。在农业、制造业以

① 李子文：“国际视野下的供应链政策及启示”，《经济日报》2019年5月22日。

及物流、环保、能源等多个领域，欧盟都建立了专门的供应链协商和处理机制，其中既有强制执行的行政性指令，也有引导性的报告和说明。欧盟供应链政策主要关注两大问题：一是保障成员国在国际贸易中的供应链安全，尤其是保障原材料供应、货物或物料运输的安全性。二是构建绿色供应链，推进区域经济可持续发展。欧盟制定了严格的强制性绿色供应链法令，针对原材料采购、生产、运输、分销及回收等环节制定了严格的环保要求。

三、我国供应链安全面临的挑战

中国已建成了门类齐全、独立完整的制造业体系，拥有世界上最为丰富的制造产业链条，企业在全球供应链中的地位不断得到提升。然而，与世界制造强国相比，中国制造业供应链体系建设存在不小差距，新冠疫情以来，又使中国供应链面临新的问题。

一是我国在许多制造业领域缺乏供应链控制权。目前，一些关键核心产品仍然高度依赖进口，中国制造在这些领域的研发和生产依然存在亟须攻破的技术难关。例如，在关键的工业半成品及元器件方面，高端芯片等高端领域自主研发与生产能力不强。在高端数控机床、光刻机、发动机等方面存在较高的进口依赖性。软件供应链短板很突出，在数据库及服务器软件领域尚未实现自主，操作系统还高度依赖国外的计算机核心操作系统及主流的手机操作系统。没有关键核心技术，可能因为贸易摩擦或者其他外在风险因素造成产业链供应链的断裂，进而影响经济发展和社会稳定的大局。

二是供应链服务能力方面与发达国家存在差距。世界银行 2016 年发布的“物流绩效指数”对 160 个国家的贸易物流绩效进行排名，德国第三次位居榜首，中国的排名为 27，在基础设施、服务质量、运输可靠性和边境清关效率等方面仍有很大的提升空间。IBM《全球一体化供应链》认为，中国已成为一个极具吸引力的市场，同时在全球供应链中扮演更加重要的角色；但中国供应链在基础设施、支持服务和供应链合作伙伴的运作都有待完善。

三是新冠疫情对短期全球供应链造成破坏。疫情不仅导致严重的货物交付迟滞和订单萎缩，而且可能使得全球供应链出现大范围中断，从而在供应链结构和供应链关系层面对全球供应链体系产生根本性的影响。疫情之初，国内的供应链体系出现放缓甚至阻断，很快对全球供应网络形成冲击。一些国家的政界和企业家认为，全球供应链存在外部突发风险，即便存在中国这样稳定的“世界工厂”和超大的市场规模，仍不能“把鸡蛋放到一个篮子里”。

四是美国等国积极推动将供应链迁出中国。美欧日推动改变目前“以中国为中心的全球供应链体系”，即通过调整全球供应链结构来提升其供应链安全性，具体包括推动多元化的全球采购，即通过增加中国大陆以外采购来源地或者通过多国投资，来提高其供应链的多元性，降低从中国集中采购的风险；促进制造业回流，加强本地化生产[①]。事实上，在全球新冠肺炎疫情暴发之前，美欧已经出现了强烈的本地化制造的政策诉求。而促进制造业回流更是美国发起中美贸易摩擦的重要政策目标。美欧的供应链战略调整可能会对我国供应链的优势地位产生深层次的影响。

四、维护产业链供应链的稳定和竞争力

有效维护中国产业链供应链的稳定和竞争力，是维护经济发展和社会稳定的关键之举，也是确保国家安全与应对风险的重要手段。

①企业应制定“备链计划”，对冲供应链风险。企业应在一个大的区域内追求产业链的相对完整，在继续依靠全球市场的同时，在自己区域内布局第二个甚至第三个供应点，从而改变中间品、零部件过多依赖国际供应商的局面。所有企业有关供应链的问题都要重新考虑，是全部放在本国，还是采取其他方式。

②积极培育国内产业链，发展区域价值链。中国面临美国及其盟友的“全球一体化”经济封锁，因此中国需要有一个能自循环的国内工业与经济体系来保证我国供应链安全。积极培育本土企业成为价值链的“链主”，成为国内产业转移的组织者和治理者。东部沿海地区主要从事研发、销售等价值链的高端环节，低附加值的劳动密集型环节向中西部内陆地区转移和配置，这既有利于东部沿海地区实现产业升级，又为中西部地区腾出了产业发

---

① 贺俊：“从效率到安全：疫情冲击下的全球供应链调整及应对”，《学习与探索》2020 年 4 月 27 日。

展的市场和增长空间。

③加强全球供应链安全合作，维护产业链供应链稳定。推动供应链安全领域国际合作，与主要贸易伙伴形成供应链安全联合声明，建立多渠道、多层次供应链安全体系，协作处理潜在供应链中断风险。与国际海关组织、国际海事组织、万国邮政联盟等国际组织合作，在海事、航运、邮政等领域形成长效合作机制，共建跨区域甚至全球性的富有弹性的供应链。鼓励我国企业加快“走出去”步伐，在全球范围布局供应链不同环节，高效配置全球资源，实现全球化的原料采购、加工生产和运输分销[①]。

④加快关键核心技术研发，实施全球供应链国家战略。以国家战略发展为核心，选准研发攻关方向，实现动态优化布局，加大对数字基础设施关键核心技术攻关。抢抓新一轮科技革命和产业变革带来的机遇，推动我国产业向微笑曲线两端延伸，进入研发设计、供应链管理、营销服务等高附加值环节。推动构建能够承受外部冲击并从中迅速恢复的全球供应链系统，形成中国供应链国家战略的主要框架结构、区域布局、突破重点，保持中国产业链的完备性。

关键概念

工业化　现代化　工业投资　制造业投资　产业链供应链安全　产业融合

复习与思考题

1. 工业化的主要标志是什么？
2. 工业化进程中投资的作用表现在哪些方面？
3. 我国工业化投资存在哪些问题？
4. 我国制造业投资的主要特征是什么？

① 倪红福、徐金海：“中国如何维护产业链供应链的稳定和竞争力”，《半月谈》2020年6月9日。

第四章

城镇化投资

我国城镇化投资对经济发展的总体适应性较强。20世纪90年代以前，投入强度相对较弱，之后逐渐增强，对城镇化的保障程度越来越好。随着我国经济的快速增长，财政收入大幅增长，政府掌握的土地等公共资源价值不断上涨，资本市场稳步发展，市场功能日趋深化，融资工具逐步完善，为城市基础设施融资渠道拓展发挥了重要作用。“十四五”时期，进入城镇化速度的逐步放缓期，人口流动的多向叠加期，区域格局的明显分化期，发展品质质量的提升期，城镇化动能的转换期和治理体制机制的完善期，新型城镇化和乡村振兴投融资空间持续拓展。与此同时，城镇化投融资也面临很大挑战。

第一节　城镇化内涵及演进

一、城镇化的定义

城镇化至少有两层内涵。一是人口从乡村向城市集中的过程。以库茨涅兹为代表的一些学者，就是从这个角度来定义城市化的。这个概念已广泛地为人们所熟知，但它仍是一种浅层次的定义，因为它没有涉及在人口结构分布变化背后所隐藏的经济结构变化特征。二是克拉克将城市化定义为第一产业人口向第二、第三产业人口转换的过程。这种定义法可以弥补第一种定义所存在的缺陷[①]。将这两层内涵结合起来，城镇化就是人口从农村向城市集中，从第一产业向第二、第三产业转换的过程。

当然，在这一过程中还会带来其他一些伴生现象，如城市生活方式及城市文明向乡村渗透。美国学者弗里德曼就将城市化过程区分为城市化Ⅰ和城市化Ⅱ。前者包括人口和非农业活动在不同规模城市环境中的地域集中过程、非城市型景观转化为城市型景观的地域推进过程，即物化了的或实体化的过程；后者包括城市文化、城市生活方式和价值观在农村的地域扩散过程，

---

① 丁守海：“概念辨析：城市化、城镇化与新型城镇化”，《中国社会科学报》2014年5月30日。

即抽象的、精神上的过程。因此，城镇化不是简单的农村人口转化为城镇人口的变更，实质上是在空间结构优化的趋势下资源配置方式的演进。它包含区域及其周边地区的矿产、能源、人力资源等诸多资源的流动方式，以及空间、土地、环境资源等资源的利用方式及其产业结构、就业方式、生态结构、环境布局的深刻改变，是农村诸要素系统化、链条化、结构化的升级和演进。

城镇化具有一定的阶段性，在不同阶段，其内涵不断变化。在我国改革的初期，城镇化带有明显的粗放型特征，重外延、轻内涵。其核心任务是调集一切资源发展农村的非农产业，促进人口的就地转移。首先，城镇发展缺乏规模效应和集聚效应，其次，城镇发展动力主要来自于以企业为代表的市场力量，导致资源配置的失灵，无节制地消耗资源、破坏环境，以及对土地的掠夺式占用。党的十八大强调要坚持走中国特色新型城镇化道路，推动工业化和城镇化良性互动、城镇化和农业现代化相互协调，促进工业化、信息化、城镇化、农业现代化同步发展，明确提出了新型城镇化的发展路径。

二、新型城镇化的特征

新型城镇化是以人为本的城镇化。以人为本是我国新型城镇化的本质属性，这就要求围绕人的城镇化这一核心，实现产业结构、就业方式、人居环境、社会保障等一系列由“乡”到“城”的转变。坚持以人为本，还要稳步推进城镇基本公共服务常住人口全覆盖[①]。只有劳动力的非农业化和劳动力的空间转移不是真正意义上的城市化，仅有人口的集聚和产业的优化，而不能让进城农民享有基本的公共服务，没有生活质量的提升、人居环境的改善，称不上高质量的城镇化。要让外来常住人口在医疗、教育、养老、失业救助等方面与城市人口享受平等的权利，赋予外来落户人口以完全的“市民权”。

新型城镇化是注重质量的城镇化。从城市本身发展来讲，新型城镇化必须放弃传统粗放用地、用资源，要统筹优化城市国土空间规划、产业布局和人口分布，提升城市可持续发展能力，建设宜业宜居、富有特色、充

① 方创琳：“中国新型城镇化高质量发展的规律性与重点方向”，《地理研究》2019 年第 38 期。

满活力的现代城市，借此提升城市产业竞争力和人口吸引力。具体来说，既要分类引导城市产业布局，健全有利于区域间制造业协同发展的体制机制，引导城市政府科学确定产业定位和城际经济合作模式，避免同质化竞争；又要优化城市空间布局，促进工业、商务、文教、生活等多功能融合嵌套，促进城市精明增长；也要改进城市公共资源配置，在优化大城市公共资源布局的同时，立足实际在中小城市适度增加教育、医疗等公共资源供给①。

新型城镇化是均衡分布的城镇化。城镇发展还需要与产业支撑、就业转移和人口集聚相统一。在我国，促进区域协调发展、统筹东中西部发展具有重要意义。这就更需要增强中心城市的辐射带动能力，实现就业机会在区域、城乡等不同空间尺度上更加均衡分布。均衡分布并不是平均分配，而是强化就业差异化与空间差异化的协调配合，为不同层级的城乡聚居点找到相应的产业和就业形式。其中，尤其应加快发展服务业，特别是交通物流、商务服务、信息服务等生产性服务业，推动先进制造业和现代服务业深度融合，助力提升工业效率，实现就业机会多元化②。

新型城镇化是城乡融合一体的城镇化。传统城镇化将城市和乡村视为两个部分，是一种二元体制，造成了城乡差距悬殊。而新型城镇化道路坚持城乡一体化理念，实现城乡经济共同繁荣，以及市民、农民生活标准、方式和质量的同步发展，促进城乡融合。为了实现城乡经济融合，新型城镇化道路要对社会事业发展、基础设施建设及城乡产业扩张进行统筹规划，集中全部公共资源进行科学合理再分配。此外，为推动农民尽快适应城市生活，实现市民化转变，还应在就业、教育、医疗、住房、养老等领域给予非农就业人口有效保障和福利提升，以确保城镇化进程稳定有序进行③。

新型城镇化是生态文明的城镇化。这是我国城镇化的必然选择，更是建设美丽中国的内在要求。新型城镇化必须坚持尊重自然、顺应自然、保护自然，坚持节约优先、保护优先、自然恢复为主，实施山水林田湖草城系统

---

① 方创琳："改革开放 40 年：中国城镇化与城市群之变"，《中国经济报告》2018 年第 12 期。

② 尹稚："新型城镇化的新内涵：更好实现以人为核心的城镇化"，《人民日报》2019 年 4 月 19 日。

③ 贾若祥："中国城镇化发展 40 年：从高速度到高质量"，《中国发展观察》2018 年第 24 期。

治理，着力提高城市生态系统自我修复能力和稳定性，依托城镇的资源和环境承载能力聚集产业和人口，努力发展低耗经济、低碳经济、循环经济，对垃圾、污水、噪音等污染物进行达标处理和控制，不断改善空气、水环境质量，严格防控各类环境风险，推动城市与自然、人与城市环境和谐相处，实现城镇化的可持续发展。

三、世界城市化发展过程

美国学者诺瑟姆（Ray M. Northam）研究发现，城市化呈S形曲线发展，相应的城市化的发展也经过三个阶段：起始阶段、加速阶段与后期阶段。当城市化率≤ 30% 时，城市化发展处在起始阶段；30% ≤城市化率≤ 70%，为城市化加速阶段，城市人口比重快速突破 50%，而后上升到 70%；城市化率≥ 70% 时，则为城市化后期阶段，也是发达与自我完善阶段，这个过程的城市化不再是人口从农村流向城市，而是城市人口在产业间的结构性转移[①]（见图 4–1）。

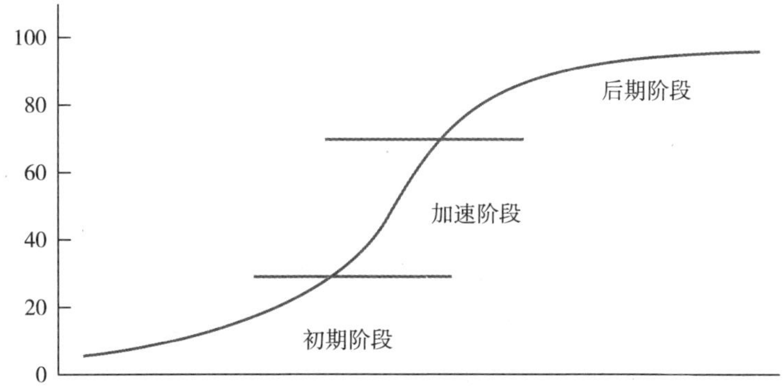

图 4-1　世界城市化阶段演进图

世界城市化的推进，表现为城市人口数量与城市数量的增加。工业革命与蓬勃的运输工具革新，催生了英国城市的兴起与繁荣，出现了伯明翰、伦敦等为代表的世界性工商业城市。到了 1851 年，50% 的英国人都成了市民。

---

① 马先标、燕安：“世界城市化历程回顾”，《陕西改革与新丝路新城镇建设研究 2014 年优秀论文集》。

随着英国工业革命的成果传输到德国、美国、法国，引发了这些国家广泛的工业革命与城市的兴盛。19世纪以后，这些国家的城市化明显加快，农村人口沿村镇→城镇→城市路径开始大规模迁移，地区大城市则借助资本与商品的双重输出成为全球性的经济中心城市。

二战后，有利的和平环境为城市的繁荣扩张创造了良好的外部条件，西欧、北美、日本与亚洲新兴市场国家都进入城市化成熟发展阶段。从世界范围看，1800年世界城市人口占总人口的比例为5.1%，1900年上升为13.3%，经过1900～2000年的100年时间，世界城市人口达到近50%。由于发达国家大都已经高度城市化，进入21世纪，世界城市化进程的总体水平主要依靠发展中国家完成，世界已经进入了一个城市化时代。

从20世纪60年代开始，在发达国家城市化进程中出现了逆城市化现象，也有专家称之为反城市化的现象。人们普遍认为，交通与住房拥挤、环境污染等作为“城市病”的重要表现形式，在城市政府不能很好地运用城市财政与有效的公共政策加以治理时，城市市民对郊区安静的环境和低密度居住条件的拥有欲望会变得更加强烈。以美国为例，美国逆城市化现象早于日本且较显著。在1950～1975年间，除洛杉矶外，美国12个最大的城市的市区人口平均减少了9.6%，而郊区人口平均增长20.7%。

尽管“逆城市化”给城市化持续发展曾经投下了阴影，然而，在城市化进入成熟阶段后，随着发达国家经济实力的强大和城市治理水平与公共决策能力的提高，以及社会对“城市病”危害性的深刻理解与普遍重视，“逆城市化”进一步扩张的趋势在相当一些国家得到扭转。

根据联合国发布的《2018年世界城镇化展望》，目前世界上有55%的人口居住在城市地区，并预计到2050年，这一比例将增加至68%。新增城市人口中，有近90%的人口将居住在亚洲和非洲，并且高度集中在几个国家。大都市区扮演重要角色，1000万人口的大城市的数量从2014年的28个增长到2018年的33个。城市竞争力将日益取决于价值链上的各个参与方、企业及其内部各部门、供应商和客户之间的沟通、合作的效率和质量，取决于单体城市在城市网络中所处的地位和核心优势。

四、我国城镇化演进特征

（1）城镇化停滞阶段（1949～1978年）

从新中国成立到改革开放之前，我国城镇化率由10.6%增至17.9%，城镇化年均增长率为0.25%，城镇化在曲折中完成了起步阶段。改革开放之前的城镇化与计划经济体制密切相关，属于典型的政府主导"自上而下"的城镇化推进模式。国民经济恢复与"一五"时期，出现了一批新兴工矿业城市。进入60年代，人口流动受到户籍政策的严格控制，城镇化进程有所波动。1964年，"三线"建设开始启动，中西部地区城市数和城镇人口有所增加，区域协调性有所改善。总体来讲，城镇化由政府主导、计划调控，城镇化严重滞后于工业化，工业化对城镇化的驱动作用十分有限。

（2）城镇化恢复发展阶段（1979～1995年）

改革开放开启了我国城镇化的新历程。1979～1995年，我国城镇化率从18.9%增至29%，年均增加0.65个百分点。改革开放之初，农村体制改革形成了城镇化的推力，而城市体制改革为城镇化提供了动力。经济特区逐步设立，沿海城市、上海浦东陆续开放，户籍管理制度开始放松，农村人口快速向城镇流动，乡镇企业兴起，城市和小城镇数量迅速增加。总体来看，这一阶段经济体制改革成为城镇化的主导力量。1992年，邓小平南方谈话后，大批农村剩余劳动力加速向第二、第三产业转移。但是，城乡二元结构没有根本发生改变，这使得农村剩余劳动力大多数只能就近流入小城镇，具有鲜明的"离土不离乡"特点。

（3）城镇化快速发展阶段（1996～2012年）

伴随着社会主义市场经济体制框架逐步建立和完善，中国城镇化迎来了快速发展时期。1996年城镇化率超过30%，这标志着中国已迈入城镇化的中期。2012年城镇化率已增至52.6%，1996～2012年城镇化率年均增加1.38个百分点。这一时期，随着市场经济体制的逐渐完善，异地城镇化更为普遍，珠三角、长三角等城市群逐步成形，城市集聚效应更加明显。2001年，中国加入世界贸易组织，城市商业更加兴旺，市场更加繁荣。2011年，常住人口城镇化率达到51.3%，工作和生活在城镇的人口比重超过了50%。在快速城镇化的过程中也出现了很多突出问题，土地利用效率低、城市分布和规模结构不合理、“城市病”问题普遍、生态环境问题严重。

（4）新型城镇化阶段（2013 年至今）

在以人为核心的新型城镇化阶段，加快推进城镇化的同时，更加注重城镇化质量的提升。2013 ～ 2019 年，城镇化率由 53.7% 增至 60.6%，年均增加 1.15 个百分点。新型城镇化阶段的城镇化速率比上一阶段降低了 0.23 个百分点，但城镇化的质量显著提高。户籍、土地、财政、教育、就业、医保和住房等领域配套改革相继出台，农业转移人口市民化速度明显加快，大城市管理更加精细，中小城市和特色小城镇加速发展，城市功能全面提升，城市群建设持续推进，城市区域分布更加均衡。随着国家对外出务工人员返乡创业就业的鼓励和支持，外出务工人口增长规模开始下降，就地城镇化的比例提高，城镇化向着就地和异地并重的趋势发展。

第二节 城镇化的投融资

一、城镇化投资规模

本部分主要分析在快速城镇化发展阶段，城镇基础设施投资规模的适应性。

根据《中国城市建设统计年鉴》，1978 ～ 2018 年，我国城市市政公用设施建设投资由 12 亿元增加到 20123 亿元，年均增长 21.8%，分别高于同期全社会投资和 GDP 现价增长率 3 个和 6.8 个百分点，城市基础设施投资明显超前于投资和经济增长，成为我国城镇化的重要推动力量。

改革开放以来，城市建设投资出现了五次较为明显的周期变化。第一周期是 1980 ～ 1983 年，增速由 1980 年的 1.4% 提高到 1982 年的 39.5%，又下降到 1983 年的 3.7%；第二周期是 1983 ～ 1989 年，增速由 1983 年的 3.7% 提高到 1985 年的 53.5%，又下降到 1989 年的 -5.5%；第三周期是 1989 ～ 1999 年，增速由 1989 年的 -5.5% 提高到 1993 年的 84.3%，又下降到 1999 年的 7.7%；第四周期是 1999 ～ 2006 年，增速由 1999 年的 7.7% 提高到 2003 年的 42.9%，又下降到 2006 年的 2.9%；第五周期是 2006 ～ 2018 年，增速由 2006 年的 2.9% 提高到 2009 年的 44.4%，又下降到 2018 年的 4.1%（见图 4-2）。

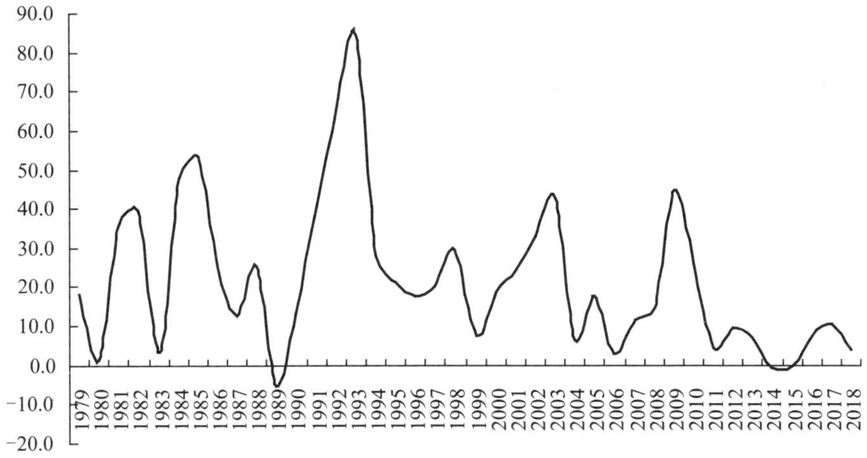

图 4-2　城市市政公用设施建设投资增长率（%）

资料来源:《中国城市建设统计年鉴 2018 年》。

城市市政公用设施建设投资占全社会固定资产投资的比例由 1978 的 1.44% 提高到 2018 年的 3.12%，在 2003 年曾经达到 8% 的高点，之后趋于下降，年均 3.9%；城市市政公用设施建设投资占 GDP 的比例由 0.33% 提高到 2.19%，在 2003 年曾经达到 3.25% 的高点，之后趋于下降，年均 1.7%（见图 4-3。

上文统计口径为 657 个设市城市，我们将 1627 个县城和 19683 个建制镇的相关数据进行汇总，得到全部城镇基础设施投资规模，如表 2-3 所示。2006～2016 年，我国全部城镇基础设施投资由 7076 亿元增加到 22383 亿元，占全社会投资的比例平均为 5.3%，占 GDP 的比例平均为 3.5%（见表 4-1）。世界银行《1994 年世界发展报告》中指出，发展中国家对新建基础设施的投资相当于其国民产出的 4% 和投资总额的 1/5[①]。长期以来，一些学者将这一指

① 世界银行:《1994 年世界发展报告——为发展提供基础设施》，中国财政经济出版社 1994 年版，第 1 页。

标作为评价我国城镇基础设施规模合理性的标准。如果以这一标准衡量，我国近年来城镇基础设施投资占 GDP 的比例略低于世行标准，而占全部投资的比例则明显偏低。

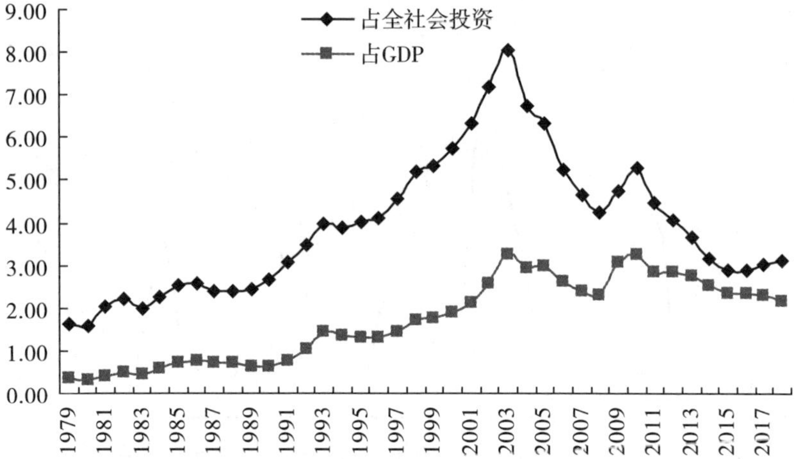

图 4-3　市政公用设施投资占全社会投资及占 GDP 的比例（%）

资料来源:《中国城市建设统计年鉴 2018 年》。

表 4-1　城镇基础设施投资及占全社会投资和 GDP 的比例

年份	城镇基础设施投资（亿元）	占全社会投资（%）	占 GDP（%）
2006	7076.1	6.4	3.3
2007	7844.8	5.7	2.9
2008	9239.6	5.3	2.9
2009	13120.8	5.8	3.9
2010	16961.5	6.7	4.2
2011	17962.1	5.8	3.8
2012	20627.5	5.5	4.0
2013	21786.2	4.9	3.8
2014	21426	4.2	3.4
2015	20823	3.7	3.1
2016	22383	3.7	3.2
年均	—	5.3	3.5

资料来源:《中国城乡建设统计年鉴 2016 年》。

由于世界银行报告中所指的基础设施包括了电力、电信、铁路、港口、机场等我国市政基础设施统计中不包括的内容，所以，世界银行的统计口径明显大于我国城镇基础设施的统计口径[①]。如果将上述行业投资加入城镇基础设施投资中去，2016 年，我国基础设施占全部投资和 GDP 的比例达到 20.7% 和 15.2%。可见，同口径比例，我国基础设施占 GDP 的比例远高于所谓世行标准，占全部投资比例与世行标准持平。

可以从我国城镇化发展水平判断城镇基础设施的适应性。改革开放以来的 40 年，我国城镇化水平迅速上升。1979 ～ 2019 年，城镇化率由 19% 提高到 60.4%，年均提高 1.04 个百分点。城镇人口已由改革开放之初的 1.7 亿人，提高到 2019 年的 8.5 亿人。与发达国家城镇化快速发展时期相比，我国的城镇化速度明显超前。按照联合国经社理事会的统计，发达国家在 1950 年的时候，城镇化水平就达到了 50% 以上，而欠发达国家要到 2019 年达到。我国 2010 年城镇化已达到 50%，也就是说有一半以上人口居住在城镇，这是一个历史性的跨越，表明我国已经进入了城市社会。

随着城市基础设施的不断完善，城市规模也在不断扩大。截至 2018 年末，我国共有设市城市 673 个。与 2002 年相比，我国城市总数减少了 2 个，超大城市数量略有增加，中等城市增加较多，而人口介于 50 万～ 200 万的城市和小城市数量明显减少。人口规模达到 500 万以上的城市 11 个，重庆、上海、北京等城市的人口均在 1000 万以上。2018 年，我国城市城区总人口达 4.27 亿人，是 1981 年的 2.9 倍；占全国总人口的比重由 1981 年的 14.4% 提高到 2018 年的 30.6%。城市区域范围不断扩大，2018 年，城市城区面积达 20 万平方公里，其中，建成区面积达 5.84 万平方公里，是 1981 年的 7.9 倍；城市建设用地面积 5.6 万平方公里，是 1981 年的 8.3 倍（见表 4–2）。

表 4-2　　全国城市数量及人口、面积情况

年份	城市个数（个）	城区人口（亿人）	建成区面积（万平方公里）	城市建设用地（万平方公里）
1981	226	1.44	0.74	0.67
1985	324	2.09	0.93	0.85

① 2011 年，我国电力、电信、铁路、港口、机场投资就达 3.9 万亿元，占全部投资和 GDP 的比例分别达到 12.5% 和 8.2%。

续表

年份	城市个数（个）	城区人口（亿人）	建成区面积（万平方公里）	城市建设用地（万平方公里）
1991	479	2.95	1.4	1.29
1995	640	3.78	1.92	2.2
2001	662	3.57	2.4	2.4
2005	661	3.59	3.25	2.96
2011	657	3.54	4.36	4.18
2015	656	3.94	5.21	5.16
2018	673	4.27	5.84	5.61

资料来源:《中国城市建设统计年鉴 2018 年》。

我国城镇基础设施投资对经济发展的总体适应性较强。20 世纪 90 年代以前，投入强度相对较弱，之后逐渐增强，特别是 2000 年以后，投入强度明显增大，对城镇化的保障程度越来越好。

二、城镇基础设施投资结构

本部分主要分析城镇基础设施投资的行业结构、地区结构、城市结构及其适应性。

1. 投资的行业结构

城市基础设施投资主要集中在供水、燃气、集中供热、公共交通、道路桥梁、排水、防洪、园林绿化和市容环境等领域。1979 ～ 2018 年，上述行业投资分别占全部市政公用设施投资的 12%、5.6%、2.5%、10.3%、37.6%、7.4%、1.4%、5.9% 和 2.4%。1979 ～ 2018 年间，供水行业投资比例由 23.9% 迅速下降到 2.7%，燃气行业投资比例由 4.2% 上升到 1991 年的 14.5%，之后逐步下降到 2018 年的 1.5%；集中供热投资比例变化不大；公共交通投资比例由 1979 年的 12.7% 下降到 2003 年的 2.3%，之后，由于城市轨道交通投资的迅猛增长，投资比例趋于上升，到 2018 年已经大幅上升到 30%；道路桥梁投资比例由 21.8% 上升到 34.4%；排水投资略有下降，园林绿化投资比例由 1979 年的 2.8% 上升到 2018 年的 9.2%，而垃圾等市容环境投资比例则保持平稳（见表 4–3）。市政建设投资的大头主要在道路桥梁、公共交通、园林绿化等地上的设施建设方面，特别是轨道交通投资上升十分明显，而供水、排水、集中供热等地下设施投资则相对薄弱且重要性不断下降。

表 4-3　各类市政设施投资占城市基础设施投资的比例（%）

	供水	燃气	集中供热	公共交通	道路桥梁	排水	防洪	园林绿化	市容环境卫生	其他
1979	23.9	4.2	—	12.7	21.8	8.5	0.7	2.8	0.7	23.9
1985	12.7	12.8	—	9.4	29.1	8.8	1.4	5.2	3.1	17.7
1988	20.4	9.9	2.5	5.3	31.4	8.8	1.4	3.0	2.3	14.9
1991	17.7	14.5	3.7	5.7	30.3	9.4	1.2	2.9	2.1	12.5
1993	13.4	6.7	2.1	4.2	36.8	7.1	1.1	2.5	2.0	24.1
1998	10.9	5.5	2.5	5.8	41.7	10.5	2.4	5.3	2.5	12.8
2003	4.1	3.0	3.3	6.3	45.7	8.4	2.8	7.2	2.2	17.0
2008	4.0	2.2	3.7	14.1	48.6	6.7	1.6	8.8	3.0	7.2
2011	3.1	2.4	3.1	13.9	50.8	5.5	1.7	11.1	2.8	5.5
2015	3.8	2.2	3.2	22.9	45.8	6.1	—	9.8	2.5	3.8
2018	2.7	1.5	2.1	30.0	34.4	7.6	—	9.2	2.3	7.1

资料来源：《中国城市建设统计年鉴 2018 年》。

通过长期不懈的基础设施投资，我国城市市政设施建设取得明显成果。城市供水能力增强。2018 年，城市供水管道长度达到 86.5 万公里，1978 ～ 2018 年均增长 8.3%。管道天然气广泛应用于居民生活、工业、商业、汽车等各个领域。2018 年，天然气管道长度达到 69.8 万公里，年均增长 19.5%。城市道路建设大幅增加。2018 年，城市道路长度达到 43.2 万公里，年均增长 7.2%。城市垃圾和污水处理快速发展。1978 ～ 2018 年，全国城市生活垃圾无害化处理厂由 12 座增加到 1091 座。全国城市排水管道长度由 1.9 万公里提高到 68.3 万公里；污水处理厂数量由 1978 年的 37 座，发展到 2018 年的 2321 座（见表 4–4）。2019 年底，全国共有 40 座城市开通城轨交通，合计总里程达 6730 公里，其中，地铁 5187 公里，占 77%；轻轨 255.4 公里，占 3.8%；单轨 98.5 公里，占 1.46%；市域快轨 715.6 公里，占 10.6%；现代有轨电车 405.6 公里，占 6%；磁浮交通 57.9 公里，占 0.86%。

表 4-4　　各类市政设施发展水平

	供水管道长度（公里）	天然气管道长度（公里）	城市道路长度（公里）	排水管道长度（公里）	污水处理厂（座）	垃圾处理厂（座）	公园绿地面积（公顷）
1978	35984	560	26966	19556	37	12	21637
1985	67350	2312	38282	31556	51	14	32766
1988	86231	6186	56818	50678	69	29	52047
1991	102299	8054	88791	61601	87	169	61233
1993	123007	8889	104897	75207	108	499	73052
1998	225361	25429	145163	125943	398	655	120326
2000	254561	33655	159617	141758	427	660	143146
2005	379332	92043	247015	241056	792	471	283263
2008	480084	184084	259740	315220	1018	509	359468
2013	646413	388466	336304	464878	1736	765	547356
2014	676727	434571	352333	511179	1807	818	582392
2015	710206	498087	364978	539567	1944	890	614090
2016	756623	551037	382454	576617	2039	940	653555
2017	797355	623253	397830	630304	2209	1013	688441
2018	865017	698043	432231	683485	2321	1091	723740
增长（%）	8.3	19.9	7.2	9.3	11.1	12.2	9.4

资料来源：《中国城市建设统计年鉴 2018 年》。

2. 投资的城市结构

在城区、县城和建制镇，基础设施投入水平存在显著差距。2011 年，城区基础设施投资达到 13934 亿元，而县城和建制镇分别只有 2859 亿元和 1168 亿元；城区基础设施人均投资额达到 3936 元，而县城和建制镇分别只有 2216 元和 811 元，城区人均水平分别是县城和建制镇的 1.8 倍和 4.8 倍（见表 4–5）。2018 年，城区基础设施投资达到 20123 亿元，而县城和建制镇分别只有 3026 亿元和 1787 亿元，均有所增加；城区基础设施人均投资额达到 4713 元，而县城和建制镇分别只有 2177 元和 1110 元，城区人均水平分别是县城和建制镇的 2.1 倍和 4.2 倍（见表 4–6）。

表 4-5　　2011 年各类城镇基础设施人均投资额

	人口（亿人）	投资（亿元）	人均投资额（元）
城区	3.54	13934	3936.2
县城	1.29	2859	2216.3
建制镇	1.44	1168	811.1

资料来源:《中国城乡建设统计年鉴 2011 年》。

表 4-6　　2018 年各类城镇基础设施人均投资额

	人口（亿人）	投资（亿元）	人均投资额（元）
城区	4.27	20123	4712.6
县城	1.39	3026	2177.0
建制镇	1.61	1787	1109.9

资料来源:《中国城乡建设统计年鉴 2018 年》。

投入的差距带来了设施水平的明显差异。2018 年，城市用水普及率达到 98.4%，而县城、建制镇和乡分别只有 93.8%、88.1% 和 35.7%；城市燃气普及率高达 96.7%，而县城、建制镇和乡分别只有 83.8%、52.4% 和 25.6%；城市污水处理率达到 95.5%，而县城、建制镇和乡分别只有 91.2%、53.2% 和 18.7%；城市建成区绿地率达到 37.3%，而县城、建制镇和乡分别只有 35.2%、16.6% 和 13.4%；人均公园绿地面积，城市为 14.1 平方米，而县城、建制镇和乡分别只有 12.2 平方米、2.8 平方米和 0.88 平方米（见表 4–7）。

表 4-7　　2018 年城市、县城、建制镇和乡市政设施发展水平

	城市	县城	建制镇	乡
用水普及率（%）	98.4	93.8	88.1	35.7
人均日生活用水量（升）	179.7	122.9	104	53.4
燃气普及率（%）	96.7	83.8	52.4	25.6
污水处理率（%）	95.5	91.2	53.2	18.7
人均道路面积（平方米）	16.7	17.7	14.4	18
建成区绿地率（%）	37.3	35.2	16.6	13.4
人均公园绿地面积（平方米）	14.1	12.2	2.83	0.88
每万人拥有公厕（个）	2.88	3.13	7.33	21.3

资料来源:《中国城乡建设统计年鉴 2018 年》。

三、城镇基础设施融资渠道

随着我国经济的繁荣发展，财政收入大幅增长，政府掌握的土地等公共资源价值不断上涨，资本市场稳步发展，市场功能日趋深化，融资工具逐步完善，为城市基础设施融资渠道拓展发挥了重要作用。在城市基础设施资金来源中，中央财政拨款所占比例由 2001 年的 5% 下降到 2018 年的 1.4%，地方财政拨款比例则由 17.9% 提高到 30%，市政设施建设属于地方政府的投资支出责任，因此，地方政府支出比例趋于上升。国内贷款比例则保持相对稳定，平均比例为 30%。各年债券融资比例基本都未超过 1%。利用外资比例则明显下降，由 2001 年的 4.6% 下降到 2018 年的 0.3%。自筹资金比例则保持稳定，基本维持在 30% 左右。其他资金比例平均为 11%（见表 4–8）。

表 4-8　　城市基础设施资金来源渠道（%）

	资金来源合计	中央财政拨款	地方财政拨款	国内贷款	债券	利用外资	自筹资金	其他资金
2001	100	5.0	17.9	28.6	0.8	4.6	30.1	13.0
2002	100	3.6	19.1	27.5	0.3	4.1	32.0	13.5
2003	100	2.9	17.7	34.6	0.4	2.2	32.6	9.6
2004	100	1.4	21.4	33.5	0.2	2.0	31.3	10.2
2005	100	1.2	19.9	34.2	0.1	3.2	32.7	8.6
2006	100	1.6	24.6	34.6	0.3	1.7	30.1	7.0
2007	100	1.3	32.6	29.8	0.5	1.2	27.7	6.9
2008	100	1.1	31.1	29.6	0.4	1.3	28.7	7.8
2009	100	1.1	25.8	38.5	1.2	0.6	23.7	9.1
2010	100	1.6	27.8	36.4	0.4	0.9	24.1	8.9
2011	100	1.2	33.7	29.6	0.8	0.7	25.8	8.2
2012	100	1.2	30.3	29.8	0.2	1.0	25.5	12.0
2013	100	1.0	23.6	27.9	0.3	0.4	31.1	15.7
2014	100	0.7	27.4	29.0	0.6	0.3	28.4	13.6
2015	100	1.3	28.8	26.1	1.2	0.3	27.9	14.3
2016	100	0.7	31.7	26.5	0.8	0.2	24.2	15.9
2017	100	1.6	30.0	27.3	0.9	0.2	27.4	12.7
2018	100	1.4	25.5	25.3	0.7	0.3	28.6	18.2

资料来源:《中国城市建设统计年鉴 2018 年》。

四、城镇基础设施投融资的问题

1. 基础设施建设水平和质量不高

尽管我国城镇基础设施建设规模不断扩大，但是，水平和质量有待提高，主要表现在：第一，地铁、轻轨等大容量轨道交通发展滞后，造成路面交通压力越来越大，大中城市交通拥堵现象日益突出，影响了城市生活的效率和质量，制约了城市的可持续发展。第二，注重地面以上建筑的光鲜靓丽，忽视地下设施的建设和功能完善，导致供水、排水、热力管网等地下设施难以满足城市发展的需要，夏季水淹城市成为常态。第三，城市污水处理率、生活垃圾无害化处理率在一些城市仍然偏低，目前仍有大量污水未经过有效处理就排入河流水域，生活垃圾未经无害化处理就简易堆放，对环境造成了极大的威胁。

2. 地区间和城市间投入差距明显

城镇基础设施投入差距反映在不同地区和城市的发展水平上。目前，北京、上海、广州等东部大城市的城镇化率均超过了 80%，但中西部地区的城镇化率仍然很低。东部城镇资金实力雄厚，城镇基础设施投入多，而中西部地区与之相比则差距较大。城市发展规模也严重不均衡，截至 2018 年末，全国有 15 个城市人口超过 1000 万，但是城市平均人口却只有 63 万。从国家层面讲，北上广等少数城市长期得到国家的政策支持和集中投入，举办奥运会、亚运会、世博会使这几个城市基础设施水平提前了十多年。而从省市县级政府层面讲，都把中心城市、中心城区和中心镇作为各级财政投入的重心，基础设施投资过度集中于这些城镇。城镇间设施投资差距越拉越大，城镇间差距日益扩大，小城镇趋于衰落。

3. 投资决策不民主、不透明

城镇基础设施投资与公众的利益紧密相关，普通民众应该具有知情权和决策参与权。但是，在绝大多数城镇建设过程中，都是少数政府官员说了算，项目决策的透明度和公众参与度不高。政府官员常以提高决策效率为名，无视甚至阻碍决策民主进程。很多政府投资项目的工程咨询往往流于形式，专家意见得不到实质性的尊重，行政首长干预项目决策的现象依然大量存在，项目决策的“一言堂”现象或“首长工程”在实践中难以完全禁绝，项目决策的民主化和科学化仍然有待进一步提高。因此，现实中往往会出现政府想为民办事而不被社会公众理解，以及很多政府“形象工程”大行其道的现象。

4. 政府的债务风险有加大趋势

在城镇基础设施建设过程中，债务融资成为最便捷的方式，从而形成了大量的政府债务，尽管这些债务不是以政府直接债务形式出现，而是以或有和隐性的形式存在。由于融资平台向银行的贷款依赖政府信用的担保，当平台公司无力偿债时，通常是向财政部门提出更多的补贴要求，从而会增加财政支出负担，形成财政风险。如果融资平台通过资本市场直接融资，包括发行城投债、中期票据和短期融资券等，当存在支付困难时，也会形成对财政风险的传导。从债务管理角度看，融资平台债务未纳入政府的预算管理，也无相应财政管理制度，实际上在一定程度上脱离了人大的监督，进一步放大了财政风险。另外，各地举债融资方式不一，且多头举债，举债程序不透明，不仅商业银行难以全面掌握，而且政府对融资平台的负债和担保状况也未必完全清楚，不利于风险的控制。

5. 监管缺失造成市场秩序混乱

公私合作模式下，政府部门要着力建立相应的管理监督机制，保证公用事业的正常运行，维护公共利益不受损害。但是，在实际操作过程中，政府却没有能力在生产者和消费者之间取得平衡点。以最重要的价格监管为例，政府或者在成本信息掌握上存在缺陷，在监管方式上存在很大随意性，从而导致公用企业成本约束软化；或者定价过低而政府又不提供价格补贴，导致运营企业陷入困境。另外，各监管部门之间的职能相互交叉，监管措施之间很难协调，无法形成完整的监管体系。由于缺乏有效协调机制和争端解决机制，当条块之间冲突时，企业夹在中间无所适从。而当作为监管者的政府与企业发生纠纷时，又缺乏有效的纠纷解决机制，司法机构欠缺独立性。私人投资者起诉政府的诉讼请求很少受到支持，这无疑会大大影响私人部门参与城市基础设施投资的信心。

第三节 城镇化及其投资未来趋势

一、城镇化的未来发展趋势

“十四五”时期，我国城镇化将进入新的发展阶段，呈现出许多与以往不同的趋势与特征，表现为城镇化速度的逐步放缓期，人口流动的多向叠加期，区域格局的明显分化期，发展品质质量的提升期，城镇化动能的转换期和治理体制机制的完善期。

1. 城镇化率仍有上升空间，增长速度呈现放缓趋势

（1）城镇化率仍在上升阶段

根据第七次全国人口普查数据，2020 年，我国人口数量为 141178 万人，居住在城镇的人口为 90199 万人，常住人口城镇化率达到 63.9%，比 2010 年提高了 14.2 个百分点。分省区来看，2020 年，上海（89.3%）、北京（87.5%）和天津（84.7%）的城镇化率已经达到 80% 以上，达到 70% 以上的还有广东（74.1%）、江苏（73.4%）、浙江（72.1%）和辽宁（72.1%），上述省市已经进入城镇化发达和自我完善阶段。剩下的省区均处于城镇化加速阶段。

德国在二战前夕完成城市化进程，目前城市化率稳定在 75% 左右。1860 ～ 1930 年，美国进入快速城市化阶段，城市化率从 19.8% 提升至 56.2%；1930 ～ 2000 年，城市化率从 56.2% 提升至 79%；2000 年以后，城市化进程基本结束，城市化率稳定在 80% 左右。1800 ～ 1901 年，英国处于快速城市化阶段，城市化率从 22% 提升至 77%；此后三十年，城市化率缓慢提升，1931 年达到 80%；进入 60 年代，由于大城市环境污染、交通拥堵、房价过高等问题，出现了短暂的逆城市化现象；80 年代以来，随着城市治理的逐步改善，城市化率又重回 80% 以上。发达国家的经验表明，当城市

化率达到75%～80%，城市化进程才进入尾声，因此，我国未来至少还有15～20个百分点的上升空间。

（2）城镇化率增长有放缓趋势

随着农民人口转移减少，我国城镇化率增长有放缓趋势。从不同城镇化阶段用时看，进入城镇化中后期，城镇化后续各阶段所用时间逐渐拉长。典型国家在城镇化处于50%～55%阶段用时平均为5.2年，之后，城镇化处于55%～60%、60%～65%和65%～70%阶段，平均用时分别延长1.5年、2.1年和4.6年[①]。从我国的情况看，人口城镇化率增长放慢，增速由2010年的3.33%下降到2020年的1.88%（见图4–4）。新增城镇人口由2010年的2466万人下降到2020年的1733万人。从目前城镇化率已超过70%的广东、浙江来看，广东60%～65%和65%～70%阶段分别用时5年和9年；浙江50%～55%阶段用时4年，后面三个阶段均用时5年。

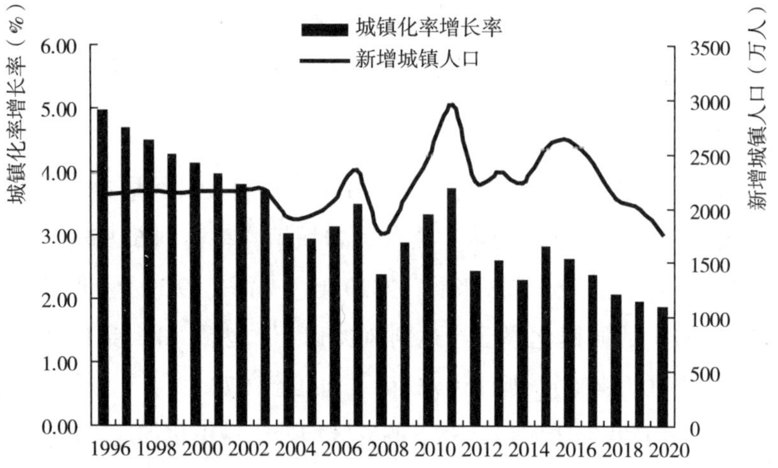

图4-4　1996～2020年全国城镇化率增长率和新增城镇人口（%、万人）

资料来源：《2021年中国统计摘要》。

城镇人口的自然增长、机械迁移两方面因素，在很大程度上决定了城镇化的速度。首先是全国人口增长趋缓。2010～2020年，我国人口年平均增

① 国家发改委国土所：《“十四五”时期新型城镇化空间布局调整优化研究》，宏观院2019年度重点课题。

长率为0.53%，与2000～2010年0.57%的人口年平均增长率相比，增速有所放缓。主要原因是育龄妇女人数减少以及生育水平略有下降。近年来，全面二孩政策逐渐放开，但是，我国的出生率却在持续探底。2016年，全国人口出生率为13‰，出生人数为1786万，均较上一年有所改善；但生育反弹却并未延续，2017～2019年，我国出生人口分别为1723万人、1523万人和1100万人，2019年，出生率回落至10.5‰。全国人口自然增长率也由阶段高点2016年的5.86‰下降到2019年的3.34‰。其次是新增农村转移人口规模下降趋势明显。机械迁移是指从农村进入城市的新增人口，它体现了城镇化的核心所在。农民工特别是外出农民工及其家属数量的减少，是农村转移人口数量下降的主要原因。出现这一情况，一方面是由于农村劳动年龄人口数量逐年减少。2010～2015年，我国农村15～64岁劳动年龄人口年均下降1045万人，劳动年龄人口占农村常住人口比例由70.7%下降到66.7%①。另一方面则是近年来规模不断扩大的返乡创业农民工群体。据农业部测算，目前预计有返乡下乡创业人员共700多万人，其中返乡农民工比例为68.5%，人数近480万人②。

2. 城镇化的区域差异明显，未来不平衡状态仍将继续

（1）城市群人口集聚效应不断释放

城市群是我国城镇化的主体形态，是支撑经济增长、促进区域协调发展、参与国际竞争合作的重要平台。2018年11月18日，中共中央、国务院发布的《中共中央 国务院关于建立更加有效的区域协调发展新机制的意见》明确指出，以京津冀城市群、长三角城市群、粤港澳大湾区、成渝城市群、长江中游城市群、中原城市群、关中平原城市群等城市群推动国家重大区域战略融合发展，建立以中心城市引领城市群发展、城市群带动区域发展新模式，推动区域板块之间融合互动发展。以北京、天津为中心引领京津冀城市群发展，以上海为中心引领长三角城市群发展，以香港、澳门、广州、深圳为中心引领粤港澳大湾区建设，以重庆、成都、武汉、郑州、西安为中心，

---

① 2010年数据来自于全国第六次人口普查，2015年数据来自全国1%人口抽样调查数据。

② “农业部：全国返乡下乡双创人员达700万”，中国经济网2017年9月16日。

引领成渝、长江中游、中原、关中平原城市群发展。

目前，以中心城市为中心，向周围辐射构成的城市群已经形成。承载人口、产业、经济的主要载体——城市群已经成为中国城镇化发展的新路径，为中国经济增长增添新动力。中国发展研究基金会发布《中国城市群一体化报告》显示，2006～2015年，京津冀、长三角、珠三角、成渝、武汉等12个城市群依靠不到五分之一的国土面积，聚集了中国人口总量的六成，贡献了中国经济总量的八成。12个城市群占全国GDP的比重从70.5%上升至82%，年均增长超过1个百分点。所有城市群占全国经济的份额都得到了提升，反映出经济活动向城市群集中的趋势。城市群一体化水平提高，除了山东半岛外，所有其他城市群内部经济发展差距都在缩小。这对我国区域经济均衡发展有重要启示，表明推动城市群发展是实现区域均衡发展的必由之路。

根据恒大研究院的预测，在城市群层面，19个城市群的核心在于京津冀、长三角、珠三角、长江中游、成渝等5个城市群。预计到2030年，中国2亿新增城镇人口的约80%将分布在19个城市群，其中约60%将分布在长三角、珠三角、京津冀、长江中游、成渝、中原、山东半岛等七大城市群[①]。在《国家新型城镇化规划》及“十三五”规划要求建设的19个城市群中，长三角、珠三角、京津冀等三大城市群是最成熟的，以成都、重庆、武汉为核心的成渝、长江中游城市群最具发展潜力，而山东半岛、海峡西岸、中原、关中平原、哈长、辽中南等城市群则紧随其后。

表4-9　五大城市群经济与人口数量对比

城市群	地级以上城市数量（个）	面积（万平方公里）	2018地区生产总值（万亿）	人口（亿人）	人均地区生产总值（万元）	地均地区生产总值（万/平方公里）
珠三角	9	5.5	8.1	0.6	13.5	14727.3
长三角	26	21.2	21	1.5	14.0	9905.7
京津冀	13	21.5	8.5	1.1	7.7	3953.5
长江中游	28	31.7	8	1.2	6.7	2523.7
成渝	16	18.5	5.8	0.95	6.1	3135.1

资料来源：根据相关数据统计。

① 恒大研究院：《2019中国城市发展潜力排名》，https://www.sohu.com/a/311797507_100110312。

都市圈的一体化水平提高。都市圈是城市群内部以超大特大城市或辐射带动功能强的大城市为中心、以 1 小时通勤圈为基本范围的城镇化空间形态。2019 年 2 月，国家发改委发布《关于培育发展现代化都市圈的指导意见》，要求以增强都市圈基础设施连接性、贯通性为重点，以推动一体化规划建设管护为抓手，织密网络、优化方式、畅通机制，加快构建都市圈公路和轨道交通网。以推动都市圈内各城市间专业化分工协作为导向，推动中心城市产业高端化发展，夯实中小城市制造业基础，促进城市功能互补、产业错位布局和特色化发展。以打破地域分割和行业垄断、清除市场壁垒为重点，加快清理废除妨碍统一市场和公平竞争的各种规定和做法，营造规则统一开放、标准互认、要素自由流动的市场环境。以都市圈公共服务均衡普惠、整体提升为导向，统筹推动基本公共服务、社会保障、社会治理一体化发展，持续提高共建共享水平。

鉴于当前多数城市群发育不成熟，且部分核心城市生产要素明显向周边溢出，中央把以大城市为核心的都市圈作为城市群建设的突破口和抓手。都市圈的核心城市带动辐射能力更强，区域内的一体化程度更高，是一种体现分工协作、生产要素共享的新型城镇化形态。当前中国有上海、北京、广佛肇、杭州、深莞惠等 10 个 2000 万人以上的大都市圈，有重庆、青岛、厦泉漳等 14 个 1000 万～ 2000 万人大都市圈。24 个千万级大都市圈，这些都市圈以全国 6.7% 的土地集聚约 33% 的常住人口，创造约 54% 的 GDP。从发展潜力看，上海、北京、深莞惠、广佛肇都市圈居前，之后则是苏锡常、天津、南京、长株潭、杭州、重庆等都市圈。

（2）城镇格局进入加速分化期

以往一段时期，我国副省级以上城市的“头部城市”进一步强化，GDP 前 20 位城市人口、GDP 占全国比重均明显上升。2018 年，人口超千万、GDP 过万亿的城市有 11 个，包括上海、北京、广州、深圳、天津、苏州、重庆、武汉、成都、杭州和郑州。地级城市发展呈现持续分化态势，表现较好的城市包括沿海制造业城市、新兴人口大市，同时，一些地级市出现衰退。县城发展有所放缓，“十三五”前两年，县城人口、建成区面积年均增

速为 –0.34% 和 –0.47%，均显著低于“十二五”时期[①]。

根据恒大研究院《2019 年中国城市发展潜力排名》报告，人口持续向大城市集聚，中西部核心城市崛起。改革开放后至 2010 年左右，人口大规模向出口导向型的沿海发达地区流动。2010 年以来，随着沿海地区产业转型升级、中西部地区产业承接以及老一代农民工老化，部分人口逐渐回流中西部，东部人口增速总体减缓，而东北地区人口开始负增长。当前人口回流明显的是安徽、四川、广西、河南、贵州等省，安徽常住人口年均增量从 2000 ～ 2010 年的 –33 万回升至 2010 ～ 2015 年的 37 万，再增至 2015 ～ 2018 年的 60 万，四川从 –56 万回升至 32 万，再增至 46 万[②]。广东、浙江等省常住人口增长一度受人口回流而明显放缓，但 2015 ～ 2018 年人口重新明显集聚，当前年均增量分别为 166 万、66 万。

一般常住人口或城区人口出现连续 3 年的下降，可以视为收缩信号。2000 ～ 2010 年，全国有 180 个城市的人口在流失，三分之一的国土人口密度在下降。2007 ～ 2016 年，中国有 84 座城市出现了“收缩”。2014 ～ 2017 年，共有 26 个城市出现连续 3 年的人口净流出，这些城市多数位于东北地区，黑龙江、吉林、辽宁均有不少县市出现人口收缩。这些收缩型城市，多数属于资源枯竭型城市，因产业变迁而引起人口外流、城市收缩；还有部分位于偏远地区，由于经济发展缺乏亮点，难以吸引外来人口。最近几年，随着城镇化下半场加速，大城市全面放开落户，加上经济南北分化态势进一步加剧，部分北方地区的人口流失只会更加严重，收缩型城市还会扩容。

3. 新型城镇化与乡村振兴战略结合，“城镇化”和“逆城镇化”双向推进

经过改革以来几十年的发展，我国具备了全面推进工业反哺农业、城市带动农村从而实现城乡融合的基础。新型城镇化战略可以为乡村振兴提供更广阔的市场需求、更雄厚的财政支持和更强大的技术支撑，促进更多的生产要素和经济资源向乡村转移，为乡村振兴创造条件；乡村振兴战略可以“让

---

① 国家发改委国土所：《“十四五”时期新型城镇化空间布局调整优化研究》，宏观院 2019 年度重点课题。

② 恒大研究院：《2019 年中国城市发展潜力排名》。

精英人才到乡村的舞台上大施拳脚，让农民企业家在农村壮大发展”，有助于解决“三农”问题，为新型城镇化提供持久动力和要素供给。未来一段时期，我国仍处于城镇化快速发展期，既需要继续推进新型城镇化，也需要推动乡村振兴，做到双轮驱动。

当前，我国一些大城市的城镇化已经进入到中后期发展阶段。该阶段发展的典型特点是：城市人口与劳动力大量集聚，开始产生较为严重的拥堵、环境污染和住房紧张问题，相伴催生出了“郊区化”和“逆城镇化”现象，引发人口、生产要素与资源向郊区或小城镇流动。逆城镇化与城镇化规律不仅不相抵触，而且是城镇化进程的有机组成部分，是城镇化进程发展到高级阶段主动实现从城镇化速度向城镇化质量转型，实现城镇化均衡充分发展的必要途径。尤其是对于我国这种城乡差距仍未消除，城镇空间布局和空间等级体系发育有待完善的大国而言，正确认识并看待已经出现的逆城镇化现象，有利于继续推动新型城镇化建设，促进城镇化深度转型。

在乡村振兴战略推动下，加快县城和小城镇建设成为新型城镇化的重点。我国县城人均市政公用设施投资仅相当于地级及以上城市城区的二分之一左右，县城居民人均消费支出仅相当于地级及以上城市城区居民的三分之二左右，有着较大的上升空间。近年来，随着城镇化的推进以及流动人口的回流，县城有了较快的发展，但基础设施和公共服务设施发展滞后，消费规模不大、档次不高、能力不强仍是明显制约因素，若加大支持和引导力度，县城的增长潜力将加快释放。小城镇连接城市和乡村，是促进城乡融合发展的载体，是促进农民就近城镇化的途径，对扩内需、稳增长、惠民生都有重要意义，农民教育、就医、购物、休闲等日常活动的绝大部分可以在小城镇完成，小城镇同样将迎来新的发展机遇。按照《国家发展改革委关于规范推进特色小镇和特色小城镇建设的若干意见》，可结合产业空间布局优化和产城融合，循序渐进发展“市郊镇”“市中镇”“园中镇”“镇中镇”等不同类型特色小镇；依托大城市周边的重点镇培育发展卫星城，依托有特色资源的重点镇培育发展专业特色小城镇。

4. 加大力度推进人的城镇化，逐步缩小两个城镇化率差距

我国人口城镇化率具有双重性：一是基于城镇常住人口规模计算的常住

人口城镇化率，二是基于非农户籍人口规模计算的户籍人口城镇化率。我国常住人口城镇化率高于户籍人口城镇化率，2019 年两者差距为 16.2 个百分点（见图 4–5）。这暴露出城镇化发展存在的问题：一是农民工落户城市的难度仍然较大。一些城市对以农民工为代表的普通劳动群体通过购房、积分等方式筑起“隐性门槛”。二是新老城镇户口的差距。一些地方附着在户籍制度上的公共服务和福利制度并没有发生根本改变，城乡人口在最低生活保障、保障性住房、社会保险等方面的待遇差别，还有不少未得到根本性解决。三是市民化的成本分担机制不完善。人地挂钩、人钱挂钩等政策尚未真正落实，一些地方对推进农业转移人口市民化的积极性不高。四是进城农民“三权”退出的市场化机制尚未建立，缺乏自主退出的制度安排。通过体制机制创新尽快缩小两个城镇化率之间的差距，仍然是新型城镇化的重要任务。

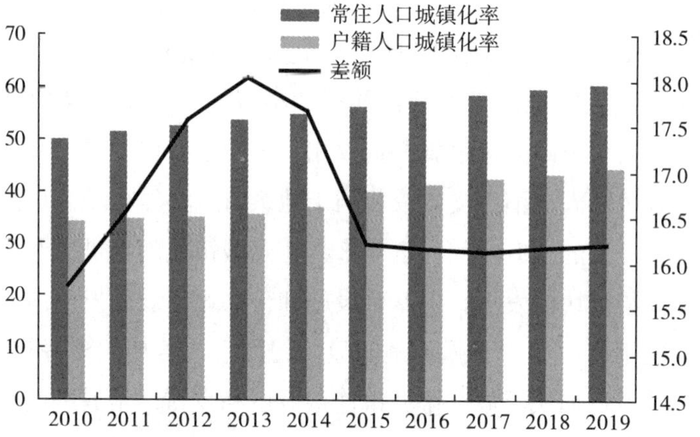

图 4-5　全国常住人口、户籍人口城镇化率及其差距（%）

资料来源：《中国统计年鉴 2020 年》，互联网。

缩小两个城镇化的差距反映了新型城镇化的本质——实现“人的城镇化”，即实现农村转移劳动力向城镇生产与生活的全方位转变。为推动以人为核心的人口城镇化，未来需要突破限制消费者城镇化的城乡二元体制，重点推进户籍、住房保障、基本医疗卫生、就业、义务教育、基本养老等制度创新，保障农业转移人口的身份公平、机会公平和发展公平。应根据城镇化所处发展阶段，率先统筹推进举家转移、稳定就业和农村先富人口有序落户城镇。对于暂时还不能在城镇顺利落户的其他农业转移人口，应保障随迁子女平等受教育权利，完善公共就业创业服务体系，扩大社会保障覆盖面，改善基本医疗卫生条件，建立低成本保障性住房制度，加快推进基本公共服务均等化。此外，还应在合理确定各级政府农业转移人口市民化支出责任基础上，建立政府、企业、个人多方的人口市民化成本分担机制，引进社会资本，构建多元的城镇化投融资渠道，不断健全农业转移人口市民化可持续推进机制。

5. 实现工业化与城镇化良性互动，加速推进产城融合发展

工业化和城镇化是经济社会发展过程中的两个重要结构性变量，两者相互促进、联动发展，形成新型城镇化的重要推动力。改革开放特别是新世纪以来，我国工业化与城镇化快速发展，产业园区和城市新区建设不仅促成了工业化水平的提升，也带动了城市空间的拓展。但是，长期以来，“有城无产”“产强城弱”，产业与城市功能不匹配、不协调等问题愈发凸显。开发区普遍注重经济基础设施建设，城市商业和居住配套建设相对滞后，对于人口的聚焦、创新能力建设、现代服务业的培育都不利。而以房地产开发为主导的新区建设，由于缺乏必要的产业支撑轮为“空城”或“睡城”，“职住分离”及其“潮汐式”通勤增加了社会成本，影响了城市的健康发展。如果不能有效实现产城融合良性互动，城镇化长期增长将丧失动力。

未来产业园区和城市新区将逐渐从规模膨胀的外延式扩张向创新驱动的内涵型发展转变。新区更加注重与产业发展的互动，空间布局将更多结合产业特征进行规划，使土地承载的产业活动在空间的选择上更趋合理化。园区承载的功能也将日益多元化，大量生产活动在园区内并存聚集，园区经济与城区经济逐渐走向融合，成为集生产与生活于一体的新型园区。协同化成为产城融合基础，建立跨部门、跨领域协同发展的信息化管理系统，将有效推进信息资源的共享，实现精准化、协同化的城市和园区管理。智能化成为产城融合关键，将提供多层次、全覆盖、高品质的公共服务，提升社会资源配置效率，创新公共服务供给模式。服务化成为产城融合新引擎，以信息服务、金融服务、现代物流、商务商贸、休闲娱乐为代表的服务业迅速发展，为政府、企业与其他用户创立新的消费平台，不仅降低了成本，还提供了安全稳定的服务。

6. 城市治理体系逐步完善，法治化、规范化、制度化水平提升

新型城镇化进程对城市治理提出了新要求。第一，治理模式由“统治”向“治理”转变。城市政府作为治理主体，需要高度关注民众呼声，汲取与调动民间力量，提高政府科学决策能力与政府办事效率。第二，政府职能由管理型向服务型转变。建设服务型政府，通过为社会提供完善、高效的公共服务，提高民众的生活质量，促进社会秩序的稳定。第三，治理范围从全能型向有限型转变。向市场分权、向社会分权，政府的作风建设才会取得实实在在的成效，才能从低效政府走向高效政府。第四，治理方式由“人治”向“法治”转变。全面依法治国要求地方政府治理由人治向法治转变，由权力至上走向法律至上，这样才能改善治理效果，让一个地方长治久安、繁荣富强。

城市治理体系仍然存在一些较为明显的问题。以城市政府（市、区、街道）为代表的行政管理层同以社区、居民、社会组织为代表的社会自治层相互脱节，配套资源下沉度低，难以满足城市治理体系现代化的要求。社会组织、居民组织等对城市公共事务参与不足，表达不畅，共建共治能力不足，“人民城市为人民”满足不够。城市服务供给的动态调配能力不足，对流动人口跟踪服务能力弱，难以适应流动人口子女教育、父母养老服务方面的要求。城市管理和公共服务能力欠缺，与快速增长和多元化的新老居民需求存在距离，“城市病”越来越严重，并由大城市向中小城市蔓延。城市风险防控能力不足，危机应对能力薄弱。政府出台的某些政策缺乏连续性，使公众对政策的未来缺乏稳定的预期和信心，公众与政府之间的信任程度降低。

未来将持续推进城市治理体系现代化，把制度优势转化为治理优势。按照“集中规划、分工协作、权责一致”的原则，理顺市、区、街道和社区之间的关系，强化社会服务职能，提高治理主体能力。按照“居民需求与社区资源无缝对接”的构想，完善社会动员和参与机制，增强社区发展能力和内生动力，建立社区生活共同体。针对不同家庭结构、不同收入和教育水平人群，不断完善教育、医疗、住房保障体系，使得公共服务设施及其空间配套能够及时响应不同需求。推动城市治理重心下沉、力量下沉和资源下沉，优化公共财政资源配置，为基层治理提供必要的资源保障。按照“高效、智

能、安全、互信”标准，构建纵向贯通、横向集成、共享共用的社会治理信息化综合平台，推动信息化成果转化为社会治理能力。

二、未来城镇化投资规模与结构

1.“十四五”城镇化率及常住人口数预测

①城镇化率预测。按照上文城镇化率变动趋势，“十四五”时期，我国的城镇化将继续快速推进，但是，提升速度将逐步放缓。中国社会科学院农村发展研究所集成人口、经济和社会服务等多要素间的复杂互动关系，通过构建中国城镇化系统动力学模型，对一定 GDP 增长趋势和计划生育人口政策条件下的 2025 年我国城镇化水平进行了情景预测。预测结果表明，“十四五”期间，我国城镇化水平将年均提高约 0.81 个百分点左右，至 2025 年，我国城镇化水平将达到 65.5% 左右[①]。这一预测结果比较符合未来我国城镇化发展趋势。

②常住人口数预测。有了城镇化率预测值，还需要预测“十四五”时期的常住人口数，才能最终得到新增的城镇人口数。“十三五”前四年，我国人口自然增长率逐步趋于下降，2019 年下降为 3.34‰，我们按照未来每年下降 0.2 个百分点的速度，预测 2020 ～ 2025 年自然增长率，到 2025 年下降为 2.14‰。2020 年总人口数为 14.04 亿人，在此基础上外推，得到 2025 年的人口数预计为 14.22 亿人，比 2019 年新增 2232 万人。其中，假设新增人口中有 60% 是新出生的城镇人口，即 1339 万人[②]。

2019 年，我国城镇人口数为 8.48 亿人（14 亿人 ×60.6%）。预计到 2025 年，城镇人口数将达 9.31 亿人（14.2 亿人 ×65.5%）。以上两者相减，得到新增的城镇人口数为 8266 万人。新增的城镇人口数是由新出生的城镇人口与新转移的农村人口数两部分构成，为此，需要剔除新出生的城镇人口（1339 万人），得到新转移的农村人口数为 6927 万人。剔除 2020 年的人口数

---

① 魏后凯、李玏、年猛：“‘十四五’时期中国城镇化战略与政策”，《中共中央党校（国家行政学院）学报》2020 年第 4 期。

② 我国城镇化率刚过 60%，未来 5 年新生人口数约有 60% 是出生在城镇。

后，“十四五”时期新增转移农村人口数为 5786 万人，平均每年新增转移农村人口数约为 1157 万人。

2.“十四五”新型城镇化带动投资分析

根据上文新增转移农村人口预测数，这里主要估算“十四五”时期新型城镇化所带动的投资规模[①]。

在新型城镇化和推进过程中，新增转移农村人口不仅将形成对城镇基础设施的新增需求，而且还将形成对城镇公共服务的新增需求，同时，也将产生对于城镇住房的新增需求，最终一同带动城镇投资的增加。因此，新型城镇化对投资需求的带动分为城镇基础设施的投资需求、城镇公共服务的投资需求、城镇住房的投资需求三个部分。

（1）城镇基础设施与公共服务的投资需求

一是关于城镇基础设施投资，是指建造或购置为社会生产和生活提供基础性、大众性服务的工程和设施的支出。从行业大类看，城镇基础设施投资包括交通运输、仓储和邮政业，信息传输、软件和信息技术服务业，水利、环境和公共设施管理业，电力、热力、燃气及水生产和供应业 4 个主要行业的投资。二是关于城镇公共服务投资，是指由政府主导、保障全体公民生存和发展基本需要、与经济社会发展水平相适应的公共服务。从行业大类看，城镇公共服务投资包括居民服务业，教育业，卫生和社会工作，文化、体育和娱乐业 4 个主要行业的投资。

由于缺少近年来城镇投资数据，我们根据农村投资占全部投资比例，对全部固定资产投资以及其中的基础设施和公共服务投资折算为城镇口径，“十三五”时期，城镇基础设施与公共服务的投资规模合计占到同年城镇固定资产投资规模的 27% 左右，其中城镇基础设施与公共服务的投资占比分别为 22% 和 5%（见表 4–10）。

关于具体的测算方法，我们是基于 2003 ～ 2020 年的城镇投资数据，建立与城镇人口之间的定量模型，推导出两者的数量关系，从而计算得到新增城镇基础设施与公共服务的投资需求。

---

① 本部分根据国家发改委投资研究所徐文舸博士的计算结果完成。

表 4-10 我国城镇固定资产投资及其基础设施和公共服务投资

	全部城镇投资（亿元）	城镇基础设施投资（亿元）	城镇基础设施投资占比（%）	城镇公共服务投资（亿元）	城镇公共服务投资占比（%）
2003	37769	8153	21.6	1905.7	5.0
2004	49439	10036	20.3	2329.3	4.7
2005	63524	12653	19.9	2744.6	4.3
2006	79254	15899	20.1	3136.4	4.0
2007	100477	19052	19.0	3558.4	3.5
2008	128006	24080	18.8	4180.6	3.3
2009	167433	35530	21.2	6100.7	3.6
2010	209473	43147	20.6	7117.2	3.4
2011	263540	45568	17.3	8171.5	3.1
2012	319530	52984	16.6	10065.5	3.2
2013	385025	65379	17.0	12161.5	3.2
2014	444633	79046	17.8	14964.7	3.4
2015	491495	93252	19.0	17484.2	3.6
2016	535243	109719	20.5	21028.6	3.9
2017	567445	128719	22.7	24382.5	4.3
2018	601593	133489	22.2	27343.1	4.5
2019	634784	137786	21.7	30966.0	4.9
2020	653918	138888	21.2	34473.2	5.3

资料来源：国家统计局。

这里将模型形式设定为：

$$investment = \alpha + \beta \times population + X + \varepsilon$$

其中，被解释变量是全国的城镇固定资产投资（investment），还分别包括全国的城镇基础设施投资与城镇公共服务投资；解释变量是全国的城镇人口数（population），即全国的常住人口数与城镇化率的乘积；β 表示城镇人口数对城镇固定资产投资的影响系数，是我们关注的重点及估算的重要参数；X 是控制变量，以控制其他经济因素对城镇固定资产投资的影响效果，这里受样本数量的限制，在实际估计中并没有加入控制变量；α 与 ε 分别表示常数项、残差项。为保证系数 β 具有较好的经济含义，以上变量的数据均为取对数后的数值。

基准模型的估计结果显示，系数 β 均显著为正，且通过 1% 显著性水平。对于数量上的经济含义，第（1）列的结果表明，每新增 1 个百分点的城镇人口数将带动新增 5.924 个百分点的城镇固定资产投资；同样地，第（2）列和第（3）列的结果表明，每新增 1 个百分点的城镇人口数将分别带动新增 5.985 个百分点的城镇基础设施投资比重、5.963 个百分点的城镇公共服务投资比重（见表 4–11）。由此可见，在新型城镇化对投资需求的带动中，按单位拉动效应衡量，城镇基础设施与公共服务的投资需求效应均要大于整体的城镇固定资产投资。

根据此前测算，“十四五”时期全国平均每年新增城镇人口数为 1372 万人，约占到城镇人口数的 1.52%，其将分别带动当年城镇固定资产投资、城镇基础设施投资、城镇公共服务投资的比重为 9%、9.1%、9.06%。

表 4-11　全国城镇人口数对城镇固定资产投资变化的影响分析

	（1）	（2）	（3）
	城镇固定资产投资	城镇基础设施投资	城镇公共服务投资
城镇人口数	5.924***	5.985***	5.963***
	（0.215）	（0.142）	（0.111）
常数项	–53.675***	–55.980***	–57.350***
	（2.392）	（1.584）	（1.241）
样本量	18	18	18
R^2	0.979	0.991	0.994

注：括号内是标准误差；***、**、* 分别表示在 1%、5% 和 10% 显著性水平上显著。

资料来源：根据估计结果整理。

假设“十四五”时期全国城镇固定资产投资平均保持 6% 的速度增长，同期的城镇基础设施与公共服务投资占比结构（22% 和 5%）也将保持不变。照此推算，由新增转移农村人口带来的新增城镇基础设施投资需求、新增城镇公共服务投资需求分别合计为 78226 亿元、17700 亿元，平均每年由新增转移农村人口带来的新增城镇基础设施投资需求、新增城镇公共服务投资需求分别为 15645 亿元、3540 亿元（见表 4–12）。

表 4-12　“十四五”时期四川城镇基础设施、公共服务投资需求预测值　单位：亿元

年份	城镇基础设施投资	新增转移农村人口带动基础设施投资	城镇公共服务投资	新增转移农村人口带动公共服务投资
2021	152494	13877	34658	3140
2022	161643	14710	36737	3328
2023	171342	15592	38941	3528
2024	181622	16528	41278	3740
2025	192520	17519	43754	3964
“十四五”合计	859621	78226	195368	17700

（2）城镇住房的投资需求

首先确定人均住房面积与每平方米住房建设成本。一是确定人均住房面积的数值。目前，没有保障性住房的统一标准，各地大约在 15 ～ 20 平方米，这里取 17 平方米的中间值；2019 年，全国城镇人均住房建筑面积为 39 平方米，我们以保障性住房面积为下限，城镇居民家庭人均住房面积为上限，取两者的中间值 28 平方米作为人均住房面积。二是确定每平方米住房建设成本的数值。根据《中国统计年鉴》的数据，2019 年，全国平均的房地产开发企业房屋竣工造价为 3549 元 / 平方米。按“十四五”时期平均每年新增转移农村人口数 1157 万人、人均住房面积 26 平方米计算，全国每年需新增用于满足新增转移农村人口数居住的城镇住房面积为 3 亿平方米。按每平方米住房建设成本 3549 元计算，平均每年将新增城镇住房建设投资需求为 1 万亿元左右，“十四五”时期合计将新增城镇住房建设投资需求达 5 万亿元。

根据上述计算，“十四五”时期全国新型城镇化对投资需求的带动规模合计将达到 145926 亿元，预计平均每年的带动规模为 29185 亿元（见表 4–13）。将上述新增转移农村人口对投资需求的带动规模乘以 70%，作为资本形成额，“十四五”时期，新增资本形成 10.2 万亿元。如果以 GDP 年均增长 5% 计，预计到 2025 年地区生产总值将达 130 万亿元，五年 GDP 增量合计为 28 万亿元。“十四五”时期新增转移农村人口产生的投资需求对经济增长的贡献率约为 36%。

表 4-13 "十四五"时期全国新型城镇化对投资需求的带动规模预测 单位：亿元

	城镇基础设施的投资需求	城镇公共服务的投资需求	城镇住房的投资需求	新型城镇化对投资需求的带动
合计	78226	17700	50000	145926
平均每年	15645	3540	10000	29185

3. 城镇化带来新的投资结构变动

城镇布局体系优化将推动投资新的聚集。城市发展将会呈现"两端聚集"的发展态势。产业和人口向优势区域集中，形成以城市群为主要形态的增长动力源，从而增强中心城市和城市群的经济和人口承载能力。国家中心城市、省级副中心城市集聚能力将进一步提升，都市圈的基础设施互联互通、公共服务共建共享以及特色产业协同发展投资也将大幅度增加。在吸引外出务工人员返乡创业以及强化对周边农村的辐射和带动方面，县城的重要性日益突出。从近几年农业转移人口购买住房变化情况看，原来仅占 1% 左右的人口在县城购买住房，现在达到了接近 20%[①]。部分县城和特色城镇将走特色化、差异化发展道路，大力完善配套设施和公共服务，成为实现就近城镇化和承接产业转移的新载体。与此同时，一些中小城市将会出现全面收缩，收缩型城市将减少城市土地开发，加大城市更新、环境治理、功能提升力度，发展特色产业，建设"小而精"的宜居城市。

农业转移人口市民化将激发投资活力。抓住"稳定居所"这一关键环节，保障性住房供给模式和布局将得到优化，能够提供多种类型的安全清洁可支付住房。在开发区和工业园区、大型居住区建设以及城中村改造时，将安排建设用地集中建设公租房。大城市将按照城市建设标准配套建设供水、供气、供热、污水处理等基础设施和教育、养老、医疗卫生、文化体育、社区服务等公共服务设施，补齐城中村和城边村设施短板。城市将以提高农业转移人口素质和就业竞争力为导向，加大公共财政对劳动就业、职业技能培训等与农业转移人口紧密相关的就业服务投入。拓宽就业创业途径，对有创业要求、具备创业条件但缺乏资金的城乡劳动者，给予一定的创业资金支持。

---

① 李铁："未来十五年，新型城镇化潜力有待挖掘"，《财经》新媒体 2020 年 11 月 8 日。

城镇化高质量发展将衍生更多投资需求。城镇化进入高质量发展阶段，人们对城市就业环境、生活条件、空间品质有了更高的需求，将重点解决城市空间蔓延增长、环境质量下降、道路交通拥堵、停车难等问题；解决城市脆弱性突显、洪涝和疫情灾害等对城市冲击较大、市政基础设施等生命线工程建设滞后问题；解决城市空间品质不高，距离绿色宜居、智慧人文等满足人民对美好生活向往的建设不足问题。高标准建设城市生态系统，建设城市森林、重要湿地、大型公园，打造高效紧凑、功能混合的人居空间形态。推进老旧小区改造，完善社区综合服务设施，增加养老空间数量，增强城市的包容性和融合性。加快新型基础设施建设，加强数字经济与城市建设运营融合发展，促进城市智慧化升级。建设供水、供电、燃气、交通等生命线应急保障系统，形成完备的救灾物资、医疗物资和能源储备物资供应系统，打造韧性城市。

第四节　城市更新及其投融资

一、城市更新的内涵与方式

1. 城市更新的内涵

城市更新几乎伴随着城市发展的全过程，是城市化过程中的关键问题，是世界各国面临的一项重要议题。城市更新的概念最早源于 1958 年在荷兰召开的城市更新研讨会上，生活在城市中的人，对于自己所居住的建筑物、周围的环境或出行、购物、娱乐及其他生活活动有各种不同的期望和不满。对于自己所居住的房屋的修理改造，对于街道、公园、绿地和不良住宅区等环境的改善有要求及早施行，以形成舒适的生活环境和美丽的市容，包括所有这些内容的城市建设活动都是城市更新。因此，城市更新是一种将城市中已经不适应现代化城市社会生活的地区作必要的、有计划的改建活动，主要内容包括：完善城市功能、强化社区服务、健全公共配套设施、增加公共开放空间、改善生态环境、加强绿色建筑和生态街区建设、塑造城市特色、保护历史文化风貌、改善城市景观、改善基础设施和城市安全等。

城市更新是对城市原有空间的改造升级和品质提升，通过赋予其新的功能，激发城市发展动力，保障市民安居乐业。城市更新需要人与社区的和谐构建，满足民众新需求。有的城镇老旧小区已建成20年以上，远不能满足新时代民众对于居住和生活的新需要，亟须补齐短板，完善社区硬件设施和管理服务。近年来，中央提出在全国范围内开展城镇老旧小区改造，推动惠民生、扩内需。城市更新需要新技术和新产业支撑，激活城市新动能。不少城市原有空间服务于旧产业和旧的消费结构，随着城市产业结构调整，大量工厂、矿区、场站、车间等工业遗产地或废弃或闲置，产业亟须转型升级，实现功能转换和提升。城市更新需要历史传承和文脉延续，打造人文新名片。建筑、街区、古镇、古城拥有的空间肌理，承载着一座城市的历史文脉和记忆乡愁，旧空间借助文化创意实现更新，能够带给民众新的文化和休闲体验，体现城市的遗产价值，重塑文化影响力。

2. 城市更新的模式

①全面重建模式。包括棚户区改造和老工业区改造。棚户区改造是以政府为主导的民生居住工程，以公益性为主要目标，但政府可以采取市场化运作的方式，例如通过实施财政补贴、税费减免、土地出让受益返还等优惠政策，或配建一定比例的商业服务设施和商品住房来让渡部分政府收益，吸引企业参与。老工业区改造的目标多为国家20世纪50、60年代建设形成的工业区，主要是将旧工业区部分建筑进行拆除和重建，改造升级为新型产业园、文创园等，与此同时，新建各种产业用房、配套商业、商务办公等多种物业形态，形成盈利性资产。

②功能改造模式。若建筑物经维修、改善和更新设备后，尚可在相当长的时期内继续使用的，则应对建筑物进行不同程度的改建。若该地区的主要问题是公共服务设施的缺乏或布局不当，则应增加或重新调整公共服务设施的配置与布局。功能改造模式包括老旧商业区改造和老旧居住区改造。旧商业区改造通常针对传统商业物业，通过对其进行空间改造、品牌升级、主题街区更新，实现老商业资产的新生。老旧居住区改造是对存量住房进行的综

合改造，与棚户区改造不同，纳入改造的项目往往不需要全部拆除重建，而是拆旧与建新相结合。

③综合整治模式。综合整治模式包括历史文化街区改造、城市公共空间改造。历史文化街区改造是在历史建筑基础上，融入更多文化创意，在最大限度保留和延续历史文化价值的基础上，充分发挥其经济、社会价值，用产业带活片区经济。城市公共空间改造主要是满足公众日常生活和公共交往活动需要的公用空间的改造，补充公共设施，提升城市景观，优化市政交通。近年来这种方式也是各地政府积极鼓励和支持的方式，但由于未来收益不确定，因此企业参与的方式仍在探索之中。

二、城市更新的典型案例

1. 汉堡港口新城——滨水区整治之范本

城市港区、滨水区的整治和开发，往往需要耗费大量人力物力。在这方面，能和汉堡港口新城比肩者很少。2001 年，汉堡港口新城——号称当时欧洲规模最大的旧城改造与城市发展项目动工。新城的开发总共包含 10 个板块，单个板块的开发量为建筑面积 10 万～ 20 万平方米，总开发周期约 25 年。按照规划，汉堡港口新城将成为一个集居住、休闲、旅游、商业服务为一体、具有水上特色且富有现代气息的新型城区。因此，新城内 80% 的项目会被要求必须满足办公、居住和公众使用三个功能。不仅如此，除了写字楼、住宅、商铺，还有音乐厅、博物馆、大学、小学、公园、游轮码头、广场。很多业内人士认为，该港口新城竣工后将打破市中心单一的商务和购物区的格局，成为汉堡地标性建筑，成为未来欧洲城市生活的典范，推动汉堡建成富有魅力的“世界城市”[①]。

2. 苏黎世西部工业区——工业区转型之样板

工业区转型的难点在于需要有足够体量的文创和艺术产业，同时也要依

① 大地研究院：“城市更新如何做？全球七大典型案例告诉你”，https://gz.news.fang.com/open/34464207.html。

靠办公写字楼、住宅、商业体等多种业态来支撑，苏黎世西部工业区的转型就具备多种业态，又融入了强烈的艺术氛围。2002 年，苏黎世西区城市老工业区改造正式启动，主要通过引入多种功能产业让城市重新焕发活力。西区的土地功能结构变化为：22% 的公寓 +42% 的综合写字楼 +2% 的零售 +5% 文化餐饮 +23% 的贸易产业 +6% 的学校。这种看似“混搭”的开发模式，却形成了具备多元功能的活力新城。苏黎世西部工业区改造复兴项目堪称欧美发达国家城市旧工业地段更新改造的成功典范。该项目具有循序渐进的决策历程、层层深入的规划设计、灵活多样的旧建筑再利用方式，其科学、系统的论证与策划机制，城市建设规则的制定，城市生活复兴的策略，建筑保护与改造方法的多样性等方面都很值得借鉴。

3. 纽约高线公园——遗址改造的奇迹

由纽约高线公园看城市更新，不仅体现在对城市旧建筑的保护和更新改造上，还体现在对城市公共空间的文脉的保护。高线公园是一个位于曼哈顿中城西侧的线型空中花园。“高线”是一段三十英尺高的高架铁路，建于 1930 年，它原是一条连接肉类加工区和三十四街的哈德逊港口的铁路货运专用线。当时之所以采用高架形式是为了减轻地面交通压力，并于 1980 年功成身退。2003 年，开始改造工程。此后，高线公园进行了包括园艺、工程、安全、维修、公共艺术等全方位改造，并最终成为一块“漂浮在曼哈顿空中的绿毯”，让世界各地的人慕名前往。高线公园是回收再利用高架铁路建成的城市公园，建筑团队将保护与创新相结合，这个城市走廊为野生动植物提供了一个良好的栖息地，同时为公众带来别具风情的休闲场所。除了为纽约市增添了一个赋有人文情怀的开放空间外，高线公园也为周边商业发展带来利好，为文创艺术和商业区开发等领域带来投资。

4. 广州永庆坊——推进历史建筑保护和社区微改造

永庆坊位于广州市最美骑楼街——荔湾区恩宁路，是极具广州都市人文底蕴的西关旧址区域。按照“老城市，新活力”的总体要求，注入了新时代的城市生活形态，是广州市致力打造的、具有历史文化传承和当代都市生活融合的、中国新时期城市有机更新的标杆。永庆坊改造过程中，在保持原有建筑外形不变的要求下，对建筑立面进行更新、保护和整饰，甚至强化岭南建筑整体风貌特色，保留岭南建筑民居的空间肌理，让旧和新充分有机结合。保留和修复西关骑楼、西关名人建筑、荔枝湾涌、粤剧艺术博物馆、金声电影院等城市乡愁记忆符号，引进了包括创客坊、非遗文化展览、艺术作坊、餐饮休闲等业态，真正实现老城市文化名片和新活力都市生活的城市价值新组合。永庆坊代表了广州城市规划和建设的创新经验，是积极推进的“绣花”式微改造的标志。

5. 北京 798 艺术区——中国当代艺术重镇

798 艺术区所在地是七星华电集团名下的 798、718 等几个工厂的厂区，这里被称为“新中国电子工业的摇篮”，如今的 798 已成为北京的文化新地标。从 2002 年开始，一批艺术家和文化机构开始进驻这里，他们成规模地租用和改造空置厂房作为进行艺术创作的场地，798 工厂逐渐发展成为艺术中心、画廊、艺术家工作室、设计公司、餐饮酒吧等各种现代空间的聚合，形成了别具一格的“SOHO 式艺术聚落”和“LOFT 生活方式”。在一排排高大的厂房里，气势宏大、错落有致的机器设备，纵横交错的各式管道之间，一些自在和自为的景观默默地诞生和成长，在粗犷、杂乱中却依稀闪耀着实验性和先锋性，给旧厂房带来新的活力。园区商业收入主要来源于特色餐馆、酒吧、咖啡厅、创意家居、服饰店以及与艺术相关的书店等，不仅丰富了园区的配套，增添了园区的活力，更为园区带来了丰厚的租金回报。

6. 成都太古里——最有趣味的城市更新

成都太古里是众多老街二次开发项目中，对旧遗址的保留和二次利用最具城市特色的项目。改造之精髓在于充分体现商业与文化的共融，创造一种新的体验式生活空间，特别受到年轻人的喜爱。太古里最大的亮点在于一次实现文化遗产、创意时尚都市生活和可持续发展的结合。项目与都市环境和文化遗产紧密结合，不仅是购物中心，更是一个主打川西风格的文创街区。4 个户外广场、5 个历史建筑，最大程度保留了地域原貌，在规划上保留了旧有的街巷脉络和历史建筑，同时为消费者提供足够的活动场所。太古里为年轻人打造了多重场景，不仅仅是潮牌零售和西南首店，还有各种社交约会的空间和多元的逛街区域。这决定了“环太古里”的街区状态：“年轻”成为这里最大的特征。几十上百家的各类新兴业态，组合出无数种消费路径，并且充满着变化和刺激，甚至是“穿越”到某个黄金年代，让人每一次到来，都拥有全然不同的消费体验。

7. 上海新天地——从石库门旧居到商业新地标

20 世纪 90 年代，太平桥地区还是一片陈旧简陋的老式石库门，改造前由于长期超负荷使用，居住条件十分恶劣。香港瑞安通过现代化的设计规划对其进行更新改造之后，这一片区从人口密集的石库门聚居区，建成集“生活、休闲、工作、娱乐”于一体的城市核心复合功能区。新天地分为南里和北里两个部分，南里以现代建筑为主，石库门旧建筑为辅，北部地块以保留石库门旧建筑为主。这样的互补和结合使得这个区域价值不断增加。南里建成了一座总楼面面积达 2.5 万平方米的购物、娱乐、休闲中心，于 2002 年中正式开幕，这座充满现代感的玻璃幕墙建筑物，进驻了各有特色的商户，除了来自世界各地的餐饮场所外，更包括了年轻人最爱的时装专卖店、时尚饰品店、美食广场、电影院等。北里由多幢石库门上海新天地老房子所组成，并结合了现代化的建筑、装潢和设备，化身成多家高级消费场所及餐厅。

从上述更新范例可以看到，不论是旧城改造、工业区转型还是文化遗产保护性开发，都不再拘泥于物质空间层面上的美化、重建，而是与城市的总体定位和产业转型升级联结起来，进一步延伸城市功能更新，挖掘出城市的历史价值，提升城市的文化内涵，延长城市产业链条。

三、英法日三国城市更新经验

1. 英国城市更新

伴随着城市人口规模的扩大和失业率显著上升，城市贫困现象急剧涌现，贫民窟大量存在。20 世纪 30 年代，英国开启清除贫民窟计划，真正意义的城市更新开始。随着城市人口规模的持续增多，“大城市病”较早涌现，1946 年开始推行新城建设计划，将建立卫星城作为城市更新的主要手段。二战后，英国开始了郊区化过程，英国城市出现了严重的衰退，20 世纪 60 年代末转向住宅整修和改善以及中心区商贸区的复兴。前 40 多年英国城市更新多采取“自上而下”的方式，20 世纪 80 年代开始过渡到“自下而上”的“社区规划”方式，让公众广泛参与到城市更新过程中。

建立财政补贴制度。财政补贴是英国政府推行城市更新的重要举措，从 20 世纪 30 年代格林伍德法实施的按人口安置补贴的制度开始，至今已有 80 多年的历史。成立城市开发公司。1980 年，为解决内城衰退，实现内城复兴，英国成立了城市开发公司，一个开发公司对应着一个特定的城市区域，担负着吸引私人投资、改造内城地区、实现内城复兴的重任。在更新的过程中注重文物保护，英国在城市更新的过程中采用整旧如旧的方法，把对历史建筑物的破坏程度降到最低。同时，配合这些建筑物的风格、特色，建造与其相适应的配套建筑，使其自然和谐地融入周围环境中。

2. 法国城市更新

巴黎城的第一次大变身是在拿破仑三世时代，通过拆除旧建筑改造巴黎，拓宽道路，兴建多条林荫大道，林荫路两侧的建筑采用统一高度、相似的风格；铺设完善的下水道系统，并在横穿巴黎的塞纳河上建筑多座桥梁，基本奠定了今天的城市格局。到了 20 世纪 60 年代，巴黎开始了第二次改造，通过建设新城区，将工业、金融业等行业迁出中心区域，并修建配套工程、高等级公路、地铁，将巴黎市与巴黎大区联系起来。2008 年，法国政府推出“大巴黎计划”，目的是解决交通、生态环境和社会融合等问题。

注重法律政策在城市更新中的指导性作用。1958 年法国颁布法令，提出了优先城市化地区（ZUP）和修建性城市规划制度。1967 年《土地指导法》的颁布，成为法国国家政府尝试与地方集体合作的转折点。2000 年颁布《社会团结与城市更新法》（SRU）标志着法国城市规划法建设步入了一个新阶段。在对旧城区的活化和再利用中，法国十分注重保护性更新。特别是对于历史文化悠久的城市，在保护好历史文化遗产的基础上，对建筑物进行维修，改造现有城市街区。公共部门在保障城市更新资金上发挥重要作用，为了保障城市更新的资金来源，法国公共部门完全或者部分投资城市建设、基础设施、居住、活动场所或者公共空间，如巴黎市政府出资占51%的股份，与私营公司合资成立旧城改造的专业化投资公司。

3. 日本城市更新

为修复战争对大城市的毁灭性破坏，日本以政府为主导对102座城市实施了土地区划整理。随着新兴工业发展和科技水平提高，人口大幅涌入大城市，原有的城市工业厂房和商业用地已经难以适应经济发展需要，20世纪60年代开始发展新城，在东京湾区发展临海新城，形成一个拥有3000万人口的都市圈。1977年，面对突出的城市问题，为限制东京的无序扩张，日本政府推行绿带计划。80年代开始更新利用地下深层空间设施。

团地再生——现代化社区复兴再造。团地是日本二战后经济高速发展的产物，20世纪80年代开始，团地社区中老龄化、商业凋谢、基础设施老化问题凸显，团地更新计划正式启动。团地再生更多围绕社区生活中心的再造、生活相关设施的提供，以及交通和景观环境的改善等内容开展。民间复合开发——多方联合的PPP架构。20世纪80年代，日本推行“都市再开发政策”，允许私有部门参与日本都市中心区的规划和开发，并于1988年将此政策写入更新法。自此，民间多方联合的城市更新开始大规模盛行。日本的私有产权制度与政府对大规模再开发的政策诱导，共同促成东京各区与私人资本联手打造新都市。自发社区更新——自下而上的良性改造。日本城市发展的整个过程，贯穿着“自下而上”的力量。最早出现是在20世纪70年代，由于日本经济飞速增长带来的城市病等负面影响开始显现，以“自治会”为代表的市民自发组织开始进行反对运动，这种运动最后逐渐向改善社区环境、振兴城市经济和历史文化保护方向发展。随着日本政策体系不断完善，城市规划权力不断下沉，出现了所谓的“地区规划”。日本针对郊区住宅地区和市中心商业区，积极推进“地域管理”事业，“地域管理”的组织主要依靠居民委员会、NPO组织、城市规划组织和各类协会团体，政府发挥协助支持的作用[①]。

① 李爱民、袁浚：“国外城市更新实践及启示”，《中国经贸导刊》2018年27期。

四、城市更新的融资模式

根据住房和城乡建设部2019年的统计，全国共有老旧小区近16万个，涉及居民超4200万户，建筑面积约40亿平方米。按照目前每平方米投入1000元的标准计算，老旧小区改造投资总额可达4万亿元。城市更新仍将成为未来城市发展的新增长点。但是，与传统开发模式不同，城市更新强调的是小规模、渐进式有机更新、微改造，政府主导的公益属性明显增强，对市场主体的吸引力下降，政府投融资的压力增加，一方面，要通过城市环境改善，吸引人口、产业聚集，带来更多税收，以弥补投资成本；另一方面，则要探索更加有效的投融资模式。

1. 发行城市更新专项债券

项目以政府为主导，政府配套部分资金，其余缺口资金发行专项债。这种项目通常要求项目自身收益良好，能够覆盖债券本息，实现资金自平衡。以2020年粤港澳大湾区城镇老旧小区改造专项债券（一期）越秀区城市更新改造补短板项目为例，建设内容包括片区品质提升工程，包含二沙岛人行道升级改造工程，土地整理，李白巷2号非遗及文创中心建设工程，华乐街辖内片区品质提升，黄花岗科技园（创新区）环境提升工程，越秀区智慧政务服务“新基建”建设工程等。项目发行专项债券4.7亿元。收入来源为土地出让收入、广告牌收入与公园收入（各公园场地及租金收入、游乐及其他经营收入）。

2. 授权地方国企进行投融资

由地方政府授权给地方国企作为城市更新的投资建设运营服务主体。项目的收入可能来源于项目收益、使用者付费、专项资金补贴等方面。以南京市石榴新村城市更新项目为例，小区多为3层小楼，包括部分依楼而建的“毛坯子”住户，房屋年代久，居住拥挤，设施落后，存在安全隐患。南京市秦淮区政府授权南京秦淮城市更新建设发展有限公司为项目投融资建设主体，项目收益来源包括居民自筹的改造经费，更新项目增加部分面积销售及开发收益，按规定可使用的住宅专项维修资金，相关部门争取到的国家及省老旧小区改造、棚改等专项资金，市、区财政安排的城市更新改造资金等，公司自筹资金解决项目资本金，通过银行贷款解决其他资金来源。

3.“投资人 +EPC”模式

城市更新的“投资人 +EPC”模式是在地方政府的授权下，由地方国企作为城市更新项目的业主方，通过对外公开招投标确定合作方，由地方国企与合作方按照约定股权比例成立项目公司，由地方国资与项目公司签订开发投资协议，以项目公司作为城市更新项目的投融资建设管理实施方。投资项目的资本金来源于股东出资，项目其他资金通过市场化融资获得。“投资人 +EPC”模式多用于综合性开发或者片区开发等大型项目中。未来项目公司的收益由两个部分构成，一部分是地方国资部门按照投资建设协议支付投资收益（一般是成本加成），另外一部分是地方政府的相关部门按照项目公司通过产业招商、运营等方面带来的财政收入增量的部分比例作为补贴资金支付给项目公司[①]。

4. 产业基金

城市更新产业基金是指通过公司制、契约制或有限合伙制基金，以股权融资、债权融资、夹层融资等多种模式，投资于拆迁安置、土地整治、复建工程、商品房建设等全周期城市更新领域的融资产品。产业基金参与城市更新有利于吸引社会资本参与，存续期可满足城市的中长期建设，实现财政资金“四两拨千斤”的撬动作用。城市更新资金通过产业基金由“补”改“投”，由一次性投入向循环使用转变，更好激活城市更新资金活力。在纯债权模式中，项目公司资本金由城市更新合作企业自筹解决，银行理财资金或其他社会资本通过基金以委托贷款、信托贷款等债权形式向合作企业集团客户或项目公司投资。在纯股权模式下，采用优先劣后的结构化设计，优先级资金通过对融资主体进行受让股权、增资扩股、资本公积注入等形式发放融资，融资到期由股权溢价回购及收益差额补足的方式退出。特殊情况也可以

---

① 海南省绿色金融研究院：“城市更新投融资系列一：背景、典型模式和案例”，澎湃新闻 · 澎湃号 · 政务 2021 年 4 月 22 日。

不采用结构化设计，但应确保项目自有资金投入符合国家关于固定资产投资的相关规定。

5.PPP 模式

城市有机更新是使老城区焕发新生机的有效手段，它并非单纯的“造城”运动或商业开发活动，而是在融入对产业需求的理解和人文关怀的基础上实现城市可持续发展的创造性活动。以 PPP 模式为手段，有利于在城市更新项目中建立政企长效合作机制，发挥各自资源及能力优势，相互配合解决项目实施过程中遇到的一系列难题。很多大城市在老旧小区改造、社会养老、垃圾处理、街区更新、城市公共空间“地标”打造等领域进行了 PPP 模式探索。以南京市鼓楼区铁北片区城中村改造更新及产业发展项目为例，项目总投资 182.7 亿元，合作模式：采用建设—运营—移交（BOT）的方式实施。项目回报机制：采用可行性缺口补助 + 使用者付费的回报机制。项目合作期：共 20 年，其中建设期 6 年。资金来源：项目资本金比例为项目总投资的 20%，资本金以外部分，拟以自有资金或债务融资方式筹集，占项目总投资额的 80%。

第五节　乡村振兴投融资

一、农村投资的历史特征

农村投资增长相对滞后。1990 ～ 2017 年，我国农户投资年均增长 9.2%，非农户投资年均增长 20.3%，农村投资年均增长 15.7%。农户投资增速低于全社会投资 10.2 个百分点，非农户投资增速略高于全社会投资，而农村投资增速则低于全社会投资 4.4 个百分点。在农村投资中，农户投资明显滞后，投资增长的主力是非农户投资（见图 4-6、图 4-7）。

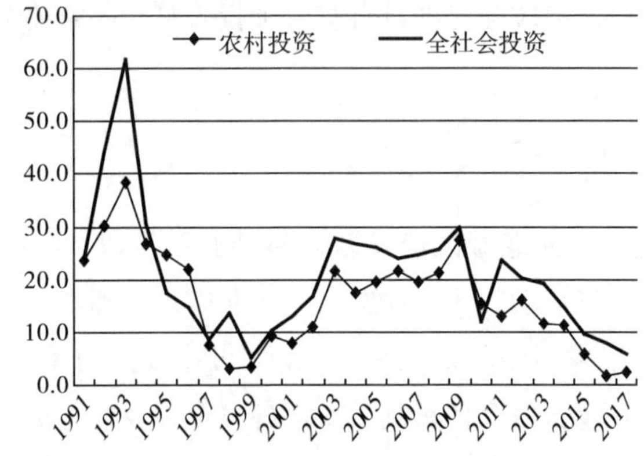

图 4-6 农村投资和全社会投资增长率（%）

资料来源：历年《中国固定资产投资统计年鉴》。

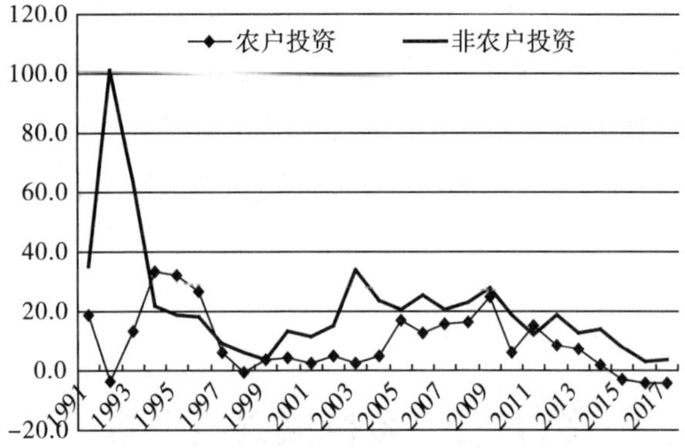

图 4-7 农户投资和非农户投资增长率（%）

资料来源：历年《中国固定资产投资统计年鉴》。

农村投资比例较低且趋于下降。由于农村投资增长长期滞后于全社会投资，因此，农村投资占全社会投资的比例趋于下降，由 1990 年的 27.5% 下降到 2017 年的 9.9%，下降了 17.6 个百分点，年均比例只有 17.5%。统计数据反映出一个基本的现实，即最近 20 多年以来，在农村范围内的投资平均不足全社会投资的 1/5，4/5 以上的投资投到了农村以外[①]，尤其是城镇地区。而且，农村投资的比例基本上是逐年下降的（见图 4-8）。

① 农村以外投资不只包括城镇投资，还有连接城乡之间的投资，例如跨区域的交通、电力、通信等基础设施投资。

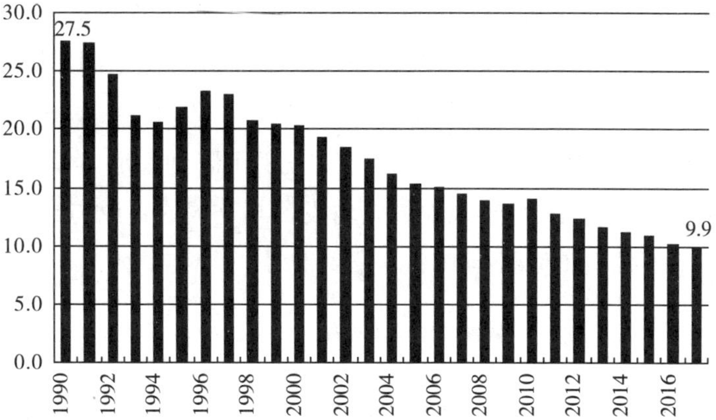

图 4-8　1990 ～ 2017 年农村投资占全社会投资的比例（%）

资料来源：历年《中国固定资产投资统计年鉴》。

城镇化挤出农村投资。农村投资占全社会投资比例变化与城镇化率变化呈现显著负相关性，1990 ～ 2017 年，相关系数高达 –0.97。这说明我国农村投资比例下降与城镇化率不断提高密切联系，也就是说农村人口向城镇转移及其城镇的快速发展，导致农村投资相对地位下降，对农村投资产生直接的排挤效应（见图 4–9）。

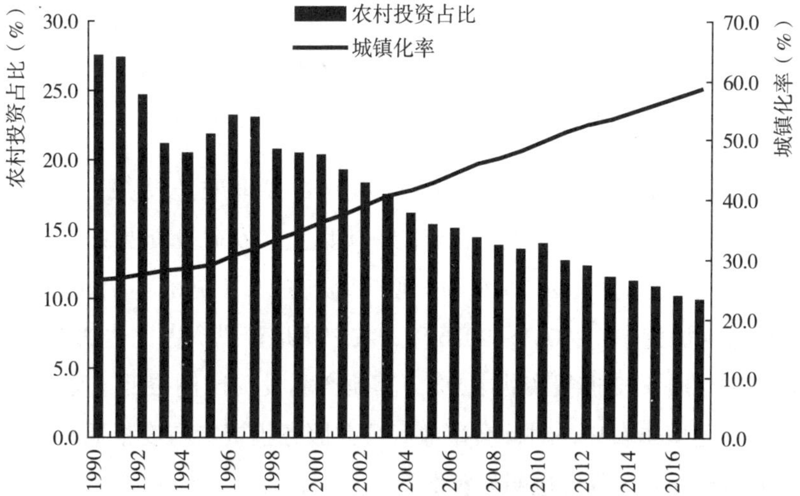

图 4-9　农村投资占比和城镇化率（%）

资料来源：历年《中国固定资产投资统计年鉴》《中国统计年鉴 2020 年》。

农村人均投资水平较低。1990～2017年，农村人均投资由148元增加到11046元，年均增长17.3%，保持上升势头。但是，与全国平均水平相比，或者说与城镇相比，农村人均投资水平一直较低。1990年，农村人均投资只有全国人均投资的37%，到2017年，这一比例下降到不足1/4，而且下降趋势较为明显，表明近20多年来农村人均投资与全国或者说与城镇人均投资水平的差距不断拉大（见图4–10）。

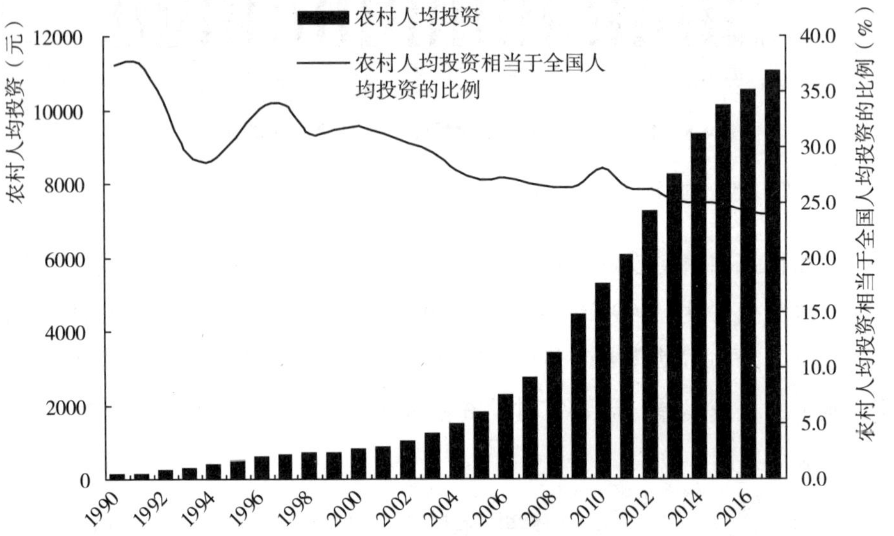

图4-10 农村人均投资和农村人均投资相当于全国人均投资的比例

资料来源：历年《中国固定资产投资统计年鉴》，《中国统计年鉴2020年》。

农村投资产业分布不均衡。2006～2010年，非农户投资主要集中在制造业，制造业投资占全部非农户投资的一半以上，农业投资占7.7%，公用事业投资占7%，交通投资占5.1%，房地产投资占5%（见图4–11）；农户投资的产业分布更加集中，2006～2016年，农户房地产投资占比达到60%以上，农业投资占20%，交通投资占5.5%，其他产业投资比例很低（见图4–12）。无论是农户还是非农户，对社会事业等公共服务投资参与度很低，对交通等基础设施的投资参与程度也明显较低。

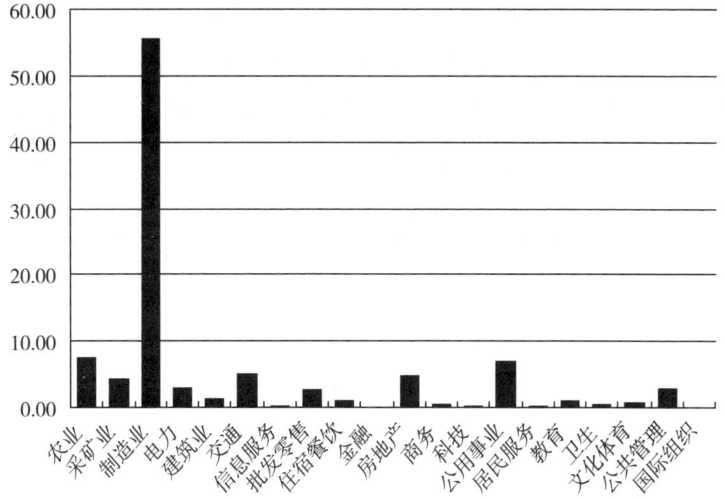

图 4-11 2006-2010 年非农户的产业投资结构（%）

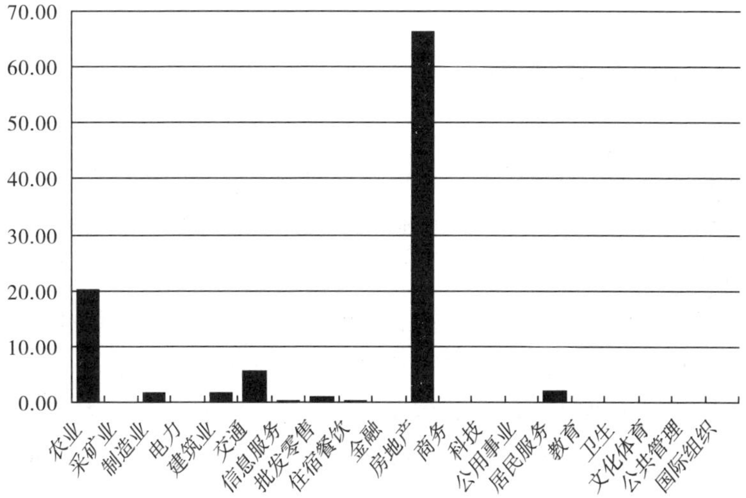

图 4-12 2006-2016 年农户的产业投资结构（%）

注：非农户是 2006 ～ 2010 年数据，农户是 2006 ～ 2016 年数据。
资料来源：历年《中国固定资产投资统计年鉴》。

农村投资高度依赖自筹资金。在非农户投资资金来源中，自筹资金比例高达 80% 以上，比全社会投资中自筹比例高 15 个百分点。国家预算内资金比例、国内贷款、利用外资和其他资金比例均未超过 7%，其中，贷款比例比全社会投资中贷款比例低近8个百分点，其他资金比例低一半；农户投资更是以自筹为主，自筹资金比例达到90%以上，农户没有从国家财政和利用外资渠道获得资金支持，贷款和其他资金比例均在5%以下。可以，农村投资资金来源渠道非常狭窄（见表4-14）。

表 4-14　　农村投资资金来源结构（%）

	非农户	农户
合计	100	100
国家预算内	3.56	0
国内贷款	5.24	3.74
利用外资	3.24	0
自筹资金	81.35	92.16
其他资金	6.70	4.10

注：非农户是2006～2010年数据，农户是2006～2016年数据。

资料来源：历年《中国固定资产投资统计年鉴》。

二、乡村振兴的投资需求

随着城镇化的不断推进，在城镇化发展相对成熟的地区，出现了人口的居住、消费以及投资从城市向郊区和农村地区扩展的现象。农业和农村的经济结构调整拓展出新的投资空间，在都市圈地区和城镇化发展较快地区，消费和投资向乡村转移进程带动了农业和农村经济的发展。交通和网络基础设施的改善则极大方便了城乡之间要素的流动，促进了资本下乡。农村生态环境的改善和生态产品价值的不断涌现，也为城市资本向农村流动创造了新的条件。这里所说的资本下乡投资，是指各级政府的农村基础设施投资以及城市工商资本对生产制造、贸易流通、休闲旅游等行业的投资，也就是农村投资中的非农户投资，而不包括农户自己的投入①。

充分利用城镇化发展和逆城镇化趋势，激发城市工商资本投资农村的热情，支持乡村振兴战略实施，改善乡村基础设施和公共服务，振兴乡村产业经济，提升乡村供给水平，实现乡村空间再造和再利用，现阶段已经处于最

① 因为目前农户投资只占农村投资的不足15%，且农户投资70%投入住房，其他投资很少，所以农户不是乡村振兴的投资主力。

有利的时机。2018 年 6 月，农业农村部办公厅印发了《关于做好乡村振兴投资需求摸底工作的通知》，全面摸底本地区乡村振兴投资需求。初步测算，要落实乡村振兴战略规划（2018 ～ 2022 年）的重点任务，大约需要投资 7 万亿元左右。乡村振兴战略是 2017 年 10 月党的十九大报告中提出的，2018 年，全国农村非农户投资增长了 14%，高于上年 10 个百分点。2018 年以后，全国投资持续下行，以 2018 ～ 2022 年、2023 ～ 2025 年乡村振兴投资分别年均增长 12%、10% 计算，“十四五”时期全国乡村振兴投资合计近 10 万亿元，平均每年投资 2 万亿元。

三、乡村振兴投资重点及策略

党的十九大报告中首次提出实施乡村振兴战略，2018 年 2 月，《中共中央、国务院关于实施乡村振兴战略的意见》，要求到 2020 年乡村振兴取得重要进展，制度框架和政策体系基本形成。2018 年 9 月，中共中央、国务院印发《乡村振兴战略规划（2018 ～ 2022 年）》，提出了产业兴旺、生态宜居、乡风文明、治理有效、生活富裕的总要求，对实施乡村振兴战略做出阶段性谋划。

1. 乡村振兴的投资重点

（1）乡村产业发展

2019 年，国务院印发的《关于促进乡村产业振兴的指导意见》指出，产业兴旺是乡村振兴的重要基础，是解决农村一切问题的前提。近年来，我国农村创新创业环境不断改善，新产业新业态大量涌现，乡村产业发展取得了积极成效，但也存在产业门类不全、产业链条较短、要素活力不足和质量效益不高等问题，亟须加强引导和扶持。《意见》提出，要围绕农村一二三产业融合发展，与脱贫攻坚有效衔接，与城镇化联动推进，充分挖掘乡村多种功能和价值，聚焦重点产业，聚集资源要素，强化创新引领，突出集群成链，延长产业链、提升价值链，培育发展新动能，加快构建现代农业产业体系、生产体系和经营体系，未来要发展规模化、标准化、品牌化种养业，大力发展设施农业，延伸拓展产业链，增加绿色优质产品供给。大力发展青贮玉米、高产优质苜蓿等饲草料生产，发展草食畜牧业。扩大生猪产能，加大生猪深加工投资；稳步推进禽肉、牛羊肉等产业发展，增加肉类市场总体供应。建设优质奶源基地，升级改造中小奶牛养殖场。加快现代种业自主创新能力提升，加强种质资源保存与利用、育种创新、品种检测测试与展示示范、良种繁育等能力建设，建立现代种业体系。发展“一村一品”“一县一业”乡土特色产业，建设标准化生产基地、集约化加工基地、仓储物流基地，形成特色农业产业集群。因地制宜发展具有民族、文化与地域特色的乡村手工业，发展一批家庭工厂、手工作坊、乡村车间。发展休闲农业、乡村旅游、餐饮民宿、创意农业、农耕体验、康养基地等产业，充分发掘农业农村生态、文化等各类资源优势，打造一批设施完备、功能多样、服务规范的乡村休闲旅游目的地。

（2）生态循环农业

生态循环农业是将种植业、畜牧业、渔业等与加工业有机联系的综合经营方式，利用物种多样化微生物科技的核心技术在农林牧副渔多模块间形成整体生态链的良性循环，力求解决环境污染问题，优化产业结构，节约农业资源，提高产出效果，打造新型的多层次循环农业生态系统。生态循环农业有三种发展模式：物质再利用模式，这种模式是指通过农业废弃物多级循环利用，将上一产业的废弃物或副产品作为下一产业的原材料。生态产业园模式，是以农业资源为基础，以文化为灵魂，以创意为手段，以产业融合为途径，通过农业与文化的融合、产品与艺术的结合、生产与生活的结合，拓展农业功能。废弃物再利用模式，即通过农业废弃物多级循环利用，将上一产业的废弃物或副产品作为下一产业的原材料，如沼气、畜粪等的利用。

未来要促进畜禽养殖废弃物资源化利用，对养殖粪便通过沼气处理或氧化塘处理，处理后的肥水浇灌农田，实现资源化利用和粪便污水“零排放”。采用污水深度处理技术，通过高效厌氧和好氧相结合的工艺，提高养殖污水处理效果，实现达标排放。实现农副资源综合开发，推动标准化清洁化生产，围绕节水、节肥、节药，提高使用效率，进一步完善基础设施条件，推广水肥一体化、病虫害统防统治等技术，推进标准化生产。建设田间化学投入品废弃物收集池，定点收集废旧地膜、农药和肥料包装物等，定期回收和资源化利用，解决废弃物污染问题。在水网稻田、冬闲田资源丰富的优势区域，开展稻渔生态种养基地建设。

（3）农业农村基础设施建设

相关统计数据显示，“十三五”时期，全国新建改建了农村公路127.5万公里，99.2%的乡镇和98.3%的建制村通上了沥青路、水泥路，解决了2.5亿多农村人口饮水安全问题，90%以上的村通了宽带互联网。农业基础设施建设明显改善，物质技术装备条件加快提升。完成8亿亩旱涝保收、高产稳产的高标准农田建设任务，农业抗灾减灾能力显著增强。农业机械物质装备水平加快提升，农业机械化正在从耕种收环节向植保、秸秆处理、烘干等全程延伸拓展。畜禽圈舍、自动饲喂、疫病防控等设施设备加快建设。尽管如此，农村基础设施供给数量偏少、质量不高，不平衡不充分的矛盾仍较为突出，农村基础设施管护机制不健全，工程长期效益尚未得到很好发挥，部分农田缺乏有效灌溉设施，农业机械化总体水平有待提升，农产品物流设施相对落后。

未来要重点完善制约农业规模化经营的灌溉设施等，完善农村水利基础设施网络，为农业高质量发展和实现产业兴旺夯实基础；推动城市公共交通线路向农村延伸；加快新一轮农村电网升级改造，完善农村能源基础设施网络，满足农村能源消费升级需要。要围绕现代种业、数字农业农村、动植物疫病防控、重大科学基础设施等方面，加大投入力度，强化现代农业设施装备支撑。推进高标准农田建设、农田水利建设，参与实施区域化整体建设，推进田水林路电综合配套，同步发展高效节水灌溉。构建农村物流设施骨干网络，加快实现农村物流配送网点全覆盖。

（4）数字乡村建设

数字乡村是伴随网络化、信息化和数字化在农业农村经济社会发展中的应用，以及农民现代信息技能的提高而内生的农业农村现代化发展和转型进程，既是乡村振兴的战略方向，也是建设数字中国的重要内容。2019年5月，中共中央办公厅、国务院办公厅印发了《数字乡村发展战略纲要》，提出到2025年，数字乡村建设取得重要进展。乡村4G深化普及、5G创新应用，城乡“数字鸿沟”明显缩小。初步建成一批兼具创业孵化、技术创新、技能培训等功能于一体的新农民新技术创业创新中心，培育形成一批叫得响、质量优、特色显的农村电商产品品牌，基本形成乡村智慧物流配送体系。乡村网络文化繁荣发展，乡村数字治理体系日趋完善。

未来要大幅提升乡村网络设施水平，加快农村宽带通信网、移动互联网、数字电视网和下一代互联网发展。鼓励开发适应“三农”特点的信息终端、技术产品、移动互联网应用（APP）软件。建设农业农村遥感卫星等天基设施，大力推进北斗卫星导航系统、高分辨率对地观测系统在农业生产中的应用。推进农业农村大数据中心和重要农产品全产业链大数据建设，推动农业农村基础数据整合共享。加快推广云计算、大数据、物联网、人工智能在农业生产经营管理中的运用，促进新一代信息技术与种植业、种业、畜牧业、渔业、农产品加工业全面深度融合应用。实施“互联网+”农产品出村进城工程，加强农产品加工、包装、冷链、仓储等设施建设。深化乡村邮政和快递网点普及，加快建成一批智慧物流配送中心。

（5）农村人居环境整治

改善农村人居环境，建设美丽宜居乡村，是实施乡村振兴战略的一项重要任务，事关全面建成小康社会，事关广大农民根本福祉，事关农村社会文明和谐。近年来，各地区各部门认真贯彻党中央、国务院决策部署，把改善农村人居环境作为社会主义新农村建设的重要内容，大力推进农村基础设施建设和城乡基本公共服务均等化，农村人居环境建设取得显著成效。同时，我国农村人居环境状况很不平衡，脏乱差问题在一些地区还比较突出，与全面建成小康社会要求和农民群众期盼还有较大差距，仍然是经济社会发展的突出短板。

未来要统筹考虑生活垃圾和农业生产废弃物利用、处理，建立健全符合农村实际、方式多样的生活垃圾收运处置体系。有条件的地区要推行适合农村特点的垃圾就地分类和资源化利用方式。合理选择改厕模式，推进厕所革命。引导农村新建住房配套建设无害化卫生厕所，人口规模较大村庄配套建设公共厕所。加强改厕与农村生活污水治理的有效衔接。鼓励各地结合实际，将厕所粪污、畜禽养殖废弃物一并处理并资源化利用。根据农村不同区位条件、村庄人口聚集程度、污水产生规模，因地制宜采用污染治理与资源利用相结合、工程措施与生态措施相结合、集中与分散相结合的建设模式和处理工艺。大力提升农村建筑风貌，突出乡土特色和地域民族特点。加大传统村落民居和历史文化名村名镇保护力度，弘扬传统农耕文化，提升田园风光品质。

2. 投融资策略

国家大力实施乡村振兴战略，给投资者带来了进入乡村获得收益的机会。农村土地、生态、文化资源与城市资金、技术、人才资源有机结合，可以更好激发农村发展活力，为乡村振兴注入新动能。但与此同时，土地制度的制约、要素流动的障碍以及收益的长期性特征，也影响了乡村振兴投融资更快发展。因此，要完善政府投资体制，充分激发社会投资的动力和活力，加快形成财政优先保障、社会积极参与的多元投入格局。

①继续坚持财政优先保障。明确和强化各级政府"三农"投入责任，公共财政更大力度向"三农"倾斜，确保财政投入与乡村振兴目标任务相适应。鼓励地方政府试点发行项目融资和收益自平衡的专项债券，支持符合条件、有一定收益的乡村基础性建设项目。加大政府投资对农业绿色生产、可持续发展、农村人居环境、基本公共服务等重点领域和薄弱环节支持力度。充分发挥规划的引领作用，推进行业内资金整合与行业间资金统筹相互衔接配合，加快建立涉农资金统筹整合长效机制。

②完善全产业链开发模式。支持农业产业化龙头企业联合家庭农场、农民合作社等新型经营主体、小农户，加快全产业链开发和一体化经营，开展规模化种养，发展加工和流通，开创品牌、注重营销，推进产业链生产、加工、销售各环节有机衔接，推进种养业与农产品加工、流通和服务业等渗透交叉，强化农村一二三产业融合发展。支持龙头企业下乡进村建总部、建分支机构、建生产加工基地，发挥农业产业化龙头企业的示范带动作用。

③探索区域整体开发模式。支持有实力的社会资本在符合法律法规和相关规划、尊重农民意愿的前提下，因地制宜探索区域整体开发模式，统筹农业农村基础设施建设与公共服务、高标准农田建设、集中连片水产健康养殖示范建设、产业融合发展等进行整体化投资，建立完善合理的利益分配机制，为当地农业农村发展提供区域性、系统性解决方案，促进农业提质增效，带动农村人居环境显著改善、农民收入持续提升，实现社会资本与农户互惠共赢。

④完善用地保障政策。在安排土地利用年度计划时，加大对乡村产业发展用地的倾斜支持力度。探索针对乡村产业的省市县联动“点供”用地。有序开展县域乡村闲置集体建设用地、闲置宅基地、村庄空闲地、厂矿废弃地、道路改线废弃地、农业生产与村庄建设复合用地及“四荒地”等土地综合整治，盘活建设用地重点用于乡村新产业新业态和返乡入乡创新创业。

⑤建立紧密合作的利益共赢机制。鼓励农民以土地经营权、水域滩涂、劳动、技术等入股，农村集体经济组织通过股份合作、租赁等形式，参与村庄基础设施建设、农村人居环境整治和产业融合发展。采用“农民 + 合作社 + 龙头企业”“土地流转 + 优先雇用 + 社会保障”“农民入股 + 保底收益 + 按股分红”等利益联结方式，建立稳定合作关系、形成稳定利益共同体，做大做强新型农业经营主体，提升小农户生产经营能力和组织化程度，让农民更多分享产业链增值收益。

关键概念

城镇化　城镇投资　城市群　都市圈　市政设施　乡村振兴　城市更新

复习与思考题

1. 新型城镇化的特征是什么？
2. 我国城镇基础设施投融资存在的问题有哪些？
3. 我国城镇化新发展阶段的主要特征是什么？
4. 城市更新融资模式有哪几类？

第五章

基础设施投融资

基础设施投资是投资的重要组成部分，基础设施投资的短期需求拉动作用和长期供给保障作用，是经济增长的重要动力。在经济下行时期，基础设施的投资与建设是刺激经济复苏的有价值的政策工具。在我国，大部分基础设施投融资活动并不是也不可能由地方政府自己完成，地方政府融资平台在其中发挥着核心的作用。无论是现在还是将来，土地财政都将是基础设施的重要融资模式，但是，土地财政也暴露出潜在的风险，基础设施融资模式需要不断调整与优化，探索一条可持续的土地生财道路。

第一节　基础设施的内涵与特征

一、基础设施定义

基础设施最早作为工程术语而被收录到词典中，含义是“下面、底下”和“建筑、结构”。意为“建筑物、构筑物的底层结构、下部结构，或军事工程中的永久性基地。”[①]1943年，发展经济学先驱罗森斯坦·罗丹在《东欧和东南欧国家的工业化问题》中首次提到“基础设施”这一概念，认为一个社会在进行一般产业投资之前，应该具备基础设施方面的积累，基础设施是社会发展的先行资本。1982年，麦格劳—希尔图书公司在《经济百科全书》中将基础设施定义为：“对产出水平或生产效率有直接或间接提高作用的经济项目，主要内容包括交通运输系统、发电设施、通讯设施、金融设施、教育和卫生设施，以及一个组织有序的政府和政治体制。”该定义立足于服务社会发展，因此被人们称为“社会基础设施”，是基础设施的广义概念[②]。

① 杨庆育等:《基础设施建设投融资理论与创新》，重庆大学出版社2008年版，第1页。

② 杨凯越:《基础设施主要内涵、共性特征及政府职责》，中咨研究2019年5月14日。

世界银行的《1994年世界发展报告：为发展提供基础设施》一书提出了经济基础设施和社会基础设施两个概念，经济基础设施即永久性的工程建筑、机械设备、相关设施及其为经济性生产和有关家庭提供的服务，包括公用事业（电力、管道煤气、电信、供水、环境卫生设施和排污、固体废弃物的收集与处理），公共工程（大坝、浇灌渠、道路），以及其他交通设施（比如铁路、城市交通、港口及机场）。社会基础设施通常包括文教、医疗保健，所反映的是另一类问题，不作为基础设施研究的主要内容[①]。总体来讲，基础设施是为社会生产和生活提供先行性、基础性、普遍性服务的工程和设施，是经济社会赖以生存和发展的基本条件。伴随着新一轮技术革命和产业变革，基础设施外延又有所拓展，有别于上述传统基础设施，在我国又出现了新型基础设施的提法。

所谓新型基础设施是以新发展理念为引领，以技术创新为驱动，以信息网络为基础，面向高质量发展需要，提供数字转型、智能升级、融合创新等服务的基础设施体系。一是信息基础设施。主要是指基于新一代信息技术演化生成的基础设施，比如，以5G、物联网、工业互联网、卫星互联网为代表的通信网络基础设施，以人工智能、云计算、区块链等为代表的新技术基础设施，以数据中心、智能计算中心为代表的算力基础设施等。二是融合基础设施。主要是指深度应用互联网、大数据、人工智能等技术，支撑传统基础设施转型升级，进而形成的融合基础设施，比如，智能交通基础设施、智慧能源基础设施等。三是创新基础设施。主要是指支撑科学研究、技术开发、产品研制的具有公益属性的基础设施，比如，重大科技基础设施、科教基础设施、产业技术创新基础设施等[②]。

二、基础设施特性

基础性。基础设施所提供的公共服务是所有的商品与服务的生产所必不可少的，若缺少这些公共服务，其他商品与服务（主要指直接生产经营活

---

① 世界银行:《1994年世界发展报告：为发展提供基础设施》，中国财政经济出版社2005年版，第13页。

② "'新基建'怎么定义？发改委权威解释来了"，人民网2020年4月20日。

动）便难以生产或提供。基础设施提供公共服务的质量和效率，会影响其他相关行业发展的质量，并对其他部门的发展产生连锁反应。

超前性。基础设施在时间上都有很长的存续周期，使用寿命短的十几年，长的超过50年，国外有些100年以前建造的道路、大坝目前还在正常运行之中。因此，投资建设基础设施时，必须要有适当的超前意识，包括规模的超前性和建设时间上的超前性。

公益性。基础设施建设的目的是提供公共服务，外部性很明显，且这些外部效应大多未能计入基础设施产品和服务的收益中去，具有显著的公益性特征。基础设施建设及运营质量的好坏直接关系到人民生活和相关产业部门的正常运转，造成相当广泛的社会影响。

网络性。基础设施的一个基本技术经济特征就是通过网络传输系统，即通过管网（供水、天然气、排水）、线网（电信、电力）、路网（公路、铁路）、渠网（灌溉）以及站场（机场、港口、码头、车站）提供服务。在绝大多数情况下，这种网络传输系统具有很强的资产专用性，即只能用于传输某种服务，不能移作他用，只能服务于特定区域，不能转移到其他区域。

自然垄断性。一方面，基础设施行业具有较高的进入和退出壁垒。存在进入壁垒的主要原因在于基础设施项目投资规模大、回收周期长、资产专业化程度高、技术及管理运营经验要求高。另一方面，基础设施的规模经济性使得由一家或少数几家企业垄断性经营能使成本效率最大化，因此，基础设施领域各行业普遍存在自然垄断性特征。

效果长期性。与其他产业相比，基础设施产业投资巨大，使用期长，回收期长。基础设施要考虑社会公众的可接受性，往往实行低定价政策，项目建成运营后，通常需要多年才能达到现金流量平衡乃至损益平衡。规模巨大的总投资，其效果在短期内难以得到集中反映，其所带来的经济、社会、环境影响也要通过一段相当长的时期才能表现出来[①]。

① 杨凯越:《基础设施主要内涵、共性特征及政府职责》，中咨研究2019年5月14日。

三、基础设施对经济的影响

1. 促进需求增加

基础设施投资是全社会投资的重要组成部分，由基础设施投资带来的乘数效应，一直是推动经济增长的重要力量。在基础设施建设过程中会带来数倍于投资额的相关产品和服务需求的增加，可以对上下游产业链起到带动作用，拉动水泥、钢材、化工等建材产业，以及设备、电子等装备工业的发展。基础设施建设行业是一个周期长、用工人数多的劳动密集型行业，尤其是在解决就业方面发挥着巨大的作用。劳动力就业人数的增加，势必会提高劳动者的收入水平，收入提高就会间接地提升人们的生活质量，从而对消费产生刺激作用。

2. 降低交易成本

完善的基础设施可以畅通人流、物流、信息流，提高生产效率，降低交易成本。在现实市场交易中，由于交易双方对商品信息的掌握不尽相同，存在信息不对称，因此会产生交易成本。发达的基础设施能够促进产销对接、供求衔接，降低交易成本。例如，现代通讯设施的发展使得交易双方能够轻易、方便、快捷地获得交易信息，大幅度节约企业的对外交通和联络成本；互联网技术的快速发展，交易双方可以通过网络进行各种复杂的市场交易活动，与到现场交易相比，可以节省大量的费用。数字化基础设施的发展，可以促进城乡电子商务的发展，迅速解决工业品和农产品的销售困难，满足多元消费需求，进一步降低城乡物流成本。

3. 实现效率提升

一方面，基础设施具备的外部效应为人们有效获取技术和知识提供了更多的便利，促进技术和知识在区域创新系统中的充分流动，不仅有利于技术和知识的扩散与外溢，而且可为科技创新成果顺利转化为现实生产力提供基本保障，通过有效推动创新动能转换为经济高质量发展提供驱动力[1]。另一方面，完善的基础设施可以加快各种资源和要素的流动，优化区域内的生产结构和组织体系，增强区域的综合配套能力，提高区域中心城市的辐射带动作用，推动产业集群的形成和发展，促使区域内生产要素实现优质高效配置。

4. 缩小发展差距

布局合理、相对均衡的基础设施有利于缩小区域之间、城乡之间、不同层级城市之间的发展差距，促进统筹和协调发展。基础设施的完善有利于打破地区分割，消除各种阻碍地区间要素流动的因素，畅通区域经济循环，强化发达地区与欠发展地区的分工与合作，使欠发达地区快速融入全国大市场，融入国际大循环。基础设施的完善有利于强化中心城市的引领、示范和辐射带动作用，推动特大城市中心区功能和产业向中心城市和小城镇扩散，带动广大周边地区发展，形成城市群、都市圈的互联互通和协同发展的空间格局。基础设施的完善也有利于推动城镇基础设施向农村延伸，促进城乡在产业发展、公共服务、生态保护等方面的相互融合和共同发展，实现城乡融合和一体化发展，缩小城乡收入差距。

5. 实现经济稳定

在经济衰退期间，基础设施的投资与建设所花费的公共支出是刺激经济增长、熨平周期波动的重要政策工具。依靠劳动密集型方式发展基础设施，对于降低失业率、实现高就业的经济增长不失为一种重要的政策手段。长期以来，我国基础设施的大规模投资建设在应对亚洲金融危机和国际金融危机中发挥了重要的扩大内需作用，铁路、公路、机场、水利、市政设施的建设直接扩大了工程和建筑领域的就业，带动了水泥、钢材、机械、化工等行业生产的扩大，促进了旅游、商贸、物流等行业的繁荣，产生了显著的乘数效应，带动了民间资本的跟进，为顺利渡过危机、实现经济复苏创造了有利的条件。

---

① 潘雅茹、高红贵："基础设施投资的资源错配效应研究"，《改革》2019 年第 7 期。

6. 拓展开放空间

过去几十年，经济和贸易加速全球化不仅归功于自由贸易政策，而且也要归功于交通、通信技术和设施的明显进步，从而加快了人口流动和货物运输的速度，在更大程度上扩大了经济活动的世界范围，使得设计、生产和经营活动可以在世界上要素成本最低的地区实现，并实现产业链分工体系和集群化发展。基础设施的互联互通促进了人员、物资、信息等要素的跨国流动，促进了国际国内开放开发的进程，增强了各国统筹利用国内国际两种资源、两种市场的能力。例如，以中欧班列为代表的国际铁路联运通道建设为我国中西部地区打造内陆开放高地创造了条件，使这些地理上的内陆和偏远地区成为中国开放的前沿。

第二节　基础设施投资的成果及问题

一、我国基础设施投资情况

1982～2003年，在国有经济投资中，包括地质水利和交通通信在内的基础设施投资由111亿元增加到8195亿元，年均增长22.7%。其中，地质水利和交通通信投资分别增长27.6%和20.7%，分别高于全部投资增长11.2个和4.3个百分点。20多年间，基础设施投资占国有投资比例由13%上升到40%，上升了27个百分点。其中，地质水利投资比例由2.5%上升到17.5%，平均为3.8%；交通通信投资比例由10.6%上升到22.6%，平均为18.9%（见图5-1）。这一时期，由于有1997～1998年亚洲金融危机及其之后的实施积极财政政策，第一次大规模发行长期建设国债，1998～2001年，我国共发行长期建设国债5100亿元，共安排项目8600余项，投资总规模2.6万亿元，使得基础设施投资有了一个爆发式的增加。基础设施各部门投资增长均明显超前于投资增长，投资比例明显上升，投资强度较大。

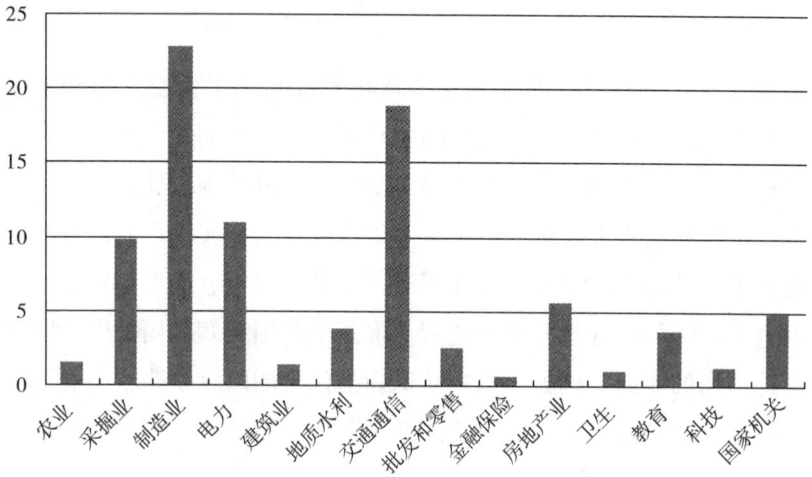

图 5-1　1982 ～ 2003 年各行业投资平均比例（以全部投资为 100）（%）

资料来源：国家统计局网站。

2003 ～ 2011 年，在全部固定资产投资中，基础设施投资年均增长 23.6%，落后于全部投资增速（26.6%），其中，交通投资增长 22.6%，水利、环境和市政设施投资增长 25%。这一时期，基础设施投资比例呈下降趋势，由 2003 年的 21.6% 下降到 2011 年的 17.3%。其中，交通投资比例由 12.4% 下降到 9.2%，水利、环境和市政设施投资比例由 9.2% 下降到 8.1%。前期高强度的投入和基数较大，使基础设施投资比例有所下降。

党的十八大以来，2012 ～ 2020 年，我国基础设施投资规模由 6 万亿元增加到 15.4 万亿元，年均增长 13.1%，高于同期固定资产投资平均增速 2.6 个百分点。2012 ～ 2017 年间，基础设施投资增速基本保持在 16% ～ 17%，但到 2018 年，增速断崖式下滑到 3.6%，2019 年，基础设施投资也只增长 3.8%，受疫情影响，2020 年增速下滑到 0.9%。在基础设施内部，交通运输投资由 30881 亿元增加到 66654 亿元，年均增长 10.5%；水利、环保、公共设施投资由 29618 亿元增加到 87448 亿元，年均增长 15.8%。交通运输和水利、环保、公共设施投资增长前期均相对平稳，而从 2018 年开始，增速出现明显下滑。2012 ～ 2020 年，交通投资增速由 11.2% 下降到 1.4%，水利、环保、公共设施投资增速由 20.8% 下降到 0.2%。

这一时期，在交通运输业内部，铁路运输投资增速先升后降，道路投资增长则由 2012 年的 8.6% 下降到 2020 年的 1.8%。在水利、环保、公共设施内部，水利投资增速由 28.5% 下降到 1.4%，生态环境投资 2013 年以后保持高增长，公共设施投资增速由 20.5% 下降到 -1.4%。可见，近年来，基础设施行业投资表现差异较大，铁路投资在 2010 年达到 7400 亿元的高点后，增长乏力。道路、水利、公共设施投资增速在 2018 年出现明显滑坡，只有生态环境投资近年出现高增长，与我国加大生态文明建设力度密切相关（见表 5-1）。

表 5-1　　基础设施各行业投资增长率（%）

	2011	2012	2013	2014	2015	2016	2017	2018	2019	2020
固定资产投资	24.0	20.7	19.4	15.0	10.0	8.1	7.2	5.9	5.4	2.9
交通运输	-0.4	11.2	17.6	18.1	14.2	9.5	14.8	3.9	3.4	1.4
铁路运输业	-20.5	3.6	9.2	14.8	0.6	0.2	-0.1	-5.1	-0.1	-2.2
道路运输业	31.0	8.6	17.4	19.6	16.7	15.1	23.1	8.2	9	1.8
水利、环境、公共设施	9.8	20.8	27.2	22.7	20.5	23.3	21.2	3.3	2.9	0.2
水利管理业	16.3	28.5	16.7	17.0	21.0	20.4	16.4	-4.9	1.4	4.5
环境管理业	4.0	-32.6	32.0	26.8	24.4	39.9	23.9	43.0	37.2	8.6
公共设施管理业	17.8	20.5	28.8	23.5	20.2	22.9	21.8	2.5	0.3	-1.4
基础设施	4.1	15.7	22.3	20.4	17.4	16.8	17.2	3.6	3.8	0.9

资料来源：《中国统计年鉴 2020 年》，国家统计局网站。

二、基础设施发展成果

交通建设突飞猛进，综合交通体系逐渐形成。铁路营业里程由 1978 年的 5.2 万公里增至 2020 年的 14.6 万公里，增加了 9.4 万公里。这些新增里程大部分是采用先进技术和设备的电气化铁路营业里程。高速铁路迎来了史无前例的大发展，2015 年底，我国高铁营运里程为 1.9 万公里，到 2020 年，达到 3.8 万公里，比“十二五”末增加一倍。从“四纵四横”到“八纵八横”，不断加密的高铁网，不仅让城市与城市、地区与地区之间的时空距离缩短，相关产业的发展也变得更加多样化。高速公路由 1988 年的 0.01 万公里增至 2019 年的 15 万公里。截至 2019 年底，定期航班国内通航城市 234 个，定期航班航线5521条，国内航线4568条，其中港澳台航线111条，国际航线953条。高效、便捷的铁路网、公路网、航空运输网、城际铁路网、航道网逐渐形成。

水利设施得到极大改善，增强了防灾减灾能力。2019年，我国共有水库98822座，水库总库容8983亿立方米，分别比1990年增加14725座和4323亿立方米；水土流失治理面积由1990年的5300万公顷增加到2019年的13732万公顷；堤防长度由22万公里增加到32万公里，堤防保护面积由3200万公顷增加到4190万公顷；建设灌区由5363处增加到7884处，灌区有效灌溉面积由2123.1万公顷增加到3350万公顷。南水北调工程东线、中线调水线路建设稳步推进，2013年11月15日，东线一期工程正式通水运行，2014年12月12日，中线一期工程正式通水运行。截至2020年4月，南水北调累计调水418亿立方米，直接受益人口达1.2亿人。

城市建设取得明显成果，城市面貌发生根本改变。城市供水能力增强。2019年，城市供水管道长度达到92万公里，是1990年的12.6倍。管道天然气广泛应用于居民生活、工业、商业、汽车等各个领域。2019年，天然气管道长度达到78.3万公里，是1990年的32.6倍。城市道路建设大幅增加。2019年，城市道路长度达到45.9万公里，是1990年的4.8倍。垃圾和污水处理水平明显提高。2012年，全国城市生活垃圾无害化处理量为1.45亿吨，2019年增加到了2.42亿吨。轨道交通在缓解城市拥堵、改善城市环境、促进低碳发展过程中发挥了重要作用。截至2020年底，全国共有44座城市开通轨道交通线路，合计总里程达7648公里。

支撑保障作用明显提升，空间溢出效应逐步显现。基础设施建设成为减贫和扶贫重要引擎，“十二五”以来十年间，国家累计安排以工代赈资金近580亿元，支持贫困地区农村建成了一大批农田水利、乡村道路、桥梁堤防等公益性基础设施，有效改善了贫困乡村生产生活条件。生态基础设施建设成为环境改善的强大推动力。在2000～2017年全球新增的绿化面积中，约1/4来自中国，主要来自于中国巨大的人工造林面积增加。2018年，中国单位GDP二氧化碳排放较2005年降低45.8%，提前完成2020年单位GDP二氧化碳排放降低40%～45%的目标。交通基础设施规模增加不仅有利于本地区经济增长，还带动周边地区经济增长，存在较为明显的空间溢出效应。

2019年底，长三角区域内高铁营业里程5095公里，保持全国前列，区域路网密度是全国平均水平的2.2倍。在高速铁路网络的影响和推动下，长三角城市群集群效应不断彰显，一体化水平明显提升。

三、基础设施发展水平的国际比较

1. 中国基础设施总量保持较高水平

在公路方面，2019年，中国公路里程为501万公里，仅低于美国的658.6万公里（2012年数据）；密度为52公里/百平方公里，低于世界均值76公里/百平方公里，在主要国家中仅高于巴西、俄罗斯；人均公路里程为3.39米，低于世界均值（7.74米），甚至低于印度（3.59米，2015年数据），较美国（21.02米,2012年数据）、法国（16.32米,2010年数据）有较大差距。

在铁路方面，中国的铁路总里程和人均水平也有较大发展空间。2019年，中国铁路总里程为13.9万公里，仅低于美国（22.8万公里），高于俄罗斯（8.5万公里）、印度（6.6万公里）；密度为14.5米/平方公里，低于世界均值22.3米/平方公里，在主要国家中仅高于俄罗斯（5.2米/平方公里）、巴西（3.6米/平方公里）；平均水平为90公里/百万人，仍然大幅低于世界均值（340公里/百万人），且低于主要发达国家和新兴市场国家。

在航空方面，2019年，中国的航空起飞架次为496万次，约为美国的50%左右，但高于其他国家。2019年，中国共有颁证运输机场238个，美国虽然有近两万个机场，但是大部分机场都不是用于商业运输的，规模也较小，用于商业运输的机场为555个。中国相当于拥有了美国机场数量的41%，与实际运输量水平相当。但人均年飞行次数仅为0.47次，仍低于世界平均值（0.56次）。

在港口方面，港口航运体现了中国作为制造业大国的特征。2019年，中国港口集装箱量为26107万标准箱，位居世界第一，大幅领先其他国家，是第二名美国水平（5142万标准箱）的5倍。从人均水平看，中国也处于与发达国家相似的水平，2017年为0.15标准箱/人，与日本（0.17标准箱/人）、美国（0.16标准箱/人）、英国（0.16标准箱/人）相近，但低于世界均值

（0.36 标准箱 / 人）。

在用电方面，中国的人均水平仍然较低，与人均 GDP 水平相适应。2019 年，中国人均用电量为 5177 千瓦时，美国为 11858 千瓦时，中国不足美国 1/2。2014 年，世界人均用电量为 3131 千瓦时，我国人均用电量已超过世界人均水平，但与高收入国家仍存一定差距。

在通信方面，互联网覆盖面、网速等可反映出各国通信基础设施情况。在覆盖面方面，根据中国互联网网络信息中心和《2019 全球竞争力报告》数据，2019 年，中国覆盖面为 61.2%，2018 年英国 94.9%、日本 84.6%、德国 89.7%、法国 82%、美国 87.3%。在网速方面，根据 Speedtest2020 年 1 月全球网速测评数据，中国大陆移动网络网速在 140 个经济体中排名第 6，固定带宽网速在 176 个经济体中排名第 27。

在水利方面，根据世界经济论坛《2019 全球竞争力报告》，2018 年中国供水稳定性（没有中断和流量波动）评分为 64.9 分，排名世界第 68 位，低于日本（94.6 分，世界第 12 名）、美国（86.1 分，世界第 30 名）、德国（84.9 分，世界第 34 名）等发达国家；接触不安全饮用水人口占总人口的比重为 18%、全球排名 74，远高于并列第一的美国、德国、英国的 0.3%，日本的 1.9%（世界第 27 名）①。

总体来看，中国基础设施的总量排名世界前列，但是密度、人均水平和质量排名位于世界中游。根据 IMF 的数据，2015 年，中国的公共资本存量达到了 26.8 万亿美元，位居世界第一，是第二名美国的 2.5 倍。但是，中国公共资本与国土面积的比例为 285 万美元 / 平方公里，在 166 个经济体中排名第 31 名。中国的公共资本与人口的比例为 1.9 万美元 / 人，在 168 个经济体中排名第 40 名，与英国（1.9 万美元 / 人）相当，低于日本（4.3 万美元 / 人）、美国（3.4 万美元 / 人）②。

2. 中国基础设施实现了跨越发展

中国优先发展高速公路。2019 年，中国高速公路里程为 15 万公里，仅

① 恒大研究院：《中国新基建研究报告》，https://weyt.p5w.net/article/2387972。

② 张文朗、郑宇驰："中国基建空间到底有多大？"，https://www.sohu.com/a/290633353_313170，2019-01-22。

低于美国的 25.9 万公里（2015 年数据）。从高速公路里程占公路总里程的比重来看，中国为 2.9%，仅低于美国和韩国（均为 3.9%），高于大部分国家，但仍然有较大发展空间。

中国高速铁路处于世界领先地位。2019 年，中国铁路电气化率达到了 70% 左右，位居世界第一。发展高速铁路体现了跨越式发展的后发优势。根据国际铁路联盟（UIC）的数据，截至 2018 年 9 月，全球高铁运营里程为 5 万公里，而中国的高铁运营里程就达到了 3.5 万公里，占 70%。国际比较来看，高铁仍然是一种稀缺品，中国跳过传统的铁路投资，直接进入更高级的高铁时代。

从世界范围内看，中国的轨道交通系统发展最为迅速。截至 2019 年底，全球共有 75 个国家和地区的 520 座城市开通城市轨道交通，运营里程超过 28198 公里。中国共有 38 座城市开通轨道交通线路，合计总里程 6426 公里，占全球的 22.8%，线路形式有地铁、轻轨、快轨、城际铁路、磁悬浮等。德国以 3615.1 公里的里程排名第二，只有中国的一半。从城市层面上看，全球共 80 座城市的城轨交通运营总里程超过 100 公里，其中中国有 18 座城市；共 19 座城市总里程超过 300 公里，其中中国有 8 座城市。

3. 中国基础设施空间分布仍存在差距

交通运输方面，公路里程总量和人均水平较高的地区是中西部地区，这与交通网络联通各地资源要素的性质相符合。密度较高的则是相对发达地区。2016 年，公路总里程排名靠前的省份是四川（32.4 万公里）、河南（26.7 万公里）、山东（26.6 万公里）。公路密度排名靠前的是重庆（1.7 公里 / 平方公里）、山东（1.7 公里 / 平方公里）、河南（1.6 公里 / 平方公里）

大部分的城市轨道交通设施位于东部地区。截至 2020 年底，全国共有 4 座城市的地铁运营里程超过 500 公里，分别是北京 704.7 公里，上海 699 公里，广州 531.1 公里，成都 518.5 公里。前十名中，除成都、重庆、武汉外也都是东部城市。

中国整体的铁路覆盖率已经较高。截至 2018 年 10 月底，在中国 380 个地区中，已有 306 个地区有铁路覆盖，占比为 80.5%。但是高铁仍然呈现一定的稀缺性。有高铁覆盖的地区为 212 个，占比为 55.8%。有高铁覆盖的地级（以上）行政地区每天经过的班次平均为121.4班，中位数为77班。排名前五的地区为广州（979班）、上海（689班）、南京（660班）、北京（659班）、深圳（592班）。

能源基础设施方面，东部地区普遍高于中西部地区。2016年，燃气管道密度排名前三的是江苏（0.65公里/平方公里）、浙江（0.35公里/平方公里）、山东（0.31公里/平方公里）。

中国能源资源在地区之间的不平衡分布带来了跨地区之间的能源输送需求，例如“西电东送”“西气东输”。以水力资源为例，中国西部12个省的水力资源约占全国总量的81.4%，特别是西南地区的云、贵、川、渝、藏5个省（区）占全国总量的66.7%。风能、太阳能同样呈现西部多于东部的现象。[①]

四、基础设施投资存在的问题

1. 基础设施建设品质和质量不高

尽管我国城镇基础设施建设规模不断扩大，但是，水平和质量并不高，主要表现在：第一，地铁、轻轨等大容量轨道交通发展严重滞后，造成路面交通压力越来越大，大中城市交通拥堵现象日益突出，影响了城市生活的效率和质量，制约了城市的可持续发展。第二，注重地面以上建筑的光鲜靓丽，忽视地下设施的建设和功能完善，导致供水、排水、热力管网等地下设施难以满足城市发展的需要，夏季水淹城市成为常态。第三，城市污水处理率、生活垃圾无害化处理率在一些城市仍然偏低，污水收集管网短板较为突出，“毛细血管”缺失，管网老旧破损和混接错接问题广泛存在，生活垃圾未经无害化处理就简易堆放，对环境造成了极大的威胁。第四，老旧居住小区存在规模不合理、设施不完善、公共活动空间、老年服务功能欠缺等问题。

2. 交通基础设施布局和结构不合理

在空间布局方面，东西部差距过大，东部的交通建设和路网密度明显优

① 张文朗、郑宇驰：《中国基建空间到底有多大？》，https://www.sohu.com/a/290633353_313170，2019-01-22。

于西部，发展程度不平衡，不利于东西部之间的经济和社会沟通，制约了我国经济的协调发展。在发展结构方面，铁路和水运发展滞后，铁路基础建设的投资还不到公路的一半，其运输份额持续下降，而且铁路、公路和水运在同类的客货源上由于供给特性的优势区域出现重叠，在一定程度上还存在着盲目竞争的现象。在设施等级结构上，高等级公路、高等级航道占比相对偏低，一些铁路客运通道不同区段的技术等级差别过大。在运输方式的衔接方面，还不能全面做到客运的零换乘和货运的无缝衔接，各枢纽城市综合运输功能尚未完全展现出来，在各种运输方式的结合上还需要进一步改善。

3. 水利设施的安全保障仍有较多短板

防洪方面。防洪体系仍然存在薄弱环节，一旦发生大洪水，对经济社会发展将造成极大的冲击。大江大河的干流和一些主要支流还有部分堤防没有达标，缺乏一些控制性的工程，特别是面广量大的中小河流防洪体系还不完善，防洪标准比较低，同时也还存在着一些病险水库，影响防洪安全。山洪灾害防御能力弱，大多数灾害隐患点缺乏监测预警设施，也未进行治理。供水方面。水资源利用较为粗放，工农业用水效率不高，资源性、工程性、水质性缺水问题并存。一些区域和城市供水保障程度还不高，特别是广大农村地区，农村饮水安全的保障程度还需要加强。农业灌溉排水设施长期缺乏维修养护，工程坏损率高，效益降低，大型灌区的骨干建筑物坏损率高，配套不全，标准不高。

4. 生态基础设施投资仍存在较大缺口

区域性、布局性、结构性环境风险凸显，重污染天气、黑臭水体、垃圾围城、生态破坏等问题时有发生。黄河、长江上游局部地区生态系统退化，水源涵养功能降低。生产生活产生的污水、工业企业使用中水产生的污水，部分未经处理直接排放，对流域水质造成污染。农业化肥、农药使用量过高，土壤污染严重。矿山地质环境治理滞后，造成周围植被损毁、地形地貌受损、地下含水层破坏，易引发地面塌陷、崩塌、地裂缝等地质灾害，对周边生态环境影响较大。森林资源总量不足，草原综合植被覆盖度不高，总体绿量偏少，荒漠化和沙化土地占总土地面积的比例较高，森林、草原、湿地生态系统均较脆弱。生态关联区、生态拓展区因过度放牧、开垦和人为破坏，植被退化严重。

5. 乡村基础设施存在不容忽视的问题

垃圾终端处理能力严重不足，生活垃圾无法实现进厂处理，只能简易处理或临时堆放，环境安全隐患很大。生活垃圾分类工作滞后，生活垃圾不能实现源头减量。自来水供水能力亟待提升，农民用水受到限制，在一定程度上制约了良好生活习惯的养成。自来水供水不足，农民用水量不够，也影响了部分农村生活污水治理设施的正常有效运转。供电结构需要进一步优化，户均电力配变容量较低，供电能力不足，影响了村庄路灯、污水处理设施等农村基础设施的正常运转。道路交通还需要进一步提升，断头路没有打通，入村主干路硬化里程还需要进一步增加。一些乡村还没有实现村村通客车，农民群众出行需求亟待解决。农村公共基础设施仍面临无人管理、无钱管理、粗放管理等突出问题。

6. 新型基础设施尚处于逐步发展阶段

不同地区、不同行业、不同规模的企业之间信息化发展水平参差不齐，对于建设新型基础设施的诉求不一，部分地方和行业新型基础设施建设的配套条件不足，制约新型基础设施建设规模的扩大。信息基础设施共建共享程度不够，不同行业、不同领域单打独斗、各自发展、条块分割的“碎片化”问题比较突出，形成“信息孤岛”，给数据信息的互联互通、融合共享带来了极大困难。5G 和新能源充电桩等新型基础设施，只有建设密度提高到一定程度后，才能实现新场景产业化应用，产生经济效应，但是，短期内难以达到，这决定了链条下游产业投资水平上不去。新基建中大部分是高精尖技术，技术更新迭代快，市场不确定性大，投资风险高，私人企业投资较为谨慎。新型基础设施的整体安全水平还不高，工业网络、工业控制系统、工业大数据平台安全防护能力不够强。

五、基础设施融资方式

1. 政府发债

地方政府债券是指地方政府根据信用原则、以承担还本付息责任为前提而筹集资金的债务凭证，是有财政收入的地方政府及地方公共机构发行的债券。根据《预算法》和《国务院关于加强地方政府性债务管理的意见》（国发〔2014〕43号），地方政府举债只能发行政府债券，政府发债是唯一合法的政府举债模式。政府发债模式包含发行政府一般债券及专项债券。地方政府一般债券是指地方政府为没有收益的公益性项目发行的、约定一定期限内主要以一般公共预算收入还本付息的政府债券，债券资金收支列入一般公共预算管理。地方政府专项债券是指为了筹集资金建设某专项具体工程而发行的债券。目前，地方政府专项债券有棚户区改造、土地储备、收费公路专项债券以及其他专项债券（例如城乡建设专项债券）等。城乡建设专项债券适用领域较为广泛，如交通建设、污水处理、垃圾处理、产业园区、教育建设等领域均可适用。另外，专项债券可作为重大项目的资本金。此处所指的项目有国家重点支持的铁路、国家高速公路和国家重大战略中的地方高速公路、供电、供气项目。

2. PPP

PPP是公共基础设施中的一种项目运作模式。在该模式下，鼓励私营企业、民营资本与政府进行合作，参与公共基础设施的建设。在PPP合作过程中，由非公共部门运用所掌握的资源参与提供公共产品和服务，从而实现合作各方达到比预期单独行动更为有利的结果。自2014年起，财政部、发改委多次发文推行PPP模式，并颁布了财政承受能力论证指引、物有所值评价指引、政府和社会资本合作项目财政管理办法等一系列配套文件，PPP模式在基础设施投资领域得以广泛应用。2017年起，财政部及各省财政厅相继发文对PPP模式进行规范，PPP模式的运用更加有序。为了防止政府支出责任过多、过重加大财政支出压力，近些年政府付费模式PPP项目受到严控，规定了PPP项目支出10%红线，即确保每一年度本级全部PPP项目从一般公共预算列支的财政支出责任，不超过当年本级一般公共预算支出的10%。

3. 特许经营

基础设施和公用事业特许经营指政府采用竞争方式依法授权中华人民共和国境内外的法人或者其他组织，通过协议明确权利义务和风险分担，约定其在一定期限和范围内投资建设运营基础设施和公用事业并获得收益，提供公共产品或者公共服务。从1984年深圳沙角B电厂项目实行特许经营至今，我国开展基础设施和公用事业特许经营已有30多年。各地方推出了大量特许经营项目，国务院有关部门和有关省市先后制定了几十件地方性法规、规章或规范性文件。2004年，建设部颁布了《市政公用事业特许经营管理办法》，2015年，发改委、财政部等六部委以部门规章的形式颁布了《基础设施和公用事业特许经营管理办法》，确定了适用领域，规定在能源、交通、水利、环保、市政等基础设施和公用事业领域开展特许经营；明确了适用范围，规定境内外法人或其他组织均可通过公开竞争，在一定期限和范围内参与投资、建设和运营基础设施和公用事业并获得收益。至今，特许经营模式在各个领域仍得以广泛应用。

4. F+EPC

所谓“F+EPC”（Finance+“Engineering，Procurement，Construction”，融资+“设计，采购，施工”），即由工程总承包企业统筹项目融资、设计、采购、施工。在实际操作中，F+EPC存在诸多应用模式，具体包括延期支付型、债权融资型及股权合作型等。“F+EPC”模式主要适用于通常应由政府投资的基础设施和公共服务领域。在“F+EPC”模式下，除政府方外，一般涉及三大主体：地方国企、EPC承包商和合资公司。政府方和地方国企通常需要借助EPC承包商的资金实力及融资能力，同时不能违反建筑法对于EPC合同的工程款结算要求。为此，EPC承包商（或其关联单位）需要通过与地方国企共同设立合资公司，以双方共同注入资本金的方式部分解决特定项目的EPC合同工程款支付难题及EPC承包商的合理关切。至于项目的其他资金需求，则需要通过其他融资渠道加以解决。为此，EPC承包商（或其关联单位）和地方国企必定需要提供不同程度的增信支持。“F+EPC”也存在主体不合规、变相BT、违规举债等问题，更像是地方债严格管控政策环境之下的权宜之计。

5. 基础设施REITs

基础设施REITs是指依法向社会投资者公开募集资金形成基金财产，通过基础设施资产支持证券等特殊目的载体持有基础设施项目，由基金管理人等主动管理运营上述基础设施项目，并将产生的绝大部分收益分配给投资者的标准化金融产品。基础设施REITs是国际通行的配置资产，具有流动性较高、收益相对稳定、安全性较强等特点，能有效盘活存量资产，填补当前金融产品空白，拓宽社会资本投资渠道，提升直接融资比重，增强资本市场服务实体经济绩效。通过基础设施REITs，项目的原始权益人（地方政府、城投平台等）可以盘活存量资产、回收资金，然后再投入新的基础设施建设，从而形成投资良性循环。基础设施REITs具有更加严格的适用条件，要求项目权属清晰，已按规定履行项目投资管理，以及规划、环评和用地等相关手续，已通过竣工验收。具有成熟的经营模式及市场化运营能力，已产生持续、稳定的收益及现金流，投资回报良好。发起人（原始权益人）及基础设施运营企业信用稳健、内部控制制度健全，运营企业具有丰富的运营管理能力。

6. 城市整体开发

城市整体开发模式是以特定载体为导向的发展模式。依托发展的载体不同，在不同的行业有不同的称谓，比如以公共交通为导向的开发模式叫TOD，以生态为导向的发展模式叫EOD，通过社会服务设施建设引导的开发模式叫SOD。TOD是国际上具有代表性的城市社区开发模式，也是新城市主义最具代表性的模式之一。被广泛利用在城市开发中，尤其是在城市尚未成片开发的地区，通过先期对规划发展区的用地以较低的价格征用，导入基础设施，然后，出售基础设施完善的“熟地”，政府从土地升值的回报中回收公共设施的先期投入。EOD就是通过生态网络建设、环境修复、基础设施建设以及产业配套建设，促使该区域及周边的土地升值，并为产业引入和人口流入提供良好的生态环境。在为产业发展增加居民收入、企业的利润和政府的税收的同时，依靠人口流入带来政府税收的增加及区域经济的发展。所谓SOD，就是通过社会服务设施建设引导的开发模式，即城市政府利用行政垄断权的优势，通过规划将行政或其他城市功能进行空间迁移，使新开发地区的市政设施和社会设施同步形成，进一步加大“生熟”地价差，从而同时获得空间要素功能调整和所需资金保障。例如，政府出让老城区用地，而率先进入新区，实现了城市功能转移、空间疏解与优化、政府财政状况改善等多重目标。

第三节　我国基础设施投融资发展的新趋势

一、传统基建的未来发展趋势和路径选择

1. 投资维持低速增长甚至出现投资下降

经过几十年的高速发展，中国已经成为世界上基础设施水平和质量都较高的国家，设施供给能力实现了短缺匮乏到丰富充裕的巨大转变。不但是沿海发达地区，即便是西部的边远地区，交通、电力、通信、市政设施条件也大为改善。总体来讲，满足城市和产业发展基本需求的重大工程大多已建成，基础设施建设高峰期已过。按照全球基础设施中心（GIH）的《全球基础设施展望》报告，近年来，全球基础设施投资占GDP的平均比重只有3%，而2020年，我国年度基础设施投资达到15.4万亿元，占GDP的15.2%，远远超过世界其他国家水平，这种投入水平难以持续（见图5–2）。债务的刚性约束是制约基础设施投资快速增长的重要原因，多数地方政府债务高企，融资能力显著下降。基础设施投资想要再回到2017年以前的快速增长，已经不太可能。如果以“十四五”时期年均增长2%计算，基础设施投资总额仍可达80多万亿元。

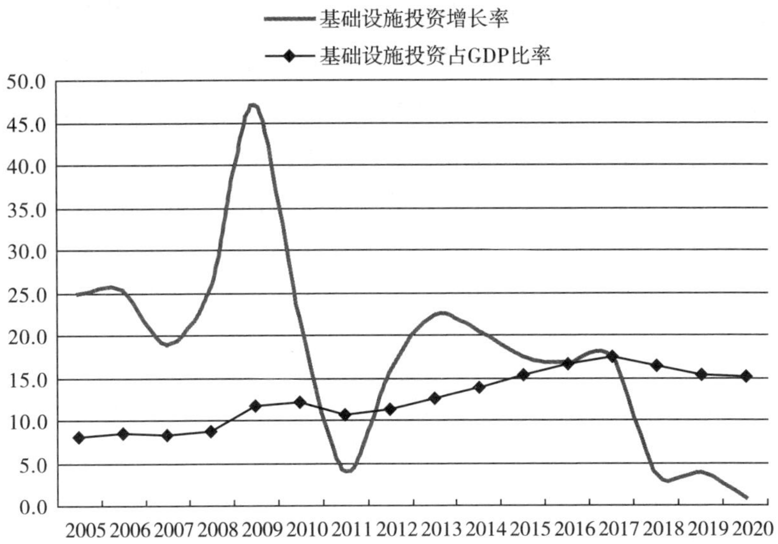

图 5-2 基础设施投资增长率及其占 GDP 的比例（%）

资料来源：国家统计局。

2. 结构性补强和高质量发展成为着力点

在总量和规模取得巨大进步的同时，我国基础设施结构性矛盾进一步凸显，供给质量和水平难以有效满足多样化需求，区域间、城乡间发展不平衡问题仍然突出，安全、智能、融合的基础设施发展不充分问题依然存在。因此，结构性补强和高质量发展将成为未来基础设施投资的趋势。必须根据经济社会发展的新阶段特点，适时调整优化基础设施的发展重点，补齐短板，实现更加均等化的发展，例如水利中的中小流域治理、病险水库除险加固、县城和乡镇的防洪设施建设。必须促进传统基础设施的数字化改造，推进基础设施的网络化和智能化发展。必须实现由相对独立、相互封闭的状态向整体优化、协同融合的方向发展。必须促进基础设施与城市和产业的高度融合，在完善基础设施的同时，优化经济要素时空配置，引导城市空间发展方向，重塑产业分工体系，全面提升城市的能级。

3. 努力衔接国家区域发展战略的调整

基础设施投资将根据国家区域战略格局的调整，以城市群、都市圈为重点，加强互联互通、协同发展、共建共享。构建与国土空间开发格局高度结合的综合运输通道体系，加强横贯东西、纵贯南北的运输通道建设，拓展区域开发轴线，高效连接全国主要城市群。加快推进城市群城际交通发展，打造城市群核心城市间、与周边城市间1小时交通圈。以都市圈同城化通勤为目标，加快推进城际铁路网建设，推动市域铁路向周边中小城市延伸，率先在都市圈实现公交化客运服务。推动港航资源整合，优化港口布局，健全一体化发展机制，增强服务全国和区域发展能力。完善电网主干网架结构，提升互联互通水平，提高区域电力交换和供应保障能力。推进跨省跨区输电，推动实施一批特高压输电工程，建设一批油气产能、管网等重点项目。在“一带一路”框架下，继续基础设施的国际互联互通，构建更为紧密和畅通的跨国基础设施联通网络。

4. 重点满足新型城镇化建设的紧迫需要

新型城镇化建设强调加快发展重点城市群，提升中心城市能级和核心竞争力；同时，推进以县城为重要载体的新型城镇化建设，促进大中小城市和小城镇协调发展，实现城乡融合发展。基础设施投资将更加密集向国家中心城市和区域中心城市集中，用于加强基础设施、产业、生态、民生的协同共建。同时，也将更多用于提升县城的基础设施和公共服务水平，吸引产业、人才、要素向县城等中小城市的集聚，促进农民的就地城镇化。城镇老旧小区设计标准普遍较低，维护、养护不到位，设施破旧老化现象严重，养老、抚幼、物业等配套缺失。老旧小区改造是“民心工程”，直面民生痛点，可使受益群众幸福感大幅提升。根据住建部的摸排结果，全国2000年以前建成的老旧小区有十多万个，涉及居民上亿人。老旧小区改造体量本身不是特别大，其对经济增长的直接拉动作用并非很大，但它会间接带动一系列的投资。

5. 推进生态文明建设和实现绿色发展

生态基础设施是未来基础设施投资的主要领域，所谓生态基础设施是用来维护自然过程和促进生态功能恢复的基础设施。加快生态安全屏障建设，实施重大生态修复工程，加强水土保持，推进流域综合治理，实施重点河道综合提升治理，增强河道行洪防洪能力，加强城镇垃圾污水设施建设，加快农村人居环境整治等等，都是生态基础设施建设的重点。与此同时，要努力将生态文明建设理念融入其他基础设施建设中，推进基础设施绿色化发展。要加强对交通运输、邮电通信、能源供给等的绿色化改造，改变传统基础设施设计用途单一的现状，完善设施的生态功能，在同一时间提供多种用途。统筹利用基础设施通道、线位、枢纽等资源，推行适应节约土地要求的基础设施建设工程技术，推进废旧材料循环利用。统筹基础设施网络空间布局，推进基础设施资源共享、设施共建、空间共用。

二、新基建的未来发展趋势和路径选择

1. 新基建对长期供给质量提升具有重要价值

2018 年 12 月，中央经济工作会议提出，加快 5G 商用步伐，加强人工智能、工业互联网、物联网等新型基础设施建设。2020 年 3 月，中央政治局常务委员会会议提出加快 5G 网络、数据中心等新型基础设施建设进度。新基建就是指以 5G、人工智能、工业互联网、物联网为代表的新型基础设施，本质上是信息化和数字化基础设施及其相互融合发展的产业[①]。与传统基建相比，新基建总体来讲是高技术、轻资产行业，直接投资规模并不大。2020 年，中国移动、中国联通、中国电信 5G 网络投资分别为 453 亿元、350 亿元和 1000 亿元，合计 1800 多亿元。按照一些机构的预测，数据中心年度投资规模在 1000 亿元左右，人工智能投资约 300 亿～ 400 亿元，工业互联网投资可以达到 100 亿元。以上几项合计也就是 3300 亿元，只占年度传统基建投资[②]的 2%。因此，新基建投资对经济的短期拉动作用有限。但是，其对改善供给结构、提高供给质量却有重大影响，有助于增强自主创新能力，带动各行业的数字化转型，优化生产和服务资源配置，促进产业迈向价值链中高端，催生新技术、新业态、新模式，推动城镇化、工业化更高质量发展。

---

① 除 5G 网络以外，大数据、人工智能、工业互联网、物联网也并非基础设施，只能算作基础产业。

② 是指交通、水利、城建、环保等基础设施。

2. 新基建可以为传统基建高质量发展提供有力支撑

我国传统基础设施已经进入了成熟发展阶段，存量资产规模也很大，但是，综合运营质量和效率并不高，亟须通过新基建的有效配置，提升传统基建的建设质量、运行效率、服务水平和集成能力。因此，要重视二者的融合发展问题。运用5G、大数据、物联网、人工智能等新技术、新应用对传统基建进行提升改造，用信息技术赋能赋智传统基建。探索建设强大的数据控制云平台和车联网系统，全面支持自动驾驶，将已建成的高速公路网络改造成“超级高速公路”。推动能源基础设施体系建设，加强电力工业发、输、配、变、用等生产运营基础设施智能化改造，构建以新一代信息技术为支撑的智能电网。着力推进智慧城市管理，提高城市规划、建设、管理的智慧化水平，积极发展智慧民生服务，建设智慧市政、智慧社区、智慧教育、智慧医疗等系列智慧基础设施。运用物联网、大数据、云计算等先进技术推进港口无人化、智能化改造升级，实现精准感知、在线处理和智能决策，提升港口运营效率。运用大数据、云计算技术综合分析水资源供需特点，实现对不同区域、城乡水资源调配的动态预报、科学分配、精准调度和智能调控。

3. 新基建的关键作用在于推动制造业的智能化转型

我国制造业大而不强，结构优化升级任务较重，又面临劳动力等成本上升的压力，企业利润不断被压缩，新的增长动力不足，亟须降低成本、提高效率；与此同时，我国企业的智能制造仍处于初期发展阶段，智能制造水平偏低，智能化升级成本较高，只有不足1/5的企业真正进入了智能制造应用阶段，在研发、制造、供应链等环节都具有推动智能化和数字化的空间和潜力。新基建与制造业深度融合有利于促进设备设施预测性维护、工业生产流程化、生产过程可视化、供应链优化，实现生产要素网络协同和生产场景智能应用，提升企业柔性生产能力，缩短产品制造周期，全方位提升企业生产、运营、管理能力。

加快公共技术服务平台体系建设，大力发展工业互联网，促成高技术制造业“上云上平台”，全面深化研发、生产、经营管理、服务等环节数字技术应用，推动企业用数字转型加快组织变革、业务创新和流程再造。打造数据贯通、安全可靠的工业互联网平台，发展数字化管理、智能化生产、网络化协同、个性化定制、服务化延伸等新模式。根据不同制造业特征、发展阶段和现阶段发展需求，开展“5G+AI”应用，推广智能生产设备、智能工业软件、智能制造系统，建设无人工厂、无人生产线、无人车间。利用智能技术推动制造业业态创新，促进制造业增值服务和跨产业融合。支持具有产业链带动能力的核心企业搭建网络化协同平台，带动上下游企业加快数字化转型。

4. 新基建投资需要发挥市场机制的决定性作用

新型基础设施与公路、铁路、港口、机场等传统基础设施的特性明显不同。后者的公共品特性和外部性更强，收费不到位，难以收回成本，需要政府的更多参与，包括直接投资或提供补助资金；而前者如人工智能、工业互联网、物联网属于私人产品，5G 基础电信服务虽然属于准公益性产品，但也有收费机制且能够足额到位，由几家垄断性大企业经营，无需政府过多参与。2015 ～ 2017 年，在我国信息和通信服务业投资资金来源中，政府资金平均只占 2% 左右，其中，电信服务业政府资金占 3%，互联网信息服务政府资金占 2.4%，这一比例大大低于其他基础设施领域。5G 的投资主体是中国移动等三大运营商，下游场景应用投资者则基本都是民营企业。

新基建的发展应充分发挥市场对资源配置的决定性作用，发展哪些产业、如何组织生产流程等应该由企业做主。企业可以根据市场需求配置资源、规划生产，有效发挥主动性和自觉性。各级政府要做好中长期规划，研究制定相关管理标准和规则，引导企业规范有序参与新基建发展。建立健全企业主导技术研发的体制机制，加大前瞻性、引导性的技术研发和创新力度，加快数字化、智能化领域人才培养，构建完备的技术应用创新生态。明晰数据产权，推动公共数据逐步开放，加强关键新型基础设施安全保护。为不同所有制、不同规模企业创造公开、公平、公正的竞争环境，防止设定具有明显地方保护色彩的准入门槛、技术标准、政策补贴等。减少 PPP 机制介入对市场正常运行的干扰。

5. 新基建发展的根本是探索可持续的盈利模式

新基建受到政府支持、舆论关注和市场追捧，但是，对于企业来讲，想获得可持续的收益却是一个复杂和长期的过程，远非一时热情能够获得。目前，工业互联网平台企业盈利手段较为单一，广告竞价、应用分成等其他互联网领域常见的商业模式应用较少。物联网自身的碎片化现象严重，平台之间互联互通存在障碍，上下游合作风险大，对于一家平台而言，难以轻易享受丰厚终端回报。人工智能的应用场景和路径有待进一步明确，各行业、各环节所需的解决方案差异较大，导致开发难度大、成本高，与形成可复制和整体解决方案的通用人工智能差距较远。在智慧城市建设过程中，如何将各种应用场景转化为支付意愿面临巨大挑战。目前，很多应用还不成熟，不管是投资建设还是维护，需要投入大量成本，但是能够挣钱的场景却屈指可数。

积极推进人工智能在市政管理、公共安全、医疗健康、能源管理、社区服务等领域的应用，鼓励将人工智能产品、解决方案和服务优先纳入政府采购目录。有效整合产品设计、生产工艺、设备运行、运营管理等数据资源，汇聚共享设计能力、生产能力、软件资源、知识模型等资源，强化平台企业的资源集聚能力。加强跨部门、跨地区协调，强化 OEM、ODM、独立软件商、服务商之间的协同，推进集成式创新。不断探索商业模式创新，通过资源出租、服务提供等手段，拓展平台盈利空间，实现长期可持续运营。推动低成本、模块化工业互联网设备和系统在中小企业中的部署应用，提升中小企业数字化、网络化基础能力。提高物联网企业自助式利用数字化平台的能力，根据应用需求对数据进行计算和传送，降低进驻物联网领域的门槛及业务运营的成本。

第四节　地方政府融资平台

在我国，大部分基础设施投融资活动并不是也不可能由地方政府自己完成，为此，地方政府创新出了一套适合经济发展以及基础设施建设需要的融资模式和制度框架，而地方政府融资平台在其中发挥着核心性的作用。

一、融资平台产生的背景

所谓融资平台就是指地方政府通过划拨土地、注入优质资产、国企股权等方式出资设立，资产规模和财务状况达到融资标准的政府性投资公司，公司以地方财政对公司的注资、补贴、偿债基金等作为保证，甚至由地方政府提供隐性担保，通过向银行贷款或发行企业债券等方式融入资金，并重点投向城市基础设施、公用事业等公益性或准公益性项目。融资平台名称各异，通常有城建投资公司、资产经营管理公司、基础设施投资公司等。政府融资平台具有以下特征：一是政府主导或绝对控股；二是主要职能是融入建设资金；三是由地方财政直接或间接承担偿债责任或提供担保；四是所筹资金主要用于地方基础设施或公共服务项目建设。按照银保监会的口径，截至 2019 年 5 月，全国共有 11564 家地方政府融资平台。

在我国，地方政府融资平台的出现及其迅速崛起有其必然性。

首先，城市化和工业化产生巨大资金需求。我国城市化率每年以 1 个多百分点的幅度快速增加，众多城市正处在城市化加速阶段。城市化进程和基础设施发展有着紧密的联系，地方政府需要进行大规模的基础设施投资。我国工业化已进入中后期发展阶段，重化工业和劳动密集型产业的转型需要大量资金，电子信息、新能源、新材料等战略性新兴产业也需要大量资金。对于地方政府来讲，要满足日益增加的各项支出增长需要，就必须确立稳定、高效的融资方式，构建新的融资主体或载体。地方投融资平台应运而生，成为城市建设和产业发展的主要力量。

其次，财税体制对政府投融资产生较大约束。长期以来，我国地方政府财力与事权不匹配的情况比较严重。省以下转移支付不完善，上级政府很容易、事实上也往往尽量截留财权，同时将支出责任推给下级政府，造成基层政府支出责任普遍大于可支配财力（甚至是转移支付后），导致其无法充足提供辖区居民所要求的基本公共服务。地方政府为了完成上级交付的任务，或者从个人升迁考虑，就有了足够的压力或者动力通过各种擦边球、合理但不合法甚至违法（包括变相举债）的形式来获得投资与发展的资金。地方政府要创新融资体制，融资平台成为必然的选择。

再次，正规渠道的缺乏迫使地方政府进行体制创新。1994 年通过的《预算法》规定，地方预算不能列赤字，除法律和国务院另有规定外，地方政府不得发行地方政府债券。1996 年发布的《贷款通则》规定，地方政府不能作为银行借款人。地方政府既不能为建设性资本投入公开发债融资，也不能向银行借款。这些规定使得地方政府基本上没有在法律上获得相应的融资权限，导致地方政府变着法子，绕着弯子，寻求各种变通的非正规的方式达到融资目标。从一定程度上讲，融资平台正是地方政府在夹缝中求发展的非正规融资载体，也是地方政府迄今为止能够找到的最合适的投资与建设主体。

最后，土地制度和政策为平台创造了空间。一方面，独家垄断土地的征用制度给政府带来了巨大的土地增值空间。征地补偿标准极低，政府可以较低的代价获得廉价的土地资产。另一方面，独家垄断的土地出让制度保障了政府收益的顺利实现，城市经营性用地实行招拍挂，导致城市土地价格不断攀升，土地出让收入迅速增加，成为政府投资的重要资金来源，土地资产的抵押功能增强，成为城市基础设施的主要融资方式。不断增长的土地收益及其抵押功能，使地方政府融资平台获得了生存和发展的能力，也成为“政银合作”不断走向深入的关键因素。

二、融资平台的作用

融资平台是地方政府投融资体系的关键环节和重要枢纽，是地方政府在现有制度框架下为满足融资需求所采取的创新举措，它在推动城镇建设、促进产业发展、繁荣社会事业、缩小城乡差距等方面发挥着十分重要的作用。

第一，拓展了融资渠道。通过构建融资平台筹集资金，有效地弥补了地方政府在城市投资与建设中的资金缺口，缓解了城市基础设施的供求矛盾，融资平台成为地方政府城市建设筹资的主导力量。根据国家审计署的审计结果，截至 2013 年 6 月末，由融资平台举借的债务合计 7 万亿元，占全部地方政府债务的 39%，成为地方政府债务的主要组成部分。特别是融资平台既能够与银行对接获得贷款，又能够通过发行债券进行直接融资，还能够通过信托公司、保险公司、证券公司等方式融资，从而极大地扩充了地方政府的融资渠道，成为地方政府信用扩张的主要途径，进而对基础设施投资形成了有力支持。

第二，优化了资源配置。融资平台将地方政府所拥有的众多资产进行整合，还将一些资产证券化，通过抵押、质押、发债和出售资产等手段融通项目建设所需资金。地方政府授权或委托融资平台整合城市资源，增强城市基础设施建设的投融资功能，健全造血机能，实现资源资产化、资产资本化的市场化运作，扩大城市经济总量，确保城市资源增值，回收城建资金并用于其他城市项目建设。这种运作机制把政府组织协调优势和负责城市建设的融资平台的市场化融资优势结合起来，通过财政杠杆作用配置城市资源，把政府资产和城市可利用资源移交融资平台管理和运营，实现城市资源资本化运作，增强融资平台的市场实力和信用等级，创建优良的信用合作平台，解决了基础设施建设融资难题。

第三，促进了战略调整。除了完成大型基础设施和公用事业项目投融资任务外，融资平台还担负了壮大国有经济、国有资产保值增值的重任，有力地促进了地方国有经济战略性调整。融资平台通过收购不良金融资产、国企改制重组，有效地缓解了国企改革的压力，改善了信用环境，促进了城市范围内产业和区域的协调发展，为实现国有经济合理布局发挥了重要作用。例如，重庆渝富资产经营管理公司的经营范围就是资产收购、处置及相关产业投资，公司大量打折回购重庆市国企遗留下来的不良债务，重组四大资产管理公司的债务，凭借自身的资本优势，整合优质资源，扶持企业乃至整个产业的发展，对工业、科技、能源等实体产业和金融领域进行战略投资。

第四，转变了投入方式。融资平台的出现从根本上改变了政府资金投入方式。所有的政府建设项目，都以项目公司的方式实行市场化运作，改变了传统经济体制下财政直接投资的模式。越来越多的地方政府通过融资平台发行城投债的方式，为政府项目建设融资。融资平台还通过委托贷款、信托贷款、资管计划、融资租赁等非标融资方式，积极吸纳利用民间资本和海外资本共同参与基础设施建设。同时，融资平台还与民间资本合作进行项目投资，河北沧州市建设投资有限公司和广东赢时科技合资共同组建的沧州建投物联网科技发展有限公司是国内平台公司较早与社会资本合作的典范。青岛西海岸旅游投资集团与国企通过股权合作和项目合作共同打造红树林度假世界，是政府、国企、民企三赢合作的典型案例。

第五，刺激了经济增长。融资平台的主要职责就是为基础设施建设项目提供投资和融资，这无疑将通过增加地方投资而刺激经济增长。融资平台在应对经济和金融危机、促进经济复苏、实现“扩内需、保增长”方面发挥了积极作用。2008 年，在国家 4 万亿政府投资项目中，中央政府只能出 1.18 万亿元，需要地方财政配套 1.2 万亿～ 1.3 万亿元，剩下的则需通过市场融资，在这个过程中，融资平台扮演了重要的角色。根据银监局的统计，2009 年全国金融机构发放的贷款中有近 40% 投向了各级地方政府的融资平台公司。以重庆为例，2009 年通过“大手笔巩固平台、规范化管理运营、多渠道开展融资”，道路、桥梁、旅游、水务、旧城改造等基建项目的投资超过 5000 亿元。融资平台成为我国经济逆境中化危为机、较快扭转经济下滑态势、保持社会和谐稳定的重要力量。

第六，完善了基础设施。融资平台承担了地方政府绝大多数基础设施的投资与建设任务。天津城投集团先后独家承担了海河上游综合开发、中心城区金融城开发改造项目，直接参与了滨海新区于家堡金融商务区的建设。城投集团还承担了天津地铁、京津高铁、京沪高速铁路、津秦客运专线等交通网络建设。上海城投先后在道路、桥隧、地铁、环境整治、供排水、燃气及动迁房和重大工程配套商品房等诸方面投资建成了六十多项重大基础设施，为缓解上海多年的“交通拥挤、住房紧张、环境污染”三大矛盾、提高城市综合竞争力、确保城市安全运营作出重大贡献。在重庆市，重大基础设施的 75% 是“八大投”干的。2003 ～ 2010 年，“八大投”承担了重庆 2000 公里的高速公路，5000 多公里的高等级公路，20 多座城市区域横跨长江、嘉陵江的大桥，还有 150 公里的城市地铁、轻轨建设任务。

三、融资平台的问题及其成因

地方政府融资平台在我国经济发展中发挥了重要作用，一些地方政府融资平台也取得了较好的业绩。但是，在我国城市化快速发展的过程中，地方政府融资平台的风险也在不断累积，并引起了社会各界的广泛关注和忧虑。

1. 公益性职能过多，经营状况趋于恶化

融资平台承担了过多的公益性项目投资责任，例如城市道路、水利设施、文化教育等项目建设，无法产生更多的现金流，更无法弥补投资和经营的亏损。多数平台公司没有建立起还款约束机制和还款保障机制，难以形成自借、自用、自还于一体，负债经营、自我平衡的债务融资体系。这样，经过一段时间的高强度投入，融资平台的资产负债率提高很快，能够用于产生现金流的优质资产越来越少，企业造血机能逐步丧失。先期成立的一些融资平台已经丧失了基本融资功能，地方政府不得不再成立新的融资平台，以适应不断增长的融资需要。

2. 行政干预较多，公司治理结构不完善

融资平台是具有政府背景的投资公司，在我国体制转轨时期，很难摆脱政府的行政干预。长期以来，在融资平台的运作过程中，项目投资、融资和经营的决策权并不在公司及其经理人手中，地方政府官员实际上是融资平台的决策者和管理者，平台公司仅仅担当着“执行者”的角色。在很多情况下，融资平台董事会和经理层成员往往兼有行政官员的身份，官员需要接受来自行政系统的任务，企业的经营决策被地方政府所左右，丧失了自身的独立法人意志。融资平台公司既是政府的职能部门，又是市场中的法人主体，这种双重角色显得不伦不类，难以成为真正的市场主体。

3. 企业过度负债，偿还存在较大不确定性

融资平台债务是地方政府的或有债务，其债务的监管是一本糊涂账。各地举债融资方式不一，且多头举债、举债程序不透明。不仅商业银行难以全面掌握，而且地方政府自己对不同层次融资平台公司的负债和担保状况也未必完全清楚。由于很难及时掌握各级政府总体负债规模，银行无法准确评估地方政府偿债能力。如果地方政府没有把政府债务，特别是平台债务的偿还纳入年度预算，及早安排偿债资金，一旦进入偿债高峰期，并且偿债额

巨大，就可能出现债务危机。地方政府借款很少顾及债务结构和实际偿债能力，盲目为融资平台公司提供担保，导致债务规模超过地方财力的承受能力。

4. 融资行为不规范，运营缺乏监管

为实现地方政府的增长目标，长期以来，融资平台采取了许多违规的做法。例如，监管部门明确规定不得以 BT 方式举借政府性债务，然而，在融资额满足不了投资需求时，融资平台仍普遍性地采用 BT 模式弥补不足。一些地方政府继续违规向融资平台公司注资或提供担保。在融资平台通过委托贷款、信托、基金公司等影子银行融资时，地方政府提供担保函现象仍大量存在。监管部门明确要求地方各级政府不得授权融资平台公司承担土地储备职能和进行土地储备融资，但不少地方仍将土地储备中心挂在城投公司名下，有的还是两块牌子一套班子运作。

5. 对土地的依赖性较强，债务风险加大

根据国家审计署的统计，2012 年底，4 个省本级、17 个省会城市本级承诺以土地出让收入为偿债来源的债务余额 7746.9 亿元，占这些地区政府负有偿还责任债务余额的 54.6%。这些地区 2012 年以土地出让收入为偿债来源的债务需偿还本息 2315.7 亿元；而与此同时，扣除成本性支出和按国家规定提取的各项收入后的可支配土地出让收入却减少了 179.5 亿元，债务本息为当年可支配土地出让收入的 1.25 倍。由于经济下行风险加大，以及国家严厉调控房价措施，房地产市场低迷，土地出让规模和价格都有所下降，在很大程度上影响到地方政府土地收益的稳定性，由此造成地方政府土地融资风险增加。

四、融资平台的政策调整

1. 早期的政策调整

从 2010 年开始，伴随着地方政府融资平台公司债务管理和不规范运作问题的凸显，有关管理部门陆续出台了一系列的清理规范政策措施。

针对地方融资平台带来的债务问题，国务院于2010年6月出台了《关于加强地方政府融资平台公司管理有关问题的通知》。《通知》要求将“地方融资平台公司直接借入、拖欠或因提供担保、回购等信用支持形成的债务纳入债务的清理范围，对其进行一次全面清理，并按照分类管理、区别对待的原则，妥善处理债务偿还和在建项目后续融资问题”。同时，《通知》明令禁止只承担公益性项目融资任务并且主要依靠财政资金偿还债务的平台公司今后再承担融资任务，这类公司在履行完偿债责任之后不能再保留融资平台的职能。此外，《通知》还严格禁止政府部门以财政收入为信用担保进行融资的行为。

为进一步规范投融资平台公司的债券融资行为，有效防范融资平台公司和地方政府债务风险，更好地发挥债券融资对地方基础设施建设的积极作用，促进企业债券市场健康发展，2010年11月，国家发改委出台了《国家发展改革委办公厅关于进一步规范地方政府投融资平台公司发行债券行为有关问题的通知》，提出继续支持符合企业债券发行条件的地方融资平台发行债券融资，提高直接融资的比重，规范地方融资平台的担保行为，确保资产的真实有效，同时强化对债券募集资金在使用过程中的监管。

2011年，为进一步做好地方政府融资平台贷款风险监管工作，银监会发出《关于切实做好2011年地方政府融资平台贷款风险监管工作的通知》，提出继续按照“逐包打开、逐笔核对、重新评估、整改保全”十六字方针，明确以“降旧控新”为目标，严格加强新增平台贷款管理，严格信贷准入条件。该通知还提出，要全面推进存量平台贷款整改，对于到期的融资平台贷款本息，一律不得展期和以各种方式借新还旧。该通知要求，对融资平台贷款的抵押担保进行整改，各银行应严格执行相关规定，对于地方政府及其部门、机构以直接或间接形式提供的原有担保，应重新落实合法的抵押担保。

2012年初，银监会发布《关于加强2012年地方政府融资平台贷款风险监管的指导意见》，要求各银行业金融机构按照“政策不变、深化整改、审慎退出、重在增信”的总体思路，以“降旧控新”为重点，继续推进地方政府融资平台贷款风险化解工作。该指导意见提出，对仍按平台管理类的新增贷款进行重点监管，对退出类贷款的变动情况进行跟踪监测，以实现全年融资平台贷款“降旧控新”的总体目标；通知还要求，各银行要将从“压缩类”平台中减少的贷款额度用于投向“支持类”平台，以在融资平台贷款总量不增的情况下实现贷款结构调整。除“控新”外，为缓释融资平台的存量贷款风险，该指导意见还对“降旧”提出了五项具体措施，包括及时收贷、收回再贷、据实定贷、引资还贷和只收不贷等。

2013 年 4 月银监会又发布了《关于加强 2013 年地方融资平台风险监管的指导意见》，主要内容包括四个方面，一是严格控制平台信贷融资增长。规定融资平台新发放贷款必须满足一系列条件，并规定当年平台贷款余额不增长。二是缓释存量风险。通过多种方式，逐步缓释存量平台贷款风险。三是隔离风险。针对非信贷融资明显发展的情况，要求各银行和各级监管机构建立包括银行贷款、企业债券、中期票据、短期融资券、信托计划、理财产品等在内的全口径融资平台负债统计制度，各银行审慎持有融资平台债券。四是严格退出条件。融资平台退出需满足一定条件，即属于按照商业化原则运作的企业法人；资产负债率在 70% 以下；各债权银行对融资平台的风险定性均为全覆盖；存量贷款中需要财政偿还的部分已纳入地方财政预算管理并已落实预算资金来源等。

2. 43 号文以来的政策调整

2014 年 9 月，国务院发布了《国务院关于加强地方政府性债务管理的意见》(国发 43 号文)，提出赋予地方政府依法适度举债权限，明确划清政府与企业界限，政府债务只能通过政府及部门举借，不得通过企事业单位等举借。地方政府举债采取政府债券方式，没有收益的公益性事业发展确需政府举借一般债务的，由地方政府发行一般债券融资，主要以一般公共预算收入偿还。有一定收益的公益性事业发展确需政府举借专项债务的，由地方政府通过发行专项债券融资，以对应的政府性基金或专项收入偿还。鼓励社会资本通过特许经营等方式，参与城市基础设施等有一定收益的公益性事业投资和运营。投资者按照市场化原则出资，按约定规则独自或与政府共同成立特别目的公司建设和运营合作项目（见图 5-3）。

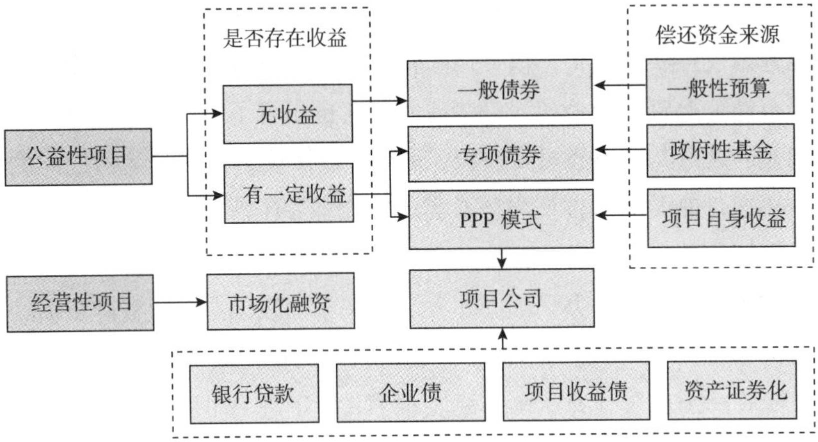

图 5-3　43 号文之后的地方政府融资机制

2017 年 5 月，财政部等 6 部委发布《关于进一步规范地方政府举债融资行为的通知》（50 号文），重申要加强融资平台公司融资管理，推动平台公司尽快转型为市场化运营的国有企业，依法合规开展市场化融资。地方政府及其所属部门不得干预平台公司日常运营和市场化融资。《通知》提出，地方政府不得将公益性资产、储备土地注入平台公司，不得承诺将储备土地预期出让收入作为平台公司偿债资金来源。金融机构为融资平台公司等企业提供融资时，不得要求或接受地方政府及其所属部门以担保函、承诺函、安慰函等任何形式提供担保。按照上述文件严格执行，融资平台原有的债务融资途径大多失效了。

同月，财政部发布了《关于坚决制止地方以政府购买服务名义违法违规融资的通知》（87 号文），提出严格按照规定范围实施政府购买服务，严格规范政府购买服务预算管理，严禁利用或虚构政府购买服务合同违法违规融资。《通知》通过“负面清单”的方式，限定了政府购买服务的范围，重点将“工程设施建设”类排除在外，严禁将铁路、公路、机场等基础设施建设，土地前期开发，农田水利等建设工程作为政府购买服务项目。按照“87 号文”负面清单严格执行，也在很大程度上堵死了地方政府通过政府购买服务举债融资的渠道，这对融资平台参与政府公益性项目建设的影响很大。

从改革方向看，中央政府对原有的地方政府融资模式持否定态度，希望剥离融资平台的政府融资功能，将融资平台业务与地方政府切割。作为政府重要融资渠道，融资平台的转型之路并不容易，在相当长时间里，融资平台的功能并未发生实质变化，债务风险仍在积累。监管部门则多次发文，要求清理规范地方融资平台公司。一些地方政府也出台了融资平台转型方案，总的方向是：空壳类平台公司要撤销；兼有公益性项目建设、运营职能的平台公司，要通过兼并重组转型为公益类国有企业；有竞争力的平台公司转型为一般经营性企业。近年来，随着融资平台违约增加，其债务处置也引起更多关注。2018 年 9 月，中办、国办印发了《关于加强国有企业资产负债约束的指导意见》，提出对严重资不抵债失去清偿能力的融资平台，依法实施破产重整或清算。2021 年 4 月，国务院发布了《关于进一步深化预算管理制度改革的意见》，提出清理规范地方融资平台公司，剥离其政府融资职能，对失去清偿能力的要依法实施破产重整或清算。

3. 融资平台的功能定位

从国外经验看，承载政府投融资功能的融资平台从未离开过人们的视线。未来地方政府仍可以发挥融资平台在投资、融资、运营方面的作用。

（1）作为社会投资者参与 PPP

根据财政部 113 号文，政府可指定相关机构依法参股项目公司，作为政府出资主体参股 PPP 项目公司，发挥市场化的股东监管职能；根据国发 42 号文，融资平台公司与政府脱钩和市场化改制后，可作为社会资本参与到本地或附属地区的 PPP 项目。因此，融资平台完全可以参与 PPP 的全过程。

未来融资平台可以通过以下方式介入 PPP。第一，根据政府投资要求，被动式发起 PPP 项目，全面负责或协助推进 PPP 项目的前期立项、识别、准备和采购工作，配合完成政府出资责任。第二，以追求财务投资回报和发展主动投资业务为导向，以政府投资主体或非牵头社会资本联合体成员身份介入，与其他社会资本共同推进项目运作。第三，独立或牵头作为合格社会资本，主动发起 PPP 项目，公开公平参与本地或外地的 PPP 项目竞标，全面介入 PPP 市场竞争，实现真正的市场化主体身份的确立[①]。

---

① 丁伯康、陈超群：“50 号文后政府融资平台介入 PPP 的路径分析”，搜狐财经 2017 年 5 月 17 日。

（2）作为社会投资者参与政府购买服务

财政部87号文禁止将“工程设施建设”纳入政府购买服务范围，但是，也为棚户区改造、易地扶贫搬迁等极少数政府项目纳入政府购买服务留下口子。除此之外，其他在政策层面明确可以纳入政府购买服务范围的项目还包括地下综合管廊建设、海绵城市、小城镇建设等，而地方基础设施大多包含上述工程建设内容。这意味着平台公司仍可以参与到与国家战略密切相关的工程设施建设的政府购买服务中，由政府根据服务数量和质量向其支付费用。

根据财政部、民政部、国家工商总局联合印发的《政府购买服务管理办法（暂行）》（财政部96号文），纳入政府购买服务指导性目录的服务内容包括：基本公共服务、社会管理服务、行业管理与协调性服务、技术性服务、政府履职所需辅助性事项、其他适宜由社会力量承担的服务事项等。因此，平台公司可以利用自身项目运营方面的经验，以市场化方式参与政府购买公共服务的业务中。

（3）作为政府引导基金的发起人或管理人

政府引导基金的设立主要有以下几种方式：一是地方政府通过财政出资独立完成，二是政府与商业银行联合出资设立，三是政府与其他外部机构、商业银行联合出资设立。在这里，融资平台可以代表政府行使出资人的职能。另外，政府也可以委托平台公司负责引导基金的管理运作。例如，石家庄市创业投资引导基金委托石家庄发展投资有限公司负责具体投资运作。

政府引导基金可以采用平行投资结构化设计，融资平台和商业银行平行出资，同等享受产品到期后的投资收益。也可以采用优先/劣后分层结构化设计，商业银行以理财等资金出资作为优先级，融资平台及其他外部机构（或有）出资劣后（见图5–4）。其中，优先级投资者享受产品到期后的预期固定收益，由一般投资者的资金来保证优先投资者的本金和预期固定收益；劣后级投资者在承担风险的同时，享受预期固定收益之上的投资收益。

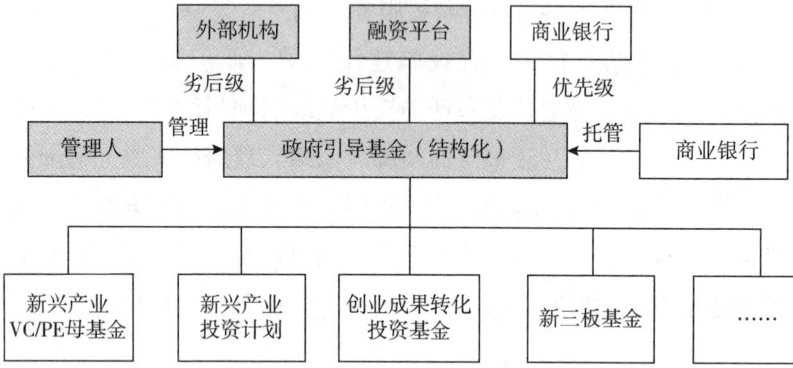

图 5-4　融资平台参与引导基金结构化投资模式

（4）作为社会投资者参与政府工程项目建设

平台公司先与地方政府签订及时足额履行付款义务的合同，一种形式是平台公司通过政府采购招标获得基建工程项目，另一种形式是平台公司按照正规招标形式拿到 PPP 项目。

4. 融资平台转型发展路径

融资平台在我国经济发展中发挥了积极的作用，新预算法和 43 号文之后，融资平台仍然是一个现实的存在，一是融资平台还有大量存量项目要完成，也需要承担后续的债务责任；二是融资平台确实有解决外部性问题、再分配问题以及质量和价格控制方面的优势；三是通过平台方式进行公共投入，可以节省 PPP 模式的很多中间流程，会更有效率。应该更好发挥其优势，防范其风险。

推动平台公司的信用重构。一是利用好政府间接信用。平台公司需要持续争取股东方——地方政府在资本金、经营性资产、重点资源及项目上的支持，强化地方政府对平台公司市场化的战略支持、业务孵化运作机制。二是整合外部优质信用。平台公司应积极引入央企、大型国企、省级平台公司等优质信用主体，通过设立基金、成立合资公司、组成联合体等形式进行合作，提升整体信用等级，获得大规模、低成本融资。三是强化平台自身信用。加强对优质资源和经营性资产的整合，提升运营能力，实现业务盈利。通过平台公司自身良好的业务盈利及现金偿还能力，实现融资的可持续性。

拓展平台公司的转型路径。一是实施纵向一体化战略，实现从融资主体向融投建管一体化的主体平台转变，快速整合区域内设计、工程施工、材料、运营维护等核心业务职能，打造全产业链优势。二是实施横向多元化战略，围绕城市建设整合地方房地产、交通、水务、市政、文化旅游、农业等相关产业资源，打造综合型的城市运营服务商。三是走专业化产业分工道路，形成水投、交投、城投等相对独立的专业性建设运营公司①。四是围绕产业发展和金融服务的需求，通过自营、并购、参股等方式整合区域内的金融机构，获取金融牌照，在强化自身造血能力的同时为地方城市建设提供综合性金融服务。

第五节　土地财政融资模式

土地支持基础设施发展并不是我国特有的现象，西方国家就曾普遍运用城市土地的规划权推动基础设施建设，或者依靠出售、出租公共土地资源进行基础设施融资，只不过我国的土地公有制放大了这种支持作用。

一、土地财政的内涵

土地财政作为现阶段中国经济社会的一种特殊现象，学术界对它尚无严格的定义，专家、学者普遍从土地财政收入的来源对它进行定性描述。

邵绘春（2007）认为，土地财政通常是指地方政府的财政收入主要依靠土地的运作来增加收益，或者表述为把土地作为增加财政收入的重要来源。土地财政包括政府通过土地税收、土地使用权出让、土地融资、土地金融等方式获得收益来直接或间接增加财政支出能力的行为。

董再平（2008）指出，土地财政是学术界对以地生财的地方政府财政收入结构的称呼，通常指地方政府的财政收入主要依靠土地运作来增加。一般来说，地方政府以地生财的基本途径有三，一是通过出让土地获取土地出让

① “国有投融资平台转型发展的五种模式”，https://www.sohu.com/a/334775473_100053329。

金，二是通过发展建筑业和房地产业带来相关税费收入的增加，三是以土地为抵押获取债务收入。

陈志勇（2010）认为土地财政是指地方政府的可支配财力高度倚重土地及其相关产业税费收入的一种财政模式。

刘尚希（2010）则提出，土地财政是指地方政府从土地开发及其相关领域所获得的税收收入和公共产权收入，并且在近几年房价高涨的情况下，这两块收入占地方财政收入的比重不断提高的一种现实情况。

土地财政不止涉及财政问题，还有金融问题，不只是财政收入渠道，更是投资建设模式。我国的土地财政是指地方政府的可支配财力及其融资活动高度依赖土地的运作的一种财政发展模式，是以政府为主体、围绕土地所进行的财政收支和政府投融资活动，是土地制度、财政制度、金融制度有机结合和共同作用的结果。可以说，我国土地财政的真正目的并不是为了简单的收支，而是旨在融资和投资，实现地方经济和城镇建设的滚动发展。

二、土地租金和税收理论

1. 土地租金理论

地租是指土地所有者向土地使用者让渡土地使用权所获得的收入，是土地所有者凭借土地所有权获得的收入，是土地所有权借以实现的经济形式。

早在17世纪后期，威廉·配第在《赋税论》中首次提出，地租是劳动产品扣除生产投入维持劳动者生活必须后的余额，其实质是剩余劳动的产物和剩余价值的真正形态[①]。亚当·斯密在《国富论》中明确指出“一国土地，一旦完全成为私有财产，有土地的地主，像一切其他人一样，都想不劳而获，甚至对土地的自然生产物，也要求地租。”大卫·李嘉图比他的前人更加细致而系统地考察了资本主义级差地租两种形态。他认为“使用土地支付地租，只是因为土地的数量并非无限，质量也不是相同的，并且因为在人口

① 威廉·配第:《赋税论》，商务印书馆1963年版，第49页，第50页，第95页。

的增长过程中，质量和位置较差的土地也投入耕种了。在社会发展过程中，当次等肥力的土地投入耕种时，头等土地马上就开始有了地租，而地租额取决于这两份土地在质量的差别。”这就是说，地租的“差额等于这两份土地用一定量资本和劳动所生产的产品的差额。”①

马克思按照地租产生的原因和条件的不同，明确将地租分为级差地租和绝对地租。绝对地租是指由于土地私有权的存在，租种任何土地都必须缴纳的地租，绝对地租产生的原因在于土地所有权垄断本身。马克思对绝对地租的研究是以劣等地为出发点的。在资本主义社会，由于存在土地所有权垄断，包括劣等地在内的全部土地都必须向土地所有者交纳地租。既然劣等地也要交纳地租，那么，农产品的市场价格就不能由它的生产价格来调节，而应该在生产价格以上再加上一个可以用来交纳地租的余额。也就是说，经营劣等地不仅要提供平均利润，而且要在平均利润以上提供一个超额利润，以便转化为地租。所以，马克思说：“土地所有权本身已经产生地租。”② 马克思把这种包括劣等地在内的全部土地都绝对地要交纳的地租叫作绝对地租。

级差地租是指租佃较好土地的农业资本家向该土地所有者缴纳的超额利润。由于形成的条件不同又分为级差地租Ⅰ和级差地租Ⅱ。级差地租Ⅰ的形成条件：一是不同地块的土地肥力程度的差别。具有不同肥力的土地，在同等投资的情况下，其产量和收益也会出现差异，肥力较高的土地因其具有较高的劳动生产率而获得超额利润。二是不同地块的地理位置的差别。即使土地肥力相同、产量相同的地块，由于距市场远近不同，其运费和收益也会出现差异。级差地租Ⅱ的形成条件是：在同一块土地上连续追加投资，每次投资的劳动生产率必然会有差异，只要高于劣等地的生产率水平，就会产生超额利润。这种在同一块土地上连续追加投资，由于每次投入资本的生产率不同而产生的超额利润所转化的地租，即为级差地租Ⅱ。

城市地租是城市土地经济的基本范畴，是土地所有权的重要体现，是城市土地价格形成的基本依据，其来源也是土地使用者的超额利润。在城乡范

---

① 李嘉图：《政治经济学及赋税原理》，商务印书馆 1962 年版，第 51 页，第 58 页，第 61 页。

② 马克思：《资本论》第 3 卷，人民出版社 1975 年版，第 851 页。

围内，同样存在绝对地租和级差地租。由于城市土地的稀缺性，形成土地所有权的垄断，排斥资本自由流入，使相关部门的利润不参加社会上利润率的平均化，并使有可能产生的超额利润长期稳定地保留，并转化为绝对地租。即使城市土地国家所有，仍然存在土地所有权及其垄断，因此，必定还存在城市绝对地租。城市级差地租是土地市场化的结果，是土地所有者和土地使用者之间竞争与博弈的结果。土地区位是级差地租Ⅰ产生的主要原因，地铁改变交通条件，从而使附近建筑地块升值，带来级差地租。土地使用者追加开发投资改善环境和基础设施的结果，客观上不仅使被开发的土地增值，引起级差地租Ⅱ的增加，而且对周边地块产生“辐射”效应，引起级差地租Ⅱ的增加。

那么，谁更应该从土地获得收入，这涉及土地公有制还是私有制的问题。1990 年 11 月，包括诺贝尔经济学奖得主布坎南、莫迪利亚尼和索洛在内的 30 名美国经济学家批评了苏联的土地私有化现象，提出在向市场经济转轨时，苏联应从土地获得收入[①]。这些经济学家写道：“重要的是，地租应作为政府收入的一个来源由政府保留。实行市场经济的一些发达国家政府虽然以税收的形式收取了一些地租，但他们实际征收的要比能够征收的地租少得多，因此，他们大量收取本可不必收取的、阻碍经济发展的税——对收入、销售和资本价值征税。……土地价值的一部分来自于社会增长和公共服务供应的增加，这部分价值是最为合理的、可为公共服务融资的收入来源；而公共服务又会增加周边土地的租赁价值。”

Terry Dwyer & Dirk Loehr 也认为，就公共物品融资而言，西方国家并不是值得中国仿效的好蓝本。中国可以回顾本国历史，走自己的路。而西方国家可能会重新向中国学习——而不是相反[②]。俄罗斯私有化公有资产的经验说明，若一国不能保证自然资源（如土地和地租）被国家占有，从社会主义转向资本主义就会造成不良的社会和经济后果。如果按市场价格将公共资产租给企业家，而不是卖掉或直接送掉，社会主义市场经济——具有税收竞争力的社会主义市场经济——就能良好地运行，并且会比完全私有化的资本主义经济运行得更有效率。

---

①② Terry Dwyer & Dirk Loehr：“土地租税理论述评”，《经济资料译丛》2014 年第 1 期。

张薰华教授为我国土地批租提供了理论依据。1984年，他的论文《论社会主义经济中地租的必然性》，阐释了地租在改革开放中城市建设领域的理论基础和现实可行性。他的《再论社会主义商品经济中地租的必然性》一文指出，“土地的有偿使用关系到土地的合理使用和土地的公有权问题。级差地租应该成为国家的财源之一，港澳的租地办法可以采用。”张薰华是国内较早提出“土地批租”问题的学者[①]。他提出，土地是自然环境的要素，也是重要资源。土地国有化不仅排除了土地私有制，而且排除了土地集体所有制。因为集体单位使用土地带来级差超额利润，也是社会转移来的价值，不是他们劳动创造的价值。

2. 土地税收理论

就土地税收而论，其发展历史也可以溯源到威廉·配第，在《赋税论》中，他提出了土地税收的基本思想。配第对土地税收理论的贡献主要有四个方面。第一，他指出当时政府课征土地税的主要理论依据是为政府筹措财政收入。土地是财富之母，劳动是财富之父，人民应当从其劳动收入和土地收入中缴纳一部分充作公用，其中出自土地的部分即土地税收。第二，他正确地指出了土地税收的最终来源是人类剩余劳动。第三，关于土地税的计税依据，配第最早提出地价的实质是地租的资本化，并建议以地价取代地租作为土地税的计税依据。第四，配第指出了房屋具有二重性，即房屋既是支出的媒介又是一种收益的手段，这等于说房屋既是一种消费品又是一种资本品。这就为正确理解房屋税的二重性提供了理论基础。

在新古典经济学家当中，马歇尔对土地税收研究的贡献最为突出。马歇尔在《经济学原理》中指出地产价值等于建筑物价值与地基价值之和，即现代意义上的建筑物资本价值与地价之和。这就为确定土地税计税依据并正确地分析土地税收效应和土地税负归宿奠定了基础。马歇尔认为，若土地交易双方均已知土地课税制度，地基价值税由土地所有者负担；若事先不知课税，则由地基承租者负担。这里有一个隐含的假定，即纳税义务人设计为地基当前的占有者。因城市土地改良而向住户课税，对于住户而言

① 汪仲启：“张薰华：中国土地批租制度的理论奠基人”，《社会科学报》第1373期，第5版。

是无偿税，应当在房租中扣除才公平，因为城市土地改良的最终受益者是地主。此处，马歇尔假设房租中包含了地租和建筑物租金。马歇尔在这个问题上的贡献是，他考虑了政府公共投资导致地价升值，因而受益者，即地主应当为此付税。

很难想象会有不增加土地价值的公共物品供给。建设基础设施，在附近建立学校、医院都会使土地的生产力提高或价值增加。强大的私营部门获得了大部分利益，而缺乏组织的群体却承担了大部分成本。因此，与地租私有化相伴而生的是土地投资者的损失——拥有土地的人获得了投资土地的人的成果，即土地所有者享受到了公共投资的好处，但为此买单的却是使用者和纳税人。大城市的中心区域永远是租金最高的地区，但是，这是由土地所有者创造的吗？显然，这并非源自某个土地所有者的个人努力，而是源自公众整体共同的努力。因为这些公共的、共同的努力，消费者必须支付高地租——但他只向私人房东支付地租，而不是向公众支付地租。这显然是不公平的，需要土地税收的调节。

美国的亨利·乔治是倡导土地税的人中观点最明确和行动最积极的一个[①]。1879 年，亨利·乔治出版了《进步与贫困》一书，提出基于全部土地价值的单一税收不仅可以改善社会状况，而且可以支付所有公共开支。他建议采取收税的方法，把不是私人劳动创造的土地价值以税收的形式收回。这种土地价值税可以避免私人土地所有者不公平地受益于由于自然资源、城市位置和公共服务设施等原因而产生的土地价值（及其增值），避免让他们不劳而获，解决社会收入不公平问题。乔治还认为，土地税可以迫使土地所有者以更理性的方式利用土地，即遵循土地利用的最高和最好原则，或是将土地出卖或出租给愿意以理性方式利用和开发土地的人。他认为，虽然土地税收入无法支付复杂经济中的所有公共支出，但这笔收入仍能够负担公共基础设施投资所需的主要资金。在这点上，征收土地税将减轻地方政府（特别是财政紧张的地方政府）的财政压力。

---

① 美国林肯土地政策研究院：《土地利用与税收——实践亨利·乔治的理论》，中国大地出版社 2004 年版，第 77 页。

三、土地财政的基本特征

土地财政是我国经济快速增长的主要动因。人口红利、改革红利、开放红利是推动中国经济长期快速增长的主要因素。不过，不容忽略的是，土地红利也是助推我国经济增长和基础设施建设的动因之一，其效果甚至不亚于其他因素。我们也可以把土地红利算作一种制度红利，因为如果没有特有的土地制度的支撑，土地财政就不会有这样大的能量，成为推动我国城镇化和工业化跨越发展的主要力量。

1. 在征地和出让环节上的独家垄断，使级差地租的主要部分留在了政府手中

在征地和出让环节上的独家垄断，使得地方政府能够以相对廉价的方式征收大量的建设用地，并通过建设用地的出让积累起大量的建设资金。现行的土地管理法于 1986 年制定，先后于 1988 年、1998 年、2004 年三次修改，根据以往《土地管理法》的规定，从事非农业建设使用土地的，必须使用国有土地或者征为国有的原集体土地，也就是说集体土地要想转为建设用地，必须经过地方政府征用为国有土地的环节。直到 2020 年 1 月新修订的《土地管理法》才删去了从事非农业建设使用土地的，必须征用为国有土地的规定，把政府征地范围缩小到公共事业等领域。这意味着在很长一段时间，地方政府在土地征用环节处于垄断地位。而在土地出让环节，涉及房地产和商业用地，一般是开发企业从政府部门购得国有土地，然后进行开发并对外销售，也是地方政府垄断的。“双头垄断”的土地征用和出让制度给地方政府带来了实实在在的好处，地方政府可以通过低价收储和高价出让将级差地租的主要部分留在自己手中。

2. 通过城镇化和工业化供地价格的双轨制，促进了产业集聚发展，使得中国产品在国际上保持了竞争力

1994 年的分税制改革以后，中央财政重现活力，与此同时，地方政府财源却显著缩减。为了尽可能扩大自有财力，同时赢得地区间经济增长的“锦标赛”，地方政府想方设法发展工业。工业能创造长期的税收增加，即使地

方政府出让工业用地的收益甚微，甚至“亏本”出让，也可以通过提高商住用地的出让价格并叠加未来的工业税收加以补偿。因此，地方政府往往高价出让商住用地，低价出让工业用地，存在提高房地产用地价格、压低工业用地价格的“横向补贴”现象。2010 ～ 2020 年，我国住宅用地与工业用地平均出让价格差由 3616 元 /m^2 增加到 6501 元 /m^2，工业地价与居住地价的比价由 15% 下降到 11%，平均只有 13%（见图 5-5）。通过城镇化和工业化用地价格的双轨制，即用房地产用地高价出让补贴工业用地低价出让，可以促进各类产业集聚区的发展，使得产品在国内和国际上保持价格上的竞争力。但是，由于工业用地采取了极低的价格，根本无法冲抵征地成本，其亏损部分只能由城镇化征地收益弥补，这就增加了地方政府城镇化土地出让的压力，间接形成了房地产用地价格的上涨。

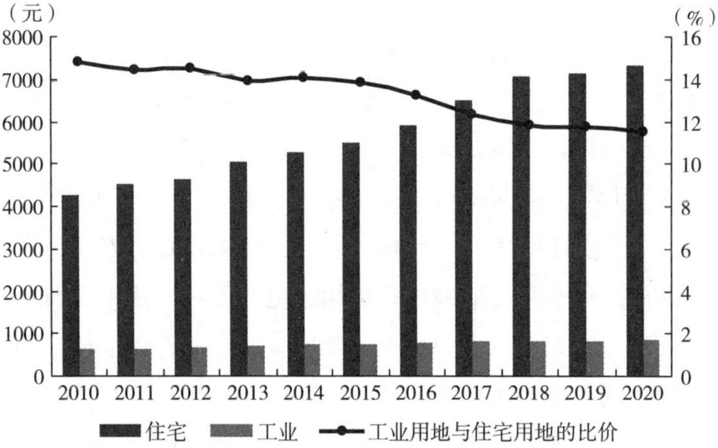

图 5-5　商业用地与工业用地平均出让价格及两者比价关系

资料来源：历年全国主要城市地价监测报告，自然资源部。

3. 地方政府供地行为动机之一是拥有更强的财力用于优化投资环境，如完善基础设施和提供公共服务

地方政府土地储备和出让并非全部用于房地产开发，其运营土地特别是房地产用地的重要目标还是为了满足公共项目的投资需求。地方政府通过先征地、后整理、再出让的方式运营土地，获得的级差地租收益，可以用于满足市政、学校、医院等公共投资的需要，所谓“羊毛出在羊身上”，取之于

民又用之于民。比如：地方政府有100万亩储备土地，一半是公共服务、公益事业用地，如公租房、大学城、铁路、机场等。另一半用于房地产开发，地产开发用地出售的收益一部分可用于征地拆迁成本支出，另一部分则转用于城市基础设施和公共服务设施的建设（见图5-6）。因此，商住地价及其房价的上升在一定程度上也是基础设施、公共服务建设需求及其成本上升带来的，基础设施、公共服务搞得越多、越豪华，对地方政府土地供应的要求越高，从而进一步刺激地价和房价上涨。

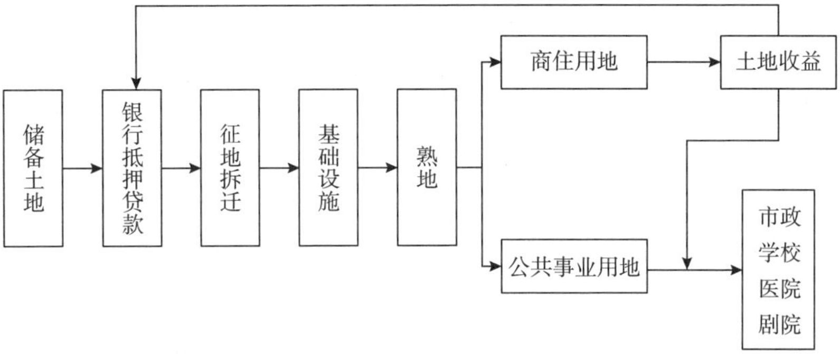

图5-6 土地财政的流程

4. 通过饥饿型、不饱和供地方式，控制供地节奏、时机，实现土地收益的最大化

地方政府的选择性土地经营策略推动了土地收益的不断增长，也推动地价持续上涨。地方政府是土地市场的唯一供给者，什么时候推多少地块，都由政府说了算。为实现土地收益的最大化，地方政府常常通过对土地供给的有计划的适度饥饿控制，推动建设用地价格保持单边持续上扬。地方政府并不急于完成供地计划，而是有节制地供应土地，形成资源稀缺的市场压力，保持土地市场的饥饿感。土地供给减少，房企拿地放缓，商品房供应量减少，房价则必然上涨。将每年房地产开发企业新购置土地面积与商品房价格作比较，可以看出土地供应节奏与商品房价之间的关系。2009年、2012年、2015年，房企新购置土地面积分别同比分别下滑18.9%、19.5%、31.7%，相对应的商品房价格则分别增长23.2%、8.1%、7.4%（见图5-7）。只要房企新购置土地面积增长低位运行或负增长，房价上涨的幅度就大。地方政府采

取这样的方式供地、拿地、用地、管地，最终只能导致地价和房价的不断飙升。

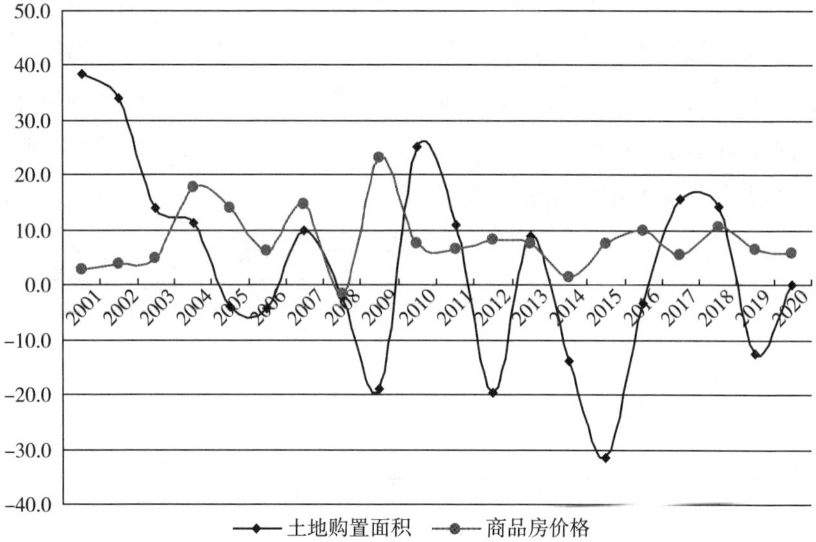

图 5-7 土地购置面积和商品房价格增长率（%）

资料来源：国家统计局网站。

5. 地方政府对工业用地供应存在内生偏好，通常采用低价出让方式开展招商引资竞争

由于招商引资来的企业可以增加本地就业和税收收入，由此形成产业集聚，产生外溢效应与规模效应，有利于提高地区的生产率。因此，政府通常对工业用地采取低价出让策略，并愿意增加这部分用地供给。这种供地结构偏好有利于实现地方政府通过工业用地进行引资竞争的目标，但是，也产生了低价、超量供应工业用地与高价、缩量供应居住用地的倾向，致使工业与居住用地供应出现结构性失衡。根据国家标准（GBJ137–1990）对建设用地四个大类用地（居住、工业、道路广场和绿地等）结构比例规定，工业用地占比一般不超过 25%，居住用地占比不超过 32%[①]。而 2006～2017 年，我国工业用地供给比例平均为 31.9%，大多数时间高于国家标准；而商住用地近

① 范剑勇、莫家伟、张吉鹏："居住模式与中国城镇化——基于土地供给视角的经验研究"，《中国社会科学》2015 年第 4 期。

年来呈现较快下降，由 2010 年的 26.7% 下降到 2017 年 14%，平均占比不到 20%，远低于国家标准（见图 5-8）。这种现象的长期存在一方面造成了工业用地无序扩张和低效利用；另一方面，带来了居住用地供应不足，成为房价过快上涨的基础性因素。

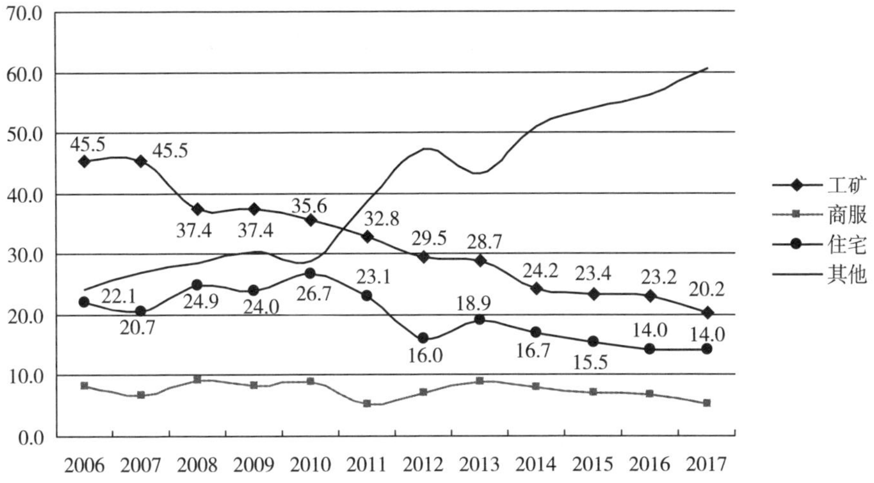

图 5-8　各类建设用地占建设用地供地总量比例（%）

四、土地财政的不可持续性

土地财政客观上推动了我国城镇化、工业化进程，是我国经济增长、基础设施、民生建设快速发展的基础保障，但是，也带来了一系列的矛盾和问题。

1. 地价上升导致社会资本更多配置到房地产市场，造成经济成本上升和全要素生产率的损失

房地产行业的持续火爆和房价的过快上涨，导致社会资本和其他生产要素大量向房地产转移，导致“脱实向虚”越来越严重，致使我国实体经济发展活力减弱、根基动摇。2020 年，我国实体经济在 GDP 中的占比为 84.4%[①]，

① 这里以房地产和金融业以外的其他产业增加值作为实体经济增加值。

比 2012 年下降了 4 个百分点。制造业增加值占 GDP 的比重明显下降，到 2020 年只有 26.2%，比 2012 年下降了 5.2 个百分点。房地产价格的过快上涨不仅引发劳动力成本和企业运营成本的上升进而削弱城市竞争力，也进一步影响企业的投资和创新，从而制约经济的可持续稳健发展。房地产行业在一定程度上“绑架”了我国经济和社会的发展，其价格进一步增长将导致经济发展得不偿失，对于我国经济实现高质量发展会是一个重大的挑战。有的学者的研究结果[①]表明，房价上升会导致企业将更多资金配置到与核心业务无关的房地产市场，如土地价格每上升 1%，资本错配将会带来 5% ～ 8% 的全要素生产率损失。

2. 地价和房价过快上升导致资本和人口外流，削弱了城市的竞争力

在巨大市场需求的推动下，深圳的房价经历了迅速的上涨。2000 ～ 2018 年，深圳的房价上升了十多倍。虽然高企的房价在很大程度上是繁荣和发达的象征，但它反过来又在成为繁荣的障碍。居高不下的房价不仅让企业的运作成本大为增加，还让企业招聘、挽留人才变得更加困难。近十年来，深圳宝安区厂房租金增长 5 倍左右，龙岗区则上涨 7 倍左右，而惠州的厂房租金则仍处于深圳十年前的价格，约 8 元 / 平方米[②]。因此，深圳已有相当一批工厂搬迁，往东莞、惠州、佛山，或越南、印度等地转移。三四线城市也遇到与一线城市一样的问题。2019 年，全国 64 座三四线城市平均房价达到了 11370 元 / 平方米，如果从房价收入比来看，在三四线城市买房跟在一二线城市买房的难度其实差不多[③]。在这种情况下愿意在三四线城市买房的人很少，所以现在三四线城市一些建好的楼盘需求不旺。而且由于高房价的原因，当地居民更多会选择外出务工，这就导致整个城市人口的外流。

① Chen T.，Liu L X. L.，Xiong W. The Speculation Channel and Crowding Out Channel: Real Estate Shocks and Corporate Investment in China. Working Paper，2017.

② “世界 500 强史丹利工厂搬离深圳调查：除了房价成本高，还有什么不得不分手原因？”，《华夏时报》2020 年 11 月 6 日。

③ “部分三四线房价过高，买房难度过大，人口外流或成‘空城’”，https://baijiahao.baidu.com/s?id=1686305101137513971&wfr=spider&for=pc。

3. 土地财政推高了城市地价和房价，逐步超出了大多数城市居民的承受能力

高房价已经影响了很多家庭未来的消费能力，人们为了能够买一套房子，将家里所有的储蓄存款都用上，甚至还透支了未来几十年的收入。高房价不仅影响了购房家庭的消费能力，长辈还要倾其一生积蓄为子女买房或还银行房贷，他们晚年只能过着节衣缩食的生活。由此带来的高房贷使得购房者的生活负担加重，抑制了消费需求增长，生活质量因此而急剧下降。广发银行联合西南财经大学发布的《2018 年中国城市家庭财富健康报告》显示，中国家庭住房资产在家庭总资产中占比 77.7%，远高于美国的 34.6%。全国房价上涨引发房地产市场暴利显现，老百姓高杠杆、高负债买房投资或规避货币贬值风险意识明显增强，推动房价越买越涨（见图 5–9）。2008 年，我国居民部门杠杆率只有 18.2%，到 2020 年上升到 62.2%，每年提高 3.7 个百分点。而根据《中国金融稳定报告》，2018 年，我国住户部门债务收入比（住户部门债务余额 / 可支配收入）高达 99.9%，比 2008 年上升了 56.7 个百分点。高房价对居民债务上升推动作用极大。高房价也带来社会贫富差距的进一步扩大，这在很大程度上抑制了消费率的提升。

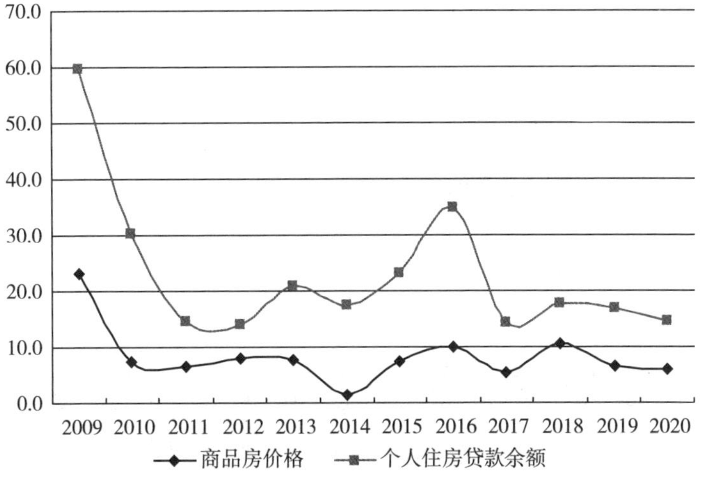

图 5-9 商品房销售价格和个人住房贷款余额增长率（%）

资料来源：《中国统计年鉴》，中国人民银行。

4.“冒进式”城镇化和空间管理失控，导致土地城镇化明显快于人口城镇化

地方政府热衷于通过土地出让获得财政收益和融资支撑，这加速了城镇规模扩张步伐，造成了土地资源的浪费性开发。在中国城镇化过程中，一个突出特点是，城镇建成区快速增长，而集聚的人口则明显滞后。1990年，我国城镇建成区面积是1.28万平方公里，到2018年，扩大到5.85万平方公里，增长了3.57倍；而同期的城镇人口从3亿增加到8.3亿，增长了1.75倍。1990～2018年，我国土地城镇化速率是人口城镇化速率的1.66倍。从图5-10可以看出，除了亚洲金融危机，其他时期的城镇建成区面积增长率大多高于城镇人口增长率。按国际公认标准，衡量土地城镇化和人口城镇化关系的城镇用地增长弹性系数，其合理区间在1～1.12之间，我国远超过国际标准。由于地方政府需要不断增加的财政收入来支撑当地的城市建设，而财政收入的增加又依赖于土地出让收益，促使地方政府无节制地扩张城市用地规模，造成大量征用的农地闲置，或者即便是城市已经建起来了，但是缺乏足够的人气，形成“空城”或“死城”，导致土地资源的严重浪费。

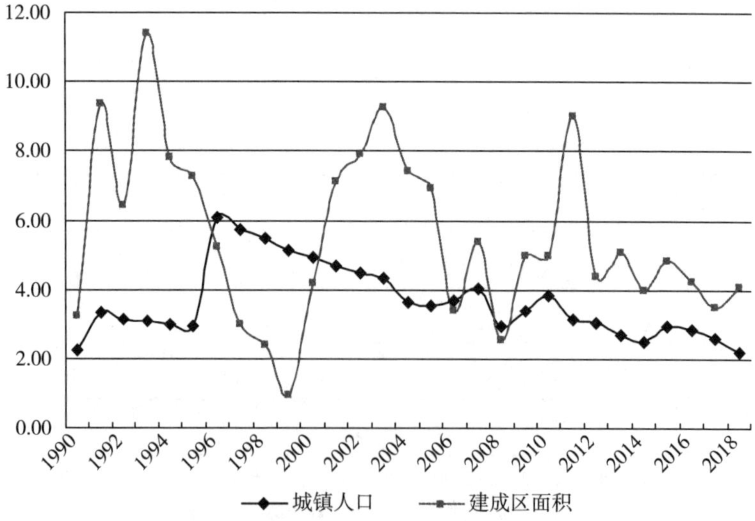

图5-10 城镇建成区面积和城镇人口增长率（%）

资料来源：《中国统计年鉴》，《中国城市建设统计年鉴》。

5. 债务规模不断扩大，地方政府急于通过土地出让收益作为偿债来源，会扩大供地和推动地价上涨

地方政府债务和地价、房价变动之间存在明显的相互依存关系。房地产市场的繁荣引致地价和房价上涨，地方政府更容易通过土地抵押举债，地方政府的偿债能力也会提升，可能导致债务规模的持续升高；而地方政府将债务资金用于工业化、城镇化建设，又会增加房地产市场需求，促进房地产市场繁荣，持续推高地价和房价上涨。上述循环关系能否存续最终寄托在地价与房价是否能够持续上涨，如果地价和房价无法持续上涨，地方政府的“债务游戏”就将被终结。为了不让这个游戏结束，地方政府只能在扩大供地上做文章，并希望地价房价一起上涨，形成债务—地价（房价）螺旋式上升的局面。截至 2020 年底，我国地方政府债显性债务规模为 25.7 万亿元，同期地方政府隐性债务规模大约在 30 万亿～ 50 万亿元左右。多数省市债务可持续性堪忧，大约四分之一的省级财政 50% 以上的财政收入被用于债务的还本付息[①]。这仍然是未来地价（房价）上涨的重要推动因素。

五、土地财政的前景

无论是现在还是将来，土地财政都将是基础设施的重要融资模式，但是，由土地财政暴露出的现实和潜在的风险，基础设施融资模式又需要不断调整与优化，探索一条可持续的土地生财道路。

1. 土地供应不会对土地财政产生明显约束

从土地财政的未来发展看，我国土地供应量的约束并不大。由于我国城市化以及在这个过程中人均用地的节约，同时我国还有较大规模的未利用土地可以加以利用，因此，城市建设用地的供给应该是有保障的。根据我们的计算，在城镇化过程中，由于人均建设用地的节约，将能够多出 1.8 万平方公里的建设用地。另外，我国还有 40 多亿亩的未利用土地，其中包括 5.6 亿亩盐碱地，几千万亩滩涂地，完全可以改造出来更多的建设用地。根据对浙

① 楼继伟在 2020 年第五届财政与国家治理论坛上的讲话。

江和广东等省的调研情况，各级地方政府手中普遍掌握着大量依法征用的土地。以浙江省为例，截至2009年底，14个县（市、区）累计预征土地面积79861亩，部分县市预征土地的数量占政府现有存量土地总数的2倍以上[①]。广东省的县镇中，1993年开发区热时征用的土地仍然有大量的预留。

因此，如果城市建设用地仍然由地方政府统一征收，并通过招拍挂形式进行出让，则地方政府仍将可以获得大量的土地出让收益。2001～2016年，我国国有建设用地实际供应量由17.8万公顷增加到51万公顷，国有建设用地出让（招标、拍卖、挂牌）面积由9万公顷增加到20.8万公顷（见图5-11），有8年的市场出让比例超过了60%。土地出让价款也由2001年的1296亿元提高到2016年的3.6万亿元。根据《全国土地利用总体规划纲要（2006～2020年）》，2011～2020年，国有建设用地实际供应量可以达到350万公顷。我们以市场出让比例占65%计算，得到未来各年能够出让的国有建设用地面积；再以7%（预期经济增速）作为未来上地价格的增长率，计算到2020年各年的土地价格；最后，得出未来各年土地出让价款，10年合计为32万亿元。这意味着每年地方政府仍能获得3万多亿元的土地出让收入，而实际情况也的确如此。

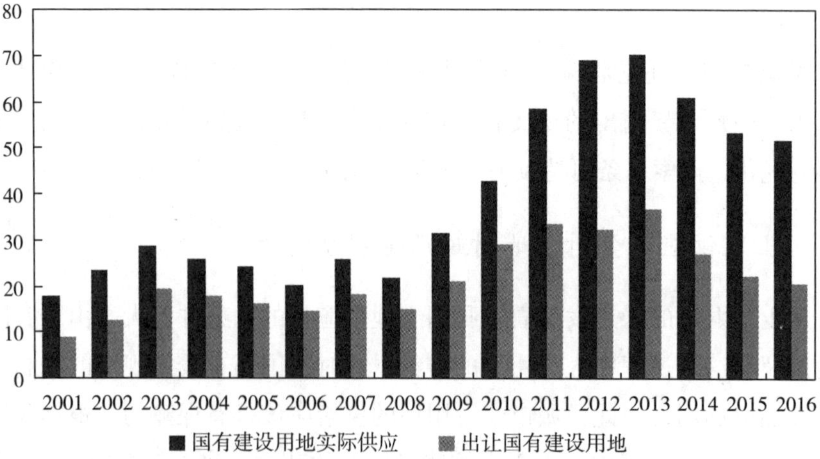

图5-11　国有建设用地实际供应量和出让建设用地量（万公顷）

资料来源：各年《中国国土资源公报》。

---

① 杜良文、吴海洋："地方政府土地经营存在的问题及风险分析"，浙江省审计厅网站2012-02-13。

2. 征地制度改革将削弱地方政府土地财政能力

土地征用是政府为了公共目的而强制取得非国有或非公有土地并给予补偿的一种行为。在许多国家，政府进行城市基础设施和公用事业建设时，可通过一定的法律形式和法律程序对所需的私有土地进行征用，但均明确提出只能为了公共利益的需要。从征用补偿来看，各国也都是站在保障被征地者利益的角度，对由于征地造成的当前和将来的、直接和间接的利益损失进行相当于被征用土地市场价格的赔偿。例如，英国的法律规定征地机构可以依据法律原则强制执行征地，但是，实际上他们的征地过程很少采用这种方式，更多的是采用同土地所有者协商，根据市场价格购买的方式。可见，成熟市场经济国家的征地是在土地产权明晰的基础上进行的，政府的公权受到严格的约束，土地价格由市场决定。

近年来，由于中央政府提高了对失地农民利益的保障水平的要求，地方政府征地拆迁成本已经大幅度增加，土地财政的边际收益显著下降。2020 年 1 月新修订的《土地管理法》删除了“任何单位或个人需要使用土地的必须使用国有土地的规定”，增加规定农村集体建设用地可以通过出让、出租等方式直接交易，同时，对土地征收范围也有了更加严格的限制。未来的改革更加不利于地方政府轻松获得土地及其收益。第一，打破土地制度二元结构的现状，实行农村集体土地和城市建设用地的“同地、同价、同权”；第二，严格界定公益性和经营性建设用地，限制政府行政性征地的范围；第三，非公益性的用地需求通过农村集体建设用地直接进入市场加以解决，而不必经过地方政府的征地环节；第四，对公共目的用地，按市场价进行赔偿。这些改革措施的推进，将使得地方政府很难再通过“低吸高抛”的方式赚取价差，土地出让收入下降局面将会出现。地方政府的土地出让可能变得越来越无利可图。

3. 土地税收及收费在资本性支出中的作用将会提高

在上述改革背景下，土地财政将逐步由出让收入为主向出让收入和税收收入兼备转型[①]。2001 ～ 2020 年，我国土地税收占地方财政收入的比例最高

---

① 土地出让收入的性质是土地使用权的价格，即政府凭借土地所有者身份对使用权受让人收取的地租；而土地税收是政府作为社会管理者在土地保有、交易等环节强制征收的。二者一个是“租”，一个是“税”，不存在相互替代的问题。

也只有 19.7%，全部土地税收占 GDP 的比例最高只有 2.1%。与发达国家相比，还有较大的上升空间。房产税更是欧美等国县、市以下政府的主要财政来源，与之相比，我国市县政府的税收结构也有较大的调整余地。在我国现有的住房中，有 60% 的房子在房产税征收范围之内[①]。2011 年，全国城镇有 200 亿平方米的住宅可以征房产税[②]，平均房价是 6237 元 / 平方米，房产税税率是 1.2%，那么住宅部分的房产税可以达到 14900 亿元，加上商业地产已经征收的房产税 1500 亿元，整个房产税规模大体上是 16400 亿元，远高于同期土地出让净收益。未来随着住宅面积和房价的稳步增加，房产税有可能逐渐成为地方稳定的主体税种。

长期以来，我国地方政府常以本级财政收入难以满足经常性支出需要为名，把建设性支出责任推给上级政府甚至中央政府。如果我们通过法律形式明确了房产税、与土地相关的专项税以及针对房产（财产）的特别收费作为地方政府的主体财源，地方政府就拥有了相对稳定的财源用于城市的建设与运营，这对于地方政府依赖土地出让收入具有较好的替代效应；这种变化也有利于明确地方政府的支出责任，即中央政府可以要求地方政府在一般预算收入中拿出一定比例资金必须用于投资与建设，而不是像目前这样一般预算收入基本都用于了经常性支出（即所谓的吃饭财政）。

成熟市场经济国家通过特殊收费的形式解决公共基础设施和服务的建设资金问题，实际上是利用政府土地管理和规划手段，谋取公共利益的最大化。我们同样可以运用这一方法，在私人商业开发的同时，一并获得政府所需要的公用设施。即开发商进行某一项目的开发，必须要有所“捐赠”，或者在开发项目内建设公园、学校，配建一定量的中低收入者的房屋单元；或者异地投资建设一条道路或交通枢纽；或者直接向政府廉租房项目进行现金捐助。

4. 地方政府将趋于选择更为多样化的融资方式

土地出让净收益的减少，以及土地出让收入受经济波动影响较大，将影

---

① 根据中国人民大学安体富教授的方法进行计算。

② 艾经纬：“房市大衰退：中国到底有多少房子”，中国新闻网 2014 年 11 月 14 日。

响政府土地储备中心或融资平台的还贷能力，从而迫使商业银行加强对土地抵押贷款的控制。2010 年，银监会就曾要求商业银行暂停与土地有关的抵押贷款，2012 年，监管部门进一步强调土地储备贷款不得用于城市建设。尽管未来不可能完全取消土地抵押贷款，但是，商业银行将对此类贷款持谨慎态度。现有征地制度的改革也将限制地方政府通过土地抵押获得银行贷款的能力。因为，如果城郊集体土地能够直接入市交易，政府用农用地随行就市，地方政府将无法获得优质的土地资源和收益。在这种情况下，土地财政将难以持续，地方政府也将被迫从依赖土地抵押贷款向运用多元化融资方式转型。

地方政府债将得到更快的发展。根据公共财政理论，如果赋予地方政府提供本地公共产品的事权，同时也应赋予与之相适应的完整财权，而举债权是规范的分税制下各级政府应有的财权之一。发行地方债有利于转变以土地储备作为抵押支持、以银行信贷为主要资金来源的地方政府融资模式，并将地方政府融资纳入政策与法规的严格监管，增强透明度，构建融资的内在约束机制。近几年，我国地方债发行呈现暴发式增长。2017 年 5 月，财政部联合国土资源部发布 62 号文，提出为完善地方政府专项债券管理，逐步建立专项债券与项目资产、收益对应的制度，有效防范专项债务风险，从土地储备领域开展试点，发行土地储备专项债券；6 月，财政部联合交通部发布 97 号文，在政府收费公路领域开展试点，发行收费公路专项债券。这表明，在新预算法的框架下，中央政府正在探索将地方政府资本性融资全部通过发债形式实现，并纳入预算管理。

公私合作方式将进一步拓展。公私合作伙伴实质上就是形成公私联营的项目结构，其基本特征就是公共部门与私营部门通过“项目合约”共担投资风险、共享投资收益，政府部门主要负责规划、监管、提供政策支持，而私营机构则负责具体的项目运营管理，政府部门的社会职责与私人部门的利益诉求在这一合作中各自都实现了效益的最大化。公私合作在城镇化进程中的应用也可以分为基础设施建设、公用事业提供两个方面。对于新建的基础设施，政府可以采用建设—转让—经营（BTO）、建设—经营—转让（BOT）、建设—拥有—经营（BOO）等形式与民营企业合作。对于已有的基础设施，政府可以通过出售、租赁、运营和维护合同承包等形式与民营企业合作。公用事业领域采用公私合作模式与基础设施领域有类似之处，特别是在污水处理、自来水、煤气、电力和热力供应等方面，采用公私合作的项目，一般可通过使用者付费和政府补贴相结合的方式使投资者能够收回投资并得到合理的投资回报。

城市运营商模式将得到推广。城市运营商在充分把握地方政府战略意图的前提下，充分运用市场化方式和手段，通过开发成片大面积土地，带动城市和区域经济的发展，既以自身经济利益为导向，又注意兼顾长远的社会效益。城市运营商着重于“城”的建设，对社会的参与越来越广泛，除了传统的地产开发与建设外，还涉足物业管理、社区教育、社区文化等领域，是综合考虑城市历史和文化的多样性，公用空间和自然环境整体协调性的开发模式。从这个层面来讲，优秀的城市运营商，已经担当起一个城区“执行官”的重任，直接协助市长们管理、经营一座城市，是城市的组织者和城市文明的有力推动者。推广城市运营商模式，可以打通土地一级和二级市场，在房地产开发的同时，由城市运营商同步完成市政设施建设，从而免去了土地一级开发的成本和招拍挂的复杂程序。从各地的实践来看，城市运营商减轻了地方政府的债务负担，避免了政府过度参与投资与建设，政府轻松得到了所需要的基础设施。

关键概念

基础设施　新基建　地方政府融资平台　土地财政　地方政府债务

复习与思考题

1. 基础设施对经济发展的影响是什么？
2. 为什么新基建需要发挥市场机制的作用？
3. 我国政府融资平台转型发展的路径是什么？
4. 我国土地财政的基本特征是什么？

第六章

区域投资

我国投资空间格局发生变化，重心逐步向中西部转移，但是，东部地区的投资效率要高于中西部地区。区域发展存在一定问题，区域经济发展分化态势明显，区域新旧动能转换仍有难度，部分区域发展面临较大困难，各类空间协调联动有待加强。国家“十四五”规划纲强调深入实施区域重大战略、区域协调发展战略、主体功能区战略，健全区域协调发展体制机制，构建高质量发展的区域经济布局和国土空间支撑体系。要建立健全区域战略统筹、市场一体化发展、区域合作互助、区际利益补偿等机制，提升区域合作层次和水平。

第一节 区域投资理论

一、区域投资内涵及特点

区域投资是以经济区域的物质环境为载体，以资源禀赋条件为基础，以获取经济和社会效益为目的而投入资金的行为和过程。从总体上看，区域投资是宏观投资不可分割的有机组成部分，但是，由于投资活动在空间区域范围内进行，受到时空条件的约束，因此，区域投资又有其本身的特点。

1. 地域的独立性

区域是地域空间概念，是指人类经济活动及其必需的生产要素存在和运动所依赖的载体。每一项经济和投资活动必须落实在一定的区域内，这个区域表现出与其他区域不同的自然的、社会的、经济的、文化的特质。任何一个区域与其他区域之间有着较为明显的功能差异或界线分割，各区域相对独立。由于经济规律的作用，投资活动往往超越行政管辖权的范围，这种跨行政区的区域仍然具有相对的独立性和稳定性，是区内各主要经济利益主体共同利益的结合与表现，其投资活动需要依托本区域的资源条件和资金能力，需要该区域的行政机构进行规划、协调与管理。

2. 资源禀赋差异

资源禀赋差异性主要是指自然条件的不同性。自然条件千差万别，一些地方的自然条件适于人类的生存与发展，而另一些地方就不适宜或难以适应人类的生存与发展。一些地方宜于农业生产，另一些地方则宜于工业发展，还有一些地方，资源组合效率优于其他地方。由此产生区域差异、区域位势或区位的不同，这也可以理解为自然形成的区域“级差地租”。一般说来，区域投资必须充分考虑区域资源优势，相对集中力量投入优势区位的支柱产业和主导产业，形成这些产业的相对优势，使区域资源配置达到最优化。

3. 经济极化效应

经济与投资活动的极化性表现为规模经济和集聚经济，在经济规律的作用下，资金等要素的流向总是趋向于使其增值或提高效率的方向。一个企业投资规模在一定限度内扩大，可得到节省单位产品成本和提高效率的好处，形成规模经济；若干个企业集中于一个地点，能为各个企业带来成本节约等经济利益，形成集聚经济。规模经济和集聚经济使得各生产要素和经济单位集结在一定空间内，形成极化点或增长极，这些极化点、增长极在极化效应的作用下，不断壮大、强化，从而形成以城市为极化中心的区域经济。

4. 中心城市功能

中心城市在经济上有着重要的地位，通常具有经济枢纽的支配与组织能力，可以引导和协调各种经济关系，渗透和带动周边地区经济发展。通过中心城市的功能疏解、产业扩散、要素流动，可以形成相互兼容和融合的产业分工和城市体系，增强区域整体发展能力和效率。提高中心城市的带动作用一方面能在高端产业和服务上产生新的集聚效应，另一方面把中低端生产、服务功能辐射扩散到周边城市，推动形成大中小城市分工合理、优势互补、各具特色的协同发展格局。因此，区域投资通常会更多地投向中心城市，强化中心城市的功能，不断增强其带动作用，获得区域综合效益。

5. 协同发展要求

区域协同发展旨在通过不同区域的资源共享、共同规划，解决不同地区发展不均衡的情况。通过区域间各个领域的合作，弥补资源分配不平衡的问题，实现资源的高效利用，提高产业生产效率。按照区域协同发展要求，要不断完善资本的区域分工，优化空间布局，加强优势互补，释放经济发展潜力，形成更有效率、更加公平、更可持续的区域协调发展新格局。加快建立全国统一开放、竞争有序的资本市场体系，清理和废除妨碍资本在不同地区流动的规定和做法，打破地区封锁和垄断，促进资本要素跨区域有序自由流动，形成有利于推动区域协调发展的投资环境。

二、区域投资的理论基础

1. 经济区域划分

（1）农业区位论

冯·杜能在1826年完成的《孤立国与农业和国民经济的关系》一书中提出，农业土地利用类型和土地经营集约化程度，不仅取决于土地的天然特性，更重要的是依赖于当时的经济状况和生产力发展水平，其中特别取决于农业生产地到农产品消费地（市场）的距离。农业收益与运输距离成反比，运输的距离越远，获得的利润越少，反之亦然。距离市场越近，区位地租就越高，即农民支付给土地所有者的就越多，这就刺激农民增加资本和劳动投入来提高单位土地面积的产量。在利润最大化的目标驱动下，产品种植将形成以城市为圆心的带状分布，即围绕城市构成一系列同心圆，被称为“杜能圈”或“杜能环”。在距离城市最近的地方，运输便利，宜实行集约经营；而在距离市场较远的地方宜实行粗放经营，形成由近及远的圈层分布。杜能的理论并不只是停留在农业区位论上，而且也提出了关于城市和工业区位问题，他指出，为了获得最大的国民收入，各城市按其大小和相互间的距离合理布局在一国之中，而且满足这一原则的城市区位应该是能使工厂以最低廉的成本生产，产品以最低廉的价格到达消费者手中。

（2）工业区位论

1909年，德国经济学家阿尔弗雷德·韦伯在其《论工业区位》一书中首次系统地论述了工业区位理论。韦伯理论的中心思想就是区位因子决定生产场所，将企业吸引到生产费用最小、节约费用最大的地点。他认为，运输成本和工资是决定工业区位的主要因素。韦伯将影响工业区位的因素分为两类：区域性因素和集聚因素。工业是如何布局于各个区域的，受区域性因素影响；而在工业区域内，厂商为什么集中于此地而非彼处，则受集聚因素影响；工业在某个地方集中是集聚力和分散力相互作用直至均衡的结果。集聚力受技术发展、劳动力组织变化、市场化因素及经济环境因素影响，分散力则可归结为伴随工业集聚而带来的地租增长的影响。韦伯设计了一个集聚函数，精确地表达大工业单元对小工业单元的吸引程度。其理论的主要思想是，区位因素决定生产场所，即生产费用最低、经济效益最大的地点。他认为运费、劳动费用以及集聚等因素是工业区位指向的决定性因素。

2. 区域分工

（1）比较优势理论

比较优势可以表述为在两国之间，劳动生产率的差距并不是在任何产品上都是相等的。每个国家都应集中生产并出口具有比较优势的产品，进口具有比较劣势的产品（即“两优相权取其重，两劣相衡取其轻”），双方均可节省劳动力，获得专业化分工提高劳动生产率的好处。大卫·李嘉图在其代表作《政治经济学及赋税原理》中提出了比较优势理论。一国在两种商品生产上较之另一国均处于绝对劣势，但只要处于劣势的国家在两种商品生产上劣势的程度不同，处于优势的国家在两种商品生产上优势的程度不同，则处于劣势的国家在劣势较轻的商品生产方面具有比较优势，处于优势的国家则在优势较大的商品生产方面具有比较优势。两个国家分工专业化生产和出口其具有比较优势的商品，进口其处于比较劣势的商品，则两国都能从贸易中得到利益。也就是说，两国按比较优势参与国际贸易和进行分工，两国都可以提升福利水平。

（2）要素禀赋理论

瑞典经济学家赫克谢尔与俄林认为各国或地区资源禀赋条件不同，是产生区域分工的基本原因。由于国外和国内各地区生产要素禀赋的不同，因此各地区的各种生产要素彼此是不能代替的，各地区生产的商品所包含的要素密集程度不同，可以大致分为劳动密集型、资本密集型、土地密集型、资源密集型或技术密集型商品。俄林认为，国际分工、国内分工和商品流向应是劳动力丰裕的国家或地区集中生产劳动密集型产品，出口到劳动力相对缺乏的国家或地区。而资本丰裕的国家或地区应生产资本密集型产品，出口到资本相对缺乏的国家或地区。这样既能刺激国际贸易或区域贸易的产生，又决定了国际和国内工业区位的形成。

（3）阶梯比较优势

巴拉萨根据新古典贸易理论提出了阶梯比较优势论。他预期各国进出口商品结构和比较优势会随着生产要素积累的状况而改变。国际分工的类型和经济发展阶段之间排列着许多阶梯。更新发展阶梯的过程是连续的而非中断的。按发展阶梯划分，属第一阶梯的是发达国家；属第二阶梯的是新兴工业化国家，如亚洲“四小龙”和拉美的巴西、阿根廷和墨西哥；属第三阶梯的是次级新兴工业化国家和地区；最后是其他发展中国家和地区。阶梯比较优势呈现出动态演变的过程，各国按照比较优势发展出口，能够取代已发展至更高阶梯的国家原来的出口。在阶梯式发展的格局中，发达国家和新兴工业化国家将分别发展起各自的新兴产业，同时将失去优势的产业转移给较低发展阶段的国家。

3. 区域开发

（1）增长极理论

增长极理论最早由弗朗索瓦·佩鲁提出，汉森对这一理论进行了系统的研究和总结。该理论认为受力场的经济空间中存在着若干个中心或极，产生类似“磁极”作用的各种离心力和向心力，每一个中心的吸引力和排斥力都产生相互交汇的一定范围的“场”。增长极可以是部门的，也可以是区域的。区域经济的发展主要依靠条件较好的少数地区和少数产业带动，应把少数区位条件好的地区和少数条件好的产业培育成经济增长极。通过增长极的极化和扩散效应，影响和带动周边地区和其他产业发展。增长极的极化效应主要表现为资金、技术、人才等生产要素向极点聚集；扩散效应主要表现为生产要素向外围转移。在发展的初级阶段，极化效应是主要的，当增长极发展到一定程度后，极化效应削弱，扩散效应加强。增长极理论主张通过政府的作用来集中投资，加快若干条件较好的区域或产业的发展，进而带动周边地区或其他产业发展。

（2）点轴开发理论

点轴开发理论最早由波兰经济学家萨伦巴和马利士提出，重视“点”（中心城镇或经济发展条件较好的区域）增长极作用的同时，还强调“点”与“点”之间的“轴”即交通干线的作用，认为随着重要交通干线如铁路、公路、河流航线的建立，连接地区的人流和物流迅速增加，生产和运输成本降低，形成了有利的区位条件和投资环境。产业和人口向交通干线聚集，使交通干线连接地区成为经济增长点，沿线成为经济增长轴。在国家或区域发展过程中，大部分生产要素在“点”上集聚，并由线状基础设施联系在一起而形成“轴”。该理论十分看重地区发展的区位条件，强调交通条件对经济增长的作用，认为点轴开发对地区经济发展的推动作用要大于单纯的增长极开发，也更有利于区域经济的协调发展。

（3）网络开发理论

网络开发理论是点轴开发理论的延伸。该理论认为，在经济发展到一定阶段后，一个地区形成了增长极即各类中心城镇和增长轴即交通沿线，增长极和增长轴的影响范围不断扩大，在较大的区域内形成商品、资金、技术、信息、劳动力等生产要素的流动网及交通、通讯网。在此基础上，网络开发理论强调加强增长极与整个区域之间生产要素交流的广度和密度，促进地区经济一体化，特别是城乡一体化；同时，通过网络的外延，加强与区外其他区域经济网络的联系，在更大的空间范围内，将更多的生产要素进行合理配置和优化组合，促进更大区域内经济的发展。网络开发理论宜在经济较发达地区应用。由于该理论注重于推进城乡一体化，因此它的应用，更有利于逐步缩小城乡差别，促进城乡经济协调发展。

4. 区域协同

（1）区域公共产品

所谓区域公共产品，就是根据公共产品的外溢性范围不同而划分出来的一种公共产品类型[①]。跨域性的存在是区域公共产品区别于传统公共产品的本质特征。这使得区域公共产品除了具备传统公共产品的非竞争性与非排他性以外，还具有体现自身特征的典型特点[②]。由于区域内各行政主体追求自身利益的最大化，决定公共产品的提供很少考虑其他区域的需要，造成区域性公共产品供给过剩或不足。地方政府参与区域公共产品的供给也是基于自身利益的诉求，如果其从区域公共产品供给中获得的利益足够大，那么其就有合作的动力；如果其从区域公共产品供给中获得的利益较小，那么其合作的动力也就比较弱。如果地方政府不合作取得的利益反而大于合作取得的利益，那么其不合作的行为取向就会更为明显。根据区域公共产品外溢性的不同，地方政府合作的动机也会有所不同。公共产品溢出效应会抑制区域公共产品供给的积极性，造成供给不足。如果是对区域内不同地区都具有正外部性的区域公共产品，地方政府之间合作的动机就会比较强，都努力想使这种正的外部性惠及本地区；如果仅是对部分地区具有外部性很强的区域公共产品，地方政府间合作的动机就会比较弱，例如，流域的污染治理，上游政府合作的动机就不如下游政府要求合作的动机强烈。

（2）集体行动困境

1965年，美国著名经济学家曼库尔·奥尔森（M.Olson）在《集体行动的逻辑》一书中阐述了个人理性不是实现集体理性的充分条件，其原因是理性的个人在实现集体目标时往往具有搭便车的倾向。奥尔森对传统的集体行动观提出了质疑，认为由具有相同利益的个人所形成的集体是要为他们的共同利益而行动的提法是不正确的，“除非一个集团中人数很少，或者除非存在强制或其他特殊手段以使个人按照他们的共同利益行事，有理性的、寻求自我利益的个人不会采取行动以实现他们共同的或集团的利益”[③]。在奥尔森看来，集团的共同利益实际上可以等同或类似一种公共产品，任何公共产品都具有供应的相联性与排他的不可能性两个特性。公共产品的两个特点决定集团成员在公共产品的消费和供给上存在搭便车的动机。一方面，由于公共

---

① 徐兰飞：“区域公共产品供给的地方政府间合作研究”，http://www.china-reform.org/。

② 王佃利、王玉龙、苟晓曼：“区域公共物品视角下的城市群合作治理机制研究”，《中国行政管理》2015年第9期。

③ 曼库尔·奥尔森：《集体行动的逻辑》，上海三联书店1996年版，第2页。

产品消费的非排他性使得集团成员认为即使不为公共产品的生产和供应承担任何成本也照样可以享用；另一方面，当集团成员越多，个体就会产生“有我没我影响不大”的消极心理，从而对公共产品的生产采取漠不关心的态度[①]。奥尔森的分析还表明，当集体人数较少时，集体行动比较容易产生；然而，随着集体人数的增大，产生集体行动就越来越困难。因为在人数众多的大集体内，要通过协商解决如何分担集体行动的成本是十分不容易的。而且人数越多，人均收益就相应减少，搭便车的动机便越强烈，搭便车的行为也越难被发现。小团体较能成功解决集体行动问题，对于区域间协作来讲也是这样，贪多求大往往不容易成功。

（3）利益分享与补偿

区域合作的核心是利益的分配问题。如果各方利益主体不能在合作中实现其预期收益并平等享有经济成果，这种机制便不能被参与者普遍认同。区域合作机制不仅要调整旧的不合理的利益关系和格局，更重要的是通过平等、充分的磋商和博弈构建一种和谐均衡的利益关系和利益格局。

但是，在区域合作结构中，总会有优势一方，有些地区可能必须从某些产业中退出，去重新定位自己的优势产业，而另一些地区则可以乘机扩大市场和规模，进一步壮大自身的产业优势；有些地区生产的可能是低附加值的上游产品，有些地区生产的可能是高附加值的下游产品，于是发生了地区利益从劣势一方流向优势一方的问题。这就需要合作优势一方给予劣势一方以必要的补偿，让区域内所有地区共享合作的收益，否则，合作关系就会破坏，彼此利益都会受损。因此，区域经济合作的形成和有效运作，需要有与之相适应的区域利益共享与平衡机制，即区域各方在平等、互利、合作的前提下，规范各方之间的利益转移，以实现整体利益在地区间的合理分配，使这些地区同样享受到协同调整后效率提高所增加的利益，从而减少产业协同调整可能遇到的阻力。

利益分享机制强调地区之间既竞争又合作，并在此基础上实现产业利益的地区分享，强调在市场关系基础上形成一种新型的地区经济关系，并在

① 陈潭：“集体行动的困境：理论阐释与实证分析”，http://huangcun3625169.blog.163.com/blog.

平等、互利、合作的基础上促进各地区的共同富裕[①]。利益分享机制可以看作区域利益的事前协调，即通过区域各方事先协商一致达成一定的区域协定或区域公约，使区域各方都具有同样的发展机会和分享经济利益的权利，体现机会均等和公平竞争。利益平衡机制则是通过规范的制度建设，实现区域合作各方的利益转移和利益在地区间的合理转移。它是对区域利益的一种事后协调，使参与分工而蒙受损失的一方事后得到一定补偿，或者对区域内发展缓慢的落后地区给予一定支持。这种利益平衡机制主要表现为建立规范的财政转移支付制度。作为一种制度安排，应把区域合作建立在上级政府对下级政府、一个区域与另一个区域的利益互补的基础之上。凡上级组织要求建立的区域合作关系，上级组织应有相关利益补偿的政策；凡一个区域与另一个区域建立的合作关系，就应让合作双方本着互惠互利的原则商议利益补偿问题。

（4）激励与约束

在区域合作的进程中，区域政府间针对区域整体发展所达成的共识，必须要以制度性的合作规则来保证。这种区域合作规则应达到两个基本要求：一是为合作行为提供足够的激励；二是对违反“游戏规则”者和机会主义者予以充分的惩罚。区域经济问题没有中央政府宏观区域政策的规范，区域合作是不可能持续、有效地推进的。上级政府是区域合作关系的倡导者、区域合作政策的制定者、区域经济利益的协调者。为了从根本上打破地区封锁的格局，上级政府首先要用政策手段对区域合作给予鼓励和支持，比如，对区域合作项目的投资给予工具性政策的倾斜，对跨区域的产业给予目标性政策的扶持，对跨区域的企业给予工具性政策的优惠。特别是在地方政府仍然延续争项目争投资思路的前提下，应该适当提高上级政府的投资协调能力。这一切将成为区域合作的原动力。同时，对于积极推进区域合作的部门和领导的政绩评价也应通过量化指标予以认可，以鼓励、保护和推动区域合作。

---

① 以基础设施建设的利益共享为例，道拉斯—福特·沃斯机场属于得克萨斯州的道拉斯和福特·沃斯两个城市所有，但坐落在第三个城市艾尔维营；纽约州和新泽西州的港务局的主要设施建在新泽西，而三个机场却建在纽约；对德国举足轻重的大海港鹿特丹不在德国本土，而是在荷兰。德国人完全可以把汉堡当成他们的主要港口，通过一条运河与莱茵河相连，但这样做的后果是会使他们受到不良交通系统的限制。

一个理性的地方政府具有在现有的制度体系内实现自身利益最大的动力和手段，而这种动力和手段来自于地方政府在地区经济发展中的职责和权力[①]。一方面，地方政府的权力不断扩大，实现自身利益最大化的手段不断增多；另一方面，在中央地方关系变革中，由于权力再分配的非规范化，中央放权行为的随意性和政策的不稳定，在客观上推动了地方政府的短期行为，也助长了地方政府任意扩张权力和利益范围的可能性。因此，必须建立对阻碍区域经济一体化行为进行约束与惩罚的机制。这个机制的构成要件有：区域合作章程中明确的行为责戒条款，包括区域合作方在合作关系中应遵守的规则，在违反区域合作条款后应承担的责任，对违反区域合作规则所造成的经济和其他方面损失应做的经济赔偿规定；建立一种区域合作冲突的协调组织，负责区域合作中的矛盾和冲突的裁定；通过相关的政策和法规对区域合作关系进行规范，对区域合作中的非规范行为做出惩罚性的制度安排[②]。例如，制定《地区关系法》《反限制竞争法》，通过法律体系，明确上一级政府对下一级政府阻碍经济一体化及地区经济合作的行为监管权力。

第二节　区域投资和发展的情况

一、区域投资的基本状况

从固定资产投资增长看，1993 ～ 2019 年，我国东部地区投资（现价）年均增长 17.9%，中部地区增长 21.5%，西部地区增长 20.3%，东北地区增长 13.6%，中部和西部地区增速高于全国平均水平，也领先于东部和东北地区，东部和东北地区低于全国平均水平。十八大以来，东、中、西和东北地区投资分别增长 10.1%、13%、11.3% 和 –4.5%，中部地区投资增长领先其他地

① 盛洪：《分工与交易——一个一般理论及其对中国非专业化问题的应用分析》，上海三联出版社 1995 年版，第 2 ～ 15 页。

② 胡书东：《经济发展中的中央与地方关系——中国财政制度变迁研究》，上海三联出版社 2001 版，第 23 页。

区，东北地区投资下降明显。从投资占全国的比例看，东部地区由1993年的51.6%下降到2019年的41.7%，下降了近10个百分点；中部地区由15.7%上升到28%，上升了12.3个百分点；西部地区由19.1%上升到26.1%，上升了7个百分点；东北地区由13.6%下降到4.2%，下降了9.4个百分点（见表6–1）。投资空间格局发生重大变化，重心逐步向中西部转移，东北地区投资失血严重。

表6-1　各地区投资占全国的比例（%）

年份	东部	中部	西部	东北	全国
1993	51.6	15.7	19.1	13.6	100.0
1994	54.1	15.6	17.5	12.7	100.0
1995	58.3	16.5	16.2	8.9	100.0
1996	57.8	16.6	16.1	9.5	100.0
1997	56.0	16.8	17.5	9.7	100.0
1998	55.2	16.0	19.3	9.5	100.0
1999	55.1	16.1	19.3	9.4	100.0
2000	53.8	16.5	20.0	9.6	100.0
2001	53.0	16.6	20.7	9.6	100.0
2002	52.3	16.9	21.5	9.2	100.0
2003	53.1	17.1	21.3	8.4	100.0
2004	52.0	18.3	21.2	8.6	100.0
2005	50.3	18.7	21.7	9.3	100.0
2006	48.0	19.8	22.0	10.3	100.0
2007	45.7	21.0	22.4	10.9	100.0
2008	43.6	22.2	22.6	11.6	100.0
2009	41.2	23.4	23.6	11.8	100.0
2010	40.2	23.7	23.8	12.3	100.0
2011	42.8	23.0	23.5	10.7	100.0
2012	41.4	23.3	24.1	11.2	100.0
2013	40.9	23.8	24.7	10.6	100.0
2014	41.0	24.4	25.4	9.1	100.0
2015	41.9	25.6	25.2	7.3	100.0
2016	42.2	26.5	26.1	5.2	100.0
2017	42.4	26.1	26.6	4.9	100.0
2018	42.3	27.1	26.0	4.6	100.0
2019	41.7	28.0	26.1	4.2	100.0

资料来源：wind数据库。

用支出法的资本形成与地区生产总值的比值计算投资率，1993 年，东部地区投资率为 48.5%，到 2017 年，下降到 46.9%，年均 47.2%。除了亚洲金融危机后的几年，东部地区投资率有所下降外，其他年份投资率保持平稳。2000 年以前，东部地区投资率高于中西部和东北地区，之后，西部地区投资率超过了东部，2006 年以后，中部和东北地区投资率也超过了东部。中部和西部地区均走出了 S 型变动曲线，西部地区上升幅度更大。中部地区投资率由 1993 年的 38.4% 提高到 2017 年的 56.9%，年均 60.5%；西部地区投资率由 1993 年的 44% 提高到 2017 年的 65.9%，年均 69.2%。2013 年以后，中西部地区投资率开始下降。东北地区投资率也在 2013 年以后出现下降，且下降幅度更大（见图 6–1）。

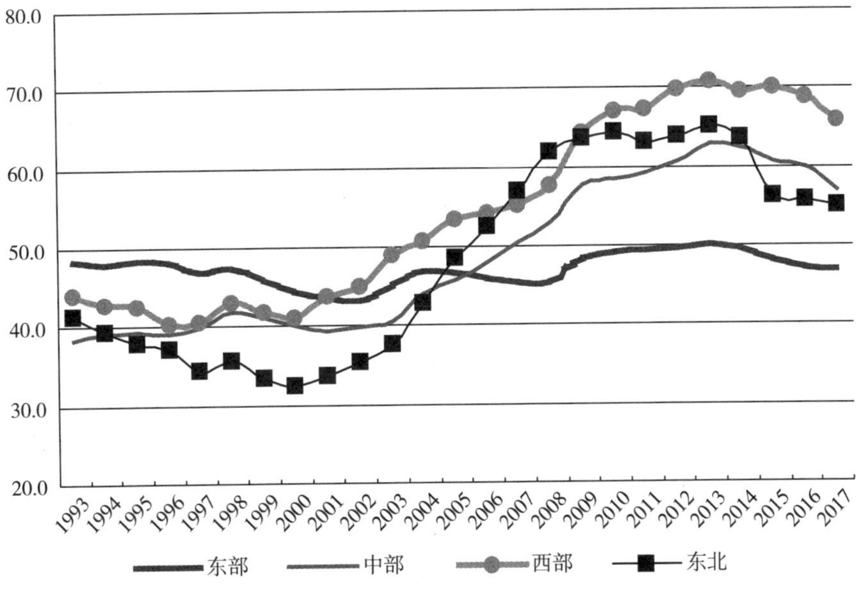

图 6-1 不同地区的投资率（%）

资料来源：wind 数据库。

再看增量资本产出率（ICOR）值，东部地区的 ICOR 值由 1994 年的 1.84 提高到 2017 年的 5.53，平均为 4.29；中部地区的 ICOR 值由 1.60 提高到 6.34，平均为 4.94；西部地区的 ICOR 值由 1.83 提高到 9.47，平均为 5.35；东北地区的 ICOR 值由 1.79 提高到 16.1，平均为 6.41（见表 6–2）。总体来讲，各地区宏观投资效率均呈下降趋势，东部地区的投资效率要高于中西部地区，东北地区投资效率最低。

表 6-2 各地区 ICOR 值

年份	东部	中部	西部	东北	全国
1994	1.84	1.60	1.83	1.79	1.79
1995	2.19	1.66	2.13	2.53	2.08
1996	3.19	2.32	2.72	2.70	2.86
1997	4.04	3.42	4.10	3.47	3.86
1998	5.82	6.41	6.34	4.89	5.92
1999	6.23	11.49	9.58	5.92	7.27
2000	3.77	6.50	3.66	3.25	4.01
2001	4.39	4.91	5.00	4.29	4.57
2002	3.97	4.47	4.68	4.49	4.21
2003	3.10	3.44	3.89	3.81	3.34
2004	2.77	2.50	2.96	3.48	2.79
2005	2.93	3.00	3.55	2.91	3.04
2006	3.15	3.19	3.49	3.42	3.24
2007	2.81	2.88	3.08	3.98	2.96
2008	3.06	3.02	3.10	3.63	3.11
2009	5.97	6.34	6.60	7.43	6.30
2010	3.27	3.28	3.79	3.66	3.41
2011	3.41	3.32	3.58	3.72	3.46
2012	6.05	6.05	5.82	6.24	6.01
2013	5.89	8.30	7.36	8.63	6.87
2014	6.50	6.92	7.96	11.91	7.23
2015	7.84	9.10	14.68	45.83	9.99
2016	5.28	8.01	9.13	-4.26	7.95
2017	5.53	6.34	9.47	16.16	6.70
平均	4.29	4.94	5.35	6.41	4.71

资料来源：wind 数据库。

二、区域协调发展的成效

改革开放以来，东部沿海地区通过设立经济特区、开放沿海城市，吸引国外资金和技术，加快对外开放步伐，推动综合实力在较短时间内得到较快提升。20世纪末，西部大开发、振兴东北地区等老工业基地、促进中部地区崛起等战略取得一定成效。党的十八大以来，京津冀协同发展、长江经济带发展、粤港澳大湾区建设、长三角一体化发展、黄河流域生态保护和高质量发展等重大战略，推动区域协调发展取得历史性成就[①]。

区域经济保持较快增长。1978～2019年，东部、中部、西部、东北地区生产总值年均分别增长11.2%、10.2%、10.1%和8.9%，东部地区经济增长高于全国平均水平，呈现东部地区引领、其他地区快速发展的良好态势。在经济快速增长的推动下，东部地区生产总值2005年突破10万亿元，2016年突破40万亿元，2019年突破50万亿元；中部和西部地区生产总值均于2011年超过10万亿元，2019年分别突破20万亿和35万亿；东北地区生产总值2012年首次超过5万亿元。与1978年相比，按不变价格计算，2019年东部、中部、西部、东北地区经济总量分别增长了76.8倍、53.8倍、51.9倍、32.9倍。

地区发展的差距趋于缩小。我国区域发展差距经历了一个由扩大到缩小的过程。改革开放之初，东部地区一马当先，在经济发展上保持领先地位。2000年以后特别是党的十八大以来，区域发展差距不断缩小。东部地区凭借自身区位优势和改革开放先发优势，继续保持较快增长；中西部地区依托丰富的资源能源生态优势，抢抓政策机遇，承接产业转移，深度融入共建"一带一路"，经济发展步伐加快，对各类要素的吸引力不断提升。2007年以后，中部和西部地区生产总值增长率超过了东部地区；2008～2019年，中部和西部地区平均增速达到10%和10.8%，分别高于同期东部地区1.1个和1.9个百分点（见表6–3）。

表6-3　四大板块地区生产总值增长率（可比价）（%）

年份	东部	中部	西部	东北
2000	10.73	8.86	8.63	8.76
2001	10.23	9.04	8.87	9.15
2002	11.63	9.78	9.74	10.06
2003	13.33	10.73	10.80	10.87
2004	14.35	12.94	12.13	12.37
2005	13.38	12.59	12.22	12.06

① 董雪兵、李霁霞、史晋川："塑造区域协调发展新格局"，《人民日报》2019年10月18日。

续表

年份	东部	中部	西部	东北
2006	13.79	12.74	12.34	13.54
2007	14.66	14.58	14.72	14.41
2008	11.13	12.52	12.19	13.52
2009	10.73	11.93	12.53	12.76
2010	12.30	13.97	13.61	13.72
2011	10.34	12.87	14.44	12.57
2012	9.16	10.98	12.92	10.20
2013	9.00	9.76	11.49	8.43
2014	8.11	8.93	9.78	5.91
2015	7.96	8.15	9.46	4.41
2016	7.55	7.99	9.21	1.85
2017	7.22	8.00	8.80	5.04
2018	6.74	7.79	8.10	5.09
2019	6.25	7.35	7.42	4.55

资料来源：wind 数据库。

区域发展的协调性有所增强。各区域充分发挥比较优势，大力加强薄弱环节，呈现增长较快、结构优化、协调性增强的良好态势。东部地区成为推动我国经济持续增长的核心区和增长极，特别是长三角、珠三角和京津冀三大都市经济圈成为引领我国区域经济发展的三大引擎。中部地区经济实力显著增强，工业拉动作用明显，近年来现代装备和高技术产业进入快速发展期，自主创新能力和产业技术水平不断提升，打造了一批具有竞争力的产业和产品。西部地区基础设施和生态环境建设取得重大进展，脱贫攻坚取得显著成效，党的十八大以来已经累计新开工西部大开发重点工程 152 项，投资总规模 3.75 万亿元，有效助力西部地区发展。

国内国际双向开放程度加深。党的十八大以来，我国以“一带一路”建设为重点，推动沿海、内陆、沿边地区协同开放。东部地区在对外开放中继续走在前列，自由贸易试验区率先挂牌运行，设立雄安新区，启动粤港澳大湾区建设，长三角一体化发展上升为国家战略。中西部地区借助西部陆海新通道，加快融入国家“一带一路”倡议，不少内陆地区成为对外开放的前沿，陆海集聚和区域联动效应加速显现，为构建陆海内外联动、东西双向互济的开放格局作出了重要贡献。东北地区积极参与“一带一路”建设，在战略规划、基础设施建设、贸易、金融和对外人文交流等方面积极融入，努力推进东北亚经济走廊建设，打造我国向北开放的重要窗口和东北亚地区合作中心枢纽。

地区的产业转型升级加速。东部地区随着我国经济发展阶段变化腾笼换鸟，在结构调整、转型升级等方面发挥引领作用，现代服务业、先进制造业、高新技术产业等成为经济发展的亮点。中西部地区充分发挥资源优势与区位优势，逐步调整区域间产业布局，加快产业整体转型升级。一些大型电子信息企业在中部地区完成产业布局，一些省市努力抢占新经济新动能培育构建的制高点。东北地区重点企业进行大规模技术改造，装备水平显著提升，重大技术装备自主化成果显著，传统优势产业竞争力不断增强。大型水轮机组、大型风电机组、大型核电机组、高速动车组、高档数控机床等在东北实现国产化。

更加强调公平与效率的统一。充分发挥市场在资源配置中的决定性作用，通过营造宽松便捷的准入环境、公平有序的竞争环境，实现资源要素有序自由流动与平等交换，激发市场主体的积极性与发展活力，提高空间要素配置效率。同时，针对一些地区特别是西部地区生态环境脆弱、发展条件不利的客观实际，高度重视老少边穷地区发展，大力实施精准扶贫，增强欠发达地区的自我发展能力，让发展成果更多更公平惠及全体人民。建成一大批重点工程，增强西部地区可持续发展能力，实施退耕还林还草、退牧还草、水土流失综合治理等重大生态工程，改善欠发达地区的生产生活条件，培育地方优势产业和特色经济。

三、区域发展存在的问题

1. 区域经济发展分化态势明显

长三角、珠三角等地区已初步走上高质量发展轨道，一些北方省份增长放缓，全国经济重心进一步南移。按可比价计算，2019 年，北方地区经济总量占全国的比重为 30.9%，比 1978 年下降了近 5 个百分点，与此同时，南方经济总量占比为69.1%，比1978年提高了近5个百分点。十八大之前，北方经济占比基本维持在33%～34%左右，近年来，北方经济在全国经济中的份额明显下降[①]。1993～2019年，北方投资占全国的比重由45.7%下降到36.6%，下降了9.1个百分点；而南方投资占比则由54.3%提高到63.4%，提高了9.1个百分点。在西部地区内部也出现明显分化。1993～2019年，西南地区投资占西部投资比例由53.9%提高到66.5%，而西北地区投资占比则由46.1%下降到33.5%，西北投资收缩显著（见图6–2）。

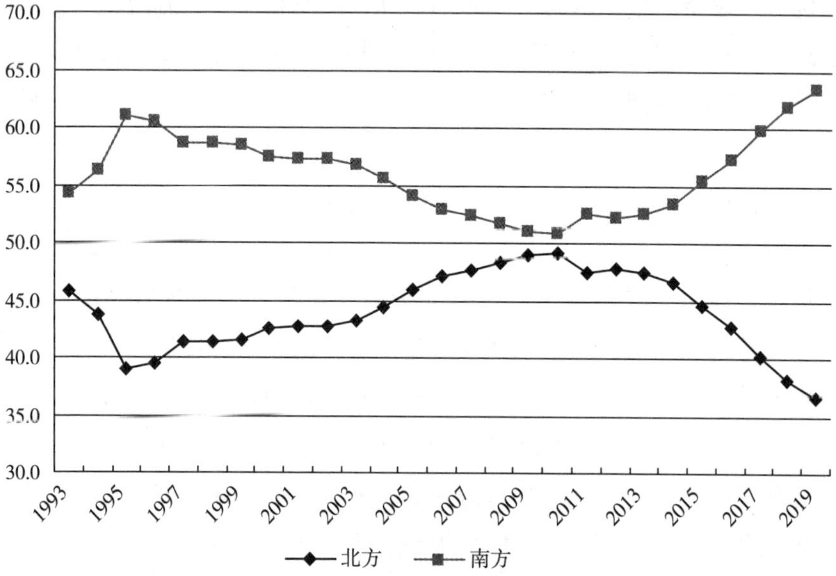

图6-2 北方和南方固定资产投资占比（%）

资料来源：wind数据库。

2. 区域新旧动能转换仍有难度

中西部区域传统优势削弱。长期以来，中西部地区依赖能源、重化工业发展，产业结构资源化、重型化特征十分突出。在增长目标的压力下，在资源红利的诱导下，各种经济要素汇聚到相关资源型产业领域，使一些资源型

① 以秦岭淮河一线作为南北分界线，北方省份有北京、天津、河北、山西、内蒙古、辽宁、吉林、黑龙江、山东、河南、西藏、陕西、甘肃、青海、宁夏、新疆等16个省区市。

地区深陷“比较优势陷阱”[①]之中。能化产业的过度发展挤占了轻工产业和其他产业的发展空间，也抑制了中西部的创新能力、高端制造业发展能力。生态功能区的生态优势、农业主产区的绿色发展优势以及人文资源丰富地区的文化优势没有被充分挖掘出来，资源优势转化为经济优势的能力还比较有限，办法还不够多，初级产品多、精深加工产品少，产业层次较低，产业链条不完整。

3. 部分区域发展面临较大困难

东北地区和西北地区发展相对滞后。1978～2019年，东北地区经济总量占全国的比重从8%下降到4.4%，常住人口减少100多万，多数是年轻人和科技人才。一些城市特别是资源枯竭城市、传统工矿区城市、省际边界城市、边疆城市的发展活力不足，人口出现明显收缩现象。这些城市地处内陆地区，基础设施条件虽然已有较大改善，但距离国内外主要市场仍然较远。教育、医疗等公共服务条件与沿海发达地区相比仍处于绝对劣势，对科技、人才、资金等要素的吸引力和集聚力偏弱。生态环境良好，但生态环境极其脆弱，一旦破坏就难以修复，保护生态环境的责任很重，部分产业发展因此严重受限。

4. 各类空间协调联动有待加强

对地方干部政绩的评价与考核过分强调与所辖地方经济增长业绩直接挂钩，以间接税为主的财政体制使得地方政府倾向于将企业留在本地发展，必然导致各地招商引资的竞争空前激烈，以及同质化无序竞争和资源错配等问题。由于大多数地区仍处于经济快速发展时期，人才、技术、资金争夺大战十分激烈，导致中高端生产要素始终处于极度短缺的状态，政府间竞争的排他性就更加强烈，保护自己的地盘不受侵犯是各地政府官员的第一本能，实现各类区域协作与联动较为困难。不同地区的行政分割仍比较明显，要素流动存在制度障碍，各区域战略目标和任务各不相同，全国性统筹规划难以实现，区域战略融合度不高，缺乏主动的沟通与联系，经济互动性较差。

---

① 资源型地区陶醉于自然资源的比较优势不能自拔，失去创新动力和能力，长期固化于产业链的低端，只能获得相对较低的附加值，最终丧失竞争力，并影响其经济发展。

第三节　区域发展战略的实施

一、区域协调发展战略演进

在我国的各个历史时期，中央都高度重视区域协调发展。新中国成立之初，中国共产党就提出优先发展内地、平衡布局生产力的战略，在投资的地区分配和项目选取上，以缩小地区差距为主。“一五”时期，苏联援建的156项重点工程，有70%以上布局在北方，其中东北占了54项。后来，毛泽东同志在《论十大关系》中提出在沿海工业和内地工业的关系问题上，要充分利用和发展沿海的工业基地，以便更有力量来发展和支持内地工业。20世纪60年代中期开展“三线”建设，为增强我国国防实力，改善生产力布局以及中国中西部地区工业化做出了重大贡献。均衡发展战略在一定程度上缓解了区域经济的不平衡状况，建立了一批初具规模、行业较为齐全的工业基地。

20世纪80年代初期，改革开放开始启动，我国实施的是向东倾斜的区域非均衡发展战略。邓小平同志提出了“两个大局”的区域发展战略：“第一个大局的着力点是让条件较好的地区先富起来，以便示范、带动和帮助其他地区；第二个大局的着力点是要缩小地区差距，最终实现共同富裕”[①]。实践证明，实施区域非均衡发展战略不仅促进了东部率先发展，进而带动了整个国民经济发展水平的提高，而且也推动了我国市场化改革的进程和全方位对外开放格局的形成。

“八五”时期以后，我国开始调整区域发展战略，将促进地区经济协调发展提到了重要的战略高度，并确立了地区协调发展的指导方针。“八五”计划指出要“促进地区经济朝着合理分工、各展其长、优势互补、协调发展的方向前进”。1995年，在制定“九五”及到2010年的规划中，中央提出了经济和社会发展贯彻的重要方针，即“坚持区域经济协调发展，逐步缩小地区发展差距”。1997年，党的十五大报告对促进地区协调发展提出了明确的规定，并强调要“从多方面努力，逐步缩小地区发展差距”，以促进地区经

---

① 《邓小平文选》（第二卷），人民出版社1994年版，第152页。

济合理布局、协调发展。

进入新世纪，区域协调发展进入战略构建时期。1999 年底中央决定实施西部大开发，我国的区域经济发展进入东部支援西部的新的时期。这一时期，基础设施建设取得突破性进展，大规模的交通基础设施建设，改变了西部闭塞的状况。2002 年，中央提出实施振兴东北等老工业基地，战略核心是对东北等老工业基地进行技术改造，提升发展能力。以国有企业改组改制的体制机制创新也取得了很大的进展。2004 年，中央开始实施中部崛起战略，中部地区以承接产业转移为核心，发展现代制造业。为此，国家在安徽皖江城市带、湖南湘南、湖北荆州等地建设了国家级承接产业转移示范区，取得了明显的成效。

在西部大开发、东北振兴、中部崛起等区域发展战略实施之后，一个覆盖全部国土的区域发展战略开始形成，这就是区域发展总体战略。2004 年政府工作报告提出"要坚持推进西部大开发，振兴东北地区等老工业基地，促进中部地区崛起，鼓励东部地区加快发展，形成东中西互动、优势互补、相互促进、共同发展的新格局"，标志着全国进入区域协调发展的新阶段。2007 年，党的十七大明确提出要持续实施区域发展总体战略；同时，加强国土规划，按照形成主体功能区的要求，完善区域政策、积极调整布局。

党的十八大之后，中央提出在继续推进实施区域发展总体战略的同时，提出了"一带一路"倡议并谋划布局并推动实施了京津冀协同发展、长江经济带发展三大战略，统筹东中西、协调南北方，进一步优化经济发展空间格局[①]。通过三大战略引领，实现四大板块和三大战略融合，推动形成沿海沿江沿线经济带为主的纵向横向经济轴带，促进区域协调发展。

党的十九大报告将区域协调发展战略提升到十分重要的地位，这个战略既不同于以往也有别于国外所谓的"均衡战略"，它追求的目标不单纯是地区差距的缩小，更重要的是突出地区合力和竞争力，既鼓励地区之间合作和对口帮扶，又鼓励地区之间适度竞争，特别是强调打破市场分割推动区域一体化。通过区域竞争合作，形成"发达地区带动不发达地区、城市带动乡

---

① 石碧华："改革开放 40 年中国区域发展战略的演变及成效"，中国社会科学网－中国社会科学报 2018 年 11 月 21 日。

村、中心城市引领城市群继而带动区域发展”的区域协调发展新模式，这可以称作“新时代有竞争力的区域协调发展战略”，是一个新战略阶段的开始[①]。

国家“十四五”规划纲要则强调深入实施区域重大战略、区域协调发展战略、主体功能区战略，健全区域协调发展体制机制，构建高质量发展的区域经济布局和国土空间支撑体系。加快推动京津冀协同发展，全面推动长江经济带发展，积极稳妥推进粤港澳大湾区建设，提升长三角一体化发展水平，扎实推进黄河流域生态保护和高质量发展。深入推进西部大开发、东北全面振兴、中部地区崛起、东部率先发展，支持特殊类型地区加快发展，在发展中促进相对平衡。坚持陆海统筹、人海和谐、合作共赢，协同推进海洋生态保护、海洋经济发展和海洋权益维护，加快建设海洋强国。

二、重大区域发展战略引领

1. 京津冀协同发展

（1）主要进展

京津冀协同发展是推进我国现代化区域经济协调发展的重要战略。2015年4月30日，中共中央政治局审议通过《京津冀协同发展规划纲要》。纲要指出，推动京津冀协同发展是一个重大国家战略，核心是有序疏解北京非首都功能，要在京津冀交通一体化、生态环境保护、产业升级转移等重点领域率先取得突破。京津冀地区同属京畿重地，濒临渤海，背靠太岳，携揽“三北”，战略地位十分重要，是我国经济最具活力、开放程度最高、创新能力最强、吸纳人口最多的地区之一，也是拉动我国经济发展的重要引擎。推动京津冀协同发展，是加快转变经济发展方式、培育增长新动力和新的增长极、优化区域发展格局的现实需要，有利于破解首都发展长期积累的深层次矛盾和问题，优化提升首都核心功能，走出一条中国特色解决“大城市病”的路子。

---

① 陈耀：“中国区域发展呈现新态势”，《中国经济时报》2019年3月19日。

北京非首都功能疏解取得较大进展。2015 ～ 2019 年，北京市累计退出一般制造业企业 4388 家，疏解或提升各类市场和物流中心 1209 个，2019 年拆违腾退土地 5706 公顷、还绿 1686 公顷。随着疏解力度加大，北京市常住人口规模保持连续三年净减少，2017 ～ 2019 年累计减少人口 19.3 万人。产业转移协作多点开花。京津冀三地相互投资规模从 2014 年的 1592.5 亿元增长到 2018 年的 4331.2 亿元，五年期间增长了 1.72 倍；同时，北京对津、冀投资占三地相互投资总额的 77.7%。京津冀协同创新快速推进，三地建立成果转化对接与技术转移转让绿色通道，完善科技创新投融资体系，支持三地科技成果转移转化。交通一体化全面加速，京张高铁、京雄城际北京段、北京大兴国际机场等重点工程已经建成投入运营。大气污染防治效果明显，2019 年，京津冀地区的 PM2.5 平均浓度与 2015 年相比下降 36%，京津冀及周边地区“2+26”城市的空气质量明显改善，平均优良天数比例达到 53.2%，PM2.5 平均浓度为 57 微克 / 立方米。

（2）存在的挑战

京津冀协同发展还存在着一些值得高度重视的困难，主要包括：一是继续推进北京非首都功能疏解需要克服更多的困难。北京市疏解整治促提升专项行动积累了一些社会矛盾，遇到来自基层民众的阻力增多增大。限于行政隶属关系，中央和国家机关下属服务机构和企业总部向外疏解的实施难度较大。二是北京城市副中心高端产业集聚能力不足。由于相关服务配套不到位，北京城市副中心短时间内还难以吸引“城六区”高端要素和业态转移。三是雄安新区开发建设的资金尚未得到有效解决。城市投融资模式不够清晰，社会资本参与度并不高，中央专项资金毕竟有限，地方政府财政压力比较大。四是大气污染治理效果巩固提升面临较大困难。目前，三地大气污染治理效果虽然显现，但每年仍然有一段时间会频繁遇到大气重度污染天气和沙尘天气。五是公共服务共建共享面临比较多的体制机制障碍。京津冀基本公共服务不仅存在明显的发展水平差距，还存在政策、标准、监管体制、福利待遇等方面差异和障碍，从而导致了北京优质服务资源难以近距离向京外周边地区辐射扩散[①]。

---

① 叶振宇等：“‘十四五’京津冀协同发展的形势与思路”，《发展研究》2020 年第 11 期。

2. 长三角一体化发展

（1）主要进展

长三角地区是我国经济发展最活跃、开放程度最高、创新能力最强的区域之一，在国家现代化建设大局和全方位开放格局中具有举足轻重的战略地位。推动长三角一体化发展，增强长三角地区创新能力和竞争能力，提高经济集聚度、区域连接性和政策协同效率，对引领全国高质量发展、建设现代化经济体系意义重大。长三角地区包括上海市、江苏省、浙江省、安徽省全域，面积35.8万平方公里，经济实力较强，经济总量约占全国1/4。

2016～2019年，长三角区域GDP增速分别为7.7%、7.5%、7.0%和6.5%，均高于同期全国GDP增速；长三角区域人均GDP突破10万元，由7.98万元提高至10.45万元。2019年，长三角区域GDP总量占全国23.9%，比重较2015年提高0.6个百分点，区域外贸进出口总额占全国35.8%，比重较2015年提高0.6个百分点，实际利用外资总额766.7亿美元，占全国比重达55.5%。长三角区域产业发展具有较好的梯度差异性。其中，上海第三产业比重高达70%以上，为服务经济主导型产业结构；江苏和浙江呈现服务业和工业基本并重的“三二一”型产业结构；安徽为“二三一”型产业结构。长三角区域制造业门类齐全、集群优势明显，特别是在电子信息产业、装备制造业、汽车产业、纺织服装产业、医药产业、化工产业、钢铁产业等产业中具备较强的优势。2019年，长三角区域的汽车产量占全国的20.9%，钢材产量占全国的18.8%，微型电子计算机产量占全国的28.4%。创新产业融合发展，2018年，沪苏浙皖九城签订长三角地区共建“G60科创走廊”战略合作协议，相继落实工业互联网协同发展、一网通办、科学仪器开放共享、产业联盟等一系列一体化合作项目和载体。基础设施联通发展，长三角区域高速公路、跨江跨海大桥、高铁等交通重大基础设施已形成较高密度的网络布局，并在重大项目推动下形成了较好的一体化基础，特别是高铁网建设进一步提升区域同城化程度。

（2）存在的问题

区域生态问题严峻。由于城市人口不断集聚，生活废弃物以及工业废弃物的排放，导致各种生态问题频繁出现，生态系统功能退化，城市环境趋于恶化。大气酸雨、工业废水排放、土壤污染等跨界污染问题频发，城市群内部环境污染严重，生态退化明显。城市建设无序蔓延。大量出售土地，粗放式、无规划的盲目设立开发区、新城以及工业园区，导致城市无序扩张，生态环境遭到破坏。规划建设上急功近利，目光短浅，为了所谓的面子工程，公共基础设施建设雷同甚至重复，未能从城市群一体化协同发展的角度出发，建设区域性的港口、机场、高速公路以及其他大型公共基础设施[①]。国际竞争力有待加强。上海作为“龙头”的扩散效应不足，江苏、浙江对上海的经济联系仍然不够紧密，安徽尚未深度融入长三角地区。市场壁垒和制度性障碍仍然存在。长三角覆盖“三省一市”四个省级行政区，不同行政区在标准、政策和规范等方面尚未统一，仍然存在地区差异。行政区经济本身也存在排他性特征，各种市场准入门槛依然存在，市场分割未能完全根除，增加了资源流动和自由配置的难度。

3. 粤港澳大湾区建设

（1）主要进展

粤港澳大湾区包括香港、澳门、广州、深圳等珠三角九市在内，整体区位优势显著、自然环境得天独厚，作为中国改革开放最前沿，长期以来是我国市场化程度和国际化水平最高、经济活力最强、创新驱动发展全国领先的重要区域之一，该区域以不到全国 1% 的土地面积、5% 的人口创造了全国约 12% 的 GDP，在国家发展大局中具有重要战略地位。建设粤港澳大湾区，既是新时代推动形成全面开放新格局的新尝试，也是推动“一国两制”事业发展的新实践。打造粤港澳大湾区，建设世界级城市群，有利于丰富“一国两制”实践内涵，进一步密切内地与港澳交流合作，为港澳经济社会发展以及港澳同胞到内地发展提供更多机会，保持港澳长期繁荣稳定；有利于进一步深化改革、扩大开放，建立与国际接轨的开放型经济新体制，建设高水平参与国际经济合作新平台。

大湾区建设在粤港澳三地规则对接层面进展迅速。广东在 CEPA 框架下

① 王伟光、唐晓岚：“关于长三角城市群一体化协同发展的思考与建议“，《中国集体经济》2019 年第 19 期。

积极争取扩大港澳资金融机构业务范围，扩大教育、文化、医疗、法律、建筑、航运等专业服务业市场准入。广东推进食品标准互认，对供港澳食品农产品推行直通放行制度，推动大湾区内地“菜篮子”生产基地产品直供港澳。广州、深圳签署深化战略合作框架协议，携手共建“改革创新协同发展示范区”，推动制度创新共建、共享、共创，促进协同联动发展。积极推动深莞惠联动、珠江口东西两岸融合互动、广佛“极点带动”、广清一体化，更好地带动周边城市发展。连接大湾区东西两岸的南沙大桥正式建成通车，极大缓解珠江口东西两岸的交通压力，促进区域间人流、物流等生产要素的快速流动。深中通道海底隧道开建，工程建设正在全力推进，未来将实现深中通道与广深沿江高速、宝安机场、大铲湾港区、大空港区之间的快捷交通转换。粤澳新通道建设加快推进，将按时保质竣工，建成后将有助于纾解拱北口岸的通关压力，实现澳门北区与广珠城际的便捷对接。目前广东正加速构建航运基础设施网络，深圳机场卫星厅、珠海机场改扩建项目开工建设，广州白云国际机场三期扩建、深圳机场三跑道扩建、新建珠三角枢纽（广州新）机场等项目工作进展顺利。在科研体制对接方面，广东支持港澳高校和科研机构参与广东省财政科技计划，首次实现省财政科研资金跨境使用。广东有序向港澳开放重大科研基础设施和大型科研仪器，国家超算广州中心已向港澳地区用户提供服务；建成广东省科技资源共享服务平台（粤科汇），汇聚全省大型科学仪器，并向多所港澳高校、科研院所开放共享。

（2）存在的挑战

粤港澳大湾区发展也面临诸多挑战。当前，世界经济不确定不稳定因素增多，保护主义倾向抬头，大湾区经济运行仍存在产能过剩、供给与需求结构不平衡不匹配等突出矛盾和问题，经济增长内生动力有待增强。在“一国两制”下，粤港澳社会制度不同，法律制度不同，分属于不同关税区域，市场互联互通水平有待进一步提升，生产要素高效便捷流动的良好局面尚未形成。大湾区内部发展差距依然较大，协同性、包容性有待加强，部分地区和领域还存在同质化竞争和资源错配现象。香港经济增长缺乏持续稳固支撑，澳门经济结构相对单一、发展资源有限，珠三角九市市场经济体制有待完善。区域发展空间面临瓶颈制约，资源能源约束趋紧，生态环境压力日益增大，人口红利逐步减退。

4. 长江经济带发展

（1）主要进展

长江经济带覆盖上海、江苏、浙江、安徽、江西、湖北、湖南、重庆、四川、云南、贵州等 11 个省市，面积约 205.2 万平方公里，占全国的 21.4%，人口和生产总值均超过全国的 40%。2016 年 9 月，《长江经济带发展规划纲要》正式印发，确立了长江经济带“一轴两翼三极、多点”的发展格局。2018 年 11 月，中共中央、国务院明确要求：充分发挥长江经济带横跨东中西三大板块的区位优势，以共抓大保护、不搞大开发为导向，以生态优先、绿色发展为引领，依托长江黄金水道，推动长江中下游地区协调发展和沿江地区高质量发展。

生态环境保护修护持续改善。一系列针对生态环境保护修护的专项行动得以有效开展，长江流域 I–III 类断面比例由 2016 年的 82.3% 提高到了 2020 年的 96.3%。“十三五”期间，长江流域累计新增治理水土流失面积 9.88 万平方公里，长江经济带累计搬改关转化工企业 8091 家。2017 ～ 2020 年，共计腾退长江岸线 158 公里，彻底整改长江干线非法码头 1361 座。1318 万亩土地造林绿化，长江生态屏障得以巩固。经济指标稳步提升。2019 年，长江经济带地区生产总值 45.8 万亿元，增长 6.9%，总量已占全国 46.2%。创新驱动发展持续向好。国家自主创新示范区、国家级科技创新平台（中心）、综合性国家科学中心、创新型省份加快建设。产业转型升级不断加快。开发开放程度不断深化。目前，我国已挂牌的 18 个自贸区中，有 7 个位于长江经济带，这是长江经济带对外开发开放的重要平台和窗口，是推动区域经济“引进来”和“走出去”的主要支撑。综合立体交通走廊加快建设。“铁水公空”多式联运协调发展，现代化综合立体交通走廊基本成型，“黄金水道”的优势和效益开始显现。5 万吨海船可直达南京，万吨轮船可达武汉，3000 吨级船舶可常年通达重庆。

（2）存在的挑战

一是对长江经济带发展战略仍存在一些片面认识，没有辩证看待经济发展和生态环境保护的关系，在抓生态环境保护上主动性不足、创造性不够，思想上的结还没有真正解开。二是生态环境形势依然严峻。流域生态功能退化依然严重，接近30%的重要湖库仍处于富营养化状态。沿江产业发展惯性较大，污染物排放基数大。长江岸线、港口乱占滥用、占而不用、多占少用、粗放利用的问题仍然突出。三是生态环境协同保护体制机制亟待建立健全。统分结合、整体联动的工作机制尚不健全，生态环境保护制度尚不完善，市场化、多元化的生态补偿机制建设进展缓慢，生态环境硬约束机制尚未建立。四是流域发展不平衡不协调问题突出。长江经济带横跨我国东中西部，地区发展条件差异大，基础设施、公共服务和人民生活水平的差距较大。区域合作虚多实少，城市群缺乏协同，带动力不足。

5. 成渝地区双城经济圈建设

推动成渝地区双城经济圈建设，在西部形成高质量发展的重要增长极，这标志着成渝地区已经成为国家在西部最为重要的战略空间。成渝地区双城经济圈建设有利于优化国家区域经济布局，拓展国家战略空间；有利于深入实施区域协调发展战略，引领西部经济发展；有利于优化国家对外开放格局，构筑内陆开放高地。

从成渝双城经济圈的发展情况看，城镇格局不断优化，核心城市实力不断增强，2020年，重庆市和成都市生产总值分别排名全国第5和第7位。成德眉资同城化取得实质进展，四川百万人口大城市增加到7个，6个城市进入西南地区54个地市生产总值排名前十名。基础设施基本联通。川渝两地间交通网络不断加密，连接主要城市的高铁、高速、航道、机场建设不断加快。成都、重庆形成1.5小时交通圈，与周边城市形成1小时通勤圈。产业协同步伐加快。成都天府空港与资阳共建国家级临空经济示范区，成渝毗邻地区一体化发展先行区建设加速推进，推动两地产业融合发展、集聚发展。开放合作优势增强。融入“一带一路”建设成效显著，建成我国面向欧洲最为高效便捷、中西部地区最大的国际航空枢纽，成渝始发的中欧班列占全国的近一半。自贸试验区建设深入推进，成渝城市群成为唯一拥有双自贸区的城市群。

成渝双城经济圈发展中存在的主要问题是：综合经济实力仍不够强，成渝地区经济总量与沿海城市群存在差距。2018年，成渝城市群地区生产总值5.8万亿元，与京津冀、长三角、珠三角差距明显。成渝城市群的城镇化水平同样较低，2018年仅为53.8%，明显低于59%的全国平均水平。2018年，成渝城市群R&D经费支出占地区生产总值的1.8%，远低于长三角的2.8%、珠三角的2.6%、京津冀的3.3%。中心城区实力仍然较弱，在2018年全国12个最大城市中，成都中心城区13区生产总值为1.25万亿元，重庆中心城区11区生产总值为1.05万亿元，分别排名全国主要城市的第8位和第12位，分别只有上海中心城区的38%和23.5%。成都重庆“双核独大”，与长三角、粤港澳相比，成渝地区城市结构仍不合理，资源主要集中在两座核心城市，发展质量优、支撑能力强的副中心城市、次级城市发展明显不足。成都辐射带动作用偏弱，从一定意义上讲，成都还处于资源集聚阶段，境内的大企业都想方设法把总部搬到成都，其他城市因此发展缓慢。川渝之间的地市互动不足，省际竞争大于合作。

6. 黄河流域生态保护和高质量发展

黄河是中华民族的母亲河，是我国重要的生态屏障，是我国西北、华北地区的重要水源地，它以占全国2%的河川径流量养育了12%的人口，灌溉了15%的耕地，创造了约14%的国内生产总值，具有很高的生态功能和经济价值。新中国成立以来黄河治理取得巨大成绩，黄河流域生态保护和经济发展成效显著，但是，仍存在一些突出困难和问题。黄河流域生态保护和高质量发展上升为国家战略，为确保黄河长久安澜，筑牢国家重要生态安全屏障创造了有利的条件，为北方内陆地区实现大保护、大开放和大开发提供了新的发展路径，为把水资源作为最大的刚性约束引导高质量转型发展拓展了更大的空间。

抓好生态保护与修复成为重中之重。黄河流域生态环境十分脆弱，人为活动的干扰不断加剧，非法占用河道、建筑垃圾乱堆、非法采砂、违法建筑等“四乱”问题仍然存在。上游局部地区天然草地退化严重，水源涵养功能降低，中游水土流失严重，泥沙淤积促使中下游河床增高，黄河三角洲自然湿地萎缩，生态功能下降。环境污染治理任务极为繁重和艰巨。根据《2018年中国生态环境状况公报》，黄河流域劣V类断面比例为12.4%，在全国主要江河中仅低于海河和辽河流域，劣V类断面主要分布在汾河及其支流、涑水河、三川河、清涧河等。黄河流域的自然本底较差，生态环境脆弱，在快速工业化和城镇化背景之下，不当的人为因素与自然因素相互叠加，对流域生态环境影响更加明显，特别是导致了部分干流和支流水生态环境的日益恶化。亟须强化水资源刚性约束和节约利用。黄河流域多年平均河川天然年径流量 534.8 亿立方米，仅占全国河川年径流量的 2.6%，人均水资源量 905 立方米，亩均水资源量 381 立方米，分别是全国人均、亩均水资源量的三分之一和五分之一。农业用水是黄河水资源的耗用大户，尽管实施大中型灌区节水改造和续建配套已有 20 年了，但黄河流域农业用水仍然占黄河用水总量的 80% 左右，灌溉水利用系数为 0.53，低于全国平均水平，更低于世界先进水平。

三、促进特殊类型地区振兴发展

1. 国家重点生态功能区

国家重点生态功能区是指承担水源涵养、水土保持、防风固沙和生物多样性维护等重要生态功能，关系全国或较大范围区域的生态安全，需要在国土空间开发中限制进行大规模高强度工业化城镇化开发，以保持并提高生态产品供给能力的区域。是国家为了优化国土资源空间格局、实施主体功能区制度、推进生态文明建设所划定的重点区域。国家重点生态功能区县市区数量为 676 个，占国土面积的比例为 53%。

按照 2010 年《全国主体功能区规划》要求，在国家重点生态功能区，要对各类开发活动进行严格管制，尽可能减少对自然生态系统的干扰，不得损害生态系统的稳定和完整性。严格控制开发强度，逐步减少农村居民点占用的空间，腾出更多的空间用于维系生态系统的良性循环。城镇建设与工业开发要依托现有资源环境承载能力相对较强的城镇集中布局、据点式开发，禁止成片蔓延式扩张。引导一部分人口向城市化地区转移，一部分人口向区域内的县城和中心镇转移。生态移民点应尽量集中布局到县城和中心镇，避免新建孤立的村落式移民社区。过去十多年，国家开展了一系列重点生态功能区建设的政策、制度及试点工作，在重点生态功能区内进行了退耕还林还草、天然林保护、京津风沙源治理工程、国家生态公益林工程、“三北”防护林体系建设四期、野生动植物及自然保护区建设工程等系列生态建设工程，取得了长足的发展与积极的成效，这些地区生态环境总体趋势向好的方向发展。国家对参与这些生态保护工程的地区给予了财政补助，并从2008年起以转移支付的形式对生态功能区给予生态补偿。

国家重点生态功能区保护与发展仍然存在较多的问题。生态保护与恢复科学决策亟待加强。重点生态功能区生态系统类型复杂多样，退化程度也千差万别，但目前对退化生态系统修复还没有针对性的方法与技术体系，缺少可靠的决策基础。生态建设规划多由林业、农业、国土、环保等多个部门负责，部门间条块分割问题突出，规划的科学性也就无法保证。部分地区生态环境破坏依然严重。部分地区生态破坏仍然存在，并表现出边治理边破坏的特征。由于城镇、交通以及工矿用地大量增加，造成大量的草地与林地的减少，局部生态破坏仍然在持续。生态环境监测与监管困难重重。国家重点功能区位置偏远，交通不便，开展实地调查工作十分困难，大部分县市基本上不具备环境监测的基本能力[①]。生态保护与经济发展的矛盾依然突出。目前国家生态保护补贴和转移支付数额较少，为了维持生态保护成果，地方政府还需要拿出财政资金对生态保护后续工作进行支持。国家重点生态功能区又是我国贫困人口集中分布区，公共服务水平和生活条件都亟待提高。国家财政资金无法保障公共服务水平和人民生活条件的持续改善与提高。

2. 资源型地区

2013年11月，国务院印发《全国资源型城市可持续发展规划（2013–2020年）》，首次明确了全国263个资源型城市，并将其划分为成长型、成熟型、衰退型、再生型四种类型，逐步建立起以资源型城市为主，以独立工矿区、采煤深陷区为着力点，兼顾资源富集地区、国有林区的资源型地区转型发展政策体系。截至2020年，全国69个资源枯竭城市累计获得中央财政转移支付资金近2000亿元，年度转移支付资金达到200亿元。针对采煤深陷区和独立工矿区的发展困难，“十三五”期间中央预算内投资累计安排近170

① 李宝林等：“国家重点生态功能区生态环境保护面临的主要问题与对策”，《环境保护》2014年第12期。

亿元，财政部等部门也实施了主要针对资源枯竭型城市的矿山地质环境治理重点工程。

资源型地区经济转型发展取得积极成效，社会民生历史遗留问题基本解决。资源型城市累计改造棚户区超过 2 亿平方米，居民居住条件大为改善，基本实现住有所居。城镇居民基本养老保险和基本医疗保险覆盖水平大幅提升，通过多种就业和再就业方式，使得长期困扰资源枯竭型城市的就业问题得到缓解，转型前因失业、贫困等问题积累的社会矛盾得到有效解决。生态状况逐步好转，环境面临持续改善。2019 年，资源枯竭型城市规模以上企业万元工业增加值能耗平均水平比 2012 年下降了 67%。“十三五”以来，采煤深陷区治理力度不断加大，威胁群众生命安全的重大地质灾害隐患得到有效控制，土地复垦成效明显，城市增加大量的绿地、湿地和公园。接续替代产业发展势头良好，转型的内生动力增强。资源枯竭地区经济发展对资源依赖程度不断降低，资源型产业产值占工业总产值的比例大幅下降，产业结构由“一业独大”转向“多元支撑”。

目前，资源型地区发展仍存在诸多难题。资源型城市建设主要以资源开发和生产为核心，盲目强调建设速度，缺乏城市整体规划设计以及配套设施的建设，在文化内涵建设上投入较少，难以形成城市的历史积淀和文化积累，无法形成城市特色和城市品牌。产业升级的高级要素缺乏。长期以来，技术、人才、信息等高级生产要素一般聚集在大中城市，资源型地区生态环境较差，产业结构单一，导致在科技创新、人力资源等方面投资较少，因此，缺乏吸纳高级生产要素的能力与载体，致使依靠科技创新进行产业转型受到制约。生态恢复成本高。矿区地面塌陷、水土流失等二次污染较多，生态环境修复难度大。一方面，依靠生态系统的自我调节能力与组织能力进行演化，需要漫长的时间，时间成本过高；另一方面，利用生态系统自我恢复能力，辅以人工措施，使遭到破坏的生态系统逐步向良性循环方向发展，需要前期大量人力、物力投入。

3. 省际毗邻地区

省际毗邻地区是指在地理空间上位于两省或者数省交界地区、在区域发展过程中不断被边缘化的地区。目前，中国共计有 66 条省级行政区陆路边界线，总长 5.2 万公里。在这些省际毗邻地区两侧共分布着 849 个县（市），面积约占全国总面积的 47.9%。省际毗邻地区大多自然条件恶劣，并且交通条件相对落后，加上生态保护对产业发展限制，使得省际毗邻地区经济发展活力不足，往往陷入贫困。根据国家公布的国家级连片特困地区名单，14 个特困连片地区，有 10 个处于省际毗邻地区。由于地理位置偏远，省际边缘区很难接受省会城市经济辐射。对于省际边界，省级政府一般不重视，甚至限制地方资金投入到边界区域。省际毗邻地区城市分属于不同的省份，整体上处于割裂的状态，各省都有抢占省际边界区域优势地位的想法，相互间缺乏协调与合作，导致盲目无序竞争和区域产业结构趋同。在区域公共事务处置方面，也缺乏合作的基础，各地普遍都把基础设施限制在各自省域范围，断头路成为普遍现象，还会形成对生产要素、产业发展、市场扩张等的切割，严重制约和阻碍了省际毗邻地区的合作。

一些省际边缘区已经进行了多年的合作探索。自 1986 年国务院颁布《关于进一步推动横向经济联合若干问题的规定》以来，此类区域经济合作组织最多时超过 100 多个，目前仍处于活跃状态的还有三分之一。然而此类区域经济合作组织一直停留在“自拉自唱”阶段，难以上升到国家战略[①]。省际交界地区要抓紧建立跨省协调机制，把巩固脱贫成果和跨省协同发展有机结合起来，打破行政分割，发挥比较优势，促进交通、水利、能源等通道共建共享和优势战略资源的共同开发利用。省际边缘区城市要积极发展与国家中心城市及区域中心城市的关系，建立商贸、旅游、物流、人流的更加紧密联系，与此同时，更重要的是建立与周边乡镇和中小城市的联系紧密的互联互通和产业协同，从而逐步拓展自己的战略空间。争取设立“区域协同互动发展基金”，发展基金主要来源于中央和省级预算资金，政策性银行、地方政府和企业按相应的比例投入资金，各地市每年按照地区生产总值的一定比例缴纳基金预算经费，资金集中用于边缘区的基础设施和公共服务投资。

---

① 胥大伟：“省际边缘区抱团突围：心难齐，壁难破”，《中国新闻周刊》2019 年 10 月 27 日。

四、打造国家级经济发展平台

1. 功能作用及设立要求

国家级经济发展平台有经济特区、国家级新区、自贸区、国家综合配套改革试验区、国家级金融综合改革试验区、国家级经济技术开发区、国家级高新经济技术开发区、国家海洋经济发展示范区等主要类型，是我国经济发展重地。目前，我国有7个经济特区、19家国家级新区、23个自贸试验区、12家国家综合配套改革的试验区、218家国家级经济技术开发区、169家国家级高新技术开发区、5家国家海洋经济发展示范区。

（1）经济特区

经济特区是指在对外经济活动中采取较国内其他地区更加开放和灵活的特殊政策的特定地区，是我国采取特殊政策和灵活措施吸引外部资金，特别是外国资金进行开发建设的特殊经济区域，旨在通过给予部分地区特殊的优惠政策，探索经济体制改革的方向和路径。1979年7月，中共中央、国务院同意在广东省的深圳、珠海、汕头三市和福建省的厦门市试办出口特区。1980年5月，中共中央和国务院决定将深圳、珠海、汕头和厦门这四个出口特区改称为经济特区。1988年4月，设立海南经济特区。2010年5月，中央新疆工作会议上正式批准霍尔果斯、喀什设立经济特区。经济特区是20世纪80年代初中国为探索改革开放之路而设置的一些实行特殊政策、进行特别管理的区域，被誉为中国改革的“试验田”和对外开放的“窗口”。

经济特区负责履行特定历史时期的政治和经济使命，设立要求较高。广东、福建邻近港澳，华侨众多，具有开展对外经济的有利条件，因而在此设立经济特区。经济特区在改革开放中发挥重要的试验和示范作用，让世界进入中国、让中国融入世界。一是在体制改革中充当试验田，学习吸收现代经营管理方式；二是在对外开放中发挥窗口作用，一方面利用外商销售渠道，适应国际市场需要和惯例，扩大出口，增加外汇收入，另一方面扩大中国走向世界的通道，开辟世界了解中国改革开放政策的窗口；三是在自主创新中担任排头兵，利用外资引进技术，提高产品质量，引进先进技术，了解世界经济信息；四是在现代化建设中充当示范区；五是促进香港、澳门的顺利回归和繁荣稳定。

（2）国家级新区

国家级新区，是由国务院批准设立，承担国家重大发展和改革开放战略任务的综合功能区。国家级新区包括上海浦东新区、天津滨海新区、重庆两江新区、浙江舟山群岛新区、甘肃兰州新区、广州南沙新区、陕西西咸新区、贵州贵安新区、青岛西海岸新区、大连金普新区、四川天府新区、湖南湘江新区、南京江北新区、福州新区、云南滇中新区、哈尔滨新区、长春新区、江西赣江新区和河北雄安新区。这些新区是国家重点支持开发的区域。

新区在带动区域经济发展、引领全面改革开放、推动体制机制创新、促进产城融合和城乡一体发展等方面发挥着重要作用。通过对整体区域发展战略进行宏观设计，打造区域增长极，通过新区的经济引擎作用辐射、带动当地发展，改变整体区域发展态势。各新区的主要功能定位不同，大体可分为四类。国际竞争型：上海（浦东新区最重要的是金融发展和国际化）；全国拉动型：天津、广州、重庆、成都；区域拉动型：大连、福州、青岛、南京、西咸、长沙、哈尔滨、昆明、长春、赣州、贵安、兰州、舟山；雄安新区不同于一般新区，是疏解北京非首都功能集中承载地和中国成为创新型现代化国家的心脏区域。新区在20多年的发展中，为改革开放增添动力，是重要的经济增长引擎，在本地区乃至全国经济发展中发挥着示范引领作用。

（3）自由贸易试验区

自由贸易试验区（Free Trade Zone，简称FTZ）是指在贸易和投资等方面比世贸组织有关规定更加优惠的贸易安排，在主权国家或地区的关境以内，划出特定的区域，准许外国商品豁免关税自由进出。实质上是采取自由港政策的关税隔离区。狭义仅指提供区内加工出口所需原料等货物的进口豁免关税的地区，类似出口加工区。广义还包括自由港和转口贸易区。相比于新区，自贸区更注重对接国际经贸规则。2013年8月，党中央、国务院决定设立中国（上海）自贸区。2014年12月，党中央、国务院决定设立广东、天津、福建3个自贸区。2016年8月，设立辽宁、浙江、河南、湖北、重庆、四川、陕西等7个自贸区。2018年4月，海南全岛建设中国（海南）自由贸易试验区。

根据国务院印发《关于支持自由贸易试验区深化改革创新若干措施的通

知》，建设自贸试验区，一是加大改革授权力度。在风险可控前提下，通过下放相关权限，支持自贸试验区大胆试、大胆闯、自主改。二是开展试点探索。推动相关措施在自贸试验区先行先试，在契合自贸试验区发展定位的关键领域开展探索，进一步发挥自贸试验区试验田作用。三是进一步推动对外开放。在现有外商投资负面清单基础上，提出有关开放举措，打破准入后的“玻璃门”，如进一步放宽外商投资建设工程设计企业、人才中介机构等方面的资质限制。四是给予政策扶持。给予自贸试验区有针对性的扶持政策，补齐功能短板，促进新产业、新业态、新模式发展，培育发展新动能。五是体现特色定位。根据各自贸试验区的特色功能定位，提出不同的深化改革创新措施，引导各自贸试验区有针对性地开展探索，在53项支持措施中有14项适用于特定自贸试验区。

（4）综合配套改革试验区

综合配套改革试验区是以制度创新为主要动力，以全方位改革试点为主要特征，对全国社会经济发展带来深远影响的实验区。进入新世纪，改革开放从过去的给予部分地区特殊优惠政策向建立完善的社会主义市场经济体制和促进地区间公平竞争转变。开展综合配套改革基本上不给特殊优惠政策，只给予体制改革和制度建设上先行先试的权利。国务院已经先后批准了12个国家综合配套改革的试验区，包括上海浦东新区、天津滨海新区、重庆市、成都市、武汉城市圈、长株潭城市群、深圳市、沈阳经济区、山西省、义乌市、厦门市、黑龙江省“两大平原”。

综合配套改革试验区设立的核心在于“综合配套”，其宗旨是要从经济发展、社会发展、城乡关系、土地开发和环境保护等多个领域推进改革，形成相互配套的管理体制和运行机制。实施综合配套改革，能够合理解决经济体制改革的系统性和配套性，增强各方面、各领域、各层次改革的协调性、联动性和配套性，有利于建立健全充满活力、富有效率、更加开放的体制机制，建立起完善的社会主义市场经济体制。国家选择一些符合条件的地区开展综合配套改革试点，一方面可以以试点地区为载体，把改革和发展有机结合起来，把解决本地实际问题与攻克共性难题结合起来，实现重点突破与整体创新，率先建立起完善的社会主义市场经济体制，为全国其他地区的综合改革起示范作用。另一方面，可以把改革风险和试错成本控制在一定区域之内，平稳有序推进改革进程。

（5）国家级经济技术开发区

国家级经济技术开发区是我国为实行改革开放政策而设立的现代化工业、产业园区，主要解决长期存在的行政多头管理、审批手续繁杂等制约经济社会发展的体制问题。国家级经济技术开发区是由国务院批准成立的经济技术开发区，在我国现存经济技术开发区中居于最高地位。我国国家级经开区数量由2013年的210个增加到2015年的219个，之后，一直保持不变，到2019年，我国国家级经济技术开发区数量为218个。2019年，全国218家国家级经开区实现地区生产总值10.8万亿元，同比增长8.3%，增幅高于同期全国平均水平2.2个百分点，占同期国内生产总值比重为10.9%。

国务院分别于2014年10月印发《关于促进国家级经济技术开发区转型升级创新发展的若干意见》、2016年3月印发《关于完善国家级经济技术开发区考核制度促进创新驱动发展的指导意见》、2019年5月印发《关于推进国家级经济技术开发区创新提升　打造改革开放新高地的意见》等政策文件，以支持国家经开区的发展。国务院相关意见指出，推进国家级经开区创新、提升，打造改革开放新高地，要从提升开放型经济质量、赋予更大改革自主权、打造现代产业体系、完善对内对外合作平台功能、加强要素保障和资源集约利用等方面加快推进国家级经开区高水平开放、高质量发展。

（6）国家级高新技术产业开发区

国家高新技术产业开发区是在一些知识与技术密集的大中城市和沿海地区建立的发展高新技术的产业开发区。高新区以智力密集和开放环境为依托，主要依靠国内的科技和经济实力，充分吸收和借鉴国外先进科技资源、资金和管理手段，通过实施高新技术产业的优惠政策和各项改革措施，实现软硬环境的局部优化，最大限度地实现科技成果转化。国家高新区以创新为动力，以改革促发展，已经成为我国高新技术产业化成果丰硕、高新技术企业集中、民营科技企业活跃、创新创业氛围浓厚、金融资源关注并进入的区域。

目前，我国国家级高新区实现了全国GDP的12%，企业研发经费支出占园区GDP的比例为7%，远远高于全国2.3%的平均水平，研发投入规模占全国的比例也达到47.1%，同时，国家级高新区还聚集了4.6万多家高新技术企业（占全国的40%）、125家独角兽企业（占全国的76.2%），产生了汉字激光照排系统、超级计算机、中文搜索引擎、集成电路器件工艺、高铁运行控制、5G 移动通信、人工智能芯片等一大批关键核心技术。现阶段，国家高新区承载着贯彻落实《国家创新驱动发展规划纲要》《国家中长期科技和技术发展规模纲要（2006 ~ 2020）》《“十三五”国家科技创新规划》《国家高新技术产业开发区“十三五”发展规划》、对接中国制造 2025 等历史使命，正在全方位打造高科技园区，并推进跨境产业链布局。

（7）国家海洋经济发展示范区

海洋经济发展示范区是承担海洋经济体制机制创新、海洋产业集聚、陆海统筹发展、海洋生态文明建设、海洋权益保护等重大任务的区域性海洋功能平台。2010 年 4 月，国务院同意开展全国海洋经济发展试点工作，先后将山东、浙江、广东、福建、天津确定为试点地区，旨在通过试点地区的积极探索，为全国海洋经济科学发展积累经验、提供示范。根据 2016 年底发布的《关于促进海洋经济发展示范区建设发展的指导意见》，要突出示范区的试验示范作用，将示范区建设成为全国海洋经济发展的重要增长极，成为我国实施海洋强国战略、促进海洋经济发展的重要支撑。

优化海洋经济空间发展格局。按照陆海统筹、节约集约、功能清晰、联动发展的要求，科学规划沿海地区、海岛等海洋经济发展，优化海洋经济空间发展格局。构建现代海洋产业体系。促进传统优势海洋产业转型升级，支持海洋新兴产业发展，加快发展现代海洋服务业。强化涉海基础设施建设。加快海洋运输、海堤防灾、渔业港口、能源通信等基础设施体系建设，提高海洋经济综合开发保障能力。完善海洋公共服务体系。着力提升海洋观测监测、预报应急、灾害风险评估、救助打捞、海上船舶安全保障、海洋基础信息等海洋公共服务能力。构建蓝色生态屏障。强化海洋污染综合防治，重点开展海域、海岛和海岸带生态系统建设，逐步建立完善的海洋生态保障体系，推动海洋生态文明建设，进一步提高可持续发展能力。

2. 国家级平台的发展趋势

当前，中国特色社会主义已经进入了新时代，国家级平台的发展也有了新的方位。应该基于区域整体布局、当前比较优势、未来发展潜力及存在的突出矛盾和问题，准确认识国家级平台新的历史使命、功能作用以及发展趋势，加大各类重要平台的建设力度，使其充分发挥引领带动作用。

国家级平台能够助力经济发展阶段的转换。我国经济发展阶段已经开始转换，由过去的高速增长阶段转向高质量发展阶段，在新的发展阶段亟须实现质量变革、效率变革和动力变革。国家级平台是先进生产力的代表，肩负转变发展方式、优化结构转型、转换增长动能的重任，必须率先实现增长方式由注重规模向更加注重发展质量转变；资源配置由粗放式发展向集约化发展转变；产业结构由以制造业为主向制造业和专业服务业相结合转变；环境建设由相对注重硬环境向更加注重软环境转变。国家级平台要加强文化氛围、创新机制、公共服务等软环境的建设，形成高质量和高标准的品牌优势；要延伸产业链和价值链，更大范围和更高水平参与国际竞争和合作；要在传统比较优势减弱的情况下，适应高质量、高效率现代化经济体系建设的需要，形成新的资源禀赋条件和比较优势的动态转化。

国家级平台发展的根本动力是改革和创新。国家级平台是我国新时代改革开放的排头兵、科技创新高地和经济增长的重要引擎，肩负着全面探索体制改革和科技创新的历史使命，具有先行先试功能。通过在新区内实施更加开放和优惠的政策，鼓励和激发新区的创新活力，在制度创新、产业创新、技术创新、社会创新等层面进行不断探索，达到以点带面、以线带片的试验示范效应。国家级平台建设都会赋予其先行先试功能，其目的就是通过在平台内探索实行新的体制机制，改革破除那些与社会主义市场经济不相适应的旧体制，为发展增添动力。国家级平台通常是高技术企业最集聚的区域，也有条件在技术创新、服务业态创新、管理创新、社会组织创新等方面有所作为，成为新的经济增长极。

国家级平台呈现多样化发展态势。发展进入新阶段之后，人民有了更高的新期待，希望生活更富裕、社会更公平、环境更优美。国家级平台建设是与中国特色社会主义事业总体布局紧密联系在一起的，国家级平台应率先践行新发展理念、“五位一体”的总体布局和“四个全面”的战略布局，在推动社会主义现代化建设中发挥独特作用。按照新发展理念的要求，有的国家级平台应该是促进创新创业的，有些是推动区域协同发展的，有些是服务于绿色发展的，有些是服务于对外开放的。即便是同类的国家级平台，也会有不同的功能定位和改革要求。而有些国家级平台则是综合性的，要在经济增长、社会发展、生态保护等多个方面实现协同共进，要在产城融合、“两化”融合、城乡一体的新模式中创新发展道路。

国家级平台的设立将更加注重均衡发展。改革初期，以深圳特区、浦东新区为龙头的沿海开发开放，动员了全国资源向沿海集中，加快了珠三角地区和长三角地区的发展。进入21世纪，天津滨海新区和重庆两江新区相继获批，推动京津冀地区和成渝地区的迅速发展。2014年以来，国家级平台的获批呈现遍地开花的态势，全面贯彻了“推进西部大开发，振兴东北老工业基地，促进中部地区崛起，鼓励东部地区率先发展”的区域均衡发展战略。从开放角度看，国家级平台呈现出沿海——内陆——沿边的发展趋势，由南向北、由东向西层层推进，基本上形成了宽领域、多层次、有重点，点、线、面相结合的全方位对外开放新格局。

国家级平台设立更加关注自下而上的创新。各类国家级平台，特别是改革色彩深厚的国家级平台，基本是先由地方自主形成方案，然后上报国家有关部委后进行调整，方案通过后再由国家相应给予制度创新的空间。我国面积大、人口多，各地发展很不平衡，制约当地经济社会的发展问题和体制机制问题各不相同。让地方有更多因地制宜的灵活性，发挥其积极性和创造性，进行发展模式和体制机制的创新活动，有利于增强整个经济的生机和活力，也有利于通过政府间的竞争形成好的经验和做法，向全国推广。在这一过程中，地方可以更多地从各自区域经济社会发展现状和特点出发，通过区域性的创新活动，推动新型城镇化的发展，促进科技创新，推进行政、财政、金融等方面的改革。

第四节　建立有效的区域协调发展机制

立足发挥各地区比较优势和缩小区域发展差距，围绕努力实现基本公共服务均等化、基础设施通达程度比较均衡、人民基本生活保障水平大体相当的目标，破除地区之间利益藩篱和政策壁垒，加快形成统筹有力、竞争有序、绿色协调、共享共赢的区域协调发展新机制，促进区域协调发展。

一、健全市场一体化发展机制

1. 促进城乡区域间要素自由流动

以深化改革户籍制度和基本公共服务提供机制为路径，打破阻碍劳动力自由流动的不合理壁垒，促进人力资源优化配置。全面取消城区常住人口300万以下城市落户限制。推动城区常住人口300万以上城市基本取消重点人群落户限制。促进农业转移人口等非户籍人口在城市便捷落户。鼓励各城市政府简化户籍迁移手续，大幅提高落户便利性。加大"人地钱挂钩"配套政策的激励力度。提高城市政府吸纳农业转移人口落户积极性，加大农业转移人口市民化奖励资金支持力度，加大新增建设用地计划指标与吸纳落户数量挂钩力度。

加快建设城乡统一的建设用地市场，建立同权同价、流转顺畅、收益共享的农村集体经营性建设用地入市制度。探索农村宅基地所有权、资格权、使用权"三权分置"，深化农村宅基地改革试点。健全长期租赁、先租后让、弹性年期供应、作价出资（入股）等工业用地市场供应体系。推动不同产业用地类型合理转换，探索增加混合产业用地供给。完善土地利用计划管理，实施年度建设用地总量调控制度，增强土地管理灵活性，推动土地计划指标更加合理化。探索建立全国性的建设用地、补充耕地指标跨区域交易机制。

2. 推动区域市场一体化建设

按照建设统一、开放、竞争、有序的市场体系要求，探索建立规划制度统一、发展模式共推、治理方式一致、区域市场联动的区域市场一体化发展新机制，促进形成全国统一大市场。全面实施市场准入负面清单制度。实施全国统一的市场准入负面清单制度，消除歧视性、隐蔽性的区域市场准入限制。推行"全国一张清单"管理模式，维护清单的统一性和权威性。建立市场准入负面清单动态调整机制和第三方评估机制，以服务业为重点试点进一步放宽准入限制。深入实施公平竞争审查制度，消除区域市场壁垒，打破行政性垄断，清理和废除妨碍统一市场和公平竞争的各种规定和做法，进一步优化营商环境，激发市场活力。

在粤港澳大湾区推进投资便利化，落实内地与香港、澳门 CEPA 系列协议，研究进一步取消或放宽对港澳投资者的资质要求、持股比例、行业准入等限制。提升投资便利化水平，在 CEPA 框架下研究推出进一步开放措施，使港澳专业人士与企业在内地更多领域从业投资营商享受国民待遇。加快国际贸易单一窗口建设，推进口岸监管部门间信息互换、监管互认、执法互助。有序推进制定与国际接轨的服务业标准化体系，促进粤港澳在与服务贸易相关的人才培养、资格互认、标准制定等方面加强合作。通过电子化、信息化等手段，不断提高港澳居民来往内地通行证使用便利化水平。

在长三角一体化发展中，建立重点领域制度规则和重大政策沟通协调机制，提高政策制定统一性、规则一致性和执行协同性。加强政策协同，在企业登记、土地管理、环境保护、投融资、财税分享、人力资源管理、公共服务等政策领域建立政府间协商机制。提高政策执行的协同性，强化环境联防联控、食品安全监管、知识产权保护等领域的执法联动。建立标准统一管理制度。加强长三角标准领域合作，加快推进标准互认，按照建设全国统一大市场要求探索建立区域一体化标准体系。推进地区间标准互认和采信，推动检验检测结果互认，实现区域内重点标准目录、具体标准制定、标准实施监管三协同，建立层次分明、结构合理的区域协同标准体系。

3. 完善区域交易平台和制度

进一步完善自然资源资产有偿使用制度，构建统一的自然资源资产交易平台。处理好自然资源资产所有权与使用权的关系，创新自然资源资产全民所有权和集体所有权的实现形式。探索研究油气探采合一权利制度，加强探矿权、采矿权授予与相关规划的衔接。根据矿产资源储量规模，分类设定采矿权有效期及延续期限。探索海域使用权立体分层设权，加快完善海域使用权出让、转让、抵押、出租、作价出资（入股）等权能。中办、国办 2019 年 4 月发布的《关于统筹推进自然资源资产产权制度改革的指导意见》明确指出，统筹推进自然资源资产交易平台和服务体系建设，健全市场监测监管和调控机制，建立自然资源资产市场信用体系，促进自然资源资产流转顺畅、交易安全、利用高效。目前，我国国有土地使用权和矿业权交易已进入公共资源交易平台，未来将会有更多的全民所有自然资源资产交易进入公共资源交易平台。

推进排污权、用能权、用水权、碳排放市场化交易，进一步完善交易机制。“十三五”规划纲要中提出：“建立健全用能权、用水权、排污权、碳排放权初始分配制度。”要健全生态保护市场体系，完善生态产品价格形成机制，使保护者通过生态产品的交易获得收益，发挥市场机制促进生态保护的积极作用。建立用水权、排污权、碳排放权初始分配制度，完善有偿使用、预算管理、投融资机制，培育和发展交易平台。探索地区间、流域间、流域上下游等水权交易方式。推进重点流域、重点区域排污权交易，扩大排污权有偿使用和交易试点。逐步建立碳排放权交易制度。建立统一的绿色产品标准、认证、标识等体系，完善落实对绿色产品研发生产、运输配送、购买使用的财税金融支持和政府采购等政策。

完善区域性股权市场，促进资本跨区域有序自由流动。2017 年，国务院办公厅发布了《关于规范发展区域性股权市场的通知》。区域性股权市场是主要服务于所在省级行政区域内中小微企业的私募股权市场，是多层次资本市场体系的重要组成部分，是地方人民政府扶持中小微企业政策措施的综合运用平台。处理好监管与发展的关系，按照既有利于规范又有利于发展的要求，积极稳妥推进区域性股权市场规范发展，防范和化解金融风险，有序扩大和更加便利中小微企业融资。2019 年，中国证监会发布了《关于规范发展区域性股权市场的指导意见》，明确指出区域性股权市场是多层次资本市场的塔基，也是地方重要的金融基础设施，是促进创新创业和经济转型升级的有力抓手。支持区域性股权市场集聚地方金融要素，建设以股权融资为核心的综合金融服务平台，为中小微企业提供改制辅导、融资转让、财务顾问、信息咨询、培育孵化等一揽子服务。

二、深化区域合作机制

1. 推动区域合作互动

运用先易后难与逐步深入方式推进。不同类型的区域合作都十分重视实现重点领域的突破。无论合作的起因是什么，最终各方的关注点又会回到经贸领域；而在经贸领域，又优先发展交通、物流、信息、金融、人力资源，通过这些领域的发展，完善市场体系、优化投资环境、促进要素流动、整合各方资源。区域合作的模式可以是松散型的，也可以是紧密型的，但是，成功的合作有从松散型向紧密型逐步深入发展的趋势。在这个发展过程中，关键是要保证合作的舒适度，即合作的方式能够被各方广泛接受并具有持续性。

建立一套制度化的决策与监督机制。从区域合作的经验来看，一个共同的特点是必须建立一套制度化的高层决策机制，包括具体实施的功能性组织以及具有法律效应的仲裁机构。高层决策机制既有灵活性，包括议题安排和方式上的多样性和可调节性，又有一定的约束力，任何议程一旦达成共识，形成议程和进行承诺，就有了隐形压力，必须完成。功能性机构承担管理、协调、研究分析和组织职能，并越来越具有一定的常设性质，形成如区域规划委员会、环境保护委员会等专业或综合职能管理机制。仲裁机构承担对不当竞争和冲突行为进行约束和惩罚的责任。

形成有利于合作的利益激励机制。利益诉求是地方政府合作的基础。地方政府合作要改变过去主要由上级政府“拉郎配”、地方政府被动服从的做法，将激励的重心从行政权威转向经济利益，即以经济利益激励为主，辅之以必要的行政权威激励。要承认地方政府追求本行政区域利益的正当性，将合作建立在参与方地方政府追求自身利益而“讨价还价”、平等协商的基础上[①]。为了保证合作得以顺利开展并持续推进，地方政府合作应以具体的合作项目为抓手逐步推进。相对一揽子合作计划而言，具体的合作项目更易于明晰合作参与各方的收益 / 成本，明确各自的责任，因而更易于达成共识，制定切实可行的合作方案，使合作真正落到实处，变为现实。

2. 加强省际毗邻地区合作

鉴于合作基础的薄弱性、合作对象的复杂性、合作利益的分歧性以及合作体制的特殊性，省际毗邻地区应采取更加多形式、多层次、多方位的协作模式，建立更加开放、富有活力的协作机制，在深入推进与发达省区的经济

---

① 潘小娟：“加强我国地方政府合作的对策建议”，《行政管理改革》2015 年第 3 期。

协作的同时，更加积极地推动接壤地区的区域协作。

搞好重点领域的协作。一是协力推动基础设施建设。在跨区域的能源、交通、通信建设等方面进行配合，重点建设跨行政区划的、统一完善的、功能得到有效发挥的基础设施。二是鼓励区域内贸易的合作与发展。在区域推行工业制品和农产品质量检验检测标准和认证标准的互认，加强地方和企业标准制订合作，互相认同法定检验单位出具的鉴定结果。三是加快推进农业产业化。开辟区域农产品“绿色通道”，支持建立农业龙头企业对接机制，加强农业科技开发、特色农业开发，以及农产品生产、加工、销售的合作。

完善宏观调控机制。对于省际毗邻地区的区域协作，应设立中央级别的综合性区域管理机构，统一协调这一地区的规划、政策的制订和实施，从综合协调的职能要求考虑，对相关地区经济协调发展提出战略性和方向性的指导意见，协助解决与国家规划、有关政策的衔接事宜。紧密结合国家西部大开发战略与中部崛起战略的实施，大力加强与东部地区各类经济合作组织的横向联系。

完善政府间协调组织机构。省际毗邻地区政府间协调组织要不断向制度化、规范化的方向发展，健全功能、强化职能，使自己不只是能够从事招商引资等低层次合作，而且能够承担起区域经济社会发展的协调职能，就区域内的重大问题进行协商，对关系共同利益的基础设施建设、生态和旅游发展、维护正常市场秩序以及打击经济犯罪等方面做出规划或决定。对于那些事关多方或双方和能带来共赢的合作项目，应共同立项、共同研究、共同申报、共同制定或推动协调发展规划。

3. 积极开展国际区域合作

共建高水平开放平台。高水平举办国际进口博览会，加强综合服务、专业贸易等线下展示交易平台建设，联合打造海外投资和专业服务平台。强化进口博览会参展商对接服务，推进招商引资项目协同，共同策划和开展贸易投资配套活动。加强进口商品通关便利化协同，强化安保、环境、交通等各项保障。加强各类品牌展会和相关贸易投资活动协调联动，提升整体效果和影响力。积极对接全球电子商务新模式新规则新标准，联合加强数字化贸易平台建设，加强跨境电商国际合作，推动国际贸易制度创新、管理创新、服务创新。

携手开拓国际市场。鼓励中外企业合作开展绿地投资、实施跨国兼并收购和共建产业园区，支持中国企业与境外经贸合作区对接，共同开拓国际市场，带动产品、设备、技术、标准、检验检测认证和管理服务等“走出去”。支持境外金融机构参与设立、投资入股商业银行理财子公司，投资设立、参股养老金管理公司和商业保险公司。发挥好“走出去”风险统保政策的风险保障、市场开拓、融资支持功能，鼓励两地企业联合走出去。共同推进境外人员和机构安全保护工作机制建设，做好海外领事保护应急处置、预防宣传和风险预警。

合力打造一流营商环境。深化口岸合作，加强协调对接，提升通关一体化水平。加快建设具有国际先进水平的国际贸易“单一窗口”，推动港航物流信息接入，实现物流和监管等信息的全流程采集。统筹区域内中欧班列资源，提高班列双向常态化运行质量效益。共同打造国际一流市场环境。全面对接国际高标准市场规则体系，打造稳定、公平、透明、可预期的市场环境。共同加强国际知识产权保护，加大侵权违法行为联合惩治力度，协同开展执法监管。建立健全外商投资企业投诉工作机制，保障外国投资者和外商投资企业合法权益。

三、优化区域互助机制

1. 完善东西部扶贫协作

加大东西部扶贫协作力度，推动形成专项扶贫、行业扶贫、社会扶贫等多方力量多种举措有机结合互为支撑的“三位一体”大扶贫格局。继续落实中办、国办发布的《关于进一步加强东西部扶贫协作工作的指导意见》，立足资源禀赋和产业基础，激发企业到贫困地区投资的积极性，支持建设一批贫困人口参与度高的特色产业基地，培育一批带动贫困户发展产业的合作组织和龙头企业，引进一批能够提供更多就业岗位的劳动密集型企业、文化旅游企业等，促进产业发展带动脱贫。加大产业合作科技支持，充分发挥科技创新在增强西部地区自我发展能力中的重要作用。建立和完善劳务输出精准对接机制，提高劳务输出脱贫的组织化程度。开展职业教育东西协作行动计划和技能脱贫“千校行动”，积极组织引导贫困家庭子女到东部省份的职业院校、技工学校接受职业教育和职业培训。采取双向挂职、两地培训、委托培养和组团式支教、支医、支农等方式，加大教育、卫生、科技、文化、社会工作等领域的人才支持。鼓励支持本行政区域内民营企业、社会组织、公民个人积极参与东西部扶贫协作和对口支援。

专栏

东西部扶贫协作的“东莞经验”

昭通市位于云南省东北部，属于乌蒙山国家级连片特困地区，下辖11县区，有10个属于国家级贫困县，脱贫攻坚的任务十分艰巨。按照党中央、国务院的部署安排，广东省东莞市作为东部地区单列对口帮扶的13个城市之一，2016年9月与云南省昭通市结对开展扶贫协作。东莞与昭通在东西部扶贫协作实践中，有不少创新举措和经验值得推广借鉴。

推动劳动力转移就业。东莞将解决自身缺工问题与昭通贫困人口转移就业结合起来，从多个方面着力帮助昭通推进劳务输出。建立昭通每个县（区）与东莞镇街（园区）结对进行劳务输出协作帮扶的机制，每季度提供就业信息和组织劳务中介、企业赴昭通开展招聘活动。同时，积极发动市场力量。云南昭通和新疆兵团第三师图木舒克市草湖都是东莞对口帮扶援建的地区，东莞积极推动昭通贫困人口向新疆就业。推动贫困人口在东莞引进落地的华坚鞋业、岭南园林等企业中就业，以及通过农产品采购合作等形式，实现在当地合作社中就业。

开展职业教育协作。昭通每年的初中毕业生有一半左右无法升入高一级学校，多数流入社会，极容易产生新的贫困和贫困的代际传递。东莞积极想办法帮助昭通解决这批初中毕业生的出路问题。启动公办中职学校“0+3”招生模式，财政追加预算，另给予学生补助三年的国家助学金、交通生活费补助、住宿费和书本费补贴。大力鼓励和引导民办中职学校到昭通招收贫困学生，并免除了贫困生相关费用。

推动校企合作订单式培养“1+1+1”模式。在直接招生之外，积极帮助昭通职业学校在校生寻找在东莞实习就业的机会。挑选东莞经济效益好、信誉度高并具备较强用工需求的企业，推荐给昭通市中职学校，推动双方建立校企合作关系，第一年由昭通负责基础课程，第二年由企业负责专业课程，第三年赴企业顶岗实习。

推进产业协作。结合昭通市当前正在推进的滇粤产业园建设，积极协助昭通面向广东开展招商推介，协助昭通在东莞的21世纪海上丝绸之路博览会、科技合作周等国家级大型展会开展招商推介活动，向海内外客商展示推进昭通的农特产品、旅游资源、政策环境等。加强与企业、与昭通有关方面的沟通协调，促成东莞华坚鞋业、岭南园林鲁甸城市升级项目、中德教育集团助学项目、深圳智远行公司龙头山旅游小镇等项目落地昭通。

开展农产品种植生产、购销合作。协助东莞企业与当地农业公司、农村合作社进行对接，通过"市场+企业+合作社（农户）"等模式，将昭通的苹果、红糖等农产品、农业加工产品、药材推向东莞乃至广东的市场。

资料来源：张冠梓："东西部扶贫协作如何实现共赢？我们给出了'东莞经验'！"，《光明日报》2018年5月2日。

2. 深入开展对口支援

深化全方位、精准对口支援，推动新疆、西藏和青海、四川、云南、甘肃四省藏区经济社会持续健康发展，促进民族交往交流交融，筑牢社会稳定和长治久安基础。在巩固脱贫成果方面下更大功夫、想更多办法、给予更多后续帮扶支持，健全完善防止返贫监测和帮扶制度机制，接续推进全面脱贫与乡村振兴有机衔接，着重增强内生发展动力和发展活力，确保脱贫后能发展、可持续。围绕川藏铁路建设等项目，推动建设一批重大基础设施、公共服务设施，建设更多团结线、幸福路。培育扶持吸纳就业的能力，提供更多就业机会，推动多渠道市场就业。培养更多理工农医等紧缺人才，着眼经济社会发展和未来市场需求办好职业教育，科学设置学科，提高层次和水平，培养更多专业技能型实用人才。牢固树立绿水青山就是金山银山的理念，把生态文明建设摆在更加突出的位置，守护好高原的生灵草木、万水千山，把青藏高原打造成为全国乃至国际生态文明高地，统筹开展治沙治水和森林草原保护工作，让大美新疆天更蓝、山更绿、水更清。完善补偿方式，促进生态保护同民生改善相结合，更好调动各方面积极性，形成共建良好生态、共享美好生活的良性循环长效机制。加强边境地区建设，采取特殊支持政策，帮助边境群众改善生产生活条件、解决后顾之忧。

3. 创新开展对口协作

深入开展南水北调中线工程水源区对口协作，推动水源区绿色发展。2014 年 12 月，南水北调中线工程正式调水，六年来，北京市委市政府推动南水北调对口协作取得显著成效。北京安排协作资金 32 亿元、实施项目 900 多个，支持河南、湖北水源区的发展，对核心水源区的十堰先后投入协作资金 13.5 亿元，实施项目 400 多个，帮助 20 多个贫困村发展茶叶、食用菌等特色产业。在京堰两地的共同努力下，一大批产业合作项目落户十堰，累积投资金额近 300 亿元。在双方的共同努力下，北京市 9 个区与十堰市 9 个县（市、区）建立起良好的结对协作关系，双方在医疗卫生、教育、商务、城市管理、干部交流等方面深入开展协作合作，两地 100 多个乡镇、社区结为“亲戚”。2018 年 6 月，北京市、湖北省再次签署《深化京鄂战略合作协议》，双方以新一轮京鄂战略合作协议为抓手，广泛开展多层次、宽领域的合作，促进京鄂两地共同发展，进一步深化产业合作，

进一步深化东部发达省市与东北地区对口合作。“两东”的对口合作，不同于以往“对口支援”“对口帮扶”或“对口扶贫”等老办法。这种合作，应是经济发展新常态下区域之间优势互补、互利共赢的平等关系，关键在于以“合作”取代“支援”或“帮扶”。按照《东北地区与东部地区部分省市对口合作工作方案》的要求，要注重发挥对口合作省市的比较优势，扬长避短、扬长克短、扬长补短，实现南北联动、协同发展。充分考虑资源禀赋、基础条件等因素，因地制宜、分省（市）施策，结合各地实际，拓展合作领域，丰富合作形式，创新合作方式。引导双方开展“四个对接”：一是东北地区装备制造能力与东部地区经济社会发展的需求有效对接；二是东北地区具有优势的机器人与智能装备、生物医药、新材料等新兴产业与东部地区战略性新兴产业对接；三是东北地区特色农业、农产品与东部地区消费市场对接；

四是推动东北地区与东部地区在文化、旅游、健康产业方面合作对接。

四、健全区际利益补偿机制

1. 完善多元化横向生态补偿机制

贯彻绿水青山就是金山银山的重要理念和山水林田湖草沙是生命共同体的系统思想，按照区际公平、权责对等、试点先行、分步推进的原则，不断完善横向生态补偿机制。研究制定以地方补偿为主、中央财政给予支持的横向生态保护补偿机制办法。鼓励生态受益地区与生态保护地区、流域下游与流域上游通过资金补偿、对口协作、产业转移、人才培训、共建园区等方式建立横向补偿关系。鼓励在具有重要生态功能、水资源供需矛盾突出、受各种污染危害或威胁严重的典型流域开展横向生态保护补偿试点。在长江、黄河等重要河流探索开展横向生态保护补偿试点。继续推进南水北调中线工程水源区对口支援、新安江水环境生态补偿试点，推动在京津冀水源涵养区、广西广东九洲江、福建广东汀江—韩江、江西广东东江、云南贵州广西广东西江等开展跨地区生态保护补偿试点。支持在具备重要饮用水功能及生态服务价值、受益主体明确、上下游补偿意愿强烈的跨省流域开展省际横向生态补偿。加快建立生态保护补偿标准体系，根据各领域、不同类型地区特点，以生态产品产出能力为基础，完善测算方法，分别制定补偿标准。

专栏　流域生态补偿的“新安江模式”

新安江流域生态补偿机制是我国首个跨省流域生态补偿试点。在首轮试点周期（2012～2014 年）中，补偿资金总额为 5 亿元，其中中央财政出资 3 亿元，安徽、浙江两省分别出资 1 亿元。根据流域跨省界断面水质监测为依据，水质达到考核标准则浙江拨付安徽 1 亿元，水质达不到考核标准则安徽拨付浙江 1 亿元，中央资金 3 亿元无论水质是否达标均拨付给安徽省。2015 年启动的第二轮试点，将补偿额从每年皖浙两省一亿元提升至两亿元，同时考核标准也提高了 7%，监测项目从原来的 29

项增加到 109 项。

两轮试点过后，在两省相关部门的不懈努力下，李白笔下“人行明镜中，鸟度屏风里”的新安江美景得以再现世间。新安江流域总体水质为优并稳定向好，跨省界断面水质达到地表水环境质量二类标准，每年向千岛湖输送 60 多亿立方米干净水。浙江千岛湖营养化问题得到改善。

在第三轮试点中，安徽省、浙江省政府签署新安江流域上下游横向生态补偿的协议，时间为 2018 ～ 2020 年，两省每年各出资 2 亿元共同设立新安江流域上下游横向生态补偿资金，依然以流域跨省界断面水质考核为依据进行“对赌”，但对水质考核提出了更高的要求。本轮补偿提出，要积极探索多元化、市场化的补偿机制，一是鼓励和支持通过设立绿色基金、政府和社会资本合作（PPP）模式、融资贴息等方式，引导社会资本加大新安江流域综合治理和绿色产业投入。二是充分发挥重大交通设施的联通作用，按照产业互补、生态共建、发展共享的原则，积极创设平台，强化杭州市和黄山市的产业项目对接，协力推进黄山市加快实现绿色发展，打造长三角乃至全国最美生态旅游风景带。

生态环境由量变发生质变，首轮生态补偿试点施行之前，浙皖交界断面水质以较差的Ⅳ类水为主，水体总氮、总磷指标值上升趋势明显。与此同时，千岛湖入境水质呈缓慢恶化之势，湖内水质营养状态一度为中营养水平，甚至有向富营养水平加剧之势。2012 年生态补偿试点之后，新安江流域每年的总体水质都为优。流域上游水源地区保持生态优先，积极推进产业转型升级，通过联防联控实现了绿色发展。上游地区为保护水源环境，积极探索全域治污模式，通过开发区治污、湖区治污和农村治污，杜绝上游污染排放源。与此同时，通过配套设立新安江流域生态建设保护局、五水共治办等机构，建立联合监测、汛期联合打捞、联合执法、应急联动等机制，统筹推进全流域联防联控。

新安江流域生态补偿试点在取得诸多成绩的同时，也存在过多地依赖政府转移支付、补偿标准尚未统一、缺乏广泛认同的依据、上游居民的直接获得感不强等问题。未来应在政府间转移支付的基础上，改进支付方式，完善补偿标准，更多使用市场和民间的力量，在产业扶持、技术援助、人才支持、就业培训等补偿方式方面加强合作。在财政部、生态环境保护部牵头和平衡下，完善和固化新安江跨省流域横向生态补偿机制，扩大应用新安江生态补偿试点经验，推动长三角开发地区、受益地区与保护地区健全横向生态补偿机制。

2. 建立粮食主产区与主销区之间利益补偿机制

2013 年，国务院就提出完善粮食主产区利益补偿机制，要求建立健全农业投入增长、生态补偿、粮食产业发展保护等机制，增加中央财政对粮食大县的奖励资金，新增农业补贴向主产区和优势产区集中，在一定程度上补偿了粮食主产区的利益。目前，部分主产区与部分主销区建立了粮食产销协作关系，但是，从实际情况看，粮食主销区对主产区的利益补偿机制尚未真正建立起来。要研究制定粮食主产区与主销区开展产销合作的具体办法，鼓励粮食主销区通过在主产区建设加工园区、优质商品粮基地和建立产销区储备合作机制，以及提供资金、人才、技术服务支持等方式开展产销协作。加大对粮食主产区的支持力度，促进主产区提高粮食综合生产能力，充分调动主产区地方政府抓粮食生产和农民种粮的积极性，共同维护国家粮食安全。按照适应世贸组织规则、保护农民利益、支持农业发展的原则，结合调整改进“黄箱”政策和扩大“绿箱”政策使用范围，加快完善粮食主产区利益补偿机制。

3. 健全资源输出地与输入地之间利益补偿机制

我国以中西部地区为主体的资源输出及以东部地区为主体的资源输入格局已经形成，但是，各方在资源性产品利益补偿中所应承担的法律责任不明晰，也未明确规定补偿主体、补偿标准、补偿方式等，导致市场补偿不足，利益补偿资金来源渠道狭窄；资源性产品价格体系不合理，资源有偿使用制度不完善；中央与地方收益分配不合理，地方政府负担过重；生态补偿机制不完善，资源归属地生态环境恶化，资源归属地居民利益被忽视；法律体系不健全，规范与监督有效性不足。资源性产品输出地利益补偿机制的缺失，导致欠发达地区“资源性贫困”日渐加剧，区域经济发展失衡状况不断恶化。因此，要围绕煤炭、石油、天然气、水能、风能、太阳能以及其他矿产等重要资源，坚持市场导向和政府调控相结合，加快完善有利于资源集约节约利用和可持续发展的资源价格形成机制，确保资源价格能够涵盖开采成本以及生态修复和环境治理等成本。鼓励资源输入地通过共建园区、产业合作、飞地经济等形式支持输出地发展接续产业和替代产业，加快建立支持资源型地区经济转型长效机制。

关键概念

区域投资　区域开发　区域战略　国家级经济发展平台　区域协调发展机制

复习与思考题

1. 区域投资内涵及特点是什么？
2. 如何建立良好的区域合作机制？
3. 我国区域发展存在的问题是什么？
4. 如何健全区际利益补偿机制？

第七章

政府投资

政府投资主要投向基础设施和公共服务领域，具有很强的外部效应、收入分配效应和经济稳定效应。政府需要投入的领域很多，影响政府投资方向选择的因素也很多，但是，由于政府资金毕竟有限，因此，必须明确一定的标准和先后次序，保证政府投资能够进入最需要最紧迫的公共服务领域。政府投资有一个事权和支出责任合理分工的问题，需要充分落实政府间公共服务提供责任，提高公共服务供给效率，保证财政建设性资金分配使用合理和规范。

第一节　政府投资规模

一、政府支出规模的决定

1. 政府支出规模增长规律

早在 19 世纪 80 年代，德国经济学家阿道夫·瓦格纳（Adolph Wagner）通过对进入工业化以后的欧洲国家、美国、日本等政府支出的研究，提出随着经济及社会的发展，公共支出具有一种内在的不断扩大的趋势。上述由统计分析得到的结论也被称为瓦格纳定律（Wagner's Law）。瓦格纳并没有明确说明“公共支出不断增长”是指绝对额上升还是指公共支出占经济总量的比重上升，后来的学者大多把瓦格纳定律理解为随着人均收入的提高，政府公共支出占 GDP 的比重也逐步提高。

围绕这一理论观点，国内外学者进行了大量实证研究。Abizadeh and Gray（1985）分析了 1963 ～ 1979 年间 55 个国家的数据，发现富裕国家支持瓦格纳法则，而最贫穷的国家则不支持。Ram（1986）对 63 个国家进行了分析，结果发现瓦格纳法则的支持有限[①]。Akitoby（2006）对 51 个发展中国家的政

① 吴凯：“浅论瓦格纳法则在中国的适用性”，《财经论丛》2006 年 5 月。

府支出与产出数据进行分析，结果表明，从长期来看，政府支出与产出存在稳定的协整关系，“瓦格纳法则”是适用的。Tobin（2005）利用中国政府规模和经济增长的宏观数据，考察经济自由化背景下中国政府的经济活动是否符合“瓦格纳法则”，结果发现，随着国民收入的增加，政府活动和财政支出随之增加，证明了“瓦格纳法则”在中国的适用性[①]。

从较长时期看政府支出增长规律，1870～1913年，发达国家公共支出平均只占国民收入的11%～12%，公共支出比重在这40多年中几乎没有增加[②]。而最近的100多年中，从全球范围来看，无论是财政支出的绝对额，还是支出占国内生产总值的比重，都呈现不断增长的趋势。随着工业化进程的加速，尤其是进入20世纪以后，随着市场机制自身缺陷的暴露，政府被赋予了更多新的职能，从而促成了政府活动和支出的增长。在主要的发达国家中，政府支出占GDP的比重平均由1913年的12.1%，上升到1920年的18%，1937年的23%，1960年的28.1%，1990年的43.9%。英、美、日、德等国家政府支出相对规模的趋势都是不断上升的。20世纪90年代以来，情况发生了变化，主要发达国家政府支出占GDP比例趋于下降，但是，之后比例又呈回升态势。总的趋势还是上升的（见表7-1，图7-1）。

表7-1　　发达国家政府支出占GDP比重（%）

	1913年	1920年	1937年	1960年	1990年	2000年	2018年
西班牙	11	8.3	13.2	18.8	42	20.1	18.8
意大利	11.1	22.5	24.5	30.1	53.2	38.4	41.3
美国	7.5	12.1	19.7	27	33.3	17.9	22.3
英国	12.7	26.2	30	32.2	39.9	32.2	36
瑞典	10.4	10.9	16.5	31	59.1	34.4	31
日本	8.3	14.8	25.4	17.5	31.7	17.3	16.4
德国	14.8	25	34.1	32.4	45.1	31.3	28.1
法国	17	27.6	29	34.6	49.8	44.1	47.5
加拿大	—	16.7	25	28.6	46	18.8	17.3
澳大利亚	16.5	19.3	14.8	21.2	34.7	24.1	26.1

资料来源：俞永萍，《我国政府支出规模变动规律研究》，陕西师范大学2004年硕士论文，世界银行数据库。

① 刘雅丽：“‘瓦格纳法则’实现方式的国际比较与启示”，《西部论坛》2011年7月。

② 马栓友：《财政政策与经济增长》，经济科学出版社2003年版，第49页。

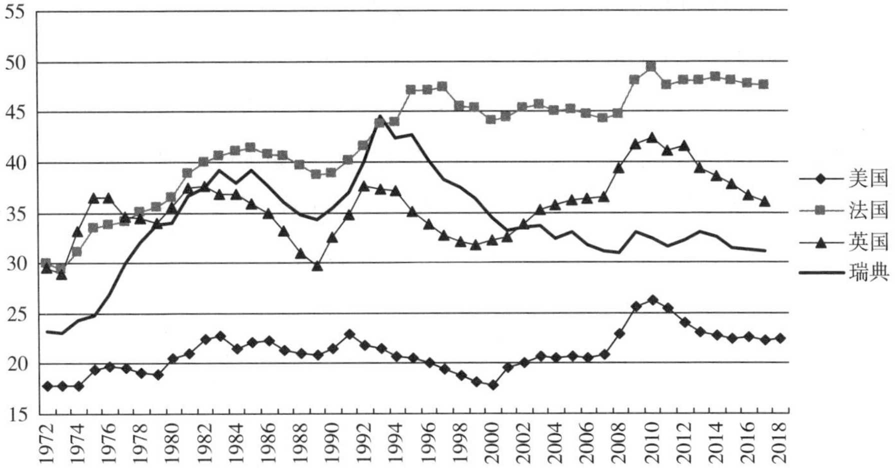

图 7-1 1972 ～ 2018 年各国财政支出占 GDP 比例（%）

资料来源：世界银行数据库。

2. 政府支出增长的决定因素

（1）经济发展因素

经济发展会引致一系列新型的公共服务需求，从而从需求方推动政府支出增长。瓦格纳认为，一方面，随着工业化的推进，市场以及市场主体之间的关系会变得越来越复杂，对商业契约和法律要求增多，需要把更多的公共资源用于提供保障法律设施和服务，例如，大公司的出现使得反垄断的管制机制的服务成为必需[①]；另一方面，工业化推进了城市化，人口居住密度增大，产生了交通拥挤等外部性问题，需要政府进行管理和协调，例如要增加警察巡逻、协助城市居民向郊外迁移等公共需求增加；再一方面，人们对教育、娱乐、文化、保健与福利的需求将会提高，政府对这些公共物品的供给也将随之增加，从而引起政府支出的增加。

在瓦格纳定律的基础上，马斯格雷夫（Richard A. Musgrave）和罗斯托（Walt Whitman Rostow）从经济发展的角度，分别对公共支出增长进行了分析。他们认为，在经济发展的早期阶段，交通、通讯、水利等基础设施落后，这类基础设施投资大、周期长、收益小，私人部门不愿投资或没有能

① 郭小聪：《政府经济学》，中国人民大学出版社 2011 年版，第 219 页。

力投资，需要政府提供或资助，因此，政府投资在总投资中占有较高的比重。在发展的中期，那些需要政府提供的具有较大外部效应的基础设施已经建成，政府投资开始转向对私人投资的补充，公共支出的比重可能下降。但是，由于存在市场缺陷，为了弥补市场失灵，就需要加强政府干预，而对经济的干预显然要以公共支出的增加为前提。一旦进入经济发展的成熟期，随着人们人均收入水平提高，人们对生活的质量提出了更高的要求，公共支出将从基础设施转向不断扩大的教育投资、保健与福利服务，并且这方面的支出增长将大大超过其他方面支出的增长，也会快于国民收入的增长速度。

（2）政治因素

公共选择学派通过对制度、政治决策过程的效应分析，解释政府公共支出不断增长的原因。塔洛克（Tullock）开创性地分析了在多数票规则下的利益集团的存在是政府增长的原因。由于民主化进程的不断加强，公民的选举权日益扩大，在多数票原则下，政治候选人为了在选举中获胜，往往向广大选民许下各种承诺，如改善人们的生活水平、提高人们的社会福利。要实现这些目标，往往就要扩大政府职能，增加政府公共支出。唐森（Tonsen）认为，只要增加政府开支所获得的边际选票收益大于增加政府税收所带来的边际选票损失，政府的预算规模就会扩大[①]。

诺思（North）等认为，专业化的日益发展造就了大批的新的利益集团，这些利益集团为了减轻自己所承受的交易费用，不断向政府施压，既要求政府进行再分配，又要求政府降低交易费用来提高效率，由此造成政府开支的不断增长。利益集团是政治生活中的重要因素，在实行多数投票原则下，利益集团的大量存在直接促使了政府预算规模的扩张，这是因为在各自谋求自身利益最大化的前提下，利益集团、官僚、政治家会结成利益联盟，力争增进某一方面的预算支出，如军工企业支持政府扩大军费开支，这必然会扩大政府的公共支出规模。

政治体制弊端的存在导致公共支出增长。尼斯卡南（Niskanen）等认为，官僚与其他所有人一样，都是效用最大化者。官僚的效用函数变量包括薪金、为其工作的职员人数和他们的薪金、公共声誉、额外收入、权力或地

① 孔祥利："政府公共支出最优规模的理论与实证研究评述"，《社会科学评论》2004年第1期。

位、装修考究的办公室、现代化的办公设施、公费活动等等。为了效用最大化，官僚竭力追求机构最大化。机构规模越大，官僚的权力越大。由于官僚效用函数中的许多变量与预算规模直接相关，因此，作为效用最大化者的官僚也会是预算最大化者。正因为官僚机构以机构规模最大化作为目标，导致财政支出规模不断扩大。如果政治体制存在弊端，公务人员预算最大化的目标能够获得成功，那么，政府支出规模就会扩大。

（3）效率因素

公共支出还要受到公共部门生产率的影响。1967年，鲍莫尔（W.J.Baumol）在《不平衡增长宏观经济学》一文中提出，经济可被划分为两个部门，进步部门和非进步部门，一般而言，政府服务被归为非进步部门。进步部门的特点是，由于规模经济和技术革新，劳动生产率能够积累性提高。在进步部门的生产中，资本可以用来替代劳动力而不影响产品的性质，技术进步能促进生产率很快提高。而在非进步部门中，劳动力要素起着关键的作用，劳动力服务本身就是供消费的产品的一部分，减少劳动力含量就会改变所生产的产品的性质，通过技术革新促进生产率提高的速度是缓慢的。例如，政府机关提供的服务，通常是个案处理，不可能采用电脑程序批阅文件。

劳动生产率提高会导致部门的工资率提高。假设在进步部门，小时工资率提高和劳动生产率提高是同步的，也就是说，进步部门的单位成本是长期保持不变的。为了防止劳动力从非进步部门流向进步部门以寻求更高的小时工资率，非进步部门必须把工资水平提高到和进步部门相当的水平。非进步部门的生产率提高程度不如进步部门，那么，工资水平的提高就意味着非进步部门的成本提高。由鲍莫尔模型可以得出这样的结论：如果公共部门的生产率提高的程度不如经济中的其他部门，而公共部门雇员的工资却跟随经济中其他部门的工资变动，那么，在其他条件不变的情况下，公共支出将增长。

（4）突发因素

政治动荡的特殊时期，很可能出现公共支出急剧的大规模扩张。1961年，英国经济学家皮考克（A.T.Peacock）和魏茨曼（J.Wiseman）出版了《联合王国公共支出的增长》，对英国1890～1955年的财政支出进行了考察，他们认为，在一个较长的时期内，财政支出的增长并不是直线型的，而是呈现出阶梯性增长的特点，这被称之为“梯度渐进增长论”。该理论的前提假设是，政府喜欢多开支，公民不愿意多纳税。以这个假设为基础，他们作出了如下推论：随着收入水平上升，以不变的税率征收的税收会上升，于是政府支出的上升会与国民生产总值的上升呈线性关系，这是公共支出增长的内在原因；但在非常时期，如战争、饥荒等，公共支出上升的压力骤然增大，政府被迫提高税率，而公众在危急时期也会接受提高了的税率，这是公共支出增长的外在原因。

皮考克和魏茨曼解释说，在这里，起作用的是两个效应：审视效应（Inspection Effect）和替代效应（Displacement Effect）。和平时期，财政支出的增长之所以呈直线型，是因为公众心里有一个“可容忍的纳税水平”，财政支出规模的增长受这一水平的制约；但在战争时，公众“可容忍的纳税水平”提高，财政支出就出现阶梯性跳跃增长；战后，公众“可容忍的纳税水平”并没有降低，从而财政支出规模可以继续保持在一个高水平上。这就是“审视效应”。“替代效应”有两层含义：一是战时战争支出对私人支出和民用财政支出的替代，战争支出规模扩大，而私人支出和民用财政支出规模相应减少；二是战后民用财政支出对战争支出的替代，战争支出减少，而民用财政支出增加。

二、政府投资规模变动趋势

1. 国外政府投资规模

从各国情况看，政府投资绝对规模也是不断增加，但是，政府投资占GDP的比例则呈现波动下降趋势，这与政府支出相对规模变动情况不同。根据世界银行《1998/99年世界发展报告》，除低收入国家以外，1996年，其他类别国家的经常性支出占GDP的比例均比1980年有所上升，而各类别国家的资本性支出占GDP的比例则全部下降。例如，低收入国家由6.6%下降到5.2%，中下收入国家由6.1%下降到4.2%，中上收入国家由4.1%下降到2.7%，高收入国家由2%下降到1.7%（见表7-2）。经常性支出比例上升和资本性支出比例下降的原因在于：各国养老金、老年人医疗保健等支出增长较快，而且这些支出是刚性增加，与此同时，政府只能相应削减投资性支出。

表 7-2　　不同收入水平国家中央财政支出占 GDP 的比重（%）

	经常性支出		资本性支出	
	1980 年	1996 年	1980 年	1996 年
低收入国家	19.0	17.8	6.6	5.2
中下收入国家	17.9	18.4	6.1	4.2
中上收入国家	20.4	22.9	4.1	2.7
高收入国家	28.7	34.6	2.0	1.7

资料来源：世界银行《1998/99 年世界发展报告》。

1969 ～ 2019 年间，美国政府投资由 355 亿美元增加到 5869 亿美元，年均增长 5.8%。70 年代中期到 80 年代中期，美国政府投资增长较快，年均增速超过了 10%，高于同期 GDP 现价增长水平。从平均水平看，政府投资年均增长 5.8%，低于 GDP 现价增长率 6.4%。美国政府投资占 GDP 的比例总体趋于下降，平均为 3.2%（见图 7–2）。

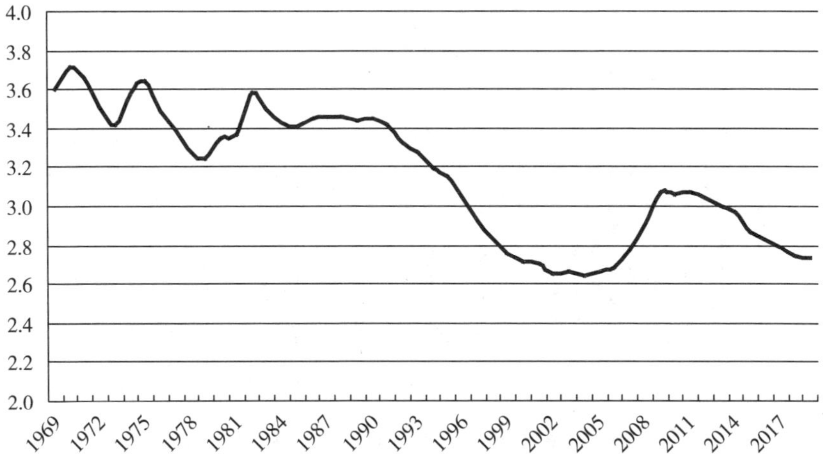

图 7-2　1969 ～ 2019 年美国政府投资占 GDP 比例（%）

资料来源：《美国总统经济报告 2020 年》。

在当代资本主义国家中，美国国家干预的程度最低，范围最小，经济自由化程度最高。美国政府通常不制定产业政策，其资源配置主要通过市场分散进行。自由主义始终是美国发展模式的主线，也是美国发展模式的本质，这应该是其政府投资比例下降和相对较低的主要原因。政府预算削减直接影响资本性支出。受财政紧缩政策影响，近年来，美国公共领域总投资占 GDP 的比重已降至 3.4%，低于战后 5% 的平均水平，凸显出全面的预算削减正威胁美国未来的增长，因为预算削减幅度最大的领域不是养老金、老年人医疗保健等转移支付项目，而是能提振产出的政府投资项目。

1980 ～ 2018 年，日本政府投资规模呈现波动状态。1980 年，日本政府投资增加到 22 万亿日元，1996 年达到峰值的 44 万亿日元，之后持续下降到 2012 年的 20 万亿日元。政府投资占 GDP 的比例也出现较大波动，由 1980 年的 9.5%，下降到 1992 年的 7.5%，之后有所回升，1998 年以后又趋于下降，下降到 2007 年的 4.3%，继而上升到 2018 年的 4.8%，平均为 5.5%，明显比美国高（见图 7–3）。

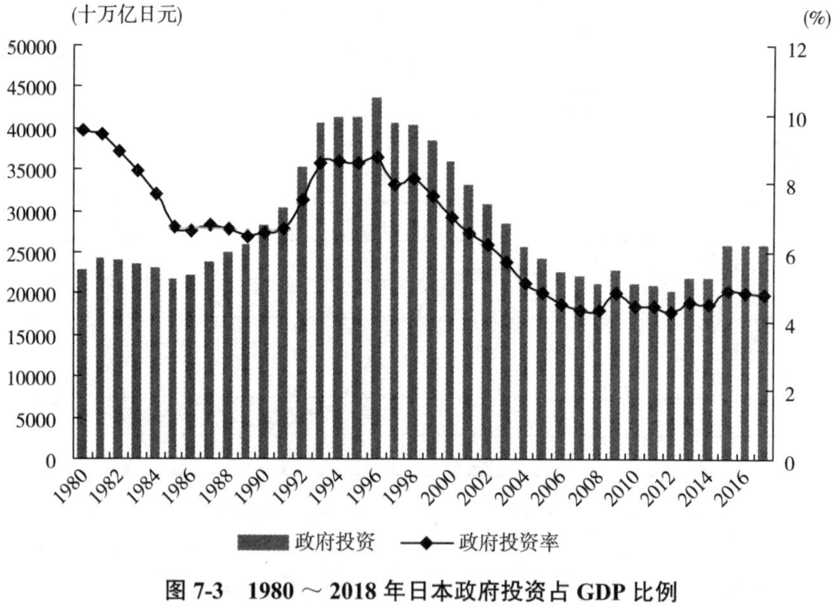

图 7-3　1980 ～ 2018 年日本政府投资占 GDP 比例

资料来源：Japan Statistical Yearbook 2020, Statistics Bureau, Management and Coordination Agency, Government of Japan.

在日本市场经济的运行过程中，政府干预的力度和作用的范围都很大，实行国家管理和干预经济，扶持特定产业，创造有利于工商业发展的环境。政府的政策干预通过经济计划、产业政策、财政与金融投资加以实施，使市场运行符合政府的经济意图。政府是宏观经济的重要主体，政企之间是长期合作的关系。因此，日本的经济可以归结为“政府主导型”的市场经济模式。在这一发展模式下，政府投资的作用更强、更大。

1995～2015年间，欧盟国家政府固定资本投资占GDP的比例变动不大，最高为3.7%（2009年），最低为2.3%（1997～2000年、2005年），平均为2.8%。德国1991～2015年政府投资占GDP的比例最低1.8%（1998年），最高2.9%（1992年），平均2.1%，总体变化平稳。法国1978～2015年政府投资占GDP的比例最低占2.8%（1998年），最高4.3%（2009年），平均3.6%，总体略有上升。英国1970～2015年政府投资占GDP的比例最低1.2%（2005年），最高5.2%（1974年），平均2.2%，总体趋于下降。法国政府投资比例高于欧盟平均水平，英国和德国低于欧盟，法国坚持市场自由竞争与适当的国家干预相结合，政府和政府投资的作用更大一些（见图7–4）。

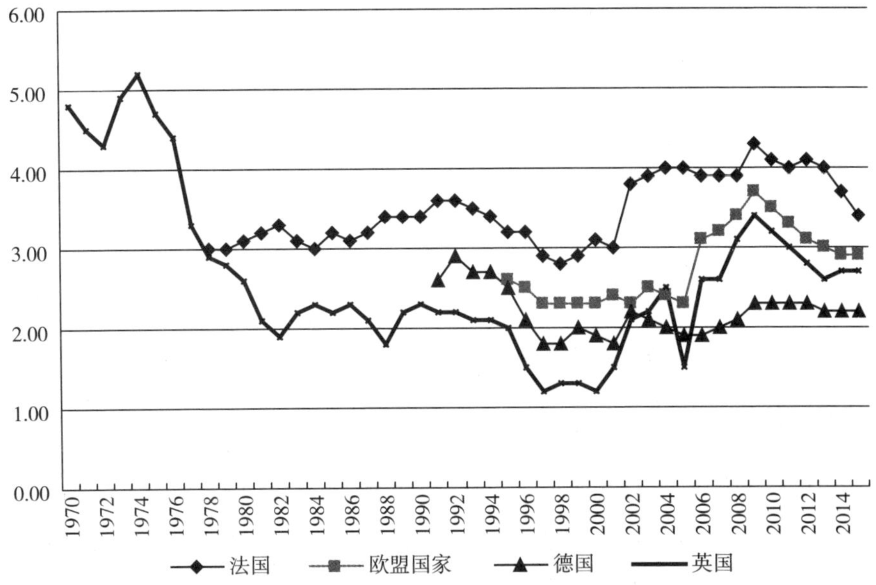

图7-4 欧盟国家投资占GDP比例（%）

资料来源：Wind数据库。

2. 我国政府投资规模

在我国固定资产投资统计中，没有明确的政府和非政府的划分。与政府投资范畴相近的是在投资资金来源中的国家预算内资金。1981年，国家预算内资金为269.8亿元，到2019年，增加到38741亿元，年均增长14%。1980年代中期以前，国家预算内资金占全社会资金来源的比例保持在20%以上，之后迅速下滑到1997年的2.8%；1998年，国家实施积极财政政策，比例逐年上升到2002年的7%；随后，比例又下降到2007年的3.9%；2008～2009年，国家再一次实施积极财政政策，比例又上升为5.1%。之后几年基本维持在4.5%～5%，2016年以后，比例又上升到6%左右（见图7–5）。可见，虽然国家预算内资金也有比较明显的增长，但是，它在全社会投资中的比例逐步下降，目前所占的比例较小。

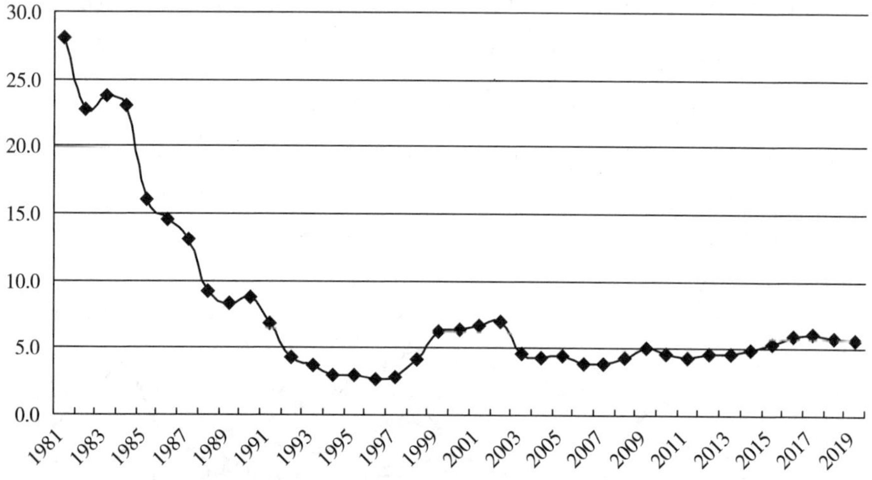

图7-5　国家预算内资金占全社会投资资金来源的比例（%）

资料来源:《中国统计年鉴2020年》。

如果按照资金流量表计算，1992～2018年，政府投资（资本形成）由626亿元快速增加到70526亿元，年均增长20%。从投资增量看，2008年国际金融危机以来，政府投资增加迅速，2009年、2014年分别比上年增加4000亿元以上，2015年增加5000多亿元，2016年增加8000多亿元，2018年则大幅增加17000亿元。政府投资占总投资的比例由5.8%提高到2016年的17.5%，提高了10多个百分点；政府投资率则由1992年的2.3%提高到2018年的7.7%，提高了5个多百分点（见图7–6）。

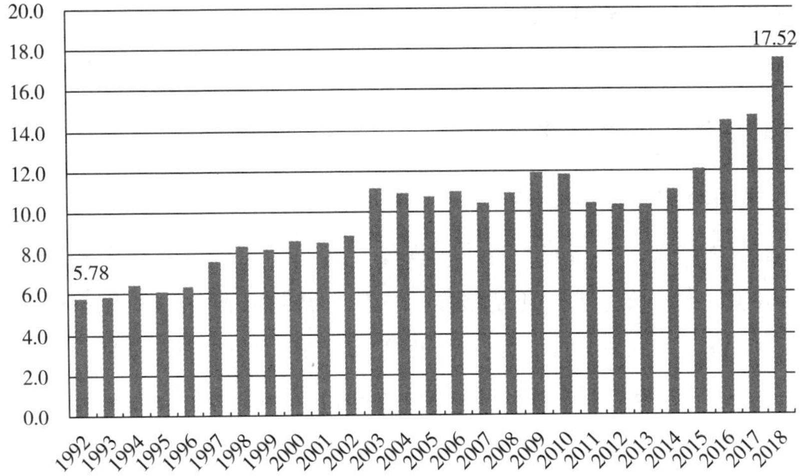

政府资本形成占总资本形成的比例（%）

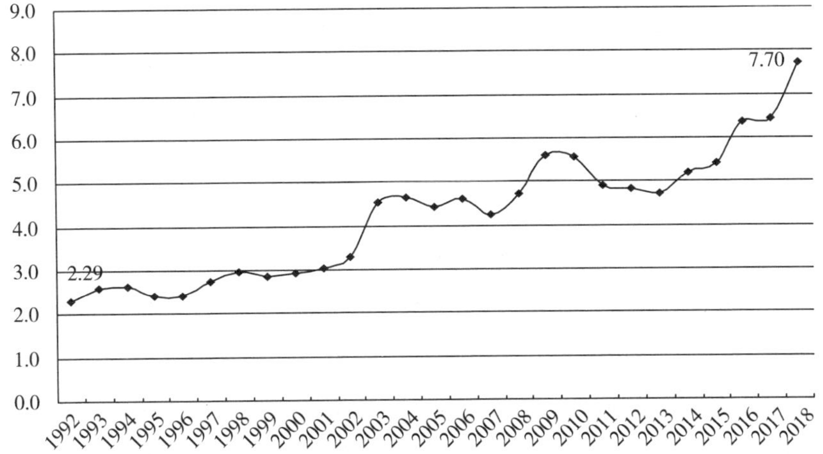

政府资本形成占GDP的比例（%）

图 7-6　按资金流量表计算的我国政府投资结构及其占 GDP 的比例（1992～2018 年）（%）

资料来源：张长春等：《中国生产率研究》，社会科学文献出版社 1998 年版，第 126 页；《中国统计年鉴 2020 年》《中国统计摘要 2021 年》。

三、政府投资的经济效应

1.政府投资的增长效应

（1）政府投资的积极作用

无论是哈罗德—多马的经济增长模型，还是索洛的新古典增长理论，无论是早期的经济增长思想，还是最新的内生经济增长理论，我们都能看到资本作为增长的源泉的研究。由此可见投资对经济增长的积极意义。纵观世界发展史，对处于经济起飞和追赶阶段的国家而言，拉动增长的最有效手段是投资，没有哪个工业化国家在这一阶段不是靠大规模投资来推动增长的。政府投资是全社会投资的重要组成部分，与其他投资一样，也能从供需两端促进经济增长。除此之外，政府投资还具有更强的外部效应。

政府的职能之一在于弥补市场失灵，提供市场机制不能解决的外部性较强的公共产品，从这个意义上讲，以政府为代表的公共部门在经济增长中至关重要。在经济增长的初期阶段，为了拓展市场贸易和发展生产，公共部门面临着开发国家资源以及将其与市场联结起来的任务，例如交通设施的建设等等。由于这些任务的外部性十分明显，因而只能由政府部门来担当，如果没有政府投资，私人资本的发展将缺乏起码的条件，经济增长也将是缓慢的。所以，此时，政府投资在经济增长中的角色是显著的，公共资本形成份额较大。当经济增长达到一定水平后，尤其是经济高速增长过后，不可避免会出现环境污染、资源破坏、城市建设滞后以及教育投入不足的问题。此时，政府投资将再次上升。只有上述的两个政府部门需求增大和政府投资扩张过程顺利实现，经济增长的持续性才能实现。

政府投资主要投向交通、市政等基础设施以及教育、卫生、文化等公共服务。基础设施和公共服务是国民经济的关键组成部分，这些领域的投资在经济增长中发挥更为重要的作用。第一，基础设施和公共服务是经济与社会发展的基本条件，直接影响着资源配置的效率水平，从而影响着经济增长的潜力；第二，基础设施和公共服务存在显著的外部性，并且一般具有正的外部效益，如水利设施可以减少洪涝灾害、扩大灌溉面积、提高农业产量等，这些利益为区域甚至全国所有成员共同享受。政府投资投入这些领域，弥补了这些领域的投资不足，缓解了瓶颈的制约，同时，为社会其他部门的发展创造了有利的条件，有利于促进经济增长。

（2）政府投资的消极影响

政府投资对经济增长的积极作用并不意味着赤字与债务规模可以随意扩大。大量赤字和公共债务可能对投资和经济增长产生破坏后果。例如，公共债务膨胀引起的高利率会造成投资支出下降，并减少资本存量，降低资本—劳动力比率，使劳动生产率增长放慢，实际收入增长放慢，这些损失随着时间积累导致生活水平的下降。高水平的政府投资也可能给出错误的微观经济信号和刺激，从而降低经济可持续增长率。例如，政府的投资补贴保护了国有企业，扭曲了价格信号。由于政府试图得到更多收入，高课税会减少企业活动并鼓励逃避税收。这时，恶性循环局面将出现，即政府投资增加造成高赤字，高赤字导致高税收，高税收反过来挫伤企业的积极性，并减少产出增长。

政府投资是否能够促进经济增长还取决于投入能否被用于增加生产性的实物及人力资本的存量，取决于政府部门是否补充了私人部门的活动，取决于财政赤字对宏观经济稳定的影响。根据国际货币基金组织的分析结果，在发展中国家中，如果按 20 世纪 80 年代中期财政赤字的多少进行排列比较，财政赤字较少（或有财政盈余）的国家经济增长比赤字较多的国家快得多。那些在 80 年代曾有巨额财政赤字的国家在 90 年代前期的实际 GDP 增长率只有 3% 左右，而赤字较少的国家的经济增长率接近 7%[①]。一些国家进行的财政整顿——大幅度削减了赤字规模——反而对经济产生了较好的福利效应和预期效应。这是因为减少赤字可以明显降低利率水平，从而大幅度提高私人部门持有的财富价值和刺激经济增长。消费者和企业则把赤字削减看成是持续降低其未来税收的一个信号，感觉他们的收入将会增加，这样也会刺激高支出和经济增长。曼昆的《经济学原理》中有一个案例研究，题目是“白宫的凯恩斯主义者”[②]，他在对肯尼迪和克林顿政府的财政扩张政策进行分析后指出：“通过减少赤字以鼓励和促进长期增长要比增加赤字刺激短期需求扩张更重要。”

---

① IMF：《世界经济展望》，中国金融出版社 1996 年版，第 69 页。

② 曼昆：《经济学原理》下册，北京大学出版社 1999 年版，第 356～357 页。

政府发债如果不能达到预期的刺激经济增长的目标，则债务必然成为未来经济与财政的负担，导致对债务更大的依赖性。凯恩斯主义的基本观点是：要想扭转失业上升的局面，必须减少税收、增加政府开支，以刺激总需求。但是，凯恩斯主义的政策结果却是20世纪70～80年代的西方国家预算赤字和债务规模的持续上涨，通货膨胀以及公共部门占国民收入份额的日益增加。公共选择学派认为，如果没有凯恩斯，各国政府预算的规模就不会达到如此膨胀的地步，并蕴含着未来更大的威胁，通过政府发债维系的政府开支增加并未达到预想的结果。

纳理斯和帕克（Joseph G.Nellis & David Parker）这样论述凯恩斯主义的局限性，第一，政府开支的重大投资项目对总需求的最终影响要很长时间才能见到实效，这就降低了政府成功校正总需求的能力；第二，政府开支一旦增加，就很难逆转，桥梁、道路和医院不能半途而废，那样做会冒政治上的风险；第三，大规模政府项目一旦开工，其成本往往要超出预算[①]。扩张性的财政政策希望通过赤字预算和扩大政府债务拉动需求，增加收入，以最终削减赤字和减少政府债务，但是，政策效应的有限性打破了这一良性循环的希望，反而造就了赤字和债务滚动增加的恶性循环局面。政府发债用于公共支出，也容易产生道德危害问题。如果政府在资源配置方面拥有足够大的权力而权力又缺乏制约，各类寻租腐败现象就会出现。如果建筑工程粗制滥造，寿命降低，就不得不花费额外的资金用于维修、运营甚至重建，从而给财政造成更多负担。如果在扩大基础设施公共支出时，政府决策者只考虑眼前利益和个人政绩，就会出现用于基础设施的财政支出并未得到有效利用，而其他部门更具有发展潜力的投资可能被挤占的现象。因此，基础设施盲目求新求大也会带来有效性不足的问题，难以在短期内形成对经济增长的支持。

总体来看，在适宜的宏观经济环境下（经济发展有要求，而资源无大的约束），发债和增加政府投资对经济增长具有积极的促进作用，是经济持续、稳定增长的客观需要。不过，经济增长对赤字—政府发债有一种内在的依赖性，这种依赖性要建立在适度的基础之上，过度的、大规模的、持续的赤

---

① 纳理斯、帕克：《宏观经济》，中信出版社1998年版，第91页。

字—债务扩张则可能走向问题的反面，此时，财政的调整和债务的削减反而有利于经济的长期增长。

2. 政府投资的挤出效应

（1）内涵

经济学中所说的“挤出效应”（crowding out effect）是指，政府通过向公众和商业银行进行借款以实行扩张性的财政政策（包括扩大政府投资），引起实际利率上升，导致私人投资由于融资成本的上升而减少，最终使财政支出的扩张部分或全部被民间投资的减少所抵消的现象。挤出效应将削弱政府投资的效力。

图 7–7 是关于挤出效应的一个简单的宏观经济模型。在政府未进行政府投资扩张前，E 为均衡点。假设增加的政府支出，则 IS 线将从 IS 移动到 IS′，如果仅考虑产品市场，在既定的利率水平 i_1 下，△G 使得国民收入由 Y_0 以乘数 a 倍扩大到 Y_2，即 a△G。但若同时考虑货币市场的变化，则在 E′ 货币市场未实现均衡，货币的需求大于货币的供给，均衡利率水平将上升，直到产品市场和货币市场重新实现均衡为止，E″ 为新的均衡点。容易发现△G 使均衡的利率水平上升，导致私人的投资需求下降，最终使得国民收入不能不能以乘数倍放大，只能扩大到 Y_1，Y_1Y_2 就是财政政策的挤出效应。

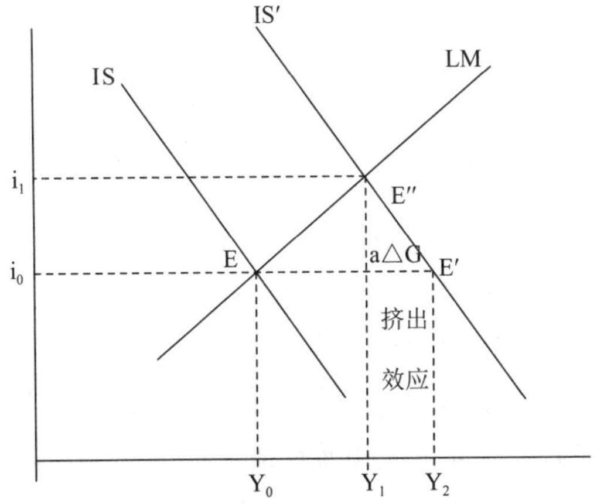

图 7-7　挤出效应的宏观经济模型

政府投资挤出效应的大小取决于支出乘数的大小、货币需求对收入的弹性大小、货币需求对利率的弹性大小和投资对利率的弹性大小，主要取决于货币需求对利率的弹性和投资对利率的弹性，在IS–LM模型中，就是决定于IS和LM曲线的斜率。LM曲线的斜率越小，挤出效应就越小，特别是当LM曲线是一条水平线时，这时利率不变，即在凯恩斯陷阱区域，挤出效应为零，政府具有完全的扩张性财政政策效应；LM曲线的斜率越大，挤出效应就越大，特别是当LM曲线是一条垂直线时，这时利率上升非常高，即在古典区域，挤出效应将无限大，政府的扩张性财政政策效应等于零。

（2）形成条件

挤出效应假说认为如果政府投资增加，将会导致货币需求增加和市场利率上升，此时私人投资下降。挤出效应等于政府投资活动在一定程度上剥夺了民间主体的权利，表明政府参与市场过多，因而损害了市场效率。从这个意义上讲，如果因为政策投资规模的扩大而压抑、排挤了民间投资的增长，那么，再实施政府投资扩张就是不合适的。因此，挤出效应存在与否的关键环节是政府投资对利率的影响，但过去的经验以及多国实践的研究都令人惊异地显示：这两者之间并没有明显的联系"①。这表明挤出效应存在的现实性较难把握，原因就是挤出效应的产生存在严格的限制条件。

首先，如果经济中资源没有得到充分利用，劳动力、资金、土地资源供给充足，则价格不会随产量变动而变动，因而政府支出对利率和私人投资影响较小，挤出效应也较小。其次，如果预算赤字以及政府支出增加的同时，货币供给相应增加以及增加额能够满足货币需求增加的需要，则政府投资扩张不会产生挤出效应。因此，货币政策与财政政策配合使用可以抵消挤出效应。自从我国1998年实行积极财政政策以来，一个普遍的认识就是扩大政府投资并未产生挤出效应。基本原因在于商业银行的超额准备金大量增加，银行存在较大的存贷差额和资金过剩，政府投资使银行一部分剩余资金转化为投资，并未由此引起利率和融资成本上升。从政府投资的领域和项目看，也不存在取代、排挤社会投资的问题。适应财政扩张的要求，中央银行也采取了一系列增加货币供应量的货币政策措施。

如果简单地运用传统的储蓄—投资恒等式分析赤字的挤出效应，很有可

① 《新帕尔格雷夫经济学大辞典》，经济科学出版社1992年版，第788页。

能形成对挤出效应的高估。对政府投资合理性的判断的核心指标不是挤出了多少私人投资，而是政府投资效率的本身。在正常情况下，公共部门的投资与私人部门的投资总是此消彼长的。当我们将政府投资的效率纳入分析范围时，财政赤字对私人部门投资的挤出性质也必然有所改变，即不再是无条件的单纯的消极挤出，而必然形成一种相对性挤出，既有可能是用基础设施投资挤出非基础设施投资，也可能是用教育投资挤出娱乐业投资。这种挤出是否会对经济增长产生负面影响则要视财政支出的实际效率而定，因此挤出并不必然对经济增长产生负面影响。

从另一个角度看，公、私部门之间总是存在一个特定的最优比例，该比例是该经济体实现最优发展的必要条件。在这样判断的基础上，只要公共部门的发展低于它所应达到的水平，它就应该“排挤”私人部门，从私人部门争夺资源，这时的“挤出”效应是必要的，有益无害的，甚至可以说“不挤出”倒可能影响经济增长的进程。还要进一步指出，如果将私人部门投资按不同投资效益水平分组，则被财政赤字挤出的那一部分私人投资并不是整个私人部门投资中具有高收益率或具有中等收益率的部分。相反，由资本市场的特殊运行机制所决定，被财政赤字挤出的那一部分私人投资必然处于整个私人部门效益最差、风险较大的那部分投资之中。这种挤出效应对于经济发展的好坏应具体分析。

3. 政府投资的稳定效应

政府投资的扩张与收缩是财政支出政策的重要组成部分，政府投资对平复经济波动是否有效呢？在传统凯恩斯主义中，有关“自动稳定器”的观点强调税收和转移支付在熨平可支配收入和消费的周期性波动方面的作用，但却没有明确分析政府支出对总产出变化的效应。Galí（1994）对 OECD 国家 1960 ～ 1990 年数据的实证研究表明，以政府购买支出占 GDP 比重衡量的政府规模与产出波动之间存在明确的负相关关系，即政府购买支出会平稳产出波动；Fatás & Mihov（2001）进一步验证了公共支出在 OECD 国家均有效地降低了经济的产出波动，但后来 Fatás & Mihov（2003）对 91 个国家的研究发现，相机抉择财政政策不利于降低宏观经济波动，他们将其归因于政府行为具有较大的随意性；Jang-Ting Guo & Sharon（2004）则认为微观效用函数的不同假设将通过就业传导渠道使得政府支出对产出的变化产生不同的作用，因此，政府支出是否可以平稳产出波动需要看具体的劳动供给弹性的大小；Jones（2002）以 RBC 模型为基础，利用广义矩估计分析财政政策对战后美国宏观经济稳定的影响，结论是财政政策的内生反应有助于宏观经济稳定，而外生冲击则加剧宏观经济波动[①]。总的来看，国外已有的对于这一问题的研究，还没有确切定论。

我们评价赤字—政府债务的经济必要性时，关注的是政府预算能否及时对经济条件变化作出反应，以及这种反应有多大才是合适的。人们通常把实际预算赤字或盈余作为衡量财政政策对经济全部影响的方便而简单的标准，但是，事实上预算赤字或盈余有时并不是由财政政策的主动变动引起的，而是由某些自发的私人支出变动而被动引起的。因此，现代财政学将结构性赤字与周期性赤字加以区分，即年度实际预算赤字由结构性赤字（或称充分就业赤字）和周期性赤字组成。结构性预算衡量的是经济处于充分就业状态时，政府赤字或盈余应该为多少，它反映了相机抉择的财政政策是扩张还是收缩的。正如萨缪尔森所说，预算的结构性部分是主动的——取决于政府的税率调整、公共工程支出、教育支出或国防支出规模。与此相反，预算的周期性部分则被动地取决于商业周期状况，即国民收入和产出的高低程度[②]。

结构性预算概念对于经济决策有着重要的意义。其一，结构性预算（或称充分就业预算）盈余或赤字提供了一个特定财政计划对经济活动是收缩性还是刺激性的自动指示器。结构性盈余或赤字从一个时期向另一个时期的数值变动又是两个时期之间政府预算计划变动程度的指示器[③]。其二，结构性赤字的增加是必要的，而结构性赤字的增加可能会促使未来周期性赤字的减少，这意味着近期的预算不平衡却常常会有利于未来的预算平衡。这也正是大多数经济学家反对平衡预算的主要原因。其三，也是最重要的，可以通过周期性赤字或盈余的变化，对比看出财政政策的效果以及未来的调整方向。例如，在经济衰退时期，实行扩张性财政政策将导致结构性赤字增加，如果财政政策作用结果是周期性赤字的减少，那么说明政策是有效的，可以在适

---

① 邓子基、唐文倩："政府公共支出的经济稳定效应研究"，《经济学动态》2012 年第 7 期。

② 保罗·萨缪尔森：《经济学》，华夏出版社 2000 年版，第 522 ～ 523 页。

③ 爱德华·夏皮罗：《宏观经济分析》，中国社会科学出版社 1985 年版，第 709 页。

当时机进行调整和转向。反之，则政策是无效的或低效的，仍需加大财政扩张的力度，继续扩大结构性赤字规模。

4. 政府投资的通胀效应

先从政府举债对货币供给的影响来看。财政赤字融资的两种基本方式是基础货币融资和债务融资。前一种方式直接表现为基础货币的创造，因而对通货膨胀的影响是显著的。因此，出于稳定经济与货币的考虑，一些国家在法律上规定不允许通过中央银行透支或借款。而债务融资对通货膨胀的影响则具有不确定性。一般观点认为，政府举债有可能会在一定程度上影响货币供给，因此，政府债务发行很可能是一个货币扩张过程。但是，这要视不同的政府债券认购主体而定，也就是说，不同的政府债券认购主体会对货币供给产生不同的影响。如果认购主体是居民部门，则政府债务资金一定来源于居民储蓄或消费结余，此时，只会形成居民资金向政府的转移，而不会影响货币供应量的增减。如果商业银行作为政府债券认购主体，情况就复杂一些，当商业银行以收回贷款或投资所得货币来认购政府债券时，与居民购买时对货币供给的影响一样；而当商业银行以超额准备金购买政府债券，或通过其他资金渠道购买政府债券后向中央银行贴现，则会形成货币供给的总量扩张。如果是中央银行直接购买政府债券，或者是通过公开市场业务在二级市场上买卖政府债券，都将挤出货币发行，增加社会通货量，因而可能会助长通货膨胀的形成。从货币政策的角度分析，保持稳定、适当的利率水平是中央银行的政策目标。当政府发行债券筹资应付赤字时，可能会对利率产生一种上推的压力，因而中央银行可能会买进债券来支撑债券价格以阻止利率上升。由于中央银行的公开市场购买导致了高能货币的增加，因而政府发行债券来应付赤字的净效应是货币供应的增加。如果赤字持续增加，那么债券供应量将会不断增加，迫使利率上升的压力存在，中央银行将会一次一次地买进债券，货币供应也将不断增长，最后引起通货膨胀。

再从政府举债对社会总需求的影响看。政府举债的两个直接目的，其一，偿还已有债务本息，其二，用于新的支出项目。债务还本实际上是一种债务置换，对即期需求不产生影响；而债务付息部分则取决于社会与公众的投资与消费倾向，如果社会公众收到政府债券利息后全部用于投资或消费，则会相应扩大社会总需求。对于由政府债券支持的新的政府支出来讲，由于支出结构不同，对社会总需求的影响也有所不同。依据财政支出的经济性质，可以将其分为转移性支出和消耗性支出[①]。转移性支出是政府资金的无偿的、单方面的转移，包括养老金、补贴、捐赠等。这部分资金最终形成社会公众的可支配收入，对总需求的影响取决于社会公众的投资预期及消费倾向，因而不是政府所能控制的。消耗性支出是政府购买物品或劳务的活动，包括行政管理费以及各类投资拨款。这类支出主体就是政府本身，因此，消耗性支出构成社会总需求的一部分。况且，政府消耗性支出还会产生乘数作用。政府支出乘数（expenditure multipliers）与投资乘数是完全相同的，表明政府在商品服务上的一项采购，会引致一系列的再支出，从而形成GDP增长额会数倍于政府购买量的增加额。当然，政府支出乘数发挥作用是需要一定条件的，即经济中存在没有得到充分利用的资源。这时，总需求的增加才会使国民收入增加，否则，国民收入的增加将受到资源条件的限制，总需求增加起不到刺激经济的作用，却会引起通货膨胀的发生。理论分析表明：政府支出一次性增长只会导致通货膨胀率的暂时上升，只有当政府支出持续增加时，才会有物价水平的持续上升[②]。所以说，政府支出的持续增长不是一个可行的政策，因而通过持续的政府债券扩张维持政府支出增长也不是可行的政策。

第二节　政府投资结构

一、政府投资结构的决定

政府需要投入的领域很多，影响政府投资方向选择的因素也很多，但是，由于政府资金毕竟有限，因此，必须明确一定的标准，保证政府投资能

---

① 陈共:《财政学》，四川人民出版社1991年版，第245页。

② 米什金:《货币金融学》，中国人民大学出版社1998年版，第294页。

够进入最需要的公共服务领域。

1. 主要影响因素

（1）政府职能

政府职能的大小及其侧重点决定了政府投资方向和结构。关于政府的职能特别是政府在经济发展中的作用，一直存在着两种观点，即市场主导型观点和政府主导型观点。

市场主导型观点强调自由运作的市场力量在经济发展中的作用，认为经济发展完全可以通过市场这只“无形之手”，实现均衡发展。由于市场机制本身能够运作得很好，只是在一个十分有限的范围和程度上才会出现失灵，因此，只有着眼于促进市场机制运作效率的政府活动才是适当的。与此相适应，政府干预应局限于一个狭窄的范围内，即除了提供诸如国防、行政这类基本的公共服务之外，政府的经济事务应仅限于环境保护、基础教育等具有明显外部性的领域。

政府主导型观点强调政府要干预经济，特别是要通过财政政策实现充分就业和经济增长目标，认为如果没有政府的强有力干预，就很难实现资源的配置优化、产业的顺利成长和经济的稳定增长。特别是在经济发展的初期，如果没有政府的强有力干预，就不可能实现快速的资本积累、有效的资源配置、及时的技术追赶，而这正是现代经济增长的必要条件。与此相适应，政府职能不仅体现在为民间部门的迅速扩张提供良好的经济环境、提供充足有效的经济基础设施，而且还要直接参与战略性产业的投资活动。

如果按照市场主导型观点，政府投资规模不可能很大，政府投资结构应偏重于行政管理、公共安全等维持国家机器正常运转方面的支出。而如果按照政府主导型观点，政府投资规模将会比较大，而且政府投资结构也会更多偏向于经济方面的支出。

（2）公共产品特性

所谓公共产品是指那些在消费上具有非竞争性和非排他性的产品和服务。消费的非竞争性是指某一个人对公共产品或服务的享用，不排斥、妨碍其他人对其的同时享用，也不会因此而减少其他人享用该种公共产品或服务的数量或质量。也就是说，增加一个消费者不会减少任何一个人对公共产品或服务的消费量。以国防为例，尽管人口不断增加，但没有任何人会因此而减少其所享受的国防提供的国家安全保障。受益的非排他性是指在技术上没有办法将拒绝为之付款的个人或厂商排除在公共产品或服务的受益范围之外。也就是说一个或一些社会成员享用这种产品，并不排斥其他社会成员享用。还以国防为例，如果在一国的范围内提供了国防服务，要想排除任何一个生活在该国的人享受国防保护是极其困难的。

公共产品具有消费的非竞争性和受益的非排他性。一旦公共产品摆在那里，供给者将无法阻止那些未出钱的人享受其好处。在这样的社会条件下，人们完全有可能在不付任何代价的情况下，而享受通过其他人的出资而提供的公共产品或服务的效益。这里，在经济学上被称作免费搭车者的人就出现了。免费搭车对任何人来说都是理性的选择。只要有公共产品或服务存在，免费搭车者的出现就不可避免。在免费搭便车存在的条件下，公共产品的供给量就会不足，供给就会出现低效率。既然公共产品不可或缺，免费搭车者的问题又不可避免，就只有依靠强制性的融资方式来解决公共品的供给问题。于是，政府一方面以征税手段取得资金，另一方面又将征税取得的资金用于公共品的供给。

（3）外部性的存在

马歇尔（Alfred Marshall）在1890年的《经济学原理》中提出外部性的概念，经过庇古、科斯等人的批判补充，其内涵不断丰富和发展。所谓外部性就是指某些个人的经济行为影响了其他个人，却没有为之承担应有的成本费用或没有获得应有的报酬的现象。当外部性存在的时候，人们在进行经济活动决策中所依据的价格，既不能精确地反映其全部的社会边际效益，也不能精确地反映其全部的社会边际成本。其结果是依据失真的价格信号所作出的经济活动决策，肯定会使得社会资源配置发生错误。与政府投资直接相关的是正的外部性，在正的外部性的情况下，无论是产品的买者，还是产品的卖者，都未在其决策中意识到他们之间的交易会给其他人带来益处。

对于某些经济与社会活动来说，它对外界产生的各种效用却并没有合适的途径可以得到补偿，产品或服务的生产和销售就会呈现不足状态。如果这种外部性不能得到合理内化的话，那么必然会对这种产品的供给产生不利的影响。以卫生防疫为例，一个传染病人得到好的治疗，不仅本人和家庭可以获得经济的、非经济的效益，同时，也防止了疾病的传染给整个社会带来的恐慌和风险，使整个社会也可以获得巨大的效益，其收益显著外溢了。然而，在传染病医院设立时，这些正的外部性并未被考虑在内，这使得新设立传染病医院的数量满足不了社会的需要。当存在收益外溢情况时，这种产品或服务的供给出现不足，就需要政府出面干预。政府一般采用矫正性的财政补贴或投资来实现正的外部效应的内在化。对带有正的外部效应的产品或服务发放财政补贴或政府直接投入部分资金，以此将补贴产品或服务的私人边际效益提高到同社会边际效益相一致的水平。

（4）收入再分配

即使市场决定的收入分配处于帕累托最优均衡，但是，这种均衡并不必然保证社会公平的实现。或者说，即使市场机制能够发挥作用并且效率极高，它也会带来收入分配的不平等问题。政府配置和市场配置的内容有着本质的不同，市场配置理论恪守等价交换原则，强调的是要素配置的权利公平，人们收入的结果有赖于要素禀赋，但是，其结果通常有失公平。政府配置所关切的公平分配是在要素禀赋基础上个人与家庭之间的分配结果，以强制性的方式提供"有益需要"的社会公共品，是减少个人间和地区间收入差距、改善低收入人口生活状况的一个重要方面。以公共卫生、低收入者住宅为代表的是具有再分配性质的公共服务，政府通过投资这些公共服务，特别是加强落后地区的公共服务投入，可以有效增加低收入者的实际所得。

（5）稳定经济

中央政府的财政政策是保证经济稳定增长和实现充分就业的有效手段。研究表明，在经济过热或经济衰退时期采取的相机抉择的财政政策使经济增长趋于稳定和持续。成熟市场经济国家的经验表明，政府投资政策是影响经济周期波动的重要政策因素。政府投资方向调节与规模控制同样重要，政府资金（尤其是国债资金）使用方向决定了财政赤字的合理性。布坎南曾指出："如果事实上联邦政府的经费中通过举债筹集的部分同可适当地列入公共投资的部分大体相等的话，那么在国家资产项下将有一项抵消项目，与表示公债现值的负债项目相平衡。在这种情况下，把举债和购置资产两方面都作了记录，国家资本储备的净现值就不会出现变化；当然，如果证明投资支出基本上是纯生产性的，按正规计算的现值还应有某些增加。”[①] 总的来看，政府资金是否具有生产性和投资性，是否与国民生活质量提高密切相关，以及这种生产性和投资性资金规模的大小，都会在相当程度上决定经济增长的速度与质量，决定经济与财政的可持续性。

2. 政府投资范围界定

根据政府投资职能要求及其变化，根据不同物品与服务的特点及供给方式的不同，对政府的投资范围进行明确的区分和界定具有重要意义，只有这样，有限的政府资金才能最大限度地发挥效用，保证最为急需的公共产品及服务领域获得政府的投资支持。

政府投资主要用于关系国家安全和市场不能有效配置资源的经济和社会领域，包括加强公益性和公共基础设施建设，保护和改善生态环境，促进欠发达地区的经济和社会发展，推进科技进步和高新技术产业化。具体来说，政府投资应该集中在以下三个类别中。

第一类，具有非竞争性和非排他性的纯公共品，如国防、司法、行政、邮政、防灾救灾、卫生防疫、大江大河治理、重大科研计划、消防、公共博物馆和图书馆等，政府部门的直接投资是这类产品的基本供给方式。政府直接投资上述领域并不意味着此类公共品的全部投资与运营责任都需要政府部门自己承担。上述产品与服务内部仍然可以作更为细致的分类，将竞争性业务与普遍服务业务分业经营，政府投资与补贴只负责保障提供普遍服务。政府也可以借助市场组织和社会组织的优势与能力，来生产这些公共物品。

第二类，带有显著外部收益、能够创造社会公平的准公共物品和服务，如高速公路、城市道路、基础教育、医疗卫生、公有住房、社会福利、环境保护等，这些领域可以是政府投资的范围，也可通过政府补贴和特许权经营引入非营利组织[②] 和企业投资经营。政府介入程度的高低取决于政府的财力

---

① 布坎南：《自由、市场和国家》，北京经济学院出版社 1988 年版，第 201 页。

② 非营利组织或非营利机构是不以营利为目的、以不分红为标志、以自主治理和自愿参与为特征的社会组织。这类组织以志愿精神作为追求公益的动力，灵活多样地满足社会群体尤其是贫困人群对公共物品的需求，弥补了一部分公共物品提供中的“市场失灵”和“政府失灵”。在发达国家，2/3 的非营利组织集中在三个传统福利领域：教育、卫生保健和社会服务。会费与经营性收入，以及政府以各种方式提供的资金构成非营利组织的主要收入来源。

及经营的效率，在政府财力有限和经营效率低下的情况下，完全可以借助社会及市场的力量，但是，社会化及市场化的范围和程度要有明确的限制，同时，要对社会化和市场化提供的准公共品及服务进行科学的规划和组织以及严格的监管和控制。当政府财力充裕的时候，政府部门应当在具有显然外部效应（如城市道路、基础教育）的领域发挥更大的作用。

第三类，以电力、铁路、电信、地铁、供水、污水处理、垃圾处理、广播电视等为代表的自然垄断产品。这些产品和服务或具有排他性，或具有竞争性，存在着超额需求，消费者愿意直接付费，这就为私人通过市场供给提供了现实可能性。上述产品和服务市场供给的形式可以有两种，其一是私人的完全供给，即公共物品的投资、生产以及运营由私人单独完成，私人通过收费的方式向消费者收取费用；其二是私人与政府的联合供给，政府对私人提供一定的补贴和优惠政策，或政府根据合同进行采购。此类产品和服务应实施政府管制包括价格管制和市场准入管制，以避免由于企业拥有市场垄断地位，或因厂商盲目竞争而导致的资源配置的效率损失。

3. 政府投资范围动态演变

政府投资范围不是一成不变的。随着经济的发展，政府职能的范围和重点会发生变化，政府投资的方向和领域也将随之变化。

在经济发展的初期，提高国民收入水平、改善国民生活水平是政府亟须解决的问题，其职能的侧重点就是充分利用社会稀缺经济资源，促进经济增长。收入分配和社会保障问题则被置于次要的地位，于是为了提高经济增长速度，加快经济发展，政府在财政支出中往往会加大经济建设投资支出的比重。其投资支出主要用于两个方面：一是对经济发展有重要影响的各种基础设施，如交通、通讯、水利等；二是能够带动整个经济增长的支柱产业。从总体上看，在经济发展的早期阶段政府投资范围较广，且重点在于经济领域的投资。

当经济发展逐渐从早期的起飞阶段进入中期阶段以后，政府的职能依然侧重于经济的发展，但也开始注重社会的安定、收入的公平分配、国民素质的提高等。在这一时期，民间产业部门已经发展起来，那些需由政府提供的基础设施大多已经建成，对它们需求的增加也逐渐变缓，政府尽管还要对基础设施、支柱产业等经济领域进行投资，但这些投资在政府投资中的比重会逐步下降，而且还会逐渐退出民间投资能够解决的产业投资领域。同时，由于人们生活水平不断提高，在满足基本生活需要的同时，人们开始关注其他方面的需要，如教育、卫生、安全等，因此社会公共领域的投资比重开始上升。总体而言，在经济发展的中期阶段，政府投资在经济领域和公共领域并重。

当经济发展进入成熟时期后，政府职能开始侧重于社会的稳定、收入分配的公平等方面，经济增长成为政府的次要目标。政府投资要体现政府职能的这一转变，投资的主要目的从促进经济增长转变为促进社会安定和实现社会公平。在经济成熟时期，适应经济发展需要的基础设施及支柱产业的发展已经达到相当的高度，由于生活水平的大幅提高，人们对提高生活层次的各项需求迅速增加，要求资源更多地用于满足高层次的需要，如安全、素质、健康等，而且这些公共领域的投资也有助于社会的安定及公平目标的实现。于是，在这一时期，政府投资主要侧重于社会公共领域①。

社会与公众需求的阶段性与变化性推动了政府投资职能的动态调整。随着上述社会与公众需求的变化，要求政府逐步将公共服务职能与社会管理职能放到更加优先的位置，从“建设型”政府向“服务型”与“建设型”功能兼备的政府转变。政府投资也必须做出适应性的调整。

二、政府投资结构的国际比较②

1. 美国政府投资方向及其变动

（1）政府投资结构状况

根据美国预算管理办公室的统计，美国联邦政府的投资方向③包括实物资产（Physical capital）、教育培训、研发、水利电力、城市交通等共计23类。

---

① 孙茂颖、胡蓉：“政府投资范围再界定”，《合作经济与科技》2007年2月号（上）。

② 本节选自国家发改委宏观院重点课题报告：《新常态下政府投资方向和方式研究》，分报告作者甄小燕。

③ 仅针对非国防投资。

1962～2014年，联邦政府高速公路、中小学和职业教育、一般科技空间和技术研发的平均投资比例超过了10%，分别达到15.4%、11.5%和11.1%，三类投资比例合计达到38%。前三位的投资方向与其他投资方向比例差距较大，排名第四位和第五位的高等教育和健康研发投资比例分别为7.7%和7.6%。而培训和就业、重要装备购买、对州和市的社会服务教育、自然资源和环境实物投资等领域的联邦政府投资比例高于3%。老兵教育、培训和康复、教育中的健康和研发投资以及交通研发等领域的联邦政府投资比例低于3%（见表7-3）。

表7-3　　1962～2014年联邦政府投资年均比例及排名

排名	投资方向	投资比例	排名	投资方向	投资比例
1	高速公路	15.42	13	老兵教育、培训和康复	2.82
2	中小学和职业教育	11.54	14	城市大运量交通	2.61
3	一般科技、空间和技术研发	11.13	15	其他非国防实物投资补助	2.27
4	高等教育	7.70	16	能源研发	2.25
5	健康研发	7.60	17	其他教育	2.21
6	水利电力外直接投资	5.49	18	教育中的健康和研发投资	1.23
7	水利电力直接投资	5.30	19	其他研发	1.14
8	社区和地区发展	4.73	20	自然资源和环境研发	1.09
9	培训和就业	3.78	21	交通研发	1.08
10	重要装备购买	3.56	22	机场投资	0.96
11	对州、市的社会服务教育	3.19	23	农业研发	0.90
12	自然资源和环境实物投资	3			

资料来源：美国预算管理办公室，Office of Management and Budget. Budget of the U.S.Government, Fiscal Year 2014: Historical Tables（April 2013），www.whitehouse.gov/omb/budget/Historicals.

（2）政府投资方向变动

1962～2014年，在美国联邦政府投资中，高速公路、水利电力直接投资、一般科技、空间和技术研发比例下降显著，分别下降了13.3个、10.1个和7.6个百分点，在23类投资领域中降幅也最大。水利电力外直接投资比例也下降了4.4个百分点，能源研发联邦投资比例下降3.3个百分点，教育中的健康和研发投资、农业研发等行业比例略有降低。

1962～2014年，在美国联邦政府投资中，能源研发投资比例下降了13

位，下降最为明显；水利电力实物投资比例排名跌出了前3位置，2014年，投资比例排名下降到第11位；农业研发、其他研发、教育中的健康和研发、交通研发联邦投资比例排名分别下降了6～7位。

1962～2014年，在美国联邦政府投资中，中小学和职业教育、健康研发、城市大运量交通的投资比例显著上升，上述三者联邦投资比例分别增加了9.5个、6.6个和5.3个百分点，在23类投资领域中比例增幅最大。高等教育联邦投资比例也增加了4个百分点，重要装备购买投资比例提高了3.9个百分点，老兵教育、培训和康复投资比例提高了3.3个百分点，对州和市的社会服务教育投资比例提高了3.1个百分点。

1962～2014年，城市大运量交通的联邦政府投资比例从第23名升至第7名，提升了16个位次，对州和市的社会服务教育投资比例提升了10位，培训和教育投资比例提高了8位，中小学和职业教育、健康研发、重要装备购买、老兵教育和培训、自然资源和环境等行业投资比例分别提高了3～4位（见表7-4）。

表7-4　　1962～2014年联邦政府投资比例、排名及变化

投资方向	1962年		2014年		比例变化（%）
	排名	投资比例（%）	排名	投资比例（%）	
高速公路	1	28.83	1	15.53	-13.3
一般科技、空间和技术研发	2	14.86	5	7.26	-7.60
水利电力直接投资	3	13.75	11	3.60	-10.1
水利电力外直接投资	4	8.69	9	4.25	-4.44
中小学和职业教育	5	5.02	2	14.49	9.47
健康研发	6	4.52	3	11.13	6.61
能源研发	7	4.13	20	0.85	-3.28
高等教育	8	3.41	4	7.37	3.96
重要装备购买	9	1.79	6	5.70	3.91
社区和地区发展	10	1.77	12	2.98	1.21
老兵教育、培训和康复	11	1.66	8	4.96	3.30
其他研发	12	1.52	18	0.88	-0.64
教育中的健康和研发投资	13	1.46	19	0.87	-0.59
其他非国防实物投资	14	1.37	15	1.88	0.51
农业研发	15	1.34	22	0.66	-0.68

续表

投资方向	1962 年		2014 年		比例变化（%）
	排名	投资比例（%）	排名	投资比例（%）	
其他教育	16	1.26	13	2.55	1.29
交通研发	17	1.19	23	0.47	–0.72
自然资源和环境研发	18	1.04	21	0.70	–0.34
自然资源和环境实物投资	19	0.98	16	1.74	0.76
对州和市的社会服务教育	20	0.68	10	3.81	3.13
机场投资	21	0.60	17	1.12	0.52
培训和就业	22	0.12	14	1.92	1.80
城市大运量交通	23	0.00	7	5.29	5.29

资料来源：同表 7–3。

（3）美国政府投资结构及变动特征

①美国基础设施始终是政府投资重要领域。虽然高速公路、水利电力及水利电力以外直接实物投资的比例下降明显，但三者的投资比例排名未发生根本性的变化，尤其是高速公路投资比例稳居第 1，水利电力及水利电力直接实物投资的排名只是从第 3、第 5 位下降到第 7、第 6 位。显示出政府基础设施投资需求大、生命周期长的特点。

②教育、培训类投资倍受重视。1962 ～ 2014 年，在联邦政府投资增速最快的 10 个领域中，教育类有 6 个。中小学和职业教育、高等教育的投资比例排名大幅上升，培训和就业的投资比例排名从第 22 位提升至第 9 位。这其中既包括交通等基础设施，也包括教育、研发、健康等公共服务。

③重要投资领域范围较为稳定。虽然联邦政府投资领域不同方向前 10 位的变化较大，在 70 年代末 80 年代初也出现过较为剧烈的波动，但前 10 位的联邦政府投资方向较为固定。1962 年排名前 10 位的投资领域，2014 年有 7 个仍然排名前 10 位。

④与生活质量改善有关投资地位提升。联邦政府在城市大运量交通、社会服务教育、培训和教育、健康研发、自然资源和环境等领域的投资比例趋于上升，反映了政府对城市发展、人才培养、生命健康等方面的倾斜投入。

2. 日本政府投资方向及其变动

（1）政府投资结构状况

日本财政投资贷款项目（Fiscal Investment and Loan Program，FILP）在一定程度上反映了中央政府投资情况。日本统计局将 FILP 项目的投资方向归纳为 13 类。

1956 ～ 2014 年，住宅、中小企业、生活环境整治年均投资比例位居日本政府投资的前三位，投资比例分别达到 18.6%、16.3% 和 14.4%，合计占全部政府投资的近一半。前三位投资方向与其他投资方向比例差距较大。道路和运输通信中央政府投资比例也较高，分别达到 9.4% 和 8%。贸易和经济合作、产业和技术、资金运用、农林渔业政府投资比例保持在 4% ～ 6% 之间。地区发展、文化教育、社会福利以及国土安全和灾害恢复政府投资比例也达到 2% 以上（见表 7–5）。

表 7-5　　FILP 的投资方向

排名	投资方向	投资比例（%）	排名	投资方向	投资比例（%）
1	住宅	18.58	8	资金运用	4.63
2	中小企业	16.28	9	农林渔业	4.08
3	生活环境整治	14.36	10	地区发展	3.88
4	道路	9.35	11	文化教育	3.35
5	运输通信	8.09	12	社会福利	3.16
6	贸易和经济合作	6.47	13	国土安全和灾害恢复	2.30
7	产业和技术	5.46			

资料来源：日本统计局，Historical statistics of Japan，http://www.stat.go.jp/english/data/chouki/05.htm.

（2）政府投资方向变动

中小企业、道路、生活环境整治政府投资比例显著上升。1956 ～ 2014 年，三者政府投资比例分别提高了 14.5 个、9.8 个和 6.5 个百分点。另外，贸易和经济合作、文化教育和社会福利政府投资比例也有所上升。与 1956 年相比，2014 年，政府道路投资比例提高了 7 位，中小企业、生活环境整治、贸易和经济合作、社会福利政府投资比例均提高了 4 位。

地区发展、产业和技术、运输通信的政府投资比例显著下降。1956 ～ 2014

年，三者政府投资比例分别下降 12.6 个、9.9 个和 8 个百分点；住宅、农林渔业、国土安全和灾害恢复等行业政府投资比例也有所下降。与 1956 年相比，2014 年，地区发展政府投资比例下降了 10 位，运输通信、产业技术、住宅政府投资比例均下降了 6 位，农林渔业投资下降了 4 位（见表 7–6）。

表 7-6　FILP 投资年均比例及变化

投资领域	1956 年		2014 年		比例变化（%）
	排名	比例（%）	排名	比例（%）	
住宅	1	14.96	6	7.90	–7.06
地区发展	2	14.17	12	1.60	–12.57
产业和技术	3	13.80	9	3.89	–9.91
运输通信	4	12.21	8	4.22	–7.99
中小企业	5	9.33	1	23.86	14.53
生活环境整治	6	7.71	2	14.25	6.54
农林渔业	7	7.34	11	2.95	–4.39
国土安全和灾害恢复	8	5.72	10	2.95	–2.77
贸易和经济合作	9	4.99	4	8.12	3.13
道路	10	4.22	3	14.03	9.81
文化教育	11	3.55	5	7.90	4.35
社会福利	12	1.99	7	5.69	3.70
资金运用	13	0.00	13	0	0.00

资料来源：同表 7–5。

（3）政府投资结构及变动特征

①政府投资领域较为广泛。政府投资方向既包括运输通信、道路等基础设施投资，也包括农林渔业、住宅、中小企业、地区发展、产业和技术等产业和区域发展投资，还包括生活环境整治、国土安全和灾害恢复等可持续发展投资，也包括文化教育、社会福利等民生投资。

②不同政府投资领域呈现交替领先的特性。1956 年、2014 年两个时期政府投资方向变化较大，例如，地区发展、产业和技术、运输通信等经济领域政府投资地位明显下降，政府的住宅投资在 2000 年左右出现大幅下跌；与此同时，政府对中小企业、生态环保等领域投资后来居上，强势增长。

三、我国政府投资结构现状

国家预算内资金是指中央和地方政府一般预算资金用于固定资产投资的部分。总体来看，国家预算内资金的投向比较集中，2003 ～ 2017 年，交通、公用事业和公共管理①三个大行业的国家预算内资金就占全部国家预算内资金的 60% 以上，其中，交通占 25.6%，公用事业占 25.7%，公共管理占 10.1%。其余占比较高的行业包括电力（8%）、教育（5.7%）、农业（4.9%）和房地产（5.3%）。工业中的采矿业和制造业的国家投资较少，分别只占 0.7% 和 3.1%。服务业中的批发零售、住宿餐饮、金融和信息服务等经营性领域国家投资很少，比例均低于 0.6%。社会事业领域的科技、文化、卫生领域的国家投资比例也不高，分别平均只有 1.4%、2.4% 和 2.2%（见图 7–8）。

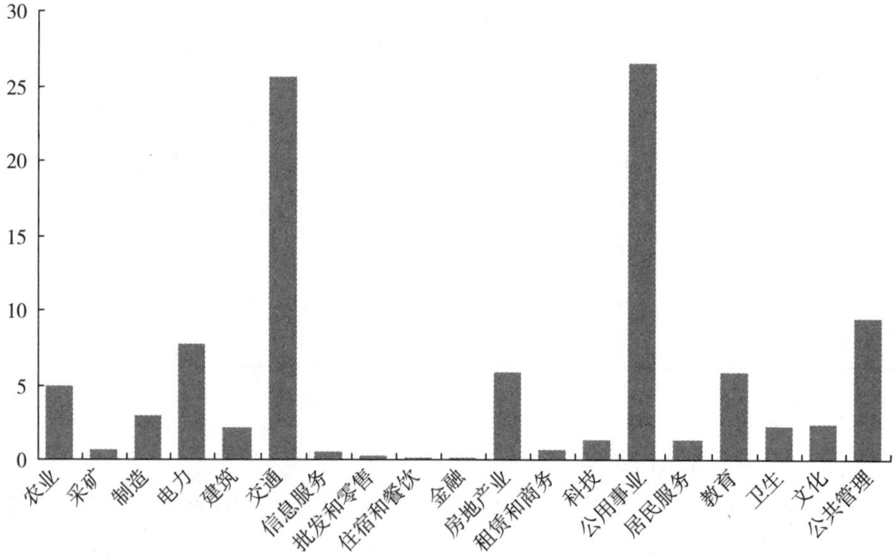

图 7-8　2003 ～ 2017 年国家预算内资金行业分布（%）

资料来源：各年中国统计年鉴。

在大行业内部，国家投入重点也有所不同。在交通运输业，铁路运输和道路运输资金分别占全部国家预算内资金的 8.1% 和 15.3%，公交、水上、航

① 公用事业指水利、环境和城市建设；公共管理指政府管理、社会保障和社会组织。

空、仓储、邮政资金比例则均低于1%；在公用事业中，城市建设资金占比最高，达16.2%，水利为7.6%，环境保护投资只占1.8%；在教育中，中等教育占2.7%，高等教育占1.6%，初等教育占1.1%，学前教育只占0.12%；在卫生社保中，卫生占1.9%，社会保障和社会福利资金分别只占0.1%和0.2%。环境保护资金占国家预算内资金比例太低，个人收益率较高的高等教育资金比例过高，而学前教育投入比例较低，社会保障和社会福利资金投入较少。

从各行业预算内资金比例变化情况看，2003～2017年，交通比例由超过30%下降到23%左右，公共管理由最高16%下降到不足5%，电力由10%下降到5.4%，科技由2.4%下降到0.7%。比例上升的行业包括：公用事业由24%提高到34%，房地产由1%大幅上升到9%以上，卫生由1.5%上升到2.7%，教育比例略有上升。其他行业的比例变化不大。上述比例变动显示出政府投资的一些积极的变化，例如，随着经济的发展，交通、电力等经济基础设施国家投入比例下降，而水利、城市建设和环境政府投入趋于增加，政府在保障房投入的增加，使房地产预算内资金比例大幅提升。

再看各行业预算内资金比例的位次变化。我们对2003年、2009年、2013年和2017年政府投资的主要行业进行了排序。交通政府投资比例均保持在第1或第2位；2003年，城市建设政府投资比例排名第4，2009年提高到第2位，之后上升到第1位；水利政府投资位次有所下降并保持稳定，由2003年的第2位，下降到第4位；教育政府投资位次由2003年的第7位提高到2017年的第5位；卫生政府投资位次有所上升，由2003年的第12位提高到2017年提高到第9位；房地产业政府投资位次变化最大，由2003年的14位上升到2009年的第8位和2017年的第3位。与2003年相比，2017年，环境政府投资位次下降了2位，科技政府投资由2003年的第9位下降到2017年的第15位（见表7–7）。

可见，近十多年，政府投资在交通、水利、城市建设等经济基础设施保持强势；在教育和卫生等社会事业领域位次有所提升，在科技、体育等领域位次下降；在采矿、制造、商贸等传统竞争性行业政府投资位次没有太大变化；在环境保护、信息服务等新兴公共服务业，政府投资地位反而下降。

表 7-7 各行业政府投资比例排位

	2003 年	2009 年	2013 年	2017 年
农业	6	7	7	8
采矿	16	15	17	18
制造	8	9	10	11
电力	5	5	8	6
建筑	11	12	9	14
交通	1	1	2	2
信息服务	15	18	20	20
批发零售	21	19	19	19
住宿餐饮	20	22	21	21
金融	19	21	22	22
房地产	14	8	3	3
商务服务	18	17	15	13
科技	9	14	14	15
水利	2	4	4	4
环境	10	11	13	12
市政	4	2	1	1
居民服务	22	20	16	17
教育	7	6	5	5
卫生	12	10	11	9
文化艺术	13	13	12	10
体育	17	16	18	16
公共管理	3	3	6	7

第三节 政府间投资职责分工

一、理论分析

1. 分工的理论依据

政府间投资职责分工实际上是判断由中央政府还是由地方政府提供公共

产品与服务，谁更有优势、谁更为有效的问题。与之相关的理论有：蒂博特的“以足投票”理论、施蒂格勒的最优分权模式、奥茨的分权定理、特里希的偏好误识理论[①]。

（1）“用脚投票”理论

蒂博特（Tiebout）在1956年发表的《地方支出的纯理论》一文中，提出了关于地方性公共产品有效率供给的假说。他认为，人们之所以愿意聚集在某一个地方政府周围，是由于他们想在全国寻找地方政府所提供的服务与所征收的税收之间的一种精巧的组合，以便使自己的效用达到最大化。当他们在某地发现这种组合符合自己的效用最大化目标时，就会在这一区域居住下来。这个过程就是所谓的“用脚投票”。政府间分工提供公共产品可以形成类似于竞争机制起作用的市场，地方政府会在公共产品的数量、类型、规模上展开竞争，这样公共产品偏好显示、供给不足的问题就可以得到很大程度的解决。

（2）最优分权模式

美国经济学家施蒂格勒（Stigler）在1957年发表的《地方政府功能的有理范围》一文中指出，与中央政府相比，地方政府更接近于自己的民众，地方政府比中央政府更加了解它所管辖的公民的效用与需求。为了实现资源配置的有效性和分配的公平性，决策应该在最低行政层次的政府部门进行。施蒂格勒并没有完全否定中央政府的作用。他指出，行政级别较高的政府对于实现资源配置的有效性和分配的公平性目标来说，也许是必要的。尤其是对于解决分配上的不平等和地方政府之间的竞争与摩擦这类问题，中央一级政府是一种适当的政府。但是，地方政府比中央政府更加了解其所管辖的选民的效用和需求，而且不同的地区应该具有自己选择公共品种类数量的权利。

（3）分权定理

奥茨（Oates）在1972年出版的《财政联邦主义》一书中，针对地方财政的必要性提出了一个分权理论。奥茨通过一系列假定，将社会福利最大化表达为一个线性规划，并求解得出资源配置处于社会福利最大化时的一般均衡模型。如果该产品的每一个产出量的提供成本无论对中央政府还是对地方

---

① 李齐云：“西方财政分权理论及启示”，《山东科技大学学报（社会科学版）》2003年9月。

政府来说都是相同的，那么，让地方政府将一个帕累托有效的产出量提供给他们各自的选民，总是要比中央政府向全体选民提供任何特定的并且一致的产出量有效得多。也就是说，如果下级政府能够和上级政府提供同样的公共品，那么由下级政府提供效率会更高。据此可以引申出的结论是：中央政府只应提供具有广泛的偏好相同的公共产品。

（4）偏好误识理论

美国经济学家特里西（Tresch）在1981年出版的《公共财政学》中针对以往分权理论中的疏漏，提出了“偏好误识”的分权理论。特里西证明，如果一个社会能够获得完全的信息，并且经济活动也是完全确定的，那么，由中央政府还是由地方政府来对社会公众提供公共产品都是无差异的。但是，社会在经济活动中并不是完全具有确定性的。假定地方政府相当了解本地区居民的偏好，它能以完全的确定性确知公众的个人偏好中的边际消费替代率，而中央政府则对全体公众的偏好了解得不甚清楚，那么，中央政府在提供公共产品的过程中就会发生偏差，公共产品不是提供过多，就是提供不足。在此情况下，回避风险的社会就会偏向于让地方政府来提供公共产品。偏好误识理论所揭示的不确定性，是地方分权主义的一种更为有力的证据。

理论分析表明，在政府间投资职责关系处理上，地方政府分权有其必然性，中央政府集权也具有必要性，但是，中央政府集权过多或地方政府分权过度各有利弊，所以，无论是中央政府集权还是地方政府分权都应该是有限的。

2. 内涵及相关关系

（1）内涵界定

事权、支出责任、财力和财权是财政体制的基本要素，也是政府间投资职责分工需要考虑的主要内容。

事权是一级政府在公共产品和服务提供中应承担的任务和职责，事权又可以分解为决策、执行、监督等几个环节。

支出责任是一级政府承担的运用财政资金履行其事权、满足公共服务需要的财政支出义务。

财力是指一级政府所拥有的可支配的财政资源，来源于本级政府税收、上级政府转移支付、非税收入及各种政府债务等。

财权是指各级政府为了满足一定的支出需求而筹集财政收入的权力，即财力的取得权、占有权、支配权和使用权等。主要包括税权、收费权和发债权。

（2）相关关系

①事权和支出责任相适应。事权和支出责任相适应是财政体制有效运转的基础环节，是处理政府间财政关系的逻辑起点。建立事权和支出责任相适应的制度，就是将公共产品、公共服务的不同责任要素在各级政府间进行明确划分，努力实现“谁请客、谁买单”。

从理论上讲，政府事权与支出责任划分的对应结构主要有以下几种情况：第一，中央本级政府足额负担支出以承担事权，即中央事权，中央支出责任；第二，地方本级政府足额负担支出以承担事权，即地方事权，地方支出责任；第三，中央政府和地方政府共同承担的事权由各级政府共同出资保证，即中央和地方共同事权，中央和地方共同支出责任；第四，中央政府的事权，交由地方政府办理，中央政府负担支出，即中央事权，委托地方办理，中央支出责任。这实际上是第一种情况的延伸，事权在这里分解为了中央政府的决策权和地方政府的执行权。

省级政府与市（县）政府的事权与支出责任划分的对应结构与上述情况类同。

政府投资是政府的资本性（建设性）支出，在多级政府体系下，政府投资也有一个事权—支出责任划分的问题。投资事权划分就是这些公共产品分别由哪一级政府来投资。投资支出责任划分是指公共产品供给的资金来源。明确投资事权与支出责任划分就是让中央和地方政府在公共投资领域“干什么事”“钱从何来”，有一个明确的规则。

中央和地方按照投资事权划分相应承担和分担支出责任。中央本级的投资事权由中央承担支出责任，达到基本公共服务均等化最低标准方面的事权属于中央政府，由其承担支出责任；地方的投资事权由地方承担支出责任；中央与地方共同的投资事权应明确各自分担的支出责任；中央委托地方的投资事权由中央承担支出责任。

②财权、财力与事权相匹配。合理而明确的事权划分是财权和财力划分

的基础。对于财权划分来说，要充分考虑地方政府的事权范围，以保证地方政府有效提供地方性公共产品的可能性和可行性。对于财力划分来说，应当在政府间事权与财权划分的基础上，对财力进行分配，实现财力与事权相匹配、相统一。

适用“财权与事权相匹配”原则的前提，一是必须赋予各级政府税权、预算权和公债权；二是筹措的财政资金应以满足本级事权需要为限，除了必须分担的公共事务外，不发生向下转移支付。因此，财权与事权相匹配的财政体制导向主要适合联邦制国家。

作为单一制的中央集权国家，不可能采取联邦制体制下的财政分权模式，中央在财权上的适度集权是合理的。而且，对于发展中大国来讲，区域发展不平衡、城乡差距过大、收入分配不公等矛盾突出，需要中央政府适当集中财权来整体统筹①。此时，更适合确立财力与事权相匹配的目标。

实现财力与事权相匹配目标，首先要解决分税制中的财权配置问题。财权配置是保证各级政府有效履行职能的重要制度安排。复合税制中的税种，哪些应归中央，哪些应给省，哪些应放在市、县，哪些应在一定历史时期内视为共享税及如何处理，都属于财权配置问题。

其次，即使较好地做到了财权与事权的呼应和匹配，也不等于就完全实现了财力与事权相匹配。因为同样的税基，在发达地区和欠发达地区的丰裕程度可能大不相同。因而，必须同时建立科学、有力、自上而下的转移支付制度，以使欠发达地区政府的财力能与其事权大体匹配。

再次，从分税分级体制的长远发展考虑，还应探索在控制、消化地方政府已有债务的前提下，在设定规范、透明的程序和必要的制约条件的情况下，适当发展规范的地方政府债券。这是使我国地方政府财力与事权相匹配的一个重要制度内容。

3. 投资职责划分标准

除少数单一制小国实行一级财政外，世界上绝大多数国家实行多级财政体制，即有一级政府就有一级财政，从而为顺利履行其各自的政府职能创造

---

① 马海涛：“政府间事权与财力、财权划分的研究”，《理论视野》2009 年第 10 期。

条件。因此，不同层级政府间存在一个职责分工问题，包括事权划分、支出责任划分、收入划分以及转移支付。其基本原则是：保证各地区提供有效的公共产品和服务，保证全国基本公共服务均等。

（1）事权划分

①政府职能标准。根据财政分权理论，政府的职责包括资源配置、经济稳定、收入分配三方面。政府职责划分是分组财政体制的逻辑起点，是财政收支划分的重要前提，也是政府间投资职责划分的重要前提。

稳定的职能主要由中央政府履行。稳定的标志是充分就业、物价稳定、国际收支平衡。要实现稳定目标，政府运用财政货币政策进行调控是必不可少的。由于地方政府缺少可以用于稳定经济的工具，其稳定本地经济的政策措施往往导致其他地区乃至全国的不稳定，因此稳定的职能只能由中央政府来执行。涉及稳定的公共投资责任也应划归中央政府及其财政。

分配的职能主要由中央政府履行。显而易见，地区间的收入再分配不可能通过地方财政来实现，地方政府也很难有能力实现再分配政策。促进区域和城乡间的协调发展，特别是推进基本公共服务的均等化，缩小经济和社会发展差距，具有再分配效应，只能是中央政府（或高层政府）的职能。有关分配的投资事权也应主要由中央政府及其财政掌握。

配置的职能主要包括提供地方基础设施和公共服务等，由于中央政府与地方政府都要在不同的受益范围内提供公共产品，政府的配置功能一般由中央、地方共同承担。由于资源配置具有较强的地域性，地方政府对于本地需要、偏好等最为了解，能够更好地体现因地、因事制宜，因此，地方政府在资源配置职能方面应有更大作为。但是，对于具有外部效应的项目，中央政府应多发挥作用，特别是在跨地区、跨行业的建设项目上。

②受益范围标准。按照公共产品理论，不同类型公共产品的非竞争性和非排他性特征受地域和空间因素影响程度不同，因此，公共产品的受益具有空间层次性。按照受益范围可以将公共产品划分为全国性公共产品和地方性公共产品。受益范围遍及全国的是全国性公共产品，典型的例子是国防、外交等。受益范围仅限于特定地域空间消费者的是地方性公共产品，典型的例子是市政、消防等。跨区域公共产品具有利益外溢性，也就是说这些公共产品提供受益外溢到辖区以外，使地方政府单独决定其最适数量时，无法达到

帕累托最优，此类公共产品需要中央政府和地方政府共同提供。

尽管根据公共产品本身的特征和受益广度的差异以及各级政府职责的内在要求，可以判断出区域性公共产品须由地方政府负责提供，全国性公共产品则由中央政府出面提供，然而，这并不意味着逆命题成立，即不能够反过来说由地方政府提供的就是区域性公共产品，由中央政府提供的就是全国性公共产品。实际上，由地方政府提供的许多公共产品，同时也具有某种外溢性，其受益范围以本地区为主，但也可以在一定程度上超出本区域的界限，成为对其他地区产生一定影响的公共产品。同理，由中央政府提供的许多公共产品，也可能仅仅在某一特定区域内发挥其效应。

总之，对于大多数公共产品而言，一定要明确其受益范围是不可能的，因为既没有绝对的地方性公共商品，也没有绝对的全国性公共商品，多数都是处于中间状态，属于中央和地方政府的共同事权。

（2）支出责任划分

在中央与地方政府投资支出责任的划分问题上，英国学者巴斯特布尔（C. F. Bastable）曾提出以下三条原则：第一，受益原则。政府所提供的公共服务，其受益对象如果遍及全国，那么，其支出责任应属于中央政府；其受益对象如果是地方居民，那么，其支出责任应归地方政府。第二，行动原则。政府提供公共服务，需要在行动上做到全国统一规划的领域或活动，其支出责任属于中央政府；凡政府活动必须因地制宜，以本级政府财力为基础的，其支出责任属于地方政府。第三，技术原则。政府活动或公共工程，凡支出规模庞大，需要高技术才能完成的项目，其支出责任应归中央政府，否则应属于地方政府。

美国经济学学阿图·埃克斯坦（O. Eckstein）更重视决策程序问题，他认为，与中央政府的决策相比，地方政府通过一项决策所需要的时间更短些。过长的决策程序往往会使政策发挥失去最好的时机，所以，中央政府过多地承担公共服务职能的体制安排面临着决策合理化的障碍。而地方政府的决策不仅具有所需时间短的优势，而且也更符合本地居民的利益，体现当地居民的偏好和习惯。所以，他主张除国防、外交、国家管理等项支出需要由中央财政承担之外，其他支出应主要由地方负责。

美国经济学家塞力格曼（Seligman）强调以效率为标准划分支出。效率原则是指根据不同层级政府提供公共服务的效率高低来确定公共服务由哪一级政府来提供。由于政府公共投资更多体现在社会效益方面，经济效率往往很难考核，所以，这里的效率主要是指政府提供的服务能够最快捷、最有效满足社会公众的需要和偏好。

美国财政学家费舍尔（Ronald D. Fisher）从公共产品有无外溢性效果的角度分析了中央与地方政府的支出范围划分问题。他提出，包括基础设施、警察、消防等在内的外溢性较小并且地方性较强的公共产品，更适合由地方政府提供。相反，外溢性较大的公共产品，更适合由中央政府投资。

除了上述划分原则的观点之外，还有学者提出了均衡原则，认为均衡地区差别、产业差别等投资支出应属于中央政府。

二、我国的实际

1. 政策变化

我国《宪法》第一章第二条中规定“人民行使国家权力的机关是全国人民代表大会和地方各级人民代表大会”；第三条规定“人民依照法律规定，通过各种途径和形式，管理国家事务，管理经济和文化事业，管理社会事务”；“中央和地方的国家机构职权的划分，遵循在中央的统一领导下，充分发挥地方的主动性、积极性的原则”。

从《宪法》基本思想来看，中央和地方的事权划分总体上遵循“中央统一领导、地方分级管理”的原则，对于各级政府的事权和支出责任应该“依照法律规定的权限”进行具体划分，也就是在大原则确定的情况下，需要由相关法律来进一步细化政府间的事权分工。而事实上，尽管《宪法》已经有了一些原则性的规定，但是，在基本法律层面目前仍然缺乏统一、明确和具体的划分。

在宪法和基本法律对政府事权作出方向性和原则性规定的基础上，我国陆续出台的一些单项法律，在中央与地方之间对于某一方面事权进行了大致的划分，但是，总体而言，这些规定还是显得过于原则，普遍对财政支出方向、总量要求多，对于政府间筹资责任、支出管理和监督责任很少进行具体明确。

我国政府间事权划分的基础性文件是《国务院关于实行分税制财政管理体制的决定》(国发〔1993〕85号)。在这一文件中，将中央与地方事权和支出的划分作为建立分税制改革的一项具体内容，做出了一些原则性的规定。文件对中央与地方事权和支出责任划分非常简单与笼统，社会保障等职能也未能纳入事权范畴，同时，并未列出中央与地方共有事权及其支出责任。

对分税制改革决定中明确规定的重要公共服务支出责任划分，在其后分项推进的改革过程中，进行了一些具体的界定。例如，《国务院关于深化农村义务教育经费保障机制改革的通知》(国发〔2005〕43号)对用于农村义务教育的各项财政支出，在中央和地方间划分了支出责任：全部免除农村义务教育阶段学生学杂费，对贫困家庭学生免费提供教科书并补助寄宿生生活费。免学杂费资金由中央和地方按比例分担，西部地区为8∶2，中部地区为6∶4，东部地区除直辖市外，按照财力状况分省确定。农村义务教育阶段中小学校舍维修改造所需资金，由中央和地方按照5∶5比例共同承担。等等。

2003年，在《中共中央关于完善社会主义市场经济体制若干问题的决定》中，有关中央与地方事权和支出责任划分的表述为：建立事权和支出责任相适应的制度。适度加强中央事权和支出责任，国防、外交、国家安全、关系全国统一市场规则和管理等作为中央事权；部分社会保障、跨区域重大项目建设维护等作为中央和地方共同事权，逐步理顺事权关系；区域性公共服务作为地方事权。中央和地方按照事权划分相应承担和分担支出责任。中央可通过安排转移支付将部分事权支出责任委托地方承担。对于跨区域且对其他地区影响较大的公共服务，中央通过转移支付承担一部分地方事权支出责任。

《国家基本公共服务体系“十二五”规划》提出合理界定中央政府与地方政府的基本公共服务事权和支出责任，并逐步通过法律形式予以明确的要求。规划除了对中央、省级和市县政府在提供基本公共服务方面的实权进行了原则性的划分外，还提出了事权和支出责任上移的调整方向，包括增加中央和省级政府在基本公共服务领域的事权和支出责任。强化省级政府在教育、就业、社会保险、社会服务、医疗卫生等领域基本公共服务的支出责任。

十八届三中全会《中共中央关于全面深化改革若干重大问题的决定》明

确了建立事权和支出责任相适应的制度的要求，分别说明了中央事权、中央和地方共同事权、地方事权的主要内容，提出中央通过转移支付承担一部分跨区域且对其他地区影响较大的地方事权支出责任。十八届四中全会《中共中央关于全面推进依法治国若干重大问题的决定》则提出强化中央政府宏观管理、制度设定职责和必要的执法权，强化省级政府统筹推进区域内基本公共服务均等化职责，强化市县政府执行职责。

2014 年 6 月，中央审议通过了《深化财税体制改革总体方案》。提出 2020 年基本建立现代财政制度的总体目标。将重点推进三个方面的改革：一是改进预算管理制度，强化预算约束、规范政府行为、实现有效监督，加快建立全面规范、公开透明的现代预算制度；二是深化税收制度改革，建立有利于科学发展、社会公平、市场统一的税收制度体系；三是调整中央和地方政府间财政关系，在保持中央和地方收入格局大体稳定的前提下，进一步理顺中央和地方收入划分，合理划分政府间事权和支出责任，促进权力和责任、办事和花钱相统一，建立事权和支出责任相适应的制度。

2. 现状分析

从公共财政支出各类项目中央和地方各自所占比例，可以分析我国政府间事权与支出责任现状。2015 年，我国公共财政支出各类项目的中央和地方支出责任划分呈现如下特点：第一，没有中央财政全额承担的项目，即使是国防和外交两类典型的全国性公共服务，也仍有一定支出是由地方承担的。第二，除了援助其他地区支出一项外，地方政府也几乎没有全额承担的项目，即使像城乡社区事务这样的典型地方性公共服务，也仍有一定支出责任是由中央承担的。第三，中央支出比例超过 50% 的项目只有 5 项，在 50% 以下的项目则高达 17 项。第四，地方支出比例超过 90% 的项目达到 12 项，在 90% 以下的项目只有 10 项。总体来看，地方承揽的支出责任较多。第五，在教育、医疗卫生、社会保障等基本民生领域，中央直接承担的支出责任较少（见表 7–8）。

表 7-8　　我国主要财政支出项目中央和地方占比情况（2015 年）（%）

	中央	地方
合计	14.47	85.53
一般公共服务	7.79	92.21
外交	99.27	0.73
国防	97.59	2.41
公共安全	16.89	83.11
教育	5.17	94.83
科学技术	42.28	57.72
文化体育与传媒	8.84	91.16
社会保障和就业	3.80	96.20
医疗卫生与计划生育	0.71	99.29
节能环保	8.34	91.66
城乡社区事务	0.07	99.93
农林水事务	4.25	95.75
交通运输	6.90	93.10
资源勘探电力信息等事务	5.70	94.30
商业服务业等事务	1.29	98.71
金融监管等事务支出	48.29	51.71
援助其他地区支出	57.10	42.90
国土资源气象等事务	50.96	49.04
住房保障支出	25.39	74.61
粮油物资储备事务	29.76	70.24
国债还本付息支出	80.81	19.19
其他支出	8.98	91.02

资料来源：《2016 年中国财政年鉴》。

从细分的公共财政支出项目考察中央和地方支出责任划分情况，基本没有中央政府独立承担的支出责任，而地方政府支出比例普遍较重。在教育项目中，只有留学教育一项中央支出责任占比较高，达到 98.8%，其余项目均在 10% 以下，即便在普通义务教育阶段，中央支出比例也只有 6%，而地方支出比例则高达 94%。再看医疗卫生，各个分项中央支出比例均低于 5%，在基层医疗、公共卫生、医疗保障等项目中，中央支出比例分别只有 0.05%、0.72% 和 0.23%。在农林项目中，只有南水北调一项中央支出比例较高，在交通项目中，也只有铁路和邮政两项中央支出比例较高（见表 7–9）。

表 7-9　我国细分财政支出项目中央和地方占比情况（2015 年）（%）

	中央	地方		中央	地方
教育	5.17	94.83	医疗保障	0.23	99.77
教育管理事务	0.39	99.61	中医药	1.86	98.14
普通教育	5.96	94.04	人口与计生	0.42	99.58
职业教育	0.20	99.80	食药监管	4.37	95.63
成人教育	0.00	100.00	其他医疗卫生	0.45	99.55
广播电视教育	2.00	98.00			
留学教育	98.95	1.05	农林	4.25	95.75
特殊教育	0.00	100.00	农业	5.86	94.14
进修及培训	6.75	93.25	林业	2.05	97.95
教育费附加支出	0.00	100.00	水利	2.44	97.56
其他教育支出	6.75	93.25	南水北调	38.88	61.12
			扶贫	0.57	99.43
文化体育	8.84	91.16	农业综合开发	3.83	96.17
文化	4.63	95.37	农村综合改革	0.56	99.44
文物	5.02	94.98	其他农林	3.11	96.89
体育	5.25	94.75			
广播电视	10.29	89.71	交通	6.90	93.10
新闻出版	53.18	46.82	公路水路	3.43	96.57
其他文化体育	9.00	91.00	铁路	34.03	65.97
			民用航空	11.28	88.72
卫生	0.71	99.29	运输补贴	0.00	100.00
卫生管理	1.60	98.40	邮政	95.59	4.41
公立医院	2.01	97.99	车辆购置税支出	6.68	93.32
基层医疗	0.05	99.95	其他交通	0.00	100.00
公共卫生	0.72	99.28			

资料来源：同表 7–8。

根据李俊生等人对我国与“金砖五国”、G20以及OECD等国家主要的公共支出的比较，我国中央政府的支出比例普遍低于“金砖五国”、G20和OECD国家。我国省级政府的支出比例与“金砖五国”、G20和OECD等国家相比，也相对低一些。我国省以下地方政府的支出比重显著高于其他国家。相对于中央政府和省级政府，省以下地方政府承担了过多的支出责任。

第一，中央政府的支出责任相对较轻。我国中央政府对于国防、住房和社区及经济建设方面的公共支出比例与“金砖五国”、G20和OECD等国家的均值基本一致。但是，中央政府对于文化、宗教、文化方面的公共投资，公共服务、社会秩序与安全的投资，以及社会保障、教育、环境保护和健康的公共投入，与“金砖五国”、G20和OECD等国家相比较低，投入严重不足。

第二，省级政府在提供文化、环境保护、住房和社区等方面公共服务中严重缺位。我国省级政府在上述领域基本没有支出。此外，我国省级政府在教育和公共服务方面的公共支出也需提高。

第三，地方政府在提供各种公共服务方面负担较重。地方政府过重的支出责任负担来源于两个渠道。一是中央政府在提供公共服务中支出不足，转嫁了一部分支出责任给地方政府。二是省级政府在诸多公共支出方面的不作为直接加重了地方政府的公共支出负担。

从20世纪60年代以来美国联邦政府、地方政府（包括州）投资情况看，联邦政府所占比例由1959年的60%左右下降到2014年的44%，平均50%，这意味着美国联邦和地方政府投资平均各占一半。在不同行业的政府投资中，联邦和地方政府的职责分工还是比较明确的。国防始终是中央政府的投资事权和责任，各年投资比例均在100%；医疗卫生投资是中央和地方共同事权，但中央政府的投资责任逐年增加，由1959年的37%增加到2014年的73%，成为中央政府的主要职责；收入保障的中央政府投资责任则恰好相反，由开始的100%下降到55%；教育的投资责任主要在州和地方政府，中央政府投资比例平均不到3%；住房和社区事务显然是州和地方政府投资职责范围；一般公共服务、经济事务和文化投资责任主要在州和地方政府，中央政府在经济事务和文化的投资占比还呈现明显的下降趋势（见表7-10）。

表 7-10 美国中央政府投资占全部政府投资的比例（%）

	总投资	一般公共服务	国防	公共秩序和安全	经济事务	住房和社区事务	医疗卫生	文化	教育	收入保障
1959	60.72	33.33	100.00	0.00	21.51	0.00	37.50	0.00	2.94	50.00
1960	60.83	28.57	100.00	0.00	27.84	0.00	44.44	33.33	2.78	100.00
1965	55.74	18.18	100.00	25.00	45.21	3.03	58.33	33.33	3.51	100.00
1970	51.00	27.78	100.00	14.29	38.05	2.38	60.71	14.29	3.80	50.00
1975	47.16	30.43	100.00	20.00	37.04	1.33	61.82	13.33	2.78	85.71
1980	51.69	38.46	100.00	19.23	40.12	1.55	62.07	15.79	3.10	92.31
1985	60.25	34.15	100.00	20.83	36.49	1.39	66.14	9.09	3.39	72.73
1990	54.48	27.01	100.00	20.21	36.68	1.41	66.67	5.26	2.56	57.14
1995	48.00	23.43	100.00	30.43	35.73	2.30	70.87	9.30	2.64	56.52
2000	40.33	8.70	100.00	38.99	29.33	0.00	73.78	11.54	2.20	55.56
2005	43.40	20.46	100.00	44.25	23.77	1.29	73.79	10.34	1.97	70.83
2010	46.03	28.48	100.00	50.23	24.69	0.94	71.98	15.22	1.64	70.59
2011	46.62	30.99	100.00	52.61	24.70	1.04	72.69	15.66	1.95	68.75
2012	46.34	28.77	100.00	41.53	25.96	0.69	73.88	12.68	1.54	53.13
2013	45.48	28.21	100.00	41.62	25.17	0.69	72.89	10.77	1.54	55.88
2014	44.41	27.24	100.00	41.86	24.34	0.68	72.91	12.50	1.61	55.88
平均	50.77	26.17	100.00	28.74	33.95	1.76	64.83	14.46	2.81	71.64

资料来源：wind 数据库。

我们把资金来源中的国家预算内资金和中央政府自筹资金作为中央政府投资，省、市、县政府自筹资金作为地方政府投资。选用 2003 ～ 2005 年的平均数分析中央和地方政府的投资结构状况，可以看出，这一时期中央政府投资比例为 43.3%，低于美国的 50% 的长期均值水平，这意味着中国中央政府投资支出责任相对较小。从主要公共投资领域看，中央投资比例接近 70% 的只有科技，信息服务业中央投资比例相对较低，只有 12.5%，其他行业中央和地方投资都达到一定比例，无法判断是谁的专属事权和支出责任，投资责任同构的特征明显。美国的教育是州和地方的主要投资责任，而在中国，中央政府的投资比例达到了 43%；美国医疗是中央政府的主要投资责任，而在中国，地方政府的投资比例高达 44.7%。

表 7-11　　我国中央和地方投资占全部政府投资的比例（%）

	中央	地方
合计	43.27	56.73
农林	66.82	33.18
电力	53.45	46.55
交通	48.23	51.77
信息服务	12.53	87.47
科技	69.02	30.98
水利环境	30.62	69.38
居民服务业	63.11	36.89
教育	42.82	57.18
卫生	55.26	44.74
文化体育	34.99	65.01
公共管理	58.27	41.73

注：数据为 2003 ～ 2005 年平均。

资料来源：《中国固定资产投资统计年鉴》2004-2006 年。

3. 存在的主要问题

现行的财税体制是在 1994 年分税制改革的基础上逐步完善形成的。当时提出了“财权与事权相匹配”的原则，考虑更多的是财政收入的层级配置，却没有明确界定各级政府的事权与支出范围，中央与地方、地方各级政府之间的事权和支出责任划分一直没有深入进行，导致政府投资事权和支出责任划分不清晰、不合理。

事权和支出责任划分缺乏法律规范。我国宪法仅规定“中央和地方的国家机构职权的划分，遵循在中央的统一领导下，充分发挥地方的主动性、积极性的原则”，并授权国务院规定中央和省、自治区、直辖市国家行政机关的具体职权分工。实践中也多以政府文件的形式处理政府间关系，缺乏必要的法律权威和严肃性。这容易导致事权频繁上收下放，一些领域事权安排存在一定的偶然性和随意性，增加了政府间的博弈和谈判成本，体制的可预见性和稳定性不足。

事权重叠交叉和职责同构。在我国政府间的事权划分中，除对外事务、国防建设等极少数事项属于中央事权外，各级政府的投资职责并无明显区别，地方政府的事权几乎全都是中央政府事权的延伸或细化，“上下一般粗”，多级政府共同管理的事项过多，中央和地方职责重复与同构现象严重①。这导致由谁具体负责公共服务的提供，以及由谁为这些责任提供资金的分工上仍然模棱两可，从而造成各级政府普遍缺乏责任感，容易产生公共服务不足和效率低下。

部分事权划分不合理。存在“中央出钱干地方的事”“地方出钱干中央的事”的现象。一方面，应该由中央负责的事关国家利益和要素自由流动的事务，中央没有完全统起来，地方承担了应由中央负责的事务。中央不得不通过设立大量专项转移支付项目对地方给予补助，造成资金分配上的“跑部钱进”和“撒胡椒面”。另一方面，适宜地方承担的事务没有完全放下去。这既不利于地方因地制宜发挥主动性，也导致中央部门陷入大量的具体事务，造成中央部门通过资金安排不适当干预地方事权。

事权重心明显下移。从主要财政支出项目看，中央支出比例明显偏小，中央政府事权明显弱化。2015 年，我国公共财政预算中央本级支出只占全国财政支出的 14.5%，如果再加上基金预算，中央本级支出比例更低，只有 13.6%。而英国、美国和法国中央一般公共预算支出占全国的比例均高于 50%，经济合作与发展组织国家平均为 46%。事权履行的过度下沉，导致地方政府承担的事权责任与其收入和支出能力不对称，制约了市场统一、司法公正和基本公共服务均等化。

4. 改革策略

财政性建设资金的分配和使用是政府支出责任的具体体现，是政府支出责任的重要组成部分。只有从法理上明确了中央与地方事权与支出责任划分，财政性建设资金的分配和使用才能更有效、更合理、更规范。

（1）总体思路

根据《国务院关于推进中央与地方财政事权和支出责任划分改革的指导意见》，要合理划分中央与地方在基本公共服务提供方面的任务和职责，形成科学合理、职责明确的财政事权和支出责任划分体系。政府投资是公共财

① 楼继伟：“推进各级政府事权规范化法律化”，《人民日报》2014 年 12 月 1 日。

政的建设性（资本性）支出，也有一个事权和支出责任合理分工的问题，需要根据《指导意见》的要求及时做出调整，充分落实政府间公共服务提供责任，提高公共服务供给效率，保证财政建设性资金分配使用合理和规范。

推进中央与地方财政事权划分。加强中央政府在保障国家安全、维护全国统一市场、推动区域协调发展等方面的投资事权。强化中央的投资事权履行责任，中央的投资事权原则上由中央直接行使。加强地方政府公共产品与服务提供职责，将直接面向基层、量大面广、与当地居民密切相关、由地方提供更方便有效的公共服务确定为地方投资事权，赋予地方政府充分自主权，依法保障地方投资事权履行，更好地满足地方公共服务需求。

减少中央和地方共同投资事权。针对中央与地方共同投资事权过多、相互交叉且不规范的情况，逐步减少并规范中央与地方共同投资事权，并根据公共服务的受益范围、影响程度，按事权构成要素、实施环节，尽可能分解细化各级政府承担的投资职责，例如，教育分解为学前、小学、初等、高中、高等、职业教育，分别由不同层次政府承担相应投资事权，努力避免由于投资职责不清造成不同层次政府间互相推诿和扯皮。

促进投资事权与支出责任相匹配。中央和地方分别承担各自投资事权所需的支出，即中央承担的事权职责由中央负责安排支出，地方承担的事权职责由地方负责安排支出。属于中央和地方共同投资事权的项目，由央地双方协商确定各自投资支出负担比例。地方承担中央委托的投资事权，所需资金支出由中央负担。为促进基本公共服务均等化，实现区域协调发展，鼓励技术创新和新兴产业发展，中央可对地方事权范围内的投资项目进行专项补助。

着力解决事权和支出责任下沉问题。从法律法规的角度严格限制“上级政府请客、下级政府买单”的做法。如果上级政府通过行政命令方式要求下级政府落实政策，同时产生相应的投资成本，上级政府就应当提供投资资金保障，从而避免中央和省级政府将自己的投资责任推卸到地方，却不支出相应资金的现象。另外，如果中央或省级政府规定地方政府应当以中央或省级确立的产品和服务标准为基础向本地区提供公共产品和服务，也需要提供相应额外的资金补偿。

（2）改革方向

借鉴国际经验，按照职能分工、受益范围、决策效率、外部性等基本原则，对中央和地方政府投资职责进行如下划分。

第一，中央投资事权，中央安排投资资金。主要包括国防（军队），外交，国家安全、边防、海关、反恐，国家级和基础性科研项目，边境公路与界河湖管护，全国性重大传染病防治，海洋管理，全国性大通道。

第二，地方投资事权，地方安排投资资金。主要包括地方公检法、消防、民兵、市政公用事业、学前教育、家庭和社区服务等。

第三，中央地方共同投资事权，考虑受益范围、地方财力、监管难度等因素，对不同共有投资事权分别确定中央和地方的资金分担责任比例，原则上受益范围越广、溢出效应越大，中央政府出资应该越多。主要包括义务教育、医疗、文化、体育、交通、水利、资源保护与开发、环境保护、生态防护林建设、荒漠化治理等。

第四，中央委托地方部分投资事权，中央安排资金，地方确定项目。主要包括大灾大难救助和灾后重建，公共卫生、重大疫情、传染病防治，原油、稀土、粮食等全国性战略物资储备，国家级自然保护区等。

关键概念

政府支出　政府投资　挤出效应　公共产品　外部性　政府职能　政府间投资分工

复习与思考题

1. 政府投资规模变动趋势有哪些？
2. 如何评价政府投资的经济效应？
3. 政府投资结构的决定因素是什么？
4. 政府间投资职责的划分标准是什么？

第八章

民间投资

民营经济和民间投资从小到大，由弱变强，不断发展壮大。与国有投资相比，民间投资具有鲜明的特点，创业、创新作用明显，运营机制灵活，投资效率较高，但也具有不稳定性和不确定性，抗风险能力相对较弱。民间投资增速迅速跌落，有短期原因，也有长期因素，总体来讲还是周期下行、结构转型、体制变动、动力转换多重因素叠加作用的结果。PPP有利于拓宽公共项目的资金来源，提高公共产品供给效率和质量，促进公共项目可持续发展。在各国PPP的实践中，也暴露出许多的问题，显示出这一模式存在一定的问题。

第一节　民间投资的发展状况和特征

一、民营经济和民间投资的内涵

民营是与官营或国营相对应的概念。晚清洋务运动中曾经形成了三种官僚资本形式，即官办企业、官督民办企业和官商合办企业，而与官办经济相对应的民营经济，即是民间所有并由民间经营的一种经济形式。当时，民营经济还包括民族工业，它主要指的是中小资产阶级举办的工业。1931年，王春圃在其所著《经济救国论》一书中，把由国民党政府官营的企业称为“官营”，把由民间经营的企业称为“民营”[①]。对民营经济这一概念的认识主要有以下几种观点：其一，民营经济是个体和私营经济；其二，民营经济是非公有制经济；其三，民营经济是非国有经济。上述三种观点只是在主体范围上有所差别，但都是从所有制上来解释，即相关法人组织或自然人以自有资本从事自主经营、自负盈亏并享有相对独立的收益权和投资权的经济活动的总

① 单东：“民营经济及其相关概念”，《特区经济》1997年第10期。

和。其四，民营经济仅是一种与资产经营有关的经济形式，是利用民间的资金、民间的办法、民间的力量，由民间人士举办的经济①。

民间投资是根据资金来源性质或投资主体性质对投资进行的分类。民间投资也可以理解为“来自民间的投资”，是非国有经济投资中扣除外资和港澳台投资的部分（即除外商投资以外的非国有投资），包括集体、个体、私营、联营、股份制及其他各类投资主体所进行的投资。根据国家统计局对民间固定资产投资定义和统计范围的规定，民间固定资产投资是指具有集体、私营、个人性质的内资企事业单位以及由其控股（包括绝对控股和相对控股）的企业单位在中华人民共和国境内建造或购置固定资产的投资。民间固定资产投资统计范围根据固定资产投资项目单位的工商登记注册类型和控股情况来确定，包括：①工商登记注册的集体、股份合作、私营独资、私营合伙、私营有限责任公司、个体户、个人合伙等纯民间主体的固定资产投资；②工商登记注册的混合经济成分中由集体、私营、个人控股的投资主体单位的全部固定资产投资。

二、民间投资的发展阶段和特征

1. 民间投资的发展阶段

改革开放40多年来，民营经济和民间投资从小到大，由弱变强，不断发展壮大。民营经济和民间投资的发展历程可以分为四个阶段。

第一阶段，初步发展（1978～1992年）。党的十一届三中全会结束后，邓小平就在考虑调动更多的积极性，团结更多的人，一心一意实现党的经济建设目标。他认为，一直靠边站的原工商业者海内外联系广泛，有丰富的经商办实业的经验，是未来经济建设不可忽视的力量。1979年9月22日，一些老工商业者利用境外的部分民间集资在上海创办了一家叫“上海市工商界爱国建设公司”的企业，后被认定为我国实行改革开放政策后第一家民营企业。尽管受到了传统观念的遏制，但是，民营经济开始进入上升的通道。也

① 张志勇：“‘民营经济’到底是什么‘经济’”，《华夏时报》2009年1月10日。

就在这个时候，五届全国人大第五次会议通过的新《宪法》规定：“在法律规定范围内的城乡劳动者个体经济，是社会主义公有制经济的补充。国家保护个体经济的合法的权利和权益。”个体私营经济成为我国社会主义市场经济的重要补充。这一时期，“草根创业”开始兴起，中国第一代民营企业家群体正式诞生。全国个体经济从业人员从 1978 年的 14 万人快速增加到 1992 年的 2467.7 万人，私营企业第一次被纳入官方统计数据，达到 13.9 万户[①]。这一时期民间投资有了初步的发展，但是，全社会投资的主体仍是国有经济。1980 年，国有投资比例高达 80% 以下，到 1990 年，这一比例下降到 66%，以民间投资为主体的非国有投资比例明显上升。

第二阶段，快速发展（1992 ～ 2002 年）。这一阶段，国家更加重视保障、引导非公有制经济发展。这时，民营经济的地位已经不是社会主义公有制的重要补充了，而是重要组成部分。1992 年邓小平南方谈话提出“三个有利于”的标准，要求人们从抽象的姓“资”还是姓“社”的争论中跳出来。党的十四大明确提出，“我国经济体制改革的目标是建立社会主义市场经济体制”，提出要“在所有制结构上，以公有制包括全民所有制和集体所有制经济为主体，个体经济、私营经济、外资经济为补充，多种经济成分长期共同发展。”党的十五大把“公有制为主体、多种所有制经济共同发展”确立为我国社会主义初级阶段的一项基本经济制度，第一次明确提出“非公有制经济是社会主义市场经济的重要组成部分”，出台了《股份有限公司规范意见》等一系列改革举措，为民营经济蓬勃发展注入了巨大活力，全国掀起了一场以体制内人群下海经商为特征的创业浪潮。民营经济表现出色，这一时期，全国个体工商户增长了 54%，从业人员增长了 92%；私营企业达到 243.5 万户，增长了 16.5 倍，税收贡献 976 亿元，增长了 243 倍。这一时期，民间投资有了快速的发展，到 2002 年，国有投资比例下降到 43%，以民间投资为主的非国有投资占全部投资的比例提高到一半以上。

第三阶段，跨越式发展（2002 ～ 2012 年）。党的十六大提出“必须毫不动摇地鼓励、支持和引导非公有制经济发展。”2004 年，民间投资增速明显下降，在此背景下，国务院在 2005 年发布了首个鼓励和支持非公经济发展

---

① 辜胜阻、韩龙艳：“中国民营经济发展进入新的历史阶段”，《求是》2017 年第 7 期。

的若干意见，即“非公经济 36 条”，为民营经济的发展吃下了定心丸。2004 年通过的《中华人民共和国宪法修正案》指出“社会主义的公共财产神圣不可侵犯”，也指出“公民的合法的私有财产不受侵犯”，“国家保护个体经济、私营经济等非公有制经济的合法的权利和利益。”党的十七大提出“坚持平等保护物权，形成各种所有制经济平等竞争、相互促进新格局。”这一时期，“非公经济 36 条”、《企业所得税法》《物权法》等政策法规密集出台，促进非公有制经济发展的政策体系和法律体系日益完善。此时，中国加入了世界贸易组织（WTO）、互联网创业浪潮的兴起等也为民营经济提供了更多机遇。全国个体工商户首次突破 4000 万户，10 年间私营企业增长了 3.46 倍，从业人员增长了 1.03 倍，民营经济占 GDP 的比重、民间投资占固定资产投资的比重双双超过 60%。

第四阶段，转型发展（2012 年以来）。党的十八大提出“要保证各种所有制经济依法平等使用生产要素、公平参与市场竞争、同等受到法律保护。”党的十八届三中全会提出“坚持权利平等、机会平等、规则平等，废除对非公有制经济各种形式的不合理规定，消除各种隐性壁垒，制定非公有制企业进入特许经营领域具体办法。”党的十九大报告指出，中国特色社会主义进入了新时代，要“毫不动摇巩固和发展公有制经济，毫不动摇鼓励、支持、引导非公有制经济发展。”2016 年上半年，在民间投资增速骤降的背景下，国务院办公厅下发了《关于进一步做好民间投资工作的通知》，并派出民间投资督导组赴各地督促民间投资政策实施情况，在优化投资环境、解决融资难题、降低企业负担、狠抓政策落实方面进行督导。2017 年下半年，在民间投资增速又呈下降趋势的情况下，国务院再次下发《关于进一步激发民间有效投资活力促进经济持续健康发展的指导意见》，提出了优环境、降成本、促转型、扩宽投资领域、破解融资难题等意见。到 2019 年，我国个体工商户超过 8261 万户，民间投资占固定资产投资比例达到 74%。无论是成长规模还是发展质量，民营经济已经成为推动我国发展不可或缺的力量，成为技术创新的重要主体，华为、腾讯、阿里等一批大型民营企业崛起为世界级企业。

表 8-1 我国促进民间投资健康发展主要政策

时间	政策文件	内容
2005.8	国务院关于鼓励支持和引导个体私营等非公有制经济发展的若干意见	提出民间投资“非公 36 条”
2010.5	国务院关于鼓励和引导民间投资健康发展的若干意见	提出民间投资“新 36 条”
2010.7	国务院办公厅关于鼓励和引导民间投资健康发展重点工作分工的通知	贯彻落实意见，明确了部门和地方的主要工作任务
2012.2	关于印发鼓励和引导民营企业积极开展境外投资的实施意见的通知	国家发改委、工信部、外交部等十三部委联合下发，提出 18 条实施意见
2014.11	国务院关于创新重点领域投融资机制鼓励社会投资的指导意见	提出 39 条鼓励民资参与重点领域建设的政策措施
2014.12	国家发展改革委关于开展政府和社会资本合作的指导意见	国家发改委下发，确定政府和社会资本合作项目范围及模式，建立健全工作机制
2016.7	国务院办公厅关于进一步做好民间投资有关工作的通知	提出促进民间投资健康发展的八项要求
2016.10	促进民间投资健康发展若干政策措施	国家发改委下发，从促进投资增长、改善金融服务等方面提出 26 条具体措施
2017.9	国务院办公厅关于进一步激发民间有效投资活力促进经济持续健康发展的指导意见	提出 10 项指导意见
2017.11	关于发挥民间投资作用推进实施制造强国战略指导意见	工信部、国家发改委等十六部门联合下发，提出促进民间投资参与制造业强国的 8 项重点任务
2017.12	民营企业境外投资经营行为规范	国家发改委、工信部、外交部等五部委联合下发，提出 36 条境外投资行为规范

资料来源：作者整理。

2. 民间投资的特征

与国有投资相比，民间投资具有鲜明的特点，创业、创新功能强大，运营机制灵活，投资效率较高，但也具有不稳定性和不确定性，抗风险能力相对较弱，需要正确的引导与监督。

（1）具有自我发展与创新能力

改革开放以来，民营经济由小变大、由弱变强，为经济发展、科技创新、就业增收和改善百姓生活作出了重要贡献，民营经济具有自我发展壮大的能力。改革之初，以小型私人投资和家庭经营的经济组织形式出现，主要从事农副产品加工和城镇小手工业。1980年代后期，民营企业迎来了第一次大发展，企业的资金已不再局限于自身积累，而更多地吸纳外来资金，劳动力也从家庭成员扩展到社会雇佣。这时的民营企业凭借低廉的劳动力成本、灵活的运行机制、快速的决策机制和合理的分配机制等优势，寻找行业的空白点，获得了高速的发展。邓小平南方谈话掀起了民营企业发展的新高潮，大批国有企业职工和政府官员下海经商，带来了国有企业技术、政府关系和银行资金，提升了民营企业的发展质量。此时民营企业所从事的行业也不再限于拾遗补漏，而是大规模进入房地产、金融证券、高科技等新兴产业。民营企业从早期的技术引进、技术模仿，到重点行业领域核心技术的自主可控，自主创新意识和能力均有显著提升。在众多技术、设备、工艺、原材料、人才等方面被西方封锁的领域，民营经济不断推进产品、业态、商业模式创新，填补了空白，促进了国产化。民营经济是我国改革的推动者，也是体制的创新者。我国经济体制改革是一个逐步扩展深化的社会实验过程，民营经济是最主要的实验者，民营企业投资、生产、经营体制创新是我国体制改革的重要组成部分，民营经济的发展也有助于推进国企改革和国有经济布局调整。民营经济发展和政府政策与体制调整的良性互动关系贯穿中国经济体制改革的始终。

（2）具有较为明显的不稳定性

民营经济具有投资与经营的冲动与盲目性，可能加剧经济过热甚至危机。在经济过热的1988年，非国有单位的投资增长率超过国有单位5.8个百分点，而在经济衰退的1990年，在国有单位维持投资正增长的情况下，非国有单位投资负增长，低于国有单位10.8个百分点。在需求不足的1998年，非国有单位的投资增长速度却低于国有单位7.4个百分点。从投资增长速度的波动看，非国有单位明显超过国有单位。政府行为的不规范和不理智也会诱导民营经济趋向不理智，增加民营经济发展的盲目性。历史经验表明，在体制不健全的情况下，产出和投资过快增长往往带有强烈的政府色彩，特别容易引发恶性竞争、低水平重复建设和经济泡沫，造成社会资源的浪费。全国范围的开发区热、房地产热、汽车热、钢铁热的背后，都能清晰地看到政府的影子，地方政府是这些产业投资扩张的始作俑者。地方政府的行为也在相当大程度上扭曲了市场信号，从而实际上误导了民营企业的预期。这意味着即使在正常的市场条件下无利可图的投资机会，在各地政府的优惠政策下，又变成有利可图的。在不正常、不规范的政商关系影响下，民营企业行为很容易被地方政府误导，或者说两者很容易形成利益共同体，从而刺激了汽车、钢铁等行业非理性投资冲动，加大了相关产业投资过热的风险。

（3）法制的完善有利于促进其发展

民营经济只有在法律地位不断改善的基础上才能得到持续、健康的发展，法律法规的调整对民营经济的影响不容低估。根据中国国际金融公司的一项研究，在一些转轨经济国家，由于私人财产所有权不完善，即使民营企业能够从银行得到贷款支持，它们也不愿将利润进行投资。而在私人财产所有权较为完备的国家，民营企业将利润再投资的意愿则强烈得多[①]。虽然经过多次修宪，民营经济在一定程度上逐渐拥有了合法地位，但是，在实践中，民营经济仍然得不到公平竞争的保障，受到这样和那样的歧视。如果能够对法律作出及时的调整，那么，来自民营经济的增长潜力就会更充分发挥出来。如果说修宪可以在长期内促进民营经济的发展，放松管制则可以在短期内迅速收效。2002年以来，民营企业在上海、北京等大城市开始介入大型基础设施建设项目。上海市政府将沪杭高速公路上海段30年的运营权，以32亿元的价格和99%的股权，全部转让给一家民营企业——福禧投资控股有限公司。在武汉，民营资本也首次涉足航空业。武汉航空公司在与东方航空公司合并之前，允许温州的企业家王筠瑶入股17%。北京也将地铁、自来水等公用事业投资向民营经济开放。这对促进民营经济的快速发展起到了重要推动作用。

（4）违法行为也会损害正常经济秩序

垄断是大企业利用自身已经占据的优势资源实行排挤打压中小企业，限制自由竞争的行为。垄断并不是国有企业的专利，民营企业也可能垄断。并且，民营大企业垄断已经成为我国市场发展面临的一个很现实的问题。在民营企业垄断中一个突出的现象就是互联网平台公司成为阻碍市场竞争、损害消费者和其他市场参与者利益、破坏实体经济秩序的杀手。阿里巴巴曾规

① 许小年："中国经济的增长潜力将来自民营经济"，《经济界》2003年第3期。

定，凡是在淘宝上开店的商户就不能再到京东、拼多多等其他平台去开店，如果商户违背其霸王条款，阿里巴巴就会采用其市场力量对不听话的商户给予制裁。美团在全国外卖市场上占有60%以上的份额，随着规模不断做大，其不正当竞争的行为也愈演愈烈，为了巩固地位，美团频繁被指对商户、消费者“二选一”，让商家和消费者深受其害。另外，美团还涉嫌实施垄断定价，对新开餐饮商户收取最高达26%的佣金。滴滴已是行业里的巨无霸，它所掌握的出行数据涉及国家安全。由于“滴滴出行”App存在严重违法违规收集使用个人信息问题，2021年7月，国家互联网信息办公室要求所有应用商店下架“滴滴出行”App，以切实保障广大用户个人信息安全。可见，民间投资远非十全十美，资本过度逐利与损害公共安全行为时有发生，促进民营企业发展并不等于对其放任自流，加强市场监管是必要的环节。

第二节　民间投资的现实问题及发展趋势

一、民间投资规模与结构

1. 投资规模

2004～2020年，我国民间投资由1.8万亿元增加到41.7万亿元，年均增长22.2%。2007年，民间投资超过5万亿元，2010年超过10万亿元，2014年超过30万亿元，2019年超过40万亿元。2005～2011年，连续7年民间投资年增长率均保持在30%以上。2011年以后，民间投资增速逐年下滑，由2011年高峰时的34.2%下降到2012年的24.8%，再下降到2015年的10.1%。2016年，民间投资增速下跌到个位数，当年民间投资增速只有3.2%。2018年，民间投资增长8.7%，比上年同期高2.7个百分点。2019年，民间投资增速重又下降到4.7%，2020年，受疫情影响，民间投资增速继续下滑到1%（见图8–1）。

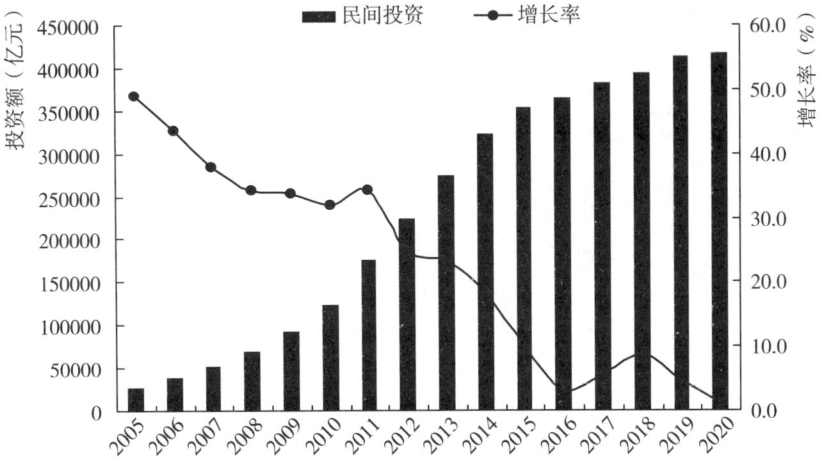

图 8-1 民间投资及其增长率

资料来源：国家统计局网站。

民间投资增长总体超前于全部投资增长，2005 年、2006 年，民间投资增速高于全部投资 20 个百分点左右，2007 ～ 2009 年，民间投资与全部投资增长的差距明显缩小。到 2011 年，民间投资增速又迅速上升，高于全部投资 9 个百分点。2012 年以后，两者差距重又趋于收敛，到 2016 年，民间投资增速大幅下降，低于全部投资 5 个点。2018 年，民间投资增速回升，高于全部投资 8 个百分点。2019 年和 2020 年，民间投资增速又回落到全部投资增速以下。由于民间投资增长大部分时间超前于全部投资，民间投资占全部投资的比例也由 2005 年的 35.6% 上升到 2020 年的 60.4%，2015 年还曾上升到 64.2%，比例上升趋势十分明显。

2. 投资结构

（1）产业结构

2012 ～ 2017 年，第一产业民间投资比例由 2.8% 提高到 4.4%，投资地位有所上升。第二产业民间投资比例由 52% 下降到 49%，下降了 3 个百分点，其中，工业民间投资比例由 51.3% 下降到 48.5%。第三产业民间投资比例由 45.1% 提高到 46.7%，上升了 1.6 个百分点。总体来讲，第一、第三产业的民间投资比例上升，而第二产业的民间投资比例下降（见表 8–2）。

表 8-2　　三次产业民间投资比例（%）

年份	第一产业	第二产业	工业	第三产业
2012	2.83	52.05	51.32	45.12
2013	2.58	50.78	50.40	46.64
2014	2.97	50.29	49.80	46.73
2015	3.60	49.96	49.45	46.44
2016	4.12	49.97	49.55	45.91
2017	4.43	48.86	48.52	46.71

资料来源：国家统计局网站。

再看细分行业民间投资比例变动情况，2012 ~ 2020 年，农业投资比例由 2.8% 提高到 5.5%，提高了近 1 倍。采矿业投资比例由 3.2% 下降到 1.4%，下降明显。制造业投资比例由 46% 下降到 41.6%，下降了 4.4 个百分点，制造业投资地位有所下降。在制造业中，非金属矿制造投资比例由 5% 下降到 4.4%；黑色金属制造投资比例由 1.6% 下降到 1.2%；有色金属制造投资比例由 1.5% 下降到 1%；通用设备制造投资比例由 3.3% 下降到 2.8%；汽车制造业投资比例由 2.5% 下降到 2%；通信制造投资比例上升较快，由 1.6% 上升到 3.2%。在服务业中，交通运输投资比例由 2.6% 提高到 2.8%，公共设施投资比例由 2.4% 提高到 3.3%，这主要得益于 PPP 模式的大力推广。教育投资比例由 0.3% 提高到 0.8%，文体投资比例由 1% 提高到 1.6%，这反映出民间投资流向公共服务领域的规模仍然较低。房地产民间投资比例由 2012 年的 29.2% 下降到 2020 年的 25.5%（见表 8–3）。

表 8-3　　2012 ~ 2020 年民间投资结构（%）

	2012	2013	2014	2015	2016	2017	2018	2019	2020
全部民间投资	100	100	100	100	100	100	100	100	100
农业	2.83	2.99	3.40	4.10	4.61	4.91	5.08	4.95	5.56
采矿业	3.19	2.87	2.44	2.00	1.69	1.29	1.35	1.53	1.41
煤炭采选	1.27	1.08	0.81	0.64	0.51	0.39	0.41	0.53	0.44
石油天然气开采	0.07	0.09	0.10	0.07	0.07	0.05	0.04	0.02	0.03
黑色矿采	0.57	0.51	0.47	0.33	0.21	0.15	0.16	0.17	0.15
有色矿采	0.50	0.44	0.38	0.31	0.28	0.22	0.19	0.17	0.16
非金属矿采选	0.68	0.63	0.58	0.56	0.55	0.43	0.50	0.61	0.61
制造业	46.06	45.40	45.08	44.68	44.86	44.24	44.89	44.08	41.63

续表

	2012	2013	2014	2015	2016	2017	2018	2019	2020
非金属矿物制品	5.05	4.71	4.68	4.52	4.32	4.14	4.62	4.65	4.37
黑色金属冶炼	1.65	1.41	1.19	0.95	0.94	0.79	0.85	0.92	1.16
有色金属冶炼	1.53	1.60	1.53	1.34	1.21	1.08	1.08	1.06	1.06
通用设备制造	3.32	3.44	3.48	3.52	3.32	3.23	3.24	3.09	2.82
专用设备制造	3.25	3.21	3.14	3.16	2.97	2.91	3.09	3.24	3.07
汽车制造	2.48	2.43	2.39	2.44	2.62	2.74	2.67	2.33	1.98
运输设备制造	0.70	0.70	0.72	0.63	0.59	0.58	0.52	0.45	0.46
电气机械	3.19	2.96	2.89	2.89	3.06	3.10	3.22	2.92	2.59
通信制造	1.58	1.62	1.61	1.70	1.78	2.17	2.32	2.95	3.15
电力、热力、燃气	2.07	2.12	2.28	2.77	3.00	2.98	2.51	2.26	2.51
建筑业	0.73	0.56	0.64	0.64	0.54	0.44	0.41	0.14	0.12
交通运输	2.59	2.95	3.11	3.51	3.33	3.26	3.03	2.92	2.78
铁路	0.07	0.07	0.08	0.09	0.06	0.05	0.06	0.11	0.11
道路	0.91	1.00	1.10	1.22	1.21	1.28	1.25	1.36	1.26
水利和公共设施	2.77	3.07	3.52	4.13	4.26	4.87	4.78	4.48	3.96
水利	0.20	0.25	0.25	0.30	0.32	0.33	0.27	0.24	0.20
公共设施	2.41	2.63	3.05	3.59	3.68	4.24	4.14	3.77	3.26
房地产	29.18	28.60	27.40	25.49	24.76	24.44	23.84	24.27	25.50
教育	0.50	0.51	0.58	0.61	0.67	0.72	0.75	0.92	0.96
卫生	0.30	0.33	0.42	0.58	0.67	0.80	0.79	0.78	0.80
文化、体育	0.99	1.03	1.09	1.10	1.11	1.19	1.53	1.70	1.62
社会组织	0.79	0.61	0.53	0.61	0.44	0.34	0.25	0.19	0.14

资料来源：国家统计局网站。

（2）区域结构

1995～2017年，东、中、西部地区民间投资保持相同发展态势，1995～2006年，各地区民间投资总额处于稳步增长阶段，2006～2017年，各地区民间投资总额急剧增长。东部地区民间投资总额一直远高于其他地区。1995年，东部地区民间投资总额分别是中、西部地区的3.8、5.1倍；而2017年，东部地区民间投资总额分别是中、西部地区的1.6、2.4倍。2017年，东、中、西部民间投资分别是2006年的42倍、123倍和112倍，而全国民间投资增长倍数为68倍。可见，中西部地区的民间投资发展相比东部地区更快，且大于整体的平均值，导致东部地区民间投资总量规模上的优势在逐渐减小。

东部地区的民间投资占全国民间投资比例最高，且在2011年以前一直维持在50%以上，但总体处于不断下降态势，2017年该比重为46%；西部地区比重最小，微幅波动中总体呈上升趋势，但增长幅度小于中部地区。

（3）所有制结构

随着社会主义市场经济体制不断完善，各种市场主体的投资热情被激发，国有、集体、股份制、私营、外资等多种所有制投资格局逐步形成。从各类所有制投资占全部投资情况看，2003～2017年，国有投资平均占30%，港澳台投资占3.5%，外商投资占4%。在民间投资中，有限责任公司投资占27%，私营企业投资占21.5%，而集体和个体投资比例分别为2.5%和0.6%，相对较小。国有企业投资由2003年的44.5%大幅下降到2017年的22.1%，比例下降了1倍；港澳台投资占比由5.2%下降到2.1%，外商投资比例由5.8%下降到1.8%，均有不同程度的下降。与此同时，有限责任公司投资占比由21.1%上升到33.2%，私营企业投资占8.6%上升到32.5%。私营经济和股份制经济投资比重的上升既与国有和集体经济改制密切相关，也与个私经济和股份制经济投资机制灵活、能力较强有关（见表8-4）。

表8-4　　各类所有制投资占全部投资比例（%）

年份	国有企业	集体企业	联营企业	有限责任公司	私营企业	港澳台投资	外商投资	个体经营
2003	44.5	2.3	0.8	21.1	8.6	5.2	5.8	1.3
2004	39.1	2.1	0.8	23.5	9.9	5.3	6.6	1.2
2005	36.1	2.2	0.7	25.3	12.4	4.9	6.2	1.1
2006	34.3	2.3	0.5	25.8	14.8	4.6	6.0	0.5
2007	31.6	2.5	0.5	26.4	17.8	4.6	5.8	0.5
2008	31.3	2.9	0.4	26.1	18.6	4.3	5.2	0.6
2009	34.0	3.0	0.3	25.8	19.3	3.3	4.0	0.6
2010	32.4	2.8	0.3	27.1	20.7	3.2	3.4	0.5
2011	27.3	3.4	0.3	28.3	23.8	3.1	3.1	0.5
2012	25.7	3.2	0.3	27.4	24.4	2.7	2.8	0.5
2013	25.9	3.1	0.3	26.9	27.8	2.5	2.5	0.4
2014	25.0	3.0	0.3	26.9	30.0	2.4	2.2	0.4
2015	25.3	2.8	0.3	26.5	31.1	2.2	1.9	0.4
2016	21.8	1.5	0.1	33.4	31.5	2.4	2.0	0.4
2017	22.1	1.2	0.1	33.2	32.5	2.1	1.8	0.4

资料来源：Wind数据库。

二、民间投资增速下滑及政策取向

1. 近年民间投资增速下滑的原因

2016年，我国民间投资增速急剧下滑，全年民间投资仅累计增长3.2%，同比下降近7个百分点。民间投资贡献率明显下降，2005年以来，月度民间投资对全部投资的贡献率基本在50%以上，2016年，民间投资贡献率下降到25%。以往，民间投资月度增速大多高于非民间投资，民间投资增长曲线基本在非民间投资增长曲线上方运行，2016年，民间投资增速迅速跌落。其中有短期原因，也有长期因素，总体来讲还是周期下行、结构转型、体制变动、动力转换多重因素叠加作用的结果，大多数民营企业根本无法适应这种多重剧烈变化带来的结果。

第一，经济转型面临挑战，新旧动能转化难度大。长期以来，民营经济集中在劳动密集型制造业和资源型重工业。随着劳动成本快速上涨，中国劳动密集型制造品在国际市场的份额下降，而资源型重工业则受到生态环境约束，饱受过剩产能之苦。在传统动能减弱的同时，亟须技术创新和产业升级等新动能的替代。但是，产业从基础研究突破、技术转化到全面市场化，往往需要较长的周期，不可能一蹴而就。因此，一些民营企业面临结构转型困难，资本外流以及"脱实向虚"的情况变得比较严重。

第二，政府投资主导地位增强，民间投资增长动力减弱。近年来，我国政府投资的力度明显加强，规模不断扩大，领域不断扩张。全社会投资增长越来越多地依赖于政府投资的扩张，政府部门、国有企业支撑投资的整体格局正在逐步增强。PPP项目的大规模推出为民企参与基础设施、公用服务投资提供一个机会，但是从签约项目的主体类型看，中央企业、地方国企却占了绝大部分，真正的民企参与程度较低。在教育、文化、医疗等公共领域，政府管制非常多，民企很难获得与国有企业一样的公平待遇，民间投资者空有满腔热情，却难有更大施展空间。

第三，投融资渠道不畅通，融资难融资贵难以解决。金融组织体系不完善，国有商业银行仍居于垄断地位，缺乏专营的小微金融机构，民营企业很难获得融资。资本市场结构不合理，创业板融资比例偏低，新三板和区域性股权市场对民营企业的支持不够。融资成本不断上升，民营企业申请贷款中间环节多、收费高、难度大，部分商业银行不断调高民营企业的贷款利率，企业贷款时还要向担保公司缴纳担保费、评估费等费用。融资环境趋于恶化，一些银行看到民营企业经营出现困难，便让企业提前归还贷款，导致企业资金链断裂。

第四，面临大量制度壁垒，打击民间资本的投资信心。国有企业占据了行业内绝大多数的资源，对于行业内有竞争关系的民营企业造成阻碍。基础设施和公共服务领域准入限制过多，使得市场中大量经济活动在得到行政许可后才能进行。即使在一些放开准入门槛的领域，民间资本参与投资也存在各种“玻璃门”“弹簧门”“旋转门”，要么到处碰壁，要么被迫退出，要么虽然进入项目招标流程，但却又被一些特殊条款而拒之门外。行政管制、行政垄断加剧了企业的不公平竞争，破坏了市场的最优化配置，限制了民营资本的参与度和市场活力。

第五，法制环境与诚信意识缺失，民企的不安全感有所增加。由于政府换届和官员调任因素影响，“政策朝令夕改”“新官不认旧账”等公权力违约时有发生，导致民营企业无所适从。一些官员不作为、乱作为，利用公权力侵害私有产权、违法查封扣押冻结民营企业财产等现象时有发生。民营企业在市场竞争中会遭遇不公正待遇，例如，在公共项目竞标获胜，有可能被怀疑利益输送；与国企展开股权合作，有可能被怀疑侵吞国有资产。知识产权保护缺失也严重影响了民企创新和研发投入的意愿。对侵犯知识产权的惩罚力度不够，法律规定的赔偿额较低，难以起到威慑作用。

第六，制度性交易成本上升，地方官员的动力减弱。简政放权和依法办事对民间投资本应是好事情。但简政放权后，政府官员普遍怕担责任，民营企业办事反而愈加复杂，以前盖10个公章可以解决，现在程序简化了，但没有官员敢盖章，效率反而降低了，制度性成本反而增加了。当前，各级政府都强调依法办事，但我国法律体系不完善，许多事项根本就没有法律规范，地方官员又无法灵活处置。以前主管领导就能定的事情，现在都强调要按照法律条文办，结果耽误了许多事情。地方政府的创造性一直是我国最重要的制度红利，但是地方政府变得束手束脚，民间投资体制推动力减弱。

第七，民企的不安全感增加，甚至向外转移资产。民营企业在改革开放过程中做出了重要贡献，是我国经济和就业增长的主要推动力。但是，目前，民企这种自豪感和荣誉感正在逐渐消失。反腐的深入推进，导致部分民营企业家直接牵扯其中。一个官员出问题，可能一批民营企业家都会被纪委约谈，这增加了民企的危机感和挫折感，部分民营企业家信心出现动摇，到国外投资甚至向国外转移资产的情况增多。一些民营企业家目前之所以还在坚持，只是因为企业还有许多共患难的员工，难以割舍。但是，要让这些企业家增加投资几乎是不可能的。

第八，短期政策因素形成冲击，改变了民间投资预期。2015 年 11 月，供给侧结构性改革提出去产能、去库存等减法措施，民间投资集中在制造业和房地产等领域，面临去产能、去库存的沉重压力，相关措施对民间投资的冲击显著和直接；对应的加法措施，比如降成本，培育新供给、新动能的力度仍然不够，使得民间投资者的悲观谨慎情绪加剧。2020 年，企业职工社会保险费改由税务部门统一征收。以前是按照平均工资的低限征收，未来将按收入总额征收；以前中小企业通常只买 1 ～ 2 个重要险种，未来是“五险一金”都要交。企业和个人的社保支出都将大幅度增加，大部分企业将增长 40% 以上，严重的可能翻倍，一些企业将难以为继，裁员将大量增加。

第九，“制度摩擦成本”增加，好的政策难以落到实处。中央政府针对民间投资下发了许多政策文件，各省市则据此出台相关的政策文件。出现了以文件贯彻文件，以会议落实会议，政策飘在空中，无法落地生根的现象。另外，由于一些“中间层面”的阻碍，一些好的政策难以落到实处，停留在“最后一公里”，致使许多事项没有达到预期的效果，无法让民企享受到政策红利。中央政府对民间投资的督察督导确实有助于提高地方政府的责任意识，增加其紧迫感，增强其执行力。但是，频繁的督察督导也使得地方政府，特别是投资主管部门应接不暇、疲于应付。同时，由于督察督导没有实质性的职责要求，最终只能你好我好，不可能有什么明显的效果。

2. 促进措施及其有效性

（1）主要措施

中央和地方政府出台了一系列鼓励民间投资健康发展的政策措施，对民间投资的恢复与发展发挥了重要作用。根据国家行政学院 2017 年对“大力促进民间投资政策措施落实情况”开展的第三方评估结果，民企投资信心、意愿和市场预期均有所增强，民间投资总体有所回升，扭转了下滑的态势[①]。

“放管服”综合改革不断深化，民企营商环境逐步改善。各地行政审批事项大幅减少，审批程序不断优化，针对民间投资的显性或隐性门槛不断减少。浙江省加快投资项目在线审批监管平台建设和应用，推进“最多跑一次”改革，“让数据多跑路、企业少跑腿甚至不跑腿”，到2017年底，在线审批将覆盖80%以上的审批事项。吉林省专门成立了软环境建设办公室，与腾讯公司合作，实地明察暗访与大数据、网络平台相结合，对软环境建设进行公开监督。在全省范围内实现“32证合一”，“一次性跑动”即可实现多证同步办理。广东省先后出台了33项配套政策，严禁擅自设置市场准入门槛，支持民营资本进入法律法规未明确禁止的行业和领域，享受与其他各类投资主体同等的优惠政策。江西省制定了“80条”和“20条”两个降低企业成本、优化环境的文件，全省设区市配套措施超过600条。

减税降费力度不断加大，民企发展负担有所下降。各地认真落实中央出台的减税降费政策，不断加大清费力度，让民营企业真正得到实惠。广东省全面推开营改增，实现给企业减税1000多亿元。吉林省组织开展全省涉企收费检查，重点检查各类“红顶中介”及行业协会依托行政权力、垄断地位乱收费等九大问题，严肃查处商业银行乱收费行为，切实减轻企业负担。青海省采取“租让结合、先租后让、长期租赁”的方式供应土地，有效降低民营企业用地成本。江西省赣州市按照“能减则减、能降则降、能低则低，使企业最大限度地享受到政策红利”的原则，制定出台了90条降成本措施，涵盖税费、用能、用地、用工、物流、财务、政务服务等多个方面。仅2016年，全市企业就实现降本减负80.7亿元。2017年1～6月，全市共为企业减负61.2亿元。

PPP项目加快推进，民企参与度稳步提升。青海省专门成立PPP工作协调领导小组，研究出台实施意见，制定相关配套政策，完善价格、税费等优惠政策。广东省13个市制定了本市PPP实施意见、方案或操作指南等区域

---

① 国家行政学院经济学部课题组：“大力促进民间投资政策措施落实情况评估与思考”，《中国经济时报》2017年9月27日、28日。

指导性文件，19 个市建立了 PPP 协调管理工作机制。广东省纳入国家发展改革委公开推荐 PPP 项目库的 30 个已签约落地项目中，民间资本参与的项目有 17 个，参与程度达到 56.7%。浙江省民间资本正在通过 PPP 加速进入基础设施和公共服务领域，民间投资基础设施占全部基础设施投资比重从 2012 年的 14.1% 提升到 2017 年 1 ～ 6 月的 18.3%。总投资超千亿元的杭绍台铁路、杭温高铁项目，完全由民间资本控股，成为国家铁路 PPP 示范项目。江西省赣州市进入执行阶段的 PPP 项目已达到 25 个。其中，章贡区社区（村）居家养老服务中心、章贡区环卫工程提升及停车场运营、会昌县人民医院等一批项目已成功引进民间资本投资运营管理。吉林省鼓励民间资本通过政府购买服务的模式，进入城镇供水、供热、污水处理等城市基础设施领域的运营和养护，鼓励民间资本通过参与国有企业改制重组、股权认购等方式进入城市基础设施 PPP 项目。

金融服务不断改善，民企融资渠道逐渐拓宽。为缓解民营企业融资难、融资贵等问题，各地不断改善、提升金融服务。吉林省鼓励国开行、农发行等政策性、开发性金融机构对小微企业提供信贷支持，推动建立“银税互动”合作机制，创新研发了“政银投保模式”中小企业贷款，有效发挥政府和担保公司的协调管理作用。广东省财政专门出资 38.3 亿元设立中小微企业发展基金，重点支持处于种子期、初创期的企业、项目。针对中小微企业贷款难问题，组建政府主导的中小企业政策性担保或再担保机构。浙江省引导民营企业成立投资基金，支持民间投资，分别成立了 500 亿元的“浙民投”和 1000 亿元的中国实业，专注于金融服务、医疗健康、节能环保、先进制造及国有企业改革等领域，在促进民间投资、国企混合所有制改革等方面发挥了积极作用。江西省开展“百家银行进千企”的政银企对接活动，帮助企业融资 1834 亿元，降低融资成本 73.4 亿元。推广“诚商信贷通”，供银行等金融机构实行差别化的信贷政策，使个体工商户的商誉转化为创业资本。

（2）经验做法

①促进民间投资“许昌经验”[①]。许昌市是河南省民营经济最发达、最活跃的地区之一，民营经济占经济总量的 80%，民间投资占全社会总投资的

① 《许昌市促进民间投资经验做法》，国家发改委网站。

90%以上。2016年，全市民间投资增长14%，高于全国10.8个百分点，民间投资持续保持良好态势。

许昌市激发民间投资活力的主要措施有以下方面。

营造浓厚发展氛围。连续两年在长葛市召开了高规格的全市民营经济发展座谈会，形成“学习长葛经验、发展民营经济”的共识，在全市营造支持民营经济发展的浓厚氛围。到杭州、苏州、常州、湖州、金华等民营经济发达地区学习先进经验，全市各级各部门对标先进，找差距、谋举措、补短板。设立民营经济发展局，积极构建有利于民营经济发展的政策环境、投资环境、发展环境，促进民间投资政策措施在许昌落到实处。

引导企业转型发展。制定出台中国制造2025许昌行动纲要、服务业“1242”发展计划、战略性新兴产业培育发展计划等产业发展政策规划，引导民间投资方向。采取争取政策性支持资金、技术改造国产设备投资税收抵免、信贷财政贴息等方式引导民营企业实施重大技改项目，通过“设备换芯”“生产换线”和“机器换人”，推动传统优势产业向产业链、价值链高端攀升。市级先后设立了6只产业类投资基金，引导民间资本投向战略性新兴产业和先进制造业。

壮大市场主体规模。实施大企业集团培育发展计划，全市主营业务收入超百亿元企业达到8家，其中，民营企业达到5家，4家企业入围中国民营经济500强，数量居河南省第1位。培育国家级高新技术企业80家，其中，民营企业72家，总量居全省第4位。制定实施关于扶持“个转企”“小升规”“规改股”“股上市”的实施意见，加强企业梯次培育，加快形成“大企业顶天立地、小巨人企业铺天盖地、高新技术企业抢占发展高地”的良好局面。

②促进民间投资“湖南经验”[①]。近年来，湖南省委省政府认真贯彻落实党中央、国务院关于促进民间投资的工作部署，取得积极进展。2019年上半年，湖南省民间投资同比增长22%，增速比全部投资快12个百分点，连续16个月保持20%以上增长。湖南省围绕激活民间投资活力，主要开展了以下方面工作。

---

① “湖南省激活民间投资　振兴实体经济”，国家发改委网站。

全面优化环境，提振投资预期。在全国率先开展跨部门“双随机、一公开”监管，实现五大领域25个部门检查事项一次性联合完成。公共信用信息归集基本实现企业、政府、个人、社会组织、事业单位等五类主体全覆盖和信息类别全覆盖，税务、安全生产、工程建设、公共资源交易等26个领域建立黑名单制度，招标投标、财政性资金申报等行政管理和公共服务对严重失信主体实行一票否决，构建“一处违法、处处受限”的联合惩戒机制。

注重挖潜减负，降低营商成本。连续三年出台降本减负方案，其中2018年提出9个方面38条措施，减轻企业税负900亿元以上，实现省立项涉企行政事业性收费和政府性基金“清零”，下调一般工商业目录电价8.6分/千瓦时。2019年，分批次出台降电价政策，全年降低企业用电成本约40亿元。重点抓好港口、铁路、高速公路三大领域货物运输收费，减免收费约20.8亿元。仅“三一集团”就可享受减税5亿元左右，节省资金用于智能制造研发投入。

加强政银企合作，缓解融资难题。进一步细化补短板项目清单，及时向银行等金融机构发布推介，着力解决项目融资难题，推动补短板及重大产业项目落地实施。组织举办“政通银合　崛起潇湘”全省重大项目政银企对接合作活动暨项目签约仪式，发布推介全省补短板重点项目。提出加强债券资金支持、保障平台公司合理融资、构建良好金融生态、鼓励民间投资、持续优化营商环境、全力保障项目建设进展等配套政策。

聚焦产业项目，振兴实体经济。以“五个100”（即着力抓好100个重大产业建设项目、100个科技创新项目、100个重大产品的创新、引进100个500强企业、100个科技创新人才）为抓手，继续开展产业项目建设年活动。以20个工业新兴优势产业链为重点，实施117个重大产品创新项目，年度计划投资73.1亿元。围绕产业链精准招商要求，引进三类500强企业产业项目110个以上。

③促进民间投资的“安徽经验”[1]。近年来，安徽省积极推动中央促进民间投资政策落地，千方百计激发民间投资活力，取得了积极成效。2019年上半年，民间投资增长12%，高于全国6.3个百分点，高于全部投资3.5个百

① 《安徽省多措并举激发民间投资活力》，国家发改委网站。

分点，占全部投资比重由上年的 64.2% 提高到 66.2%。

加强政策帮扶引导，为民间投资拓宽经营领域。修订重大新兴产业基地政策，将支持政策中新建项目门槛由 2 亿元降低为 1 亿元，鼓励民营企业参与“三重一创”（即通过建设重大新兴产业专项、重大新兴产业工程和重大新兴产业基地，加快建立创新型现代产业体系）建设。引导民营企业通过 PPP 模式参与基础设施等补短板建设。引入民间资本参与国有企业改革重组，积极发展混合所有制经济，主动向民营资本开放投资项目 107 个，总投资 142 亿元。

简政放权优化服务，为民间投资降低准入门槛。持续深入“多证合一”改革，推进企业登记全程电子化，压缩企业开办时间，实现 3 个工作日内办结。按照“政府定标准、企业作承诺、过程强监管、信用有奖惩”原则，在 3 个开发区开展企业投资项目承诺制改革试点并将试点经验推广至全省。加快项目审批集成化建设，推进规划选址、消防设计审查、环境卫生设施许可等现场联合踏勘，对具备工程竣工验收条件的项目实行多部门联合验收。

落实减税降费政策，为民间投资减轻成本负担。对小微企业、科技型初创企业实施普惠性税收减免，降低社会保险费率，分类开展税费减免政策集中宣讲、重点辅导、答疑释惑，提高政策知晓率，增强企业获得感。对《省级涉企收费清单》进行动态调整，项目数减少 44.1%，年减轻企业负担超过 50 亿元。降低企业用能成本，完善峰谷分时电价，在全国范围内率先实现工业和商业用电同价。

构建亲清新型政商关系，为民间投资发展保驾护航。建立民营企业家季度座谈会制度，不断畅通政商沟通渠道。依法保护民营企业产权，出台《关于完善产权保护制度依法保护产权的实施意见》，开展集中清理涉产权刑事申诉、国家赔偿和赔偿监督案件专项活动，活动期间办理案件 132 件。开展失信政府机构专项治理，督促 170 家失信政府机构全部按规定履行法定义务。组织开展清理拖欠民营企业中小企业账款工作。

④促进民间投资的“四川经验”①。近年来，四川省坚决贯彻党中央、国

① 《四川省促进制造业民间投资增长的经验做法》，国家发改委网站。

务院决策部署，认真落实国家鼓励民间投资政策措施，把扩大民间投资作为推进供给侧结构性改革与适度扩大总需求的结合点，力促民间投资，增加有效投入，为经济持续健康发展提供有力支撑。特别是，注重全面激活制造业民间投资活力。

四川省促进制造业民间投资采取的主要措施有：创造投资平台吸引社会投资。实行重大活动集中推介、集中签约，一大批重大制造业项目落户四川，包括中国电子 8.6 代液晶面板生产线项目、OLED 液晶显示面板 B11 项目、京东方第 6 代低温多晶硅项目、英特尔“骏马”项目、紫光 IC 项目等。实施制造业创新平台建设工程，推动重大技术攻关、创新平台建设，在核技术、智能制造、轨道交通、工业大数据等关键领域创建制造业创新中心。

实施战略规划引领实体投资。深入实施“中国制造 2025”四川行动计划，推行先进制造强省战略，开展新一轮技术改造，积极推进七大优势产业、七大战略性新兴产业、五大高端成长型产业以及医疗健康、绿色环保等产业发展，信息安全、新型显示、轨道交通、航空航天、生物医药、节能环保等一大批先进制造业基地强势崛起。狠抓产业园区创新改革发展，建成营业收入超 1000 亿元园区 4 个、超 500 亿元园区 13 个，国家新型工业化产业示范基地 16 个，产业集中度达 71%。

创新机制模式强化要素保障。多措并举降低企业成本，通过减税降费、降低制度性交易成本、用能、用工、融资和物流成本。充分发挥财政性资金的带动作用，省级在军民融合、科技成果转化、新兴产业和高端成长型产业等重点领域发起设立和参股设立各类产业发展投资引导基金。保障民间投资建设用地需求，对民间投资活跃、集中地区适当予以倾斜支持，项目节余指标优先用于保障包括民营企业在内的项目建设用地。

优化政务服务改善投资环境。投资项目审批事项改革不断深化，逐步推行政务服务“一门式、一张网”综合改革，在全国率先全面运行全省投资项目在线审批监管平台。商事制度改革扎实推进，2017 年全省范围内实施“全流程、无纸化、零见面”的企业全程电子化登记，企业可以“足不出户不跑路”轻松办照。主动深入企业帮助服务，2017 年全省创新开展“进千企、解难题、搞服务、促发展”活动，扎实开展“五问五帮”工作，大力推动 56

个重大产业项目和省重点工业项目建设。

从各地区促进民间投资的经验做法可以看出：各地出台了综合性、体系化支持民间投资的政策措施，取得了良好的效果，有效改善了营商环境，降低了准入门槛，压减了企业成本，有利于民营企业公平参与市场竞争，民间投资保持逐步恢复增长的态势，自主创新能力有所增强。但是，同时也要认识到，制约民间投资发展的不利因素仍将长期存在，在复杂的外部环境影响下，民间投资持续增长和结构转型的任务仍然较重。

第三节　政府与社会资本合作（PPP）

一、PPP 的理论基础

1.PPP 的内涵

PPP（Public-Private Partnership）中文直译为“公私合伙制”“公私合营”“公私合作”等，是指公共部门和私人部门合作提供公共物品和服务的方式。由于 PPP 存在多种发展模式和实践方案，PPP 并没有形成一个公认的概念。

联合国培训研究院认为，PPP 涵盖了不同社会系统倡导者之间的所有制度化合作方式，目的是解决当地或区域内复杂的投资和运营问题。PPP 包含两层含义，其一是为满足公共物品需要而建立的公共和私人倡导者之间的各种合作关系；其二是为满足公共物品需要，公共部门和私人部门建立伙伴关系进行大型公共项目的实施。

美国公私伙伴关系理事会认为，PPP 是联邦、州和地方性的公共机构与私人部门之间的协议，通过这一协议，公共部门和私人部门可以共享彼此的技术和资产来为公众提供服务和设施，除了资源共享外，两个部门要共同承担在提供服务和设施过程中的风险，并共享服务和设施带来的潜在收益。

加拿大 PPP 国家委员会指出，PPP 是公共部门和私人部门之间的一种合作经营关系，它建立在双方各自经验的基础上，通过适当的资源分配、风险分担和利益共享机制，最好地满足事先清晰界定的公共需求。

欧盟委员会认为，PPP 是指公共机构与商业社会之间为了确保基础设施的融资、建设、管理与维护或服务的提供而进行合作的形式。

美国民营化倡导者 E.S. 萨瓦斯将 PPP 模式分为三个层次：首先，它是指公共部门和私人部门共同参与生产和提供物品及服务的人和安排；其次，它是指一些复杂的、多方参与并被民营化了的基础设施项目；最后，它是指企业、社会贤达和地方政府官员为改善城市状况而进行的一种正式合作。

中国财政部在《关于推广运用政府和社会资本合作模式有关问题的通知》中的定义是：PPP 是在基础设施及公共服务领域建立的一种长期合作关系。通常模式是由社会资本承担设计、建设、运营、维护基础设施的大部分工作，并通过使用者付费及必要的政府付费获得合理投资回报；政府部门负责基础设施及公共服务价格和质量监管，以保证公共利益最大化。

中国国家发展改革委在《关于开展政府和社会资本合作的指导意见》中的定义是：PPP 模式是指政府为增强公共产品和服务供给能力，提高供给效率，通过特许经营、购买服务、股权合作等方式，与社会资本建立的利益共享、风险分担及长期合作关系。

根据上述论述，公私伙伴关系（PPP）可以定义为：一种公共资源配置与公共服务提供的模式。公共部门与私人部门为提供公共服务而建立起来的一种长期合作关系。让私人部门所掌握的资源参与提供公共产品和服务，从而实现政府公共部门的职能，同时也为私人部门带来利益的过程。

2. PPP 的特征

PPP 的运行具有三个重要特征：伙伴关系、利益共享和风险分担[①]。

伙伴关系。所有成功实施的 PPP 项目都是建立在伙伴关系之上的。可以说，伙伴关系是 PPP 中最为首要的问题，没有伙伴关系就没有 PPP。政府购买商品和服务，给予授权，征收税费和收取罚款，这些事务的处理并不必

---

① 贾康、孙洁：“公私伙伴关系（PPP）的概念、起源、特征与功能”，《财政研究》2009 年第 10 期。

然表明合作伙伴关系的真实存在和延续。PPP 中民营部门与政府公共部门的伙伴关系与其他关系相比，独特之处就是项目目标一致。公共部门之所以和民营部门合作并形成伙伴关系，核心问题是在其中存在一个共同的目标：在某个具体项目上，以最少的资源，实现最多的产品或服务。民营部门是以此目标实现自身利益的追求，而公共部门则是以此目标实现公共福利和利益的追求。

利益共享。利益共享除了指共享 PPP 的社会成果之外，也包括使作为参与者的私人部门、民营企业或机构取得相对平均、稳定的投资回报。在这里需要明确的是，PPP 中公共部门与民营部门并不是分享利润，而且还需要对民营部门可能的高额利润进行控制，即不允许民营部门在项目执行过程中形成超额利润。其主要原因是，任何 PPP 项目都是公益性项目，不以利润最大化为目的。如果双方想从中分享利润，其实是很容易的一件事情，只要允许提高价格，就可以使利润大幅度提高。不过，这样做必然会带来社会公众的不满，最终还会损害公共利益。

风险分担。在 PPP 中，公共部门与民营部门合理分担风险的这一特征，是其区别于公共部门与民营部门其他交易形式的显著标志。如政府采购过程，之所以还不能称为公私合作伙伴关系，是因为双方在此过程中是让自己尽可能小地承担风险。而在公私伙伴关系（PPP）中，公共部门却是尽可能大地承担自己有优势方面的伴生风险，而让对方承担的风险尽可能小。在 PPP 管理模式中，更多是考虑双方风险的最优应对、最佳分担，而将整体风险最小化。事实证明，追求整个项目风险最小化的管理模式，要比公私双方各自追求风险最小化更能化解公共领域的风险。

3. PPP 的类型

PPP 模式是一个极其广泛的概念，世界银行、欧盟等多个国际机构均对 PPP 模式有具体的分类和研究，结合中国的国情，在研究 PPP 模式的时候一般将其分为三大类：外包类、特许经营类及私有化类[①]。每一个大的类型下面，又有不同的项目实现形式。

---

① 王灏：《PPP（公私合伙制）的定义和分类探讨》，http://www.360doc.com。

（1）外包类

外包类 PPP 项目一般是由政府投资，私人部门承包整个项目中的一项或几项职能，例如只负责工程建设，或者受政府之托代为管理维护设施或提供部分公共服务，并通过政府付费实现收益。在外包类 PPP 项目中，私人部门承担的风险相对较小。外包类 PPP 项目通常包含模块式外包和整体式外包两种类型。其中模块式外包又划分为服务外包和管理外包两种形式；整体式外包分为设计—建设（DB）、设计—建设—主要维护（DBMM）、经营与维护（O&M）、设计—建设—经营（DBO，俗称交钥匙）等多种形式。

表 8-5　　外包类 PPP 模式

类型	主要特征	合同期限
服务外包	政府以一定费用委托私人部门代为提供某项公共服务，例如设备维修，卫生打扫等。	1～3 年
管理外包	政府以一定费用委托私人部门代为管理某公共设施或服务，例如轨道交通运营。	3～5 年
DB	私人部门按照公共部门规定的性能指标，以事先约定好的固定价格设计并建造基础设施，并承担工程延期和费用超支的风险。	不确定
DBMM	公共部门承担 DB 模式中提供的基础设施的经营责任，但主要的维修功能交给私人部门。	不确定
O&M	公共部门保留存量公共资产的所有权，仅将公共资产的运营维护职责委托给社会资本，并向社会资本支付委托运营费用。	5～8 年
DBO	政府出资，私人部门进行设计、建造并负责设施的运营维护，整个过程中资产的所有权仍由公共部门保留。	8～15 年

（2）特许经营类

特许经营类 PPP 模式是应用得最为广泛的一种模式。特许经营类项目需要私人参与部分或全部投资，并通过一定的合作机制与公共部门分担项目风险、共享项目收益。在该模式下，政府能控制项目的所有权，又能提高服务水平。

在特许经营类 PPP 模式下，根据项目的实际收益情况，公共部门可能会向特许经营公司收取一定的特许经营费或给予一定的补偿，这就需要公共部门协调好私人部门的收益和项目的公益性两者之间的平衡关系。通过建立有效的监管机制，特许经营类项目能充分发挥双方各自的优势，节约整个项目的建设和经营成本，同时还能提高公共服务的质量。项目的资产最终归公共部门保留，因此一般存在使用权和所有权的移交过程，即合同结束后要求私人部门将项目的使用权或所有权移交给公共部门。

特许经营类 PPP 主要有 TOT 及 BOT 两种实现形式，另外，与 DB 模式相结合，特许经营类 PPP 还包括 DBTO、DBFO 等几种类型。根据不同的实现途径，在 TOT 模式中，还可以分为 PUOT 和 LUOT 两种类型；在 BOT 模式中，可以分为 BLOT 和 BOOT 两种类型。

表 8-6　特许经营类 PPP 模式

		主要特征	合同期限
BOT	BLOT（建设－租赁－经营－转让）	私人部门先与公共部门签订长期租赁合同，由私人部门在公共土地上投资、建设基础设施，并在租赁期内经营该设施，通过向用户收费而收回投资实现利润。合同结束后将该设施交还给政府部门。	25～30 年
	BOOT（建设－拥有－经营－转让）	私人部门在获得公共部门授予的特许权后，投资、建设基础设施，并通过向用户收费而收回投资实现利润。在特许期内私人部门具有该设施的所有权，特许期结束后交还给公共部门。	25～30 年
TOT	LUOT（租赁－更新－经营－转让）	私人部门租赁已有的公共基础设施，经过一定程度的更新、扩建后经营该设施，租赁期结束后移交给政府部门。	8～15 年
	PUOT（购买－更新－经营－转让）	私人部门购买已有的公共基础设施，经过一定程度的更新、扩建后经营该设施。在经营期间私人部门拥有该设施的所有权，合同结束后将该设施的使用权和所有权移交给公共部门。	8～15 年
DBTO	设计－建造－转让－经营	私人部门先垫资建设基础设施，完工后以约定好的价格移交给公共部门。政府再将该设施以一定的费用回租给私人部门，由私人部门经营该设施。	20～25 年
DBFO	设计－建设－融资－运营	由私人部门设计、建造、投资（政府出资一定比例）、经营，政府进行主要经营服务，私人部门进行辅助经营服务，收益归私企，收益期后政府无偿收回。	20～25 年

（3）私有化类

私有化类 PPP 是公共部门与私人部门通过一定的契约关系，使公共项目按照一定的方式最终转化为私人部门的一种 PPP 模式。私有化类 PPP 项目需要私人部门负责项目的全部或部分投资，在政府的监管下，通过向用户收费收回投资实现利润。由于私有化类 PPP 项目的所有权全部或部分永久归私人拥有，并且不具备有限追索的特性，因此私人部门在这类 PPP 项目中承担的风险最大。在私有化类 PPP 模式中，根据私有化程度不同可以分为完全私有化和部分私有化两种。根据实现途径的不同，完全私有化可以通过 PUO 和 BOO 两种实现途径，而部分私有化则可通过股权转让等方式显示私有化程度。

表 8-7　私有化类 PPP 模式

		主要特征	合同期限
完全私有化	PUO（购买－更新－经营）	私人部门购买现有基础设施，经过更新扩建后经营该设施，并永久拥有该设施的产权。在与公共部门签订的购买合同中注明保证公益性的约束条款，受政府管理和监督。	永久
	BOO（建设－拥有－经营）	私人部门投资、建设并永久拥有和经营某基础设施，在与公共部门签订的原始合同中注明保证公益性的约束条款，受政府管理和监督。	永久
部分私有化	股权转让	公共部门将现有设施的一部分所有权转让给私人部门持有，但公共部门一般仍然处于控股地位。公共部门与私人部门共同承担各种风险。	永久
	合资兴建	公共部门和私人部门共同出资兴建公共设施，私人部门通过持股方式拥有设施，并通过选举董事会成员对设施进行管理。	永久

4. PPP 的选择标准

（1）一般模式

提供是谁付费或出资的问题，生产则是谁建造或制造的问题。如果我们将公共产品与服务的提供和生产视为一个投资过程的不同阶段，那么，提供和生产可以有不同的组合方式，在各种组合方式中，不同提供者和生产者可以根据其自身特性，同时，针对不同产品与服务特性要求，发挥各自不同的作用。这种组合方式的选择实际上就是 PPP 不同模式。那么，是什么因素影响与决定了这种选择，或者说按照什么标准来选择不同的 PPP 模式呢？

布兰科（R. M.Blank）在她的《社会服务的有效提供》一文中对公共产品

与服务的提供形式的选择确立了一个大致的框架[①]。这一框架同样适用于以准公共产品为主的公共产品与服务领域。在布兰科的分析框架中，外部性、社会公平分配问题、代理问题和产品质量的可见性成为模式选择的重要标准。

外部性的特点、涉及范围和影响程度等都对公共产品与服务的提供形式的有效性产生积极作用，确定公共产品与服务提供方式必须以外部性为基础。在比较公共产品与服务的政府提供与私人提供时，分配目标起着重要的作用。公共产品与服务的消费者更为关切公平或普遍一致。在许多社会服务领域，消费者做出决策的能力相当有限，比如父母对子女的教育问题，子女常常不是实际的决策者，很难想象消费者的利益总能够由另外一些人来维护，由此便产生代理问题，在这种情况下，政府必须介入并提供有效的社会服务。公共产品与服务可以由政府购买或资助，由私营企业运营或建造，但是，这取决于政府必须具有观测与控制产品质量的能力。这一点十分重要，实际上，许多情况下，政府对于产品与服务质量的监督与控制能力并不令人满意。

对于上述因素的综合考虑有助于我们选择公共产品与服务适宜的提供与生产形式。首先，如果产出质量易于观测，且代理与分配问题的严重性弱于外部性问题，或它们在技术上易于低成本地解决，那么旨在针对外部性问题的政府管制下的私营部门所有与管理模式则较为可取，政府可以通过其本身的地位和职能优势将此类经济问题有效解决。比如，教育市场失灵往往具有外部性，那么颁布并强制执行法律、确保普通大众子女就学就成为政府介入教育市场的主要方式，而具体的教育设施的投资及运营则可以交给私人企业。

其次，如果产出质量易于观测，且没有代理问题，但存在分配问题与外部性问题，那么“凭证”制度模式就较为适宜。在标准的“凭证”模式中，政府向消费者提供社会收入的再分配，或政府向低收入消费者提供补贴资金，以扩大需求，而消费者自己则以契约的形式发包给私人市场，或直接在市场上进行购买。

---

① RebeccaM.Blank，2000，“When can public policy makers rely on private markets? The effective provision of social services.” Economic Journal，vol.110(March)，pp.34–49.

再次，如果产出质量易于观测，但同时存在代理问题、分配问题与外部性，那么“承包出去”的市场化方法更为可行。这是典型意义上由公共部门与私营部门共同负责并实现公共产品与服务“私营化”的形式。政府处于所有者或指导者的地位，代表消费者的利益，要同企业签订合同以确保服务质量，同时确保社会成员均能公平享有相关服务。

最后，如果产品质量难于观测，承包契约难以签订，且存在代理问题、分配问题和外部性时，政府所有、管理或提供公共产品与服务的投资模式就是优选对象。在这种模式中，政府要做出全部的决策，并由典型意义上的政府雇员提供公共产品与服务，基础义务教育、公共卫生防疫、政治宣传等都是以这一形式提供的。

表 8-8　　公共产品与服务提供与生产形式选择模型

	是否存在外部性	是否考虑到分配问题	是否存在代理问题	能否有效观测产品的质量
政府管制下的私营部门所有与管理（私有私营、政府管制）	是	否	无	能
政府管制、授予凭证下私营所有与管理（私有私营、政府补贴）	是	是	无	能
公共部门所有与私营部门管理（国有私营）	是	是	有	能
公共部门所有与管理（国有公营）	是	是	有	不能

（2）补充标准

在上述理论框架的基础上，我们补充两方面的标准。其一是地方政府的效率。公共产品与服务提供和生产方式的选择实际上就是资源配置方式的选择，不同的提供方式，资源配置的效率也会不同。一般来说，除非建立完善的治理结构和管理机制，政府提供或经营会失去价格机制的约束，也会失去资源配置的竞争激励机制。政府决策者的决策失误，都将造成资源的极大浪费。而且，在政府提供下，需要通过征税来弥补公共产品与服务的提供成本，而征税改变了资源的配置，可能引起整个社会效率的损失。所以，在选择公共产品与服务政府提供时要考虑政府配置机制的有效性。如果政府存在资源配置效率低下的问题，通常公共产品与服务的提供方式多采取私有私营、政府管制或者私有私营、政府补贴；而当政府能够有效解决效率问题，则可以采用国有私营或国有公营。

当然，也有经济学家指出，判定政府提供与生产效率实际上非常困难，不能笼统地认为政府所有和经营就一定效率低下，某些公有制和私有制绩效的比较并没有把较高的公共成本与公共企业的额外目标联系起来。没有普遍性证据可以证明，公共企业的管理效率较低①。休·史卓顿、莱昂内尔·奥查德认为，公共企业往往有多重目标，因而应从全部目标而不是一个目标的效率来进行判断。而判断其总体效率则取决于对不同目标的相对重要性的社会判断。公立医院可能成本较高，导致效率低下，但是，它能提供普遍的公共服务；教育的私营化可能带来经营效率的提高，但是，却可能导致教育质量的下降和普通人上不起学。因此，有坏的公共企业，并不能证明其全盘私有化就是正确的，就像有坏的私营企业也不意味着就要将它们全部国有化一样，对两者加以改善更有意义②。所以，我们在选择公共产品与服务提供形式时，应该考虑政府效率问题，但是，不能先入为主地认为政府效率低下，而应当从多重目标的协调把握这一标准。

其二是地方政府的负担能力。提供方式的选择还受到成本负担能力的制约。成本负担能力的大小取决于政府和私人各自所掌握的财力，政府和私人掌握的财力又取决于经济发展水平和分配格局。经济发展水平越高，社会产品越丰富，可供政府支配的财力就越大，相应的政府负担能力也就越强；而当财力分配向国家倾斜时，公共负担能力上升。所以，当经济发展水平较低或财力分配比较分散时，市场提供成为一种主要选择，可以更多采取私有私营、政府管制或者私有私营、政府补贴方式；当经济发展水平较高或财力分配比较集中时，政府提供就成为一种主要选择，政府可以采取国有私营或国有公营方式，也可以采取私有私营、政府管制或者私有私营、政府补贴，此时，公共产品与服务提供与生产方式呈现多样化的趋势。

---

① 托马斯·玻切丁等："比较公私企业的生产效率：来自五国的证据"，《经济学杂志》增刊 2；及埃瑞克·罗尔："公有制和私有制的绩效比较"，引自：休·史卓顿、莱昂内尔·奥查德：《公共产品、公共企业和公共选择》，经济科学出版社 2000 年版，第 101 页。

② 同上，第 105 ～ 107 页。

5. PPP 的优势与劣势

（1）优势

有利于拓宽公共项目的资金来源。由于城镇化和工业化的加速发展，基础设施和公共服务投资需求呈加速扩张趋势；与此同时，政府的经济规模相对较小，政府财力较弱，政府控制公共资源少，市场价值低，自身投资能力不足。如果基础设施和公共服务投资全由政府负担，财政必将不堪重负，城镇化和工业化的进程也将放慢。PPP 模式有利于整合社会资源，盘活社会存量资本，激发民间投资活力，拓展企业发展空间，引导社会资金进入公共投资领域；有利于拓宽市政建设的投融资渠道、方式，形成市场化程度更高、创新性更强、更可持续的投融资机制。

有利于提高公共产品供给效率和质量。由于社会资本具有创新性、职业性和灵活性优势，PPP 通常能够比传统的政府提供方式更有效率。民营企业与政府共同参与项目的识别、可行性研究、融资、投资等项目建设过程，可以保证项目在技术和经济上的可行性，缩短前期工作周期，使项目投资费用降低。研究表明，PPP 项目平均可为政府部门节约 15% 以上的费用，并且建设工期都能按时完成。作为合作者，私营部门能够更有效地利用各类公用设施，充分利用各种商业机会追求投资回报最大化，并减少公共部门的资产占压成本。由于在特许经营框架下，在一个相对较长的时间段内可以取得稳定回报，必将极大调动社会投资者的积极性，提高管理和运营水平，提高服务水平和质量，让普通民众得到工程质量有效提升、运营服务更为周到等实惠。

有利于缓解政府资本性支出压力。公共投资增长往往会带来政府债务规模增长迅速，政府偿债负担明显增加。PPP 模式有助于缓解政府债务规模不断增加的困境。社会资本承担公共项目投融资的大部分任务，以换取基础设施和公共服务项目的长期经营权并获取合理的投资回报，政府则将部分债务转移至社会资本方。PPP 不仅可能从总量上降低政府支出，而且可通过分期支付的方式平滑当期的政府支出压力，实现公共投资的代际分担。在 PPP 模式下，政府部门虽然可能仍需要承担部分融资任务，但因为项目运营效率更高，政府部门或其授权机构获得的净收益更多，反而有助于消化政府的债务。此外，如果社会资本以并购方式参股、控股现有国有企事业单位，还能够直接置换或替代存量政府性债务。

有利于促进公共项目可持续发展。从以往PPP项目的运作情况看，地方政府往往更关注PPP模式的引资功能，以为只要与社会资本合作了，就可把提供合格公共产品与服务的责任转移给企业；政府对企业的技术能力、管理水平、财务状况和诚信水平等信息掌握不准确，致使在社会资本合作伙伴的选择上出现偏差；政府对可能产生的各种政治风险、商业风险、法律风险缺乏论证，又由于缺乏预设的纠纷解决机制和风险保障机制，给未来纠纷产生带来了隐患。这造成了PPP项目的失败。公共项目PPP的探索，将更加注重契约的完善，细化优化特许经营合同；建立合理的利益补偿机制，促进项目公司提供优质、高效的服务；增强公开性和透明度，加强对PPP项目的服务质量、运行情况的监督，从而促进PPP的规范与可持续发展。

有利于推动体制机制改革创新。PPP作为基础设施和公共服务领域的混合所有制改革的一个重要结合点和切入点，该模式确立的国有、民营资本股权结构和治理体系架构将为混合所有制经济的深入发展带来显著的示范效应。PPP不只是一种融资模式，更是一种新的管理方式和服务方式，是对政府现有管理能力新的挑战，这将有力促进政府管理体制创新。PPP还需要商业银行、担保公司、信托、基金、融资租赁公司等多种金融服务支持，可以进一步促进金融体系的完善和金融工具的创新。在PPP项目实施过程中，还需要投融资咨询、会计、律师、资产评估等中介咨询服务机构的全程参与，从而有助于咨询服务市场的培育和发展。

（2）劣势

在各国PPP的实践中，也暴露出许多的问题，显示出这一模式存在一定的问题[①]。

一是私人部门融资成本显著高于政府举债成本。这一点成为反对者抨击PPP的主要理由。在有些项目中，私人部门盈利水平较高。英国学者对英国最早采用PFI的12家医院项目做的调查发现，私人资本平均股权收益率高达

① 刘晓凯、张明："全球视角下的PPP：内涵、模式、实践与问题"，《国际经济评论》2015年第4期。

58%，显著高于英国的国债收益率。

二是前期招投标耗时长且手续费高。由于PPP模式比传统的模式复杂，政府和私人部门双方都需要进行深入的研究或咨询，由此产生较高的交易成本。需要积累更多经验才能降低成本，而单个部门实施PPP的机会不多，培训成本很高。

三是可能会加重纳税人的长期负担。会计处理导致透明度不够，使得政府预算约束软化，甚至可能导致政府过度负债。根据英国财政部的数据，2015～2049年，政府需要为现有的PFI项目支付共计2222亿英镑使用费，平均到每个家庭约为12208英镑、而对应的PFI项目资本总额不过566亿英镑。

四是合同周期长可能导致灵活性不足。由于经济社会的快速发展，公共服务的供需情况会不断发生变化。而在PPP模式下，由于政府要受到合同约束，对公共设施的控制能力下降，无法进行灵活调整以适应公共需求的变化，由此导致公共利益受损。

五是双方存在机会主义倾向导致项目失败风险。政府为吸引私人参与，可能采取先降低标准，完成招标后再修改条款的做法。私人企业为获取项目，可能采取先开出优厚条件，开工后再提出重新谈判的做法。这都不利于PPP的长期健康发展。

专栏 **英国铁路为何深陷私有化泥沼**

20世纪80年代，在英国首相撒切尔夫人的“新自由主义经济实践”中，英国政府分拆出售了几乎全部可以私有化的国有资产。1990年新首相梅杰上台时，留给他的唯一可以“卖给私人”的大规模国有资产就是铁路系统。英国铁路部门的改革相当彻底，连路轨系统也实行了私有化。但仅实行5年，政府就被迫收回路轨经营权，重新回到国营体制。

铁路系统改革的主要内容是“网运分离”和企业私有化，将铁路分拆为1个全国性路轨公司、25个客运公司、6个货运公司、3个机车车辆租赁公司以及多家设备改造、维修服务公司，原来的国铁公司被120多家私营企业取代，路轨公司是全部私人股份的上市公司，其余运营公司也全部是私人企业。

铁路私有化后，私营公司陷入财务危机，经常依靠政府补贴。1994年，英国政府向铁路部门提供的补贴为16.3亿英镑，而2005年，政府向铁路部门的补贴为45.9亿英镑，政府的投入大幅度增加，这样的私有化与预期南辕北辙。另外，是乘车费用不断上涨，1993年12月，刚刚被私有化的西南干线立刻就将票价提升了16%。还有，票价体系过于复杂，有人怀疑运营公司故意制造复杂的票价体系，诱骗乘客选择较贵的列车。

铁路私有化后，1997～2002短短5年中，接连发生13起严重事故，其中造成重大伤亡的事故有7起，导致59人死亡，数百人受伤。2000年10月17日哈特菲德事故的直接责任指向了负责路轨建设和维护的英国路轨公司——这是一家专门为铁路私有化成立的私营公司。

1999年10月事故后的一项民意调查表明，3/4的英国人希望政府对铁路系统重新实施国有化。2003年10月23日，英国政府最后决定，由有政府背景的“铁路网”公司从私营承包者手中收回所有铁路维护权。

资料来源，刘美:《环球财经》2012年4月11日。

二、PPP的治理结构

PPP治理结构是指一套正式或非正式、内部或外部的制度体系，能够科学合理地规定项目主要利益相关者的责、权、利关系，从而在PPP项目交易中建立起一种良好的秩序，并通过各种方法和手段来维持这种秩序，以求有效地协调利益相关者的关系并化解利益冲突。我们可以从参与主体结构、股权结构、资本结构以及风险分担等方面论述这一问题。

1. 参与主体

PPP模式本身就是一种伙伴式的联合管理模式。在PPP模式下，与项目有关的各个参与人相互合作，组成统一的组织管理形式，共同参与PPP项目的融资、投资、建设、运营等一系列活动。根据PPP的运作方式，项目涉及的参与者众多，政府及实施机构、社会资本、金融机构、中介机构、运营企业等，各参与主体在 PPP 项目中分别承担不同的职能。

政府方是公共事务的管理者、公共产品或服务的购买者；社会资本方是 PPP 项目的实际投资人，负责项目具体实施；融资方根据项目规模和融资需求不同，运用不同的金融工具进行融资；承包商和分包商主要负责项目的建设，规模较大的项目可能会把部分工作分包给专业分包商；专业运营商负责项目部分的运营和维护业务；原料供给商负责原材料的及时、充足和稳定供应，保障项目的平稳运营；产品或服务购买方的职能在于与项目公司签订长期合同，保证项目未来的稳定收益；保险公司承担对 PPP 项目各类风险进行投保的责任，进一步分散和转移风险；其他参与方提供法律、技术、财务、保险代理等方面的专业技术。

PPP 项目本质上是一种委托代理的合同关系，其中既包括社会公众与政府的委托代理关系，也包括政府与企业的委托代理关系。首先，政府作为社会公众的代理人，应从公众的利益出发，选择私人部门建立合作关系。由于政府职能需要具体的部门及其行政人员去执行，而政府代理人在公共项目中有多重目标，因此就可能造成政府代理人与社会公众初始委托人之间利益的不完全一致。其次，私人部门作为政府的代理人，其理性的“经济人”性质使得私人部门往往以追求利润最大化为动机，而政府部门的基本目的却是为了更好地提供公共服务和产品。委托人与代理人有着不同的利益目标和需求，这些利益目标既是推动 PPP 项目合作的基础，同时也是 PPP 项目产生合作障碍的原因。

2. 股权结构

股权结构是指在股份公司总股本中，不同性质的股份所占比例及其相互关系。一般来讲，股权结构有两层含义：第一个含义是指股权集中度，即主要股东的持股比例。从这个意义上讲，股权结构有三种类型：一是股权高度集中，对公司拥有绝对控制权；二是股权高度分散，公司没有大股东，所有权与经营权基本完全分离；三是公司拥有较大的相对控股股东，同时还拥有其他大股东。第二个含义则是股权构成，即各个不同背景的股东集团分别持有股份的多少。

从理论上讲，股权结构可以按企业剩余控制权和剩余收益索取权的分布状况与匹配方式来分类。从这个角度，股权结构可以被区分为控制权不可竞争和控制权可竞争的股权结构两种类型。在控制权可竞争的情况下，剩余控制权和剩余索取权是相互匹配的，股东能够并且愿意对董事会和经理层实施有效控制；在控制权不可竞争的股权结构中，企业控股股东的控制地位是锁定的，对董事会和经理层的监督作用将被削弱。

典型PPP项目的投资、融资、设计、建造、运营等环节涉及的相关机构，除可通过项目公司专业委托间接参与到项目中外，也可以直接作为项目的联合主办人，成为项目公司的股东，直接参与项目的运作和实施。成功运作的PPP项目离不开与项目特征和核心能力需求相一致的股东的参与。主要股东类型包括：一是具备雄厚资金实力、投融资渠道优势的投资公司；二是具有丰富经验的专业承包商，如总承包商、工程专业分包/承包商等；三是可以提供关键设备系统或掌握项目涉及的关键技术的专业机构，例如污水处理、垃圾处理、电力改造等专业技术企业；四是具有先进运营管理经验的机构，如水利、电力、燃气及交通工程的运营维护企业。

不同项目类型和资产特征的PPP项目，其对股东构成的能力需求也不相同，合理的股东构成应与其相适应。对于固定资产投资规模大的项目（公路、铁路、机场、港口），综合能力强的承包商和投资机构的组合将具有更多专业和资金的优势；对于技术和综合运营能力要求高的项目（垃圾处理、水处理），运营商和技术商的组合是项目成功的保障；对于核心设备技术要求高的项目（电厂等），专业设备商和技术商是关键①。

从发起至运营前的阶段，是项目经受风险最大的阶段，融资、建造、技术、运营等不确定因素最多，对股东的挑战最大。各股东之间若不具备风险分担及协调能力，可能导致项目不得不进行股权结构的调整或优化。随着项目进入运营阶段，项目部分股东的目标逐步实现，同时运营进入稳定阶段，现金趋于稳定，此时，项目公司出于对提高股权价值的考虑，可能对股权结构进行优化和调整。随着项目公司的运营发展进入稳定期，部分投资者或退出或调整股权比例，项目公司股东主要以运营商为主体。

根据PPP政策的导向，政府持有项目公司股份，有些部门转变为运营

---

① 刘婷等："PPP项目资本结构选择的国际经验研究"，《建筑经济》2014年11月。

者参与到项目实施中，这就能在项目过程中有效地约束社会资本的行为。同时，政府承担一定责任，可以减少社会资本在运作项目过程中的压力。政府控股更有利于加强对社会资本的监管，即使不控股，在合资公司中对于违反公共安全和公共利益的事项也享有一票否决权。但是，从招商情况看，该种模式还是使一部分社会投资人有所顾虑：一是公私双方对于项目的侧重点不同，社会资本具有逐利性，而政府更多地考虑公共利益，这种矛盾将长期存在于 PPP 的发展进程中。二是如果出现扯皮和纠纷，本身就处在弱势的社会资本没有决策权，在利益方面得不到保障。

3. 资本结构

资本结构是指企业各种资本的价值构成及其比例关系，是企业一定时期筹资组合的结果。广义的资本结构是指企业全部资本的构成及其比例关系。企业一定时期的资本可分为债务资本和股权资本，也可分为短期资本和长期资本。狭义的资本结构是指企业各种长期资本的构成及其比例关系，尤其是指长期债务资本与股权资本之间的构成及其比例关系。企业资本结构反映的是企业债务与股权的比例关系，它在很大程度上决定着企业的偿债和再融资能力，决定着企业未来的盈利能力，是企业财务状况的一项重要指标。

PPP 项目成功的关键在于各参与方之间实现公平有效的风险分担和利益共享，这需要合理的资本结构安排来实现。PPP 项目的资金由权益资金和债务资金构成，前者由发起人共同筹集，后者则通常由政策性银行、商业银行、投资银行、保险公司、基金公司等金融机构提供。PPP 项目可通过高杠杆债务融资来提高投资者的收益。高杠杆债务融资还可以为 PPP 项目带来贷款利息免税、表外融资、分散风险、长期融资等好处。然而，债务融资的成本和风险也不容忽视，如果规模过大，很可能直接危及项目的现金流进而导致项目的失败。

PPP 资本结构的选择要考虑以下因素：项目投资规模、项目特许经营期、项目的定价机制、项目的盈利能力等内部因素，以及政府的支持、税收政策、金融环境等外部因素[①]。

① 李超：《准经营性基础设施 PPP 项目资本结构研究》，天津大学硕士论文 2013 年。

项目投资规模。投资规模大的项目，具有较稳定的现金流来抵抗财务风险，因此资产负债率通常比较高。总投资规模大的项目贷款能力高，债务融资渠道多，融资成本低，项目中长期贷款等债务资金比例高。而且，总投资规模大的准经营性项目往往是关系当地经济与民生的重点项目，为了当地的经济发展和社会稳定，政府部门会加大对项目的支持力度，甚至会对项目提供“隐性担保”。

项目特许经营期。PPP 项目的特许经营期越长，项目运营过程中面临的不确定性因素越多，私人部门和银行等贷款机构面临的经营风险也越大。特许经营期的具体安排直接影响到项目未来的盈利能力，进而影响项目资本结构中私人投资者和长期贷款资金的比例。项目在运营过程中，由于各种因素的影响，私人投资者需要和政府部门进行再谈判，对于应该由政府部门承担的风险因素，尤其是项目公司的风险损失，有的政府部门会选择延长项目的特许经营期以替代政府部门的直接补助。

项目的定价机制。定价机制直接影响项目的投资价值，决定了项目风险和收益的分配。不同的风险和利益分配机制下，项目的融资能力不同，因此，项目定价机制影响资本结构。

项目未来的盈利能力。优序融资理论认为，公司为新项目融资时，将优先考虑使用内部的盈余，其次采用债券融资，最后才考虑股权融资，即遵循内部融资、外部债权融资、外部股权融资的顺序。盈利能力强的项目的资本结构中，权益资本比重低。盈利能力强的项目使用较多的债务资金，能够获得更多的利息税盾，增加项目的价值。政府部门对盈利能力强的项目的直接投资比例低。

政府的支持。PPP 项目提供的产品或服务具有部分公益性，其发展需要政府部门的大力支持。所在行业在不同的生命周期需要得到的政府支持程度不同，在初创期和成长期，PPP 项目面临的经营风险很大，预期的财务拮据和代理成本使得 PPP 项目能够融到的债务资金较少，财务杠杆较低。政府对行业的支持程度会直接影响银行等金融机构的债务投资，政府对行业的支持有助于加强私人投资者和银行等贷款机构对项目的信心，降低融资成本，提高项目资本结构中私人部门股本金比例和长期贷款比例。

税收政策。准公益性项目单纯依靠项目未来的收入难以满足私人投资者的投资回报要求，在项目实施过程中，政府部门一般会给予税收优惠。税收优惠的幅度和税收优惠政策的连贯性会影响项目的评估价值。税收规定会影响到项目利用债务资本抵税的收益，如果所得税率高，债务资金抵税收益高，在股本与债务资金的选择时，倾向使用较高的债务资金。

金融环境。金融市场的环境会对债务资金来源产生重要影响。PPP 项目一般运营期较长，项目运营期间的利率风险、汇率风险较大，而金融市场环境的稳定性对利率和汇率会产生重大影响。金融市场发达，PPP 项目公司可以通过发行债券等多种途径进行债务融资，融资渠道多，融资成本低，债务资金使用比例高。

4. 风险分担

在 PPP 模式下，实际完成项目融资、建设和运营的结果与预期可能产生偏差，这种不确定性导致项目承受损失，甚至造成项目失败。

（1）风险的识别

在国外对风险识别研究中，Lib（2005）把 PPP 模式的内部和外部环境作为核心，从宏观和微观等层面对风险进行分类，将项目外生风险视为宏观风险，将项目在实施过程中存在的内生风险视为中观风险，将项目各个参与主体之间的合作关系和利益分配带来的风险视为微观风险。Martin Loosemore（2007）将 PPP 项目风险分为项目风险和一般风险，项目风险主要是指与项目相关的风险，一般风险主要是指由项目宏观环境引发且与项目不直接相关的风险。Francesca Medda（2007）则将 PPP 模式风险划分为技术风险、商业风险、政治风险和融资风险。Thomas（2003）从项目不同的开展阶段进行风险划分，将风险划分为前期阶段风险、建设阶段风险、运营阶段风险和项目生命周期风险①。

国内对项目风险识别的研究参照了国外风险识别研究成果，比如范小军（2007）将风险划分了 7 大类，主要有：政治风险、法律风险、信用风险、建设风险、市场风险、金融风险以及自然环境风险，并根据 PPP 模式的特点设立了几十个风险指标，以便做好风险识别工作。王振坤（2009）将项目风险

---

① 熊智："PPP 项目风险管理研究综述"，《财经界》（学术版）2016 年第 9 期。

识别分为系统风险和非系统风险，并根据风险因素列出了详细的风险清单。桑美英（2014）认为PPP风险主要源于三个方面：项目外部环境的因素、项目主体的决策以及项目内部设施的影响。可以分为以下几类：政治风险、法律风险、自然风险、社会风险、金融风险、融资风险、市场风险、第三方风险、建设风险、运营风险、设计风险、合作关系风险等[①]。

（2）风险分担原则

各种风险在公私合作双方之间的适当配置是提高PPP质量和效率的关键环节。PPP并不意味着风险简单地从政府转移给私人部门，而应当根据外部环境及项目的具体情况，通过风险配置为私人部门提供适当的激励以提高投资和管理效率，同时确保公众的利益不受侵害。

①公平原则。公平原则主要是强调在双方订立合同过程中，公平对待合同双方当事人。公平原则的具体体现是：既强调合同条款本身对于风险的权利与义务的均衡，又强调合同所派生的风险的权利和义务的均衡；既关注合同主体由于风险事件引起的收益变化，又同时关注合同主体面临的风险损失。

②有效控制原则。有效控制原则是指将风险分摊给处于风险最有力控制地位并且能以较小代价控制风险的一方。一般来说，特定的风险应当分配给最能够影响风险结果的一方，以使得该风险对项目的危害最小化；合作各方都无法控制及管理的风险应当分配给风险承担能力最强的一方；合作各方都能够控制及管理的风险则应当分配给能够以最低成本有效管理该风险的一方。

③风险上限原则。风险上限原则是指在风险分担时应该充分考虑风险承担双方的最大控制力和承受力，即使风险承担方选择正确，但如果超出了承担方的风险控制力，也可能发生风险控制失效的情况。因此，风险上限原则就是考虑风险承担者的最大控制力和承受能力，包括财务、技术、管理等方面的综合能力。

④动态原则。风险分担的动态性反映了PPP协议具有“不完全合同”的性质，即在PPP合同谈判时，当事人双方不可能在较短的谈判时间内穷尽

① 桑美英：《基础设施PPP项目的风险管理研究》长安大学硕士论文，2014年。

所有的风险，而在合同中设计了重新谈判条款来实现风险分担的调整，这样就使风险分担更加灵活。但是，如果设计不当，可能会使重新谈判的成本增加。

风险分担的原则没有统一的标准，根据具体项目的运行情况具体分析，灵活运用。风险分担原则的确定并不是任何一方逃避风险责任的借口，而应在公平合理分配风险的基础上，综合运用各种风险分担原则，最大程度地发挥出公共部门和私人机构各自的优势和主观能动性，使项目顺利进行。

（3）风险分担框架

风险分配作为风险管理的一个重要环节，应当贯穿项目合同期的全过程，公共部门和私人部门应该采用有效的措施管理各自分担的风险并尽可能帮助对方管理风险，从而保证项目的正常进行[①]。

①初始风险分配。初始风险分配是在项目的可行性研究阶段，由公共部门结合当地经济发展情况首先对拟实施的项目进行风险识别，确定该项目中存在的各种风险。公共部门根据风险分析的结果初步判断哪些风险是在公共部门和私人部门控制力之内的，哪些是在双方风险控制力之外的。对于双方控制力之外的风险由双方共同承担，在下一阶段谈判时详细确定。公共部门最有控制力的风险，需要公共部门自己承担，剩余的风险则需要转移给私人部门。至此，初始风险分配结束。

②谈判分配。私人部门对初始风险分配的结果进行评估，判断其对公共部门转移给它的风险是否有控制力。如果私人部门评估确定对转移给它的风险最有控制力，则进行相应的风险管理；反之，则返回风险分析阶段进行谈判。对于剩余的风险双方进行谈判，以项目的总体收益最大化为出发点，考虑各方对待风险的态度和拥有的资源，然后进行分配。此时绝大部分风险是双方控制力之外的风险，应该是共同承担。

③风险的跟踪和再分配。公共部门和私人部门签订合同后，项目的风险分配就进入了风险的跟踪和再分配阶段，这一阶段的主要任务是跟踪已经得到分配的风险是否发生意料之外的变化或者出现未曾识别的风险，然后进行风险的再分配。

---

① 赵亚昕：“PPP 模式风险分担分析”，《金田》2015 年第 6 期。

三、我国 PPP 的发展状况

1. 发展阶段

改革开放以来，PPP 在我国已经历了五个发展阶段[①]。

第一阶段：初步探索阶段（1984 ～ 1993 年）。这一时期，随着外资大规模进入中国，一部分外商尝试进入公用事业和基础设施领域。地方政府开始与投资者签订协议，合作进行基础设施建设，本质上就是 PPP。但是，当时并未引起中央层面的关注，无相应政策和规章，地方政府与投资者都是在探索中前进。这一阶段代表性的项目有深圳沙角 B 电厂 BOT 项目、广州白天鹅饭店和北京国际饭店等，其中深圳沙角 B 电厂 BOT 项目被认为我国真正意义上的第一个 BOT 项目。

第二阶段：小范围试点阶段（1994 ～ 2002 年）。与探索阶段无政府部门牵头状况不同的是，该阶段试点工作由国家计委有组织地推进，也掀起了第一波 PPP 高潮。国家计委选取了 5 个 BOT 试点项目：合肥王小郢污水 TOT 项目、兰州自来水股权转让项目、北京地铁四号线项目、北京亦庄燃气 BOT 项目、北京房山长阳新城项目。

第三阶段：推广阶段（2003 ～ 2008 年）。2002 年，党的十六大提出在更大程度上发挥市场在资源配置中的基础性作用，2003 年十六届三中全会提出让民营资本进入公共领域，2004 年，国家建设部出台《市政公用事业特许经营管理办法》，为 PPP 项目开展确立了法律法规依据。在政策推动下，各地推出大批 PPP 试点项目。该阶段外企、民企、国企等社会资本均积极参与，污水处理项目较多，也有自来水、地铁、新城、开发区、燃气、路桥项目。第一个被官方广泛推广的 PPP 项目——北京地铁四号线项目也于这一阶段诞生。

第四阶段：短暂停顿阶段（2009 ～ 2012 年）。2008 年国际金融危机以后，国家 4 万亿经济刺激计划推出，基础设施建设投资高速增长，城镇化率大幅提高，地方政府融资平台承担了主要的投资、建设与运营任务，平台贷款、城投债等规模激增，为地方政府提供了充足的资金，PPP 发展进入短暂的停

---

① 金永祥："中国 PPP 发展的五大阶段"，焦点水网 2014 年 8 月 11 日。

滞阶段。

第五阶段：制度完善阶段（2013 年至今）。党的十八大提出让市场在资源配置中发挥决定性作用，中央政府肯定了 PPP 模式在改善国家治理、转变政府职能、促进城镇化等方面的重要作用。2015 年以来，国家发改委、财政部均推出大量 PPP 项目，PPP 进入了发展的新阶段。此轮 PPP 的发展高潮更加强调社会资本与政府共享利益、共担风险，法律与制度配套上更为完善。

2. 存在的问题

据统计，2014 年我国正式启动 PPP 模式以来，到 2020 年 6 月底，全国 PPP 综合信息平台管理库累计在库项目 9626 个，投资额 14.8 万亿元；签约落地项目 6546 个，投资额 10.3 万亿元，落地率 68%；开工建设项目 3927 个、开工率 60%。2014 ～ 2020 年，全国 PPP 实际完成投资近 7 万亿元，平均每年不足 1 万亿元，规模并不是很大，PPP 项目落地难的诸多问题仍有待解决。

政府与企业间互信不足。PPP 项目周期长，项目运营期往往长达 20 ～ 30 年。一些地方政府换届或换领导后，对上一届政府政策不连贯甚至不予承认。新官不理旧账，换一套领导班子改一套政策，各届政府对 PPP 模式态度不同，使得社会资本方往往无所适从。为促成合作，一些地方政府在前期会对社会资本做出脱离实际的保证或难以兑现的承诺，致使在合作期内兑现缩水或完全不予兑现。

政府负担并未实质减轻。根据全国 PPP 综合信息平台项目库的资料，截至 2016 年底，根据回报机制来统计，政府付费项目投资额 3.37 万亿元，可行性缺口补助项目投资额 5.52 万亿元，这两类项目比重提高到了 60% 左右，而使用者付费项目下降到 40% 左右。这意味着绝大部分 PPP 项目，政府未来还是要履行支付和补贴义务的，无疑会形成政府未来财政负担的增加。

项目对民企缺乏吸引力。PPP 项目大多为微利项目，收益率一般为 6% ～ 8%，对社会资本而言，相对于前期巨额的资金投入，收益偏低，吸引力不足。市政道路、工业园区等基础设施建设带有一定公益性质，且许多项目几乎是无经营收益的，从这个角度来看，不适合 PPP 模式；铁路、公路、港口等大型基础设施的资本回收周期长，且后续运营维护费用高、时间长，也不容易受到社会资本的青睐。

政府推行意愿不强烈。PPP 项目的主导者是社会资本，不是地方政府，政府只是项目的提供方，并不参与项目的具体投资与建设，其主导权被削弱；与此同时，在 PPP 模式下，地方政府需要操心的事情却很多，要跟很多机构进行具体商谈，这方面的行政成本反而相对较高，导致地方政府的积极性并不高。另外，PPP 仍然处于发展初始阶段，全国成功经验有限，很多地方政府官员普遍采取观望态度。

配套制度改革仍不到位。市政公用事业相关领域价费体系较为模糊，财政补贴机制尚未完善，制约了社会资本投资回报的合理测算①。以水务市场为例，许多社会资本参与到水务 PPP 项目中，解决了政府的资金困境，但是问题也由此产生，下游水价改革不到位，仍由政府定价，尚未放开。企业投资和运营成本上升，却无法形成价格联动，社会资本相对处于弱势，议价空间较小，收益难以保障。

专业机构的专业性不强。PPP 牵涉到金融、投资、工程、运营、法律、税务等多方面综合性知识和业务经验，而 PPP 参与方普遍缺少对 PPP 的流程和实务操作比较熟悉的专业人才，相互之间对彼此的领域也不熟悉，难以形成默契和合力。这样不仅造成 PPP 项目的推进缓慢，更是容易产生盲目性、不合理性甚至不合规性，严重影响了落地效率。

项目监管环节相对滞后。地方政府的监管意识不足，重融资轻管理。地方政府更大程度上把 PPP 作为缓解地方财政支出压力的方式，反而遗忘了提高基础设施和公共服务质量和效率的这一基本出发点，导致一些社会资本方利用监管漏洞，包装存量项目，骗取财政补贴，严重偏离 PPP 项目初衷。在 PPP 的实践过程中，社会公众的监督也有所缺失，绩效评价流于形式。

3. 完善 PPP 的建议

积极稳妥地推进 PPP。PPP 对我国的新型城镇化发展具有重大意义，发展空间仍然较大，但也不能过分夸大 PPP 的作用。并非所有的项目都适用于 PPP，即使在 PPP 应用最为成熟的英国，采用 PPP 模式的项目投资也只有公共项目的 20%。公共产品属性显著、外部性较强、再分配效应明显的基本公

---

① 管清友："中国式 PPP 的十大痛点"，新浪财经 2016 年 6 月 13 日。

共服务项目不宜采取特许经营等方式。就一个城市来讲，需要综合考虑采取PPP模式是否真正物有所值，政府中长期财力承受能力如何，以及项目对提升公共服务效率的作用。PPP涉及利益关系复杂、影响深远，必须“慢工出细活”，不能“萝卜快了不洗泥”，要成熟一个推出一个，要强化市场的主体性，减少行政的不当干预。

完善投资回报机制。社会资本参与公共投资并不是为了公益目的，资本逐利的特性并没有改变。因此，建立PPP项目长期稳定与合理的回报机制十分重要。对于地铁、供水、垃圾处理等项目而言，经营初期主要表现为服务量的不足，需要相应的财政补偿，即如果实际服务量低于预期服务量，政府要向特许经营公司进行补偿。对于这些项目来讲，初期确定的服务价格如果多年不变，企业肯定要亏损。因此要针对运营过程所涉及的成本等因素的变化进行调整，使得企业在情况变化时仍能获得预期的经济利益。当然，若私人部门从PPP项目中获得了超额利润，政府则应根据合同控制其利润水平。

强化政府监管职责。公共服务不同于普通商品，其服务与公共安全和民众生活息息相关，一个小疏漏就可能引发重大事故。政府的公共责任与监管职责不能缺位。单凭政府部门的事后监管远远不够，应在不影响企业正常经营的前提下实现过程监管。在危及或可能危及公共利益、公共安全等紧急情况下，政府可临时接管项目，企业若有法律、法规禁止的其他行为，还应依法取消其特许经营权。可委托中介机构开展建设全过程、运营收支全过程的跟踪审计，加强绩效考评。提高民众的参与度，建立有效的外部监督机制。

合作双方要诚实守信。社会投资者不能以自身拥有的垄断地位和信息优势，降低服务质量，夸大经营成本，抬高服务价格，损害公众利益。公共部门也不能利用管理者的优势，获取强势谈判地位，更不能人为挤压社会投资者的合理收益。合作的基础是诚信，社会投资者要守信自律，政府也要兑现承诺。由于公私合作期限可能长达几十年，总会有合同没有约定、难以预测的事件发生，此时公私双方应坐下来好好谈判，在兼顾各方利益诉求的基础上，按照协议确定的基本原则进行协商解决，协调解决的结果通过签订补充协议予以明确。

增强公开性和透明度。公用事业公私合作制度的服务对象是社会公众，所以公众对于公共产品的需求变化必须得到快速有效的反应。为此，要建立社情民意收集制度、信访制度、听证制度等。在公用事业公私合作规则确立程序上，应突出民主性、公正性、公开性和科学性。建立公众参与监督管理的制度与机制，加强公众参与和监督力度。成立由政府有关部门、公共产品规制机构、消费者、媒体等多方代表组成的“公共产品监督委员会”，定期对 PPP 项目公司的服务质量、运行情况等进行监督。规范价格调整听证会制度等。

四、运用 PPP 模式对美投资①

1. 美国 PPP 发展情况

美国曾经有超过 3000 家私人企业经营着 5.2 万英里的收费公路。通过与私人部门合作，美国政府修建了第一条跨越东西海岸的铁路，私人部门还较多地参与了民用水和电网的初步建设。但是，长期以来，美国各级政府更多地承担了提供公共服务的职责，对基础设施建设投入了大量财政资金，这也限制了对 PPP 模式的广泛使用。

美国 PPP 发展较为缓慢，每年推出的 PPP 项目有限。2005 ～ 2014 年，美国有 58 个总价值 610 亿美元的 PPP 项目达到正式宣布阶段，而同期 GDP 约为美国 1/10 的加拿大也发展了相似数量的 PPP 项目，美国的 PPP 发展并没有体现出与其世界超级大国地位相称的速度和规模。2007 ～ 2013 年，美国在基础设施领域采取 PPP 模式的项目总额 227 亿美元，只相当于全美基础设施投资的 2% 左右。

近年来，美国 PPP 发展明显提速。2016 年前 3 季度即完成 9 个 PPP 项目，其中，纽约州拉瓜迪亚机场 B 号航站楼重建和运营项目达到 39 亿美元规模，超过 2015 年全年 PPP 总投资水平；马里兰州紫色线轻轨项目投资规模也达到 20 亿美元。究其原因，一是因为持续的税收减让和政府支出导致财

① 本部分内容由笔者与原国家发改委投资研究所黄昕博士共同完成。

政赤字日益扩大；二是近年来移动互联网、电动车、新能源等技术创新催生了日益增长的通讯、交通、能源和环境需求，进而对基础设施的质量和效率提出了更迫切的要求。

美国 PPP 在不同行业的应用存在明显差异。1986 ～ 2012 年，就达到完成融资阶段的 PPP 项目而言，主要集中在交通运输（295 个，占 42.5%）、饮用水和废水处理（232 个，占 33%）和建筑（161 个，占 23%）三大领域。美国 PPP 的发展也存在区域差异，实施 PPP 比较活跃的州包括加利福尼亚州、佛罗里达州、得克萨斯州、马萨诸塞州、纽约州和弗吉尼亚州等。

在美国，由于 PPP 项目需得到联邦政府的资金支持，因此，联邦政府要对 PPP 项目进行监管。但是，联邦政府较少涉及 PPP 相关事务及其立法工作。PPP 成文法由各州政府制定，而各州的 PPP 相关法律存在差异。截至 2016 年 1 月，有 35 个州已就 PPP 完成立法。在尚未落实 PPP 法律的区域之内，根据宪法所赋予的地方自治权或其他权力，地方的司法辖区在此类交易中享有很高的自由度。

在美国 PPP 发展过程中，联邦政府提供的三个融资工具发挥了重要作用：①私人活动债券是免税的债务工具，由州或地方政府发行，其收入用于支持私营部门参与较多的项目。②《交通设施金融和创新法案》信贷计划（TIFIA）向公路和公共交通项目提供长期、灵活的融资渠道。③《水设施金融和创新法案》信贷计划（WIFIA）是由美国环境保护署管理的低利息贷款，主要支持与饮用水和污水处理有关的项目。

2. 美国 PPP 存在的问题

美国 PPP 发展过程中存在以下几个方面的问题。

①政府发展 PPP 意愿不强。美国各级立法者和政府官员不愿意与私人合作方分享项目管理权限和项目收入。联邦法律禁止将收费道路收入用于老化的跨州高速公路重建 PPP 项目。行政管理和预算局（OMB）规定，曾获联邦扶持项目在进行私有化时，必须归还曾获扶持资金。此外，由于美国各级政府普遍使用利率较低的税收豁免债券，融资环境较为宽松，因此政府不愿意向民间投资者支付风险溢价，导致 PPP 发展缓慢。

②政府财政支付能力不足。从 PPP 的实践来看，有相当一部分项目仍然

需要政府付费或提供资金缺口补助。2001 ～ 2015 年，美国年均财政赤字率为 4.8%，2009 年一度高达 9.5%。2007 ～ 2015 年期间，美国政府债务负担率由 64% 上升至 106%，联邦财政已难以负担大规模的基础设施开支。地方政府作为基础设施投资的主体，财政状况也不乐观。包括纽约州、新泽西州和加利福尼亚州在内的许多州和地方政府均无法继续通过发行地方债的方式为基础设施建设提供资金支持。对公私合作来讲，政府即便想做也是心有余而力不足。

③缺乏切实可行的盈利模式。PPP 模式不是政府付费就是消费者付费。长期的政府包办代替，使得美国消费者已经没有为设施付费的概念。长期免费的基础设施服务要收钱了，一定面临很多障碍和反对的声音。由于选举的承诺和压力，地方政府也普遍不愿意将公共服务转嫁给私人投资者。政府没有能力付费，消费者不愿意付费，外国投资者在美国的 PPP 项目中就找不到可行的盈利模式。没有盈利空间，外国投资者进入将非常困难。以中建美国公司为例，几年前就准备深度参与美国基础设施，但至今都未找到合适的项目。

④国家安全审查严格。2007 年的《外国投资与国家安全法案》将关键基础设施纳入国家安全审查的范畴。由于 PPP 项目较多涉及关键基础设施，外国投资者对这些项目的投资很可能受到美国外资投资委员会（CFIUS）的密切关注。CFIUS 的审查程序不透明，标准不清晰，随意性很大，通常采取个案审查的方式，大大增加了投资风险。

⑤公众持怀疑甚至抵制的态度。有些美国民众对 PPP 持怀疑态度，尤其是当合作方来自于外国的情况下，他们担心美国的重要资产和基础设施被外国控制，担心外国公司要求设施使用者支付更高的使用费。得克萨斯州的居民曾经拒绝 PPP，原因之一是担忧丧失公路的国家主权和牺牲国家安全。一些 PPP 项目难以实施则是由于公共部门工会的阻力，他们不愿意看到由于私营部门拥有和运营公共设施而使原有的工作机会减少，因而阻止项目实施。

3. 中国参与美国 PPP 的策略

政府债务水平高，难以增加政府投入，又不愿意将公共项目转给私人投资者；对 PPP 不热心，又对外资限制多。这就是当前美国基础设施领域的现实，在这种情况下中国资本通过 PPP 模式实现对美投资有一定难度。

①积极谨慎推进。中美在基础设施领域投融资合作有利于促进双向贸易和投资健康发展，对中美两国的关系有好处，中方应鼓励企业通过 PPP 方式参与。但是，PPP 涉及许多体制与政策问题，因此，中方应采取相对谨慎的态度，逐步适应当地市场和法规要求，推动公众观念的转变，创造适宜的发展环境，争取政府和民众支持。

②实现政府间协同。加强中美政府在基础设施领域的政策协调，把 PPP 作为中美战略对话等双边合作机制的重要议题，指导项目实施。推进中美双边投资条约谈判，将基础设施投资纳入双边投资协议保护范畴。加强中美省州级政府互动，在中美两地轮流举办省州长论坛，同时，利用智库、商会、行业协会、NGO 等“二轨外交”途径，提早参与项目前期设计过程，共同推动 PPP 项目合作。

③加强资金支持。由于我国企业获得的政府资金支持、税收优惠及其他形式的补贴可能在其参与美国项目竞标时成为不利因素，因此，应从国家外汇储备中划拨资金设立专项基金，基于商业公平性原则对我方参与的美 PPP 项目提供支持。鼓励政策性银行和商业银行增加中国企业对美 PPP 项目融资。争取 PPP 项目在美国境内或中国发行专项债券。也可考虑由中方主权基金牵头建立基础设施产业投资基金，一部分直接参与美方 PPP 项目，另一部分用于并购当地企业，培育商业伙伴，争取政治支持。

④提升合作层次。研究表明，建设、运营、维护等环节的垂直一体化会产生协同效应，额外提升 PPP 总效益。转变传统的工程承包思维模式，结合中国“走出去”战略和项目投融资优势，引导承包商或其关联企业参与 PPP 项目股权投资，进而参与项目的长期运营。探索 SOT（建设期补偿—运营—转移）融资模式，这种操作模式下，整个项目的资金来源涵盖了政府、私人部门和至少一个融资银行，减少了中国企业的融资难度，提高了项目成功可能性。

⑤选择合作伙伴。美国不会轻易将等同国家命脉的基础设施，如电站、高铁等等交给一家外资企业。因此，合资的形式对于中国企业适应当地政治和经济环境、项目管理以及回收投资等方面都有好处。选择具有可靠经验及信誉的当地工程和建筑公司合作从事 PPP 项目。民意拥护的公众人物和地方政府授权的经济发展非营利组织通常是利益相关者的沟通和协调中心，有很

强的地方公共关系，是中国企业理想的本地合作伙伴。

⑥创新盈利模式。在PPP项目投资与运营过程中，除充分运用传统的市政债券、交通和水利政府信贷计划以外，还应不断拓展地方政府授予企业特许经营权模式，通过市县政府利用消费税、财产税等税收建立偿债基金模式，地方政府与企业合作连片开发项目周边用地等模式，形成基础设施项目可持续的商业运行模式，减轻政府部门的债务责任和风险。

⑦明确合作领域。从区域上来看，中国企业应重点在开展基础设施PPP较多的西部和南部，尤其是佛罗里达、加利福尼亚、得克萨斯、科罗拉多和弗吉尼亚州扩大业务。交通运输PPP项目在美国PPP项目中占大部分，私人基金通过PPP模式大规模参与保障房的建设，越来越多的城市供水和污水治理采取PPP模式，这些领域应成为中国企业投入的重点。

⑧建立合作中心。美国没有统一推动PPP的政府机构，这项任务主要由非营利组织如全国公私伙伴关系委员会（National Council for PPPs）、市长商业委员会（The Mayors Business Council）等来完成，权责利相对分散，难以实现对PPP项目的集约化管理。中国国家机关、驻美领馆等可与美方机构合作，联合设立中美PPP合作中心，为美国政府部门、美国金融机构、中国社会资本提供学习交流平台。

关键概念

民营经济　民间投资　融资难融资贵　准入门槛　PPP

复习与思考题

1. 民间投资的特征有哪些？
2. 近年民间投资增速下滑的原因是什么？
3. PPP包括哪些主要类型？
4. PPP的运行具有哪几个重要特征？

第九章
国际投资

改革开放以来，我国利用外资和对外投资经历曲折，投资规模从少到多，逐步走向国际投资大国，并开始向国际投资强国迈进。“一带一路”投融资取得丰硕成果，与此同时，“一带一路”投融资仍然面临较大政治风险和体制障碍，需要中国与沿线国家一道不断探索新的投融资方式和途径。中美全面对抗呈现长期化趋势，外部环境出现转折性变化；全球供应链发生“破损”和重构，中国亟须把控主动权；世界贸易投资规则深刻变化，亟须确立新规则与秩序。对国际产业链未来格局调整不能掉以轻心，要有效化解削弱我国产业链竞争力的不利因素，确保产业链的安全和稳定。

第一节　国际投资理论

国际投资是指跨国公司等国际投资主体，将其拥有的货币资本或产业资本，通过跨国界流动和营运，以实现价值增值的经济行为。对国际投资理论的研究有助于解释国际投资产生的原因，掌握国际直接投资发展的规律和特点。

一、垄断优势理论

垄断优势理论是关于垄断优势的国际直接投资理论。美国的斯蒂芬·海默在其 1960 年的博士论文中提出，国际直接投资是结构性市场不完全尤其是技术和知识市场不完全的产物。企业在不完全竞争条件下获得的各种垄断优势，如技术优势、规模经济优势、资金和货币优势、组织管理能力的优势，是该企业从事对外直接投资的决定性因素或主要推动力量。跨国公司倾向于以对外直接投资的方式来利用其独特的垄断优势。海默在文中给出企业进行跨国经营的两个主要原因，一是在不完全竞争条件下，跨国公司通过直接投资控制东道国企业以除掉同业竞争者；二是公司跨国经营的目的是尽其所能地获取全部收益。

海默认为跨国公司进行直接投资的动机源自市场缺陷。首先，不同国家的企业常常彼此竞争，但市场缺陷意味着有些公司居于垄断或寡占地位，因此，这些公司有可能通过同时拥有并控制多家企业而牟利；其次，在同一产业中，不同企业的经营能力各不相同，当企业拥有生产某种产品优势时，就自然会想方设法将其发挥到极致。这两方面都说明跨国公司和直接投资出现的可能性。海默还进一步指出，一个企业之所以要对外直接投资，是因为它有比东道国同类企业有利的垄断优势，从而在国外进行生产可以赚取更多的利润。这种垄断优势可以划分为两类：一类是包括生产技术、管理与组织技能及销售技能等一切无形资产在内的知识资产优势；一类是由于企业规模大而产生的规模经济优势。

垄断优势理论突破了国际间资本流动导致对外直接投资的传统贸易理论框架，突出了知识资产和技术优势在形成跨国公司中的重要作用，为海外直接投资理论的发展奠定了基础。这一理论解释了跨国公司为了在更大范围内发挥垄断优势而进行横向投资，也解释了跨国公司为了维护垄断地位而将部分工序，尤其劳动密集型工序，转移到国外生产的纵向投资。垄断优势理论的不足之处在于它缺乏普遍意义，由于研究依据的是对欧洲大量投资的美国跨国公司的统计资料，因此对发达国家跨国公司对外直接投资的动因有很好的解释力，但却无法解释日益增多的发展中国家跨国公司的对外直接投资，因为发展中国家的企业并不比发达国家有更强的垄断优势。

二、内部化理论

内部化理论以市场的不完全作为理论分析的前提，强调市场不完全如何使企业将垄断优势保留在企业内部，并通过企业内部使用而取得优势的过程，当这一过程超越国界便会形成跨国企业。在市场不完全的情况下，企业为了谋求整体利润的最大化，倾向于将中间产品，特别是知识产品在企业内部转让，以内部市场来代替外部市场。市场内部化的过程取决于四个因素：产业特定因素，这与产品性质、外部市场的结构和规模经济有关；区位特定因素，如区位地理上的距离、文化差异和社会特点等；国家特定因素，如有关国家的政治和财政制度；公司特定因素，如不同企业组织内部市场的管理能力。上述几种因素中，产业特定因素是最关键的因素。因为如果某一产业的生产活动存在着多阶段生产的特点，为了克服中间产品的市场不完全性，就可能出现市场内部化。

内部化理论从自然性的市场不完全出发，结合国际分工和企业国际生产的组织形式论述了跨国公司的扩张行为，特别是对二战以来跨国公司的迅猛增长和扩张现象给出了较好的解释。内部化理论指出，原材料、半成品等中间产品市场存在着不完全性，增加了企业的交易成本，迫使企业将外部市场进行内部化。企业将内部化的收益与成本进行比较得出了企业进行内部化行为的基本条件，即只有当市场内部化的收益超过了外部市场交易成本和为实现内部化所付出的成本，这种市场内部化行为才会进行。通过内部化将市场的上、中、下游企业移入跨国公司内部，从而减少交易成本获得利润最大化。内部化理论较好地解释了全球绝大多数的国际直接投资行为和跨国公司的经营现象，因此被视为解释国际直接投资行为的一般理论。

三、产品生命周期理论

1966 年，哈佛大学教授雷蒙德·弗农提出产品生命周期理论，威尔斯、赫希什等人将这一理论不断发展、完善。这一理论将美国企业的对外直接投资与产品的生命周期密切地联系起来，利用产品生命周期的变化解释美国战后对外直接投资的动机与区位的选择。产品生命周期是指产品的市场寿命，即一种新产品从开始进入市场到被市场淘汰的整个过程。该理论从产品生产的技术变化出发，描述了比较优势的动态变化，把产品的生命周期分为了三个阶段。在产品生命周期的不同阶段，各种投入在成本中的相对重要性也将发生变化[①]。在产品生命周期的初始期，产品的技术还未成形，研究与开发的费用在成本结构中占据最大的比重。当产品进入成长期阶段以后，新进入的厂商不会受到技术上的限制，在生产上从技术密集型转化为资本密集型。当产品进入了成熟期，原材料和劳动力工资是最重要的成本，它们将会成为本

① 王婷婷："产品生命周期理论与国际贸易"，《大经贸》2019 年第 1 期。

阶段决定比较优势的最重要的因素，生产从资本密集型转化为劳动密集型。

在新产品的初始阶段，国际生产区位中心在技术创新国，即少数发达国家。而且，技术创新国家和少数先进国家是主要的消费市场。因此，在初始阶段，贸易主要发生在少数先进国家与其他发达国家之间，因为这些国家的收入水平都相对较高而且比较接近。在新产品的成长阶段，生产中心逐渐扩散到其他发达国家。这时消费者扩散到所有发达国家，同时发展中国家的市场需求也开始增长。发达国家在这一产品阶段拥有比较优势，产品主要从发达国家输出到发展中国家。在新产品的成熟阶段，生产中心转移到发展中国家。此时，产品已经成为标准化产品，消费市场遍及发达国家和发展中国家。由于发展中国家具有廉价劳动力和丰富的原材料，所以发展中国家成为世界生产中心，并开始向国外市场大量出口产品。

产品生命周期理论揭示了比较优势是不断在转移的，具有动态性。由于发达国家拥有较高的技术水平和丰富的资本存量，所以在新产品的初始期和成长期拥有比较优势，成为新产品的出口国。但是，发展中国家并不是一直处于劣势之中。在产品的成熟期，发展中国家可以利用产品生命周期理论，引进发达国家的技术，依靠本国的自然资源和劳动力优势，以较低成本研制生产，将产品出口到发达国家，从而促使本国产品结构不断升级。总之，各个国家在进行产品创新、模仿引进、扩大生产的时候，都要把握好时机，利用不同阶段的有利条件，更长久的保持比较优势。

四、国际生产折衷论

国际生产折衷理论是由英国经济学家约翰·邓宁于 1977 年提出的。过去的各种对外直接投资理论都只是从某个角度进行片面的解释，未能综合、全面地分析，因此需要用一种折衷理论将有关理论综合起来，分析企业对外直接投资的动机及决定因素。折衷理论的核心是所有权特定优势、内部化特定优势和区位特定优势。第一，所有权特定优势，包括：资产性所有权优势，指在有形资产与无形资产上的优势；交易性所有权优势，指企业在全球范围内跨国经营、合理调配各种资源、规避各种风险的优势。第二，内部化优势，是指拥有所有权特定优势的企业，为了避免外部市场不完全对企业利益的影响而将企业优势保持在企业内部的能力。第三，区位优势，是指东道国的投资环境因素上具有的优势条件。邓宁认为，在企业具有了所有权特定优势和内部化优势这两个必要条件的前提下，又在某一东道国具有区位优势时，该企业就具备了对外直接投资的必要条件和充分条件，对外直接投资就成为企业的最佳选择。

国际生产折衷理论是将企业的特定垄断优势与国家的区位、资源优势结合起来，解释跨国公司参与国际经济活动时对国际直接投资、出口贸易或许可证交易的选择问题的一种理论。吸收了已有的国际直接投资理论的主要观点，但并非是对以往理论的简单总结和归纳，而是从所有权优势、内部化优势和区位优势这三方面论述企业对国际经济活动方式的选择。三个基本要素的不同组合决定了企业采取国际直接投资、产品出口还是许可证贸易。该理论既考虑了投资国企业的自身优势，又强调了东道国的区位优势，体现了较强的适用性，是被广泛接受的国际直接投资理论。但是，该理论无法解释发展中国家一些企业在没有同时具备三种优势情况下所发生的对外直接投资现象，同时也不能解释行业内的交叉投资现象。

五、投资发展阶段理论

20 世纪 80 年代初，邓宁在一篇论文中，研究了以人均 GNP 为标志的经济发展阶段与一个国家的外国直接投资（外资流入）的关系。同时也对对外直接投资阶段的划分、各阶段国际直接投资的特征以及国际直接投资发展阶段顺序推移的内在机制进行了研究。通常在第一阶段，不会产生直接投资净流出的现象，这是由于一个国家的企业还没有产生所有权优势。同时，由于东道国各种条件的制约，在这一阶段外资总的流入量不大。在第二阶段，外资流入量增加，但主要是利用东道国原材料及劳动力成本低廉的优势，进行一些技术水平较低的生产性投资。在对外投资方面，东道国的投资流出仍停留在很低的水平上，只是在邻近国家进行一些直接投资活动，并通过引进技术及进入国际市场等形式，实现进口替代。在第三阶段，由于东道国企业所有权优势和内部化优势大大增强，人均净投资流入开始下降，对外直接投资流出增加，标志着一个国家的国际直接投资已经发生了质的变化，即专业化国际直接投资过程的开始。第四阶段是国际直接投资净流出的时期。随着该国经济发展水平的提高，这些国家的企业开始具有较强的所有权优势和内部化优势，并具备发现和利用外国区位优势的能力。

1992 年，小泽辉智提出了新的综合的国际投资阶段发展论——国际直接投资模式。其理论核心是强调世界经济结构特点对经济运行特别是对投资的影响，即经济发展水平的差异决定了利用外资和对外投资的形式和速度。小泽辉智根据世界经济结构的特征，提出国际直接投资模式只应是一种与经济结构变动相应的资本有序流动。具体表现为：①要素驱动阶段的国家，吸引的一般都是属于资源导向型或劳动力导向型的外国投资。②当一个国家处于劳动驱动阶段向投资驱动阶段过渡时期，主要在资本品和中间品产业中吸收外资；与此同时，在劳动密集的制造品产业中，会产生向低劳动成本国家的对外直接投资。③从投资驱动阶段向创新驱动阶段过渡时期，将会在技术密集产业吸引国外直接投资，与此同时，在中间品产业中会发生对外直接投资。

六、投资诱发要素组合理论

在经济全球化条件下，全球资源实现了整合，表现为生产、经营、消费的全球一体化，世界各国之间的经济联系更加紧密。20 世纪 80 年代后期，许多学者对国际直接投资的分析从内部因素转向外部因素，提出了投资诱发要素组合理论。之前学者对国际投资的研究，不论是从宏观的国家角度还是微观的厂商角度，都是从内部角度进行分析，但是投资诱发要素组合理论颠覆性地提出了任何形式的国际直接投资都离不开直接诱发要素和间接诱发要素的共同作用，该理论对传统的国际直接投资理论进行了拓展与补充，弥补了单一分析内部因素的片面与局限性。

具体地说，投资诱发要素分为直接要素与间接要素，所谓直接要素，主要包括劳动力、资本、有形与无形资产等。这些直接诱发要素可以存在于投资国，也可以存在于东道国。如果投资国拥有技术上的相对优势，在追求利润最大化的前提下，企业会把该要素转移出去用以实现对外投资。反之，东道国的直接诱发要素同样也能诱发和刺激投资国的对外直接投资。间接诱发要素是指除直接诱发要素以外的其他要素，主要包括以下三方面：一是政府与东道国之间所签订的双赢协议、鼓励性投资政策、税收优惠政策和相关投资法规等；二是东道国相对透明、稳定的投资环境、完善的基础设施等；三是全球性诱发和影响对外直接投资的因素，例如科技革命、国际金融市场汇率、利率波动等。

投资诱发要素组合理论主要的贡献是从全新的角度解释了对外直接投资的动因和条件，不仅仅涵盖了以往投资理论对直接诱发要素作用的分析，更强调了间接诱发要素例如政策、法规、环境、技术革新、利率汇率变动等对国际直接投资所起的重要作用，克服了之前理论中对投资目的与自身比较优势过分重视的局限性。与此同时，该理论能够很好地同当下各国政府大力改善国内投资环境、出台优惠政策等行为相契合，从这个意义上讲，投资诱发要素组合理论更贴近现实，解释力更强。投资诱发要素组合理论仍然是在静态上对对外直接投资决定因素的分析，没有从动态上对对外直接投资的发展过程进行分析，故而对投资活动实践解释能力仍然有限。

第二节　国际投资的历程与演进

一、改革以来中国利用外资

1. 利用外资进程

改革开放以来，我国利用外资事业经历过曲折，发展历程极不平凡，利用外资从少到多，逐步走向全球引资大国，并开始向引资强国迈进。

第一阶段（1979～1991年），利用外资重新起步阶段。1979年第一家中外合资企业——北京航空食品有限公司的诞生，开辟了中国利用外资的新纪元。最初几年，外商直接投资的规模十分有限。每年批准的项目仅有300多个，年均实际投资金额不到6亿美元。随着改革开放政策的实行，由原来不欢迎外资和禁止外资进入，到开始引进港澳台侨资，再到引进欧美日韩投资；外资地区布局也从最初的深圳经济特区、东部沿海城市逐渐扩大到中西部地区，沿海地区吸收外资占90%以上。FDI进入方式以在沿海地区成立外向型合资、合作企业为主。出于技术学习和保护国内幼稚产业的目的，合资合作是中国引进外资的优先选择，同时新进入的外资企业对中国制度环境不熟悉，也需要与中国本土企业合作才能更快适应中国转型中的经济体制。引进外资的目标也在不断调整，最早引资是为了弥补资金缺口和促进出口，后来是推动产业升级和技术进步[①]。这一阶段，利用外资以对外借款为主，1979～1991年，中国对外借款总额为525.6亿美元，占实际利用外资的65%；外商直接投资额为250.6亿美元，占利用外资总额的31%。

第二阶段（1992～2001年），利用外资进入快速发展阶段。1992年，邓小平南方谈话的发表和党的十四大确立中国经济体制改革的目标，全国进一步解放思想，进一步扩大开放，外商投资在中国掀起新一轮高潮。这一时期出台了《外商投资产业指导目录》以及《关于进一步扩大对外开放、提高利用外资水平的若干意见》等文件。1992～1994年，全国新批准设立的外商投资企业分别达到4.8万户、8.3万户和4.7万户。从1994年开始，中国成为发展中国家和地区中引进外资最多的国家。外商投资领域从出口加工业扩大到高新技术等产业，从制造业扩大到服务业。本阶段年均实际使用外资447.9亿美元，2000年实际使用外资达到593.6亿美元。2001年12月11日，中国正式加入WTO，这要求中国进一步开放市场，不断扩大外资的准入领域，增加政策透明度。国内投资环境不断改善，庞大的内需潜力不断释放，中国大陆逐渐成为世界上最具吸引力的投资目的地。在经历了全球金融危机的调整之后，中国迎来了外商直接投资新一轮的高速增长。

第三阶段（2002～2012年），迈入引资大国阶段。加入世界贸易组织后，中国迎来自1979年、1992年后的第三个改革开放新高潮，利用外资规模稳步提高，结构更加合理，地区布局更加协调，利用外资主体开始转向以跨国公司等大企业为主，利用外资的作用更加突出。2012年，我国实际利用外资额达到1133亿美元，比2002年增加了一倍多。2006年我国外汇储备超过日本，跃居世界第一。此阶段国家层面通过制定外商投资产业指导目录，对“以市场换技术”的引资战略进行了顶层引导。随着我国加入WTO，对外开放步伐加快，外资收购上市公司成为必然趋势。2003年，《外资并购境内

---

① 刘建丽：“新中国利用外资70年：历程、效应与主要经验”，《管理世界》2019年第11期。

企业暂行规定》颁布，对外资并购中国企业进行了初步规范。2006年之后，中国外资政策进一步调整，总的方向是放松管制和逐渐取消外资的超国民待遇，建立与国际接轨的引资机制。这一时期，外商独资经营的比重显著提高，到2008年，外商独资企业项目数和金额在实际利用外商直接投资中的占比均达到80%左右。

第四阶段（2013年至今），利用外资进入高质量发展阶段。FDI流量增长趋缓，利用外资质量和水平明显提升。外资企业以占全国不足3%的数量，创造了近1/2的对外贸易额、1/4的规模以上工业企业利润，贡献了1/5的税收收入，经济效益明显好于全国平均水平。服务业替代制造业成为吸收外资的主要领域，2020年，服务业利用外资占全部外资的比重达77.7%，比2015年提高7.9个百分点。外商直接投资中并购方式比重明显上升，2017年，中国境内外资并购金额达238亿美元，占当年外商直接投资额的18%。外资管理体制向“制度均等化”的加速转型[①]。2014年《外商投资项目核准和备案管理办法》出台，外商投资项目管理开始由全面核准制转向普遍备案和有限核准。十八届五中全会提出，要形成对外开放新体制，全面实行“准入前国民待遇+负面清单”制度，有序扩大服务业对外开放。之后修订的《外商投资产业指导目录》中，对外资禁止和限制的产业种类进一步减少。2013年以来，中国为积极探索对外开放新形式，开始启动自由贸易区试点，在6年时间里，先后通过了4个批次17个自贸区试点方案。

纵观改革开放40年来中国经济突飞猛进的发展，我国利用外资主要的经验是：始终坚持邓小平同志有效利用“两种资源、两个市场”的核心思想，作为统领我国对外开放的基本方针；加强法制建设，不断完善利用外资的政策法律与制度基础，构成了较为完整的涉外法律体系；充分发挥良好的投资环境和获益机会以及跨国公司的资本和技术资源优势，实现东道国与跨国公司的互利双赢[②]；加强产业政策导向，逐步形成了符合我国国情和可持续发展需要的外商投资产业导向政策体系，推动利用外资与产业结构调整和优化升级相结合；不断优化投资环境和营商环境，发挥中国的引资优势和吸引力，

---

① 刘建丽：“新中国利用外资70年：历程、效应与主要经验”，《管理世界》2019年第11期。

② 赵晋平：“改革开放30年我国利用外资的成就与基本经验”，《国际贸易》2008年第11期。

让外商有利可图；实行了“进口替代”和“出口导向”相结合的利用外资战略，使外资对经济社会发展发挥多方面的积极作用；实施从经济特区、沿海开放城市、经济技术开发区、沿江沿边开发城市到广大中西部地区循序渐进的梯度区域开放战略[①]；逐步完备的产业体系配套能力、高效的基础设施水平等方面的优势，使我国形成对外资的强大吸引力；强化市场监管和中央政府的统一管理，维护国家经济安全。

2. 利用外资存在的问题

中国利用外资的经验教训主要有：第一，外资的资金来源、产业与区域布局等方面不尽合理。外商直接投资资金主要以港澳台为主，2018 年，港澳台投资占外商直接投资总额的 68.6%，而来自 OECD 的外商直接投资为 228 亿美元，仅占外商直接投资的 17%。外资行业分布集中在制造业和房地产业，而外资区域分布集中在广东、上海、江苏等中国东部沿海省市。

第二，利用外资质量仍有待提高。各地在引进外资时仍然存在“重引进轻效果、重规模轻效益”的倾向，尤其是中西部地区在承接产业转移过程中，一些开发区对外资来者不拒，对外资项目评估过于草率。在国家层面进行产业结构转型升级的背景下，仍然引进污染程度高、技术含量低的项目，不利于中西部地区在新旧动能转换过程中实现弯道超车。

第三，外资利用中存在一定程度的低水平重复建设。外资行业主要集中在制造业和房地产业，外资资金来源集中在港澳台，这些地区的外资技术水平与欧美发达经济体相比本来就较低。同时，外资企业更倾向于不向外部转移先进技术，以此来延长先进技术的生命周期，获取更多的利润，这使得外资利用较发达地区也普遍存在低水平重复建设问题。

第四，有些外商投资活动或者并购项目可能对我国造成经济风险。我国产业发展安全意识不强，特别是早期实施“以市场换技术”等政策，导致外资在一些战略性或关系到国计民生的重要产业上，进行直接投资或者并购，导致一些本土品牌失去市场或消失，破坏了我国产业体系的自主独立性，进而对我国经济发展造成一定的风险。

---

① 卢进勇等：“中国国际投资发展史研究：意义、重点和突破点”，《国际经济合作》2019 年第 5 期。

第五，外商投资安全审查制度亟须完善。外商投资安全审查是成熟市场经济体的通用制度安排。目前，我国制度体系对外资进入前国家安全审查的实施主体和操作规程缺乏具体规定，之前的相关规定对外资的约束力也有限。在国家大力推进“放管服”改革和推行外资进入负面清单管理制度的背景下，如制度落实不到位，将为经济安全埋下隐患。

二、改革以来中国对外投资

1. 对外投资进程

改革开放后的40年，中国的对外投资经历了从少到多的发展历程，取得了史无前例的成就。中国已经成为对外投资大国，正在走向对外投资强国。我国的对外投资大体可以分为四个阶段。

一是起步探索阶段（1978～1991年）。在改革开放前期，中国对对外投资持不鼓励态度，对外投资规模一直不大。直到1990年和1991年，中国对外直接投资分别只有9亿美元、10亿美元。这一阶段对外投资从设立海外贸易公司起步，逐步发展到设立矿业企业、制造业企业和建筑承包劳务企业等。在此阶段，对外经济技术援助对海外投资的发展也起到了推动作用。

二是调整发展阶段（1992～2001年）。1992年和1993年上半年对外投资发展较快，但出现了无序和盲目发展的情况。1992年和1993年，对外投资规模分别达到40亿美元和43亿美元，出现了大幅度增加。从1993年下半年国家开始对境外投资进行了整顿和清理，1994～2000年，对外投资每年只有20亿美元左右。1997年9月，党的十五大提出要“鼓励能够发挥我国比较优势的对外投资，更好地利用国内国外两个市场、两种资源”，鼓励扩大境外投资。这是中国第一次提出“走出去”思路。1998年2月，十五届二中全会要求，在积极扩大出口的同时，要有领导有步骤地组织和支持一批有实力有优势的国有企业走出去，到国外主要是到非洲、中亚、中东、中欧、南美等地投资办厂。到2001年，我国对外投资达到历史新高的69亿美元。

三是快速发展阶段（2002～2016年）。2001年中国加入世界贸易组织，国际环境有利于企业对外投资。2002年11月，党的十六大报告再次强调，要“引进来”和“走出去”相结合，全面提高对外开放水平。明确提出要鼓励和支持各类企业的对外投资，促进实力强大的跨国企业形成。2004年10月，国家对外投资由审批制改为核准制。2009年7月，国家外汇管理局发布《境内机构境外直接投资外汇管理规定》；2009年9月，商务部出台新修订的《境外投资管理办法》，进一步放松了管制。一批领军企业抓住时机“走出去”，快速推进海外投资，对外投资进入快速发展阶段，由2002年的27亿美元增加到2012年的878亿美元。2013年以后，在“一带一路”倡议推动下，对外投资跨越式发展，2013年，对外投资突破1000亿美元，到2016年达到近2000亿美元（见图9-1）。

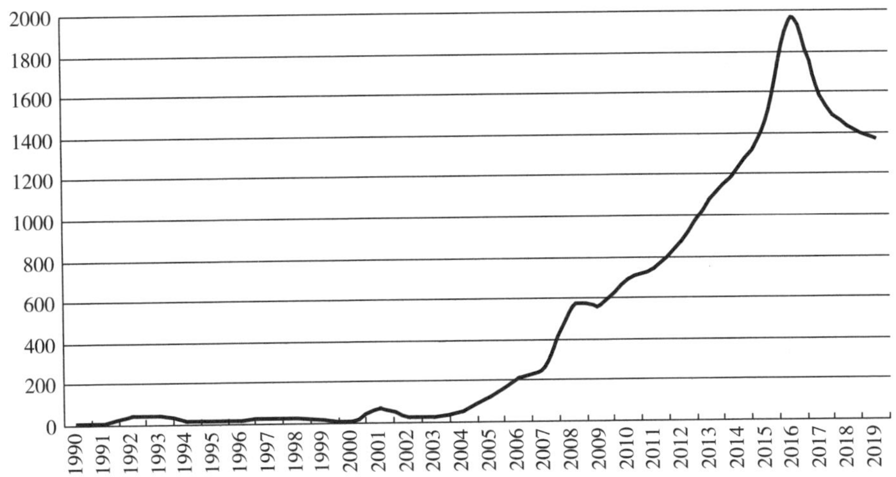

图9-1 1990～2019年中国对外直接投资（亿美元）

资料来源：《2019年度中国对外直接投资统计公报》。

四是转型升级阶段（2017年至今）。2017年11月，国家发改委发布《中国对外投资报告》，要求以“一带一路”建设为重点，进一步引导和规范企业对外投资方向，促进企业合理有序开展对外投资活动，防范和应对对外投资风险，推动对外投资持续健康发展，实现与东道国互利共赢、共同发展。国家对境外投资政策进行调整，限制房地产、酒店、影城、娱乐业、体育俱乐部、无具体实业项目的股权投资基金或投资平台等6类项目的对外投资，要求境外投资项目要与国内产业结构优化升级相结合，境外投资开始步入高质量与高效益发展的新阶段。根据《2019年度中国对外直接投资统计公报》，

2019年，中国对外直接投资1369.1亿美元，占全球份额的10.4%，流量规模次于日本，排名全球第二；中国对外直接投资存量达2.2万亿美元，次于美国和荷兰，保持全球第三（见图9–2）。

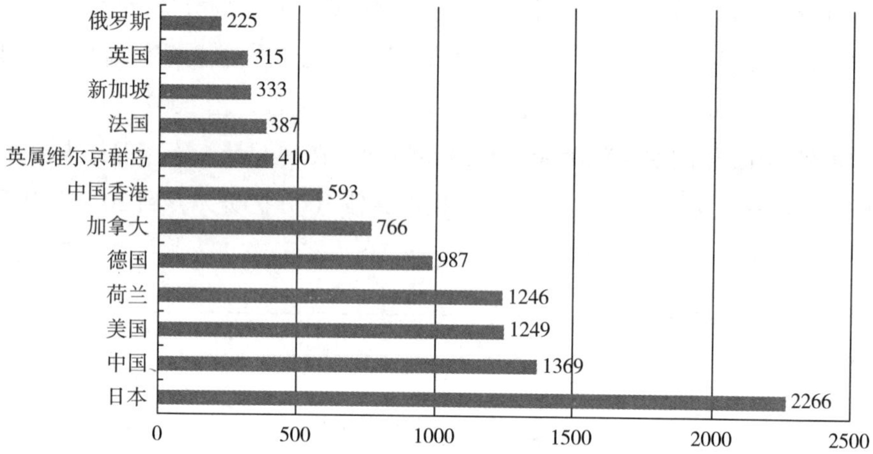

图 9-2　2019 年各国（地区）对外直接投资当年流量（亿美元）

资料来源:《2019年度中国对外直接投资统计公报》。

中国真正大规模开展海外投资是近十几年来的事情，海外投资的主要经验包括：政府推动和鼓励各类具有比较优势和竞争优势的企业实施“走出去”战略，开展海外投资布局和跨国经营；实施多种有效的企业对外投资模式，如海外自主创牌模式、海外股权收购模式、外围突破模式和海外上下游拓展模式等；学习借鉴国内开发区建设成功经验，发展境外经贸合作区或科技工业园区，推进企业集群式“走出去”；不断完善包括审批管理政策和产业政策在内的海外投资政策法规，为海外投资指引方向和保驾护航①。

2. 对外投资存在的问题

近年来，我国对外投资大幅度增加，2016年，我国首次成为全球第二大对外投资国。在“一带一路”倡议推动下，我国企业走出去的积极性不断提高。但是，在对外投资过程中，企业也遇到了许多风险与挑战，有些是自身难以克服的，政府必须有针对性地完善法律和政策体系，为对外投资活动创造良好的环境。

---

① 卢进勇等:“中国国际投资发展史研究:意义、重点和突破点”,《国际经济合作》2019年第5期。

（1）缺乏安全环境和制度保障

东道国的政治风险呈上升趋势。由于优质资源几乎全被发达国家企业所占据，中国企业不得不到那些政治风险高、社会制度不完备、投资环境较差的国家去寻找投资机会，面临的战争战乱、政党更替、政策不可持续等风险因素不断增加。

发达国家投资安全审查不断升级。美国、欧盟、澳大利亚等国家和地区将国家安全、基础设施和高新技术纳入外国投资审查范畴，审查越来越严苛，受到审查的中国企业越来越多。程序不透明、标准不清晰、随意性很大，通常采取个案审查的方式，大大增加了中国企业的投资风险。

东道国实行严格的本国权益保护。近年来，一些国家特别是一些发展中国家频繁针对外资及外企出台新政策，如企业注册、劳务许可、控股权、税收、企业采购、环境保护等，许多都是限制性的措施。例如，工程、服务合同中，本地制造或加工商品要占一定比重，本地员工要占所有员工比例的一定比重。

投资争端解决机制不健全。目前，我国已经与100多个国家签订了双边投资协定，但多数是在20世纪80～90年代时签订的，多数协定内容仅涉及投资保护，没有市场开放，已经不能适应当前投资争议解决的需要。例如，2000年以前生效的中国与外国“鼓励和相互保护投资协定”对于仲裁条款，都只提到设立专门的仲裁庭；2009年以后的协定才提到更为多元的解决方案，如利用有管辖权的法院、解决投资争端国际中心等渠道。

（2）直接投资的系统性风险加剧

跨境融资难问题仍然比较严重。基础设施、产能合作等方面贷款回收期长，不确定因素较多，国内银行不愿意冒风险；对外投资项目前景存在较大不确定性，影响了银行贷款意愿；在不少新兴市场，国内银行未设点，国际化的外资银行也没有。2015年，一份针对300多家企业的调研报告指出，中国企业利用外资银行提供信贷支持的比例仅有25%，反映出企业对于境外金融资源的使用非常有限。

保险服务难以满足被保险人的需要。对外投资承保风险的范围过于狭窄，对于风险高的区域和项目，国内保险公司通常不愿承保。保险费率明显偏高，以中信保为例，平均费率高达4%，不仅高于德国、美国、日本的保险费率，也高于多边投资担保机构的保险费率，令中国对外投资企业望而却步。针对中国企业在对外投资中面临的特殊风险，也一直没有推出有针对性的险种。

人员流动存在较大障碍。从投资目标国来看，大多数国家都不鼓励劳务引进，对工作证和签证管理非常严格，实行严格控制入境人数的保护性措施。从我国出国管理制度看，国企按因公出国审批受到严格限制，不能满足实际需求；大多数与我互免签证的国家，其免签对象为因公护照持有人，对外投资的私企不能享受这种便利。

境外领保工作资源不足。领事保护人员与出国者比例，中国是 1 : 20 万，美国是 1 : 5000，日本是 1 : 1.2 万。中国领事保护人员数量与“走出去”人员数量之比，远远低于发达国家的水平，极不适应“走出去”形势与日益繁重的领事保护工作需要。

缺乏切实可行的投资模式。长期的政府包办代替，北美、中东富裕国家消费者已经习惯了不为基础设施和公共服务付费；面临选举的承诺和压力，地方政府也普遍不愿意将相关服务委托给私人投资者。政府没有能力付费，消费者不愿意付费，中国企业在发达国家的基础设施和公共服务领域找不到可行的、盈利的项目。

（3）对国内发展产生不利影响

存在虚假投资与“资本外逃”。近年来，在我国对外直接投资中，大量资金出于避税等考虑，集中投向中国香港、英属维尔京群岛、开曼群岛等离岸金融中心，并在名义上登记为“商业服务业”，其实很多转投到了第三国的采矿业和制造业。另有一部分属于洗钱行为或“返程投资”，资金流回国内后可能伺机再次流出。还有一部分即为假借对外投资的名义实现资本的外逃转移。

“产业空心化”风险亟须重视。由于东南亚多数国家的生产与人力成本更加低廉，引发国内传统的劳动或资源密集型制造业向东南亚转移的趋向。如果投资规模迅速扩大将会造成制造业资本存量的缩减，进而出现明显的制造业“空心化”现象。这也是近二十年来日本经济“离本土化”与美国经济“离制造化”的教训所在，必须加以应对与防范[①]。

---

① 高鹏飞等：“中国对外直接投资 70 年：历史逻辑、当前问题与未来展望”，《亚太经济》2019 年第 5 期。

第三节　国际投资的背景和条件

一、世界经济出现弱增长态势，不排除发生局部经济危机可能

1. 长期因素

根据世界银行《2018 年全球经济展望》，全球潜在增长率下滑是数年来生产率增长乏力、投资疲软和劳动力老龄化的结果。减速成为普遍现象，影响到占全球 GDP65% 以上的经济体。如果不努力提振潜在增长率，其下滑趋势有可能延续到下个十年，并可能导致同期全球平均增长率降低 1/4 个百分点，新兴市场和发展中经济体平均增长率降低 0.5 个百分点。

老龄化对劳动力供给形成更强约束。世界银行测算表明，2013 ～ 2017 年全球经济潜在增长率下降，25% 归因于劳动力供给增速放缓。“十四五”时期，全球人口增长趋缓，老龄化呈现不可逆转趋势，世界 65 岁以上人口占比达 10.4%，较 2017 年的 8.7% 上升了 1.7 个百分点。2025 年，发达国家劳动年龄人口占比将比 2015 年下降 3 个百分点，劳动力供给下降，人口老龄化程度快速提升，2025 年达到 20.6%，进入超老龄化阶段。与此同时，发展中国家人口红利还在。

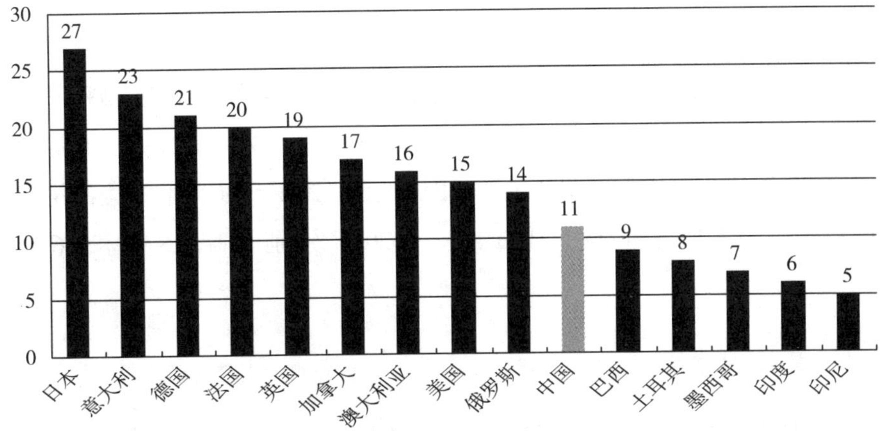

图 9-3　2019 年全球老龄化国家排行（65 岁以上人口比例）（%）

资料来源：世界银行数据库。

资本积累难以更快增长。2009 ～ 2018 年，全球投资率由 23.1% 升至 26.2%，超过危机之前水平（见图 9-4）。IMF 预测，“十四五”时期全球投资率提高将十分缓慢，2024 年仅比 2018 年上升 0.4 个百分点，对潜在增长率形成明显制约。原因在于：一是传统产业利润率趋降，新兴产业尚在培育，有效投资机会稀缺；二是 2008 以来，少数大企业在经济增长中受益多，市场支配能力显著增强，这对广大中小企业的投资能力和意愿形成明显抑制，阻碍了投资率的提升，IMF 测算，前 10% 的大企业产品加价每提高 10%，导致投资率下降 2%；三是全球贸易壁垒导致进口资本品价格上涨，给依赖国外机器设备和零部件的发展中国家投资带来负面影响。

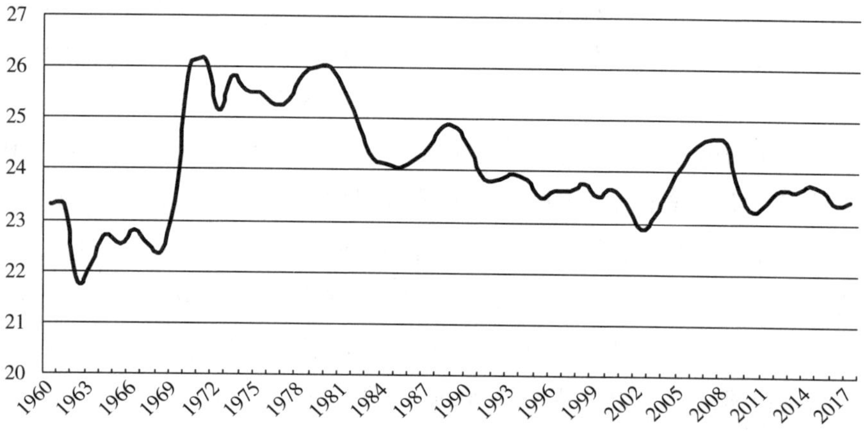

图 9-4 全球投资率（%）

资料来源：世界银行数据库。

中美两国经济增速都将下调，这是世界经济弱增长的主因。2009 ～ 2018 年，中美两国对世界经济增长的年均贡献率分别为 34% 和 24.8%，是影响世界经济增长的主要力量（见图 9-5）。IMF 预计，2021 ～ 2024 年中美经济年均增速分别为 5.7% 和 1.6%，较 2016 ～ 2020 年分别下降 0.8 个和 0.6 个百分点。

2. 疫情因素

2021 年 4 月的 IMF《世界经济展望》报告指出，新冠疫情暴发一年后，全球前景仍然存在巨大的不确定性。尽管疫苗的持续推广提振了人们的情绪，但变异毒株的出现和病亡人数的不断增加引发了人们的担忧。不同国家、部门的复苏进程出现分化，这反映了各国、各部门在疫情下受到的不同冲击，以及其获得政策支持力度的不同。未来的经济前景不仅取决于病毒和疫苗的斗争结果，还取决于在高度不确定性下实施的经济政策减轻这场空前危机带来的长期影响的有效性。预计 2021 年全球增速为 6%，2022 年则将放缓至 4.4%。

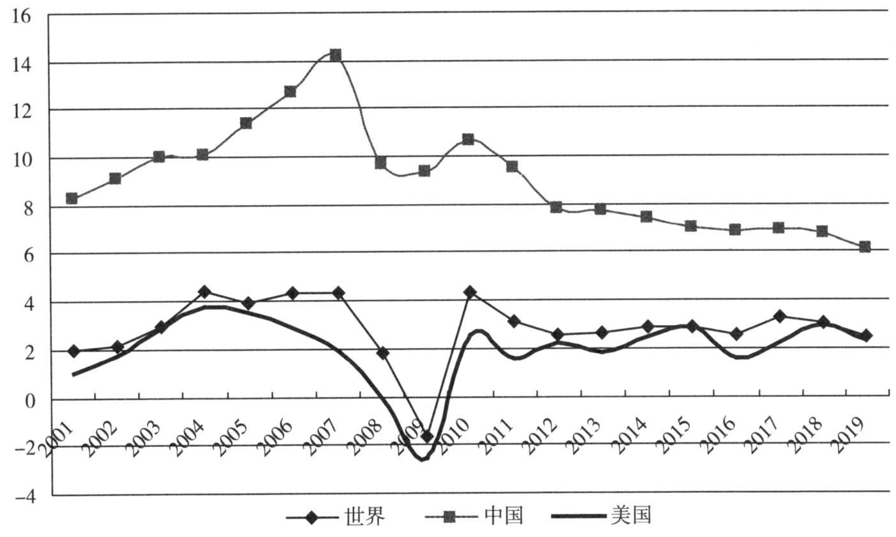

图 9-5　世界、中国、美国经济增长率（%）

资料来源：世界银行数据库。

2021 年 1 月世界银行《全球经济展望》则强调，虽然全球经济产出正在从新冠肺炎疫情引发的崩溃中恢复，但仍将长期低于疫情前的趋势。大流行加剧了长达十年的全球债务积累浪潮带来的风险，并可能在未来十年加剧预期已久的潜在增长率放缓。遏制病毒传播，为脆弱人群提供救济，克服疫苗带来的挑战，这些都是当务之急。财政状况捉襟见肘，严重制约了许多国家的政府采取支持措施，因此需要强调进行雄心勃勃的改革，以重启强劲增长。全球合作对于应对许多挑战至关重要。因新冠肺炎疫情造成急剧下滑之后，预计 2021 年全球产出将增长 4%，但仍远低于疫情前的预测。

二、全球供应链发生“破损”和重构，中国亟须把控主动权

中美贸易战使原有成熟的全球供应链被打散和撕裂。过去，国际上逐步形成一条相对符合经济效益最大化要求的供应链：即主要是欧洲和美国负责总设计，由中国制造，然后卖给全世界[①]。在中美贸易争端下，加征关税导致中美双方和相关上下游企业转而寻求建立新的供应链关系，一条相对成熟的供应链模式开始被打散、分裂成多条供应链。至少中国、美国甚至欧洲、东南亚等都会有自己的一套供应链标准。这会导致规模效益以及长期建立起来的供应链上下游企业的信任度降低。全球供应链重构以后，跨国公司要走的路可能是大而全、小而全的，并且要花很多时间、资源建立自己独立的供应链，这引发了全球供应链体系的倒退。

国际经贸规则重塑正在推动全球重返封闭性、歧视性、区域性的供应链。《全面与进步跨太平洋伙伴关系协定》(CPTPP)、《美加墨贸易协定》(USMCA)、跨大西洋贸易与投资伙伴协定(TTIP)等区域性经贸规则的实施，在货物贸易、服务贸易、投资条款等方面具有明显排外性，原产地规则在促进成员国间生产一体化和形成完整供应链的同时，割裂了与非成员国的经贸联系，这会使得短期内，缔约方与非缔约方的贸易部分转移到缔约方之间，产生贸易和投资转移效应。

欧美发达国家实施再工业化战略引导全球供应链部分环节回归本地化。为解决产业空心化、增加就业、保持经济增长，欧美国家纷纷实施再工业化战略。如美国实施重振制造业战略，推出“买美国货”、《制造业促进法案》、“出口倍增目标”等政策措施。德国出台《国家工业战略2030》。特朗普执政之后以及拜登上台以来，对实体经济空心化显示出越来越重的焦虑心情，让制造业回流成为两任总统经济政策的重中之重。出台《减税与就业法》，鼓励跨国公司搬迁企业回国；与此同时，发起对华贸易战，对中国出口产品征收高税，切断华为、中兴等中国企业供应链，削弱中国制造业的发展能力，为美国制造业的复兴创造条件。

新冠疫情以来美国正制定积极计划，努力去中国化。疫情大流行给美

---

① “全球供应链重构大幕开启，处在两个极端的企业最受伤”，《中外管理》2019年第7期。

国政府敲了警钟，意识到依赖中国和其他国家获取医疗用品，包括药品、口罩、个人防护设备（PPE）等是多么危险。美国国会已就接受救济的企业必须承诺产业链回流达成初步共识。要求美国在华企业撤出中国，回到美国或者东南亚国家。美国政府负责厂房、设备、知识产权、组织建设、创新，换句话说，就是负责100%的搬迁费用。早在2020年，美国、日本、印度和澳大利亚就开始想方设法“搭伙”过日子——寻求建立更强大的供应链，以抗衡对中国的依赖。而在全球芯片荒以及美国自身半导体地位可能不保的背景下，美国提出与中国台湾和日本、韩国等国合作，加快建立芯片和其他战略意义产业链的合作。对此，中国也必会不惜代价、全力以赴实现科技研发和关键产业链的自主可控。

三、世界贸易投资规则深刻变化，亟须确立新的秩序

发达国家加强了对外国投资的审查力度。美国和欧盟相继出台监管政策，将涉及国家安全、关键技术和敏感信息的领域纳入审查范围，收紧外资监管。2018年，美国出台的外国投资监管新规则扩大了外国投资委员会（CFIUS）的审查管辖权，对涉及关键基础设施、关键技术和公民信息安全的投资加强审查，并列出特别关注国家，增加审查程序。欧盟委员会也于2019年3月批准外国投资监管新法规，对涉及敏感技术、基础设施及公共秩序和安全领域的投资加强审查。新法要求对第三国采用透明和非歧视原则，但成员国拥有该国对外投资的最终审批权。开放新技术投资，外国投资严格审查，配合知识产权保护，构成了国际投资在新技术领域的完整规则体系，加强了技术优势国家在全球范围的资本转化能力。

劳工标准、环境、社会责任等成为重要规则。在美国2012版BIT范本中，对原有规定进一步细化，将劳工和环境标准提高到“行政优先权”，增加了处理环境和劳工标准问题的协商程序，并要求缔结方不得为鼓励投资而放弃或减损国内环境和劳工法的执行权，履行对国际劳工组织的承诺，加拿大—欧盟全面经济贸易协定（CETA）也明确提出，“缔约方在其领土范围内具有规制权和维护其实现合法公共目标的自由权，包括公

共卫生、安全、环境、公共道德及文化多样性等领域。”在区域投资协定中，2018年缔结的CPTPP协定和美国—墨西哥—加拿大自由贸易协议（USMCA）都嵌入了空气质量保护、海洋环境保护、海洋捕捞规范、动植物检验检疫标准、劳工自由结社、集体谈判权利等社会责任条款[①]，这在很大程度上代表了未来国际投资协定规则制定的大趋势。

新增关于规范新科技和新兴行业投资行为的内容。新科技革命推动更多新的行业发展，需要通过规则制定来为投资拓展开放的市场环境和对投资行为进行规范。新规则的主导趋势是推动新领域的开放与保护，如数据、电子商务等新兴技术和服务领域，CPTPP等都嵌入了保护信息数据自由流动的条款，包括减少对电商市场准入、数据存储和处理限制、允许数据跨境传输、限制政府要求披露源代码权限，放宽异地数据储存和数据跨境转移标准等[②]。与此同时，知识产权保护和外国投资严格审查作为维护新科技新领域核心竞争地位的重要环节，标准也有所提高。

国际投资争端解决机制趋向多元分化。有关国际投资的基本规则体现在华盛顿公约中，以及据此成立的国际投资争端解决中心（ICSID）的运作上，目前世界绝大多数国家都参加了该机制。但是，长期以来，投资者—东道国的争端解决机制存在仲裁效率低下、缺乏透明度和公正性、无上诉机制等问题。当前，双边和多边（区域）投资协定的条款对提高仲裁透明度和公众参与等予以重视，但对如何改进争端解决机制中存在的问题仍有较大分歧，在做法上也存在很大差异。比如，由于对以往投资争端解决机制仲裁结果不满意，有的国家退出了投资争端解决机制[③]。

---

① 白洁、苏庆仪：“CPTPP的规则、影响及中国对策：基于和TPP对比的分析”，《国际经济评论》2019年第1期。

② 李馥伊：“美墨加贸易协定（USMCA）内容及特点分析”，《中国经济导刊》2018年第12期。

③ 张蕴岭、马天月：“国际投资新规则及中国应对策略”，《国际展望》2019年第4期。

第四节 “一带一路”背景下的国际投资

一、“一带一路”投资规模与结构

截至 2020 年底，中国已与 138 个国家、31 个国际组织签署了 203 份共建“一带一路”合作文件。“一带一路”倡议实施以来，与沿线国家的双向投资不断增长，沿线国家已成为我国对外投资的重要目的地。

对外投资持续拓展。2013 ～ 2019 年，中国对“一带一路”沿线国家累计直接投资 1173.1 亿美元，年均增长 4.4%。中国对“一带一路”沿线国家的投资额呈上升趋势，其中 2017 年达到最高值，为 201.7 亿美元（见图 9–6）。主要投向新加坡、越南、老挝、印度尼西亚等国。

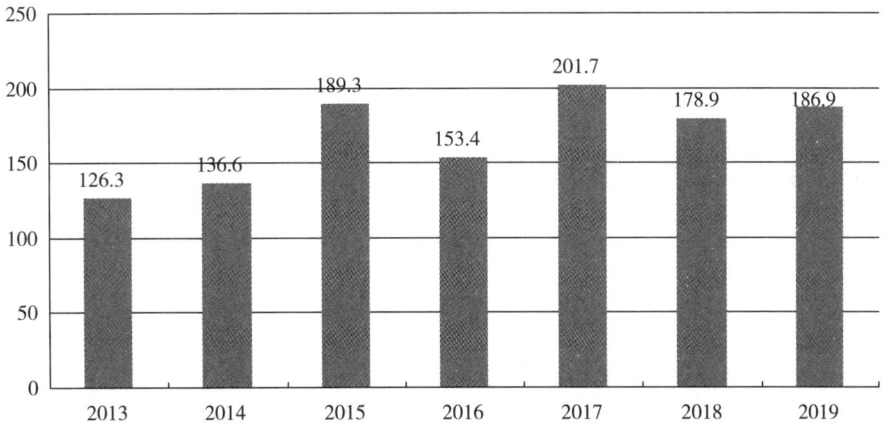

图 9-6 2013 ～ 2019 年中国对“一带一路”国家投资（亿美元）

资料来源：《2019 年度中国对外直接投资统计公报》。

合作区平台建设有序前行。截至 2019 年底，纳入商务部统计的境外经贸合作区累计投资 419 亿美元，吸引了数千家企业入驻，产业聚集效应显现。其中，在“一带一路”沿线国家建设的合作区累计投资 350 亿美元，上缴东道国税费超过 30 亿美元，为当地创造就业岗位 33 万个。

吸收外资稳步提升。2013 ～ 2019 年，“一带一路”沿线国家对华直接投资超过500亿美元，设立企业超过2.2万家。2019年，“一带一路”沿线国家在华实际投入外资金额84.2亿美元，同比增长30.6%，占同期中国实际吸收外资总额的6.1%。

重大项目扎实推进。聚集“六廊六路多国多港”主骨架，推动一批标志性项目取得实质性进展。中老铁路、中泰铁路、雅万高铁、匈塞铁路等顺利推进；瓜达尔港、汉班托塔港、比雷埃夫斯港、哈利法港进展顺利；加大能源通信设施合作力度，中俄原油管道、中国—中亚天然气管道保持稳定运营，中缅油气管道全线贯通。

2019年末，中国境内投资者在“一带一路”沿线的63个国家设立境外企业近1.1万家，涉及国民经济18个行业大类，当年实现直接投资186.9亿美元，占同期中国对外直接投资流量的13.7%。从行业构成看，流向制造业的投资67.9亿美元，占36.3%；批发和零售业25.1亿美元，占13.4%；建筑业22.4亿美元，占12%；金融业15.9亿美元，占8.5%；科学研究和技术服务业13.5亿美元，占7.2%；电力生产和供应业13.4亿美元，占7.2%。

2020年1～10月，中国境内企业在“一带一路”沿线对57个国家非金融类直接投资141.1亿美元，同比增长23.1%，占同期中国对外投资总额的16.3%，较上年同期提升3.6个百分点。中国境内企业在“一带一路”沿线的61个国家新签对外承包工程项目合同3838份，新签合同额6447.2亿元人民币，占同期中国对外承包工程新签合同额的55.5%。

二、“一带一路”投融资特点

“一带一路”投融资取得丰硕成果，与此同时，“一带一路”投融资仍然面临较大政治风险和体制障碍，需要中国与沿线国家一道不断探索新的投融资方式和途径。

（1）中资机构成为主导力量

截至2018年底，国家开发银行在“一带一路”沿线国家累计发放贷款1700多亿美元，余额超过1100亿美元；在香港以私募方式成功发行3.5亿美元5年期固息“一带一路”专项债券；出资5亿元人民币参与丝路基金建设。截至2019年4月，国家进出口银行“一带一路”建设执行中项目超过

1800个，分布于50多个国家，贷款余额超过1万亿元人民币；出资15亿元人民币参与丝路基金建设。2015～2018年底，中国银行在“一带一路”沿线国家实现包括公司贷款和贸易融资在内的各类授信支持1300亿美元。截至2017年5月，中国工商银行累计支持“一带一路”沿线国家项目212个，承贷金额674亿美元，同时还拥有3372亿美元的项目储备。

（2）国有企业发挥重要作用

印尼首条高铁——雅加达至万隆项目，投资51.3亿美元，由中国中铁的子公司中铁国际集团公司、印尼国有企业共同负责运营。蒙巴萨至内罗毕标准轨铁路项目，投资规模约38亿美元，由中国路桥工程公司营建。埃塞俄比亚至吉布提铁路项目，由中国铁建和中国中铁共同运营。巴基斯坦旁遮普省光伏电站项目，投资规模近15亿美元，由中兴能源有限公司运营。巴基斯坦卡洛特水电站是丝路基金首笔投资项目，由三峡集团子公司南亚投资有限公司运营。老挝南欧江水电项目是中国企业获得的首个境外全流域整体规划开发项目，投资规模约28亿美元，由中国电力建设集团运营。

（3）跨境并购成为主要方式

由汤森路透等发布的一份研究报告显示，中国企业近年在“一带一路”相关国家的跨境并购呈现上升趋势。2014～2016年，中国对“一带一路”沿线国家并购金额从22.6亿美元增至97.5亿美元，并在2016年超过美国及日本，成为最主要的并购方。根据普华永道发布的有关对“一带一路”倡议下资本项目和交易活动的报告，2016年，七项核心基础设施领域（公用事业、交通、电信、社会、建设、能源和环境）的项目与交易约4940亿美元，其中，中国占总量的1/3。并购市场资讯趋势报告显示，2017年，中资企业在“一带一路”沿线地区的境外并购交易总量达99单，对应总值474亿美元，与上年相比分别增长50%和84.3%。其中，一家中资联合体以160亿美元收购了亚洲最大的现代物流设施提供商普洛斯。

（4）融资工具不断创新

国开行通过设立多/双边合作基金等方式参与国际投资业务。具体形式包括：股权投资，直接以普通股方式投资企业或项目；准股权投资，优先股、可转换债、混合资本工具等其他形式；引导基金，作为“基金的基金”，在符合国家对非外交政策的前提下，将适当比例资金投资于其他基金。2014年，农业银行成为中东地区首家发行人民币债券的中资机构。2015年6月，中行在境外市场成功发行40亿美元“一带一路”债券来满足沿线分支机构的资金需求。中资银行采取“商行+投行”模式，积极推出“一揽子”跨境金融服务，为企业提供投资银行、保险、股权投资、基金及融资租赁、对外担保、风险参与等多元化、一体化服务。

（5）融资模式更趋多样化

现阶段“一带一路”基础设施投融资模式主要有以下几类：跨国支持型金融体系、开发性金融机构、商业银行信贷、PPP模式、各国主权基金和伊斯兰债券。中国企业不仅在对外承包工程实施方式上积极创新，形成“工程承包+融资、工程承包+融资+运营、建设—移交—运营、公私合营等多种合作方式。同时，国际产能合作方式更加多样化。以电力领域产能合作为例，最初合作领域仅限于设备出口，现在已发展到设计—采购、设计—采购—建设、建设—运营—移交、建设—拥有—运营、公私合营、并购、融资租赁等多种产能合作形式，合作效率显著提高。

三、“一带一路”投融资难点

中国投资面临较大信用风险。穆迪发布报告称，“中国大量‘一带一路’投资流向信用状况相对较弱的国家。”报告显示，2013年以来，37%的中国对外投资流向评级为Ba1或以下的“一带一路”国家；40%的投资流向非投资级别成员国，此类非投资级别成员国占全部“一带一路”国家数量的45%。穆迪还指出，“一带一路”倡议带来的风险将由中国主权与向“一带一路”项目提供融资或直接投资的实体之间分担。由于“一带一路”项目主要由中国政策性银行、国有商业银行和国有企业提供支持，且“一带一路”国家和地区资本回报率透明度较差，此类银行和国企面临较高的风险，而这可能增加中国主权的或有负债。

国际融资合作机制不健全。“一带一路”基建融资合作以我国和东道国以及相关国家之间的双边沟通为主。除中巴经济走廊已经建立了比较完善的双边沟通机制外，其他五个经济走廊还没有形成常态化的融资协调机制，我国与其他有关资本盈余国之间的融资合作也有待深化。目前，在“一带一路”沿线项目中，中国金融机构参与较多，国际性金融机构包括开发性金融机构参与较少。世界银行、亚洲开发银行等多边开发银行（MDB）也对沿线成员国有大量的基础设施投入，但MDB作为多边机构有其自身的宗旨、战略和业务规划，如何与“一带一路”倡议更好地契合，还有待进一步探讨。

缺乏切实可行的盈利模式。“一带一路”沿线基础设施投资的盈利主要来源于三个方面：政府付费、消费者付费、设施开发带来的地产升值。但是，目前沿线国家或者属于低收入国家，政府和消费者都拿不出钱；或者基础设施建设长期由政府包办代替，而债务规模较大导致政府无力提供新的设施，消费者也没有为设施付费的概念；或者都是土地私有制的国家，无法提供土地给建设运营方开发并获取长期收益。政府没有能力付费，消费者不愿意付费，又缺少土地等公共资源收益，中国投资者在“一带一路”基础设施项目中就找不到可行的盈利模式，进入将非常困难。现实中，“一带一路”沿线国家基础设施的债务违约率往往较高。

法律和政策的保障程度较差。“一带一路”沿线国家的法律制度存在缺陷。许多涉及公私合作、对外合作的项目存在法律盲区。例如，由于产权关系不明确，TOT模式下资产转让无法在公、私、外三方顺利进行。各国广泛存在法律限制过多的情况，例如，基础设施建设项目一般有对外商出资最大份额的限定，使得有些必须由项目签约方全权出资建设的模式无法应用在国际资本身上。沿线国家在投资领域普遍缺少有效的配套政策，尤其是在投资规划、融资渠道、收费价格、准入资质等方面，缺乏明确可行的操作流程规定和符合建设需要的优惠促进政策，这一方面导致政策的引导和支持能力降低，另一方面也打击了社会资金的参与积极性。

地缘政治风险十分严重。“一带一路”沿线部分国家和地区具有独特的资源能源和区位，处于大国利益角逐的中心地带，政治经济形势十分复杂，国际形势特别是域外大国势必影响这些国家的政策。虽然“一带一路”沿线国家在改善基础设施、实现更好发展方面拥有共同的愿望，但并不排除其与其他利益集团之间也存在难以割舍的利益诉求（包括政治、军事、经济），从而给本地区基础设施建设和产能合作带来不确定性，增加了投资风险。一些大国认为“一带一路”可能削弱其在相应地区的影响力，抱着战略上围堵中国的心态，暗中掣肘；一些国家不遗余力地炒作中国威胁论，对中外“一带一路”合作项目横加干涉，挑动民粹和舆论，设置障碍。

四、“一带一路”投融资对策

促进投资保护和争端解决。通过中外双方的高层磋商，提升东道国对中国投资审查的透明度和公正性，明晰相关控制标准，减少审查的随意性，降低审核风险及其他政治因素给中国投资者带来的不利影响。加快中国与“走出去”目标国家双边投资保护协定的重新谈判，形成较为统一的、多元化的投资争端解决机制。推动建立区域性的统一独立的国际仲裁机构，负责“一带一路”沿线投资争端的解决。

加强财税政策支持力度。设立重点企业名录，针对服务于“一带一路”、短缺资源的开发利用、促进产能转移以及技术性项目，给予更多的税收优惠。在企业“走出去”的初期（3～5年），给予所得税减免，鼓励企业将所获利润充实资本金。对企业作为实物投资的出境设备、器材、原材料及散件，实行统一的出口退税政策。

加大对外投资的金融支持力度。促进金融机构“走出去”，简化商业银行在境外设立分支机构的审批手续，鼓励支持国内金融机构在“一路一带”沿线国家和地区进行业务布局。大力支持有条件的企业在国外资本市场上市、发行债券。探索用外汇储备建立海外产业投资基金的途径，鼓励地方政府推出地方版的“丝路基金”，推动成立对外承包工程担保基金。

完善对外投资保险制度。设立专门的海外直接投资保险公司。紧紧围绕“走出去”企业实际需要，进一步丰富保险产品，创新承保模式、扩大承保范围。对于战争及政治暴乱、征收、汇兑限制三类风险，对外投资企业必须投保海外投资保险，并由国家提供一定的保费资金支持；对涉及国家政治、经济、外交等重大利益的境外投资项目，建立专项政治风险保障资金，实行自动投保，提高企业应对政治风险的能力。

提高投资和贸易便利化水平。以上海、广东、天津、福建、四川、陕西等沿海和内陆自贸区为基础，加强与东道国国家的信息互换、监管互认、执法互助等方面的海关合作，以及检验检疫、认证认可、标准计量、统计信息等方面的多双边合作。推动检验检疫证书国际互联网核查，开展“经认证的经营者”（AEO）互认。降低非关税壁垒，共同提高技术性贸易措施透明度。

建立对外投资信息服务体系。综合涉及“走出去”各政府部门的信息，建立统一的“走出去”信息服务平台。发布投资目标国家的政治局势、经济形势、政策取向、法律法规、外汇管制、投资机会等情况；发布各国产业发展趋势、市场、技术、资金以及企业发展状况。编制与主要投资目标国家的合作投资规划，建立基础设施、公用事业和制造业中外合作项目数据库，明确中国企业的投资方向。

健全使领馆投资保护制度。中国企业和员工在国外出现问题的时候，使领馆要在第一时间作出反应，确保中国企业财产和人身安全。增加在“走出去”企业较集中的国家设立领事馆，扩大签订双边领事条约和建立双边领事磋商机制的国家数量。完善境外突发事件应急处置预案。加大投入，增加编制，做大做强现有领事保护队伍，进一步加强驻外使领馆建设。

完善出国人员的证照管理。加强中外双方协商，放宽中国对外投资企业中任职的管理和技术人员的签证有效期限制，并向相关人员发放长期工作签证。国内应放宽对商务考察、商务签证办理的审批限制。对国有企业因公出国审批与党政机关实行区别对待。放宽民营企业人员申办因公护照的限制。扩大因私护照互免签证或签证优惠的国家数量，解决企业人员持因私护照签证难的问题。

加强对外投资宏观调控。尽快出台《对外投资法》，规范企业对外投资行为。制定《“走出去”中长期发展规划》，把握对外投资重大问题、重大目标和重大布局。召开全国“走出去”工作会议，明确对外投资的基本思路和政策取向，提高政府服务企业“走出去”的能力，形成“走出去”的合力。探索建立国家级的对外投资委员会，部署“走出去”战略的实施过程，统筹信息搜集与处理，加强项目评估、开发的管理，健全风险防控机制。

合作建设自贸区和产业园区。积极推进“两国双园”模式以及“两国多园”“多国多园”模式。借鉴国内产业园区的经验，大力发展以产业物业开发租售为主的地产开发商模式、以PPP为主的产业新城开发商模式以及以双轮驱动为主的产业投资商模式。努力推动形成一批含金量高、可操作性强的优惠政策，使自贸区和产业园区成为政策的实施平台。

探索投融资合作新模式。转变传统工程承包思维定式，引导建筑施工企业参与 PPP 项目股权投资，进而参与项目的长期运营。采取 DBFOM（设计—建造—融资—运营—维护）等国外政府熟悉的模式，拓展 SOT（建设期补偿—运营—转移）融资模式。在与投资目标国政府充分协商和达成共识的基础上，在当地政府统一规划的基础上，以中国企业为主体，引入城市运营商模式，进行城市综合开发、建设与运营，并实现盈利。

建立对外投资监管机制。国企对外投资项目要进行财务可行性分析，在事前评估其中的政治风险，同时，要执行更严格的审计程序。建立国有企业对外投资的问责机制，若投资获利，则给予责任人相应的奖励；若在企业经营和投资决策上出现失误，即使决策程序完全合法，至少也要负领导责任，或调离岗位，或引咎辞职；若决策程序违法，则要承担刑事责任。

第五节　国际制造业撤离及中国应对

近年来，美国努力推动将供应链迁出中国的计划，希望通过提供税务优惠和回流补贴，促使美企将生产线迁出中国。日本也推出了一项抗疫经济救助计划，将提供资金支持日企搬回日本或转向东南亚。澳大利亚也正在努力推动自给自足，减少对中国的依赖。这表明美国等国家已经开始谋划疫情之后全球经济的重新布局，积极去中国化。

一、国际制造业撤离中国不是一个新话题

美国政府强推制造业回流政策。2008 年金融危机后，奥巴马总统出台《重振美国制造业框架》《先进制造业伙伴计划》等促进制造业回流措施，强调购买美国货，推行本土生产。特朗普执政以来，迫切希望重建美国经济在全球的绝对优势，积极推动制造业的回流。在美国国内，特朗普政府出台《减税与就业法》，鼓励跨国公司回流利润、搬迁企业回国，激励国内投资、增加就业。与此同时，发起对华贸易战，对中国出口产品征收高税，切断华为、中兴等中国企业供应链，试图削弱中国制造业的发展能力，为美国制造业的复兴创造有利条件。

美国企业撤离中国的情况不多。美国几届政府的努力取得了一些成效，2007 ~ 2014 年，美国回迁的企业达到 286 家，不乏英特尔、福特汽车、康明斯等全球著名企业。制造业就业增加了 75 万人，其中制造业回流创造就业岗位 14 万个。2017 年，美国通用汽车公司宣布投资 10 亿美元用于在美国的生产运营计划，英特尔宣布在美国亚利桑那州投资 70 亿美元建立芯片生产工厂。但是，制造业回流总体效果并未达到预期。2008 ~ 2019 年，美国制造业增加值在 GDP 的比重反而由 12.2% 下降到 11%；制造业从业人数比例也快速下降到 2017 年的 8.5%。其中，美国政府的政策引导及威胁利诱并未导致美企趋势性地主动从中国撤资并回流美国，即便有少数企业离开，也主要是因为在中国市场失去竞争力，不得不进行的战略布局调整。

日本企业撤离中国市场案例增多。到 2018 年底，有近 430 家日资企业撤离中国，包括鼎盛时期超过 1.5 万名员工的奥林巴斯，最早一批进入中国市场的外资企业铃木集团，还有东芝、日立、松下等电器巨头也纷纷离开。2018 年，包括尼康、日东电工、奥林巴斯、爱普生精工等多家世界级企业宣布关闭中国工厂。2019 年，索尼公司也宣布北京公司 BMC 停止生产。日本企业撤离中国，一是中国土地成本、人工成本迅速上涨，导致出口加工型企业纷纷转移到了劳动成本低廉的国家；二是企业技术跟不上中国发展变化的步伐，产品定位与需求脱节，被中国同行挤出市场。

外资向东南亚转移形成了一定趋势。前些年，已有耐克、阿迪达斯、三星等企业将部分工厂转移至东南亚。近期，夏普、松下、理光、丰田等大型外企也着手将位于我国的制造业生产线搬到东南亚。2018 年，在东南亚的日本员工有 8.3 万人，比 2012 年增长了 32%，而在中国的日本员工是 7 万人，下降了 16%。2018 年，韩国三星关闭了中国两家工厂，目前，在中国用工不到 3000 人，而在东南亚却高达 14 万人。三星还在越南投资了 100 亿美元建厂，贡献了越南工业总产值的 15%。东南亚国家劳动力成本低廉，环境保护政策更加宽松，也不存在出口美国商品被加征关税的问题，将生产线转移至这些国家在意料之中。

二、制造业外资转移对我国有哪些影响

疫情导致的卫生防疫供应链断裂和医疗物资供应紧张，使美日欧政府感到恐惧，尤其让他们难以忍受的是根本无法摆脱对中国制造业的依赖。希望欧美的制造企业回撤，甚至希望这些制造业不论搬到哪里，都不要留在中国。尽管这种行为可能不为市场所接受，但是，通过行政手段施压辅之以资金等方面的支持，此次疫情过后，还是有企业会离开中国。无论是国际制造业投资回流还是转移至其他国家，对中国制造业发展都会产生一定的影响。

对制造业投资影响较小。2012 ～ 2017 年，我国制造业实际使用的外商直接投资由 488 亿美元持续下降到 335 亿美元，2018 年回升到 411 亿美元。在我国固定资产投资中，制造业利用外资由 2012 年的 3148 亿元下降到 2017 年的 1163 亿元，规模下降了 2/3，外资占制造业投资的比例由 2003 年的 12.6% 下降到 2017 年的 0.6%（见图 9–7）。我国制造业利用外资水平逐年下滑，在全部制造业投资中比例已经很小，如果部分美日欧制造业撤离中国，并不会对整个制造业投资产生造成明显的冲击，还会很快有内资企业填补空白。

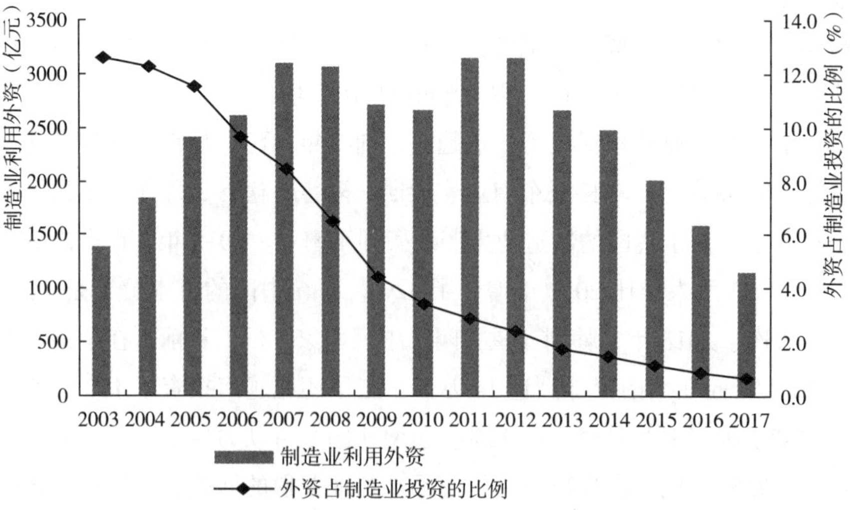

图 9-7　制造业利用外资及其占全部制造业投资的比例

资料来源：wind。

带来一定程度的就业冲击。我国的调查失业率数据常年保持在5%左右，相对稳定。但是，不能忽视制造业，特别是劳动密集型外资（包括港澳台企业）转移可能带来的就业压力。截至2018年末，我国累计设立的外商企业96万家，其中，美国、日本、欧盟企业分别达到7万、5万和4.4万家。如果以制造业企业占比40%计算，美日欧制造业企业就达到6万家。而台资企业大约10.7万家，雇用员工数超1000万人，光是富士康就解决了上百万人的就业，其他外资企业也承担着同样的就业任务。近年来，大型制造业外企关闭生产线后，往往涉及成千上万工人的就业，相关城市的维稳压力也大幅提高。

增加物价上涨的压力。我国拥有完善的产业链配套和供应链体系，可以使生产商通过最便捷途径获得最低价格的生产要素和中间品，有利于生产商降低产品成本，使全世界能够享受品种丰富、物美价廉的商品，从而拉低了全球的物价水平。外企受到本国政府的政治压力而撤资，意味着供应链倒退到生产和经营成本并不经济的条件下，由于缺少廉价的劳动力、原料、中间品，以及很难找到配套的新的零部件供应商，必将大幅度增加企业的生产和物流成本，提高价格水平，这是全球民众都要一起承担的成本。

冲击整个产业生态。一些外资进入中国很多年，在中国市场已形成了完善的产业生态体系，这些外资企业的撤出会打乱这种生态体系，与它们在同一体系的上下游企业都将受到影响。为这些企业提供原材料、零部件配套的企业将面临产能过剩的困境，可能会跟随外资撤出中国市场，这样一来，单个外资的撤出，就会引起连锁反应，造成产业链的安全风险。未来如果欧美日联手对中国施压，一方面断掉高技术产品、关键零部件和设备供给，另一方面倒逼下游加工组装环节外资回流或转移，就会从整体上动摇我国的产业链体系，破坏中国的产业生态环境。

迎来本土企业发展机遇。从长远来看，国际制造业产业链从中国撤离，也给中国制造业留下更大的市场空间，对于本土企业来说也是利好消息。例如，如果苹果真的退出了，那么小米、华为、vivo等众多国产品牌一定会补上这个位置，因为国内品牌在硬件升级、软件优化以及使用体验方面与国外品牌差距已经不大，从性价比上讲更是明显占优。如果部分外企撤出，中国企业一定会迅速填补这一空缺，通过技术创新和产品创新，帮助中国制造业构建起更加完善的产业链，促进制造业的转型发展和高质量发展。

三、对外资撤离可能采取的应对措施

美国的战略已经转为遏制中国为主，中美全面对抗时代已经开启。供应链作为全球政治经济的一部分，也会在动荡的世界中摇摆不定。因此，我们对国际产业链未来格局调整不能掉以轻心，要有效化解削弱我国产业链竞争力的不利因素，确保产业链的安全和稳定。

打造中国制造业的朋友圈。当前，传统的全球化模式正在发生变化，中日韩在经济上走得更加紧密，欧盟国家开始为德国、法国配套，北美也形成了以美国为核心的经济圈。对于当今的中国经济来讲，尽快组建一个或多个排他性区域经济联盟具有很强的战略价值，应积极参与中日韩自贸区、中日韩和东盟自贸区的建设，推动 RCEP 区域全面经济伙伴关系建设，在新的区域经济联盟中形成相对稳固和多元的供应链体系，扩大非美欧出口市场规模，提高产业链的韧性和抗风险能力。与此同时，要研究建设以人民币为结算货币，依托独立金融结算系统，以去美国化规则和标准主导的经济圈。

建立完善的要素供给条件。苹果公司总裁库克曾指出，我们选择在中国生产 iPhone，并非因为中国的低工资，而是因为中国拥有比美国多得多的技工，美国长久以来已经停止培育众多技术工种，从这个意义上讲，苹果产业链已经很难回归美国。这说明一个道理，中国只有创造更加高质量的综合要素保障条件，才能吸引外资心甘情愿地留在中国。不只是提高人力资源的质量和素质，打造专业齐全与配套合理的技工和工程师队伍，还要利用大数据、工业互联网、物联网，带动上下游企业的数字化转型，利用智能技术推动制造业业态和模式创新。

防止产业链关键环节被控制。发动盟友对中国进行科技围堵和封锁是西方国家对华遏制的惯用手段，要打破封锁，一方面只能坚持自主创新，加大核心技术攻关，通过独立研究开发争取技术突破；另一方面，要利用美欧日同盟内部的矛盾寻找缝隙和机会，同时，努力与“一带一路”友好国家、企业开展技术合作，实现互利共赢。要聚焦国内重点领域加强前瞻布局，建设国内的区域性产业链集群和跨地区的产业联盟，形成布局高度集聚、上下游紧密协同、供应链集约高效的新产业生态。在我国产能向东南亚、南亚国家转移时，不能无所顾忌地连根拔起，要保留中高端技术环节，同时采取更加多元化的方式，促进产能向“一带一路”友好国家的转移。

继续完善稳外资的政策措施。不能放任疫情后外资和港澳台资撤离的可能趋势，要及时作出预判和准备。着力稳住存量投资，特别是要稳定住主要服务全球市场的外商投资。尽快完成《鼓励外商投资产业目录》以及全国和自贸试验区两个外资准入负面清单修订工作。加大服务业对外开放的力度，鼓励外商向产业链、供应链短板领域投资，促进东部受到成本上升因素影响的外资向中西部地区转移。落实好外商投资法及其实施条例和国务院相关法规政策，抓好重大外资项目洽谈、签约、落地，创新招商引资方式，让投资者感受到中国营商环境的吸引力。发挥外资企业投诉机制作用，及时了解企业诉求，帮助企业解决困难，稳定外资企业信心。

关键概念

吸引外资　对外投资　一带一路　投资环境　产业转移

复习与思考题

1. 国际投资的背景和条件出现哪些变化？
2. “一带一路”投融资难点在哪里？
3. 如何积极应对国际供应链转移和重组？

第十章

社会领域投资

社会领域投资既指主要靠政府出资、社会赞助，满足社会共同需要，具有较强公共性的社会投资活动，也指从事提供教、文、卫、体产品与服务，主要面向市场、以营利为目的的产业化投资活动。我国社会领域投资总体占总投资比例一直较低。教育支出是一项社会收益很高的投资，尤其是较低等的教育，有助于减轻贫困、实现公平。新冠肺炎的爆发让我国疾病预防控制体系的脆弱性充分表现出来。没有坚强有力的软硬件设施保障，疫情的控制将会是相当困难的，也会在短期内给国民经济及对外交往造成重大损害。我国文化领域融资实现了高速增长，文化金融机构、金融市场为文化产业提供了较好的服务，实现了资金融通、资源配置、风险防控等功能。

第一节　社会领域投资总论

一、社会领域投资内涵与特征

1. 社会领域投资内涵

社会领域投资主要指人们从事的教育、文化、卫生、健康、养老、社会服务等各种社会投资活动。作为一个整体的概念，社会领域投资涉及人民生活、教育、生命健康、文化娱乐等多个方面的内容，并把促进人的全面发展和社会全面进步作为目标。社会领域投资不同于为居民生活和经济生产活动提供基础服务的电力、供水等公用事业投资，社会领域投资是为了人的智力与体力发展、道德和文化素质提高、身心健康保障以及精神享受提供服务的投资领域。我们可以把社会领域投资理解成在政府（机构或组织）之外，为实现社会大多数成员的公共利益而从事的投资活动。但是，发展社会事业又是政府的义不容辞的责任，政府需要为社会部门提供经费和政策规范[①]。

2. 社会领域投资特征

任何一种产品与服务的特性直接关系到现实中该种产品与服务的投融资选择，也就是说，产品与服务的特性及其类型不同，要求差异化与多样化的投资制度安排。在社会领域，基础教育、公共卫生、公共文化和体育健康等事业属于公共产品与服务，这些产品的提供者要想不让其他人消费该产品，或者是技术上做不到，或者是成本费用过于昂贵；同时，该产品效应覆盖范围和区域内的消费者人数多少，与该公共产品的数量和成本的变化无关，或者说，新增消费者引起该产品的边际成本为零[②]。个人专利及发明、业余书法和围棋学校、教育培训、体育健身和康复等属于消费时能够分割、只能私人独自享用、必须自己直接支付市场价格的私人产品。而有线电视、演出、影视、网络、高等教育、医疗等大多数社会产品与服务，界于上述两类产品之间。一方面，在达到一定的拥挤点之前，一个人对这些产品与服务的消费不影响其他人的消费，另一方面，这些产品与服务又是可收费的，不为此付费的人无法享受相关产品与服务。

上述产品与服务特性为社会领域投融资选择确定了依据，但是，还有一些产品与服务特性对社会领域投融资选择更具价值。第一是外部效应的存在。社会领域的许多产品与服务，例如图书馆，博物馆、广播电视等的设施建设及事业发展具有显著的外部收益。当存在收益的外溢时，社会领域产品与服务的投资与生产就会过少，导致在相关领域里的资源分配不足。这时就需要政府出面干预，通常可以由政府提供补贴或提供公共产品本身来解决。特别是当某一产品的溢出收益极大时，政府就可能选择直接提供。以文化馆、博物馆为例，其设施及服务具有排他性的准公共产品性质，但并不意味着它们必然按照利益最大化为目标的市场化逻辑来运作，政府仍需要免费提供或进行资助。第二是收入再分配效应。阿特金森和斯蒂格里茨曾指出，在

① 席恒:《公与私：公共事业运行机制研究》，商务印书馆 2003 年版，第 51 页。

② 符合萨缪尔森对公共产品的定义。参见：保罗·萨缪尔森:《公共支出的纯理论》，第 387～389 页，《经济学与统计学评论》第 36 期，1954 年。

比较政府供应还是私人供应时，分配目标起着重要作用[①]。以基础教育、公共医疗卫生为代表的社会部门是具有再分配性质的公用事业。政府以强制性的方式提供社会服务，是减少个人间和地区间收入差距，改善低收入人口生活状况的一个重要方面。正如世界银行报告中指出的："对医疗卫生、教育的政府投资能产生高收益，可以极大地影响社会中赤贫阶层的福利和生活前途。"[②]

在实践中，带有公共产品或准公共产品特性的社会事业常常是由私人出资或提供，其根本原因是政府失灵。由于行为能力和其他客观因素的制约，政府直接配置资源的结果不一定能够实现预期的社会经济目标。如政府对落后地区的教育和卫生投资，目的是通过再分配措施更好地实现社会公平、消除贫困，但再分配过程的行政配置可能导致权力的分配，再分配的好处可能落入少数有特权的人或特殊利益集团手中，造成新的分配不公。许多学者论证了公共产品私人供给的可能性。1974 年，罗纳德·科斯在其经典论文《经济学的灯塔》指出：只要解决了排他性技术问题，一向被认为必须由政府提供的公共产品也可以通过市场机制投资和经营。除了排他性技术以外，私人要想成功地提供公共产品，还必须要有一定的制度条件来保障，其中最重要的制度安排是产权。只有强制性的产权才能使所有者形成良好预期，这样私人才有动力来提供某一公共产品。可见，具有公共产品或准公共产品性质的科技、教育、医疗、体育、文化等社会事业部门，在一定程度上交由私人提供是保障其有效供给的必然选择。

产品与服务特性及其对融资机制的要求，为社会领域投融资选择提供了一定的依据。以此为基础，要努力构建保障社会全面、健康、持续发展的投融资体制；形成使社会总体发展以及薄弱环节都能够获得均等发展机会的投融资体制；形成普遍性、大众性社会服务和特殊性、个性化社会服务均能获得发展的投融资体制；形成政府、企业、金融机构和自愿组织共同参与、分工协作、各司其职的投融资体制；形成政府政策措施到位、市场体系及功能完善的投融资体制；形成不同筹资渠道和方式有效分工与组合的投融资体制。

---

① 阿特金森、斯蒂格里茨：《公共经济学》，三联书店，上海人民出版社 1994 年版，第 616 ～ 644 页。

② 世界银行：《变革世界中的政府》，中国财政经济出版社 1997 年版，第 52 页。

二、社会领域投融资方式

社会领域的投融资主要有三种方式，即政府出资，服务收费及民间捐赠。社会事业的健康与持续发展有赖于这三种方式的规范、有序与高效运行。

1. 政府出资

经济学家认为，政府应以公共利益和社会福利最大化为财政支出目标，在社会经济生活中，人们也都希望政府按公共的要求安排其各项开支。社会事业作为人类社会特有的活动，就其本质而言，它是社会对大众施加有目的的影响，把他们培养成符合社会要求的人，从而促进人类个体发展和社会整体发展的一种精神生产活动。社会事业领域不仅具有特定的生产和经济功能与价值，同时也具有十分广泛的社会、政治功能与价值。从这个意义上讲，政府对社会产品与服务的社会、政治价值的追求，以及满足社会或国家对这些政治、文化等价值与功能的公共需要，就成为政府为社会事业出资的主要原因之一。如前所述，社会产品与服务通常具有社会收入再分配的功能，有利于社会公平。由于国家较之微观主体更了解和掌握经济发展对社会事业的需要，便于统筹兼顾，国家可以运用手中掌握的财政拨款实施直接调节，如通过增加或减少对某类社会事业的拨款，扩大或限制该类社会事业的发展；通过财政投资的倾斜政策，扶植和资助社会事业的重点和最薄弱的环节，以缩小地区差别等。这是政府之所以要对社会事业出资的又一重要原因。

那么，在现实中，政府能否有效地按照社会及公共需要为社会事业出资呢？尽管社会事业部门代表了十分重要的公共需要，理应予以优先保障，但现实中政府能用于满足各种需要的公共资源是有限的。这就使政府在满足各种公共需要的过程中，必须对多种备选的方案进行权衡和选择。这样，一是由于政府官员在制定政策时，往往会根据个人利益最大化的准则来行使其职权，因而会优先考虑利益集团压力较大的、或者说对其个人利益影响较大的公共需求[①]。例如，来自教育及医疗需求方面对政府官员的压力远不如来自国

① 范先佐："关于政府教育投资的行为分析"，《教育学》2000年第6期。

防、行政等方面的压力大，那么受利益集团压力及政府官员意愿的影响，政府对社会事业的出资很可能会被放在不太重要的位置上。在公共支出监督约束机制不健全的情况下，政府往往热衷于投资电力、公路、机场、通信、市政等经济基础设施，而不愿意对周期长、见效慢的社会项目投资。因而，要保证政府对社会事业必要出资，就必须加强对社会投资的立法，同时通过提高政府对社会事业支出行为的透明度，使政府投资行为受到更为有效的约束。

2. 服务收费

使用者付费是社会事业筹集建设与运营资金的重要手段。绝大多数社会部门都需要通过收费获得投资与运营资金。这是因为收费有助于解决“拥挤性”问题，有益于提高资源配置效率，也有利于缓解政府的资金不足。社会事业服务收费必须符合一定的准则。其一，按照受益的大小来确定收费标准，受益多则多收费，受益少则少收费。社会产品与服务大多具有准公共品特性，部分收益是外部化的，确定收费标准时，应以其私人收益为主要依据，而不应将社会服务所产生的社会收益，也纳入私人收益来确定其收费高低[①]。其二，如果提供社会产品与服务的是非营利性组织，收费就是以非营利为目标的，此时绝不能把收费看作创收手段，收费就只是要收回全部成本或部分成本。其三，应对容易产生拥挤的社会产品与服务进行收费。如果社会事业的资本投入是由税收解决的，并且社会产品与服务的使用并不拥挤，那么就不应该收费，否则收费会导致社会产品与服务使用不足和闲置，反而增加浪费。

对社会产品与服务的使用收费通常采取三部分定价方法[②]。第一，社会产品与服务的准入成本定价。准入成本定价是指回收社会产品建造或安装成本的使用价格。也就是说，对于社会产品与服务的资本性投入，直接或间接从该社会服务设施中获益的人都应该为其支付相应的成本份额。第二，社会产品与服务的经营成本定价。经营成本定价是指回收社会产品与服务的经营成

① 王序坤：“论高等教育的收费原则”，《财经论丛》，1999 年第 3 期。

② 杨灿明、李景友：《公共部门经济学》，经济科学出版社 2003 年版，第 142 ～ 144 页。

本或可变成本的使用价格，这部分成本的回收与直接使用产品与服务的多寡有关。如果使用社会产品与服务的边际收益全部是由使用者获得，那么使用者应该负担全部边际成本。第三，社会产品与服务的拥挤成本定价。拥挤成本定价是指回收社会事业产品与服务拥挤成本的使用价格。拥挤成本是指另外增加消费者产生对其他使用者的超额成本。例如，当医院变得更拥挤时，就诊过程变慢并增加了其他看病者的时间成本；当体育馆变得更拥挤时，在体育馆中的消费者减少了愉悦。在这种情况下，增加一个消费者并没有增加长期成本和经营成本，收费是为了在竞争性需求中优化配置资源。拥挤使用费的定价要根据拥挤的程度来定。拥挤通常是出现在某些时间段上的，因此，拥挤使用费的收取在不同时间段上的价格是不一样的。

3. 民间捐赠

捐赠又名赠予，是指捐赠人自愿将自己的财产无偿转让给受赠人所有的行为，它是社会事业发展的一种基本融资方式。在没有强制力的情况下，私人捐赠的动机主要表现在以下方面。第一，利益驱动。即捐赠人以利益为驱动力，希望通过捐赠活动获得相应回报的行为。利益驱动机制即是以利益为驱动力的一种相互作用的过程或体制。如果捐赠主体能够从自己的捐赠行为中获取一定的或相当大的利益补偿，或者，得到其他形式的鼓励、表彰或慰勉（比如社会声望、个人受尊敬等），势必能够增强或者巩固其捐赠的积极性[①]。第二，宗教信仰驱动。宗教团体在世界各国都是社会事业的有力支持者，一方面，教徒受宗教信仰的影响，捐款资助社会事业，另一方面，宗教团体也通过非营利活动吸引更多教徒，这不仅扩大了教会影响，也聚集了更多资金。第三，纯粹的利他主义动机。利他主义者是那些认为自己有义务为慈善事业和公益事业作贡献的人。不少实证研究发现，很大一部分社会公益事业捐赠人带有强烈的意识形态色彩或宗教色彩。他们往往把自己的事业当成一种使命，使命感督促他们对从事的事业锲而不舍。

当然，“慈善不足”（philanthropic insufficiency）也是社会公益事业融资

---

① 李朝全：“利益驱动机制在社会筹资中的运用”，《中国青年科技》1999 年 10 月号。

过程中的普遍现象[①]。原因在于：首先，许多国家对慈善捐赠都规定了不同程度的税收减免，但是，税收减免的手续繁杂、限制苛刻且税前扣除比例偏低影响了民间捐赠的热情。其次，潜在捐赠人和非营利部门之间的信息不对称，捐赠人难以监督其捐款的使用情况。非营利部门不愿透露基本的财务信息，而是进行秘密的幕后操作。这种信息不对称性使得一些非营利组织的管理者可以滥用职权，用他们获得的公共捐赠谋取个人私利。由此引发的不信任感限制了非营利部门通过自愿捐赠而获得收入的能力。再次，捐款的自愿性。非营利组织没有政府那种强制性力量，捐赠是一种自愿性的行动。由于社会产品供给中普遍存在的“搭便车”问题，更多的人倾向于不花成本地享受别人提供给自己的福利，而缺少用利他性的方式为别人提供福利的激励机制。专家研究表明，尽管民间捐赠对社会事业发展十分重要，但是，它始终不是社会事业的主要资金来源[②]。

三、社会领域投资概况

1. 财政支出情况

2001～2020年，全国一般公共预算支出年均增长14.4%，在社会领域中，教育支出增长15.9%，文化体育与传媒支出增长13.9%，医疗卫生支出增长20.3%。医疗卫生支出增长大幅超前于全部财政支出增长，教育支出增长略高于全部财政支出增长，而文化体育与传媒支出增长则落后于全部财政支出增长。教育支出占全部财政支出的比例由2001年的11.7%提高到2020年的14.8%，提高了3.1个百分点；文化体育与传媒支出占全部财政支出的比例由1.9%下降到1.7%；医疗卫生支出占全部财政支出的比例由3%提高到7.8%，提高了4.8个百分点（见图10–1）。在主要的社会领域中，普通教育财政支出比例由2010年的10.9%提高到2018年的11.3%，职业教育财政支出比例变化不大。文化和文物财政支出比例变化不大，体育和新闻出版广播

① 周批改、周亚平：“国外非营利组织的资金来源及启示”，《东南学术》2004年第1期。

② 王绍光：《多元与统一——第三部门国际比较研究》，浙江人民出版社1999年版，第424页。

影视财政支出比例则呈现下降趋势。公立医院、基层医疗卫生机构以及公共卫生财政支出比例则均有不同程度上升（见表 10-1）。

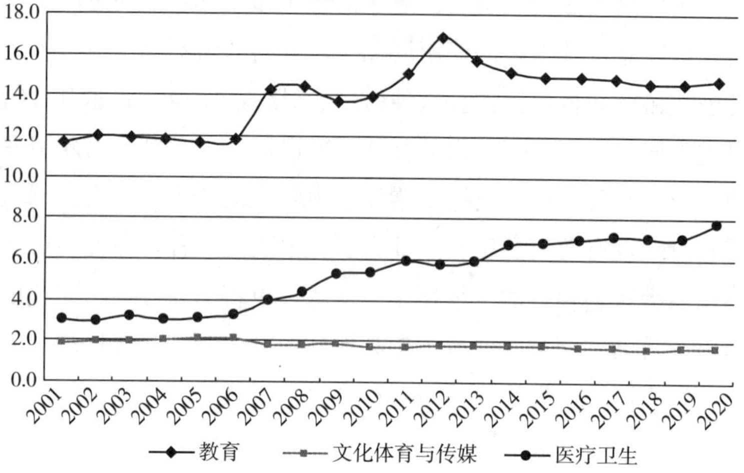

图 10-1　2001-2020 年社会领域一般公共预算支出占全国的比例（%）

资料来源：历年中国财政年鉴。

表 10-1　　社会领域一般公共预算支出占全国的比例（%）

	2010	2012	2015	2018	2020
总计	100.00	100.00	100.00	100.00	100.00
教育	13.96	16.87	14.94	14.56	14.80
普通教育	10.91	12.86	11.60	11.43	—
职业教育	1.20	1.35	1.31	1.28	—
文化体育与传媒	1.72	1.80	1.75	1.60	1.72
文化	0.59	0.60	0.61	0.58	—
文物	0.18	0.21	0.19	0.18	—
体育	0.28	0.22	0.20	0.22	—
新闻出版广播影视	0.47	0.53	0.43	0.35	—
医疗卫生	5.35	5.75	6.80	7.07	7.82
公立医院	0.97	0.80	0.98	1.04	—
基层医疗卫生机构	0.50	0.69	0.63	0.62	—
公共卫生	0.86	0.87	0.88	0.92	—

资料来源：历年中国财政年鉴。

2. 投资情况

2003 ～ 2020 年，在固定资产投资中，教育投资由 1474 亿元增加到 15704 亿元，年均增长 15%；卫生和社保投资由 358 亿元增加到 10604 亿元，年均增长 22.2%；文化体育投资由 479 亿元增加到 12175 亿元了，年均增长 21%。社会领域投资由 2311 亿元增加到 38483 亿元，年均增长 18%（见图 10–2）。教育投资占全部固定资产投资的比例由 3.22% 下降到 2.16%，卫生和社保投资比例由 0.78% 提高到 1.46%，文化体育投资比例由 1.05% 提高到 1.68%，社会领域投资比例由 5.08% 提高到 5.3%。这一时期，社会领域投资比例仅略有上升，总体占比一直较低，2003 ～ 2020 年平均，社会领域全部投资比例不足 4%，只相当于道路运输业投资的 65%。

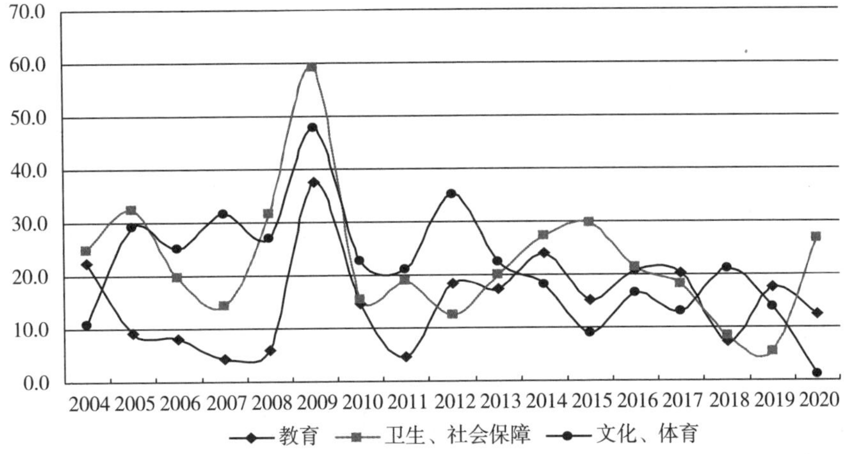

图 10-2　社会领域投资增长率（%）

资料来源：国家统计局。

第二节　教育领域投资

一、我国教育经费投入情况

从全国教育经费收入及其结构可以分析教育领域基本投入情况。1991 ～

2018年，我国教育经费总收入由731亿元增加到46143亿元，年均增长14.7%，高于同期GDP（现价）增速2.2个百分点，教育经费占GDP的比例由1991年的3.32%提高到2018年的5.13%。增长趋势十分明显。我国教育经费占比2001年超过4%，2012年超过5%，2018年达到5.1%。美国（2014年）为5%，韩国（2016年）为4.3%，德国（2017年）为4.9%，日本（2017年）为3.2%，法国（2017年）为5.5%，澳大利亚（2017年）为5.1%，英国（2017年）为4.5%。如果以现状水平来看，中国与世界上的先进国家差距不大（见图10-3）。

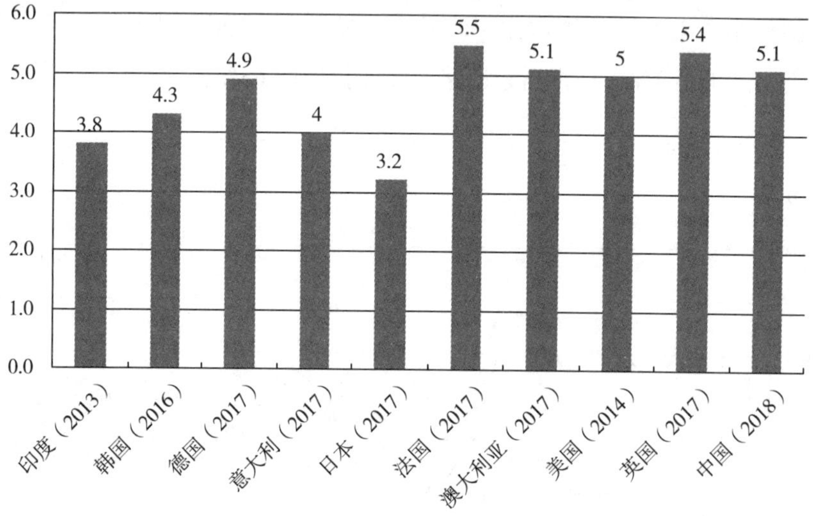

图10-3　各国教育经费占GDP的比例（%）

资料来源：世界银行数据库。

在我国教育经费总收入中，国家财政性教育经费由1991年的618亿元增加到2018年的36995亿元，民办学校中举办者投入由33亿元增加到240亿元，捐赠收入由63亿元增加到94亿元，学费由32亿元增加到5895亿元，其他教育经费由18亿元增加到1073亿元。国家财政性教育经费占比经历了U型变化过程，由1991年的84%下降到2005年的61.3%，之后又回升至2018年的80.2%。其中，一般公共预算教育经费占比由1991年的65.9%提高到2018年的70%左右。民办学校中举办者投入占比由1993年的0.3%提高到2006年的5.6%，随后又下降到2018年的0.5%。学费收入占比由1991

年的 4.4% 提高到 2004 年的 18.6%，然后下降到 2018 年的 12.8%。其他教育经费占比也是先升后降（见表 10–2）。国家财政在教育经费支出中地位长期居于主导地位，民办学校社会投资地位下降，学费成为重要资金来源，社会捐赠收入占比趋于萎缩。

表 10-2　　各类教育经费占比（%）

年份	国家财政性教育经费	# 一般公共预算教育经费	民办学校中举办者投入	捐赠收入	事业收入	# 学费	其他教育经费
1991	84.46	65.92		8.59		4.42	2.53
1992	84.05	65.16		8.03		5.07	2.85
1993	81.87	63.84	0.31	6.62		8.22	2.97
1994	78.91	62.54	0.72	6.55		9.87	3.96
1995	75.16	58.20	1.08	8.67		10.72	4.37
1996	73.89	56.94	1.16	8.33		11.54	5.08
1997	73.57	56.93	1.19	6.74		12.88	5.62
1998	68.92	56.09	1.63	4.81	20.66	12.54	3.99
1999	68.29	57.07	1.88	3.76	22.39	13.84	3.68
2000	66.58	56.94	2.23	2.96	24.38	15.45	3.86
2001	65.92	58.34	2.76	2.43	24.96	16.08	3.93
2002	63.71	59.40	3.15	2.32	26.66	16.84	4.16
2003	62.02	58.29	4.17	1.68	27.73	18.06	4.38
2004	61.66	58.60	4.80	1.29	27.77	18.59	4.47
2005	61.30	58.75	5.37	1.11	27.79	18.45	4.42
2006	64.68	62.51	5.59	0.92	24.53	15.82	4.29
2007	68.16	66.63	0.67	0.77	26.15	17.54	4.25
2008	72.06	70.43	0.48	0.71	23.22	16.20	3.53
2009	74.12	72.56	0.45	0.76	21.38	15.24	3.29
2010	74.99	72.41	0.54	0.55	20.99	15.42	2.93
2011	77.87	74.66	0.47	0.47	18.54	13.90	2.66
2012	80.78	70.89	0.45	0.33	16.12	12.23	2.32
2013	80.65	70.50	0.49	0.28	16.22	12.31	2.36
2014	80.53	68.82	0.40	0.24	16.54	12.35	2.28
2015	80.88	71.58	0.52	0.24	16.08	11.95	2.28
2016	80.73	71.23	0.52	0.21	16.14	12.27	2.39
2017	80.37	70.30	0.53	0.20	16.35	12.44	2.55
2018	80.18	69.33	0.52	0.21	16.77	12.78	2.33

资料来源：《2019 年中国教育经费统计年鉴》。

从2018年各级教育机构经费构成看，高等学校国家财政性教育经费占比为62.8%，相对较低，而事业收入占比达到31.5%，其中学费占比达到20.7%，高等学校其他教育经费占比达到5%，是各类教育机构中最高的。中等职业学校和中学的情况类似，国家财政性教育经费占比相对较高。小学国家财政性教育经费占比达到94%，学费和其他经费占比则明显低于高等学校和中学。由于幼儿园尚未纳入义务教育范畴，因此，国家财政性教育经费占比不到50%，而学费收入占比则达到47%（见表10–3）。

表10-3　2018年各级教育机构经费收入占比（%）

	总计	国家财政性教育经费	#一般公共预算安排的教育经费	民办学校中举办者投入	捐赠收入	事业收入	#学费	其他教育经费
总计	100.00	80.18	77.87	0.52	0.21	16.77	12.78	2.33
高等学校	100.00	62.77	56.67	0.22	0.43	31.54	20.75	5.05
中等职业学校	100.00	87.92	86.15	0.61	0.06	8.92	5.13	2.49
中学	100.00	88.15	87.05	0.67	0.14	9.80	8.02	1.24
小学	100.00	94.04	93.29	0.37	0.11	4.60	4.09	0.88
特殊教育	100.00	98.10	96.93	0.06	0.13	0.53	0.30	1.19
幼儿园	100.00	48.30	47.52	1.83	0.07	48.41	47.12	1.38

资料来源：《2019年中国教育经费统计年鉴》。

2018年，在全部教育经费中，高校、中学和小学的份额差距不大，各占1/4以上。在国家财政性教育经费中，小学占32%，中学占30%，高校占20%，幼儿园只占4.8%。民办学校社会投资主要投向中学和幼儿园，两者占比分别为35.4%和27.9%，小学占比近20%。捐赠收入主要落入高校手中，占比超过50%。高校学费收入高达42%，其次是幼儿园，接近30%。其他教育经费也主要分配给了高校，而义务教育阶段的中学和小学均不足15%（见表10–4）。

表10-4　2018年各类教育机构分配的教育经费比例（%）

	总计	国家财政性教育经费	#一般公共预算安排的教育经费	民办学校中举办者投入	捐赠收入	事业收入	#学费	其他教育经费
总计	100.00	100.00	100.00	100.00	100.00	100.00	100.00	100.00

续表

	总计	国家财政性教育经费	# 一般公共预算安排的教育经费	民办学校中举办者投入	捐赠收入	事业收入	# 学费	其他教育经费
高等学校	26.05	20.40	18.96	10.89	54.08	49.00	42.30	56.52
中等职业学校	5.34	5.86	5.91	6.26	1.47	2.84	2.15	5.71
中学	27.57	30.31	30.82	35.37	19.17	16.11	17.31	14.64
小学	27.57	32.34	33.03	19.52	14.40	7.56	8.82	10.49
特殊教育	0.36	0.44	0.45	0.04	0.22	0.01	0.01	0.18
幼儿园	7.96	4.79	4.86	27.93	2.89	22.98	29.35	4.71

资料来源:《2019 年中国教育经费统计年鉴》。

二、教育的特性及投资收益

1. 教育的特性

教育属于私人物品还是公共物品是经济学界长期以来争论不休的热点话题。根据经济学原理，考察一种物品是公共物品还是私人物品至少依赖两个标准。一是看这种物品的消费是否具有竞争性，也就是说，当一个人消费该物品时是否会减少其他人对这种物品的消费；二是看这种物品的消费是否具有排他性，也就是说，当一个人消费该物品时是否能够排除他人对该物品的消费。

根据上述对物品的划分原则，很难说教育（包括义务教育）就是一种公共物品。一方面，教育消费具有竞争性，随着消费者（学生）的增加会产生拥挤性，可能会增加教育的成本（师资和教育设施）；另一方面，对教育的消费也是具有排他性的，不支付费用（学费等）的消费者可以很容易地被排除在教育之外。也就是说，就教育本身的性质而言，它不是公共物品，而是一种私人物品。从历史上看，教育从一开始也确实是以私人物品的身份出现的，例如中国的私塾。

但是，也有相当多的观点认为，由于教育具有显著的外部效应，因而具有公共物品的属性。教育对于提升国民素质、增强综合国力、弘扬民族文化、传播人类科技和文化知识、提高大众民主意识等，都是最为重要、直接且无可替代的手段。人受了教育后，有助于提高整个社会的文化水平和民族素质，有助于提高全社会生产率，从这一角度看，教育具有显著的外部效应，特别是基础教育，由于具有大众普及性、知识基础性的特点，具有更强的外部效益。

以物品的外部性为标准划分私人物品和公共物品具有重要意义。美国学者马斯格雷夫把私人物品看作“内在效应密集型”物品，用以满足私人需要；把公共物品看作“外在效应密集型”物品，用以满足公共需要。从行业整体来看，教育是公共性和私人性的统一体。也就是说，任何时代、任何国家、任何地区的教育都具有国家受益、社会受益和个人受益的多重特征。“外在效应密集型”或国家受益和社会受益更多的教育阶段，例如基础教育，其公共性（公益性）更强，更倾向于公共物品，反之，“内在效应密集型”或私人受益更多的教育阶段，例如高等教育，其私人性（私益性）更强。

2. 教育投资收益

教育提高了受教育者的科学文化水平和劳动技能，提高了劳动生产率和资源使用率；教育的普及给普通人提供了机会，改变了国民收入的分配，有利于社会成员社会地位的平等化；教育可以提高劳动者的能力和素质，改善人口的质量；教育的发展也有利于促进国家和地区科技水平的提高。教育投资的效益评价需要在个人与社会、不同等级学校以及不同收入水平国家（地区）等多个层面进行综合考察。

根据希腊学者乔治·萨卡罗波路斯在《国际货币基金组织和世界银行季刊》1982年3月号上发表的文章，“无论社会还是个人，都可以从教育投资中得到很大的报偿。但是，要衡量所有这些报偿却很不容易，有很多收益，例如使社会有更好的公民，或是更有见识的消费者，虽然也很明确，但是难以计算。”

形成评价教育项目的一套方法难度较大。多年来，世界银行一直采用“人力需要”的办法，以确定某一国家要实现部门发展目标所需的技术人才的数量。因为人力需要是直接以部门对符合条件的人员的需要为依据的，而这些部门又往往是经济中的现代化部门，所以这种方法常常导致对高等教育和技术课程的大量投资。不过，世界银行也越来越多地利用有关不同等级的教育所需“成本和效益”的资料作为投资决策的依据。这种方法一般有利于初等教育和一般性课程，因为它们所需的成本较低。要计算出成本，相对来说是很简单的，但无论是从经验或是从理论上来说，要算出对个人和对社会的收益率，特别是后者，并不是很容易。

估计教育投资的收益率，可以采用与测算其他任何经济活动收益率相同的方法。一定的费用是在数年内支出的，表现为教师的工资，使用大楼和各种设施的投资，设备和材料的费用，以及学生在校期间不能从事的生产劳动的价值。收益的形式则是提高了文化程度和技术水平的人在一生中所增加的生产。

由于直接衡量文化程度不同的劳动力的边际劳动产品，或是某人在校学习而不从事生产的机会成本很困难，因此，可用工资收入来代表生产力。通常估算的是私人和社会这两种收益率。私人收益率可用以解释并预测私人对在某种学校求学的需求；社会收益率可用作将公共投资分配给教育的指南。

在计算私人收益率过程中，受教育的个人获得的效益表现为某人纳税后的一生收入中由教育所给予的额外价值；个人的开支——学费等各种费用，以及与受到的额外教育密切相关的其他必要的杂费，均为成本。举例说，计算一个大学学位的私人收益率时，奖学金应列入负的支出项目。在完全靠补贴的公立学校里接受初等教育的私人直接费用，在大多数国家中几乎等于零。相反，在计算社会收益率中，就要包括教育的全部社会费用，不管学校是否收费。所计算的收益（或工资收入）应为纳税前的数额，因为从社会的观点来看，税收代表一种转移。

从表 10–5 可以看出，第一，在发展中国家，对任何等级的教育的投资收益率一般都超过 10%，超过了世界银行对其他经济部门投资通常要求达到的标准。个人和社会都能获益，受教育的个人按其受教育程度挣得工资，而个人对于国民收入的贡献超过用于其教育的那部分公共资金，这就是社会的收益。第二，随着教育程度的提高，投资的收益率逐步下降。这就是说，小学应该是投资的重点（这也符合投资收益递减这一经济的基本命题）。第三，人们观察到，在发展程度各不相同的国家都表现出这种递减形式：在比较贫困的国家中，对学校投资的绝对收益在各种等级的教育中都是最高的。这个经验性的发现对教育项目的贷款具有重要意义。最贫困的国家在为它们的教育系统提供资金方面最需要帮助，因为花在这方面的钱能够得到最高的经济报偿。

表 10-5　　不同收入水平国家教育投资收益率

国家	人均收入（美元）	社会收益率（%）			私人收益率（%）		
		小学	中学	高等教育	小学	中学	高等教育
低收入国家	299	23.4	15.2	10.6	35.2	19.3	23.5
中低收入国家	1402	18.2	13.4	11.4	29.9	18.7	18.9
中高收入国家	4184	14.3	10.6	9.5	21.3	12.7	14.8
高收入国家	13100	—	10.3	8.2	—	12.8	7.7
世界平均	2020	20	13.5	10.7	30.7	17.7	19.0

资料来源：乔治·萨卡罗波路斯："教育投资"，《国际货币基金组织和世界银行季刊》1982 年 3 月号。

因此，教育支出是一项社会收益很高的投资，这一全球性的论断得到了多年来积累起来的证据的有力支持。教育，特别是较低等的教育，有助于减轻贫困，使收入的分配更加平等，以及改善社会环境。

三、教育利用民间资本模式

从 20 世纪 90 年代中期开始，以"国有民办""民办公助""教育券"等为特征的教育利用民间资本的改革试验就在我国广泛开展起来了。教育机构的办学形式多样化、资金来源广泛化、管理体制灵活化适应了市场经济发展的需要，民间资本逐渐成为我国教育体系中的重要力量。

1. 国有民办

"国有民办"学校是在公办学校基础上发展起来的按照民办教育机制运作的教育机构。"国有"指学校上级单位是国企、政府部门，或国企、政府部门持有学校股份。"民办"主要指资金来源，政府不负责学校正常运转所需资金，包括办公经费、教师工资等，由学校自筹资金，可以吸收社会资金作为学校运转的资金来源，再有就是实行教师、职工聘用制，与企业差不多。独立学院是普通本科高校与各类社会组织或者个人合作，利用非国家财政性经费举办的本科层次新型高校，它是我国高等教育市场化、大众化背景下办学体制改革创新的产物。截至 2019 年底，全国共有独立学院 257 所，占全国普通高等学校的 9.5%，占全国民办高校的 33.9%①。根据 2019 年《杭州市人民政府办公厅关于杭州市国有民办学校试点工作的若干意见》，在进一步做好九年义务教育，努力办好公办学校的基础上，可以在少数薄弱学校进行国有民办转制试点。由公办学校转制的国有民办学校，原有校产和以后增加校产的所有权属于国家，学校按民办学校收费标准收费，在编教师享受公办教师待遇。学校法人代表对校产拥有使用权和维护其完整不受损害的职责，并确保国有资产保值增值。

2. 民办公助

2001 年，河南省周口市颁布了《周口市人民政府关于鼓励社会力量办学加快教育产业发展的意见》。通过广泛吸收江浙两省的社会资金，周口市新建了多所民办学校，这些学校运用灵活的经营管理机制，为当地提供了许多优质教育资源，并逐步形成了多元化办学格局。虽然民办公助在很多地方已经存在且有所发展，但是在学校管理中制约公私合作伙伴关系办学的主要因素是教师的管理和待遇，由于没有较好的师资，许多民办学校发展缓慢。根据周口的政策精神，民办学校办学用地要纳入城乡建设规划，按照公益事业用地优先安排、优先办理；民办学校的教师享有与公办学校教师相同的权益；对规模较大、生源较多的民办学校，按照学校要求，可以选派部分优秀公办教师和管理人员，工资由财政发放等。周口民办教育的整体繁荣很大程度上归功于政策、财政和师资的支持，从而巧妙地实现了公办教育与民办教育的优势互补。可见，政策支持是推进民办公助模式发展的重要环节。

3. 教育券

所谓教育券制度，就是政府将一定数量的教育经费折算成等价的有价证券，按一定标准发放给学生后，学生可根据自身需要自主选择不同的学校就

① 阙明坤、耿菊萍："国有民办型独立学院转设的困境与对策"，《高校教育管理》2021 年第 15 期。

读，凭券冲抵学费，不足部分由学生补齐，学校再将收集到的教育券向政府兑换为教育经费，用于办学。其本质是将传统教育拨款形式的“政府替代选择”转变为“公民社会选择”。教育券在我国的实行，从政策导向来看大致可分为两种：一是“无排富性”模式，二是“排富性”模式。“无排富性”模式如2001年浙江长兴县教委为鼓励学生报考职高，给报考、就读职高的初中毕业生发放300元的教育券。2004年年秋季开学时，长兴县在高中尝试“无排富性”教育券模式。“排富性”教育券的发行，主要是给处于不利地位的弱势群体与弱势教育以保护，从2009年3月开始，杭州发放总额过亿元的教育培训消费券。在杭高校应届毕业生、在杭高校杭州市困难家庭子女、义务教育阶段外来务工人员子女等几类群体，每人可以拿到300～2000元不等的教育培训消费券。教育券从资助教育机构转向资助个人，从资助供给方转向资助需求方，让公立、私立教育机构平等地为争取学生而竞争，促进了教育质量、效益的提高。

4. 教育股份制

湖南华夏投资集团一直专注于教育行业的投资，先后举办了长沙华夏实验学校和湖南广益实验中学。华夏投资集团在民办教育的发展过程中大胆创新，提出了“资本与知识相结合、硬件与软件相结合、民办学校与名牌学校相结合”的办学思路，2007年，集团与湖南师大附中合作，股份制改造了湖南广益实验中学，其中华夏集团拥有广益中学75%股份、师大附中拥有25%股份。至今，华夏集团已累计在广益中学投资超过3.5亿元。华夏集团在办学的前十年，一直采用自有资金对教育进行投入，期间学校的经营风险均由集团承担，学校形成的经营亏损由集团其他行业的盈利进行弥补，经过多年持续的努力，学校办学质量不断改善，社会认可度逐步提高，成为湖南省著名的教育品牌，使得学校具备了一定的造血功能。集团对教育的投入逐步从以产养学模式过渡到以学养学模式，同时考虑到学校抗风险能力的提高，在资金来源中适度引入了银行资金。随着集团教育产业的做大做强，在未来大的教育项目投资中，集团将会考虑自有资金、学校教育盈余、战略合作资金、银行资金等多种资金来源。

5. 基础设施特许经营

1996 年，教育基础设施 BOT 融资模式首次在天津大学“京华育缘”国际会馆项目中使用。湖南长沙的中南大学湘雅医学院、南开大学深圳金融工程学院项目、国基大学城生活园区以及广西交通职业技术学院都成功地实施了 BOT 融资模式。高校实施 BOT 融资模式的范围一般而言主要是后勤服务设施，不包括教学用房建设和教育设施建设，因为后者通常不产生现金流。对于高校来讲，采用 BOT 模式不仅减少了高校对于后勤单位的资金和精力投入，节省了高校教育经费开支，而且增加了固定资产。从 BOT 项目公司来说，由于高校本身对于基础设施的旺盛需求，且具有良好的持久性，只要 BOT 项目保质保量完成，就能产生丰富的经济利润，且项目风险较小。高校 BOT 项目有其自身的特点，高校作为学校事务的管理者，对于后勤服务不能完全放手不管，否则必然带来高校与承包商在学生行为管理上的冲突和矛盾。因此，应打破传统 BOT 模式将经营权在一定期限内转让给投资方的定式，将高校后勤的经营管理权回归高校。

6. 风险投资

2004 年老虎基金进入中国教育行业，首选目标是新东方教育科技集团，先后投入 3000 万美金换取了“新东方”18.9% 的股份。这是有据可查的国外风投资金进入中国民办教育领域的第一个案例。2006 年，中国最大雅思培训机构——环球天下教育科技集团获得软银赛富亚洲基金首轮 2500 万美元投资。2010 年 9 月，学而思国际教育集团与老虎环球在京签约，正式宣布成功融资 4000 万美元。据中资教育研究所的统计，截至 2010 年 3 月，国内共有 316 家民办教育机构获得风险投资，涉及金额超过 196.5 亿美元。从目前风险投资的实际运行情况看，其进入民办教育具有如下几个特点：主要投资于职业培训和幼教行业，少有涉足学历教育。这主要是因为学历教育受到法律法规的规制较多，且教育行政部门的监管较严。风险投资很少关注那些发展已经相对成熟及处于停滞状态的培训企业，而更多是寻找一些高速成长的中小培训机构，为其发展提供启动资金。风险投资人一般都会介入学校运作，某种程度上控制所投资的教育企业，谋求海外上市以图退出。

第三节　医疗卫生领域投资

一、我国卫生投入的情况

1985～2019年，全国卫生总费用由143亿元增加到65841亿元，年均增长17%，远远高于同期13.8%的GDP（现价）增速。其中，政府卫生支出由51.9亿元增加到18017亿元，年均增长16.2%，高于同期15.1%的财政支出增速；社会卫生支出由60.9亿元增加到29150亿元，年均增长17.1%；个人卫生支出由30.3亿元增加到18674亿元，年均增长17.9%。政府卫生支出占比由1985年的38.6%下降以2002年的15.7%，又提高到2015年的30.5%，2019年为27.4%；社会卫生支出占比由1980年的42.6%下降到2001年的24.1%，又提高到2019年的44.3%；个人卫生支出经历了倒U型过程，由1980年的21.2%提高到2001年的60%，之后又下降到2019年的28.4%（见图10-4）。

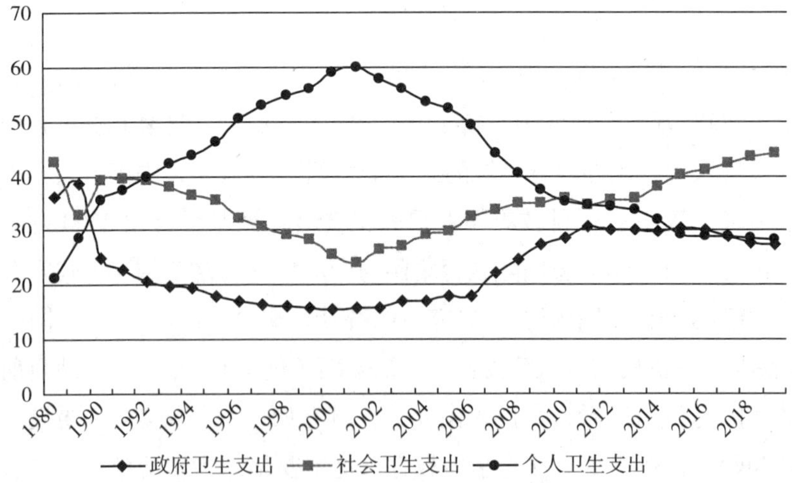

图10-4　各类卫生支出占卫生总支出的比例（%）

资料来源:《2020年中国卫生健康统计年鉴》。

1980～2019年，我国卫生总费用占GDP比重由3.15%提高到6.64%，提高了3.49个百分点，卫生投入强度显著增加。政府卫生支出占财政支出比重由1980年的6.07%下降到2006年的4.40%，之后又提高到2019年的7.54%，新世纪以来上升趋势明显（见图10–5）。但是，总体来讲，我国卫生总费用占GDP的比重在世界范围仍明显低于德国、法国、日本等发达国家，也低于巴西和韩国，与俄罗斯、埃及相似，高于印度、印尼等发展中国家（见表10–6）。

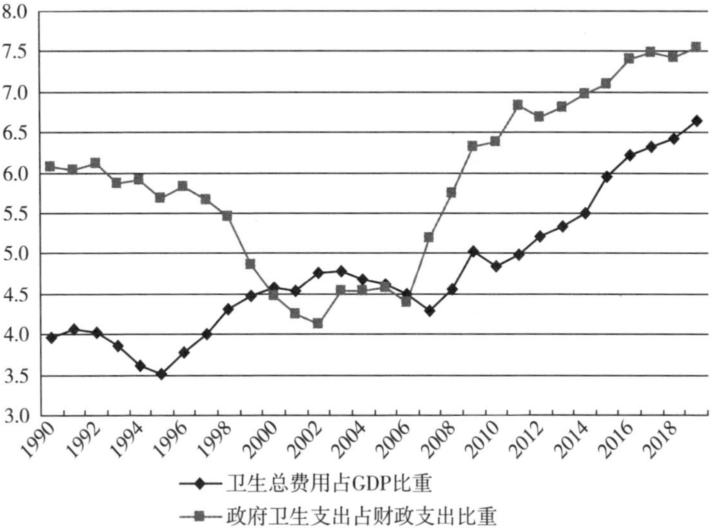

图10-5　卫生总费用占GDP比重和政府卫生支出占财政支出比重（%）

资料来源：《2020年中国卫生健康统计年鉴》。

表10-6　　卫生总费用占GDP（%）

	2000	2010	2017
澳大利亚	7.6	8.4	9.2
加拿大	8.3	10.7	10.6
法国	9.6	11.2	11.3
德国	9.8	11.0	11.2
意大利	7.6	9.0	8.8
日本	7.2	9.2	10.9
韩国	4.0	6.2	7.6
印度	4.0	3.3	3.5
印尼	1.9	3.0	3.0

续表

	2000	2010	2017
埃及	4.9	4.2	5.3
马来西亚	2.6	3.2	3.9
墨西哥	4.4	6.0	5.5
巴西	8.3	7.9	9.5
俄罗斯	5.0	5.0	5.3
中国	4.5	4.2	5.2

资料来源:《2020 年中国卫生健康统计年鉴》。

公共卫生支出是指各级政府用于医疗卫生服务、医疗保障补助、卫生和医疗保障行政管理、人口与计划生育事务性支出等各项事业的经费。自 2003 年 SARS 事件以来，我国加大了公共卫生支出，这一支出占全部财政支出的比重从 2003 年的 3.2% 升至 2018 年的 7.1%。

除了公共卫生支出（或政府卫生支出），一个国家的卫生总费用还包括社会卫生支出和个人支出。社会卫生支出是指政府支出外，社会各界对卫生事业的资金投入，包括社会医疗保障支出、商业健康保险费、社会办医支出、社会捐赠援助、行政事业性收费收入等。个人支出是指城乡居民在接受各类医疗卫生服务时的现金支付，包括享受各种医疗保险制度的居民就医时自付的费用。

根据国家卫生健康委员会的统计，2018 年，政府卫生支出、社会卫生支出、个人支出占我国卫生总费用的比重分别为 27.7%、43.7%、28.6%。和发达国家相比，我国政府卫生支出比重较低、个人卫生支出的比重较高。来自世界卫生组织的数据显示，2017 年，在美国卫生费用结构中，政府支出占比 51.3%、社会支出 41.6%、个人支出 7.1%；英国卫生费用的占比为 80.7%、10.7%、8.6%；日本为 54.8%、37%、8.2%；新加坡为 45.6%、36.2%、18.2%。

“十三五”时期，我国卫生健康领域改革发展成效显著，国家累计安排中央预算内的投资达到 1415 亿元，支持包括疾控中心在内的 8000 多个公共卫生的医疗项目，比“十二五”总投资增加了 23%。基本建立了以疾病预防控制、应急救治、卫生监督等专业的公共卫生机构为骨干，覆盖全民的公共卫生服务体系。

医疗卫生服务体系不断完善，服务可及性不断提高。优化医疗资源配置，启动国家医学中心和区域医疗中心建设，完善县域医疗卫生服务体系，84% 的县级医院达到二级及以上医院水平。2015 ～ 2019 年，每万人全科医生数从 1.38 人增长到 2.61 人，每千人口医疗卫生机构床位数从 5.11 张增长到 6.3 张，执业（助理）医师数从 2.22 人增长到 2.77 人，注册护士数从 2.37 人增长到 3.18 人。近 90% 的家庭 15 分钟内能够到达最近医疗点。

围绕“基本医疗有保障”目标持续发力，健康扶贫成效显著。确定县医院能力建设、“县乡一体、乡村一体”机制建设、乡村医疗卫生机构标准化建设 3 个主攻方向，将符合条件的贫困县县医院纳入全民健康保障工程，组织三级医院“组团式”帮扶贫困县县医院，远程医疗服务覆盖所有国家级贫困县和边远地区。大病专项救治病种扩大到 30 种，累计分类救治贫困患者 1900 多万人，近 1000 万因病致贫返贫户成功脱贫。

基本公共卫生服务均等化水平进一步提高，公共卫生整体实力再上新台阶。人均基本公共卫生服务经费补助标准从 2015 年的 40 元提高到 2020 年的 74 元，免费向全体城乡居民提供 14 大类国家基本公共卫生服务项目。优化重大传染病防控策略，实施职业病、地方病三年攻坚行动，实施扩大国家免疫规划，扩大癌症早诊早治覆盖人群，2019 年重大慢性病过早死亡率比 2015 年降低 10.8%。

二、重大疫情防控投入

新冠肺炎的爆发让“非典”之后建立起来的疾病预防控制体系的脆弱性充分表现出来。从疫情发展看，没有坚强有力的软硬件设施保障，疫情的控制将会是相当困难的，也会在短期内给国民经济及对外交往造成重大损害。完善重大疫情防控体制机制，健全国家公共卫生应急管理体系正当其时，而建立重大疫情防控的长期稳定投入机制又是其中的关键一环。

1. 公共卫生防疫仍然是投资的薄弱环节

医疗卫生的政府投入不足。医疗卫生的外部性较强，是政府投资的主要领域，但是，其投资占政府投资的比例却很低。2003 ～ 2017 年，在全部国家预算内资金中，医疗卫生投资平均只有可怜的1.89%，远远低于交通运输（25.6%）、公用设施（26.6%）、公共管理（9.5%），也低于教育的5.8%和文体的2.3%（见图10-6）。可以看出，长期以来，各级政府更加热衷基础设施和城市建设方面的投入，在关系民众健康的医疗卫生领域投资明显薄弱。

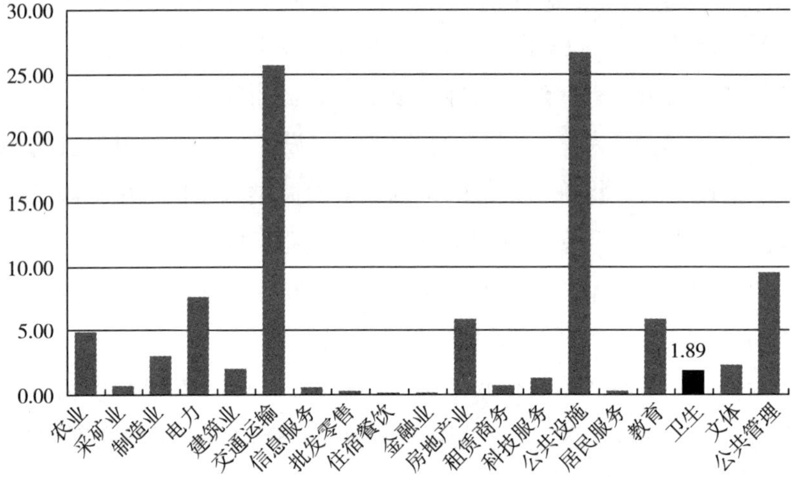

图10-6 2003～2017年国家预算内资金行业分布（%）

资料来源：WIND数据库，国家统计局。

卫生防疫投资水平更低。2002年开始，国家启动了以中西部地区为主的省地县三级疾病预防控制机构建设。2003年底，国家又投资114亿元重点改造中西部传染病医院和紧急救援中心。但是，卫生防疫投入力度总体不大，投资额还出现逐年萎缩的情况。2003～2017年间，我国卫生防疫投资年均只有30亿元，由2004年的37亿元下降到2008年只有16.5亿元，之后有所提高，到2017年达到60亿元。但防疫投资占固定资产投资比例由2003年的0.06%大幅下跌到2017年的0.01%，2009～2017年间，长期徘徊在0.01%左右，变得无足轻重（见图10-7）。

卫生防疫领域政府投资缺位。卫生防疫是纯公益性领域，政府资金理应担当主角，但是，除了2003～2004年两年政府投入强度相对较大外，全国卫生防疫的预算内投资额连年下降，由2003年的11.9亿元下降到2010年的6.3亿元，其中，2006年、2007年的投资额衰减到4亿多元，尚不及大城市一公里地铁的造价。卫生防疫预算内资金占全部预算内资金的比例也由2003

年的 0.5% 断崖式下降到 2010 年的 0.05%，2007 ～ 2010 年四年间均不足 0.1%（见图 10–8）。由于缺少后期的相关数据，我们按照预算内资金占卫生防疫资金来源的 30% 计算，2011 ～ 2017 年，卫生防疫预算内资金最低只有 5 亿元，最高也只有 18 亿元。卫生防疫这样的重要领域在政府投资中地位严重滑坡。

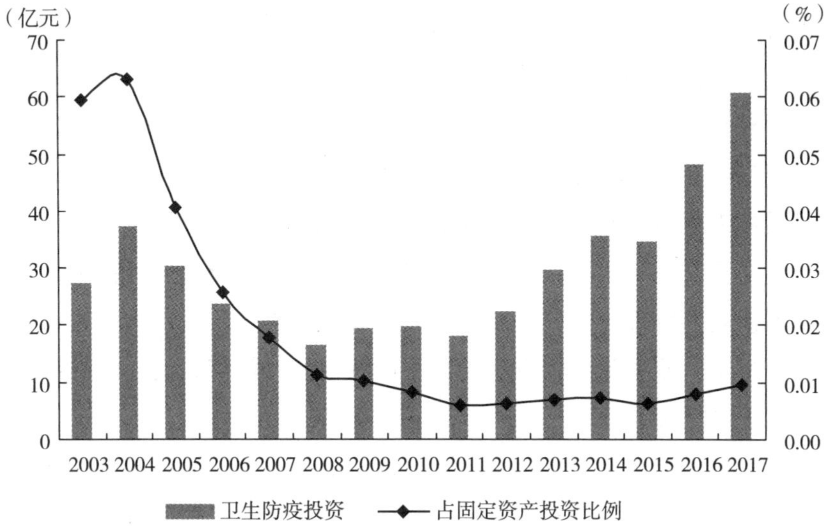

图 10-7　卫生防疫投资及其占固定资产投资的比例

资料来源：CEIC 数据库，国家统计局。

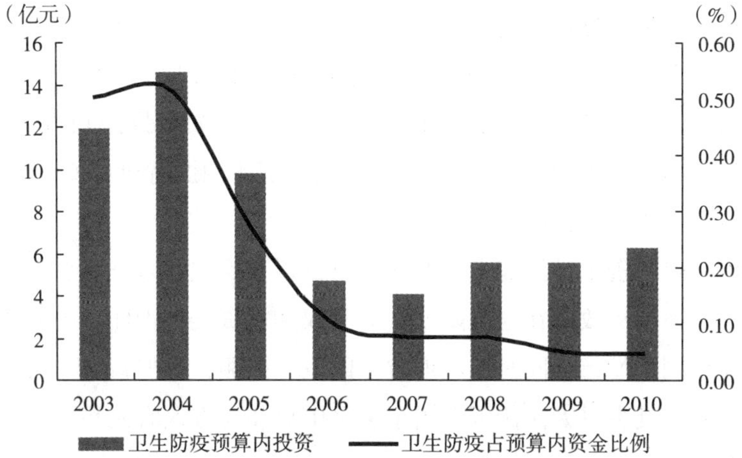

图 10-8　卫生防疫预算内投资及其占全部预算内投资的比例

资料来源：国家统计局。

2. 加大重大疫情防控的投融资保障程度

我国公共卫生投入仍然存在诸多的问题：公共卫生投入只有在重大传染病灾难降临时才会被重视，而危机过去则又会被忽视；只满足于地方疾控中心等机构的设立，而对疫情防控至关重要的集中救治医院、物资储备以及人力资源保障投入却十分欠缺；医疗投入的优先顺序倾向于医院的诊疗服务，在本来较低的医疗卫生投入中，公共卫生投入比例更低；越是基层医疗机构保障程度越低、服务能力越低，基本的防护设施条件都十分缺乏；公共卫生人才队伍建设、专业能力配置不能满足卫生防疫的需要。

除某些专家和官员对疫情的误判、信息公开工作出现偏差等因素以外，公共卫生防疫投入不足导致的综合防控、治疗和保障能力薄弱在很大程度上造成了本次新冠肺炎疫情失控和防线失守。既然大流行性疾病与人类长期共存且难以避免，我们就必须有备无患，做好设施、物资和人力的准备。为此提出以下政策建议。

①建立长期稳定投入机制。卫生防疫不能只满足于常规传染性疾病的防控，而是要着眼于像非典和新冠肺炎这样未知疫情的防控。目前，我国防疫设施设备不充分不平衡问题仍很严重，很难满足重大疫情应急处置的需要。需要通过 1 ～ 2 个五年规划期的稳定持续投入，建立坚强稳固、反应灵敏、保障有力的疾控和防疫软硬件设施条件。

②扩大卫生防疫投资规模。形成重视公共卫生防疫投入的社会氛围，不断调整优化部门投入结构和预算内资金结构。“十四五”期间，应将卫生防疫投资占固定资产投资比例提高到 0.05% 以上，投资额提高到 300 亿～ 350 亿元；将卫生防疫预算内资金占全部预算内投资比例提高到 0.5% 以上，资金规模提高到 150 亿～ 200 亿元。

③提高财政资金供给能力。发挥政府投资在疾控和防疫体系建设中的关键作用，加强中央政府在卫生防疫中的事权和投资支出责任，中央政府应重启长期建设国债发行，同时提高地方债的发行限额，增加新增一般债券的发行比例，并将其中更大比例资金用于满足中央和地方政府公共卫生公益性项目投融资的紧迫需要。

④健全应急救治设施设备。各级别城市都应建设疫情防控备用集中救治医院，同时，对现有公立医院设施进行改造，大幅度增加病床数量，增设卫生防疫科室，加强呼吸机、移动 CT 机、负压救护车等设备采购。地方政府应对若干体育馆、会展中心等公共空间，以及酒店、学校、培训中心，进行适合卫生防疫的设施多功能改造，为大规模疫情发生时建设方舱医院和隔离观察点做好准备。

⑤完善防疫物资供应体系。作为国家应急战略性基础设施的组成部分，建立卫生防疫应急物资专业储备库。完善卫生防疫供应链应急机制，探索建立“平战结合、军民融合”的重大公共危机应急物流与供应链系统。加速物联网、云计算、区块链等在防疫物流与供应链上的应用。建设全国性的疫情物资与人员支持信息共享平台。

⑥做好高素质专业人才储备。在全国各大区分别建设一所应用型疾控和防疫大学，平时为疾病控制和预防提供人才支持，战时投入重大疫情处置。促进医防结合，优化医学院校的教学体系，加快培养公共卫生与临床医学复合型人才。现有二级以上医疗机构要增设公共卫生科室和医师岗位，县乡卫生机构要配备公共卫生执业医师。

第四节　文化领域投资

一、文化旅游投入及其结构

1978 年，全国文化和旅游事业费只有 4 亿元，到 2019 年增加到 1065 亿元，年均增长 14.3%。文化和旅游事业费占财政总支出的比重变动不大，1992 年最高达到 0.52%，2010 年最低为 0.36%，比重平均为 0.43%（见图 10–9）。文化旅游的财政投入强度并不高。1995 年，全国人均文化和旅游事业费只有 2.75 元，到 2010 年增加到 24.11 元，到 2019 年增加到 76.07 元。

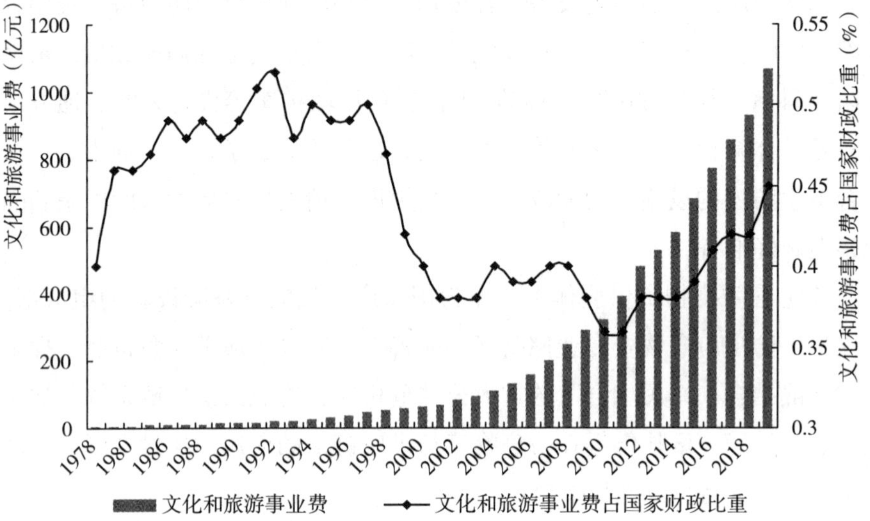

图 10-9　文化和旅游事业费及其占国家财政比重

资料来源:《2020 年中国文化文物和旅游统计年鉴》。

2011 年，中央对地方文化和旅游建设项目补助资金 40.8 亿元，到 2019 年，中央财政通过继续实施“三馆一站”免费开放、非物质文化遗产保护、公共文化服务体系建设、旅游发展基金等项目，共补助各地文化和旅游建设资金 101 亿元。2011 ～ 2019 年，补助资金年均增长 12%（见图 10–10）。

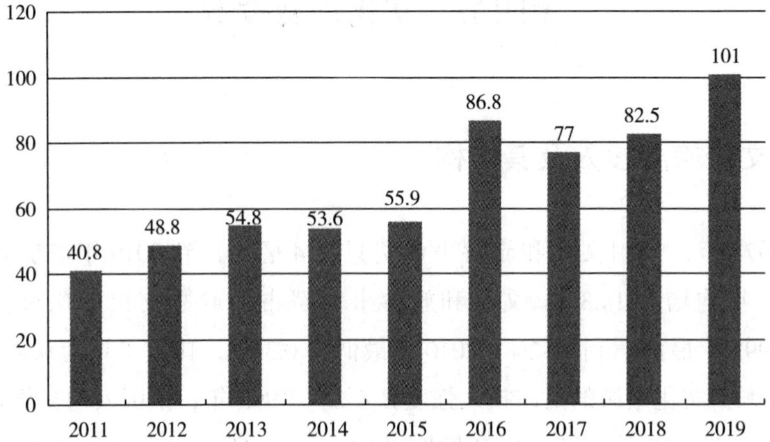

图 10-10　中央对地方文化和旅游建设项目补助资金（亿元）

资料来源:《文化和旅游部 2019 年文化和旅游发展统计公报》。

在全国文化和旅游事业费中，2019年县以上516.9亿元，占48.5%，比重比2010年下降了15.5个百分点；县及县以下文化和旅游事业费548.1亿元，占51.5%，比重提高了15.5个百分点。东部地区文化和旅游事业费478.1亿元，占44.9%，比重提高了0.5个百分点；中部地区文化和旅游事业费265.3亿元，占24.9%，比重提高了0.8个百分点；西部地区文化和旅游事业费277.9亿元，占26.1%，比重降低了0.5个百分点（见表10–7）。

表10-7　　全国文化和旅游事业费按城乡和区域分布（%）

	1995	2000	2005	2010	2015	2019
全国	100	100	100	100	100	100
县以上	73.2	73.4	73.3	64	51.7	48.5
县及县以下	26.8	26.7	26.7	36	48.3	51.5
东部	40.2	45.7	48.1	44.4	42.1	44.9
中部	28.6	23.8	22.9	24.3	24.1	24.9
西部	24.9	21.7	20.6	26.6	28.4	26.1

资料来源:《文化和旅游部2019年文化和旅游发展统计公报》。

根据国家统计局的资料，我国文化产业固定资产投资规模逐年加大。2017年，我国文化产业固定资产投资额（不含农户）3.8万亿元，为2005年的13.7倍，2013～2017年年均增长19.6%，高于同期全社会固定资产投资额年均增速8.3个百分点；2017年，文化产业固定资产投资占全社会固定资产投资的比重为6%，比2005年提高2.9个百分点，比2012年提高1.8个百分点。从资金来源看，国家预算资金占5.1%、国内贷款占7.2%、利用外资占0.4%、自筹资金占81.7%、其他资金占5.6%，投资主体呈现多元化、社会化格局。

根据清华大学文创金融研究中心的《文化产业投融资报告（2020）》，在文化产业九大领域中，2012～2019年，资金主要流向了文化核心领域，内容创作生产、文化传播渠道吸纳最多的资金。内容创作生产、文化传播渠道与创意设计服务是并购与上市发生较多的领域。从文化产业十大行业看，2012～2019年，资金主要流向游戏、影视、新闻信息服务与广告行业，游戏、影视与广告推出的项目最多。在文化投融资市场中，数字文化产业投融资数量与金额占比较高，总体已经在80%左右。数字文化产业核心领域的创新趋势明显，3D、VR 和 AR、人工智能是主要的投资方向。数字文化产业成为促进文化产业高质量发展的主要驱动力。

2019 年，全国文化及相关产业增加值为 44363 亿元，占 GDP 的比重为 4.5%。按行业分，2019 年，文化服务业增加值为 28121 亿元，占文化及相关产业增加值的比重为 63.4%；文化制造业增加值为 11899 亿元，占比为 26.8%；文化批发和零售业增加值为 4342 亿元，占比为 9.8%。按活动性质分，文化核心领域创造的增加值为 30757 亿元，占文化及相关产业增加值的比重为 69.3%，其中，文化传播渠道占比为 11.9%。文化相关领域创造的增加值为 13605 亿元，占比为 30.7%。

2019 年底，全国共有公共图书馆 3196 个，公共图书馆实际使用房屋建筑面积 1699.6 万平方米，图书总藏量 111781 万册，阅览室座席数 119 万个，计算机 22.5 万台，全国平均每万人公共图书馆建筑面积 121.4 平方米。全国共有群众文化机构 44073 个，其中乡镇综合文化站 33530 个，全国群众文化机构实际使用房屋建筑面积 4518.1 万平方米，业务用房面积 3295.2 万平方米，平均每万人群众文化设施建筑面积 322.7 平方米。全国共有各类文物机构 10562 个，其中，文物保护管理机构 3518 个，占 33.3%；博物馆 5132 个，占 48.6%。

文化产业转型升级表现突出。随着移动支付普及，线上成为电影主要购票渠道，只要在手机上点一点，就可以提前选定场次和座位。购书方式也逐渐变化，图书零售额线上占比逐年提升。近年来，视听新媒体已成为最具活力的消费领域之一，用户覆盖率逐年提升。中国互联网络信息中心数据显示，截至 2020 年 6 月，网络视频用户规模达 8.88 亿人，占网民整体的 94.5%。网络直播成为文化产业新的增长点。中国互联网络信息中心数据显示，截至 2020 年 6 月，我国网络直播用户规模达 5.62 亿人，占网民整体的 59.8%。

二、文化领域融资方式

近年来，我国文化领域融资实现了高速增长，文化金融机构、金融市场为文化产业提供了较好的服务，实现了资金融通、资源配置、风险防控等功能。

银行间接融资。根据国家金融与发展实验室、社会科学文献出版社共同发布的《中国文化金融发展报告（2020）》，我国银行、信托、保险、融资租赁、融资担保等机构都有专门的文化金融产品设计。中国银行业协会的一项调查表明，在111家银行中，有40%以上的银行发行了文化产业相关创新信贷产品，主要种类有文创贷、影视贷、文化贷、大师贷、知识产权质押贷款、版权质押贷款、商标权质押贷款、艺术品质押贷款、股权质押贷款等。在文化产业保险产品方面，除了演艺活动财产保险、演艺活动公众责任保险、演艺活动取消保险等11个试点险种以外，还有多种产品创新。金融机构参与文化产业投资的密度明显增强，很多银行成立了文化产业特色支行、专营支行等。民生银行、杭州银行、北京银行等较早设立了事业部制专门机构以服务文化产业。在金融领域出现了少量的文化融资租赁、文化融资担保、文化小贷等专门服务于文化产业的金融机构。

资本市场融资。2020年底，我国文化传媒行业173家A股上市公司总市值累计达1.86万亿元，涉及报业、出版、印刷、传媒产业等多个方面。其中，中公教育、分众传媒、芒果超媒市值超过1000亿元。文化类上市公司通过IPO和定增获得了更多的融资。2011年，文化类上市公司股权融资规模只有234.8亿元，利用股权融资的文化企业只有23家；而2016年，融资规模高达1448.9亿元，企业也达到了89家。在新三板挂牌的文化企业数量约占总数量的13%，一些区域性股权市场开始向文化企业提供专门服务，设置了“文创板”或“文旅板”；“中证报价系统”这样的场外市场也关注文化产业，与相关部门进行了合作。2020年，我国文化产业通过私募股权融资、新三板融资、上市融资、债券融资、信托融资、众筹融资等渠道实现1778起社会融资事件，社会融资规模达2717.6亿元[①]。

文化产业基金。文化产业基金采用政府和社会资本联合出资方式设立母基金，母基金再和社会资本联合设立子基金，达到财政资金的引导放大作用。文化产业基金主要投资方向包括两方面，一是战略功能类项目，如实体书店、老旧厂房改造、创意设计小镇建设、文创板、文创银行等政府明确的重点项目；二是市场引导类项目，主要是指完全按照市场化机制决策，在创意设

---

① 刘晓哲：“2020年文化产业社会融资状况分析”，新元新经济智库。

计、动漫游戏、广播影视等文创产业细分领域中，具有国际先进性、体现“硬实力”且具有良好经济效益的“高精尖”项目。战略功能类项目投资周期较长、社会效益显著但经济效益稍弱，基金出资比例会高一些；市场引导类项目社会效益较好同时追求经济效益，基金出资比例会低一些。2010～2019年9月，我国发起设立了486只文化产业投资基金，其中348只基金披露总募资规模共计17397.5亿元，平均每只基金募集50亿元[①]。

知识资产证券化。知识资产证券化是一种资产收入导向型的融资方式，为文化产业盘活现有资产、拓展融资途径发挥重要作用。其信用基础是知识产权，即企业的核心资产而非全部资产。这事实上突出了文化企业核心竞争力的价值，即使是品牌声誉等难以计量的无形资产，通过资产证券化也能使其获得投资机构的青睐。在美国，知识资产证券化已运用于文化产业的各个领域，从电子游戏、音乐、电影、动漫、公园门票收入等与文化产业关联的知识产权都已成为证券化的对象。我国的广电、影视等公司通常有较为稳定的预期现金流收入，而且固定资产比例较高，无论是债务融资还是权益融资，都具有较好的定价基础，资产证券化有望成为文化企业融资的重要方式。2015年，大地影院将未来一段时期的票房收入作为基础资产，进行资产证券化操作；云南旅游推进集团资产证券化，众多旅游资源整合发布类似资产证券化计划。

风险投资。作为典型的以精神创造力为核心的文化产业，创新性要求远远高于其他行业，其面临的风险也高于其他行业，选择风险投资方式发展文化产业，体现了文化与资本共担风险、共同发展的双赢价值要求。以进入中国最早、也是最成功的风险投资商IDG（国际数据公司）为例，该公司自从投资了搜狐、百度、腾讯等数十个互联网项目后，获得丰厚回报。风险投资和私募股权投资主要集中于以互联网为代表的新媒体行业和电影业。另外，演艺业也是创投公司关注的领域。2019年，文化私募股权融资出现明显的下滑，主要原因是国家对资本市场加强监管，企业融资难度加大。但是，快手仍然完成了30亿美元的G轮融资，约合210亿元人民币。2020年，我国发生了311起文化产业私募股权融资事件，其中219起事件

① 刘晓哲：“2020年文化产业社会融资状况分析”，新元新经济智库。

披露资金规模共计 206 亿元。

文化领域众筹。“众筹”最早起源于美国，美国众筹的标的项目有许多与文化创意产业相关。Kickstarter 是美国知名度最高、规模最大的众筹平台，文化创意产业融资是平台核心业务，项目包含艺术、电影、新闻、工艺品、时尚、设计、漫画等。运作模式为项目、创意提供者在平台申请，平台管理机构对项目审核，通过后放在网站上向公众展示并筹集资金。众筹成功，平台收取募集金额的 5% 作为佣金；募资不及目标则宣告项目众筹失败，所募资金自动返还投资者账户。众筹在中国经历了短暂的爆发。根据《公司法》规定，有限责任公司的股东人数不得超过 50 人，非上市股份有限公司股东人数不得超过 200 人，这使得股权众筹融资对象有了上限。在现行法律下，我国大量成功、合规的众筹项目主要聚焦在权益类项目，特别是带有团购 + 分红功能的消费众筹最多，包括影视、演唱会、旅游、咖啡馆等[①]。

社会捐助。从发达国家经验看，社会捐助是文化事业发展的重要资金渠道。美国非营利性文化组织的资金来源，约半数为票房和其他销售收入，其余约 40% 为私营部门（公司捐赠 7%，基金会 13%，个人 20%）的捐赠，公共部门提供的资金占 10%。2003 年，美国对“艺术、文化和人文”类的捐款约 122 亿美元，人均约为 42 美元，其中个人捐赠约占 50%，基金会占 33%，公司 17%。90 年代的数据显示，接受调查的公司中，47% 向艺术事业捐赠过，公司捐款的 19% 捐给了艺术事业[②]。在英国，个人对文化产业的捐赠同样普遍，甚至超过企业资助。数据显示，2011 ～ 2012 年，英格兰地区个人对文化艺术的捐赠达 3.7 亿英镑。个人捐赠的 57.7% 的捐赠来自个人加入某一文化机构的会员计划所交纳的会费，会费已成为文化机构稳定的收入来源。

---

① 刘洋：“文化领域众筹，公益和商业价值能否‘鱼与熊掌兼得’？”，https://www.sohu.com/a/155731126_726589。

② 韩红：“美国资助文化事业的运作方式”，《学习月刊》2007 年 14 期。

第五节 社会服务领域投资

一、社会服务投资及设施情况

从民政事业财政支出的情况看，2001 年，民政事业费支出 284.8 亿元，到 2019 年增加到 4279 亿元，年均增长 16.2%。民政事业费在 2017 年达到最高点近 6000 亿元，之后出现明显下降。民政事业费占国家财政支出的比例由 2001 年的 1.51% 提高到 2008 年的 3.43%，2009 ～ 2017 年基本保持在 3% 左右，2019 年下降到 1.8%（见图 10-11）。从民政部门基本建设投资情况看，2001 年为 30.8 亿元，到 2019 年增加到 185 亿元，年均增长 10.5%。总体来讲，增长波动较大，增速不快。

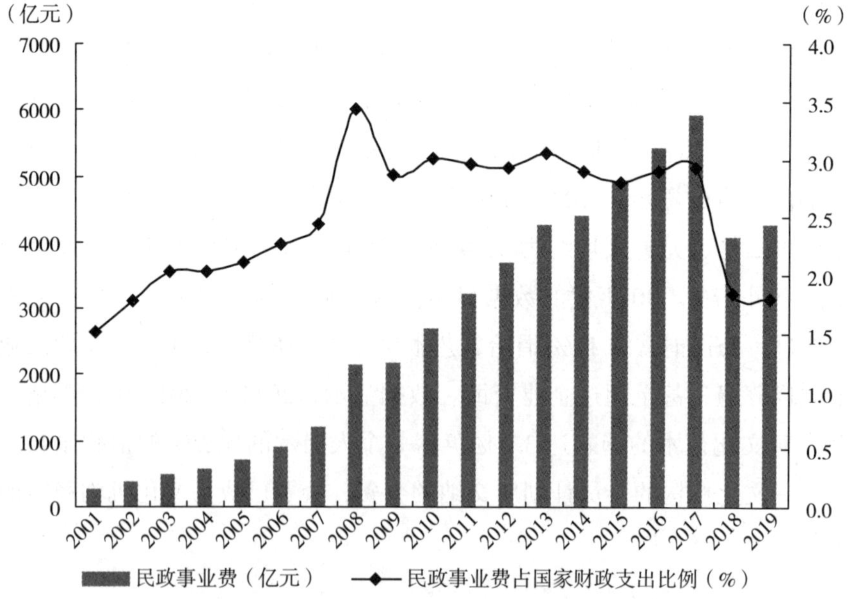

图 10-11 民政事业费及其占国家财政支出比例

资料来源：各年《民政事业发展统计公报》。

根据《民政事业发展统计公报》，截至 2019 年底，全国民政部门登记和管理的机构和设施共计 201.5 万个，固定资产原价 6515.3 亿元；各类民政服务机构和设施拥有床位 803.6 万张，每千人口民政服务床位数 5.7 张。全国注册登记提供住宿的各类民政服务机构共计 3.7 万个，其中注册登记为事业单位的 1.7 万个，注册登记为民办非企业单位的 1.7 万个。机构内床位 467.4 万张，是 2015 年的 1.19 倍，年末抚养人员 231.6 万人（见表 10–8）。

表 10-8 2019 年全国注册登记提供住宿的民政服务机构与床位

	机构（个）	床位（万张）
合计	37021	467.4
养老机构	34369	438.8
其中：社会福利院	1527	37.6
特困人员供养机构	15932	164.5
精神疾病服务机构	138	6.5
社会福利医院	138	6.5
儿童福利和救助保护机构	686	9.9
儿童福利机构	484	9
未成年人救助保护中心	202	0.8
其他提供住宿机构	1828	12.2
流浪乞讨人员救助管理站	1545	9.6
其他提供住宿的机构	283	2.6

资料来源：《2019 年民政事业发展统计公报》。

二、养老服务设施投资

1. 现状与问题

截至 2019 年底，全国共有各类养老机构和设施 20.4 万个，养老床位合计 775 万张，每千名老年人拥有养老床位 30.5 张。其中，全国共有注册登记的养老机构 3.4 万个，床位 438.8 万张；社区养老照料机构和设施 6.4 万个，社区互助型养老设施 10.1 万个，共有床位 336.2 万张。

现阶段我国养老服务设施投资与建设存在的主要问题有：第一，老年照料服务设施严重缺乏，生活不能自理老年人的服务需求难以得到基本满足。我国老年人口中丧失基本生活自理能力即 ADL 缺损（在吃饭、穿衣、室内活动、洗浴、如厕等日常基本生活能力中至少有一项缺损，必须依赖他人扶助），并需要和愿意入住照料养老机构的至少占6%，但我国目前具有照料护理功能的养老服务设施数量极少，养老床位可以入住的老年人数仅占全部老年人口的1.7%，社区日间照料床位仅占全部养老床位的1%，既远低于发达国家的5%～7%，也落后于一些发展中国家的2%～3%的水平。养老院建起来了，却不愿意收生活不能自理的老人成为普遍现象。在不少养老院，老人一到不能自理就被轰回家。尤其是一些郊区和农村的养老机构，宁愿让床位空着，也不让失能失智的老人住。

第二，政府兴办养老设施资金来源单一，与社会养老需求长期脱节。政府养老院仅作为我国社会保障制度的重要组成部分——社会福利而存在，与孤残儿童、精神病人福利院同属于“社会收养”性质机构。90%以上主要靠民政部门拨款或集体供款，数额有限，其中管理费就占了相当比例。由各级民政部门管理，收养入院对象仅限于“三无”老人，以救助性、慈善性为特征，并未面向社会老年人，且敬老院大多隶属于各级民政部门管理或领导，申请入院需层层审批。大多数敬老院的主要职能限于“收养”而不是“养老”，且经费短缺，服务设施、生活条件均较差，仅维持基本生存需要，工作人员、医疗保障和娱乐较为缺乏。这样就造成收养人数少、规模小，社会效益不高，处于自身生存和发展的困难之中，对社会老人也缺乏养老示范影响力。

第三，民办养老服务设施运行无序，发展困难重重。许多民办养老服务设施规模小、档次低，多数是自由运行的“小作坊”。这些养老设施除了给老人提供电视机、扑克牌等外，无其他文化可言。老年人到这里就是等死，仅仅能达到定时有饭吃、死了有人报的最基本需要。有的小型养老设施开张多年，没有营业执照，不符合条件，处于无部门管理的自然状态，形成了很多意外事故。民办养老设施缺乏市场运行空间，需求的法律法规严重滞后。养老设施大多属于民办非企业单位，没有对应发展的系列法律法规，市场融资和担保都被法律所禁止，养老和医疗等社会保障政策对民营养老设施也有歧视，从而对民间资本进入养老服务领域造成了明显的障碍。

第四，公建民营养老服务设施过度追逐的是经济利益，难以满足公共需求。公建民营养老服务设施主要瞄准的是市区老人，是收入较高且稳定可靠的老人，导致部分公建民营养老服务机构背离福利性质、单纯追求盈利、忽视困难老人需求的不良倾向。由于缺少法律法规的强制约束和评估标准的规范操作程序，加之政府资源配置的不足或缺失，众多养老服务机构在收住老年人时更多运用市场法则和市场定位，使得我国的养老服务出现了一种与社会福利和社会公益法则悖行的现象。目前，此类养老服务设施的服务对象市场化定位与最需要机构长期照料护理服务老人的支付能力不足之间的矛盾呈现出不断加剧之势。而基层政府普遍抱有“一包了之”和“甩包袱”的消极心态，以致因行政支持不足而迫使社会经营者开辟“增收”渠道，同时，因政府责任意识不明确而大大削弱了政府实施有效监管的能力。

第五，政府落实发展养老服务设施政策乏力，缺位、错位、越位现象严重。在养老服务机构建设中，政府缺位主要表现为政府在制定规划、出台政策、落实政策等方面没有行动或力度不够。从水电暖等收费难以执行居民价格，到部分床位补贴成空头支票，政府优惠政策难以落实。错位主要表现为政府该管的没管，不该管的倒去管了。如近几年一些地方政府出巨资兴建豪华养老设施，入住的都是高收入退休领导等特殊群体，床位收费相对低，普通老年人排队难进，使政府资源又变相成为这些特殊老年群体的二次福利。越位主要表现为政府越俎代庖，自己搭台自己唱戏。政府不重视扶持社会力量发展养老服务设施，而是自己直接组建养老服务设施，导致养老服务社会化没人管或管理不够。

2. 基本的分工模式

（1）公建民营模式

公建民营是指在新建养老服务机构时，按照办管分离的发展思路，由政府出资，招标社会组织或服务团体去经办和管理运作养老设施，政府则按照法律法规和标准规范负起行政管理和监督的责任。在公建民营模式下，不再像过去那样从设施建设到管理运营完全由政府一揽子都包下来，而是打破包建包管的旧体制，由政府出资全部或大部投资建设，却不再由政府直接经办，而是与市场经济接轨，采取公开招标的方法，由中标的社会服务团体、民间组织、企业或个人按照标准和要求，在建成后负责管理、服务和运营，政府则在一定程度上超脱具体事务之外，充当真正的宏观管理、检查监督的角色。

该运行模式的运行方式主要有五种。一是承包式，即在不改变公办养老机构产权性质的前提下，将其经营服务权转让给企业、社会组织或个人等市场主体经营，政府则根据承包合同收取一定的承包费，并监督社会经营者的相关服务与运营。二是租赁式，即将公办养老服务机构的使用权租赁给市场主体经营，政府根据租赁合同收取一定的租金，监督租赁财产不受损失。社会经营者凭借自己的经营才能获取经济效益，并利用经营的收益支付该机构的租赁费用。三是委托经营式，即将公办养老机构委托给市场主体全权经营管理。四是合营式，即公办养老机构的经营权由社会主体部分代行，根据政府与社会经营者双方的资金及精力投入比例以及能力优势分配经营服务权，通过协议确认双方在某些服务管理上的职责范围，形成合作关系。社会经营者则根据投入情况获得相应回报。五是股份式，即对公办养老机构进行股份制改造，公办养老机构参与管理、分享股权，形成产权多元化、利益共享、风险共担的格局，并按照现代企业制度的模式实现公办养老机构的经营管理。

（2）民办公助模式

民办公助模式由企业、社会组织或个人以及外资出资兴建，通过政府规划、扶持，优惠出让土地使用权，建设各档老年公寓、功能完备的老年人社区。首先，民办公助的投资主体是民间力量，政府只是相应地资助，出的是小钱，发挥的却是大作用，可以调动民间力量投入养老服务机构建设，完成政府想做却限于财力还一时做不了的大事情；其次，政府资助未能改变其他多种经济成分的所有制性质，因此其管理体制和运行机制可以更多地和物质利益原则挂钩，与市场经济接轨，带有更大的灵活性和实效性；第三，政府的资助在一定程度上可以把政府的意图、老年人的需要以及机构发展需要坚持的正确方向贯彻进去，政府能够随时施加一定的干预和影响，使民办养老服务机构能够更好地为老年人服务。

3. 投资方式的具体应用

上述主要投资方式在我国的实践中都有应用，具体有以下几种。

第一，管理合约模式。由养老行政部门与民间机构签订合约，双方分别就经营目标、经费、时间、条件、内容、方式以及老人评价等方面达成协议，民间机构依据双方合约负责养老设施营运，政府提供所需设施及人员。民间机构凭借其经营管理能力赚取管理费，并没有向该项目投资。政府是养老资产所有者，因而完全对养老设施的盈亏负责。此外，政府还拥有预算、收费标准、人员聘用等方面的决定权，但同时也须接受民意机构的监督。

第二，民间承包模式。①民间整体承包模式。在这一模式中，政府负责设立养老院，以出租或无偿借用等方式提供用地及基本设施，民间机构定期向政府缴交承包费，取得包括人事、经费及财产在内的全部经营权。国家并不提供其他资金、人员或设备，由民间机构自负盈亏。②民间个别事项契约外包模式。民间机构为养老设施提供特定事务、设备、人员等方面的服务，并取得相应的服务报酬。例如提供营养午餐、设施安保、清洁工作、设施维修等服务。

第三，政府采购模式。就是政府向服务质量优、收费标准低、设施设备档次与当地经济水平相适应的民办社会养老机构购买床位，供“三无”人员或特困人员使用，这是一种间接的民办公助。实行这种办法有三个好处：一是民办福利机构可以提高入住率，获得经济利益。二是“三无”人员和特困老人的生活照料有着落。三是体现了政府鼓励养老机构优质服务的政策价值取向。

第四，特许经营模式。它是由特许授权机构与一些团体、企业及包括老年工作者、家庭成员、社区负责人在内的个人签订契约、互相承诺的一种形式。这类养老设施一般接受政府资助并可免受传统公立养老设施必须遵守的规章制度的约束，但必须对契约负责，完成契约中规定的包括改进服务质量等各项目标。政府赋予特许养老设施法律上独立的地位，在人事、组织、管理及经费等事项上拥有一定的自主权。政府根据特许养老设施的收养人数拨付相当于其他公立设施的经费，其主要目的在于将私人的绩效理念注入公立养老设施。特许养老设施与政府之间是一种契约关系（通常 3 ～ 5 年），养老设施必须在契约规定期限内保证达成双方认可的经营目标。

第五，抵押资助模式。政府根据养老机构规模、床位、档次，向举办社会养老机构的社会团体或个人进行无偿资助，但受助的社会团体和个人必须用其社会养老机构的房产证作抵押，作为继续办社会养老机构的信誉担保。在约定的期限内，受助者继续举办养老事业的，期满后退还其抵押物，受助者不必返还资助金。中途停办的，要将资助的资金按一定比例清算收回。这种办法既有利于鼓励社团和个人一直把养老事业办下去，又可使资助金真正用到养老事业中去。

第六，入股资助模式。公办养老机构可以允许社会资金注资，政府也可以将资助民办养老机构的资金作为股本加入到投资额中。政府除行使宏观管理和监督的职能外，也在养老机构内部行使股东的权力并承担相应的义务，但政府所占股份不宜太大，也不直接参与经营管理，而是根据经营情况参与分红或承担责任。

关键概念

社会投资　教育投资　公共卫生投资　文化旅游投资　养老投资　公建民营　民办公助

复习与思考题

1. 社会领域投资特征有哪些？
2. 社会领域投融资方式有哪几种？
3. 如何增强重大疫情防控的投融资保障？
4. 如何评价教育的投资收益？

第十一章

融资方式与工具

企业融资方式具有以下变化特征：企业内部融资地位上升，银行信贷发挥着重要作用，债券的重要性逐步增加，股票融资保持稳定发展趋势，融资方式呈现综合化特点。国债政策既有利于熨平经济波动，促进经济长期增长，也可能形成债务负担和风险。国债融资的空间并不是无限的，国债规模扩张受到限制。结构失衡是我国金融体系的主要缺陷所在，金融体系改革要有利于满足多样化的融资需求，有利于金融工具创新，有利于促进市场竞争。

第一节 企业融资方式选择

企业融资方式选择以及由此形成的企业资本结构不只影响资本成本和企业价值大小，而且影响到企业净收益的变化，并通过企业经营、财务运营传递到金融市场，形成程度不同、特征各异的金融结构特征。

一、企业融资理论

1. 企业资本结构与融资方式

最初的MM定理是美国的莫迪格利安尼和默顿·米勒（Modigliani & Miller，1958）提出的。MM定理考察了企业资本结构与企业市场价值的关系，提出在完善的市场条件下，企业的资本结构与企业的市场价值无关，或者说，企业选择怎样的融资方式均不影响企业的市场价值[①]。其中定理Ⅰ证明在没有税收的条件下，有杠杆作用的厂商价值与无杠杆作用的厂商价值相等，

---

① Modigliani & Miller,The Cost of Capital,Corporation Finance,and the Theory of Investment, *American Economic Review*,June 1958.

企业的资产价值由其实际资产决定，不取决于这些实际资产是以何种方式来筹资的。定理Ⅱ加入了税收因素，认为由于负债利息税前列支，可以得到税收上的优惠，因而有杠杆作用的厂商的价值将比无杠杆作用厂商的价值大。根据定理Ⅱ，企业负债越多，市场价值越大。因此，以市场价值最大化为目标的企业，其最佳资本结构应当是百分之百的负债；另外，负债并不必然增加企业的经营负担。如果企业盈利能力强，负债再高也可以良好运作，不会因为企业的债务而陷入困境。这一判断显然与事实有较大出入。

那么是什么原因阻碍了企业无限扩大负债比例呢？平衡理论对此提出了解释。MM 理论假定企业无破产风险，平衡理论则讨论了在企业存在财务危机和破产风险的前提下，市场价值与资本结构的关系。平衡理论认为制约企业无限追求免税优惠的关键因素是由债务上升而形成的企业风险。负债比率越高，每股收益和权益的收益的可变性就越大。负债水平越高，不变费用就会越高，无力偿债的可能性就越大。无力支付不变费用时，就会启动贷款协议中的一系列惩罚性条款，甚至导致企业重组或破产。因此，企业资本结构以及决定资本结构的融资方式有一个选择的合理性问题，因为这不仅关系到企业资产价值的高低，股东收益的大小，而且关系到收益的变动性即风险的大小。如果企业选择了一个负债率过高的资本结构，将给企业带来经营和财务风险。

20 世纪 70 年代信息不对称理论创立以后，罗斯（Ross，1977）进一步将非对称信息理论引入资本结构分析中，他保留了 MM 定理的大部分假设，仅仅取消了充分信息假设。假定企业管理者掌握企业收益和风险信息，而投资者不掌握，在此条件下，负债率是投资者判断企业市场价值的一个标准，负债率上升是一个积极的信号，它表明管理者对企业未来收益有较高的期望，企业的市场价值也会随之上升。但罗斯的分析忽略了管理者输出错误信号的机制。在罗斯的基础上，一些学者提出不对称信息反而会使企业尽可能少用股票融资。曾任美国金融学会主席的 S. 诺斯教授关于资本选择的“信号”理论便认为，一个企业过多选择发行股票融资时，对投资者来讲是一个坏信号，说明企业前景不好，所以才选择“风险共担、只需付息、不必还本”的筹资方式；反之，一个企业更多采用发行债券和向银行贷款融资，对投资者来讲是一个好信号，说明该公司前景可能真的不错，所以才敢用“既需还本又要付息”的筹资手段。但是，多发债券又会使企业受到财务危机的制约，另一位美国金融学会主席 S. 梅耶教授在他的“顺序理论”中证明，在三种融资形式中，企业采取的融资顺序一般是先内部积累，再发行债券，最后才是发行股票，这是企业在资本市场上的最优决策[①]。

MM 理论是从企业市场价值方面分析企业资本结构的合理性，但企业经营与破产风险未被纳入研究范围。相比来讲，平衡理论在评价企业资本结构方面更有实践价值。罗斯和诺斯从投资者的角度分析了企业资产负债结构对企业市场价值的影响。但还需考虑两方面的因素，其一，企业已有的资本结构的合理性；其二，如果企业已经是高负债，对投资者有利的信号对企业的未来风险控制不一定有利。

2. 资本市场有效性假说

在资本市场理论中，若资本市场在证券价格形成中充分而准确地反映全部相关信息，则称其为有效率。只有在有效性市场上，金融资产信息才会在资产的价格确定中发挥应有的作用。关于这个问题的最有影响的理论是“有效性市场假说”[②]。有效资本市场假说的倡导者 K. 弗兰克指出：由于资本市场上各种证券的价格能充分反映所有可以获得的信息，且价格信号又是资本市场中资本有效配置的内在机制，所以一个有次序的资本市场会迅速准确地把资本导向收益最高的企业。因此，如果信息能够充分传达到证券价格中去，则某一证券预期价格等于今天的价格加上下一时期预期报酬。

若所有投资者都掌握和运用了某一时点的可获得信息，则投资者在这一基点上作证券选择的机会均等，少数垄断者则不可能在证券交易中通过不断转手获得暴利。既然证券价格作为一种正确信号能充分反映一切可取得的信息，那么，可取得的有关信息就成为价格能否作为正确信号的决定因素。根据价格所反映信息的种类不同，可以将市场的有效性分为不同形式，即弱型有效市场、较强型有效市场和强型有效市场。在弱型有效市场假设中，证券价格被假设完全反映包括它本身在内的过去历史的证券价格资料；较强型有

---

① 吴敬琏：《构筑市场经济的基础结构》，中国经济出版社 1997 年版，第 150 页。

② 《新帕尔格雷夫经济学大辞典》，第 E–J 卷，经济科学出版社 1996 版，第 128 ～ 132 页。

效市场假设中，所有公开的可用信息假定都被反映在证券价格中；强型有效市场是最大程度的市场效率概念，在这种形式的假设下，所有信息包括私人资料或内部资料，以及公开资料都在证券价格中反映出来。强型有效市场的特征是：证券价格应迅速准确反映收集到的未来关于定价的新资料和信息；对三个市场各自信息的分析显示出 $\varphi_{t1}<\varphi_{t2}<\varphi_{t3}$，也就是说，价格反映信息来源的范围越广，反映速度越迅速，投资者就愈难以通过证券易手谋取超额利润，投机行为则难以获利，价格将趋于相对稳定。

但是在现实市场中我们却难以得到强型有效市场的例子。根据经济学家对发达国家证券市场的研究，最多可以达到较强型有效市场。而新兴市场经济国家的证券市场则具有低效率的特征。在弱型有效市场中，由于证券价格中并不包含大量公开和非公开的信息，少数投资者就可以利用手中掌握的信息资源，操纵市场价格，获取垄断利润；多数投资者在信息不灵的情况下，只能是跟风买卖证券，从而引起证券市场价格的大起大落。而在强型有效市场中，由于信息的充分披露，通过信息垄断谋取利益的可能性大大降低了，由此引起的价格波动并导致金融风险发生的可能性也就减小了。因此低效率的证券市场蕴藏着较高的金融风险，高效率的证券市场中金融风险也较小，证券市场效率与风险呈反向变动。

3. 不同融资方式的风险比较

以上分析表明，无论是银行信贷间接融资还是股票市场直接融资，信息不对称现象普遍存在，都可能产生风险。那么哪一种融资方式的风险程度更大呢？著名美国经济学家密西根认为直接融资和间接融资的风险在不同国家是不同的。在发展中国家，特别是在转型经济国家，由于信息的严重不对称，体制变化快，内部人控制严重，间接融资的风险较低。而米勒教授则认为，直接融资虽然信息成本较高，但信息可靠，不存在银行官员与企业勾结而导致的信息不可靠问题，因而风险较低。对不同融资方式风险程度的认识存在明显差异，一般来讲，如果不考虑特定的经济条件将很难判定二者风险程度的高低。

（1）直接融资的风险控制和风险缺陷

直接融资在企业投资与经营风险控制方面具有自己的优势。第一，股票市场直接融资需要建立较为完善的公司法人治理结构，公司的法人治理结构一般由股东大会、董事会、监事会、高级经理组成，相互之间形成了多重风险约束和权力制衡机制，在一定程度上保障了企业正常经营活动和所有者的权益，降低了企业的经营风险；第二，在现代金融理论中，证券市场又称公开市场，它指的是在比较广泛且制度化的交易场所对标准化的金融产品进行买卖活动，是在一定的市场准入、信息披露、公平竞价交易、市场监督制度规范下进行的。与之对应的是贷款市场，又称协议市场，亦即在这个市场上，贷放者与借入者的融资活动通过直接协议。在金融交易中，人们更重视的是信息的公开性与可得性，所以证券市场在信息公开性和资金价格的竞争性两方面来讲要优于贷款市场。第三，如果借款者在企业股权结构中占有较大份额，那么他运用企业借款从事高风险投资和产生道德风险的可能性就将大为减小。因为如果这样做，借款者自己也会蒙受巨大损失。所以，借款者的资产净值越大，借款者按照贷款者的希望和意愿行事的动力就越大，银行债务拖欠和损失的可能性就越小。

但是资本市场直接融资风险控制上也存在明显缺陷。首先，任何一种融资活动都可视为一种合约安排。在股权合约的条件下，由于存在着委托（业主）—代理（经理）关系，代理人的目标函数并不总是和委托人相一致，他们之间存在利益不对称和信息不对称，代理人可以利用委托人的授权为增加自己的利益而损害和侵占委托人的利益时，就会产生严重的道德风险和逆向选择。另外，我们还可以从另一个角度——资金配置效率——着手对直接融资方式的风险倾向进行考察。一般来讲，资金配置效率的提高意味着资金由效率低的部门流向效率高的部门，整个社会收益水平提高，同时收益的不确定性降低。而配置效率的中心问题是价格信号的准确性问题，股票市场是否能够对上市公司的未来价值做出正确评价，其基本条件是股票价格必须能反映上市公司效益高低的走向。耶鲁大学的罗伯特·席勒（1981）根据对近百年来主要股票指数和红利之间关系的经验研究，得出由于股票价格波动太大以致不能由红利变动（反映企业收益水平）来解释。交易成本经济学的奠基人之一，加州大学伯克利分校的威廉森教授指出，因为股票市场不能履行把资金安排给收益最高的部门的任务，企业才需要大量使用银行信贷方式融资[1]。西方经济学家对股票市场的信息所作的大量实证研究表明，当股票市场不完备而又存在其他融资市场的情况下，市场不能自动达到一个唯一的最优均衡点。股票市场的信息带有很多噪声，当噪声大到一定程度时，股票持有者的投机行为就与企业经营绩效脱节。非对称信息所造成的逆向选择使得绩优公司为绩差公司所累，这也解释了为什么股票上市在西方国家不是企业融资的主要渠道。股票市场对企业经营风险的监控效果也是值得怀疑的。对股票市场上分散的个人股东而言，存在一个“搭便车”问题。对个人股东来讲，监督行为变成一种公共产品，他们缺乏激励机制对企业经营者进行事前监督。而且他们持有股份微小，也缺乏事前监督的可能性。当投资者了解到企业经营不善，而通过抛售股票实现事后监控时，所有者作为出资者已经蒙受一定的风险损失。“搭便车”问题使投资者不倾向于过多持有企业股票，这也就更加剧了股票融资中的风险控制上的缺陷。

（2）间接融资的风险控制和风险缺陷

银行信贷也受到非对称信息的影响，不过在较为规范的商业银行和商业行为的借贷活动中，银行制度安排也能较好地克服这种影响。第一，银行具有信息收集的优势，银行自己有条件、有能力收集分析企业投资、经营、分配、收益的状况，同时能在一个比较长的时期里考察和监督企业，有助于防止企业“道德风险”的出现。第二，银行具有信息分析研究的规模经济特点，一方面银行收集同样的信息具有规模经济作用，另一方面，分析大量信息本身也有规模经济效益。第三，在长期专业化的融资活动中，金融机构发展了一套专门的技能。第四，银行对企业的控制是一种相机的控制，债权的作用在于：当企业能够清偿债务时，控制权就掌握在企业手中；如果还不起债，控制权就自动转移到银行手里。根据信息经济学理论，要解决信息不对称的问题的途径有三，其一是培育专门从事信息收集、加工和销售的私人机构；其二是加强政府监管；其三是发展金融中介机构，也就是发展间接融资。显然从信息经济学的角度可以得出有利于间接融资的结论。最近几年，一些金融学的成果已经阐明了债务合同对于监督和控制企业的重要意义，它使企业经理获得足够动力去最大限度增加公司绩效，减弱企业的经营风险，从而

① 宋文兵：“关于融资方式需要澄清的几个问题”，《金融研究》1998 年第 1 期。

相应减轻银行的信用风险。当然以银行为主体的债权监控机制不是在任何时候都有效，其基本条件是：银行必须具备监控能力，比如，信息来源充分，银行内部控制严格，资产市场要有流动性。

在强调债权对企业风险控制的同时，还不能忽视股权控制。股本对债务的比例也不是越小越好，因为，债务对资本的比例过高时，由于风险与收益不对称，会使企业领导人（包括业主）倾向于进行高风险投资，容易造成投资失误。公司融资理论的研究表明：债权控制和股权控制并不是非此即彼的选择，而是互为补充的。实际上，在许多国家的商业银行中，对企业的控制也表现在债权和股权的综合作用上。青木昌彦设计了一个银行辛迪加模型①，当一家有生存能力的、具有“内部人控制”特征的企业需要外部长期投资资金时，一家与之有长期关系的银行与其他银行可以组成一个贷款辛迪加。牵头银行可以在自己的账户上拥有这家企业一定比率（比如5%以下）的少数股份，牵头银行同时经营该企业的主要支付账户和存款账户。这些操作给予银行以相当于部分查账的能力，从而使其具有信息优势。在这一方案中，牵头银行为避免清算时会发生大量成本或对其他银行债权提供担保而进行重组所引起的成本，有责任执行事前的监控以对付借款企业的逆向选择，执行事中监控以控制其道德风险，执行事后监控以核实企业的真实财务状况，保障债务偿还和股息支付并对未能做到这些的管理层进行惩罚。

尽管直接融资和间接融资两种融资方式对企业经营风险，进而对金融体系风险的控制上都存在一定缺陷，但是，两种融资方式在风险控制上也各有优势，两者的合理选择与组合为金融风险的防范增加了手段、工具和机制保证。因此，单纯倾向于某种融资方式选择，并不能达到金融风险控制的目的。关键问题是明确不同融资方式在不同投融资领域的优势与地位。例如，在短期投资中依赖商业银行信贷，在长期投资和风险投资中依赖证券市场；同时加强金融市场和金融制度的发育与完善，为不同融资方式的有效运作创造有利的环境。

---

① 青木昌彦：《转轨经济中的公司治理结构：内部人控制和银行的作用》，中国经济出版社1995版，第28～41页。

二、企业融资方式的国际比较

1. 发达国家企业融资方式

在市场经济国家中，美国、英国等国的股票市场和债券市场在企业融资中起着重要作用，日本、德国、法国等国的银行体系在企业融资中一直居于主导地区，而以股票和债券融资对经济的贡献较小。从各国融资方式选择过程的比较和分析中，可以归纳出融资方式变化的一般规律。

（1）企业内部融资地位上升

表 11–1 显示，20 世纪 70 年代到 80 年代中期，几个发达国家中企业内部融资占全部资金来源的比重基本都呈上升趋势。除日本企业内部融资比重平均在 50% 以下，其他国家平均值大约都在 60% 以上，其中以英国为最高，达到 66.6%。另外，80 年代以来，日本企业在国际竞争中处于优势地位，企业资产迅速膨胀，企业内部积累大大加强，许多大企业（如丰田公司）已经不向或很少向银行借款。

从企业净融资来源构成上，也能看出在发达市场经济国家中，内部融资的重要性。在 1970 ～ 1989 年上述四国净融资来源中，最重要的是保留盈余，四国保留盈余的比例基本都超过了 70%，其中英国最高，达到 97% 以上。但银行主导型金融体系的国家相对于资本市场主导型国家较少依赖保留盈余，其中日本外部融资占净融资的比重超过了 30%。

经济学家普遍认为，内部融资的一个优势就是可以避免困扰外部融资的有关投资项目的信息和激励问题；另外，内部融资的显著优势还在于不需要与其他任何经济实体进行交易，减少了交易成本，因而融资成本低于外部资本市场。

表 11-1　　各国企业内部融资占全部资金来源的比重（%）

年份	德国	日本	英国	美国
1970	53.2	29.7	58.4	61.5
1975	63.0	36.1	63.5	79
1980	59.4	46.7	64.4	64.9
1985	65.1	45.1	76.5	74.2
平均	59.2	35.3	66.6	64.1

注：以全部资金来源为 100。

资料来源：《经济研究资料》1998 年第 1 期。

表 11-2　　1970 ～ 989 年发达国家净融资来源比较（%）

	德国	日本	英国	美国
保留盈余	80.6	69.3	97.3	91.3
新股本	0.9	3.7	−10.4	−8.8
债券	−0.6	4.7	3.5	17.1
贷款	11	30.5	19.5	16.6
贸易信贷	−1.9	−8.1	−1.4	−3.7
其他	10	−0.1	−8.4	−2.5
外部融资总额	19.4	30.7	2.7	8.7

资料来源：同表 11−1。

（2）银行信贷发挥着重要作用

20 世纪 70 年代以来，在发达国家企业外部融资中，通过金融机构间接融资都占有举足轻重的地位，即使是以资本市场融资主导的国家也是这样。表 11−3 显示，1970 ～ 1985 年间，四个主要发达国家中，企业间接融资占外部融资的比重都接近或超过了 60%。美国企业通过股票市场融资的规模很大，上市公司也很多，但在企业资金来源中，股票融资所占比重在四个发达国家中却是最低的，低于股票市场发展相对滞后的德国，而其银行融资的比重却占外部融资的 61.8%，超过了全能银行占统治地位的德国。在发达国家企业净融资来源中，贷款大都占有重要地位。在表 11−2 中，英、美两国贷款融资增长弥补了股本融资的下降，而德、日两国贷款融资分别占企业净融资的 57% 和 99%。

可以看出，在发达国家的企业融资结构中，无论是以何种融资方式主导，银行间接融资都保持在较高的水平上。但需要说明的是，这只是资本增量所反映出的情况，而从资本余额上看，美、英等国，直接融资一直都占有一定优势。间接融资在各国企业融资中占主要地位的原因在于，银行具有较其他融资形式更大的获取信息的规模经济优势，可以减轻信息不对称，消除道德风险，因而交易成本相对较低；而直接融资交易中，由于筹资者和投资者的信息不对称，容易产生证券交易中的不公平性，损害投资者利益，因而交易成本比间接融资要高。只有在资本市场不断发展和证券交易的制度安排不断完善的前提下，直接融资的功能才可以充分发挥，它在企业外部融资中的比重才会上升。

表 11-3　　1970 ～ 1985 年各国企业外部资金来源构成（%）

	债务融资	其中：银行信用	其中：债券	股票	商业信用
德国	57.3	55.4	1.9	5.4	37.2
日本	67.5	62.9	4.6	5.2	27.0
英国	67.0	65.2	1.8	11.3	16.4
美国	87.7	61.8	25.9	2.2	6.4

注：以外部融资为 100。

（3）债券的重要性逐步增加

在发达市场经济国家中，对企业来讲，发行债券往往比股票更具吸引力。进入 90 年代，各国更加注重通过发行债券融资。美国 1993 年直接融资的债券市值为 12.7 万亿美元，超过股市 7.5 万亿元近 50%。美国非金融公司债务总额中，属于银行贷款的比重 1979 年底时为 15.7%，到了 1989 年和 1994 年这一比重分别下降为 10% 和 8.2%。企业对银行信贷依赖的减少，必然会在证券市场的融资上得到弥补，非金融性公司发行的债券数额从 1979 年的 251 亿美元迅速增加到 1989 年的 10141 亿美元，增幅达到 40 倍。到 1994 年底，债券发行的市场总额已达到 14863 亿美元，比 1989 年增长近 50%。

美国 20 世纪 40 年代证券交易委员会的数据证实，债券融资的成本为每融资 100 美元需花费 2.6 美元，而优先股和普通股的融资成本分别为 6.3 美元和 16.9 美元。另外，还由于发行债券手续较为简便，又能保持原有控制权格局不变，所以企业更多地利用债券融资。80 年代以来，美国公司兼并收购活动兴起，其中以金融机构的介入和参与为重要特征，在这一过程中，金融机构提供贷款，或帮助企业大量发债，促使企业债务率上升。

（4）股票融资保持稳定发展趋势

从表 11-4 可以看出，20 世纪 70 年代以后，以股票融资见长的美国企业股票发行总水平比日本和德国等国要低，各年股票发行比例也呈下降趋势。英国企业股票融资的比例在 70 年代后期以后都保持较高水平。德国、日本股票融资则表现出稳定发展的趋势。再从存量方面看，表 11-5 显示，美国的股票市值占GNP的比重也趋于下降，从1964年的99.6%下降到1984年的55.2%，但90年代中期比例又迅速上升，这与其高科技企业在股市上大量融资有关。英国这一比例也呈明显上升态势，到1994年已达到112%，超过1975年低谷时期75个百分点。日本在80年代以后股票市场融资有了较大发展，特别是90年代初期股票市值占GNP的比率更达到了100%，说明过度依赖银行信贷的融资模式已经难以继续维持下去了，融资模式正在发生着改变，直接融资的重要性显著提高了。与以往偏重间接融资的状况相比，80年代以后，德国企业股票融资有了一定程度的发展，但或许有德国严格的银行制度、银行优良的经营业绩以及企业与银行之间良好的信用关系作保证，德国企业还是更为重视通过借贷的方式解决企业的外部资金需求。因此，上述比例保持基本稳定。

表 11-4　　股票发行占 GNP 的比重（%）

年份	德国	日本	英国	美国
1970	9.3	15	10.2	10.4
1971	10.1	11.8	10.5	13.6
1972	8.5	15.5	24.5	11.6
1973	6.1	12.8	10.8	7.9
1974	6.3	6.9	2.6	3.8
1975	9.2	9	20.7	6.9
1976	7.1	6.6	9	6.3
1977	6.6	7.3	9	3.4
1978	7.4	6.3	15.4	0.8
1979	6.6	6.5	14.9	–1.6
1980	7.1	5.4	26.3	7.9
1981	6.7	9.3	34.2	–1.1
1982	5.3	8	23.6	10.8
1983	9.5	5.3	29.9	20
1984	6.5	6.7	23.3	–8.4
1985	9.6	5.8	23.1	9.5
1970～1985	7.6	8.7	21.2	6.3

资料来源：徐明棋:《市场深化中的金融重构》，上海财经大学出版社1996年版，第76页。

表 11-5 股票市值占 GNP 的比重（%）

年份	德国	日本	英国	美国
1964	7.8	24.4	54.8	99.6
1975	12	28	37	48
1980	9	36	38	50
1985	29	71	77	57
1990	24	100	87	56
1994	24	78	112	75

资料来源：同表 11-4。

（5）融资方式的综合化

随着时间的推移，一些国家的基本融资方式发生了明显的变化，各国在保持原有融资方式特征的同时，不同融资方式相互结合，各国在融资方式选择上越来越走向趋同。在间接融资占主导的国家中，例如日本和德国，随着金融的市场化和国际化，金融管制的放松，各类金融机构的发展，特别是投资性金融机构的业务发展，多种金融工具的创新，通过市场融资的成本大大降低，融资方式产生了变化，企业比以往更多地参与证券市场的融资活动；而在直接融资主导的国家中，对商业银行业务范围的限制逐步减少，商业银行金融工具不断创新，开始大量从事投资银行业务，商业银行向综合化银行发展。因此，在商业银行能够提供更多服务的情况下，比起 60 年代以前，企业融资偏向于取得贷款，而导致证券市场融资的减少。

2. 发展中国家融资模式

（1）发展中国家也存在多种融资模式

由于统计数据缺乏，对发展中国家融资模式的实证研究不多。国际金融公司（IFC）曾以几个发展中国家各自 50 家最大的制造业公司为样本对企业融资进行研究。结果表现，第一，保留收益是公司的重要资金来源，但其在公司融资结构中的重要性低于发达市场经济国家。第二，发展中国家企业对外部资金的依赖程度大。80 年代中期，韩国样本公司 86% 的融资来自于外部融资，而内部资金不到 14%；墨西哥、泰国、土耳其的同一指标也在 80% 以上，远远高于发达国家。可见，在发展中国家，经济的高速增长对内部资金与外部资金的增长提出了双重需要，但内部资金已越来越不能满足公司高速发展的融资需求，因而更多地依赖外部融资。第三，外部股权资本在发展中国家公司中的重要性高于同期发达国家。与发达国家相比，相当多的发展中国家更多地使用股权而不是债务为其净资产增长融资，显示出在工业发展初期，股本融资在公司融资中的重要作用。在发展中国家中也存在以银行贷款融资和证券市场融资两种基本模式。

（2）发展中国家与发达国家在证券市场融资上存在差距

一国公司融资的状况，特别是其发展程度可以通过证券融资的比例、证券市场资本化率等指标反映出来。表 11-6 是世界银行统计的各国证券（包括政府债券、公司债券和公司股本之和）占金融资产的比重、股票市值占 GNP 的比重和上市公司数量。可以看出，直到 20 世纪 80 年代中期，发展中国家的证券市场资本化水平还明显落后于发达市场经济国家。从平均水平看，发展中国家的证券占金融资产的比重、股票市值占 GNP 的比重和上市公司数量分别只有发达国家的 52%、28% 和 14%。但是随着发展中国家的金融自由化改革及其金融不断深化，出现了一些资本新兴市场国家，主要集中在东亚和拉美。到 90 年代初期，这些国家（地区）的证券市场资本化水平已经达到或接近发达国家同期水平。

表 11-6　　不同国家证券市场融资的差别（%）

国别	证券余额占金融资产的比重	股票市值占 GNP 的比重	上市公司数量（个）	国别	证券余额占金融资产的比重	股票市值占 GNP 的比重	上市公司数量（个）
英国	34	39	2135	马来西亚	32	58	232
美国	40	58	7181	智利	28	27	209
德国	30	21	507	韩国	10	19	389
日本	30	92	1912	泰国	17	9	125
法国	16	18	650	墨西哥	/	8	233
澳大利亚	33	/	/	巴西	23	7	590
加拿大	30	/	/	菲律宾	14	7	138
瑞典	35	/	/	委内瑞拉	18	7	110
发达国家	31	54	2477	发展中国家	16	15	342

注：数据来源于世界银行 1989 年发展报告。其中证券余额占金融资产的比重为 1985 年数据，股票市值占 GNP 的比重和上市公司数量为 1987 年数据。

表 11-7　　1992 年各国（地区）股票市场市值占 GNP 的比重（%）

国别	比重	国别	比重
马来西亚	126	英国	80
新加坡	86	德国	22
中国台湾	75	日本	90
泰国	39	法国	34
韩国	38	意大利	26
菲律宾	16	挪威	30
墨西哥	49	瑞典	61
巴西	11	加拿大	57

注：其中法、意、挪、瑞、加为 1994 年数据，资料来源于徐明棋:《市场深化中的金融重构》，上海财经大学出版社 1996 年版，第 76 页。其他数据来源于“The Changing Capital Markets of East Asia，”P63，Edited by Ky Cao.，First Pulished in 1995 by Routledge.

（3）新兴亚洲股票融资发展迅猛

Catherine Roc 在她的《亚洲新兴股票市场发展的历史回顾》一文中认为，在亚洲新兴市场经济发展过程中，股票市场并不是主要的推动力。尽管这些国家的股票市场发展很快，但是缺乏深度和广度。除了中国香港和新加坡作为国际金融中心股票市场规模巨大外，其他亚洲新兴市场国家直到 80 年代中期，股票市场的规模都比较小。这些市场具有典型的银行控制经济的缺陷，即上市公司少、二级市场不发达、缺少机构投资者和投机性强。1985 ～ 1990 年，亚洲新兴市场加速发展，在此期间，韩国、泰国和中国台湾的市场资本化率每年增长 70% 左右。韩国上述比率从 13% 上升到 54%，泰国从 5% 上升到 30% 以上，而中国台湾从 17% 上升到 96%。虽然 1981 ～ 1987 年世界市场资本化率每年增长 16%，亚洲市场（包括日本）资本化率却每年增长了 30%，市场资本化率也从 1981 年平均 17% 上升到 1987 年的平均 38%。亚洲市场资本化率的上升主要因为股票价格上升、上市公司和股票发行量增加。

Catherine Roc 认为尽管从市场资本化率等指标看，亚洲新兴市场的股票融资发展很快，但是这一市场仍然存在许多问题，从而影响市场向深度和广度发展。首先，股票市场供给仍然不足，上市公司少，股票发行量小。说明亚洲企业仍然偏重通过银行借款融资，而对股票融资重视不够。其次，由于政治不稳定、文化习惯和信仰以及缺乏教育，使投资者缺少对市场前景的良好预期和信心。再次，监管不够，信息不公开，以及通讯设施不足，使股票市场发展失去了制度基础和硬件基础。

第二节　国债融资及其可持续性

国债是建立在公共信用基础上的中央政府融资工具，国债对经济的影响是长远的、复杂的、多方面的。国债政策的实施既有利于熨平经济波动，促进经济长期增长，也可能形成债务负担和风险。国债融资的空间并不是无限的，规模扩张是受到限制的。

一、国债规模及其风险评价

在一国每一特定时期的特定条件下，必然客观地存在着某种适度债务规模。现实生活中，决定或影响适度债务规模的因素是多方面的，如经济发展水平和金融深化程度、政府管理水平和市场健全程度、国债的结构状态、筹资成本等等[①]。而且，由于上述因素的不断变化，所谓适度的国债债务规模标准也必然会产生变化。从这个意义上讲，并不存在唯一的、指导一切时期和一切国家的国债适度规模。但是，不同国家财政赤字及国债规模的发展趋势及规律仍然对赤字及国债规模合理性的判断具有一定的参考价值。

国际上通用的衡量赤字及国债规模的指标主要有：

①赤字率 = 赤字额 / 年度 GDP；

②国债负担率 = 当年国债余额 / 年度 GDP；

③居民应债率 = 当年国债余额 / 居民储蓄余额；

④借债率 = 当年国债发行额 / GDP；

⑤偿债率 = 还本付息额 / 财政收入；

⑥国债依存度 = 当年国债发行额 / 财政支出。

---

① 贾康："国债适度规模、债种结构与利率匹配"，《财经问题研究》1996 年第 10 期。

前四项指标反映了国债的应债能力，后两项指标反映了国债的偿债能力。

1. 国债的应债能力

①从赤字率来看，改革之初，我国的赤字率较高，1979 年曾达到 3.4%；但是，随后一直到 1990 年初，我国赤字率基本维持在 1% 以下；1998 年实施积极财政政策以后，赤字率迅速上升，由 1998 年的 1.2% 上升到 2002 年的 2.6%。之后，赤字率趋于下降，直到 2009 年才又提高到 2.2%。2010 ～ 2014 年，赤字率都在 2% 以下，2015 年提高到 2.4%，2016 ～ 2019 年均在 2% 以下。虽然某些时段我国的赤字率与欧盟 3% 的规定警戒标准相当接近，但仍然在警戒线内。

改革以来，我国平均赤字率只有 1.3%，超过 2% 的年份只有 8 年。而 1990 ～ 2010 年间，日本、法国、英国、意大利、印度和巴西的赤字率平均分别达到 2.8%、3.7%、3.2%、5.1%、3.2% 和 2.4%。日本 1995 ～ 1997 年赤字率达 3% ～ 4%，在 2009 ～ 2010 年分别达到 7.6% 和 6.2%；法国在 1993 ～ 1996 年赤字率超过 5%，2009 ～ 2010 年超过 7%；英国 1992 ～ 1996 年赤字率超过 5%，2009 ～ 2010 年超过 10%；意大利 1992 ～ 1994 年赤字率超过 10%，2008 ～ 2009 年超过了 5%；印度 2008 ～ 2009 年赤字率超过了 5%（见表 11-8）。其他欧洲及亚洲国家大都出现过赤字率较高的时期。

表 11-8　　各国赤字率（%）

年份	日本	法国	英国	意大利	印度	巴西
1990	-1.6	-2.1	0.7	-10.3	-3.3	-3.4
1991	1.7	-1.2	-1.0	-9.8	-2.2	1.5
1992	0.3	-3.9	-5.0	-10.9	-2.3	-2.1
1993	-1.5	-5.7	-6.5	-10.3	-3.8	-6.9
1994	-2.3	-5.6	-5.2	-10.5	-2.4	-2.7
1995	-3.6	-6.6	-5.3	-7.6	-2.1	—
1996	-4.2	-5.3	-5.3	-7.0	-2.0	—
1997	-3.4	-3.5	-2.0	-3.1	-2.7	—
1998	—	-2.8	0.2	-2.7	-3.3	-3.7
1999	—	-2.0	1.1	-1.4	-3.2	-2.5

续表

年份	日本	法国	英国	意大利	印度	巴西
2000	—	-1.6	3.9	-0.8	-3.8	-1.8
2001	—	-1.7	0.8	-2.9	-4.3	-2.1
2002	—	-3.4	-2.0	-2.4	-4.6	-1.2
2003	—	-4.1	-3.5	-3.2	-3.4	-4.3
2004	—	-3.5	-3.2	-2.6	-3.2	-1.9
2005	-4.1	-2.8	-3.1	-3.7	-3.2	-3.6
2006	-0.9	-2.2	-2.8	-2.4	-2.2	-2.9
2007	-2.4	-2.3	-2.7	-1.4	-0.5	-1.9
2008	-3.0	-2.9	-4.7	-4.9	-4.9	-1.2
2009	-7.6	-7.3	-11.0	-5.2	-5.2	-3.5
2010	-6.7	-7.0	-10.1	-3.8	-3.8	-1.7

资料来源：新浪财经全球宏观经济数据库。

相比之下，我国目前的赤字水平并不可怕，第一，我国赤字平均水平较低；第二，我国较高赤字水平仍明显低于其他国家高赤字时期；第三，我国近年的赤字率趋于下降。当然，也有学者对我国财政赤字的严重性进行了比较充分的估计。他们认为，应该采用合并政府赤字（consolidated government deficit）作为判断标准，也就是必须包括政府财政赤字及中国人民银行借给金融体系去支付中央政府要求的国营企业的开销。如此计算，我国的财政赤字率将大大提高，并超过国际警戒线。

②从国债负担率来看，1990 年代中期以前，我国国债负担率基本在 5% ～ 6% 之间波动。亚洲金融危机期间，随着国债规模的不断扩大，我国国债负担率出现了较快增长的趋势，国债负担率提高到 10% 以上。到 2007 年底达到 19.3% 的最高值，之后趋于下降，到 2019 年，国债负担率为 17%。1979 ～ 2019 年，我国国债负担率平均为 10.8%。

日本 1970 年代初国债负担率只有 5%，到 1980 年代初的 10 年中迅速上升到 67%，1990 年代末超过 100%，到 2005 年提高到 145.1%，2012 年则超过了 200%，在发达国家中最高；法国 1970 年代初国债负担率只有 8%，1980 年代上升到 40% 以上，1990 年代末上升到 65% 左右，2008 年国际金融危机期间超过了 80%；意大利 1970 年代初期国债负担率明显低于英国 20 个百分点，但到1980年代初已高于英国20个百分点，到2012年，意大利国债负担率高达134.9%。在新兴经济体中，印度的国债负担率2005年接近60%，之后有所下降；巴西在2008年达到了60%（见表11-9）。与这些国家相比，我国国债负担率处于较低水平之上。

表11-9　　各国国债负担率（%）

年份	日本	法国	英国	意大利	印度	巴西
2005	145.1	68.5	46.2	109.1	59.1	55.7
2006	144.1	67.4	47.2	104.2	56.5	57.4
2007	153.1	73.3	57.6	107.1	56.1	56.6
2008	167.2	84.3	73.4	118.8	54.4	60
2009	174.9	88.4	82.2	117.3	47.3	52.2
2010	189.4	79.5	97.5	108.3	45.1	—
2011	195.5	88.9	102	127	50.5	—
2012	201.6	88.6	98.3	134.9	—	—

资料来源：世界银行数据库。

根据官方的提法，我国国债负担率“远远低于欧盟规定的60%的警戒线，目前中国不存在财政风险。”[①]还有一种经验性的判断，即国债余额最多不能超过当年GDP的45%，国际上将这一比例作为国债负担的最高警戒线[②]。2019年，我国国债负担率只有17%，中央政府还有一定的发债的空间。当然，如果加上政府的隐性及或有债务，我国的国债负担率也会迅速攀升，接近并超过国际公认的警戒标准。

③从居民的应债能力看，居民应债率越低，则应债能力越强；居民应债率趋于下降，则应债能力增强。在我国，多年来居民是认购国债的主体。尽管近年居民可选择的金融资产增加了，但部分居民还是把国债作为安全性、收益性较好的金融产品。这些年我国居民储蓄存款的快速增长，为国债发行提供了巨大的资金来源。1980年代初期，我国居民应债率曾高达43.6%，之后逐年下降，到1993年下降到12.1%；随后又上升到2007年的29%，随后

① 项怀诚：“中国目前不存在财政风险”，《扬子晚报》2001年9月7日。

② 詹余引：“中外国债规模比较”，《经济界》1998年第6期。

又下降到 2019 年的 20.5%。未来，居民储蓄仍将呈较快增长势头，居民应债率将呈下降趋势，居民应债能力将会增强。

④借债率反映了当年 GDP 对国债增量的负担能力。改革初期，我国的借债率低于 1%，到 1980 年代末期上升到 2% 以上，1990 年代以来，我国的借债率上升速度较快，上升幅度较大，由 1991 年的 2.1% 上升到 2002 年的 4.9%，又上升到 2007 年的 8.6%，之后趋于下降，2019 年，借债率为 4.3%。发达国家的借债率一般在 3% ～ 10%，我国目前的借债率水平低于发达国家，即使与借债率较低的法国、英国和加拿大等相比，借债率水平也不高，这说明从国民经济全局来看，我国的年度国债发行规模还是存在一定的空间的。

2. 国债的偿债能力

①从国债偿债率看，国债偿债率是指一年的国债还本付息额与财政收入的比例关系。债务收入的有偿性，决定了国债规模必然要受到财政收入状况的制约。财政的偿还能力要求每年国债还本付息额要保持在一定限度之内。整个 1980 年代，我国国债偿债率很低，基本维持在 3% ～ 4% 左右。1990 年代以来，我国国债偿债率明显上升，特别是 1992 ～ 1996 年高通货膨胀时期发行的高利率国债的逐步到期，偿债率在 1998 年达到高峰值 23.8%。之后，国债偿债率趋于下降，到 2019 年曾经下降到 15.2%。我国学者一般主张将国债偿债率控制在 8% ～ 10% 的国际水平以内。可见，进入 1990 年代以后，我国国债偿债率均在国际水平以上。依此指标判断，我国国债扩大规模的余地已不大。

②从国债依存度看，国债依存度是财政支出依靠债务收入来安排的程度。改革以来，我国国债依存度逐年上升，由 1979 年的 2.8% 上升到 1998 年的 30.7%，之后有所下降，到 2015 年，国债依存度下降到 12%。目前，我国的国债依存度在国际上公认的 25% ～ 30% 的安全线以下。但是，由于我国公共支出基本由国家财政承担，国债发行也是由中央财政掌握，因此中央财政债务依存度直接反映国家财政依赖国债的程度。1992 ～ 2002 年，我国中央财政债务依存度都超过了 50%，1998 年超过了 100%，2007 年超过了 200%，2011 年再次超过 100%，2019 年提高到 121.7%。中央财政债务依存度较高。

3. 国债应债能力与偿债能力的综合

总的来看，对我国国债规模的判断存在着相互矛盾的结论，即应债能力强，偿债能力弱[①]。这主要因为应债能力指标是以经济与金融总量为基础进行衡量的，而偿债能力指标则是以财政收支为基础衡量的。从经济总量角度考虑，我国国债规模不大，而从财政收支角度分析，我国国债规模又显得过大。那么，到底应该依据哪类标准对国债规模进行考察呢？偿还率和债务依存度对于分析一国财政本身的状况是有意义的，对于约束政府财政收支行为，合理安排债务期限结构均是重要依据。但是，用以判断一国债务规模以及考察债务对整个宏观经济运行的影响，则不能作为主要依据[②]。原因在于，对一个国家债务规模的评价，应以其经济基础和经济实力为依据，而不应局限于财政收支能力。只要这个国家经济基础足够雄厚，能够使人相信在未来它有能力偿还债务，它就可以不断通过发新债还旧债的方式扩大债务规模。当然，这必须有一个前提，即这个国家的经济增长水平较高，且具有充足的发展潜力，民众对政府的信心指数高。这些条件我国都具备，并将长期具备。所以，我们可以更多地运用经济总量指标考察国债负担能力。

如前所述，分析我国国债经济负担时，还须考虑银行不良资产等隐性及或有因素的影响。我国国有商业银行不良资产的形成很大程度上受到政策性和体制性因素影响，银行实际承担了财政的部分职能。因此，银行不良资产化解的最终责任者只能是政府，也就是说很大程度上要依赖政府出资为银行弥补资产损失，补充资本金。这些银行不良资产已经成为政府的负担，在紧急情况下，政府只能通过发债的形式筹措资金，以缓解可能出现的金融危机。因此，对国债规模的判断必须充分考虑庞大的银行不良资产的因素。可以说银行不良资产的规模制约和削弱了财政为其他公共消费和投资支出继续扩大债务规模的可能性。国际经验表明，银行不良资产占总贷款的比例在10%以内，银行体系是比较稳健的。如果加入银行不良资产因素，我国扩大的国债负担率就将超过实际国债负担率，并呈现快速上升的趋势。另外，完

---

① 尽管近年来我国中央财政债务依存度有所改善，但是，中央财政支出仍需大量依靠发行国债，潜在风险仍然很大。所以，我国总体偿债能力仍然较弱。

② 程选：“某些债务‘控制指标’适用性分析”，《宏观经济管理》1999 年第 8 期。

善社会保障制度、补充社会保险基金的历史欠账也在一定程度上需要财政出资解决，尽管这部分基金可以通过增加税收或是出售国有资产的方式筹资，但最终仍将存在一定的资金缺口，需要通过财政发债解决。如果再加上这部分债务负担，则扩大的国债负担率将接近甚至超过60%的国际标准。

总之，我国未来的国债规模要与我国的经济发展与金融发展实际相结合，要在经济发展的基础上适当扩大国债发行。同时还要考虑到国债发行作为金融保险制度和其他社会保险制度重要组成部分的重要性和制约性，所以，中央政府为消费性或投资性用途扩大债务规模必须有所限制。从后一种意义讲，国债发行具有极为重要的金融稳定和社会稳定的作用。我国债务规模的形成过程中，债务规模 = 财政赤字 + 应付本息。本息支付是刚性的，必须支付的。对债务规模影响最大的是财政赤字，所以，控制债务规模的最主要的方式是限制财政赤字的过快增长；同时，还要不断优化国债结构，提高国债使用效益，谨防债务危机的发生。一是调整国债的期限结构，适当增加短期和长期国债的比重，从而为中央银行公开市场业务提供调节货币流动、稳定通货的工具，为公共事业发展筹措长期资金。二是进一步优化国债品种结构，增加建设债券、可转换债券、储蓄债券等债券品种，以适应居民不同的投资需求。三是优化国债使用结构，提高债务支出用于经济建设方面的投资比重，减少用于弥补非生产性赤字的比重。

表 11-10　　我国历年国债债务负担及偿债能力（%）

年份	赤字率	国债负担率	居民应债能力	国债依存度	借债率	偿债率	中央国债依存度
1979	–3.3	1.7	25.1	2.8	0.9	0	5.4
1980	–1.5	2.7	30.8	3.5	0.9	2.5	6.4
1981	0.8	4.7	43.6	10.7	2.5	5.3	19.5
1982	–0.3	5.1	40.3	6.8	1.6	4.6	12.9
1983	–0.7	5.7	37.8	5.6	1.3	3.1	10.5
1984	–0.8	5.5	32.8	4.5	1.1	1.8	8.7
1985	0.0	5.1	28.5	4.5	1.0	2.0	11.3
1986	–0.8	5.1	23.4	6.3	1.3	2.4	16.5
1987	–0.5	5.3	20.7	9.9	1.8	3.6	26.4
1988	–0.9	5.1	20.1	10.9	1.8	3.3	32.0

续表

年份	赤字率	国债负担率	居民应债能力	国债依存度	借债率	偿债率	中央国债依存度
1989	−0.9	6.2	20.5	14.4	2.4	2.7	45.9
1990	−0.8	6.4	17.0	12.2	2.0	6.5	37.4
1991	−1.1	6.1	14.5	13.6	2.1	7.8	42.3
1992	−1.0	5.7	13.1	17.9	2.5	12.6	57.2
1993	−0.8	5.2	12.1	15.9	2.1	7.7	56.3
1994	−1.2	5.8	13.2	20.3	2.4	9.6	67.0
1995	−0.9	6.2	12.9	22.7	2.5	14.1	77.7
1996	−0.7	6.9	12.8	24.8	2.7	18.3	91.4
1997	−0.7	7.6	13.1	26.8	3.1	22.2	97.8
1998	−1.1	9.2	14.7	30.7	3.9	23.8	105.9
1999	−1.9	11.5	17.5	28.2	4.1	16.7	89.5
2000	−2.5	13.0	20.3	26.3	4.2	16.4	75.7
2001	−2.3	14.1	21.2	24.4	4.2	11.7	79.8
2002	−2.6	16.1	22.4	26.9	4.9	13.1	87.6
2003	−2.4	16.6	21.9	25.5	4.6	13.2	84.6
2004	−2.0	16.1	21.6	24.3	4.3	13.4	87.7
2005	−1.6	17.4	23.1	20.8	3.8	12.3	80.2
2006	−1.3	16.0	21.7	22.0	4.0	—	88.9
2007	−0.8	19.3	29.0	46.5	8.6	—	202.2
2008	−0.4	16.7	23.6	13.7	2.7	24.0	64.1
2009	−2.2	17.3	22.4	10.7	2.3	—	53.6
2010	−1.6	16.4	21.6	10.8	2.4	15.6	60.9
2011	−1.1	14.8	20.5	15.7	3.5	—	103.5
2012	−1.6	14.4	18.9	12.8	3.0	—	86.1
2013	−1.9	14.6	18.6	14.4	3.4	—	98.8
2014	−1.8	14.9	18.9	13.9	3.3	—	93.6
2015	−2.4	15.5	19.3	12.0	3.1	—	82.4
2016	−1.9	16.1	19.8	16.4	4.1	12.7	112.6
2017	−1.9	16.2	20.7	19.7	4.8	16.9	134.3
2018	−1.7	16.3	20.7	16.8	4.0	14.4	113.4
2019	−1.8	17.0	20.5	17.9	4.3	15.2	121.7

资料来源：各年《中国统计年鉴》，各年财政部《关于中央决算的报告》。

二、国债可持续性的基本模式

国债的经济负担是评价国债政策可能性与衡量财政风险状况的重要方面。上文分析表明，国债的经济负担很难由赤字率、国债负担率、国债依存度、国债偿债率等指标的大小决定，设立警戒线的方法也不太准确。因此，我们只有换一种思维方式，即以国债政策可持续性为目标考察国债的经济负担，寻求国债相对规模的稳定发展模式及其实现这一模式的基本条件。这一问题包含两个层面的内容。其一，国债的可支付性研究。即要保持当前政府资产净值大于零，就要求未来各年的赤字率必须达到某一目标。以实际值与目标值相比较，可以看出目前国债实际运行模式与可持续性运行模式的差距，并根据这种差距确定财政调整的方向与幅度。其二，国债的负担率研究。主要分析国债负担率的合理、适度标准，用实际情况与合理标准相对照，确定现有国债政策的可持续性。

1. 国债可支付性

（1）从资产净值角度分析国债可支付性

在企业融资理论中，如果企业的净值（资产减去负债）为负数则表明该企业无支付能力。与企业部门一样，政府资产净值提供了一个衡量政府债务支付能力（可持续性）的尺度，我们也就可以运用这一尺度判定国债的可持续性及财政风险状况。当政府资产净值为负数时，意味着政府出现了净负债，此时政府失去了债务支付能力，如果不增加其资产，政府将不能满足偿还当前的契约债务的责任。但是，与企业部门不同的是，政府还拥有一项独特的资产项目或者资产获得能力，也就是各年政府的基本预算余额（不包括利息支付的经常性收支差额），这是政府为实现其公共职能而获得的一种强制性资产权力。因此，各年的基本预算余额的贴现值也应该纳入政府的资产负债表。当贴现值为正数时，表现为政府资产增加，贴现值为负数时，表现为政府资产减少。对于政府部门来讲，债务的可支付性也就意味着基本预算余额的贴现值之和至少能够抵补当前政府净负债，而使政府资产净值（不包括基本收支的贴现值）大于零。期初政府资产净值可以表示为：

$$B_0=\frac{S_1}{1+r}+\frac{S_2}{(1+r)^2}+\frac{S_3}{(1+r)^3}+\cdots\cdots\frac{S_n}{(1+r)^n} \quad (1)$$

式（1）中 B_0 为期初政府资产净值，当净值为负数时则为净负债。对于大多数政府来讲，B_0 表现为净负债。

S_n 是第 n 期预算基本余额（不包括利息支付），s_n 是第 n 期盈余（赤字）率，r 是国债贴现率，g 是经济增长率，Y_0 是国内生产总值。若将（1）式两边分别除以 Y_0，且假设各期盈余（赤字）率相等，则期初政府净值率或净债务负担率可以表示为：

$$\frac{B_0}{Y_0}=\frac{s(1+g)}{1+r}+\frac{s(1+g)^2}{(1+r)^2}+\frac{s(1+g)^3}{(1+r)^3}+\frac{s(1+g)^n}{(1+r)^n}$$

$$=\sum_{n=1}^{\infty}\frac{s(1+g)^n}{(1+r)^n}$$

$$\therefore s=\frac{B_0}{Y_0}\times(1/\sum_{n=1}^{\infty}\frac{(1+g)^n}{(1+r)^n}) \quad (2)$$

式（2）中存在一个等比无穷级数，根据相关公式[①]，赤字（盈余）率的目标值 s^* 可以表示为下式：

$$s^*=\frac{B_0}{Y_0}\times\frac{(r-g)}{(1+g)} \quad (3)$$

在方程（3）中，s^* 就是政府部门债务可支付性目标。当政府净值为正数时，只要实际赤字率小于可支付性目标 s^*，则政府具有债务支付能力，公共部门没有风险；当政府出现净债务时，如果实际盈余率大于可支付性目标 s^*，则政府债务也可以实现持续发展，财政风险也处于可控制范围之内。例如，如果期初政府净债务负担率为 0.2，利率与 GDP 增长率的差额为 0.03，GDP 增长率为 0.05，则公共部门可支付性指数 s^* 就等于 0.006，也就是说，只要未来各年预算盈余率达到 0.6% 以上，就可以保持国债的可支付性，也就可以保持国债的可持续性发展。如果期初政府净值率为 –0.2，表明政府资产大于负债，净值为正数，若上述其他条件不变，则公共部门可支付性指数

---

① 当 $|x|<1$ 时，无穷级数 $PV=a(1+x+x^2+\cdots\cdots)=a/(1-x)$，假设其中，$a=1/(1+r)$，$x=(1+g)/(1+r)$，则 $PV=1/(r-g)$。

s^*就等于 –0.006，也就是说，只要未来各年预算赤字率高于 –0.6%，就可以保持国债的可支付性，也就可以保持国债的可持续性发展。

从理论模式上讲，运用资产—负债方法判定政府国债的可持续性及财政风险状况有其合理性和科学性，但是由于此种方法需要大量的信息资料和定性分析，实践中较难操作。张春霖（2000 年）依据 IMF 的基本方法，确定了政府的资产负债表的主要项目，如表 11–11 所示。可以看出，表中所列的许多项目都缺乏准确的计算标准和方法，例如：政府资产中的国有非生产性资产的市场价值、国有土地使用权的市场价值以及国有部门对非国有部门的其他索取权，政府负债中的养老金债务等隐性及或有债务的评估都非常困难。第一，某些资产项目数量究竟有多少，不仅取决于人们对其范围的界定，而且还受到统计数据来源不一致的影响，不同的人可能得出不同的结果。市场供求关系的变化也会影响资产价值的评价。第二，隐性及或有债务与财政直接举借的债务有着本质的不同，它不是财政自身运行造成的，而是经济生活中各种矛盾的综合反映。隐性及或有债务既不是必须由财政来负担，也不是全部由财政来偿还，更不是马上要求由财政来支付，究竟有多少可能转化为政府的现实负担难以确定。这就决定了从资产净值角度分析国债可支付性方法的局限性。

表 11-11　　　　公共部门资产负债表

资产	负债和政府净值
1. 非债务收入的筹资能力（税收等未来收入流折现）	1. 非债务支出义务（包括未来年份为解决失业、环境等问题所需要的开支）
2. 国有企业净值	2. 国有金融机构不良资产市价与面值的差额
3. 国有金融机构净值	3. 养老金债务
4. 国有非生产性资产的市场价值	4. 国债余额
5. 国有土地使用权的市场价值	5. 外债余额
6. 国有部门对非国有部门的其他索取权	6. 非国有部门对国有部门的其他索取权
7. 外汇储备存量	7. 政府净值

资料来源：张春霖："如何评估我国政府债务的可持续性？"，《经济研究》2000 年第 2 期。

世界上有少数国家编制并公开发布政府的资产负债情况，新西兰是其中之一。新西兰 1994 年通过的财政责任法，鼓励谨慎的财政政策。责任法规定的财政政策责任包括通过实现操作预算盈余，使政府债务达到"谨慎水平"；在合理期限内，一旦预算平衡达到了这个目标，则应争取并保持适当水平的政府净财富，以抵御未来可能出现的不利情况。政府已经制定了短期债务水平低于 GDP30% 和长期债务低于 GDP20% 的公共债务目标。允许政府临时偏离这些目标，但是要解释原因以及制定如何及时扭转偏差的计划。财政责任法保证了政府的财政状况的任何变化都能迅速传达给公众，包括金融市场，增强了政府决策的财政透明度，因而形成了较为充分有效的财政外部监督机制，为政府债务的可持续发展创造了条件。表 11-12 是新西兰的国家平衡表。可以看出，当时，新西兰政府的资产远远大于其负债，且净值还将不断增加，政府债务的可持续性较强。

表 11-12　新西兰的国家平衡表（百万新西兰元）

	2001 年	2002 年	2003 年
资产			
现金	1187	1136	1088
证券、存款及不动产投资	16616	18134	19156
贷款	4326	5066	5778
应收票据	7629	8723	8855
存货	671	844	821
其他投资	281	306	397
产权、厂房、设备	45875	48494	49544
森林	380	380	380
无形资产	168	752	679
其他	—	—	220
总资产	77133	83855	86918
负债			
应付和坏账准备	9359	9855	9831
主权借款	29090	30476	31348
非主权借款	5562	7147	6811
其他负债	7141	7500	7806
养老金负债	11979	11702	11659
货币发行	2539	2937	2937
总负债	65670	69617	70392
净值	11463	14238	16526

注：2002 年、2003 年为预计数。

资料来源：New Zealand，The Treasury，Economic and Fiscal Update.

（2）从基本融资方式分析国债的可支付性

国债增加所依赖的融资方式主要有国内债务、国外债务以及货币化融资，因此，国债政策可支付性的判定也可以从上述三方面加以讨论。财政预算约束模型[①]可以用下式表示：

$$Pb+iD+Ei^*D^*=\Delta D+E\Delta D+\Delta M \tag{4}$$

其中，Pb 是财政基本赤余额，i 是国内债务名义利率，D 是公共部门国内债务，E 是名义汇率，i^* 是国外债务名义利率，D^* 是公共部门国外债务，ΔD 和 $E\Delta D$ 是国内外债务增加量，ΔM 是基础货币增加量。

将式（4）两边分别除以价格 P，从而将各指标转换为实际量，分别用小写字母表示。定义 $d=D/P$，$d^*=ED^*/P$，则有 $\Delta D/P=\Delta d+dp$ 和 $E\Delta D^*/P=\Delta d^*-d^*(e-p^*)$，其中，$e-p^*$ 为实际汇率变动。则方程（4）可以表示为：

$pb+rd+d^*(r^*+e)=\Delta d+\Delta d^*+m(p+g)$，其中，$r=i-p$，g 为经济增长率，$e$ 为汇率变动。

将上式除以 y（实际收入），则有：

$$pb/y+rd/y+(d^*/y)(r^*+e)=\Delta d/y+\Delta d^*/y+(m/y)(p+g)$$

定义 $\beta=d/y$，$\beta^*=d^*/x$，则有：

$pb/y+r\beta+(x/y)\beta^*(r^*+e)=\Delta\beta+\beta g+\beta^*+\beta^*x'+(m/y)(p+g)$，其中 x' 为出口增长率

根据货币数量论：$Mv=Py$，则有：

$$pb/y=(d/y)(g-r)+(x/y)(d^*/x)(x'-r^*-e)+1/v(p+g) \tag{5}$$

方程（5）显示的是政府预算约束的基本即时变动状态（snapshot），这一约束条件取决于以下因素：国内及国外债务负担率 d/y 和 d^*/x，实际利率及实际经济增长率 r 和 g，出口比率 x/y，出口增长率 x'，实际国际市场利率 r^*，实际汇率变动 e，货币流动速度的倒数为 $1/v$，通货膨胀率为 p。

如果定义 $s^{**}=-pb/y$ 为实现国债可持续性所要求的基本赤字（盈余）率目标，则有：

$$s^{**}=(d/y)(r-g)+(x/y)(d^*/x)(r^*+e-x')-1/v(p+g) \tag{6}$$

方程（6）表明，政府部门的赤字（盈余）率取决于以下几方面的因素：经济增长率与国债利率的差额，出口增长与国际真实利率和变动之间的比

① 根据世界银行专家 Hinh T. Dinh 的财政可持续性模型构造，见 Fiscal Solvency and Sustainability in Economic Management，10–12，Policy Research Working Paper 2213，The World Bank，October 1999.

较，货币的经济和通货膨胀发行，内债及外债余额基数。以可持续方式弥补基本赤字的三种条件是：收入增长率大于内债利率，出口增长率大于国际市场利率与货币贬值之和，以及保持一定的基础货币融资规模。实际赤字率只要不高于可支付性指数 s^{**}，则国债的可支付性就可以保证。在考虑赤字货币化融资的情况下，国债可支付性指数可能会放大，这是由于货币流动速度下降以及通货膨胀加剧带来的影响，这两种情况都可能带来基础货币发行，从而使政府可以通过一定数量的铸币税收入为赤字融资。政府最多可以得到多少铸币税收入呢？经济学家指出，从历史记录来看，工业化国家平均在 GDP 的 1%，发展中经济在 GDP 的 2.5% 以下。由于存在基础货币融资的可能性，由于为赤字融资存在债务化和货币化两种方式，赤字增加不一定反映为政府债务增加，这使得政府可以实施更加积极的赤字政策，而不会影响国债的可支付性。

2. 国债的负担率

国债负担率是指国债余额占 GDP 的比例，该指标反映了国家债务的相对规模，是衡量国债风险情况的基本指标。到目前为止，国内外经济理论及实践经验并未对国债规模的合理界线作出明确和科学的解释。即使是欧盟国家签署的马约中规定的国债负担率 60%、赤字率 3% 的国债规模安全线也只是考虑欧盟国家具体情况后的一个可能达到的标准。如果其他国家国债规模合理性的判定只是比照这一标准，则有生搬硬套之嫌。但是，我们仍然可以运用国债负担率指标对国债规模的合理性及国债政策的风险性进行分析。方法之一是以国债负担率的稳定甚至下降为基本目标，探讨实现这一目标的基本条件；方法之二是结合国际经验，寻求国债负担率的合理变动轨迹。

（1）合理国债负担率的形成条件

各年国债余额公式可以通过以下公式推导：

当年国债余额 = 上年国债余额 + 新增国债 − 当年国债还本额

因为，新增国债 = 基本赤字 + 国债还本额 + 国债付息额

所以，当年国债余额 = 上年国债余额 + 基本赤字 + 国债付息额

= 上年国债余额 + 基本赤字 + 上年国债余额 × 利息率

= 基本赤字 + 上年国债余额 ×（1+ 利息率）

假设国债余额为 D，国民收入为 Y，实际经济增长率为 g，实际利率为 r，赤字率为 a。经济增长率、利率及赤字率保持不变，则各期国债余额可以表示为：

$D_0=aY_0$

$D_1=aY_1+D_0(1+r)=aY_0(1+g)+aY_0(1+r)=aY_0[(1+g)+(1+r)]$

$D_2=aY_2+D_1(1+r)=aY_0(1+g)^2+aY_0(1+r)[(1+g)+(1+r)]$

$\quad=aY_0[(1+g)^2+(1+r)(1+g)+(1+r)^2]$

$D_3=aY_3+D_2(1+r)$

$\quad=aY_0(1+g)^3+aY_0[(1+g)^2(1+r)+(1+r)^2(1+g)+(1+r)^3]$

$\quad=aY_0[(1+g)^3+(1+g)^2(1+r)+(1+r)^2(1+g)+(1+r)^3]$

………………………………

∴当 $r\neq g$ 时：

$$D_n=aY_n+D_{n-1}(1+r)=aY_0\sum_{i=0}^{n}(1+g)^i(1+r)^{n-i}$$

$$=aY_0\times\frac{(1+r)^{n+1}-(1+g)^{n+1}}{r-g} \tag{7}$$

∴当 $r=g$ 时：

$$D_n=aY_0\times(n+1)(1+g)^n \tag{8}$$

由（7）式及（8）式可以得出以下结论：

当 $r\neq g$ 时，若 $n\to+\infty$，则 $D_n\to+\infty$；当 $r=g$ 时，若 $n\to+\infty$，则亦有 $D_n\to+\infty$。

这说明只要保持一定的赤字水平，赤字及利息的滚动增加必然导致国债总规模的不断增加，而且，随着时间的增加，国债规模趋于无穷大。此时，国债规模的扩大趋势与经济增长以及利率变化没有关系。

再来分析国债余额增量的变化趋势。国债余额增量可以写为下式：

$$\Delta D_n=D_n-D_{n-1}=aY_0\times\frac{(1+r)^{n+1}-(1+g)^{n+1}-(1+r)^n+(1+g)^n}{r-g} \tag{9}$$

在（9）式中，当 $r\neq g$ 时，

$$\Delta D_n = aY_0 \times \frac{r(1+r)^n - g(1+g)^n}{r-g} \quad 若\ n\to+\infty，D_n\to+\infty$$

当 $r=g$ 时，

$$\Delta D_n = aY_0 \times \frac{ng(1+g)^n}{1+g} + aY_0(1+g)^n \quad 若\ n\to+\infty，D_n\to+\infty$$

这说明，当保持一定的赤字水平时，各期国债余额的增加量不会收敛于特定数值，且当时期足够长时，国债余额的增加量也会趋于无穷大。

现在我们进一步考察国债负担率（国债余额占 GDP 的比例）的变化规律。第 n 期的国债负担率如下所示：

$$\frac{D_n}{Y_n} = aY_0 \times \frac{(1+r)^{n+1} - (1+g)^{n+1}}{(r-g)\times Y_0(1+g)^n} = a\times\frac{(1+r)^{n+1} - (1+g)^{n+1}}{(r-g)(1+g)^n}$$

$$= a\times\frac{(1+r)[(1+r)/(1+g)^n - (1+g)]}{r-g} \qquad (10)$$

在（10）式中，当 $r>g$ 时，$D_n/Y_n\to+\infty$

当 $r=g$ 时，根据方程（8），有 $D_n/Y_n=a(n+1)\to+\infty$

当 $r<g$ 时，$D_n/Y_n\to[a(1+g)]/(g-r)$

由此可见，第一，如果国债利率水平长期高于或等于经济增长率时，国债负担率都会趋向于无穷大。第二，当国债利率超过经济增长率，国债增长将快于经济增长，除非政府有基本盈余出现。利率与经济增长率之间的差距越大，则需要越多的基本盈余来稳定国债负担率。第三，只有当经济增长率大于国债利率水平的情况下，国债负担率才会逐步收敛，趋近于一个特定的值 $[a(1+g)]/(g-r)$。如果经济增长率大于国债利率水平的程度越大，则国债负担率收敛越快，反之，则越慢。第四，在经济增长率大于国债利率水平的情况下，赤字率越高，则国债负担率的极限值越大，反之，则越小。第五，在经济增长率大于利率水平的情况下，如果经济增长率与利率的差距越大，则国债负担率的极限值越小，反之，则越大。我们可以用图 11-1 表示当经济增长率大于利率时，国债负担率的变化状况。

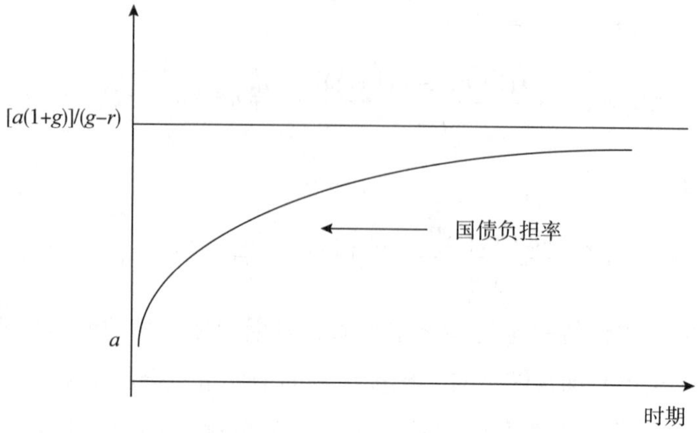

图 11-1　经济增长率大于利率时，国债负担率的变化状况

我们还可以测算当经济增长率大于利率时，国债负担率的极限值。若设赤字率 a 处于 0.01 ～ 0.05 之间，经济增长率 g=0.08，$g-r$ 处于 0.01 ～ 0.05 之间，则相关条件下国债负担率如表 11–13 所示。

表 11-13　　相关条件下的国债负担率

$g-r$ \ a	0.05	0.04	0.03	0.02	0.01
0.05	1.08	0.86	0.65	0.43	0.22
0.04	1.35	1.08	0.81	0.54	0.27
0.03	1.80	1.44	1.08	0.72	0.36
0.02	2.70	2.16	1.62	1.08	0.54
0.01	5.40	4.32	3.24	2.16	1.08

由表 11–13 可以看出，当赤字率较低，而经济增长与利率的差额较大时，国债负担率的极限值较小，反之，则较大。在赤字率为 0.01，经济增长率与利率的差额为 0.05 时，国债负担率极限值只有 0.22，而当经济增长率与利率的差额缩小为 0.01 时，国债负担率极限值则迅速上升为 1.08。上述分析表明，在遵循相关约束条件的情况下，国债相对规模是可控制的。也就是说，只要尽量选择表中矩形对角线的右上方的政策组合——较高的经济增长与利率的差额以及较低的赤字率，国债相对规模的发展就会局限在一个相对较低的水平之上。但是，必须注意的是，经济增长率长期高于利率水平是较难达到的，在某些发展中国家出现的在较长时期内增长率高于利率的情况则

可能是金融压抑的结果，并不符合资金配置的效率原则，因而不应该成为一个长久现象。所以，尽管我们可以寄希望于尽可能提高经济增长率和降低市场利率的政策调整，但是，当经济高速增长的动因削弱而利率逐步趋向于市场化，则会迅速放大目前已经形成的债务负担。因此，虽然降低利率和加快经济增长会降低国债负担率，但是大多数的调整只有出现在更大的基本盈余的情况下。

（2）保证国债合理负担率的政策调整

本部分主要探讨在已知债务动态变化的前提下，要保持本期国债比率与上期国债比率不变时，需要进行多大的财政调整才能保障国债负担的合理性，继续探讨国债政策可持续性的基本条件和相关特征，并对国债规模与经济增长率、利率等变量的相互关系进行多种政策模拟。假设 d 是债务负担率，Δd 是指与前期的变化，g 为实际经济增长率，r 为实际利率，a 为赤字率。则债务动态增加由公式 $\Delta d=[(r-g)/(1+g)]\times d_{-1}+a$ 表示，推导过程如下：

$$\Delta d=\frac{D_{n+1}}{Y_{n+1}}-\frac{D_n}{Y_n}=\frac{D_n+rD_n+aY_n(1+g)}{Y_n(1+g)}-\frac{D_n}{Y_n}$$

$$=\frac{D_n+rD_n+aY_n+aY_ng-D_n-gD_n}{Y_n(1+g)}=\frac{(r-g)D_n+aY_n(1+g)}{Y_n(1+g)}$$

$$=d_n\times[(r-g)/(1+g)]+a$$

$$\therefore \Delta d=[(r-g)/(1+g)]\times d_{-1}+a \tag{11}$$

$$d=d_{-1}+d_{-1}\times[(r-g)/(1+g)]+a \tag{12}$$

国债政策可持续性的简单分析，要求国债负担率保持不变，则有：$d=d_{-1}$，

$$\therefore a=-d_{-1}\times[(r-g)/(1+g)] \tag{13}$$

根据方程（13），如果期初国债负担率为0.6，折扣率[①]为0.05，经济增长为0.05，则国债可持续性指数 a 等于 –0.028。也就是说预算盈余率必须保持在0.028以上才可能保证国债负担率稳定甚至下降。

根据（11）或（12）式还可以得出以下结论。

第一，在没有基本赤字（a=0）的情况下，如果折扣率越高，即利率 r 高

① 折扣率等于长期利率减去经济增长率。

于 GDP 增长率 g，则国债负担率就会提高；但是，如果有基本盈余（$a<0$），则利率高于 GDP 增长率时，国债负担率也可能出现下降；折扣率越高，就需要越多的预算盈余来保持国债负担率的稳定。

第二，同理，在没有基本赤字（$a=0$）的情况下，如果 GDP 增长率高于利率，那么国债负担率就将降低；但是，如果有基本赤字（$a>0$），则即使 GDP 增长率高于利率时，国债负担率也可能出现上升；GDP 增长率高于利率越多，即使有较大规模的预算赤字也可以保持国债负担率的稳定。

第三，由此，长期维持基本赤字会导致国债负担迅速增加。如果此时经济增长水平高于利率水平，将使国债负担率增加的幅度放缓，经济增长高于利率水平越多，国债负担率增加的幅度越小。经济增长率高于利率水平是评价国债可持续性和降低财政风险的重要标准。

第四，通过（12）式可以计算在特定利率和经济增长率条件下，国债负担率的发展趋势。例如：若设期初国债负担率为 0.2，赤字率为 0.03，利率为 0.04，GDP 增长率为 0.08，则第 5 年国债负担率为 0.305，第 10 年为 0.392，第 50 年达到 0.717。如表 11-14 所示。

表 11-14　　国债负担率变化值

年份	国债负担率	年份	国债负担率
期初	0.200	第 10 年	0.392
第 1 年	0.223	第 15 年	0.463
第 2 年	0.244	第 20 年	0.523
第 3 年	0.265	第 30 年	0.613
第 4 年	0.285	第 40 年	0.675
第 5 年	0.305	第 50 年	0.717

第五，可以用（12）式计算要保持某一国债负担率水平时，所要求的赤字（盈余）水平。因为，赤字水平 $a=d_{n+1}-d_n-d_n\times[(r-g)/(1+g)]$，所以，若设期初国债负担率为 0.3，赤字率为 0.03，利率为 0.04，GDP 增长率为 0.08，如果要求第 5 年国债负担率平均下降到 0.20，则各年平均盈余率为 0.01，如果要求第 5 年国债负担率平均上升到 0.35，则各年平均赤字率为 0.022。具体结果如表 11-15 所示。

表 11-15　根据国债负担率的调整目标所需要达到的赤字（盈余）水平

5 年之后	国债负担率	平均赤字率
平均降到	0.10	0.032
平均降到	0.15	0.021
平均降到	0.20	0.010
平均升到	0.35	–0.022
平均升到	0.40	–0.033
平均升到	0.50	–0.054

注：表中赤字为 –，盈余为 +。

第六，运用（12）式还可以计算在保持一定财政盈余率的前提下，把目前的国债负担率降低到某一目标值所需要的时间。若期初国债负担率为 0.5，财政盈余率为 0.01，利率为 0.04，GDP 增长率为 0.08，则要把国债负担率降到 0.2 需要 13 年。

第七，国债的增加（国债负担率上升）是否存在一个危险的标志呢？从（11）式可以看出，如果利率 r 达到较高水平，那么国债负担率的增加将是非常迅速的。例如，若设期初国债负担率为 0.2，赤字率为 0.03，GDP 增长率为 0.08，当利率为 0.02，国债负担率要达到 0.40 需要 16 年，而当利率上升到 0.04 和 0.06 时，国债负担率要达到 0.40 只需要 11 和 8 年了。而利率的增加表明债务风险加大，如果以较高的利率代价仍然无法融资的话，债务的延期、拖欠甚至财政破产就会产生。

第三节　融资工具与金融体系创新

一、融资工具的功能及其发展

1. 融资工具的功能

融资即资金融通，是指在经济运行过程中，资金供求双方运用各种金融工具调节资金盈余的活动，是所有金融交易活动的总称。融资是通过融资工具或产品来进行的。融资工具是指在融资过程中产生的证明债权债务关系的凭证和所有权凭证，融资工具也可称为“信用工具”或“金融工具”。根据不同的使用者、不同的目的、不同的作用等，有不同的称呼。以股票为例，对市场而言，股票是金融工具；对发行者而言，股票是融资工具。

一般认为，融资工具具有以下特征：第一，偿还期。是指借款人拿到借款开始，到借款全部偿清为止所经历的时间。各种融资工具在发行时一般都具有不同的偿还期。从长期来说，有 10 年、20 年、50 年等。第二，风险性。是指投资于融资工具的本金是否会遭受损失的风险。风险可分为两类，一类是债务人不履行债务的风险，另一类是市场的风险，这是金融资产的市场价格随市场利率的上升而下跌的风险。第三，收益性。是指融资工具能定期或不定期给持有人带来收益的特性。融资工具收益性的大小，是通过收益率来衡量的。

戈德史密斯（Raymond W.Goldsmith）指出：金融工具的出现和金融机构的成立，扩大了金融资产的范围，导致了储蓄和投资的分离。而储蓄与投资的分离能够提高投资收益并提高资本形成对国民生产总值的比率；同时通过储蓄与投资两个渠道的金融活动提高了经济增长率[①]。融资工具的出现使储蓄和投资分离为两个相互独立的职能，这种特殊的分工克服了资金运动中收支不平衡的矛盾。一方面使一个单位的投资可以大于或小于其储蓄，摆脱自身储蓄能力的限制；另一方面为储蓄者带来增值，使得储蓄不仅是财富的贮藏，还能增加收益。

融资工具创新可以提高经济效率。融资工具创新能够增加资产的流动性，提高资产管理效率，为投融资双方增加盈利创造条件，同时，更高的流动性也提高了投资者和金融机构的偿债能力。融资工具创新对于改善市场的信息条件发挥了重要作用，有助于金融体制、市场体系、金融机构组织结构的健全完善，增加金融交易的透明度，消除信息不对称，提高金融效率。金融技术的创新则会加快信息传递的速度和覆盖范围，有利于节约金融交易中的无形交易成本，为交易主体降低成本提供了可靠保障，进而提高融资的效率。

融资工具创新能够扩大市场规模。融资工具创新能增加市场主体规避风险的能力，创造投资盈利的机会和手段，扩大金融市场的规模。不同的融资

① 雷蒙德·戈德史密斯:《金融结构与金融发展》，上海三联书店 1994 年版，第 38 ～ 42 页。

工具，由于其在偿还期、流动性、安全性以及收益率等方面各不相同，因而可以满足市场参与者不同的金融需求。通过融资工具创新，金融市场主体能够有更多选择的余地，以形成自己的资产组合，大大增强他们规避风险、投资盈利的机会和手段，进而吸引更多的投资者加入到金融市场中来，不断地扩大金融市场的规模。融资工具创新也能够为一国金融市场与国际接轨创造条件。

融资工具创新也会带来经济风险。融资工具创新也可能对于金融和财政风险扩散与传染产生强化作用。尽管新的金融工具可以实现避险保值功能，但是，整个金融系统中的总风险并未减少，而且金融工具创新的潜在收益与风险并不像常规金融业务那样透明，极易造成投资者的损失，危及金融机构的安全。伴随着金融产品创新的出现、扩散和采纳以及其他金融创新发展过程，金融和财政风险也通过信息渠道和流动性渠道不断地扩散和传染，可能演变为更大的系统性风险，最终对金融和财政稳定构成威胁，促使经济陷入衰退。

2. 融资工具分类

融资工具可以按不同标准进行分类：第一，按发行者的性质可划分为直接融资工具与间接融资工具。直接融资工具是指由工商企业、政府或个人所发行或签署的股票、债券等凭证，间接融资工具是由金融中介机构所发放的各类贷款。第二，按照融资过程中企业与投资者所形成的不同的产权关系，可以把融资工具分为股权融资工具与债权融资工具。股权融资工具主要是发行股票，而债权融资又有两种形式，即银行信贷和发行债券。

由于融资工具不断创新，其内涵出现交叉与融合，有时很难按照上述标准进行划分，因此，也有学者根据资金渠道、金融市场等因素的不同对融资工具进行分类。第一，通过证券市场进行融资，包括股票融资、创业板上市、公司债、可转债和可交换债券等；第二，通过银行间债券市场进行融资，包括企业债、中期票据、集合债券和短期融资券等；第三，通过银行获得融资，包括不动产质押、股权质押、商业汇票融资、知识产权融资、联保贷款、仓单融资、货币互换和碳排放权融资等多种形式；第四，通过其他方式获得融资，包括信托融资、融资租赁、基金、私募股权、融资委托贷款和民间借贷等（见表 11-16）。

表 11-16　　各类融资工具

类别	名称	简要说明	适用企业
通过证券市场融资	股票融资	通过在股票市场公开发行股票的方式融资	（拟）上市公司
	创业板上市	科技含量比较高的成长型中小企业，在创业板 IPO	创新型企业
	公司债	发行的一年以上期还本付息的有价证券	上市公司
	可转债	上市公司发行的在一定条件下可转换为股票的债券	
	可交换债券	上市公司法人股东将其持有的股票抵押之后发行债券，债券持有人未来有权以持有的债券换取该股东抵押的股票	上市公司法人股东
	企业债	企业发行的期限通常在 5 年以上的还本付息的有价证券	大型非上市企业（一般有政府背景）
通过银行间债券市场融资	短期融资券	企业在银行间债券市场发行和交易，并约定在一定期限内还本付息的有价证券。时间通常在一年以内	大型企业
	超级短期融资券	期限在 270 天以内的短期融资券，属于货币市场工具范畴	
	中期票据	企业在银行间债券市场发行的 3～5 年债券	
	集合债券	多家中小企业统一组织、申请、冠名，在银行间债券市场发行的债券，各家企业分别负债，统一担保、评级	中小企业
	非公开定向债务融资工具	在银行间市场以非公开定向发行方式发行的债务融资工具，属于私募债券	不能对外做完全信息披露的企业
通过银行获得融资	不动产抵押	企业以其房产、土地、固定资产等作为抵押，向银行融资	各类拥有不动产循环贷款的企业
	股权质押	有限责任公司和股份有限公司的股东，以自己持有的并拥有处置权的股权作抵押，以获得资金	以上市公司股东为主
	银行承兑汇票	企业将商业票据向银行申请承兑、贴现、转贴现	大中型企业
	知识产权融资	企业以版权、专利、商标等知识产权，向银行抵押贷款	缺少不动产的企业
	联保贷款	多家企业结成联合体，向银行贷款，彼此之间相互提供担保	
	仓单质押	企业将持有的仓单（凭仓单可直接提取货物）质押，从银行获得一定比例资金	以贸易、流通业务为主企业
	碳排放权融资	企业通过出售项目减排后减少的碳排放量获得资金。或将减排收益权抵押给银行，获得贷款开发项目	投资环保领域企业

续表

类别	名称	简要说明	适用企业
通过其他方式获得融资	融资租赁	企业向金融租赁公司支付租金租用设备等，一段时期后资产归企业所有	有大型设备需求的企业
	信托融资	以信托制度为本源，融合其他融资模式的优势为融资者提供综合性的金融服务的创新模式	满足不同类型融资企业的融资需求
	私募股权投资	企业向 VC、PE 出让自己的股权，以获得资金	IPO 之前的企业
	委托贷款	企业将自有资金委托银行贷给另一家企业	各种企业
	民间借贷	民营企业相互之间的有偿借贷，利率通常高于银行	中小民营企业

资料来源：朱锐："融资工具大全"，《经理人》2008 年 11 期。

3. 融资工具的发展状况

（1）证券市场融资工具

改革开放以来，我国证券市场稳步发展，广度和深度不断提高，市场功能日趋完善，融资工具逐步丰富，为金融市场体系创新和优化资源配置发挥了重要作用。

股票融资功能不断增强。1993 年，我国境内股票筹资额只有 314 亿元，2000 年增加到 1541 亿元，到 2010 年，上升到 9799 亿元。2011 ～ 2013 年，股票筹资额下降，2014 ～ 2016 年又迅速上升。1993 ～ 2020 年，股票筹资额与银行贷款增加额的比例波动较大，高的时候曾达到 2007 年的 21.5%，低的时候则降到 2003 年的 2.4% 和 2005 年的 1.4%，2020 年为 7.1%（见图 11–2）。1993 年，股票市值只有 1048 亿元，到 2010 年，上升到 26.5 万亿元。截至 2020 年末，我国股票市场市值达到 79.6 万亿元，股票市值占 GDP 的比例由 1993 年的 3.9% 提高到 2020 年的 78.3%，规模扩张迅速。但是，总体来讲，我国股票市场的新兴和转轨的基本特征没有改变，结构性、体制性的矛盾依然突出，市场资本约束和价格约束机制不健全，缺乏内在的稳定机制，市场基础薄弱；同时，上市公司治理中的一些老问题，如关联交易问题、独立性问题、选择性信息披露问题、大股东行为不规范等问题，不断以新的形式表现出来。

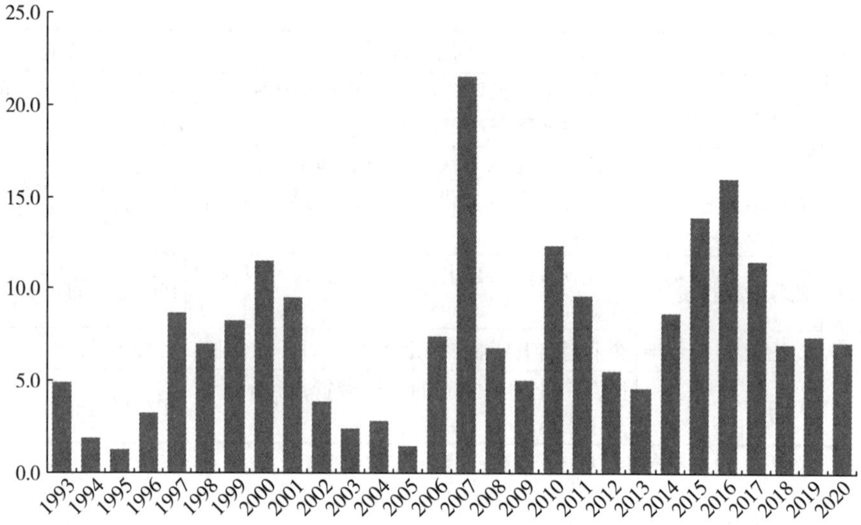

图 11-2　股票筹资额占银行贷款增加额的比例（%）

资料来源:《中国统计年鉴 2020 年》《中国统计摘要 2021 年》。

拓展多层次融资工具。经过多年建设，我国已经初步构建了包括主板（含中小板）、创业板、科创板、新三板、区域性股权市场的多层次资本市场体系。创业板又称二板市场，即第二股票交易市场，是指主板之外的专为暂时无法上市的中小企业和新兴公司提供融资途径和成长空间的证券交易市场。2009 年 10 月 30 日，随着首批 28 只创业板新股上市，借助这个平台，越来越多的中小型公司登上了创业板的平台。到 2019 年底，创业板上市企业已达 791 家。科创板主要服务于符合国家战略、突破关键核心技术、市场认可度高的科技创新企业。2019 年 6 月 13 日，科创板正式开板，试点注册制平稳落地，关键制度创新经受住了市场检验，市场运行总体平稳，作为资本市场改革“试验田”的建设性和引领性作用得到较好发挥，支持科技创新的品牌效应初步显现。截至 2021 年 5 月 14 日，科创板上市公司已达 274 家，总市值 3.5 万亿元，合计融资 3477.2 亿元。

可转债成为重要融资品种。我国可转换债券的发行始于 1992 年，1997 年 3 月，原国务院证券委出台《可转换公司债券管理暂行办法》，对可转换公司债券的发行、承销及相关条件作出明确规定。之后，南宁化工、虹桥机场等企业发行了可转换债券。2001 年 4 月，中国证监会发布《上市公司发行可转换公司债券实施办法》，我国可转换公司债券进入全面发展阶段，发债规模迅速扩大。2007年，可转债发行规模达到106亿元，2010年，发行规模大幅扩张，达到历史高点的717.3亿元，之后两年连续减少，2013年，发行规模有所回升，达到544.8亿元。2017年可转债发行只数增至53只，规模创纪录地达到950亿元。2020年，共有172只可转债上市，发行额2217亿元。从发达国家的经验来看，可转债一直是资本市场上的一个重要融资品种。我国的可转债市场发展则相对滞后，呈现出个券数量少、规模占资本市场的比例偏低的特点。对比国外成熟市场的发展路径，未来我国可转债市场具有较大的扩容空间。

企业债发展迅速。我国企业债的发展始于20世纪80年代。1993年，企业债发行额只有236亿元。2004年以前，企业债发行长期徘徊，每年均在350亿元以下，2000年则仅有80亿元。2008年以后，企业债券的发行制度发生重大变革，程序明显简化，且服务于国家重大战略，企业债规模成倍增加，2009年提高到1.2万亿元，2012年进一步增加到2.2万亿元，2020年达到4.4万亿元。企业债券占国内非金融机构部门融资总量的比例由2001年的0.9%提高到2005年的6.5%，再提高到2012年的18.3%，2020年的比例也达到12.7%（见图11-3）。但是，我国企业债相对规模总体来讲仍然偏小，企业债券融资比例远远落后于美国和日本。2007年，日本企业债券融资占到企业融资总额的22%；2008年，美国企业债券融资占企业融资总额49%。相比之下，我国企业债券融资比重仍然偏低。

（2）非金融企业债务融资工具

银行间市场非金融企业债务融资工具，是指具有法人资格的非金融企业在银行间债券市场发行的，约定在一定期限内还本付息的有价证券。2008年4月，《银行间债券市场非金融企业债务融资工具管理办法》出台，显示了管理层进一步放松市场管制、拓宽直接融资渠道的强烈愿望。《管理办法》的颁布实施推动了我国非金融企业债务融资工具市场的快速发展。目前，银行间市场的非金融企业债务融资工具有：中期票据（MTN）、短期融资券（CP）、超短期融资券（SCP）、非公开定向发行债务融资工具（PPN）、资产支持票据（ABN）、项目收益票据（PRN）、中小企业集合票据（SMECN）等。

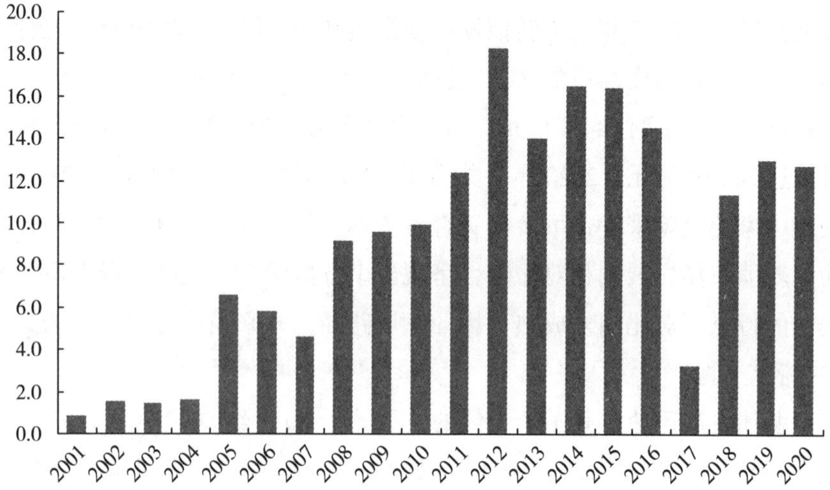

图 11-3　企业债券占国内非金融机构部门融资总量的比例（%）

资料来源：各年《中国货币政策执行报告》，中国人民银行货币政策分析小组。

短期融资券应用范围广泛。短期融资券是银行间市场上最早出现的债务融资工具。自 2005 年 5 月 26 日国家开发投资公司发行首期企业短期融资券以来，2005 ～ 2009 年，短期融资券发行量由 1424 亿元上升到 4612 亿元，规模不断扩大。2012 年，我国短期融资券的发行量超过了 8000 亿元，2013 ～ 2015 年则分别达到 8325 亿元、10521 亿元和 9483 亿元，之后又下降到 2019 年的 4436 亿元（见表 11–17）。作为市场化程度最高的债券品种，短期融资券的发行主体从期初单一的大型国企逐步扩大到中外合资企业和民营企业，同时，发行企业的行业分布也十分广泛，包括大型综合类、设备制造、电力、通信服务、交通运输和金属冶炼类企业，这些行业集中了我国主要的大型国企集团，实力雄厚且信用等级高。

表 11-17　　短期融资券发行情况

年份	发行期数（期）	发行规模（亿元）	发行家数（家）	平均单笔发行规模（亿元）
2010	438	5917.3	334	13.51
2011	608	7478.3	453	12.3
2012	808	8159.4	614	10.1
2013	860	8324.8	663	9.68

续表

年份	发行期数（期）	发行规模（亿元）	发行家数（家）	平均单笔发行规模（亿元）
2014	1072	10521.5	782	9.81
2015	1105	9483	799	8.58
2016	687	6063	520	8.83
2017	463	3949	334	8.53
2018	422	4193	282	9.94
2019	462	4436	290	9.60

资料来源：《联合资信：2015 年度和 2019 年度短期融资券市场分析报告》，和讯债券。

超短期融资券满足了多样化融资需求。2010 年 12 月，中国银行间市场交易商协会正式开始接受企业在银行间债券市场发行超短期融资券的注册。与其他债务融资产品相比，超短期融资券市场化程度高、适用性广，给予发行人和中介服务机构的选择空间较大，具有信息披露简洁、注册效率高、发行便利等特点。2010 年以来，超短融的发行主体经历了多次扩容，在银行间市场非金融企业债务融资工具总量中的占比不断提高，受到市场的广泛欢迎，2014 年以后超短融的年发行量已经超过短融。2015 年，超短期融资券超过了 400 家，发行规模则增加到 22944 亿元。到 2019 年，超短期融资券超过了 800 家，发行规模增加到 31369 亿元（见表 11–18）。

表 11-18　　超短期融资券发行情况

年份	发行期数（期）	发行规模（亿元）	发行家数（家）	平均单笔发行规模（亿元）
2010	2	150	1	75
2011	20	1440	6	72
2012	125	5822	48	46.5
2013	216	7535	66	34.8
2014	443	10996	141	24.8
2015	1430	22944	412	16
2016	1949	27144	623	13.9
2017	1671	19412	531	11.6
2018	2490	26471	680	10.6
2019	3041	31369	821	10.3

资料来源：同表 11–17。

中期票据规模持续扩张。中期票据是央行主导的银行间债券市场一项创新性债务融资工具。首批中期票据于2008年4月22日正式面世。第一期7家注册机构包括铁道部、中国电信、中化集团、中国五矿、中国核工业、中粮集团和中国交通建设，合计获批发行额度达1190亿元，共发行392亿元。2010年，共有167家发行人发行中票221期，发行规模达到4814亿元。2015年，共有683家发行人发行中票912期，发行规模达到12417亿元。到2019年，共有903家发行人发行中票1655期，中票发行规模达到18638亿元（见表11-19）。中票发行期数、发行规模和发行家数均大幅增加。

表11-19　　中期票据发行情况

年份	发行期数（期）	发行规模（亿元）	发行家数（家）
2010	221	4814	167
2011	407	7079.7	314
2012	562	8123.3	447
2013	508	6746.2	413
2014	711	9368.4	551
2015	912	12417	683
2016	908	11115	643
2017	910	10212	600
2018	1399	15893	768
2019	1655	18638	903

资料来源:《2015年度、2019年度中期票据市场及利差研究报告》，和讯债券。

中小企业集合债券探索发展途径。为了稳步发展中小企业集合债券，早在2007年，我国就开始进行了中小企业集合债券的试点工作。2007年11月14日，经国务院批准，深圳20家企业联合发行总额为10亿元的“2007年深圳市中小企业集合债券”。这是全国第一只中小企业集合债券。该集合债券打破了以往只有大企业才能发债的惯例，实现了中小企业发行债券的历史性突破。中关村高新技术中小企业集合债券于2007年12月25日发行，债券总额为3亿元。中小非金融企业集合票据自推出后发行量一直较小，2009～2015年期间共发行126只，募资规模合计300亿元，2016年后已经没有新的中小非金融企业集合票据发行。

非公开定向债务融资工具创新性强。2011年5月4日，中国银行间债券市场首批非公开定向债务融资工具推出。发行主体包括三家企业，发行规模达 130 亿元。其中，中国光大银行作为四家主承销商之一，独家承销的中国国电集团公司首批发行规模为 50 亿元，与中国银行联合承销的中国五矿集团公司首批发行规模为 30 亿元，合计发行规模占一半。2011 年，共有 29 家大型企业发行了这一具有私募性质的债务融资工具，其中包括铁道部、大唐集团、中国铝业、首都机场等。2011 ～ 2013 年，非公开定向债务融资工具分别发行 899 亿元、3759 亿元和 5668 亿元。2015 年后有所下降，主要与公司债新规出台后私募公司债对非公开定向债务融资工具产生了一定的分流有关。

（3）通过银行的融资工具

根据央行调查统计司对社会融资总量内涵和结构的定义，人民币和外币贷款合并为“银行表内贷款”，委托贷款、信托贷款和银行承兑汇票合并为“银行表外贷款”。银行表内业务由 2005 年的 2.45 万亿元增加到 2020 年的 20.2 万亿元。银行表外业务增长也很快。2005 年只有 1000 亿元，到 2013 年，已经增加到 5.17 万亿元。2017 年 11 月至 2018 年 1 月，一行三会发布“资管新规”、流动性管理新规、银信业务和委托贷款新规等，并启动银行业市场乱象整治工作，影子银行业务将得到进一步遏制，非标投资继续向银行表内转移，部分不符合金融服务实体经济要求的领域融资受到限制。2018 ～ 2020 年，表外业务大幅度净减少（见表 11–20）。

表 11-20　　银行融资工具规模（亿元）

	2005	2011	2012	2013	2014	2015	2016	2017	2018	2019	2020
人民币贷款	23500	74700	82038	88914	97816	11t2693	124372	138432	156712	168835	200310
外币贷款	1059	5712	9163	5848	3554	–6427	–5640	18	–4201	–1275	1450
委托贷款	973	13000	12838	25465	25070	15911	21854	7994	–16062	–9396	–3954
信托贷款	0	2013	12848	18448	5174	434	8593	22232	–6975	–3467	–11020
银行承兑汇票	29	10300	10499	7751	–1285	–10569	–19531	5364	–6343	–4757	1746
企业债券	2004	13700	22551	18021	24253	29399	29993	6244	26318	33384	44466
非金融企业股票	343	4377	2508	2219	4350	7604	12416	8759	3606	3479	8923
银行表内融资	24559	80412	91201	94762	101370	106266	118732	138450	152511	167560	201760
银行表外融资	1002	25313	36185	51664	28959	5776	10916	35590	–29380	–17620	–13228

资料来源：各年《中国货币政策执行报告》，中国人民银行货币政策分析小组。

银行票据融资趋于减少。2000 年 11 月 9 日，我国第一家专业性票据经营机构——中国工商银行票据营业部在上海成立。它的建立标志着我国商业银行票据经营步入一个专业化、规范化和规模化的发展阶段。2000 ～ 2006 年，票据贴现占全国商业银行信贷资产总量的比例逐年上升。2008 年，为应对国际金融危机带来的冲击，央行实施适度宽松的货币政策，票据市场资金面趋于正常，票据贴现占贷款的比例再度上升。伴随我国经济健康、持续地发展，商业银行短期票据贴现业务呈现出逐年翻番的状态。到 2010 年，票据融资规模达到 2.27 万亿元，2011 ～ 2012 年均超过 1 万亿元，之后有所下降，2014 ～ 2019 年间，票据融资持续出现净减少。

委托贷款存在一定扩张风险。2005 年，我国委托贷款规模不足千亿元，到 2010 年，委托贷款规模超过了 1 万亿元，2013 年，委托贷款规模达到 2.5 万亿元的历史高点。2015 年以后有所下降，2018 年和 2019 年委托贷款存量规模持续下降。委托贷款逐步发展成银行进行腾挪信贷、将自营资金和理财资金投向房地产和地方融资平台融资的重要工具，规模增长迅速。面对迅速增加的委托贷款业务，银监会在 2014 年工作会议上重点提示了委托贷款的风险，同时将制定委托贷款管理办法提上议事日程。2015 年，银监会起草了《商业银行委托贷款管理办法》，明确商业银行对委托贷款不承担信用风险，对资金来源及用途作出具体限制，禁止将银行授信资金作为委托贷款资金来源。新规出台后，商业银行加大清理不合规委托贷款，适度控制合规委托贷款规模，委托贷款的增速迅速回落。

信托融资成为企业融资的重要途径。我国信托业自 1979 年恢复至今已有 40 多年的发展历史。由于立法滞后、功能错位，信托公司一度沦为银行规避信贷规模管控的通道，一些中央部委及地方政府进行固定资产投资的“钱袋子”，多次受到清理整顿。到 1998 年，全国有 244 家信托投资公司，资产达 6183 亿元。但是，官商性质的信托公司发展并不健康，中国人民银行对其进行多次整顿。2001 年，《信托法》的颁布奠定了信托业发展的法律基础，信托公司业务得以回归本源。2007 年，中国银监会颁布实施新的《信托公司管理办法》和《信托公司集合资金信托计划管理办法》，明确了信托公司作为财富管理机构的功能定位，为信托业实现科学发展奠定了制度基础。信托公司管理的资产规模不断增加，2007 年为 9621 亿元，2010 年突破 3 万亿元，2012年达到7.5万亿元。截至2020年末，全国68家信托公司受托资产规模为20.5万亿元。在严厉的监管环境下，融资类信托占比有所上升，事务管理类信托占比显著下降，投资类信托则基本稳定，信托业回归主业、服务支持实体经济的转型取得显著成效。

（4）其他融资工具

融资租赁业务范围不断拓展。自2007年银监会修订《金融租赁公司管理办法》，允许金融机构入股金融租赁公司以来，我国融资租赁业进入了高速发展期，无论从融资租赁公司的数量、融资租赁业务总量或是从融资租赁的业务范围来说，都取得了长足的发展。截至2010年底，融资租赁企业总数约为12156家，融资租赁合同余额约为66040亿元。融资租赁行业主要以售后回租为主，政信类项目又占了绝大部分。由于资金匮乏，政府基本利用平台发债来获得大量资金，同时通过融资租赁等成本稍高的方式来补充资金。但是，在融资租赁业监管政策日趋严格的情况下，融资租赁行业发展趋于缓慢。我国融资租赁业所涉的业务范围逐步拓展，已从工程机械、医疗、印刷、IT等行业逐步扩展到航空、航运、城市基础设施、电信、环保、能源、传媒和娱乐等行业。融资租赁的标的物从飞机、船舶、工程机械设备、医疗设备、印刷设备等扩展至高速公路、发电、供电、轨道交通等基础设施和工业厂房等。

私募股权投资发展活跃。近年来，我国私募股权投资行业的募资规模、投资金额、投资案例数逐年增长，2008年达到了发展的高峰。金融危机之后，国内外股市低迷，私募股权投资发展也受到一定的不利影响。2010年以后，私募股权投资全面复苏，当年共有82只可投资于中国大陆市场的PE投资基金成功募集到位276.2亿美元。2011年，全国共有617只私募股权基金完成募集，募资金额达670.6亿美元。2013年，349只基金完成募集，募资345亿美元。截至2018年12月底，基金业协会已登记私募基金管理人2.44万家，备案私募基金7.46万只，管理基金规模12.8万亿元。私募投资主要集中在生物技术/医疗健康、机械制造、清洁技术、房地产、互联网等行业，房地产、能源及矿产、连锁及零售等行业大宗投资案例较多。

民间融资面临复杂局面。根据西南财经大学发布的一份报告，截至2013年底，全国民间借贷的规模高达5万亿元，高息借贷的资金规模超过7500

亿元，年利率平均为36.2%，约有166万户家庭对外高息放贷，户均借出款45万元。近年来，以投资理财等名义从事民间融资的投资咨询中介快速兴起，P2P、众筹等网贷平台快速发展，成为民间融资新载体[①]。但是，尽管换了新的形式，但是，P2P等民间融资法律地位不明确，与非法集资界限模糊，发展无序，监管缺失，与传统民间融资一样，仍然容易引发区域性、系统性金融风险。2015年是P2P行业的顶峰时刻，当年新增了3335家P2P平台。可好景不长，P2P模式把隐藏在线下的非法集资、传销等骗局也吸引到线上，一些平台涉嫌融资自用或风控审核不严格，导致平台爆雷的现象屡见不鲜。在这种金融风险和社会压力之下，政府监管部门开始出手整顿。截至2020年底，P2P平台关闭清零。

二、金融体系及其对融资工具创新的影响

1. 我国金融体系发展现状

从一般性意义上看，金融体系是一个经济体中资金流动的基本框架，它是资金流动的工具（金融资产）、市场参与者（金融机构）和交易方式（金融市场）等金融要素构成的综合体。我国的金融体系框架已经建立起来，但是，由于正处于体制转轨时期，金融体系及其结构也存在着明显缺陷，需要逐步加以完善。

①银行资产占比较大，非银行金融机构资产比例较低。截至2019年末，我国银行业、证券业、保险业总资产达354.9万亿元。其中，银行业金融机构资产就达290万亿元，占金融资产总额的81.7%，而证券、保险等行业加起来27.8万亿元，仅占金融资产总额的7.9%，占银行业金融资产的9.7%（见表11–21）。而在金融市场发达的美国，非银行金融机构在总金融资产中占比大约为3/4左右。2019年，我国银行业资产与股票市场市值之比达到4.9，明显高于美、英等市场主导型国家，在金砖国家中也是最高的，仅次于德国，表现出明显的“银行主导型”发展模式。

---

① 宋军："当前民间融资发展新趋势"，《金融时报》2014年11月17日。

表 11-21　　**2019 年金融业资产简表**

	金额（万亿元）	比例（%）
金融业资产	354.9	100
中央银行	37.1	10.5
银行业	290	81.7
证券业	7.3	2.1
保险业	20.5	5.8

资料来源:《中国金融稳定报告 2020 年》，中国人民银行。

②直接融资比例不断上升，间接融资所占比重依然较大。2002 ～ 2019 年，我国银行贷款和票据等间接融资存量规模由 13 万亿元提高到 176 万亿元，股票和债券等直接融资存量规模由 1.9 万亿元提高到 75.3 万亿元。间接融资占社会融资规模的比例由 87.2% 下降到 70%，而直接融资比例则由 12.8% 提高到 30%。直接融资比例每年上升 1 个多百分点（见图 11–4），融资结构有所改善。但是，间接融资的比例平均达 87%，而直接融资比例平均只有 13%。我国直接融资比例不仅远低于市场主导型的美国的 73% 和英国的 62%，也低于银行主导型的德国的 39% 和日本的 44%[①]。我国直接融资比重仍然偏低，银行系统承接了较多的融资风险压力。

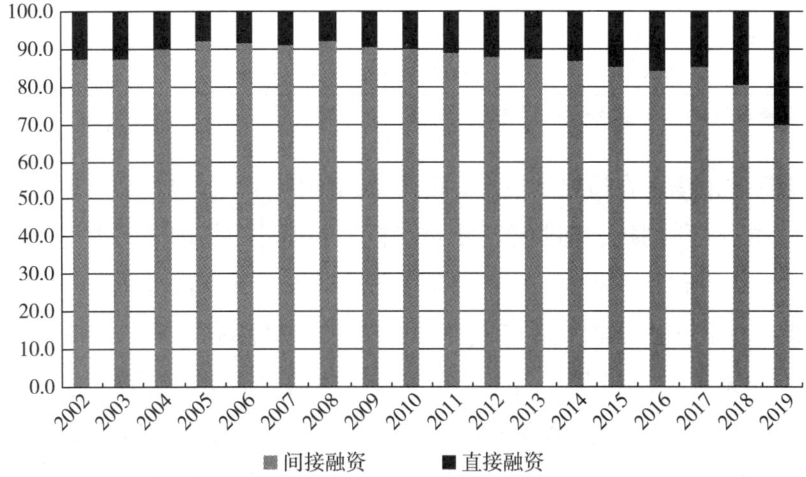

图 11-4　2002 ～ 2019 年直接融资和间接融资比例（%）

资料来源：各年《中国货币政策执行报告》，中国人民银行货币政策分析小组。

① 郭树清：“金融调结构　经济有出路”，人民网 2012 年 7 月 2 日。

③银行业内部竞争性增强，国有商业银行仍居垄断地位。我国银行业经过多年的改革与发展，从结构上看，已经逐渐形成了以四大国有银行占主体，股份制商业银行等其他各种银行参与竞争的寡头垄断格局。2005 年，我国银行业总资产为 37.4 万亿元，其中，大型国有商业银行、股份制商业银行、城市商业银行和其他类金融机构资产占银行业总资产的比例分别为 52.5%、15.5%、5.4% 和 26.6%。而到 2011 年末，银行业总资产达到 111.5 万亿元，上述金融机构资产比例分别调整为 46.6%、16.4%、9% 和 28%。2019 年，银行业总资产达到 274.1 万亿元，金融机构资产比例调整为 40.4%、18.5%、13.6% 和 27.5%（见表 11–22）。国有商业银行资产比例下降，股份制商业银行、城市商业银行资产占比有不同程度的上升。整个银行业的行业内部竞争性有所增强，但是，国有商业银行仍占优势地位。

表 11-22　　银行业资产结构　　单位：万亿元

	2005 年		2011 年		2015 年		2019 年	
	资产额	占比（%）	资产额	占比（%）	资产额	占比（%）	资产额	占比（%）
国有商业银行	19.6	52.5	52	46.6	78.2	39.2	110.6	40.4
股份制商业银行	5.9	15.5	18.3	16.4	36.9	18.5	50.8	18.5
城市商业银行	2.1	5.4	9.98	9	22.7	11.4	37.3	13.6
其他类金融机构	9.9	26.6	31.2	28	61.5	30.9	75.4	27.5
资产总额	37.5	100	111.5	100	199.3	100	274.1	100

资料来源：根据《中国金融年鉴》整理。

④资本市场正在迈向多层次，但市场结构仍然不合理。场内市场的主板（含中小板）、科创板、创业板（俗称二板）和场外市场的全国中小企业股份转让系统（俗称新三板）、区域性股权交易市场、证券公司主导的柜台市场共同组成了我国多层次资本市场体系。截至 2020 年底，深沪主板上市公司超过了 2000 家。2016 年，新三板挂牌公司数量快速增加，但是，市场成交低迷，全年成交额不到 2000 亿元，发展很不成熟。截至 2019 年底，新三板挂牌公司总数 8953 家，挂牌公司明显下滑。截至 2020 年底，创业板上市公司 883 家，中小板上市公司 992 家。近年来，私募股权投资和新三板市场在支持创业型、创新型企业方面发挥了积极作用，但在发展中也遇到一定的困难。地方性区域性市场经过清理整顿，目前已基本走上正轨，仍需进一步发

挥好支持小微企业的融资主体作用。

2. 我国金融体系改革方向

结构失衡是我国金融体系的主要缺陷所在，也是未来金融改革需要努力的方向。金融体系改革要有利于提供多样化的融资需求，有利于防范金融风险，有利于弥补内部结构缺陷，有利于促进市场竞争，有利于实现体制机制创新。

①构建“互补型”金融体系。从各国的经验看，银行主导型金融体系和市场主导型金融体系在促进经济发展方面都获得过成功，同时，也都存在着局限性。改革以来，我国经济一直快速发展，银行在金融体系中始终发挥着举足轻重的作用。在国际金融危机中，我国的银行主导型金融体系充分发挥了分担风险的功能。但这并不说明资本市场没有发展的必要。资本市场作为重要的资源配置场所，理应发挥其独特的作用，而且，资本市场正是我国发展中的薄弱环节。总体来讲，市场主导的金融体系有其发展的特殊性要求——包括有效保护中小投资者的政策、政府在经济管理中的作用、开放的市场环境等等。在我国，信息不对称程度高，法律制度不健全，对中小投资者的权益保护不力，合同执行效率不高等问题使得我国在现阶段无法选择市场主导型金融体系。未来的金融体系应该是将两种传统模式的优点集于一体的更高级的、具有更强竞争力的金融体系——“互补型”金融体系。

②提高直接融资的比例。目前，我国间接融资主导的融资结构弊端日益显现出来。第一，长期低于市场均衡价格的信贷资金运营必然带来资金低效使用，不利于经济的健康发展；第二，企业生存发展主要来源于银行信贷资金，不仅造成企业沉重的债务负担，而且也使风险过度集中于银行。近年以来，我国融资结构有所改善，但直接融资比重仍然偏低。因此，要改变过度依赖银行体系的脆弱性融资结构，提高直接融资占比，推动融资结构的多样化，提升融资结构的灵活性。要完善证券发行上市核准制度，提高上市公司质量。妥善解决股权分置问题。加大上市公司信息披露的监督。改变部分上市公司重融资、轻回报的状况，使投资者能够分享经济发展的成果。完善市场退出机制，在实现上市公司优胜劣汰的同时，尽快建立和完善投资者保护基金，保护投资者的利益。

③鼓励发展中小金融机构。中小金融机构是金融体系的重要组成部分，发展中小金融机构是完善金融体系、提高金融体系竞争力的必要环节。首先，中小金融机构的市场定位应是为中小企业服务。由于中小企业发展所处的阶段和商业银行的贷款原则，使中小企业很难从国有商业银行获得融资，中小金融机构成为中小企业最合适的融资来源。中小金融机构大部分为区域性机构，在获取当地企业信息，吸收当地机构和居民的资金方面具有优势。其次，为中小金融机构的发展创造公平的市场环境和宽松的政策环境。政府应取消对中小金融机构的歧视性政策，避免用强制性的行政手段对中小金融机构的经营发展进行干预。监管机构可以适当放宽中小金融机构的业务经营范围审批和地域服务范围的审批，对于经营状况较好，具备条件的中小金融机构开展再贴现、再贷款等业务。再次，防范中小金融机构风险。中小金融机构要完善内部经营管理体制，解决自身在经营管理中存在的问题，合法经营，强化内控机制建设，形成合理的内部监督机制。同时，国家应完善中小金融机构的退出机制，尽快建立存款保险制度。

④大力发展各类债券市场。通过多年的高速发展，我国债券市场达到一定的规模。从发展趋势来看，未来债券市场的规模将继续扩大，但是，增速将有所放缓，直到政策或产品创新带来新的突破。从债券品种上来看，目前，债券市场健康发展的动力源自企业债和公司债等市场主导型债券，同时，短期融资券、中期票据等银行间债券市场规模扩张迅速。从市场层次上来看，银行间市场参与者的研究分析能力整体上高于交易所市场的参与者，因此，银行间市场可以比交易所市场更快走向成熟。另外，要积极推动以债券为基础的固定收益类和结构化金融产品创新。稳步推进资产证券化，研究发行市政债券。继续推动非金融企业特别是中小企业债务融资工具创新。研究推出资产支持票据等新的债务融资工具，尝试发展中小企业高收益债券。研究推出债券期权。试点发展信用风险管理工具。完善市场价格发现机制，充分发挥市场功能作用。

⑤推进资本市场多层次发展。在资本市场上，不同的投资者与融资者存在着对资本市场金融服务的不同需求，决定了资本市场应该是一个多层次的市场体系。多层次的资本市场能够对不同风险特征的筹资者和不同风险偏好的投资者进行分层分类管理，并最大限度地提高市场效率与风险控制能力。

正是由于纳斯达克市场的建立，才使得美国一些名不见经传的小企业获得巨大的成长机会。如果没有纳斯达克市场，也就不会有微软和苹果。近年来随着中小板和创业板的开启，资本市场在推动我国科技创新型企业的发展中发挥越来越重要的作用。第一，要积极发展场外交易市场。借鉴成熟市场经验，充分考虑我国特殊国情，研究和探索建立统一监管下的场外交易市场，扩大资本市场为中小企业的服务范围，拓展中小企业融资渠道。第二，壮大和发展中小板和创业板市场。根据中小企业的特点不断完善新股发行机制、再融资制度、退市制度和并购机制，推动上市公司做大做强；完善治理机制，增强市场透明度。第三，规范发展创业投资和私募股权投资基金。完善相关政策法规和社会信用体系建设，制定规范性指引，保护投资者权益，建立和完善监管体系，推动行业规范发展。

关键概念

企业融资　融资方式　直接融资　间接融资　国债负担　国债可持续性　融资工具　金融体系创新

复习与思考题

1. 企业融资方式选择的依据是什么？
2. 不同融资方式的风险有什么不同特点？
3. 融资工具可以分为哪些类别？
4. 我国金融体系改革方向是什么？

第十二章

投资调控与政策

投资调控是需求与供给、短期与长期、总量与结构的统一，要通过对投资的调节，实现经济的长期稳定发展。投资调控作为宏观调控体系的一个重要部分，其最终目标应当与宏观调控的最终目标相一致。除了最终目标以外，对于投资调控来讲，它还有自己的中间目标，例如：投资规模、投资结构目标。投资调控工具主要包括财政政策、货币政策、汇率政策、发展规划、年度计划、市场准入、土地政策、价格杠杆等。

第一节　投资调控概论

一、投资调控的内涵

投资调控是政府从国民经济运行的总体发展要求和目标出发，对整个投资活动进行的调节与控制。从狭义理解，投资调控就是运用财政和货币政策，调节投资需求，从而调节总需求，进而实现总量平衡。从这个意义上讲，政府的投资调控偏重短期需求管理，是要通过对投资的调节，防止经济大起大落，是一种反周期的政策措施；从广义理解，政府的投资调控不只限于运用财政货币政策，还包括运用规划、产业、土地、环保等政策，调节投资的产业和地区结构，弥补经济发展的短板，促进公益性、基础性、战略性产业的发展。因此，投资调控又是需求与供给、短期与长期、总量与结构的统一，是要通过对投资的调节，实现经济的长期稳定发展。

对于成熟市场经济国家来讲，政府可以通过财政货币政策，影响产品和要素价格，达到间接调控投资的目的，效果往往不错；规划、产业、土地、环保等政策属于长期管理工具，无论经济周期的任何时期都不会发生明显的强弱变化。而对于我国这样的转轨经济国家来讲，经济体制还存在诸多的不健全和不完善，单纯运用财政货币政策等短期政策影响产品与要素价格，间接调控投资往往起不到应有的作用，只能通过长期管理工具的调整，对经济和投资施加直接的影响。这也是现阶段我国更多依赖长期管理工具实现投资调控的主要原因。

二、投资调控的对象

投资调控的对象主要包括投资项目、投资主体及其行为、投资资金来源，这三个方面的内容是投资调控的最主要的着力点，对它们的调控有利于方便、快捷地实现调控目标。

1. 投资项目

投资项目大体可分为竞争性项目、基础性项目和公益性项目三类，相应地政府的调控方式也有所不同。对竞争性项目，政府只要运用经济杠杆间接进行调控，无须直接进行调控；对基础性项目，政府直接调控的分量要大些，其中一些重大项目的决策和资金安排等要进行直接调节；对公益性项目，政府要直接进行调控，这些项目由中央政府直接安排或由地方政府组织兴办。

2. 投资主体及其行为

投资主体包括政府、企业、居民及外商。投资调控包括政府对社会投资的调控以及对政府投资调控两个方面。一方面，政府要依靠法律法规建立市场经济秩序，约束和规范社会投资主体行为，以间接调控为主。对政府投资和国有企业投资，国家直接调控的成分要多些。另一方面，在我国现阶段，政府的投资调控在很大程度上是对自身投资的调控，而不是对社会投资的调控。对政府投资的调控关键又在于对政府投资行为的调控，不解决政府投资行为的规范化与理性化问题，政府的投资调控就不可能落到实处，就不可能取得理想的效果。

3. 投资资金来源

投资资金来源有国家预算内资金、国内银行贷款、利用外资、投资者自己筹措等多种渠道。政府对预算内资金、中央和地方政府自筹等资金需要直接调控，对企业自筹资金、银行贷款、外资、股票债券融资，政府不直接干预，以利于疏通与拓宽资金渠道、控制资金规模、调节资金流向。

投资宏观调控要全面兼顾以上三个方面。投资项目侧重工程建设，投资资金催生资本流动，有项目无资金或有资金无项目都不能实现经济意义上投资活动。投资项目和投资资金又都离不开投资主体及其行为，投资调控主要是引导和约束投资主体正确选择投资项目，合理筹措和有效地运用投资资金。

三、投资调控的目标

投资调控作为宏观调控体系的一个重要部分，其最终目标应当与宏观调控的最终目标相一致，即保持社会总需求与总供给的基本平衡，促进经济增长、增加就业、稳定物价与保持国际收支平衡，实现国民经济持续、稳定、健康发展。从这个意义上讲，投资调控没有自己独立的目标。应该说，一般意义上的宏观调控主要集中于总量平衡，但是，由于经济环境和条件变化的复杂性，单纯的总量平衡式调控难以奏效，难以保持较好的平衡持续性。在着力促进总量平衡时，还需要注意兼顾结构调整，以保证平衡的可持续性。我国的宏观调控和投资调控比较关注产业结构的优化升级，通过结构性调控平复周期性因素的影响，特别是加强基础设施、“三农”和公共服务的投入，为促进经济持续增长、稳定物价和增加就业做出贡献。另外，在进行总量调节时不搞“一刀切”，进行“区别情况、分类指导、有保有压”的结构性调控，在对局部过热领域和地区进行控制时，让高新技术产业和战略重点地区保持活力，使国民经济在新旧动能替代和区域均衡增长基础上保持发展的势头。

就像宏观调控是对社会经济总体的调节与控制一样，投资调控是对固定资产投资的调控与控制。除了最终目标以外，对于投资调控来讲，它还有自己的中间目标，例如：投资规模目标、投资结构目标。以投资规模目标为例，投资增长率就可作为现阶段投资调控的中间目标。从管理部门的角度看，面对长期以来经常出现的投资过快增长和增长不足引发经济过热和过冷情况，迫切需要预警指标，及时判断是否需要预先干预投资需求（预调）。所以，将投资增长率作为识别投资需求变动的重要指标，有较强的针对性。但是，投资增长率这一中间目标仅在较短时期具有参考意义。横向看，投资增长率受一国经济体制、发展模式、发展阶段、历史文化传统等诸多因素的影响，理论界至今没有、也许永远无法弄清楚各国最适宜的投资增长率。纵向看，随着发展水平的提高和改革开放的深化，影响投资增长率的上述诸因素也在发生变化，这决定了每个时期适宜的投资增长率并不完全相同，也决定了我们寻找的相对适宜的投资增长率，仅在一个较短的时期具有参考意义。

四、投资调控的工具

1. 管理工具

管理工具主要包括法律法规、战略规划、产业政策、土地政策、就业政策等。管理工具的突出特征是相对稳定（最稳定的状态是法律），工具的使用力度不依投资运行形势而变化。如城市规划、市场准入，就不应依投资需求过热或过冷来要求投资项目遵从或不遵从相关规则。尽量保持管理工具的稳定，除了能够给市场中众多分散决策的投资者以相对稳定的市场预期，约束政府可能的经济人行为外，还有一个重要原因，是这些工具所规范的领域基本上属于涉及时间较长、范围较宽、公共利益比较显著的领域，保持这些管理工具的相对稳定有利于维护和增进公共利益，而维护和增进公共利益是政府之所以存在的法理基础。

2. 调控工具

现阶段的调控工具主要包括财政政策、货币政策（包括信贷政策）、汇率政策、价格政策、年度计划等。其中，财政政策、货币政策、汇率政策相对价格政策和年度计划而言，操作起来相对灵活且操作空间较大，年度计划具有一定灵活性但受操作空间限制，调控作用相对较小。货币政策相对其他调控政策在政策操作空间、可微调性、及时性、影响面等方面，具有明显优势，是市场经济体制中调控宏观经济最主要的政策工具，这一点已为所有市场经济国家的宏观经济政策所验证。

3. 管理工具的调控功能

土地、环保参与调控是投资调控的新手段。因为相关体制不完善，货币、财政、价格等调控手段难以抑制过旺的投资需求，采取限制供地总量与范围、环评区域（流域）限批等措施，来抑制投资的过快增长，被投资调控实践证明是十分有效的办法。但是，土地的不可增加、可替代性弱和不可贸易特征决定了土地的稀缺性，稀缺资源的稀缺程度只有经由市场竞争，才能得以准确识别，推进土地资源的市场化配置是基本方向。长期看，政府管理土地资源的职能要加强，土地“闸门”功能应逐步淡出。把环境保护作为投资调控的闸门之一，通过环境影响评价、环境的区域限批来扼制少数地区盲目上项目的行为，更是一种不得已而为之的做法。当各级政府间的事权和支出责任划分趋于合理，地方政府的投资冲动会大幅度减弱，通过环评限批这一严厉的行政措施调控投资增长的做法则应该放弃。

总的看来，规划、产业政策、土地、环评等管理手段在现阶段泛化为调控手段是一种不得已而为之的做法，随着体制的完善和法治水平的不断提高，这些管理手段应该逐步归位到管理，调控功能应逐步淡出。

表 12-1　　管理工具和调控工具

	工具属性	工具名称	主要工具
管理工具	法律行政	法律法规	投资体制改革的决定和意见；预算法、环境保护法；建设项目管理法规
	法律行政	战略与规划	经济与社会总体规划、专项规划、区域规划、城市规划
	经济行政	产业政策	各种市场准入标准、利用外资政策、中小企业发展政策
	行政经济	土地政策	土地规划、土地计划、土地用途、土地税收政策、土地交易政策和土地区域政策
调控工具	经济	价格杠杆	水价、电价、资源性价格、公用事业价格
	经济行政	年度计划	国家预算内资金、专项基金以及中央和地方债券资金计划
	经济	财政政策	税收、折旧、国债、转移支付、财政支出
	经济	货币政策	存款准备金率、再贴现和公开市场业务；利率政策；信贷政策；窗口指导
	经济	汇率政策	汇率制度的选择、汇率水平的确定以及汇率水平的变动和调整

第二节　货币政策对投资的调控

货币政策对投资的调控是指中央银行根据货币政策目标，运用货币政策工具，通过金融机构的经营活动和金融市场的运行将货币政策的目的和影响传导至企业和居民，使其投资行为和活动发生变化的过程。

一、货币政策对投资的传导机制

货币政策的传导机制有许多观点，包括凯恩斯主义、货币主义和信贷主义观点。在货币政策传导到投资的渠道中，主要是通过货币供应的变化引起利率、贷款可得性、资产价格、财富等的变化，再引起投资的变化。货币政策的传导主要有两个基本渠道，即货币渠道（包括利率途径、非货币资产价格途径等）和信贷渠道（包括银行贷款途径和资产负债表途径等）。

1. 货币渠道的传导过程

货币渠道主要包括利率途径、非货币资产价格途径、汇率途径等三种形式。当中央银行增加货币供应量（M），利率（i）随之下降，进而引起投资（I）上升和消费（C）增加，并最终导致经济产出（Y）的增加，这就是货币政策的利率传导途径，其传导机制可以表述为：M↑→i↓→I↑，C↑→Y↑。

非货币资产价格途径主要包括托宾的q理论和财富效应理论。托宾定义的q是指企业的市场价值（一般就是指它的股票市值）除以资本的重置成本所得到的值。如果q大于1，相对于企业的市场价值来说，新的厂房设备就比较便宜，企业更有可能购买厂房设备进行投资生产，反之则反是。当货币供应量（M）上升时，扩张的货币政策引起的利率（i）下降，使得债券和银行存款不如股票有吸引力，从而导致公众对于股票的需求上升，这就使得股票价格（Pe）上升。更高的股价导致更高的q，这样就会导致更高的投资支出（I）以及更高的经济产出（Y）。托宾的q理论的货币政策传导机制可以表述为：M ↑→ i ↓→ Pe ↑→ q ↑→ I ↑→ Y ↑。

财富效应理论的基础是弗兰克—莫迪里安尼生命周期收入理论，在该理论中，消费支出是由消费者的包括股票在内的终生财富决定的。当股价（Pe）上升时，包括股票在内的终生财富（W）的价值也上升，公众的消费支出（C）就会增加，从而引起经济产出（Y）的增加，进而导致投资的增加。财富效应理论的货币政策传导机制可以表述为：M ↑→ i ↓→ Pe ↑→ W ↑→ C ↑→ Y ↑→ I ↑。

当一国的货币供应量（M）上升会导致国内利率（i）下降，这时本币存款不如外币存款有吸引力，从而引起本币贬值，汇率（E）下跌，使得国内商品比国外商品在价格上更有竞争力，这就会导致净出口（NX）以及经济产出（Y）的增加，进而导致投资的增加。汇率传导途径的传导机制可以表述为：M ↑→ i ↓→ E ↓→ NX ↑→ Y ↑→ I ↑。

2. 信贷渠道的传导过程

信贷渠道主要包括两种形式，即银行贷款途径和资产负债表途径。

银行贷款途径的传导过程可以表述为：M ↑→ L ↑→ I ↑→ Y ↑，其中L为银行贷款可供量。银行贷款途径的存在必须具备两个前提条件，一是在银行资产负债表的资产方，银行贷款和证券之间不能完全相互替代；二是在企业资产负债表的负债方，银行贷款和非银行资金来源之间不能相互替代。

资产负债表途径的传导过程可以表述为：M ↑→ i ↓→ Pe ↑，NCF ↑→资产状况改善→ L ↑→ I ↑→ Y ↑，其中NCF代表现金流，L代表银行贷款量。资产负债表途径存在的根本原因就在于货币政策的波动不仅影响了市场利率，而且直接或间接地影响了借款者的财务状况。

二、货币政策工具及其调控

1. 主要工具

货币政策工具是指中央银行为调控货币政策中介目标进而实现货币政策最终目标所采用的具体方法和手段。其中用于调节货币供应总量的，称为一般性货币政策工具；用于有选择地调节特殊领域的信用行为的，称为选择性货币政策工具。

（1）一般性货币政策工具

一般性货币政策工具包括法定存款准备金率、再贴现和公开市场业务。公开市场操作是中央银行吞吐基础货币，调节市场流动性的主要货币政策工具，通过中央银行与指定交易商进行证券和外汇交易，实现货币政策调控目标。从交易品种看，中国人民银行公开市场业务债券交易主要包括回购交易、现券交易和发行中央银行票据。存款准备金是指金融机构为保证客户提取存款和资金清算需要而准备的资金，金融机构按规定向中央银行缴纳的存款准备金占其存款总额的比例就是存款准备金率。存款准备金制度的初始作用是保证存款的支付和清算，之后才逐渐演变成为货币政策工具，中央银行通过调整法定存款准备金率，影响金融机构的信贷资金供应能力，从而间接调控货币供应量。再贴现政策是中央银行根据信贷资金供求情况，制定和调整再贴现利率来干预和影响市场利率及货币市场的供求，从而调节市场货币供应量的一种金融政策。作为一种货币政策工具，再贴现政策通常包括两方面的内容，一是再贴现利率的调整；二是向中央银行申请再贴现资格。

（2）选择性货币政策工具

按调控方式的不同，选择性货币政策工具可以分为直接信用控制和间接信用指导两大类。直接信用控制是指以行政命令或其他方式，直接对金融机构尤其是商业银行的信用活动进行控制。直接信用控制的具体手段包括规定利率限额、信用配额、信用条件限制、商业银行流动性比率规定和直接干预等。此外，对优惠利率的规定、对进口保证金的规定也是中央银行常常采用的直接信用控制工具。间接信用指导是指中央银行通过道义劝告、窗口指导等办法间接影响商业银行等金融机构行为的做法。尽管道义劝告与窗口指导不具有法律或行政的强制性约束力，但由于中央银行的政策目标与商业银行的长期经营发展总体上是一致的，故有时也能起到相当大的作用。

（3）利率政策工具

利率政策是货币政策实施的主要手段之一。目前，中国人民银行采用的利率工具主要有：一是调整中央银行基准利率，包括再贷款利率，指中国人民银行向金融机构发放再贷款所采用的利率；再贴现利率，指金融机构将所持有的已贴现票据向中国人民银行办理再贴现所采用的利率；存款准备金利率，指中国人民银行对金融机构交存的法定存款准备金支付的利率；超额存款准备金利率，指中央银行对金融机构交存的准备金中超过法定存款准备金水平的部分支付的利率。二是调整金融机构法定存贷款利率。三是制定金融机构存贷款利率的浮动范围。四是制定相关政策对各类利率结构和档次进行调整等。

2. 调控作用

（1）存款准备金政策

在存款准备金制度下，金融机构不能将其吸收的存款全部用于发放贷款，必须保留一定的资金即存款准备金，以备客户提款的需要，因此存款准备金制度有利于保证金融机构对客户的正常支付。当中央银行降低存款准备金率时，金融机构可用于贷款的资金增加，社会的贷款总量和货币供应量也相应增加，投资资金来源相应增加；反之，社会的贷款总量和货币供应量将相应减少，投资资金来源相应减少。中央银行通过调整存款准备金率，可以影响金融机构的信贷扩张能力，从而间接调控货币供应量。从理论上讲，上调法定存款准备金率，提高法定存款准备金率，一方面直接冻结银行一定数量的流动性，另一方面具有“乘数”效应，产生多倍收缩货币的作用，反之，则产生多倍扩张作用。相对于其他货币政策工具，法定存款准备金率通常被认为是“猛药”，对投资需求的抑制或扩张作用较为明显。

从理论角度考察，调整存款准备金率的传导模式为：准备金率变动→货币供应量变动→商业银行信贷变动→利率变动→金融资产价格变动→投资变动→名义收入变动。因此调整存款准备金率将会直接影响货币流动性，间接影响银行信贷、利率、投资、国民收入等经济变量。从货币传导机制的角度看，准备金率的变化会引起短期利率的变化。准备金率上调引起银行间拆借利率的升高，直接提高商业银行的融资和资金管理成本，从而可能缩减信贷投资规模，以保证其流动性和持续经营的资金需要。另外，银行间拆借利率的提高很可能会影响商业银行的存贷利率，从而使货币流动和货币供给有所减弱。从对信贷的影响角度看，存款准备金率的提高会冻结商业银行一部分可用资金，从而引起其流动性减弱，信贷投资规模相应缩减。

调整存款准备金率的效应局限性。首先，金融创新弱化了存款准备金制度作用的力度。存款准备金制度发挥作用的基本原理是中央银行调高或调低存款准备金率。由于金融市场和金融业务的创新，商业银行可以通过创新业务和创新工具轻而易举地通过货币市场调整其超额准备。超额准备弹性的增大，使存款准备金制度的作用力度减弱。其次，政策的时滞效应影响了存款准备金制度调控的短期效果。一般情况，央行采取措施以后，不可能马上引起最终目标的变化，需要通过货币政策的传导机制，慢慢影响各个单位的投资和经济行为，从而对政策的最终目标产生影响。再有，国际收支顺差冲销了存款准备金的调控效果。流动性过剩问题并不是一个简单的国内问题。在国际国内因素综合作用下，我国面临着巨额贸易顺差的压力。而外汇占款会在很大程度上冲销存款准备金率上调的紧缩银根的效果。鉴于宏观经济形势的复杂性，以及国内外金融市场的变化，单纯依靠存款准备金率的上调难以实现紧缩的货币政策，达到投资调控的目标，还应辅以多种货币政策，积极推进我国利率及汇率改革，以更好地控制资金的流动性，使宏观经济能够持续健康发展。

（2）公开市场业务

中央银行通过公开市场业务操作调节货币和信用，主要是通过利率和准备金两个渠道来影响。第一，公开市场业务对利率的影响。主要是改变利率水平和利率结构。从利率水平来说，当中央银行通过公开市场业务操作从商业银行买进政府债券时，在债券供给不变的情况下，会直接导致市场对政府债券的需求增加，从而推动政府债券的价格上升，使利率水平反方向变化，信贷会因此变得容易获得且成本更低，导致货币供应量的扩张和投资的扩大；另外，中央银行从商业银行买进政府债券时，会使商业银行的准备金相应增加，贷款供给的意愿增强，利率下调，导致货币供应量的扩张和投资的扩大。反之，当中央银行卖出政府债券时，货币供应和投资将会收缩。从利率结构来说，如果市场上债券种类丰富，中央银行可以在债券市场上进行长短债券的转换操作，即在买进一定数量的短期政府债券的同时，卖出等量的政府长期债券，但长短期债券的市场价格发生变化，进而使长短期债券利率水平发生变化。第二，公开市场业务的准备金效应。中央银行的公开市场业务主要的日常效应就是改变准备金的水平及其增长率。中央银行买进政府债券的行为将会增加银行体系的准备金，扩大其发放贷款和扩大存款的能力，促进货币与信贷的增长，从而推动投资的增长。相反，中央银行卖出政府债券的行为则会降低准备金水平及其增长，减缓货币与信贷的增长，从而降低投资的增长。

公开市场业务具有不可比拟的优点。①可控性强。公开市场业务是中央银行在货币市场吞吐政府债券或中央银行债券的行为，它可以根据市场情况做出独立的决定。通过公开市场业务的操作，中央银行可以调控基础货币的多少，从而控制货币供应总量。②灵活性强。中央银行可根据需要进行多次买卖，每次交易的多少可随意决定，便于灵活操作和微调。同时，中央银行可以对自己的行为加以及时的修正或反向操作，或连续操作。③政策传导机制明确。中央银行通过债券的买卖，直接影响债券的利率，然后通过利率传导机制影响整个经济的运行，起到扩张或收缩投资的目的。④时效性强，中央银行可以通过这一市场，立即传送中央银行的政策意向。

随着我国市场经济体制的不断完善，金融市场的日趋发达，利率市场化的实现以及货币供给调控模式的转化，公开市场业务作为适应市场调控的政策工具，将是我国央行未来货币政策工具的最佳选择之一，其发展将呈现以下特征：第一，操作规模扩大化。截至 2020 年底，中央银行对中央政府的债权为 15250 亿元，商业银行发行次级债余额 4 万多亿元，再加上央行票据的大量发行，为央行公开市场操作规模的扩大提供了条件。第二，操作工具多元化。目前我国公开市场业务的交易工具也已扩展到国债、政策性金融债券、中央银行票据、外汇等多种类型，随着中央银行公开市场业务工具的不断创新，以及金融市场的日益发达，央行公开市场操作工具的选择余地将会更大，交易方式也会更丰富。第三，操作管理制度化。一是进一步强化对一级交易商的遴选、评估和量化考核，以保证公开市场业务操作的及时、高效、准确地传导；二是进一步完善公开市场业务操作程序，尤其是决策程序；三是建立信息披露制度，增加透明度和引导政策预期；四是完善商业银行流动性预测监控体系，准确地预测市场准备金需求；五是加强中央银行债券资产管理和风险控制。

（3）再贴现政策

再贴现是指中央银行购买金融机构未来到期票据的行为，也是中央银行以债权人的身份进行的一项资产业务，中央银行在购买其他金融机构持有的未到期票据过程中，获得票据未到期部分利息为购买票据的报酬，该部分的利息则是卖出票据的金融机构的筹资成本。对于不付息票据，中央银行将票据的票面额扣除再贴现利息以后部分的贴现付款额支付给票据卖出方的金融机构；若是附息票据，中央银行将票据的票面额和票据利息中扣除再贴现利息以后的部分贴现付款额支付给票据卖出方的金融机构，再贴现付款额的支付将引起市场中货币供应量的增加。再贴现政策宏观调控作用的发挥具有间接性、导向性等特点。从我国再贴现业务运行过程来看，再贴现政策具有以下功能。

一是融资功能。这是再贴现最直接、最原始的功能。金融机构通过向中央银行办理再贴现可以实现其融通资金的目的。这一功能与中央银行的再贷款具有形式上的相通性，但在本质上是有根本区别的，在实现依据上也不同。再贷款只是中央银行的一种金融直接调控手段，而再贴现则是一种重要的货币政策工具。再贷款主要是解决金融机构的临时头寸不足。自从 1994 年中央银行对国有商业银行的再贷款进行划转以后，这一形式已呈逐步减少趋势。而再贴现的主要的依据是已贴现的商业票据。随着我国票据市场的不断发展和完善，再贴现的作用范围和所取得的效果正呈逐步加强的态势。

二是货币政策告示功能。再贴现政策具有明显的"告示效应"，能够在很大程度上影响社会公众的心理，产生心理预期。因为再贴现政策的核心是调整再贴现率。中央银行一旦调整再贴现率，实际上是向商业银行和社会公众公布其货币政策的取向，从而改变商业银行的信用量，使货币供应量发生变化，进而影响市场利率的升降，影响投资的增减。提高再贴现率，表明中央银行将采取紧缩的货币政策，其结果将使商业银行限制放款，企业单位减少借款和投资；而降低再贴现率，则表明中央银行将采取松动的货币政策，这就会使商业银行放松贷款，扩大社会信用投资规模。这些都会影响市场利率的变化，并导致投资行为的变化。

三是宏观间接调控功能。再贴现货币政策是适应金融宏观调控由直接调控向间接调控转变需要，在金融体制改革中形成和发展的。与国家信贷计划、法定存款准备金率、中央银行贷款利率政策等货币政策工具调控手段的作用和效果单一性相比，再贴现政策的作用具有基础性和综合性的特点，能实现货币供应量控制和利率水平调节的统一。一方面，中央银行可以控制再贴现总量，同时又可适时调节再贴现率，产生控制货币供应总量和调节利率水平的双重效应。另一方面，中央银行通过调整再贴现率，促使金融机构紧缩或扩张信贷，最终影响市场利率水平发生变化。

（4）利率政策

凯恩斯在《就业、利息和货币通论》中提出了系统的货币政策利率传导机制理论。假设社会经济中存在三类资产，即货币资产、债券资产和实际资产，认为货币与债券之间、债券与实际资产之间均存在替代关系，而货币与实际资产之间不存在直接的替代关系。债券利率是金融市场上的唯一利率。凯恩斯认为货币政策传导过程包括三个环节。第一个环节为货币供给量对债券价格和利率的影响。这一环节的理论基础是流动性偏好假说。当人们的流动性偏好一定时，如果货币供给量上升，大于人们愿意持有的货币数量，人们会将多余的货币投向债券，债券需求增加，引起债券价格上升，利率下降。第二个环节为利率下降对投资的刺激。利率下降，意味着企业投资成本减少，预期利润空间增大。利率下降对投资增幅的影响程度取决于投资利率弹性，即资本边际效率与利率背离的程度，投资利率弹性越大，利率下降对投资增加的影响效果越明显。第三个环节为投资增加通过投资乘数效应使国民收入成倍的增长。整个货币政策传导过程可概括为：$Ms\uparrow\rightarrow r\downarrow\rightarrow I\uparrow\rightarrow Y\uparrow$，其中，Ms 表示货币供给，r 表示利率，I 表示投资，Y 表示国民收入。

之后，凯恩斯学派又对上述理论进行了补充和发展，将分析扩展到商品市场与货币市场的相互作用，引入资产结构调整效应及财富变动效应，进一步分析了利率变动到国民收入变动的传导过程，丰富和完善了利率传导机制理论。具有代表性的是以托宾的金融资产结构理论和莫迪格里安尼的生命周期理论为基础的传导机制理论。虽然利率传导理论受到了货币学派、新古典学派的质疑和批评，但大量的实证研究还是证明了利率是货币政策传导机制的关键因素，利率传导机制是货币政策传导的主要渠道已成为目前西方经济学的主流观点。

利率政策是我国中央银行经常使用的货币政策工具，也是我国利率传导机制的主要表现。利率政策的主要内容有：央行根据货币政策的需要，调整利率总水平，以调节社会资金的总供求；央行根据信贷政策的需要，调节利率的档次和结构，引导和促进产业结构的调整；央行通过调整金融机构存贷款利率来调节金融机构、存款人和贷款人之间的利益分配。对于投资者而言，利率调控有利于控制信贷过快增长，抑制投资。但是，实际上，我国产业资本回报率较高，而且以楼市为代表的资产市场持续火爆，回报率更高，因此，加息并不能够有效地控制信贷。因此，资产价格高，投资者对利率不敏感。这也说明了为什么中央银行的利率调控越调越高，而调控的效果却并不显著。

三、汇率政策对投资的调控

2005 年以前，我国实际上执行的是钉住美元的固定汇率制。在货币政策独立、汇率稳定和资本完全流动这三个目标中，我国选择的是固定汇率与货币政策独立性，对国际资本流动实施较为严格的管制。随着金融全球化、一体化程度的逐步提高，国内金融市场对外开放程度的逐渐增强，合法和违规的资本大量涌入，使得中央银行进行主动的货币政策操作的回旋余地下降。要稳定汇率，如果外汇市场没有出清，中央银行必须被动买进，被动投放基础货币，导致货币政策的独立性在我国无法实现。

2005 年 7 月，我国进一步改革人民币汇率形成机制，改革的内容是，人民币汇率不再钉住单一美元，而是按照我国对外经济发展的实际情况，选择若干种主要货币，赋予相应的权重，组成一个货币篮子。同时，根据国内外经济金融形势，以市场供求为基础，参考一篮子货币计算人民币多边汇率指数的变化，对人民币汇率进行管理和调节，维护人民币汇率在合理均衡水平上的基本稳定。参考一篮子表明外币之间的汇率变化会影响人民币汇率，但参考一篮子不等于钉住一篮子货币，它还需要将市场供求关系作为另一重要依据，据此形成有管理的浮动汇率。

为了增强人民币汇率形成机制中市场供求的作用，2015 年 8 月 11 日，中国人民银行宣布对人民币汇率中间价报价机制进行改革。做市商在每日银行间外汇市场开盘前，参考上一日银行间外汇市场收盘汇率，综合考虑外汇供求情况及国际主要货币汇率变化，向中国外汇交易中心提供中间价报价。汇改之后，市场对人民币贬值的预期普遍飙升，贬值预期导致资本外流急剧增加，资本外流反过来又加剧了贬值压力。

实行以市场供求为基础、参考一篮子货币进行调节、有管理的浮动汇率制度，意味着央行对汇市的干预减少，汇率机制更富弹性。人民币汇率可以根据市场供求状况，不断地进行微幅调整以平衡国际收支，使中央银行的外汇干预有一定的调控空间，摆脱了为稳定汇率而在外汇市场上买入（卖出）外汇，从而被动地增加（减少）基础货币投放的困境，提高了我国货币政策的主动性。可是，随着我国贸易与资本项目“双顺差”持续快速增长，大量外汇资金涌入境内，外汇储备不断积累，外汇占款大幅增加。在人民币升值预期的影响下，企业和个人纷纷选择卖出外汇，持有人民币。而为保持汇率稳定，央行只能被动购汇，由此投放的基础货币大幅增加，从而导致投资资金过于宽松。这不仅给银行扩充信贷提供了前提条件，也给固定资产投资快速增长提供了温床。

央行一直以来采取牺牲利率政策保持汇率稳定的被动对策，造成了金融体系的流动性过剩，过多的流动性流向货币市场导致货币市场利率走低，流动资产收益率持续下降，长短期利率倒挂，银行经营收益水平下降、利润受到侵蚀。同时，流动性过多将增大潜在通货膨胀压力，推升房地产价格，导致经济过热和投资效率下降，潜在金融风险增加。超低利率扭曲了利率体系，资金供求情况不能很好地反映到利率上，加大了金融机构的风险。低利率策略同时还使央行在执行货币政策时，其目标不得不游移于货币量（数量）与利率（价格）之间，两个目标不时产生冲突，一定程度上损害了我国货币政策的自主性。

从我国当前的现实来看，更加灵活的汇率制度有助于抑制通货膨胀和资产泡沫。在浮动汇率制下，调整利率对国际收支产生的影响，可以通过汇率波动来进行反向平衡，从而增加利率政策的有效性。例如，当我国采取紧缩的货币政策，上调利率虽然会造成资本项目的顺差而增加外汇储备，但同时可以通过人民币升值影响经常项目，抵消资本项目的顺差，从而平衡国际收支，提高利率政策的有效性。同时，汇率浮动区间的扩大，有望提高出口消费品价格，降低国外消费需求，促使国内投资需求下降，减少出口。这对国内“过热”的经济将起到紧缩作用。资本账户的开放与汇率形成机制改革的结合极为重要。我国储蓄率一直很高，如果资本账户不开放，高储蓄率必然导致国内利率水平过低、投资过剩、经常账户顺差和货币升值压力。因此，应在保持人民币汇率稳定的前提下，以合适的方式让本外币市场有一个畅通的渠道，以便使国内过剩的资金与外币便利地进入国际金融市场，努力实现人民币自由兑换。

第三节　财政政策对投资的调控

一、财政政策对投资的传导机制

财政政策对投资的作用机制，实际上就是运用财政政策工具，通过收入分配、货币供应、价格等中介传导，影响投资需求及有效供给，从而实现财政政策目标的过程。

1. 财政政策与收入分配

财政政策对个人收入分配的影响，主要体现在通过征收个人所得税、税率升降、财政补贴等方式影响居民实际可支配收入，既可能影响劳动者生产积极性，使其在工作、闲暇之间重新做出选择，又可能影响其储蓄、消费行为，进而影响到全社会投资规模和结构。例如，开征个人所得税，当累进税率达到一定程度时，就可能使一部分人减少工作时间而相应增加闲暇时间；开征、减征或停征利息税都可能会影响居民储蓄行为；开征消费税会直接增加居民消费支出，影响其消费行为。财政政策对企业利润分配的影响，主要体现在通过征收企业所得税、增值税、营业税、税收优惠等措施影响企业税后净利润的变化，进而影响企业生产和投资积极性。目前，一些地方政府为了招商引资绩效往往提供过度的税收政策优惠，使企业产生片面追求短期利益的倾向，造成盲目投资扩大再生产、低水平重复建设等一系列问题。

2. 财政政策与货币供给

货币供给是社会总需求的载体，任何一笔财政收支增减都必须通过货币供给量这个媒介作用于社会总需求。例如，当政府实行扩张性财政政策时，政府需求增加通过财政政策乘数效应推动经济增长，进而使货币需求增加，即需要更多的货币用于流通。如果扩大财政支出规模而不相应地增加货币供应量，必然导致市场利率上升，既可能抵消因 GDP 增长而需要增加的货币需求，也可能对民间投资产生“挤出效应”，减少全社会投资需求，因而也就无法实现有效扩大社会总需求的目标。

3. 财政政策与价格

一般地，许多财政政策工具发生作用，需要通过价格杠杆的作用体现出来，或者与价格杠杆相互作用而共同发挥调节作用。长期以来，不同产业、行业产品之间比价关系不合理，利润率差别较大，这是导致全社会投资结构、产业结构不断调整优化的重要原因。政府通过加大财政投资、税收减免、政府采购、财政补贴等财政政策工具，影响企业生产、投资行为，可以达到调整全社会投资结构、产业结构的目的。例如，政府通过采购对象、采购价格的变化，为鼓励发展的企业提供有利的优惠政策，使企业从中获得较高的利润，可能形成政府采购行为对企业生产、投资规模和方向的政策导向作用。

二、财政预算与投资

财政预算是政府活动计划的一个反映，它体现了政府及其财政活动的范围、政府在特定时期所要实现的政策目标和政策手段。财政预算作为一种财政政策工具，主要通过年度财政预算的预先制定、在执行过程中追加或追减财政收支规模、调整不同预算支出在总预算支出中的比重来实现调节功能。具体来说，财政预算政策通过采取盈余预算、平衡预算、赤字预算三种方式实现调节作用，这三种预算分别体现的是紧缩性、中性、扩张性财政政策。当社会总需求大于总供给、物价水平持续走高、失业人口低于充分就业人口、经济增长速度过快等时候，政府应通过削减财政预算支出（盈余预算）实现对投资的抑制作用；反之，通过扩大财政预算支出（赤字预算）对投资起到刺激作用。平衡预算在社会总供求基本平衡时，能够维持投资需求稳定增长。

我国的预算按照经济性质分为一般公共预算、政府性基金预算、国有资本经营预算、社会保险基金预算等四类预算，且每一类预算均分为全国、中央与地方三级体系。一般公共预算是对以税收为主体的财政收入，安排用于保障和改善民生、推动经济社会发展、维护国家安全、维持国家机构正常运转等方面的收支预算。其中，一般预算支出分为 29 类，包括基本建设支出、企业挖潜改造资金、简易建筑费、地质勘探费、科技三项费用、支持农村生产支出、工业交通等部门事业费、城市维护费等。政府性基金预算是国家通过向社会征收以及出让土地、发行彩票等方式取得收入，专项用于支持特定基础设施建设和社会事业发展而发生的收支预算。政府性基金预算根据基金项目收入情况和实际支出需要，以收定支，具有专款专用性。国有资本经营预算支出可分为三大类：资本性支出，即向新设企业注入国有资本金，向现有企业增加资本性投入，向公司制企业认购股权、股份等方面的资本性支出；费用性支出，即弥补企业改革成本等方面的费用性支出；其他支出。可见，与投资相关的预算支出内容很多，预算支出增减是投资增减的重要影响因素。

三、税收与投资

税收是国家赖以存在并实现其职能的物质基础，是政府参与、调节国民收入分配的一种重要手段，是国家财政收入的主要形式，具有以下三个特点：一是强制性，国家凭借政治权力依法向企业、公民等纳税主体征税，任何单位和个人不得违抗；二是无偿性，国家依法征税后即拥有税收收入所有权，既不需要偿还，也不需要对纳税人付出任何代价；三是固定性，国家在征税前就以法律形式规定了征税对象、统一的税率或数额，并按照预定的标准进行依法征税。税收对投资的影响，主要是通过调整有关税种税率、税前抵扣、税收减免等措施影响纳税人的投资收益、投资成本，进而影响其生产和投资行为。具体包括以下几个方面。

一是调整投资总量。就投资收益而言，政府税收会降低企业的投资收益率，对厂商的投资行为会产生方向相反的两种效应：一是收入效应，即投资收益率的下降，减少了纳税人的可支配收益，促使其为维持以往的收益水平而增加投资；二是替代效应，即投资收益率的下降，降低了投资对纳税人的吸引力，促使其用消费等别的行为来替代投资。税收对厂商投资水平的最终影响，取决于它的收入效应与替代效应究竟哪一种处于支配地位。在投资成本中，折旧是需要考虑的一个重要因素。一方面，它可以作为投资成本直接从应税所得中扣除，从而减少厂商的纳税义务；另一方面，它可以作为一种基金，由厂商积蓄起来用于再投资或将来的固定资产重置。因此，折旧的提取数额、时间、方法和折旧率的高低，对厂商的投资行为有很大的影响。如果税收制度规定的税收折旧率高于实际折旧率，那么就能够降低投资成本，刺激厂商的投资行为；反之，则会减少厂商的投资水平。

二是优化投资结构。由于税种、税率作用对象比较直接、明确，可以针对某些特定的投资者或投资活动制定专门的税收政策，例如，当政府支持某些行业或地区发展、扩大投资时，综合考虑投资地区、投资时间、投资规模、所属行业等因素，实行税收优惠政策或差别税率；当政府限制对某些行业或地区扩大投资时，就可以实施相反的税收政策，如开征新税种、提高税率等。这样，政府通过对不同行业、地区的投资项目实行不同的税收政策，达到调整和优化投资结构的作用。例如，1991 年 1 月实施《中华人民共和国固定资产投资方向调节税条例》，根据国家产业政策和项目经济规模、投资方向调节税实行差别税率。其中，对江河治理、灌排工程、农田水利等投资项目实行零税率；而对 100 立方米及以下的高炉及其配套的烧结、焦化，2 万吨及以下的铅锌冶炼等投资项目实行 30% 的税率。因此，通过对不同行业投资项目实行差别税率，鼓励或限制某些行业发展，达到调整和优化投资结构的目的。

四、国债与投资

国债是由中央政府为筹集财政资金而发行的一种政府债券，是中央政府向投资者出具的、承诺在一定时期支付利息和到期偿还本金的债权债务凭证。国债本身就是与财政赤字相联系的公共收入形式，是作为弥补公共收支差额的来源而产生的。弥补财政赤字是国债最基本的功能。国债投资作为经济和投资调控的重要手段之一，主要通过以下几种效应对经济和投资运行产生影响：一是国债投资乘数效应，以少量的国债资金投入带动更多的社会资金投入，发挥“四两拨千斤”的作用。二是流动性效应，通过调整国债流动性程度来影响整个社会流动性状况，进而对经济运行施加扩张性或紧缩性影响。三是利率效应，通过调整国债发行利率或实际利率水平，来影响金融市场利率升降，进而对经济运行施加扩张性或紧缩性影响。

1. 国债投资是扩大政府支出的方式之一

20 世纪 30 年代全球性经济危机后，经济学经历了凯恩斯革命，现代宏观经济学作为一门独立的经济学分支学科正式形成，而经济学的发展又推动了自由市场经济体制向混合经济体制的转变，政府管理的市场经济取代了自由放任的市场经济。在混合市场经济体制下，宏观经济管理在保证资源的有效利用和经济的良性运行中发挥着重要的作用，政府可以通过对总需求的管理来熨平经济周期、实现经济的平稳增长。需求管理指的是政府主动地运用货币政策和财政政策影响总需求水平。在决定是否要实施需求管理政策时，经济政策制定者首先要考虑的问题都是经济的总体状况和调整总需求的必要性。当经济停滞时，财政政策和货币政策可以用于刺激经济，促使经济复苏。当面临通货膨胀的威胁时，货币政策和财政政策的作用方向必须有助于减缓经济增长速度，熄灭“通货膨胀之火”。

根据作用方式的不同，财政政策可进一步划分为政府支出政策和税收政策。政府支出政策指的就是直接增加或缩小政府的支出需求。在总需求不足的情况下，政府可以通过增加政府支出（包括债务支出）的扩张性财政政策弥补其他部门需求的不足，刺激其他部门需求的回升和增加。1998 年，受东南亚金融危机的影响，我国经济增长乏力，投资、消费和净出口三大需求部门均出现不同程度的增速下滑，为遏止这种下滑的势头，保证国民经济的平稳增长，我国实施了积极财政政策，国债投资政策是其中重要的组成部分。国债投资政策的具体内容，就是在当年财政预算难以支持政府投资进一步扩大的情况下，通过发行长期建设国债的方式，满足政府扩大投资的需要，实现政府通过扩大支出刺激需求的宏观经济管理目标。因此，国债投资政策就是扩大政府支出的方式之一。

2. 国债投资政策作为稳定经济的重要工具

财政政策和货币政策是需求管理的两大工具，在凯恩斯革命早期，宏观经济学家强调财政政策是最强有力也是最全面的需求管理手段，然而在随后的发展中，由于政策存在时滞、政治团体博弈、财政赤字增加等因素的影响，财政政策的缺陷日益明显，在美国，货币政策已取代了财政政策在总需求管理中的主导地位，成为稳定经济的主要政策工具。另外，作为需求管理政策，财政政策一直是支出政策和税收政策并重的。那么，1998 年以来，我国为什么会选择国债投资政策作为稳定经济的主要工具呢?

①导致西方国家政策失效的因素难以影响我国政策有效性。我国是共产党领导下的社会主义国家，不存在西方国家议会进行宏观经济政策抉择时常常发生的纷争，因此，政策时滞和政治因素对财政政策有效性的影响程度小于西方市场经济国家。萨缪尔森曾指出，“近年来，国会预算程序变得更加复杂，从总统最初提出（措施）到国会最终审议，中间差不多要耽搁一年的时间，这就进一步延长了反应时滞。”[①] 我国的情况是：1998 年 8 月 6 日、10 日，全国人民代表大会财经委员会召开了两次全体会议，就国务院准备提请第九届全国人民代表大会常务委员会第四次会议审议的关于增发国债、调整预算的议案听取了财政部和国家计委的汇报，进行了讨论、研究。8 月 27 日，财经委员会召开第十四次全体会议，审查了《国务院关于提请审议财政部增发国债用于加快基础设施建设和今年中央财政预算调整方案（草案）的议案》。8 月 29 日全国人大常务委员会批准国务院增发国债和调整中央财政预算的方案。财政赤字因素是现代财政政策面临的最大障碍，而 1997 年我国

---

① 萨缪尔森：《经济学》（第 16 版），华夏出版社 2000 年版，第 279 页。

的赤字率只有0.78%，因此，较低的赤字率不足以阻碍积极财政政策的实施。

②货币政策难以替代财政政策在总需求管理中的主导地位。与扩张性财政政策将更多的资金放到消费者和企业手中不同，货币政策是通过改变利率、信贷条件、汇率和资产价格来影响消费者和企业的支出的。由于我国是体制转型国家，社会保障体系尚在建立过程中，作为寻求自我保障的一种手段，居民储蓄有很强的刚性，利率变动对其影响较小，也就是说，利率变动对消费者行为的影响很小。实践的结果已经验证了这一点，1996年以来，我国已经8次下调利率水平，但居民存款的增长速度依然很高。因此，货币政策手段在刺激消费增长方面有较大的局限性。货币政策手段在促进投资需求增长方面也面临较大的困难。稳健的货币政策所努力创造的宽松信贷环境，因资本市场发展滞后而难以实现，稳健的货币政策所应达到的对投资需求的激励作用打了折扣。由此可见，1998年以来，我国实施国债投资政策有其客观必然性，是符合体制特征要求和经济发展规律的正确的政策选择。

五、转移支付与投资

政府间转移支付制度是指以中央政府与地方政府之间或上下级政府之间存在的财政能力、收支差异为基础，以实现各地公共服务水平的均等化为根本目标而实行的一种财政资金转移制度。为了满足以下两种要求而导致某地财政收支不平衡时，需要实施政府间财政转移支付：各级政府机关能够正常运转；各地企业、居民均能从政府方面获得大致均等化的基本公共服务。

实际上，政府间转移支付就是在各级政府之间财政收支初次分配基础上的再分配，主要是通过以下两种基本功能对当地投资环境、投资总量产生长期的影响：一是保障功能，保障辖区内财政供养人员按照基本标准取得基本工资、社会福利，保障辖区内居民享有大致均衡的教育、文化、社会保障等基本公共服务；二是资源配置功能，在市场机制对资源配置发挥决定性作用的基础上，国家通过政府间财政转移支付形式调节资源在不同地区之间的配置，并配合产业政策、区域政策的实施，支持市场失灵的领域或薄弱环节快速发展，以实现不同地区之间交通、能源、通信、生态环境等经济发展基本条件的大致均衡，并随着经济发展而不断改善。

中央政府在对地方进行财政转移支付决策时，应根据各地经济社会发展实际情况，在转移支付总量、结构、时间安排等方面作出灵活安排。例如，加大对中西部地区转移支付力度，缩小或消除中西部地区在科教文卫、基础设施等方面与沿海发达地区的差距，使中西部地区公民享受到与东部地区大致相同的基本公共服务，并为企业扩大投资创造良好的外部环境。再如，在经济处于萧条阶段、居民收入增长缓慢、国内有效需求不足时，适当增加转移支付，鼓励地方政府扩大财政支出，促进经济尽快复苏；在经济处于繁荣阶段、居民收入增长过快、社会需求膨胀时，适当减少转移支付总量，限制或减少地方政府财政支出规模，有效抑制社会投资需求过度膨胀。

六、财政补贴与投资

财政补贴作为政府的一种无偿支出，主要通过以下三种途径发挥作用：第一，财政补贴规模。财政补贴规模过大，超过政府承受能力，可能是消极作用大于积极作用，与政策目标相背离；规模过小，不足以发挥财政补贴的作用，难以达到预期的效果。因此，合理确定财政补贴规模，是财政补贴政策有效发挥作用的前提条件。第二，财政补贴结构。政府通过补与不补、补多与补少、明补与暗补等方式，确定各类财政补贴之间的比例结构，影响着生产、流通、消费、分配各个环节。第三，财政补贴期限。财政补贴期限的长短，直接决定着补贴对象受影响的时间长短，并对其补贴停止后的储蓄、投资、消费行为产生一定的影响。

财政补贴对经济和投资的影响主要表现在：影响企业、居民的需求结构。一般来说，价格高低可以影响居民对消费品、企业对投入品的需求结构，商品和服务价格越高，需求就越小，反之需求就越大。而对企业、居民进行财政补贴，可以改变商品和服务价格的相对水平，进而对其需求结构产生影响。影响企业产品供给结构。国家通过对企业购进原材料或销售产品给予必要的财政补贴，如提高农产品价格补贴、对化肥生产企业进行补贴等，会影响企业产品价格水平和盈利水平，进而影响产品数量和结构。推动产业结构优化升级。1998 ～ 2002 年实施积极财政政策，各级政府共对 880 个民用技术改造项目进行财政贴息，带动了银行更多的配套信贷资金投入，实施了一大批技术改造、高科技产业化、装备国产化的项目，有力地推动了企业技术改造和结构升级。

总体上看，财政补贴具有调整社会总供求结构、优化资源配置结构的作用，进而对企业投资结构产生较大的影响。一般地，财政补贴规模是否适度，主要考虑以下几个因素：是否影响市场机制作用的充分发挥，是否影响财政收支基本平衡并加剧财政困难，是否挤占其他财政支出并妨碍了财政职能的整体发挥等。财政补贴作为一种调节手段，如果对补贴规模、范围把握不好一个合理的度，其积极效应就可能减弱，甚至出现消极的作用，违背政策初衷。例如，长期的财政补贴会人为加剧市场不公平竞争，使企业产生依赖思想，影响企业投资积极性和资源配置效率，还可能使一些重要商品和服务价格维持在一个较低的水平上，容易造成对这些商品和服务的过度需求甚至浪费，进一步加剧市场供求结构矛盾；大量的财政补贴可能加重财政负担，尽管在局部地区或范围内起到一定的调节作用，但可能影响财政政策对投资的宏观调控能力。

第四节　其他措施对投资的调控

一、法律法规

1. 性质与特点

法律法规作为重要的调控手段之一，在投资调控中起到越来越重要的作用，这是由于市场经济本质上就是法治经济，一般而言，在法治化的市场经济中，法律具有规范功能、制约功能、保障功能、导向功能和调节功能，市场经济体制的建设与完善过程就是法治化程度不断提高的过程。因此，在建设社会主义市场经济体制这一大背景下，政府各项调控政策、措施的出台、实施，都离不开通过相关法律、法规的颁布与执行，使之具有合法性、权威性、规范性、稳定性与强制性。严格意义上讲，法律手段与经济手段、行政手段不是平行并列的关系，经济手段与行政手段都是法律手段，因为任何经济政策与行政措施都需要法律的授权，并受到法律的制约，政府对全社会投资无论是进行宏观上的调控、中观上的引导，还是微观上的规制，都需要依法而行、纳入法制化轨道，这是市场经济国家的共同做法，对于实现公平目标与效率目标都是不可或缺的。

在我国特定的制度环境中，强调法律手段的重要意义还在于，过往的很长时期，投资过热增长的体制性原因主要就是地方政府管理经济的“人治”做法与市场投资主体外部性监管缺失这两个方面，而要解决这两个主要的体制性“热源”，单纯依靠经济手段（如调节利率等经济杠杆）和传统的行政手段（如中央的行政指令），难以奏效，需要通过进一步推进投资调控的法治化进程，将地方政府管理经济的行为与市场主体的投资行为纳入法治化的轨道，才能有效解决因政府与市场双重失灵而造成的投资盲目、低效增长。

2. 相关法律、法规及其分类

投资调控是一个系统工程，因此，与之相对应的法律法规也必然是一个庞大的多层次、多部门、多手段的体系。近年来国家出台的大量经济法律、政府规范性文件、部门规章、地方性法规与规章，都体现着政府调控与管理投资的意图，影响着投资调控的政策效力。因此，我们有必要对投资调控相关的法律法规进行分类梳理。根据相关法律法规所涉及的调控工具性质的不同及其对投资主体约束效力与影响方式的不同，我们可以将其大致分为以下五类。

第一，国务院及各部委制定的中长期发展计划及专项规划。

第二，财政、金融、产业、外贸等方面的经济政策及相关措施。

第三，涉及政府自身管理体制与制度建设方面的法律、法规。

第四，市场主体微观规制方面的法律法规（如节能、环保、安全、劳动保障等市场准入准则等）。

第五，有关部门所发布的行政措施指令。

上述几方面的法律法规既有综合性的法，也有专项性的法；既有立足于决策的，也有立足于具体落实与执行的。从其调控投资的目的、手段与特点看，也可看出其不同的分类，如：有立足于宏观调控的（如财政、金融等方面的相关法律法规），有立足于微观规制的（如节能、环保、安全等方面的市场准入规则等）；有立足于中长期的（如发展计划、产业发展目录等），有立足于短期的（如税收、利率、汇率等经济调节手段）；有针对市场主体的（如市场规制方面的法律法规），有针对政府管理制度本身的（如投资体制改革规定、行政许可法等）；有强制性、硬约束的（如项目清理等严格执法行为），有引导性、软约束的（如各类规划）。

3. 作用的机理及其效果

我们在前面已分析了，狭义的法律手段，主要是指加强市场规制方面的立法与执法。因此，此处我们重点讨论市场规制方面的法律法规在投资调控中的作用。

首先，市场规制类的法律法规为投资主体间的公平竞赛设置了规则，有助于规范市场主体的投资行为，维护投资者的合法权益，而市场公平、公正秩序的建立，对改善投资软环境、增强投资者的信心至关重要，因此，维护市场公平秩序方面的调控措施，从短期看，可能会抑制部分原先存在某种违法违规现象的市场主体的投资，但中长期看，对投资的健康增长则会起到鼓励作用。

其次，完善市场规制类的法律法规还体现在强化对市场主体投资外部性的监管方面，在节能环保、安全、劳动保障等方面严格市场准入，这有助于促进投资项目外部性成本的内部化，对于扶优限劣，优化投资结构，提高投资效益，抑制盲目投资扩张，往往起到十分重要的作用。

市场规制法律法规就是投资者相互间竞争的游戏规则。规则制定得是不是公平、合理，执行起来是不是严格，直接影响到投资者的投资预期及决策。投资过快增长、结构失衡，有原先的游戏规则制定得不合理、执行得不严格的因素，因此，引入新“规则”、强化“规则”的执行，就成了投资调控的重要手段之一，在实践中，也往往更为奏效。

应该说，在规范的市场经济体制中，市场规制对投资者而言已成为一种常态，因为政府无法通过调“规则”去调控经济。而在我国现阶段特定体制条件下，市场规制类法律法规在一定时期具有“变量”的特点，且其变动方向与调控方向一致，于是，就参与到了宏观调控中来，并成为宏观调控十分倚重的调控手段。在现阶段的体制条件下，这具有一定的合理性，也是行之有效的。但从长期看，当规则已经确立，市场规制类法律法规若要成为“变量”，就只有在执行力度方面“时松时紧”了，很显然，这与建立法治化市场经济体制的目标不符。

当市场规制实现法治化和常态化，狭义的法律手段也就应该退出投资调控。这时，法律法规在投资调控中的作用应体现在政府调控市场时在调控主体、调控程序、调控手段等方面都实现“法治化”，以消除任何“人治化”的行政干预行为对市场机制正常作用的干扰，提高调控政策的实施效力，保证政策延续性，避免政府失灵造成的调控过度与调控不当。

二、发展规划

在我国，发展规划是重要的投资调控工具之一，它对调控经济运行中的各类主体的中长期投资行为发挥着重要作用。从性质看，规划调控属于计划调控范畴，属于间接调控和直接调控相结合的经济调控手段。

1. 规划的演变过程

新中国成立后，我国借鉴苏联的经验，从1953年开始编制五年计划。在编制与实施五年计划的理念上，强调通过完全的政府指令性计划优先发展重工业，建立独立完整的工业体系与国民经济体系。这个时期的五年计划正常的编制和实施过程多次因为政治事件干扰而被打断。除“一五”计划外，其他四个五年计划并未正式公布。改革开放后，国家对发展计划编制更加重视，计划关注的重点也从经济转向经济和社会并重。从“六五”计划开始，经济计划变成经济社会发展计划。与此同时，城市规划和土地利用规划体系也开始逐步确立。这个时期，发展计划和城市规划、土地利用规划等空间性规划对重大项目、重大生产力布局落地关注不够，相互之间的关系不明确、关联性不强，规划体系没有形成合力，规划实施效果大打折扣，被社会戏称为“规划规划、纸上画画，墙上挂挂，全是废话”[①]。

---

① 黄征学：“国家规划体系演进的逻辑”，《中国发展观察》2019年第14期。

随着社会主义市场经济体制改革的逐步深入，政府管理经济的方式和手段也要求做出适应性调整。作为政府工作重要抓手的规划体制也面临重大改革。2005 年国务院印发《关于加强国民经济和社会发展规划编制工作的若干意见》(国发〔2005〕33 号)，明确发展规划由“三级三类”构成。“三级”即国家、省和市县；“三类”即总体规划、专项规划和区域规划。其中，总体规划是战略性、纲领性、综合性规划，是编制本级和下级专项规划、区域规划以及制定有关政策和年度计划的依据；专项规划是总体规划在特定领域的细化，是政府指导该领域发展以及审批、核准重大项目、安排政府投资和财政支出预算、制定特定领域相关政策的依据；区域规划是总体规划在特定区域的细化和落实，是编制区域内省（区、市）级总体规划、专项规划的依据。

2008 年开始，地方政府自发探索经济社会发展规划、城乡规划、土地利用规划等“多规合一”，编制地方空间规划，这个时期是“自下而上”向国家部委争取空间管理政策和权限的过程[①]。党的十八大以来，特别是习近平总书记在 2013 年中央城镇化工作会议上首次提出探索经济社会发展、城乡、土地利用规划的“三规合一”或“多规合一”，形成“一个县（市）一本规划一张蓝图”之后，“多规合一”真正进入国家推动期，主要特征为自上而下的授权式改革。2016 年，福建、贵州、广西、云南、海南、宁夏等省区以省级空间规划试点为契机，积极开展市县“多规合一”试点，探索“多规合一”的具体思路。2019 年，《中共中央 国务院关于建立国土空间规划体系并监督实施的若干意见》指出，将主体功能区规划、土地利用规划、城乡规划等空间规划融合为统一的国土空间规划，实现“多规合一”，强化国土空间规划对各专项规划的指导约束作用。2020 年初，自然资源部办公厅印发《省级国土空间规划编制指南》，指导和规范地方开展市级国土空间总体规划编制工作。

2. 规划体系及功能

2018 年发布的《中共中央 国务院关于统一规划体系更好发挥国家发展

---

① 黄征学：“国家规划体系演进的逻辑”，《中国发展观察》2019 年第 14 期。

规划战略导向作用的意见》，明确了规划的功能定位和体系关系。国家发展规划，即国民经济和社会发展五年规划纲要，是社会主义现代化战略在规划期内的阶段性部署和安排，主要是阐明国家战略意图、明确政府工作重点、引导规范市场主体行为，是经济社会发展的宏伟蓝图，是全国各族人民共同的行动纲领，是政府履行经济调节、市场监管、社会管理、公共服务、生态环境保护职能的重要依据。国家级专项规划是指导特定领域发展、布局重大工程项目、合理配置公共资源、引导社会资本投向、制定相关政策的重要依据。国家级区域规划是指导特定区域发展和制定相关政策的重要依据。国家级空间规划以空间治理和空间结构优化为主要内容，是实施国土空间用途管制和生态保护修复的重要依据。

国家发展规划根据党中央关于制定国民经济和社会发展五年规划的建议，由国务院组织编制，经全国人民代表大会审查批准，居于规划体系最上位，是其他各级各类规划的总遵循。国家级专项规划、区域规划、空间规划，均须依据国家发展规划编制。国家级专项规划要细化落实国家发展规划对特定领域提出的战略任务，由国务院有关部门编制，其中国家级重点专项规划报国务院审批，党中央有明确要求的除外。国家级区域规划要细化落实国家发展规划对特定区域提出的战略任务，由国务院有关部门编制，报国务院审批。国家级空间规划要细化落实国家发展规划提出的国土空间开发保护要求，由国务院有关部门编制，报国务院审批。国家级专项规划、区域规划、空间规划，规划期与国家发展规划不一致的，应根据同期国家发展规划的战略安排对规划目标任务适时进行调整或修编。国家级空间规划对国家级专项规划具有空间性指导和约束作用。

坚持下位规划服从上位规划、下级规划服务上级规划、等位规划相互协调，建立以国家发展规划为统领，以空间规划为基础，以专项规划、区域规划为支撑，由国家、省、市县各级规划共同组成，定位准确、边界清晰、功能互补、统一衔接的国家规划体系。提高国家发展规划的战略性、宏观性、政策性，增强指导和约束功能，聚焦事关国家长远发展的大战略、跨部门跨行业的大政策、具有全局性影响的跨区域大项目，把党的主张转化为国家意志，为各类规划系统落实国家发展战略提供遵循。发挥国家发展规划统筹重大战略和重大举措时空安排功能，明确空间战略格局、空间结构优化方向以及重大生产力布局安排，为国家级空间规划留出接口。科学选取需要集中力量突破的关键领域和需要着力开发或者保护的重点区域，为确定国家级重点专项规划编制目录清单、区域规划年度审批计划并开展相关工作提供依据。

国家级专项规划原则上限定于关系国民经济和社会发展全局且需要中央政府发挥作用的市场失灵领域。其中，国家级重点专项规划要严格限定在编制目录清单内，与国家发展规划同步部署、同步研究、同步编制。国家级专项规划要围绕国家发展规划在特定领域提出的重点任务，制定细化落实的时间表和路线图，提高针对性和可操作性。国家级区域规划主要以国家发展规划确定的重点地区、跨行政区且经济社会活动联系紧密的连片区域以及承担重大战略任务的特定区域为对象，以贯彻实施重大区域战略、协调解决跨行政区重大问题为重点，突出区域特色，指导特定区域协调协同发展。省级规划、市县级规划依据国家发展规划制定，既要加强与国家级专项规划、区域规划、空间规划的衔接，形成全国“一盘棋”，又要因地制宜，符合地方实际，突出地方特色。

3. 年度投资计划管理

国家发展和改革委编制的年度投资计划主要是对使用政府资金，包括国家预算内资金、专项基金以及债券资金进行投资的项目进行安排，同时，对全社会投资规模和资金来源提出少量的指导性指标，因此，也可以看作是中央政府资金的年度投资计划。每年国家发展和改革委会同有关部门依据年度经济社会发展目标、政策取向和工作重点，编制政府投资年度计划，统筹安排、合理使用各类政府投资资金。年度投资计划的编制采取自上而下，自下而上，上下结合的程序。

（1）年度投资计划管理的问题

投资总量和结构调控的有效性降低。在传统体制下，依靠指令性计划可以实现对投资的控制。随着经济体制改革的深入，投资计划管理逐渐集中到政府资金的管理。虽然在近年的投资调控中，强调了信贷、土地、环保等闸门的作用，但是，国家早已不再对信贷实行计划控制，加之流动性过剩，商业银行存差巨大，贷款规模迅速扩张；土地资源的控制权掌握在地方政府手中，地方政府以土地绑架信贷，土地财政实际上变成了地方投资扩张的重要手段；加之环保等外部性管理不严格，往往流于形式，因此，几大闸门的作用比较有限。由于经济手段难以发挥作用，在政府投资管理实践中，往往自觉或不自觉地侧重和偏爱于运用行政手段，投资管理的“行政化”倾向有进一步强化的趋势。而行政化的调控方式更无法解决投资反复膨胀、结构升级缓慢、资源消耗过大、环境污染严重、社会发展滞后的问题。

地方政府投资风险得不到有效控制。中央政府对地方政府的投资规模、负债融资缺乏有效的控制手段，致使我国的政府投资蕴藏着巨大的风险。近年来，地方政府依靠土地财政，建立各式各样的融资平台，利用政策性和商业银行贷款，大力推进城市化进程和工业园区建设。地方政府投资普遍缺乏风险和责任约束，而中央政府对地方投资也没有切实有效的控制手段，致使地方政府负债不断扩大，由于我国是中央集权的单一制国家，地方政府的债务风险最终要由中央政府承担，由中央财政最后“兜底”，如果中央政府对地方政府投资规模缺乏有效约束，一旦地方政府投资因负债规模过大出现风险，势必会影响财政和金融稳定，对经济社会发展产生极为不利的影响。

政府投资决策缺乏民主化和透明度。政府投资决策和计划安排的透明度很低，民主化、科学化的水平有待进一步提高。目前，政府投资决策职能仍然由各级政府的投资主管部门单独行使并在政府部门内部进行运作，社会公众和作为社会公众利益代表的立法机构——各级人民代表大会对政府投资计划编制过程的了解程度、参与程度很低，政府投资决策的民主化进程尚未真正起步。同时，在投资管理实践中，政府投资项目的咨询评估和吸收专家意见往往流于形式，很多政府投资项目仍然采取由行政首长和领导“拍脑袋”方式决策。政府工程成为某些官员谋取私人和集团利益的工具，搞脱离实际的盲目投资、重复建设，劳民伤财的政绩工程、形象工程，有些并没有给当地老百姓带来真正实惠。

企业投资仍然带有较强的政府主导性。虽然根据现有投资统计，直接的政府预算内投资在全社会投资中的比例早已大幅度降低。但是，预算内投资项目只是全部政府投资中的小部分。在财政预算内投资以外，还有大量的中央部门、各级政府自筹投资以及规模庞大的国有企事业单位投资。从实际情况看，国有企业投资常常是“更自由的”政府投资。虽然这部分企业投资的自主权有所扩大，但是，政府对其影响作用仍然较大。从中央企业投资来看，其决策受到中央政府的制约，中央领导在国内视察和国外访问都带着大型央企，央企的投资往往反映的是中央政府的意图。各级地方政府投资公司的投融资活动则更像是地方政府经济建设职能的自然延伸，是地方政府的“经济附庸”，很难享有相应的投资自主权。

（2）年度投资计划指标的改进

发挥投资计划的引导性功能。目前的年度投资计划中有些指标表述不规范，例如，建设和改造投资的含义不清楚，与现行统计指标不一致，对这些指标应有一个规范和准确的提法。年度投资计划也没有对全社会投资、城镇和农村投资、各类资金来源进行预测，提出预期性指标；没有对政府投资供需情况进行测算，提出约束性指标，使得投资计划无法准确反映出政府投资调控的意愿。因此，应健全和完善投资计划指标体系，确立全社会投资规模、资金来源结构和产业投资结构目标，可提得相对粗一些，设定为预期性指标；政府投资规模、资金来源结构和产业投资结构目标应提得更细一些，并设定为约束性目标。

强化投资计划的全面性和统一性。在国家年度计划大本中，与投资有关的固定资产投资计划、高技术产业项目计划、外资项目计划、企业债券项目计划，实际上是按照国家发展和改革委各业务司局的管理权限进行划分并分别制定，各司局之间难以形成配合，容易形成交叉和重复，有限的财政资金难以发挥综合效益。应在考虑相关司局职能不变的情况下，将目前由相关司局分别编制的计划合并为统一的“投资计划”，在一个资金大盘子中统筹考虑。避免因投资资金分配决策权过度分散造成的资金使用分散化、各行业、地区间苦乐不均、资金使用效率低下等弊端。

突出投资计划的长期性和战略性。鉴于五年规划纲要只是提出了未来的投资方向，并未提出每年的投入重点和时序安排。应根据经济和社会发展要求和未来政府投资能力，制定滚动性的政府投资中长期计划，把中长期投资计划作为指导政府制定年度投资计划、对政府投资项目进行决策的依据。年度投资计划通常是中长期计划滚动的结果。可以在后备投资项目库的基础上，编制中长期投资计划，计划期一般为三年，或与规划期相同。为适应经济和社会环境的不断变化，可在不断滚动的基础上每年调整一次。

三、市场准入

市场准入制度是我国对市场实施有效管理的基本制度，通过审核、批准、报备、许可等方式建立市场门槛，成为政府干预市场的一种方式。市场准入制度以国家立法的形式规定了哪些可以进入，哪些限制进入，哪些不可进入，以什么样的方式进入等一系列问题，其实质上是一种管理行为，与国家的经济政策、法律配套实行，对国家的经济发展方向产生直接影响。投资的市场准入包括两个方面的内容。第一，打破垄断，鼓励其他所有制经济进入国有垄断行业；第二，设置一定的准入标准，包括对项目设定规模、技术、环保、能耗、资源综合利用、安全等方面的准入门槛，对不符合国家经济社会发展要求的项目进行限制。

在国际上，负面清单是东道国针对外商投资准入的一种管理模式。尽管负面清单的管理思维近几年才引入我国，却对我国的市场准入制度产生了深远的影响。我国根据自身发展的需要，对负面清单的定义进行了适当的扩展和延伸，不仅对国外资本采取负面清单管理，而且对国内资本也采取负面清单管理。这种对国内外资本统一采用负面清单的管理模式叫做市场准入负面清单管理制度。引入负面清单的管理思维是我国在处理市场与政府之间关系的一次突破创新，也是我国推动市场准入管理制度改革的重要手段[①]。政府对市场干预过多而导致的准入门槛过高、市场透明度不够、行政程序繁杂等诸多问题，都能通过市场准入负面清单制度的推行得到缓解和改善。

按照2015年发布的《国务院关于实行市场准入负面清单制度的意见》，市场准入负面清单制度是指国务院以清单方式明确列出在中华人民共和国境内禁止和限制投资经营的行业、领域、业务等，各级政府依法采取相应管理措施的一系列制度安排。市场准入负面清单以外的行业、领域、业务等，各类市场主体皆可依法平等进入。市场准入负面清单包括禁止准入类和限制准

---

① 陆岷峰、李蔚："我国市场准入负面清单制度研究"，《天津商务职业学院学报》2018年第4期。

入类，适用于各类市场主体基于自愿的初始投资、扩大投资、并购投资等投资经营行为及其他市场进入行为。对禁止准入事项，市场主体不得进入，行政机关不予审批、核准，不得办理有关手续；对限制准入事项，或由市场主体提出申请，行政机关依法依规作出是否予以准入的决定，或由市场主体依照政府规定的准入条件和准入方式合规进入；对市场准入负面清单以外的行业、领域、业务等，各类市场主体皆可依法平等进入。

建立健全与市场准入负面清单制度相适应的准入机制。对市场准入负面清单以外的行业、领域、业务等，各类市场主体皆可依法平等进入，政府不再审批。对应该放给企业的权力要松开手、放到位，做到市场准入负面清单以外的事项由市场主体依法自主决定。对属于市场准入负面清单的事项，可以区分不同情况探索实行承诺式准入等方式，进一步强化落实告知性备案、准入信息公示等配套措施。承诺式准入是指各类市场主体承诺履行法定义务、承担社会责任、践行社会诚信并向有关部门提交书面承诺书后，即可准入；告知性备案是指各类市场主体投资经营行为发生后，即向有关部门履行告知性备案义务；准入信息公示是指各类市场主体依法履行《企业信息公示暂行条例》规定的义务。

完善与市场准入负面清单制度相适应的审批体制。对限制准入事项，各级政府及其有关部门要根据审批权限，规范审批权责和标准，要精简前置审批，实现审批流程优化、程序规范、公开透明、权责清晰。其中，涉及国家安全、安全生产等环节的前置性审批，要依法规范和加强。鼓励各地区在省、市、县三级政府推行市场准入事项（限制类）行政审批清单，明确审批事项名称、设定依据、适用范围、实施主体、办理条件、申请材料清单及要求、办理程序及时限等。要加快建立“统一规范、并联运行，信息共享、高效便捷，阳光操作、全程监督”的网上联合审批监管平台，实现所有审批事项“一网告知、一网受理、一网办结、一网监管”。

建立健全与市场准入负面清单制度相适应的监管机制。各地区各部门要按照各司其职、依法监管的原则，加强对市场主体投资经营行为的事中事后监管。优化对准入后市场行为的监管，确保市场准入负面清单以外的事项放得开、管得住。有关部门要强化发展战略、发展规划、产业政策和标准规范等的制定、调整和管理，严格依法设定“红线”，加强事中事后监管。鼓励各地区在省、市、县三级政府推行监管清单，明确监管事项、监管依据、监管主体、监管权限、监管内容、监管方法、监管程序和处罚措施，构建法律约束、行政监督、行业规范、公众参与和企业诚信自律有机结合的监管格局。推动行业协会商会建立健全行业经营自律规范、自律公约和职业道德准则，建立健全与市场准入负面清单制度相适应的行业自律机制。

四、土地政策

1. 土地参与调控的意义

利用土地政策参与宏观经济调控，强化投资增长的“门槛”功能，是2003年以来宏观调控政策的特色。土地政策参与投资调控，是指通过土地闸门，运用规划、计划等手段，调控土地供给量，对投资发展速度、规模、结构等进行调控，达到使国民经济平稳、协调、健康发展的目的。土地参与投资调控，土地既是调控工具，也是调控对象。土地在投资与建设中，发挥着双重作用：一方面，土地作为重要的稀缺资源，对投资起着保障作用；另一方面，土地作为重要资产，具有保值、增值功能。不同的土地供给方式可以对市场需求产生鼓励或抑制作用，可以有效引导投资方向和投资强度，促进产业结构调整与升级。在土地市场机制还不完善的条件下，政府采取财政政策与货币政策往往难以有效的调控投资，通过控制建设用地供给等一系列土地政策“闸门”，可以达到稳定投资、优化供给的调控目的。参与投资调控的土地政策，大致包括控制土地供应总量，实施土地储备制度，调节土地供应结构，优化土地供应方式，增加土地供应主体，控制土地供应节奏，平衡土地空间布局，促进土地要素流动。

2. 土地利用规划

土地利用总体规划是在一定区域内，根据国家社会经济可持续发展的要求和当地自然、经济、社会条件，对土地的开发、利用、治理、保护在空间上、时间上所作的总体安排和布局，是国家实行土地用途管制的基础。按照2018年新修订的《中华人民共和国土地管理法》，各级人民政府应当依据国民经济和社会发展规划、国土整治和资源环境保护的要求、土地供给能力以及各项建设对土地的需求，组织编制土地利用总体规划。土地利用总体规划应落实国土空间开发保护要求，严格土地用途管制；严格保护永久基本农田，严格控制非农业建设占用农用地；统筹安排城乡生产、生活、生态用地，满足乡村产业和基础设施用地合理需求，促进城乡融合发展；保护和改善生态环境，保障土地的可持续利用。编制国土空间规划应当科学有序统筹安排生态、农业、城镇等功能空间，优化国土空间结构和布局，提升国土空间开发、保护的质量和效率。

通过土地利用规划调控中长期土地供给、影响投资增长和结构变化是通过三个传导机制实现的。第一，规划建设用地规模，明确建设用地供给总量，满足投资活动的用地需求。规划对中长期内进入经济体系中的新增建设用地总规模进行规划和管制，决定中长期内新增建设用地投放的总量和速度，从而对投资总量进行扩张性或收缩性调控。第二，规划建设用地用途，调节土地供给结构，从而改善投资需求结构。土地利用规划对中长期内经济发展和社会发展用地、各产业和各经济部门用地、不同区域用地的结构进行安排和布局。因此，是促进投资结构调整和促进区域投资协调发展的工具。第三，规划建设用地标准，明确建设用地的供给强度，提高土地的利用效率，进而提高项目投资效益。

3. 土地利用年度计划

土地利用年度计划是指国家对计划年度内新增建设用地量、土地整治补充耕地量和耕地保有量的具体安排。中央政府通过土地利用年度计划，对新增建设用地指标配置实行“总量控制、层层分解、统一分配”的集中决策和指令性管理。根据2016年《土地利用年度计划管理办法》，国土资源部会同国家发展和改革委以全国土地利用总体规划安排为基础，根据经济社会发展状况和各地用地实际等情况，测算全国未来3年新增建设用地计划指标控制总规模。需国务院及国家发展改革委等部门审批、核准和备案的重点建设项目拟在计划年度内使用土地，涉及新增建设用地的，由行业主管部门按项目向国土资源部提出计划建议。县级以上地方国土资源主管部门，以本级土地利用总体规划安排为基本依据，综合考虑本地规划管控、固定资产投资、节约集约用地、人口转移等因素，提出本地的土地利用年度计划建议，经同级人民政府审查后，报上一级国土资源主管部门。国土资源部会同国家发展和改革委根据未来3年全国新增建设用地计划指标控制总规模，结合省、自治区、直辖市和国务院有关部门提出的计划指标建议，编制全国土地利用年度计划草案，纳入国民经济和社会发展计划草案。

为了有效控制地方政府向市场投放建设用地的节奏、规模和结构等变量，国家通过三方面的土地年度计划控制，建立起了建设用地供给的调控机制，为投资调控创造了条件。第一，农地转用计划——控制建设用地源头——调控投资增长。由于大部分建设用地是农用地转用与耕地占用的结果，因此，国家把农用地转用、建设用地占用耕地纳入年度指令性管理，就是为了从源头上控制住建设用地的供给超计划，进而对依赖建设用地的投资形成控制作用。第二，征用集体土地计划——控制建设用地入口——调控潜在投资增长。由于大部分建设用地是征用集体土地变为国有土地的结果，因此，国家把征用集体土地列为指令性计划，就把住了建设用地的入口关，使地方政府手里没有了超计划的国有土地来源，从而使投资建设项目的过度扩张没有了土地支撑。第三，新增建设用地计划——控制建设用地出口——调控年度投资增长。国家通过新增建设用地规模，未利用地的开发利用计划等控制性指标，把新增建设用地纳入年度计划范围。这样，就控制住了新增建设用地供给出口，使地方政府难以超计划供地，从而调控投资总量增长也就有了基础。

4. 土地使用权出让

国有土地使用权出让是指由国家按照土地所有权与土地使用权相分离的原则，以国有土地所有者的身份将一定地块的国有土地使用权有期限地让与土地使用者，并向土地使用者收取土地使用金的行为及制度。国有土地使用权出让制度从根本上解决了制约我国城市建设的资金匮乏问题，从体制层面解决了行政划拨土地的低效、土地资源浪费及其与市场经济不匹配的问题，对于经济社会发展具有十分重要的作用。我国实行土地公有制，新增建设用地都是通过国有土地使用权出让的交易渠道进入经济体系，因此，与土地使用权出让有关的流通、收益分配、价格政策，就成为投资调控的重要工具。土地使用权出让政策主要包括三方面的内容：第一，土地出让权管制政策。包括土地出让方式、出让规模、出让权回收等一系列政策。第二，土地出让收益分配政策。国有土地使用权出让金大部分归地方所有，中央、省两级政府以新增建设用地有偿使用费的形式提取一部分，参与国有土地出让金分配。第三，土地出让价格管制政策。为了调控与规范土地供求状况，我国采取了包括经济、技术、行政等在内的诸多手段对土地价格进行管制。

国家通过调整土地出让金的分配与使用结构，影响资源配置的成本与收益，对投资形成间接调控功能。第一，调整土地有偿使用费标准。中央政府对取得新增建设用地的市、县人民政府征收新增建设用地有偿使用费的过程中，可以通过调整新增建设用地有偿使用费征收标准，改变市县政府土地出让金的占有比例，影响基层政府土地经营的收益增长，进而间接影响地方政府投融资能力的扩张。第二，调整土地出让金的使用结构。国家通过调整土地出让金的使用结构，包括被征地农民和拆迁补偿费、新农村建设支出、城市建设支出、建立国有土地收益基金等等，影响地方政府支出的方向、成本与收益，从而间接影响地方政府投资。第三，实施土地出让限价政策。防止地方政府在出让土地使用权过程中，为了局部和短期利益，采取不正当的竞争方式，随意压低地价，造成国有土地资产的流失。第四，出让土地使用权的收回。一旦建设用地被严重超计划供给，累积到一定程度，导致投资增长与宏观经济膨胀时，或者因土地使用者未按合同约定的期限和条件开发和利用土地时，国家往往会采取强制性的收回土地使用权的政策。

土地“招拍挂”制度是我国国有土地使用权的出让管理制度。我国国有土地使用权出让方式有四种：招标、拍卖、挂牌和协议方式。《土地管理法》及国土资源部相关的部门规章规定，对于经营性用地必须通过招标、拍卖或挂牌等方式向社会公开出让国有土地。与土地协议出让方式相比，“招拍挂”制度在防止国有土地资产流失、土地价值最大化、防止权钱交易等方面发挥了重要的作用。但是，这一制度实施后，我国房价快速上涨，大城市房价的涨幅更高。“价高者拿地”的出让模式容易导致需求者恶性竞争稀缺的土地资源，一方面，造成中标者在待开发地附近树立价格标杆，一旦形成地王就会引发房价同步上涨的“羊群效应”。另一方面，最高地价容易对购房群体形成心理暗示，使消费者对未来房价产生恐慌心理，形成房价上涨的非理性预期。未来需要针对不同用途的土地分别采用不同的土地出让方式，分类出让。对城市中心区域和地段商品房用地采用市场化“价高者得”模式，对非中心区域和地段普通住宅建设用地进行“综合评标”，对普通住宅用地在拍卖时设定最高限价。同时，保证有足够的保障性住房用地通过非“招拍挂”的方式出让。

五、价格杠杆

商品或服务的价格主要由市场供求关系决定，反过来又是反映市场供求状况的重要经济信号。价格变动对固定资产投资的影响具有明显的结构性特征，即某一行业领域的价格变化，会直接影响本行业领域的投资规模，也会影响关联产业的投资增减。因而，利用价格杠杆进行投资调控，一般不具备总量调控的作用（调控作用至少是不明显的），但对投资结构具有一定乃至相当重要的调节作用。投资调控的价格杠杆就是通过调整商品或服务价格、完善价格形成机制来引导企业和社会投资行为，从而达到调控投资的目的。

价格杠杆主要从两个方面激励或抑制本行业领域的固定资产投资。一方面，价格变动直接影响企业的收益水平，进而影响其生产决策包括未来的投资意愿；另一方面，价格变动还影响企业预期的可利用的内部资金规模，从而影响其未来的投资、融资能力。比如，价格下降，意味着企业收益的下降和内部资金规模的减少，从而会对企业未来投资活动产生抑制作用。对外部投资者而言，价格下降将给出行业投资回报水平下降的信号，从而抑制其投资进入该行业；反之，价格上涨，则会激励业内企业扩大投资并进一步引导外部投资者的投资进入。

由于本行业领域商品/服务价格的变动会引起下游行业生产成本的变化，价格杠杆还具有一定乃至相当大的传导效应。因而，通过调整上游产品价格，还可以间接影响下游企业的生产和投资行为，并对下游行业领域的投资规模产生一定的影响。一般而言，某种产品或服务价格/成本占下游行业领域内企业成本的比重越大，则价格杠杆的传导效应也越大。值得注意的是，价格杠杆对下游行业领域的传导效应，只是一种间接影响，并不必然可以观测或可以通过统计数据检验。因为从理论上讲，下游行业的投资变动主要取决于该行业的市场供求关系，上游成本的变化最终甚至很快会进一步被转嫁。比如，氧化铝涨价尽管对电解铝企业的效益和未来投资产生影响，但决定电解铝行业投资规模及其增速的主要因素还是市场的供求关系。氧化铝涨价对铝行业投资的影响不一定能够从统计上得到计量和验证。更何况，氧化铝涨价引起的铝生产成本的增加，至少会有一部分转嫁给铝制品乃至许多行业。

价格的制定或形成首先应当符合价值规律，反映市场的供求关系或资源的稀缺状况。按照这一原则，国家对大多数商品和服务价格实行市场调节，发挥市场对价格形成的基础性作用。而按照价格法等相关法律法规，为了规范价格行为，发挥价格合理配置资源的作用，稳定市场价格总水平，保护消费者和经营者的合法权益，促进社会主义市场经济健康发展，政府目前还对极少数商品和服务价格实行政府指导价或者政府定价。对实行政府指导价和政府定价的行业领域内的商品或服务，政府可以通过“主动”调整其价格，引导相关行业领域投资者的投资行为，从而调控本行业领域投资规模，并达到投资结构调控的目的。如政府可以通过提高污水处理费收费标准，引导企业投资建设污水处理工程。合理制定保障性住房租金和销售价格，鼓励和引导社会资本参与保障性住房建设。对于 PPP 模式来讲，价格无疑是其中最重要的影响因素。适时调整 PPP 项目中的价格，或将涉及公众利益、关系民生的价格调整纳入 PPP 协议管理，可以提高社会投资者的积极性，也可以防止社会资本的暴利行为。

还应引起注意的是，按照法律赋予的定价权利，政府在上述实行政府指导价或政府定价的行业领域，还可以根据技术进步或产业结构调整的需要，针对同行业领域内不同技术标准、质量水平的商品或服务，进一步制定差异化的商品或服务价格，从而进一步影响本行业领域内的投资。如为促进煤电领域的除尘脱硫环保，引导发电企业投资安装除尘脱硫装置，政府可以对煤电上网电价实行差异化的电价政策，即对投资安装了除尘脱硫装置的电厂，实行优惠程度更高的上网电价，激发企业投资建设脱硫电厂或安装除尘脱硫装置的积极性。此外，按照前述的价格杠杆对下游行业领域的传导效应，政府可以通过调整政府定价、政府指导价范围内商品或服务的价格，引导下游行业领域的企业投资行为。比如，有色金属行业的生产成本中电价成本较高，电价变化对企业效益影响很大。如果政府提高有色金属行业用电价格或取消原来实行的电价优惠政策，无疑会影响该行业的财务效益，并对该行业的投资规模尤其是盲目投资扩张行为产生抑制作用。

关键概念

投资管理　投资调控　财政政策　货币政策　法律法规　战略与规划　产业政策　土地政策　价格杠杆

复习与思考题

1. 投资调控的内涵及其工具是什么？
2. 财政政策对投资的传导机制是什么？
3. 土地政策参与宏观调控的重要意义有哪些?
4. 如何通过价格机制的完善引导企业投资?

参考文献

[1] 阿克塞拉 . 经济政策原理：价值与技术 . 北京：中国人民大学出版社，2001

[2] 陈琛 . 疫情会撕开中国制造供应链的防线吗 . 经济网——中国经济周刊 2020-02-29. http ://www.ceweekly.cn/2020/0229/288500.shtml

[3] 陈云贤 . 投资银行论 . 北京：北京大学出版社，1995

[4] 杜恂诚 . 经济转型中的金融创新 . 上海：立信会计出版社，1996

[5] 樊丽明 . 中国地方政府债务管理研究 . 北京：经济科学出版社，2006

[6] 范从来 . 现代金融制度 . 南京：南京大学出版社，1996

[7] 高国力 . 如何优化区域协调发展战略布局 . 学习时报，2020-2-24

[8] 高培勇，崔军 . 公共部门经济学 . 北京：中国人民大学出版社，2001

[9] 戈德史密斯 . 金融结构与金融发展 . 上海：上海三联书店 1994

[10] 苟文均 . 企业融资选择的国际比较 . 经济研究资料，1998（1）

[11] 关于建立更加有效的区域协调发展新机制的意见

[12] 郭小聪 . 政府经济学 . 北京：中国人民大学出版社，2011

[13] 国家发改委国土地区所课题组 . 成渝城市群的战略定位与规划目标 . 中国发展观察，2016（13）

[14] 国家发展改革委 . 实施区域发展战略 . 北京：中国计划出版社；北京：中国市场出版社，2020

[15] 国家发展改革委 . 推动脱贫攻坚和特殊类型地区振兴发展 . 北京：中国计划出版社；北京：中国市场出版社，2020

[16] 韩文秀，刘成 . 积极财政政策的潜力和可持续性 . 北京：经济科学出版社，2000

[17] 黄佩华等 . 中国：国家发展与地方财政 . 北京：中信出版社，2003

[18] 贾若祥等 . 我国实施区域协调发展战略的总体思路 . 中国发展观察，2019（9）

[19] 京津冀协同发展规划纲要

[20] 李齐云 . 分级财政体制研究 . 北京：经济科学出版社，2003
[21] 利维 . 现代城市规划 . 北京：中国人民大学出版社，2003
[22] 刘昌明 . 对黄河流域生态保护和高质量发展的几点认识 . 人民黄河，2019，41（10）
[23] 刘朝晖 . 全球制造业需要中国“定海神针”. 新民周刊 2020-04-01. http：//www.xinminweekly.com.cn/lunbo/2020/04/01/13991.html
[24] 刘立峰 . 地方政府投融资及其可持续性 . 北京：中国发展出版社，2015
[25] 刘立峰 . 宏观金融风险——理论、历史与现实 . 北京：中国发展出版社，2000
[26] 刘立峰 . 政府投资理论与政策 . 太原：山西经济出版社，2011
[27] 刘立峰 . 政府投资学 . 北京：科学出版社，2018
[28] 刘立峰等 . 国债政策可持续性与财政风险问题研究 . 北京：中国计划出版社，2003
[29] 刘溶沧等 . 中国财政理论前沿 . 北京：社会科学文献出版社，2000
[30] 刘世坚，黄山 .“F+EPC”若干核心问题辨析 .https：//www.sohu.com/a/277256997_828724
[31] 刘晓军，陈晓枫 . 我国公开市场业务的发展与完善 . 发展研究，2008（5）
[32] 刘莹 . 试论土地政策参与宏观调控 . 管理观察，2009（3）
[33] 鲁照旺 . 政府经济学 . 郑州：河南人民出版社，2002
[34] 骆志芳 . 我国中央银行公开市场业务的发展历程及趋势分析 . 理论与现代化，2010（4）
[35] 麦克康耐尔，布鲁伊 . 经济学——原理，问题和政策，北京：北京大学出版社，2000
[36] 曼昆 . 经济学原理 . 北京：北京大学出版社，1999
[37] 孟庆红 . 区域经济合作研究 . 成都：西南交通大学出版社，2003
[38] 米什金 . 货币金融学 . 北京：中国人民大学出版社，1998
[39] 纳理斯，帕克 . 宏观经济 . 北京：中信出版社，1998
[40] 潘捷，王清 . 非金融企业融资方式梳理 .https：//www.sohu.com/a/308961218_159370
[41] 萨缪尔森，诺德豪斯 . 经济学（第 16 版）. 北京：华夏出版社，2000
[42] 萨瓦斯 . 民营化与公私部门的伙伴关系 . 北京：中国人民大学出版社，2002
[43] 沙安文，沈春丽 . 地方政府与地方财政建设 . 北京：中信出版社，2005
[44] 史耀斌 . 夯实“一带一路”基础设施融资机制 . 中国财政，2017（13）
[45] 世界银行 .1994 年世界发展报告 . 北京：中国财政经济出版社，1994
[46] 世界银行 .1997 年世界发展报告 . 北京：中国财政经济出版社，1997

[47] 斯蒂格利茨．经济学．北京：中国人民大学出版社，1998
[48] 孙久文．区域经济学教程．北京：中国人民大学出版社，2002
[49] 孙开．政府间财政关系的理论及对中国的体制改革评析．中国财政理论前沿Ⅱ．北京：社会科学文献出版社，2001
[50] 涂德志，林莹．论我国公开市场业务的拓展．湖北社会科学，2004（11）
[51] 外资撤离中国的影响要比数字显示的更严重．每日经济 2019-08-11
[52] 汪海波，刘立峰．中国经济 70 年．太原：山西经济出版社，2019
[53] 王波．论养老模式与现代服务业的融合．华东理工大学学报（社会科学版），2008（3）
[54] 王金南．黄河流域生态保护和高质量发展战略思考．环境保护，2020，48（Z1）
[55] 王维平．经济政策创新与区域经济协调发展．北京：中国社会科学出版社，2006
[56] 王晓芳．证券投资的理论分析与发展研究．北京：中国经济出版社，1997
[57] 王一鸣．创新"一带一路"投融资机制寻求更多合作机会．中国经济时报，2017-6-19
[58] 魏晓琴，李盼盼．新汇率体制下我国汇率政策与货币政策的协调运用．海南金融，2007（12）
[59] 习近平．推动形成优势互补高质量发展的区域经济布局．求是，2019（24）
[60] 乡村振兴战略规划（2018-2022 年）
[61] 新美国安全中心：经济脱钩与中美关系的前景 .IPP 评论 2020-04-22
[62] 徐明棋．市场深化中的金融重构．上海：上海财经大学出版社，1996
[63] 杨灿明，李景友．公共部门经济学．北京：经济科学出版社，2003
[64] 杨海明，王燕．银行和其他金融机构的管理．上海：上海人民出版社，1995
[65] 于新循．论我国养老服务业之市场化运行模式及其规范——基于公建民营，民办公助和以房养老等模式的法律分析与探讨．四川师范大学学报（社会科学版），2010（1）
[66] 袁东．公共债务与经济增长．北京：中国发展出版社，2000
[67] 袁东．中国证券市场论．上海：东方出版社，1997
[68] 原青林．基础教育领域公私合作伙伴关系模式及其理论基础探析．肇庆学院学报，2011（1）
[69] 张成福，党秀云．公共管理学．北京：中国人民大学出版社，2001

[70] 张长春等 . 投资调控的若干问题研究 . 北京：中国计划出版社，2006

[71] 长江经济带发展规划纲要

[72] 长江三角洲区域一体化发展规划纲要

[73] 赵昌文 . 把握新时代新型工业化的新内涵 . 人民日报，2017-11-26

[74] 赵福军，汪海 . 中国 PPP 理论与实践研究 . 北京：中国财政经济出版社，2015

[75] 中共中央 国务院关于构建更加完善的要素市场化配置体制机制的意见

[76] 中共中央 国务院关于建立健全城乡融合发展体制机制和政策体系的意见

[77] 中共中央 国务院关于新时代加快完善社会主义市场经济体制的意见

[78] 中共中央 国务院关于新时代推进西部大开发形成新格局的指导意见

[79] 中共重庆市委党校课题组 . 设立成渝经济区的现实要求与历史意义 . http ：//theory.people.com.cn/GB/14330777.html

[80] 中国人民大学国际货币研究所 . "一带一路" 基础设施融资面临的挑战及对策 . 人民币国际化报告 2015

[81] 中国社科院工经所课题组 . "十四五" 时期我国工业的重要作用，战略任务与重点领域 . 经济日报，2020-7-13

[82] 中华人民共和国国民经济和社会发展第十四个五年规划和 2035 年远景目标纲要

[83] 中资机构主导 "一带一路" 融资 . 2017-10-18.http ：//finance.jrj.com.cn/2017/10/18100023249597.shtml